Z H E J I A N G T O N G Z H I

浙江通志

第 三十八 卷

审计志

《浙江通志》编纂委员会　编

浙江人民出版社

图书在版编目（CIP）数据

浙江通志. 审计志 / 《浙江通志》编纂委员会编. —杭州 : 浙江人民出版社, 2019.6
ISBN 978-7-213-09130-8

Ⅰ. ①浙… Ⅱ. ①浙… Ⅲ. ①浙江-地方志②审计-工作概况-浙江 Ⅳ. ①K295.5②F239.227.55

中国版本图书馆CIP数据核字(2018)第302103号

浙江通志·审计志

《浙江通志》编纂委员会 编

出版发行	浙江人民出版社（杭州市体育场路347号 邮编 310006） 市场部电话:(0571)85061682 85176516
责任编辑	王福群
责任校对	戴文英
责任印务	程 琳
封面设计	王 芸
电脑制版	杭州天一图文制作有限公司
印 刷	杭州富春印务有限公司
开 本	889毫米×1194毫米 1/16
印 张	29
字 数	632千字
插 页	16
版 次	2019年6月第1版
印 次	2019年6月第1次印刷
书 号	ISBN 978-7-213-09130-8
定 价	156.00元

图版 38-001-1　2009 年 7 月，审计署在杭州召开全国审计工作座谈会。浙江省省长吕祖善（左三）在会上致辞，审计署审计长刘家义（右三）主持会议（浙江省审计厅档案室提供）

图版 38-002-1　1987 年 6 月，审计署审计长吕培俭（左五）在浙江调研（浙江省审计厅档案室提供）

图版 38-002-2　1996 年 3 月，审计署审计长郭振乾（左六）在浙江调研（浙江省审计厅档案室提供）

图版 38-002-3　2009 年 7 月，审计署审计长刘家义（左三）在浙江调研（浙江省审计厅档案室提供）

图版 38-003-1　1984 年 12 月，浙江省审计局在杭州召开全省市地审计局长会议。图为部分代表合影（浙江省审计厅档案室提供）

图版 38-003-2　1990 年 4 月，全省审计系统先进集体、先进工作者表彰大会召开。图为获奖代表合影（浙江省审计厅档案室提供）

图版 38-003-3　1994 年 3 月，浙江省审计机关组建十周年暨全省审计系统表彰先进大会在杭州召开（浙江省审计厅档案室提供）

图版 38-004-1　1998 年 2 月，全省审计工作会议在杭州召开。浙江省省长柴松岳(左十二)出席会议并与会议代表合影(浙江省审计厅档案室提供)

图版 38-004-2　1998 年 11 月，全省粮食财务挂账清查审计先进集体、先进个人表彰大会在杭州召开。图为全体会议代表合影(浙江省审计厅档案室提供)

图版 38-004-3　1999 年 3 月，中央在浙单位 1999 年审计工作会议在杭州召开(浙江省审计厅档案室提供)

图版 38-005-1　2001 年 4 月，中共浙江省委、省政府在杭州召开全省经济责任审计工作电视电话会议（浙江省审计厅档案室提供）

图版 38-005-2　2002 年 2 月，全省审计机关先进集体、先进工作者表彰大会在杭州召开。图为获奖代表合影（浙江省审计厅档案室提供）

图版 38-005-3　2002 年 6 月，浙江省政府在杭州召开有关市、县政府主要负责人经济责任审计座谈会（浙江省审计厅档案室提供）

图版 38-006-1　2006 年 6 月，全省经济责任审计工作会议暨 2006 年度市县长经济责任审计工作会议在杭州召开(浙江省审计厅档案室提供)

图版 38-006-2　2008 年 10 月，浙江省审计厅召开深入学习实践科学发展观活动动员大会(浙江省审计厅档案室提供)

图版 38-006-3　2009 年 11 月，浙江省审计厅召开浙江省“金审工程”二期核心应用系统国产化示范项目实施工作会议(浙江省审计厅档案室提供)

图版 38-007-1　1989 年 8 月，浙江省审计局召开首批特约审计员聘任会议（浙江省审计厅档案室提供）

图版 38-007-2　1989 年 8 月，浙江省审计局审计质量检查组在丽水试点检查（浙江省审计厅档案室提供）

图版 38-007-3　1993 年 9 月，浙江省审计局召开组建十周年座谈会（浙江省审计厅档案室提供）

图版 38-008-1　1994 年 9 月，浙江省审计局在杭州召开《审计法》专家座谈会（浙江省审计厅档案室提供）

图版 38-008-2　2004 年 1 月，审计署调研组在浙江丽水考察“金审工程”建设情况（浙江省审计厅档案室提供）

图版 38-008-3　2005 年 9 月，浙江省审计厅厅长受省政府委托，向省十届人大常委会第二十次会议作 2004 年度本级预算执行和其他财政收支的审计工作报告（浙江省审计厅档案室提供）

图版 38-009-1 1984 年 10 月，浙江省审计局举办第一期审计干部培训班。图为全体学员结业合影（浙江省审计厅档案室提供）

图版 38-009-2 1985 年 8 月，浙江省审计局在舟山普陀山举办审计业务培训班。图为全体学员合影（浙江省审计厅档案室提供）

图版 38-009-3 1987 年 9 月，浙江省审计局电大《审计专业证书》教育班在杭州举办开学典礼（浙江省审计厅档案室提供）

图版 38-010-1　1988 年 8 月，浙江省审计局在舟山举办首届浙江省中青年审计研讨会。图为部分代表合影（浙江省审计厅档案室提供）

图版 38-010-2　2000 年 3 月，浙江省审计厅在杭州举办全省审计机关领导干部财税知识研修班。图为全体学员合影（浙江省审计厅档案室提供）

图版 38-010-3　2002 年 8 月，浙江省审计厅在杭州举办全省审计系统新任局长培训班（浙江省审计厅档案室提供）

图版 38-011-1 2002 年 12 月，浙江省审计厅举办处级干部学习中共十六大精神培训班。图为全体学员合影（浙江省审计厅档案室提供）

图版 38-011-2 2009 年 3 月，浙江省审计厅、浙江省审计学会在杭州举办浙江省审计系统首届青年论坛（浙江省审计厅档案室提供）

图版 38-011-3 2010 年 8 月，浙江省审计厅在杭州举办处级干部读书会（浙江省审计厅档案室提供）

图版 38-012-1　1984 年，浙江省审计局第一个审计项目嘉兴毛纺织总厂审计组全体成员合影（浙江省审计厅档案室提供）

图版 38-012-2　1986 年 12 月，浙江省审计局中国银行浙江省分行财务收支审计组全体成员合影（浙江省审计厅档案室提供）

图版 38-012-3　1992 年 9 月，浙江省审计局对衢州化工总厂进行审计（浙江省审计厅档案室提供）

图版 38-013-1
2003 年 3 月，浙江省审计厅对浙江省疾病控制中心开展财务收支审计（浙江省审计厅档案室提供）

图版 38-013-2
2003 年 4 月，浙江省审计厅对亚洲开发银行贷款项目温州珊溪水利枢纽工程进行审计（浙江省审计厅档案室提供）

图版 38-013-3
2003 年 11 月，浙江省审计厅对海盐县开展财政决算审计（浙江省审计厅档案室提供）

图版 38-014-1 2004年6月，浙江省审计厅省人民大会堂迁建工程项目审计组合影（浙江省审计厅档案室提供）

图版 38-014-2 2004年11月，浙江省审计厅对浙江物产元通机电集团公司进行审计（浙江省审计厅档案室提供）

图版 38-014-3 2008年4月，浙江省审计厅对浙江省“百亿帮扶致富重点工程”之一景宁滩坑水电站进行审计调查（浙江省审计厅档案室提供）

图版 38-015-1 2009年2月，浙江省审计厅审计组在新昌调查农村医疗卫生状况（浙江省审计厅档案室提供）

图版 38-015-2 2009年10月，浙江省审计厅对全省社保资金开展专项审计（浙江省审计厅档案室提供）

图版 38-015-3 2009年11月，浙江省审计厅对温州市开展决算审计（浙江省审计厅档案室提供）

图版 38-016-1 1997 年 11 月，浙江省审计厅组织全省审计系统先进集体、先进个人进行巡回演讲报告会（浙江省审计厅档案室提供）

图版 38-016-2 1998 年 11 月，浙江省审计厅在杭州举办全省审计系统知识竞赛（浙江省审计厅档案室提供）

图版 38-016-3 1998 年 12 月，浙江省审计厅组织“总结十五年，展望后五年，树立审计形象，创跨世纪业绩”文艺汇演（浙江省审计厅档案室提供）

图版 38-017-1　2002 年 9 月，浙江省审计厅组织机关干部职工拔河比赛（浙江省审计厅档案室提供）

图版 38-017-2　2008 年 8 月，浙江省审计厅在余姚举办全省审计机关“迎奥运”职工羽毛球赛（浙江省审计厅档案室提供）

图版 38-017-3　2009 年 9 月，浙江省审计厅在厅机关大楼举办国庆 60 周年歌咏大会（浙江省审计厅档案室提供）

图版 38-018-1　1996 年 11 月，审计署在浙江杭州召开中英效益审计研讨会。图为全体代表合影(浙江省审计厅档案室提供)

图版 38-018-2　2008 年 10 月，审计署在浙江杭州举办亚洲审计组织环境审计研讨班。图为全体学员合影(浙江省审计厅档案室提供)

图版 38-019-1　1992 年 6 月，浙江省社会审计协会成立大会暨第一届理事会在杭州召开(浙江省审计厅档案室提供)

图版 38-019-2　1996 年 4 月，浙江省内部审计协会成立大会暨内部审计先进单位表彰大会在杭州召开(浙江省审计厅档案室提供)

图版 38-019-3　1998 年 2 月，浙江省注册会计师协会特别代表大会在杭州召开。图为全体会议代表合影(浙江省审计厅档案室提供)

图版 38-020-1　2001年3月,浙江省审计学会在杭州举办2001年第一期内部审计培训班(浙江省审计厅档案室提供)

图版 38-020-2　2002年9月,浙江省审计厅在临海举办全省民营企业内部审计理论研讨会。图为全体会议代表合影(浙江省审计厅档案室提供)

图版 38-020-3　2005年11月，国际注册内部审计师(CIA)考试浙江考点现场(浙江省审计厅档案室提供)

浙江省地方志编纂委员会

主　　任：吕祖善（2004.3—2011.9）
夏宝龙（2011.9—2013.1）
李　强（2013.1—2016.6）
车　俊（2016.7—2018.5）
袁家军（2018.5—　　）

副 主 任：茅临生（2010.2—2012.8）
张　曦（2011.4—2012.9）
葛慧君（2012.8—　　）
郑继伟（2010.2—2017.3）
成岳冲（2017.3—　　）

（以下委员名单略）

《浙江通志》编纂委员会

主　　任：李　强（2016.2—2016.7）　车　俊（2016.7—2018.5）
袁家军（2018.5—　　）

副 主 任：葛慧君　郑继伟（2016.2—2017.3）
成岳冲（2017.3—　　）

委　　员：陈　新　王　纲　宋建勋　鞠建林　蔡晓春　王喜法
孙耀铜　张学伟　来颖杰　胡庆国　刘　芸　孟　刚
徐宇宁　王　杰　张伟斌　潘捷军　盛世豪　徐立毅
裘东耀　姚高员　钱三雄　毛宏芳　盛阅春　尹学群
汤飞帆　何中伟　张晓强　吴晓东　俞文华　王良仟
童芍素　郑志耿　郑明治　王卫东　李志廷

总　　编：俞文华

副 总 编：张伟斌（2012.9—　　）　潘捷军（常务）　王良仟
童芍素　郑志耿　郑明治　王卫东　李志廷（兼总纂）
林吕建（2011.9—2012.3）

浙江省地方志编纂委员会办公室

主　　任:潘捷军
副 主 任:陈　野(2007.6—2011.3)　章其祥(2011.5—　　　)
主任助理:韩　锴(2011.9—2016.4)
成　　员:汤敏华　董郁奎　颜越虎　周祝伟　张　勤　袁新国
吕克军　赵海良　段　愿　汤　敏　李迎春　林琼华
邴　波　王兆保　周修宇　赵鹏团　徐　鹏　杨云婷
王　林　汪　珏　阎乐民　葛立朝　葛旭鹏　翁友伦
徐由由　应秀敏　章　丽　葛　伟
吴玉权(2012.11—2017.12)　白效咏(2009.9—2015.9)

《浙江通志》总纂、副总纂

总　　纂:李志廷(兼)
副 总 纂:廖曰文　章其祥　董郁奎　颜越虎　周祝伟　王　林
吴铁卿(2018.4—　　　)　倪集华(2018.5—　　　)

《浙江通志》总编室(《浙江通志》编辑部)

主　　任:董郁奎(2011.9—2012.7)　颜越虎(2018.1—　　　)
副 主 任:颜越虎(2011.9—2018.1)　袁新国(2018.1—　　　)
王　林
责任编辑:颜越虎　袁新国　王　林　汤　敏　李迎春　林琼华
邴　波　王兆保　周修宇　吕克军　赵海良　段　愿
赵鹏团　徐　鹏　汪　珏　阎乐民　葛立朝　葛旭鹏
翁友伦　白效咏(2011.9—2015.9)
刘志勇(2011.9—2012.7)　李恒悦(2011.9—2012.1)
曹爱光(2011.9—2014.9)　戴智勇(2012.7—2014.9)

《浙江通志·审计志》编纂委员会

主　　任：陈荣高　徐宇宁　朱忠明
副 主 任：康跃西　陈焕昌　毛子荣　金建培　高占江　谢永刚
　　　　　庄莉萍　徐超光　凌丽娅　吴桂英　季　鸣　王小龙
　　　　　陈棉权　杨大建　刘国成
委　　员：王　剑　王　巍　王家华　毛鹏岳　甘伟军　叶　青
　　　　　刘石平　刘祝华　吴一林　何世宏　杜良文　陈　宁
　　　　　陈国平　陈岩明　陈佳强　张永红　张红英　周仲利
　　　　　郑灵仙　郑　蓓　林　琼　施松青　姜英杰　徐　晓
　　　　　梁　敏　黄　鸿　董巧娟　童建华　蔡加胜　潘小军
　　　　　潘建青　潘旺明

《浙江通志·审计志》编辑部

主　　编：陈焕昌
执行主编：陈建军
副 主 编：王高麟
编　　辑：孙　钧　胡　宾　周尔宪　刘　伟　张　斌　韩　冰

序

浙江是一片风光优美、令人神往的大地，是一个历史悠久、文化璀璨的家园，是一块创业创新、活力迸发的热土……在浙江人民波澜壮阔、跌宕起伏的奋斗历程中，浙江大地上涌现出无数勇立潮头的先进人物、可歌可泣的历史事件。这一切都真实准确、全面系统地记录在皇皇巨构《浙江通志》之中。《浙江通志》编纂工作自2011年9月启动以来，历届省委、省政府十分重视，各有关单位尽职尽责。《浙江通志》的出版，是全体编纂人员呕心沥血、辛勤耕耘的珍贵结晶，也是浙江文化强省建设的丰硕成果。

编纂地方志是我国源远流长的文化传统。地方志不仅能记述、反映历史的发展与社会的变化，而且还具有独到的"存史、资政、育人"等功能，在传承文明、开创未来的宏伟大业中具有不可替代的作用。浙江有着悠久的修志传统。早在东汉初年，被称为"方志之祖"的《越绝书》诞生在浙江；宋代，"临安三志"作为中国古代方志的定型之作，登上历史舞台；清代，浙江学者章学诚则以创立方志学闻名于世。千百年来，浙江佳志迭现，名家辈出。这些名志大家既是浙江作为"方志之乡"的最好见证，也是浙江成为"文化之邦"的重要支撑。

从上山文化、跨湖桥文化、河姆渡文化、良渚文化等史前文明，到越王勾践卧薪尝胆、雪耻复国的春秋霸业，从唐宋钱塘的富庶繁华，到明清两浙的文化昌盛，浙江先人展示的画卷光辉灿烂，令人赞叹不已。"一部民国史，半部在浙江。"民国时期，政治、经济、文化、教育、科技等领域的代表性人物成就卓著、各领风骚，推动了时代的发展和社会的进步。中华人民共和国成立后，浙江发生了翻天覆地的变化。特别是改革开放以来，经济社会全面发展，城乡各业蒸蒸日上，之江大地日新月异，人民群众安居乐业。浙江人民勇做时代弄潮儿，积极实施"八八战略"，努力践行"绿水青山就是金山银山"的发展理念，探索出了一条符合浙江实际、富有浙江特色的发展路子，形成了与时俱进的浙江精神，为今后可持续发展提供了强大的精神力量与广阔的提升空间。“盛世修志，志载盛世。”《浙江通志》把浙江人民所创造的辉煌业绩和奋斗精神记载下来，既可以激发当代浙江人励精图治、团结奋斗，更能够广泛宣传浙江，让全国乃至世界更加充分地了解浙江、认识浙江，作用巨大，意义深远。

“修志问道，以启未来。”今天，浙江人民在习近平新时代中国特色社会主义思想的指引下，按照统筹推进“五位一体”总体布局、协调推进“四个全面”战略布局的要求和习近平总书记对浙江提出的“干在实处永无止境，走在前列要谋新篇，勇立潮头方显担当”的新期望，积极投身高水平全面建设小康社会和高水平推进社会主义现代化建设伟大实践。《浙江通志》的编纂出版，既为我们提供了丰富宝贵的现实经验，也为我们提供了可资借鉴的历史启示。我们要充分重视用志工作，加强宣传力度，拓宽用志途径，采用各种形式，不断扩大地方志的服务功能，既要让方志成为决策者的案头书，又要让志书成为广大群众喜闻乐见的精神产品，使地方志在“两个高水平”建设的新征程中发挥更大的作用。

是为序。

浙江省人民政府省长 袁家军

2018年10月8日

凡 例

一、宗旨

以马克思列宁主义、毛泽东思想、邓小平理论、“三个代表”重要思想、科学发展观、习近平新时代中国特色社会主义思想为指导，遵循辩证唯物主义和历史唯物主义原理，全面、客观、系统地记述浙江省自然、政治、经济、文化和社会的历史与现状。服务当代，垂鉴后世。

二、起讫时间

上溯事物发端，下限为2010年12月31日，必要时以注释等形式作适当下延。

三、地域范围

以下限时浙江省行政区域为界，原则上越境不书。

四、体裁

采用述、记、志、传、图、表、录等体裁，以志体为主。

五、结构

以卷章结构为主。

卷的设置以科学分类与现实社会分工（现行管理体制）相结合。凡具有特别重要地位、文化积淀深厚且体量较大者，设为专志，各置为卷。

卷下设章、节，节下根据需要设目、子目与细目等。凡时代特征、地方特色显著，又难以在正文中展开记述者，设为专记。

六、文体

使用规范的现代语体文。直接引用资料使用原文文体。

七、文字

以经中华人民共和国国务院批准、1986年10月10日国家语言文字工作委员会重新发表的《简化字总表》，1955年12月22日中华人民共和国文化部、中国文字改革委员会发布的《第一批异体字整理表》及2013年6月5日中华人民共和国国务院公布的《通用规范汉字表》为准，异形词以2001年12月19日中华人民共和国教育部、国家语言文字工作委员会发布的《第一批异形词整理表》为准。

人名、地名、书名、文章篇名及引录的原著文句，凡可能引起歧义、误解者，仍用原繁体字或异体字。

八、标点符号

以2011年12月30日中华人民共和国国家质量监督检验检疫总局、中国国家标准化管理委员会发布的《标点符号用法》为准。

九、称谓

中华人民共和国成立前的国家、民族、地名、组织、机构、职官等名称，除明显带有歧视、污蔑含义者加以适当处理外，原则上仍用文献记载的原名称。

志书下限时的地名使用各级政府审定的标准地名，必要时括注俗称地名。地名古今不同者，各章首次出现时在其后括注志书下限时的标准地名；隶属地域变化者，注明志书下限时所属地域。

外国的国名、地名、人名、民族名，以及政府机构、党派团体、报刊等名称，主要依照《辞海》(第六版)译名及新华通讯社译名室常用译名。各章首次出现时，根据需要括注外文原名。

生物名称使用学名，记述自然资源涉及有关生物名称的，各章首次出现时采用二名法，必要时加注当地俗名。

十、简称

各种较复杂的名称重复出现时，各章首次出现时使用全称并括注简称，其后出现直接使用简称；有关机构、单位2010年的简称均以《有关机构、单位全称与规范化简称对照表》为准；有关机构、单位2010年前的简称及其他简称采用社会上通行、不产生歧义者，且全卷保持一致。

十一、纪年

干支纪年、年号纪年及其他非公历纪年等，以汉字书写，括注公历纪年；非公历纪年后有月日的，同时括注经换算后公历纪年的月日。

民国纪年以阿拉伯数字书写，括注公历纪年。

同一自然段中同一纪年多次出现时，只在首次括注公历纪年，其后不再括注。

括注公历纪年于年份后加“年”字；括注某一时间段，则只在后一个公历纪年后加“年”字。

括注公元前年份，年份前冠“前”字；括注公元元年后年份直接书写年份，不冠“公元”。

自1949年10月1日起，采用公历纪年。

公历纪年及公历的世纪、年代、月、日和时分，均以阿拉伯数字书写。

十二、数字

按 2011 年 7 月 29 日中华人民共和国国家质量监督检验检疫总局、中国国家标准化管理委员会发布的《出版物上数字用法》表述。凡一个数字与“以上”“以下”“以内”等连用的，均含该数字。

十三、数据

中华人民共和国成立前的数据按文献记载入志。

中华人民共和国成立后的统计数据以统计部门公布数据为准。统计部门缺失者则采用相关部门经过核实的数据，并以注释形式说明资料来源。同一内容数据有不同者，也以注释形式加以说明。重要地理信息数据采用测绘部门公布的法定数据。

十四、计量单位

按 1984 年 2 月 27 日中华人民共和国国务院发布的《中华人民共和国法定计量单位》规定表述。行文中使用单位名称或单位符号视具体情况而定。

中华人民共和国成立前的计量单位根据需要沿用旧制。

十五、货币

中华人民共和国成立前的货币币值均按文献记载入志。

中华人民共和国成立后货币币值均指人民币币值。1955 年 3 月 1 日前后人民币各按当时币值记载，不作换算。

外国货币按文献记载入志，币值不作换算。

十六、地图

按 2015 年 11 月 26 日中华人民共和国国务院公布的《地图管理条例》和浙江省人民政府 2014 年 11 月 11 日公布、2015 年 12 月 28 日修正的《浙江省地图管理办法》的规定，采用经浙江省测绘行政主管部门审核的地图。

十七、注释

直接引用（引文）、地图、图片、表格及有关重要内容，均注明资料来源。其他需要说明者，亦酌情加以注释。

引用清代及清代以前编纂的志书，注明朝代、纪年、志书名称及卷次（或卷次与篇名）；引用民国时期编纂的志书，注明“民国”两字和志书名称、卷次（或卷次与篇名）；引用 1949 年 10 月 1 日（含）以后编纂、出版的志书，注明志书名称、出版单位、出版时间及页码。志书名称与篇名均用书名号。引用私修志书，除上述各项内容外，于志书名称前注明作者姓名。

十八、资料

取之于档案、书籍、报刊、网络及社会调查等，均经考订、核实。凡记载不一者，正文采其一说，其余说法以注释形式记述。

十九、大事记述

以编年体为主，兼用纪事本末体，专设《大事记》记载全省大事；其余各有关卷设置《大事年表》记载相关大事。

二十、人物

以“生不立传”为原则，专设《人物传》予以记载；其余各有关卷所涉人物按“以事系人”“人随事出”方法处理。

目 录

概 述

审计指由专设机关依照法律对国家各级政府及金融机构、企业事业组织的重大项目和财务收支进行事前和事后的监督、检查。审计属于经济监督活动，是社会政治经济发展到一定阶段的产物。浙江审计与国家审计发展历程同步，并在发展中不断演变，逐步形成浙江特色，为中国审计事业和浙江经济社会发展做出了积极贡献。

《浙江通志·审计志》客观、系统、真实地记述浙江审计工作，以国家审计为主，涵盖内部审计和社会审计，力求全面完整，体现浙江审计的地方特色和时代特征。

一

中国很早就有审计活动，在殷墟甲骨文中已发现带有审计性质的经济监督活动的记载。《史记·夏本纪》记载："或言禹会诸侯江南，计功而崩，因葬焉，命曰会稽。会稽者，会计也。"相传防风氏部落未能依照规定贡献赋税，大禹为严明法纪，在茅山(现址浙江省绍兴市)召开各部落会议，以破坏贡赋制度罪名斩杀了防风氏。这也是中国会计审计史上大禹会稽考功活动的典故。为纪念大禹和该次诸侯贡赋政绩考核大会，后人把茅山改名为会稽山。这是对最原始的官员审计制度的反映。

公元前21世纪，随着夏朝的建立，国家有了初步的财政财务收支活动，因而便有了对各级官府及官员进行审计监督的必要，以保证国家机器的正常运转。

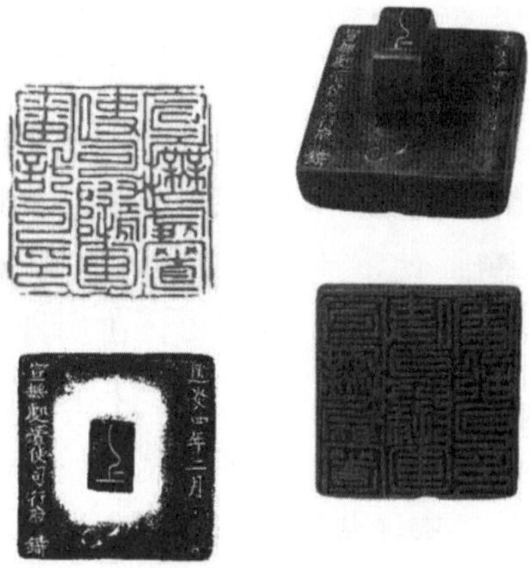

南宋宣武处置使司随军审计司印(现藏于浙江省博物馆)(浙江省审计厅档案室提供)

殷商、西周时期，随着复杂的官僚机构的建立和各项开支的日益庞大，开始建立一套较为系统的审计监督体系。西周时期出现了具有审计职能的官职——司会和宰夫，司会总管全国财会并负责稽核。秦汉两代正式推行"上计"制度，审计职能在地方由各级行政长官或高级属吏兼职行使；在中央分别由御史监察部门、司法部门、财经管理部门、官吏考核部门等兼职执行。隋唐时期推行"三省六部"制，确立和完善了"比部"审计制度。在刑部之下设比部，独立于其他财经部门，专司审计监督工作，具有一定的独立性。唐代的《比部格》《比部式》成为中国历史上最早的审计法规。

宋代是审计发展的重要历史时期，审计机构日益完备，审计职权已涉及国家财政收支的许多方面。尤其是南宋时期（定都临安，今杭州），中央设置磨勘司、审计院（隶属于户部）、审计司（隶属于太府寺）等多个审计机构，并在地方州、府以及军队设置审计院派出机构，标志着中国地方审计组织建设逐渐健全。

中国将审计机构正式以“审计”一词命名的最早史料记载源于南宋。据《宋会要》记载：“高宗建炎元年五月十一日，诏诸司专司、诸军专司，专字下犯御名同音者，改作诸军诸司审计司。”其意是南宋建炎元年（1127 年）五月，为避宋高宗赵构之名讳（“构”与“勾”同音），将“诸军、诸司专勾司”改作“诸军、诸司审计司”。1955 年疏浚杭州西湖时，发现南宋“宣抚处置使司随军审计司印”，该印系张浚被任命川陕宣抚处置使后，其幕府内设机构“随军审计司”所用之官司印。印章为铜铸，长 5.5 厘米，宽 5.5 厘米，通高 4 厘米，方形短矩形把手，款为“宣抚处置使司随军审计司印”，朱文，背款刻“建炎四年二月宣抚处置使司行府铸”。

元、明、清三代未设立独立的审计机构。在元代，审计职能并入御史监察机构，明清两代设立的都察院兼有监察和审计的职能。

二

中华民国时期是中国较为全面建立审计制度和体系的时期。民国政府继承中国古代审计传统，吸取当时西方资本主义国家的审计理念和经验，承前启后，中外结合，较为全面地建立了一套切合中国实际的审计制度，推动中国审计进入一个新的发展阶段。其主要特点有：

将审计纳入国家法规体系，确立审计的法定地位。民国元年（1912 年）颁布《中华民国临时约法》，规定实行国家预决算制度，为建立审计监督制度打下基础。民国 3 年颁布的《中华民国约法》、民国 12 年颁布的《中华民国宪法》均把审计载入国家的根本大法，明确规定审计的法律地位和基本职责。北洋政府于民国 3 年颁布中国近代第一部《审计法》，此后，历届国民政府先后颁布过 3 部审计法和若干施行细则等，对审计范围、内容、程序、方法和要求等做出比较明确的规定。这些法规的颁布和实施，确立了审计的地位和作用，奠定了依法审计的基础，使审计工作有法可依、有章可循。

设立专门政府审计机构，形成较为完整的审计机构组织体系。民国时期，颁布《审计处暂行章程》（1912 年）、《审计处组织法》（1932 年）等相关法规，规定审计机关的机构设置、人员编制、工作职责、管理体制，以及审计官员的任职条件、法律保障和惩戒办法等。

审计范围和领域不断扩大，审计业务体系初步形成。民国时期，审计范围和领域已涉及财政、税务、银行、公务机关、司法部门、公营企业事业单位、建设营缮工程、政府内外债事项和国防军费等多个方面。审计种类也包括财政预决算审计、税务田赋审计、机关企事业财务审计、工程经费审计、国债公证审计、司法军警经费审计、官员离任审计、专案审计和专项审计调查等。并在一些政府机关、军队、银行、企事业单位以及社团组织等建立内部审计（稽核）制度。随着民族工商业的发展，还诞生了会计师审计（社会审计）制度，会计师事务所纷纷建立。形成以政府审计为主导、内部审计和社会审计为补充的较为完善的审计组织体系，审计职能和作用有了明显提升。

这一时期，审计教育和审计学术活动初步发展，推进审计理论研究和审计制度的革新和完善。民国35年（1946年），全国性的审计学术组织——中国审计学会在南京成立，并在各省市设立分会，联络和组织各地审计人员开展学术活动，出版审计刊物和研究成果，审计职业化建设不断加强。

中华民国时期，国家审计机关主要设立在中央和省两级，实行垂直管理。审计工作在北洋政府和南京政府时期具有各自特点。

北洋政府时期（民国元年4月至民国16年4月）：民国元年（1912年），北洋政府成立隶属于国务总理的审计处。民国2年4月，浙江审计分处成立，共设三科。第一科掌理汇合全省关于国家及地方之岁收岁入以及国债及官有财产之计算事项；第二科掌理审查军政、外交、司法、交通各行政机关所属收入支出之计算事项；第三科掌理审查内务、财政、教育、事业之国家及地方行政各机关所属收入支出之计算事项。每科设科长1人，科员3人～4人，书记若干人。审计分处各项经费列入中央预算，由省财政支拨。至民国3年6月，北洋政府颁布《审计院编制法》，规定全国只设审计院一级审计机关，隶属于大总统，负责中央和各省预算执行审计事项，原中央审计处撤销。浙江省未设立审计机构，辖区内审计事项由审计院直接办理。

该时期，审计方式大量采取报送审计，审计内容主要为行政支出和财政收入两部分，行政支出包括内务、司法、统捐等各类行政经费支出，财政收入包括各类捐、赋、税及罚款等。如行政经费审计，先由被审计单位分月编制《支出计算报告书》，连同支出计算书、对照表、单据簿等书据报送浙江省，由浙江省汇总后按季度、半年度、年度转送审计院。审计院根据预算对报送资料逐一审核后，向浙江省发出《审定通知书》，再由浙江省将《审定通知书》奉送各被审计单位执行。

南京政府时期（民国16年4月至民国38年4月）：民国17年（1928年）7月，南京政府成立审计院，浙江省辖区内的审计事项由审计院直接办理。至民国20年2月，南京政府撤销审计院，在监察院下成立审计部，并在各省（市）政府所在地陆续设立审计处。民国24年4月，浙江省审计处在杭州成立。抗日战争全面爆发后迁往金华、丽水、温州等地，抗日战争结束后迁回杭州，直至民国38年4月南京政府结束统治，先后存续约14年。

该时期，浙江省审计处负责监督审核省市暨中央驻省各级机关财物，其工作内容主要包括：1. 监督预算执行及核定收支命令，包括初审、复审和终审。2. 各机关会计报告及决算。3. 稽查，如对营缮工程及购置变卖财物进行稽查。4. 公库审计，监督国债发行和偿债还本。5. 就地审计。6. 特种审计。7. 审查工作报告。

三

1949年10月中华人民共和国成立后，借鉴苏联做法，一直未设置独立的政府审计机关，对财政经济的监督由财政、银行、税务等各部门通过其业务分别在一定范围内进行。其间，在全国各级财政部门先后设置相关检查、监察机构，探索构建行政审计监督模式，以巡视和检查等多种方式，担负国家审计职责，适应了中华人民共和国成立初期政权建设和经济建设的需要。

中共十一届三中全会以后，党和国家的中心工作转移到经济建设上来。为加强有效监督，维护国家财经法纪，保障改革开放和经济建设的健康发展，急需建立独立的审计监督制度。1982年8月，国务院印发《关于建立审计机关的通知》。12月，第五届全国人民代表大会第五次会议通过《中华人民共和国宪法》，以根本法形式确立了国家审计制度、领导体制和运行机制，明确了审计机关的法律地位。1983年9月，审计署成立。随后，全国各级审计机关相继组建。

1983年12月，中共浙江省委批准成立浙江省审计局。全省各级审计机关相继成立，在本级政府和上级审计机关的双重领导下，依法独立开展审计工作。自正式成立审计机关以来，浙江的审计事业从无到有，审计力量由弱到强，脚踏实地走出了一条符合浙江实际、具有浙江特色的审计发展之路。其发展历程可分为如下3个阶段：

1983—1993年，是浙江审计初创阶段。社会主义审计制度刚刚建立，审计工作开始起步并在探索中稳步发展。全省审计机关紧紧围绕经济建设中心，坚持一条主线、抓住两个环节①，根据“边组建、边工作”“抓重点、打基础”“积极发展、逐步提高”和“加强、改进、发展、提高”等各时期的审计工作方针，艰苦奋斗，积极开拓，审计职责逐步明确，审计工作由点到面，审计内容由浅入深。

这一阶段，审计资源比较有限，审计力量比较薄弱。省审计局将企业审计作为审计工作的突破口，通过查处嘉兴毛纺织总厂严重违反财经纪律等问题，迅速打开了审计工作局面，扩大了审计影响。1988年11月，国务院发布《中华人民共和国审计条例》，全省审计机关依照《条例》规定，独立开展对下级政府财政收支的审计监督（即“上审下”），财政审计地位和作用不断提高，审计的权威性也得到进一步加强。

浙江审计领域从企业审计起步，逐步发展到财政、金融、工交、商贸、外资、行政事业、农林文教、基本建设等各个行业，初步建立了对行政事业单位的定期审计制度，对全民所有制企业厂长（经理）的承包责任审计制度，对自筹保险行业的经常性审计制度，以及对世界银行贷款项目执行单位、农业综合开发资金和支农扶贫等专项资金的年度审计制度。经济责任审计起

① 一条主线指“履行审计监督职能不动摇，为改革开放发展经济服务”；两个环节指“抓住坚持依法审计原则和实事求是处理问题的环节，抓住宏观着眼、微观入手进行审计的环节”。

源于承包经营审计，1987 年，省审计局与省委组织部联合下发《关于开展国有企业厂长承包审计的意见》，规范国有企业厂长承包审计工作。1993 年起，部分市县的党委、政府根据领导干部监督管理的需要，开始向审计机关交办政府部门领导干部经济责任审计。

在审计内容上，财政审计由决算审计逐步深化到预算执行、预算外资金、财政信用资金、财政政策等涉及宏观调控方面的问题和财税部门内部控制及管理情况的审计；金融审计由经常性财务收支审计转向同时注重信贷资金审计；基本建设审计由单项决算审计和开工前审计发展到重点工程项目从开工到竣工的全过程审计；农业审计由各地抽审发展到对重点支农资金的经常性审计；企业审计由财务收支合规、合法性审计延伸至检查企业内部控制制度和经济效益，并逐步开展对企业资产负债损益的真实、合法性审计；行政单位从一般经费收支的定期审计向对有资金分配权、有预算外收入和有罚没收入的经济综合管理部门、执法监督部门等单位的重点审计转变，突出专项资金审计。

1985 年起，为治理经济环境，整顿经济秩序，在国务院统一部署下，审计机关和其他部门连续 13 年共同开展一年一度的税收、财务、物价大检查工作，为严肃财经法纪、增加国家财政收入、稳定市场物价、促进经济持续稳定协调发展发挥了重要作用。

社会审计业务不断开拓，至 1993 年，全省建立审计师事务所 120 家，有注册审计师 640 余人，固定从业人员 1130 余人，其中中级以上专业技术职称占 40.8%。审计师事务所共承办审计查证和咨询服务项目 18.4 万个，业务范围涉及城市、乡镇和农村，适应了浙江经济和社会发展的需要。内部审计工作不断巩固、提高，至 1993 年，全省有内部审计机构 2367 个，配备内部审计人员 9250 余人。

1994—2003 年，是浙江审计全面发展阶段。1994 年，《中华人民共和国审计法》正式颁布，并于次年 1 月开始实施，标志着中国国家审计进入了一个新的全面发展阶段。1995 年 4 月，省审计局更名为省审计厅。8 月，省政府出台《浙江省预算执行情况审计监督实施办法》，财政预算执行审计（即“同级审”）成为审计工作的重点。1997 年 10 月，国务院颁布《中华人民共和国审计法实施条例》，审计法规体系逐步健全，依法行政环境不断改善，浙江审计事业在建立社会主义市场经济体制的进程中快速发展。

全省审计机关明确工作思路，创新方式方法，注重工作质量，提高审计水平，在财政审计、经济责任审计、投资审计、环境审计等方面进行创新突破。1996 年起，省审计厅开始每年向省政府提交省级预算执行和全省其他财政收支的审计结果报告，并受省政府委托向省人大常委会作省级预算执行和全省其他财政收支的审计工作报告（简称“两个报告”）。同时，围绕国有企业改制和改革，查处了一大批大案要案，提高了审计工作的震慑力，审计地位和社会影响力逐年提升。浙江省多次在全国审计系统会议和培训班上介绍先进经验，审计署审计长郭振乾、李金华先后到浙江调研。2002 年 7 月 11 日，省委书记张德江到省审计厅调研，充分肯定浙江审计工作在规范经济秩序、防止国有资产流失、预防和惩治经济犯罪等方面做出的积极贡献，要求进一步突出重点，特别是要抓好财政资金、国有资产审计；要积极探索，更好发挥审计监督作用；加强严肃执法，不断提高审计质量；要加强干部队伍建设，着力提高审计人员综合素质。

财政审计持续深化。1996年起，全省审计机关深入贯彻《审计法》，全面实施财政“同级审”。在审计内容上逐步深化，1997年起，着眼于揭示重要问题和倾向性问题，促进加强财政性资金管理，规范和约束财政预算行为；2001年，对综合性财政开展审计，预算分配合理性和财政投资绩效评价开始起步。在审计方式上日益成熟，1997年，实行预算执行审计与专业审计相结合，综合反映审计成果；1999年，预算执行审计强化了外围审计与核心审计的结合、专项资金审计与核心审计的结合、财政财务收支审计与内部控制制度审计的结合；2002年，在完善预算执行审计与专项资金、行业审计相结合的基础上，逐步探索财政决算审计与市县长经济责任审计相结合；至2003年，浙江已初步形成财政“同级审”与“上审下”相结合、“同级审”与专项资金审计相结合、“同级审”与经济责任审计相结合、财政收入审计与财政支出绩效审计相结合的财政审计制度和预算执行审计监督体系。财政“同级审”水平逐年提高，为政府用财、理财提供了依据，为各级人大加强财经监督提供了重要的手段和依据，有效促进人大监督由程序性逐渐向实质性转变。

经济责任审计稳步推进。1996年11月，省委办公厅、省政府办公厅出台《浙江省领导干部经济责任审计办法(试行)》，浙江在全国率先开展地厅级领导干部经济责任审计。1997年12月，省人大常委会颁布《浙江省国有企业经理、厂长离任经济责任审计条例》。省委组织部和省审计厅也相继下发规范性意见，大力推动和规范国有企业领导人员经济责任审计工作。1999年5月，中共中央办公厅、国务院办公厅印发《县级以下党政领导干部任期经济责任审计暂行规定》和《国有企业及国有控股企业领导人员任期经济责任审计暂行规定》，省委、省政府及时出台贯彻执行上述两个经济责任审计暂行规定的若干意见，对党政部门和国有企业领导干部经济责任审计工作进行全面部署。省、市、县三级相继建立了经济责任审计工作联席会议制度，全省审计机关都成立了专司经济责任审计的部门。2000年，省审计厅先后制定《浙江省国有企业和国有控股企业领导人员经济责任审计操作办法》《浙江省党政部门领导干部经济责任审计操作办法》等制度。2001年2月，省委办公厅、省政府办公厅印发《关于进一步做好经济责任审计工作的通知》，经济责任审计工作在浙江全面展开，审计对象扩展至地方党委与政府负责人。2002年，通过对绍兴等12个市县进行经济责任审计扩大试点，总结形成“一线、二评、三权、四制、五指标”①经济责任审计工作思路。审计署先后两次在浙江召开现场会进行推广。

投资审计开始强化。1995年起，投资审计重点逐步由侧重检查资金来源到位情况转向对基建投资管理和使用效益上，审计方式从对各个分散环节的审计转向了基建全过程的审计，揭露了一些建设项目高估冒算、侵占资金、损公肥私的突出问题。1997年，根据审计署《关于加强重点建设项目投资审计与预算执行情况审计有机结合的通知》，开始探索国家建设

---

① 即以财政性资金收支管理运用情况为主线，从有关内控制度和财政性量化指标两个方面进行总体分析评价，围绕市县长经济决策权、经济管理权、经济政策的执行和监督权确定审计重点和审计延伸单位；从财政收入征管制度、重点建设项目的科学决策和执行机制、财政性资金支出监管机制、国有资产管理制度的四项制度建立执行情况入手反映市县长经济管理能力和经济责任，分析财政收入增长率、财政投入增长率、财政负债率、社会保障资金足额发放率和征收率、全社会固定资产投资增长率五个指标对市县长领导经济工作的业绩做出评价。

项目与预算执行情况审计相结合。1998年后，加大对财政性资金投入较大的基础设施项目的审计监督力度，重点建设项目审计成果突出，组织审计试点初见成效，投资绩效审计开始起步，浙东海塘审计、高等级公路审计、农村电网改造审计等项目产生广泛社会影响。2002年7月，《浙江省国家建设项目审计办法》颁布实施，推行国家建设项目必审制，投资审计工作取得突破性进展。

企业审计力度不断加大。1995年起，采取“企业审计配合财政‘同级审’，抓大放小，运用社会审计、内部审计力量扩大覆盖面”的方法，初步形成国有企业审计定期分批监督制度。之后，着重对中央企业、改制企业尤其是省政府授权经营企业集团和亏损企业进行审计，重点查处和揭露了一批国有资产流失、财务信息失真等问题，通过查处省国际信托投资公司、省供销社、省《改革月报》集团等大案要案，社会反响巨大，极大地提高了审计地位和威慑力。2002年，省审计厅首次统一组织社会中介机构，对省本级授权经营企业集团进行审计。工作经验在全国企业审计工作会议上作了交流，得到审计署充分肯定并予以推广。

各项行业审计逐步深化。金融审计重点更加突出，在审计内容和审计规范上形成突破。1994年起，金融审计从财务收支审计向资产负债损益全面审计发展，在摸清家底、规范经营、防范金融风险等方面发挥积极作用。1999年，金融机构经济责任审计开始起步，省审计厅先后对省证券公司、省国际信托投资公司、浙江信托投资公司等单位负责人实施了经济责任审计。部分市县审计机关根据当地政府的布置，开展了对地方金融机构负责人经济责任审计工作。农业审计始终围绕党和政府的中心工作展开，省审计厅于1994年、1997年两次开展全省农业综合开发资金同步审计工作。同时组织开展扶贫资金审计、国土资金及其相关专项资金审计、农业投入与农业基金审计、水利专项资金审计、环保资金审计等，促进农业各项专项资金的管理和有效使用。2002年7月，省政府发布《浙江省农村集体经济审计办法》，逐步开展对农村集体经济的审计。外资审计日益规范，1998年，省政府办公厅印发《关于加强外资运用审计工作的通知》，在审计项目管理、审计依据、外资审计方法及审计结果披露等方面逐步形成了一套比较规范的做法，在真实性审计的基础上开展合法性和有效性审计，审计报告从内外有别转变为内外合一、如实披露。

这一阶段，全省审计机关开展“人、法、技”建设①，采取“二化一制”②大力加强审计管理，强化审计质量控制。省审计厅相继制定《审理工作试行办法》《优秀审计项目评比试行办法》《行政执法责任制实施方案》《审计人员执法过错责任追究制度（试行）》等一系列内部管理制度，依法审计理念逐步深入人心，审计工作逐步规范。同时大力加强审计干部队伍建设。引入竞争上岗机制选拔中层领导干部，1996年，省审计厅首次进行“双推双考”③，公开选拔了一批德才兼备、实绩突出的处级领导干部。稳步推进专业技术职务考评工作，1998年10月，审计署、人事部在浙江开展高级审计师资格考评试点，试点成功后，审计署在2002年向全国推

① 指通过知识更新提高审计人员综合素质、健全法制促进审计规范化建设、充分利用计算机提升现代审计技术。

② 即审计执法程序化、审计文书规范化、审计执法责任追究制。

③ “双推”是指组织推荐和群众推荐，“双考”是指考试和考核。

广。重视专业培训和学历提升，实行干部聘任、轮岗交流制度，安排年轻干部下派挂职锻炼，加大复合型审计人才培养力度。在理论研究上，组织完成多项审计署重点科研课题，《环境审计》《中国审计文化研究》等专著填补国内研究空白，在全国产生广泛影响。充分利用内部审计和社会审计的力量。1996 年 4 月，浙江省内部审计协会成立，各市县也相继成立内部审计协会，加强对内审工作的指导和管理，利用内部审计力量，运用内部审计成果，扩大审计监督范围，提高审计工作效率。

2004—2010 年，是浙江审计转型深化阶段。在这一阶段，省委、省政府全面落实“八八战略”，实施“创业富民、创新强省”，浙江改革开放和全面建设小康社会取得重大进展，综合实力大幅提升，经济总量节节攀升。2006 年 10 月 30 日，省委书记习近平到省审计厅调研，高度肯定浙江审计工作，并提出“以审计精神立身、以创新规范立业、以自身建设立信”的总要求。要求审计人员树立对法律的信仰和对法治的崇尚，脚踏实地、扎实苦干、与时俱进、开拓创新；要进一步创新审计工作思路、方法、制度和机制，突出抓好绩效审计，加快推进审计信息化，不断加大审计监督的深度、广度和力度，重视审计成果的充分运用；要进一步加强审计机关干部队伍建设，不断提高管理水平，突出抓好廉政建设生命线，增强审计工作公信力。省审计厅贯彻落实习近平同志的讲话精神，“干在实处，走在前列”，全省审计工作开拓创新，取得较好成果。审计署审计长李金华、刘家义等署领导多次到浙江调研座谈，浙江工作成果得到审计署推广。

这一阶段是审计工作由传统审计向现代审计迈进的战略转型期。全省审计机关以“在服务中实现有效监督、在服务中推进审计转型、在服务中体现审计价值”为工作目标，围绕省委、省政府决策部署，在审计思路上推动“五个转变”①，发挥国家审计维护经济社会健康发展的监督和保障作用。

大力推进全部政府性资金审计。为有效突破审计监督瓶颈，2004 年，浙江提出在抓好财政预算执行审计的基础上，扩大审计覆盖面，把全部政府性资金纳入审计监督范围。横向向政府各类基金、土地出让金、政府负债拓展，纵向向专项资金的使用绩效、政府举债的基本建设项目、国有企业资产的保值增值延伸；财政审计实行一体化运作，做到“六个结合”②；按照“分级管理、分类审计、分步实施”的工作方针，加强制度建设。2007 年，省审计厅出台《关于加强全部政府性资金审计的意见》，规范全部政府性资金审计。2008 年，针对综合预算管理体制改革“三个子”③的要求，省审计厅调研后向省政府提交报告，系统反映“三个子”改革进展情况、存在的问题和困难，提出进一步推进改革的措施建议等。调研报告引起省领导高度重视。根据审计建议，2010 年出台《浙江省政府非税收入管理条例》，将全部政府收入纳入财

---

① 即从偏重于微观层面的审计监督向更加关注宏观层面的审计监督转变；从关注一般预算可用财力向关注全部政府性资金转变；从以真实性、合法性审计为主的审计监督向真实性、合法性、效益性并重的审计监督转变；从以手工账册审计为主要审计手段向以计算机审计为主要审计手段转变；从查出问题、揭露问题向查出问题、揭露问题、促进整改转变。

② 即“同级审”与“上审下”相结合、财政审计与专业审计相结合、财政审计与经济责任审计相结合、财政审计与专项审计调查相结合、财政财务收支审计和绩效审计相结合、财政审计与审计信息化建设相结合。

③ 即“收入一个口子、预算一个盘子、支出一个口子”。

政管理。2010年，浙江在全国审计工作座谈会上就全部政府性资金审计作典型经验介绍。审计署领导认为浙江预算执行审计的做法“在全国具有先导性和紧迫性”。

大力推进经济责任审计。2005年，探索乡镇领导干部经济责任审计，逐步形成从乡镇全部政府性资金绩效审计结果出发，在对乡镇经济工作“问效”的基础上，向乡镇领导干部“问责”的审计新模式。2006年，新修订的《中华人民共和国审计法》增加经济责任审计内容，经济责任审计工作进入一个新的发展阶段。浙江在平湖市试点，探索创新以全部政府性资金审计为主线、以促进科学发展观和正确政绩观落实为目标、以绩效审计理念为核心、以计算机辅助审计软件为平台的市县长经济责任审计新模式，形成“五审五评”①为核心的市县长经济责任审计绩效评价体系，得到审计署肯定并在全国会议上进行经验介绍。2009年，在新昌县和缙云县开展县委书记、县长经济责任同步审计试点，进一步深化审计评价体系。2010年，审计署审计长刘家义对浙江党政领导同步审计的实践探索给予充分肯定。中央经济责任审计工作联席会议办公室多次在浙江召开现场会，推广浙江经济责任审计工作经验。

大力推进宏观服务型绩效审计。2003年起，全省审计机关把绩效审计作为推进审计转型的重要内容。经过两年探索，2005年，省审计厅出台《关于积极探索绩效审计模式的指导意见》，明确浙江构建宏观服务型绩效审计模式的任务和方向。全省审计机关大力创新全部政府性资金审计、政策评价审计、民生民本审计、专项审计及调查、经济责任审计和国家建设项目绩效审计六大类宏观服务型绩效审计，突出对政府及政府部门职责履行情况和资金使用绩效的审计监督。2006年，省审计厅组织部分市、县对“万里清水河道”整治情况进行专项审计调查，将生态效益评价作为重要审计目标，被审计长李金华称为典型的绩效审计。同年，杭州市审计局针对社会各界关心的“免费西湖”政策实施效果，专题对17个景点管理单位开展财务绩效调查。中央电视台、新华社等诸多媒体援引审计结果做了报道，产生了很好的社会影响。2009年，省审计厅出台《浙江省宏观服务型绩效审计管理办法(试行)》，健全绩效审计管理体系，推动宏观服务型绩效审计模式向纵深发展。

坚持民生审计理念。全省审计机关加强对农业、社保、医疗、教育、住房保障、资源环境等民生专项资金的审计力度。如宁波市审计局实施的宁波市城区内河污染治理情况专项审计调查、宁波市2005年度本级财政专项转移支付资金专项审计调查、宁波市出租车管理运营情况专项审计调查等民生审计项目成效明显，先后被评为审计署优秀地方审计项目。通过监督资金规范管理，关注公共项目绩效，大力促进和谐社会建设，审计成果得到各级党委、政府充分肯定，为推动出台相关民生政策提供了决策依据。2004年以来，连续多年组织开展以新型农村合作医疗制度为基本的农村公共卫生工作专项审计调查，审计建议被省政府出台的农村公共卫生和新型农村合作医疗相关政策采纳；2005年对全省住房公积金和其他住房资金开

---

① 即审计全部政府性资金支出结构，评价落实科学发展观、构建和谐社会各项政策执行情况；审计支农、教育、社保、环保与扶持企业等重点支出方向，评价市县长推进政府职能转变、建设公共财政情况；审计大额资金和政府重点项目支出绩效，评价市县长决策科学性、决策绩效和廉洁自律情况；审计全部政府性资金重要管理制度建立健全和执行情况，评价市县长依法行政、贯彻上级政策法规情况和科学管理情况；审计全部政府性资金收支结果，评价市县长政绩和取得政绩所付出的代价，重点评价收支平衡性和是否兼顾当前利益与长远利益，以及发展的协调性和可持续性。

展专项审计调查，审计结果促进了相关管理制度的建立健全。

审计技术不断创新。浙江依托“金审工程”①，快速推进审计信息化建设。2004年，丽水市审计局首创审计管理系统“1拖N”模式②，大幅减少信息化建设成本，被审计署发文向全国推广。2005年，现场审计实施系统安装覆盖全省审计机关一线审计人员，成为现场审计的利器。2007年，浙江全面完成全省审计专网建设，实现署、省、市、县四级审计机关互联互通，成为全国最先完成专网四级互联的省级审计机关。2008年，完成电子数字证书注册中心和接入中心建设，实现审计管理系统与现场审计实施系统之间信息资料交互。2009年，建成覆盖省审计厅本级和11个市审计局的视频会商系统，实现远程会议、培训和点对点的视频会商，并与审计署视频会议系统实现互联，依托“金审工程二期核心应用系统国产化示范项目”，建成国家审计交换中心浙江分中心和各市交换区，形成覆盖部门预算执行、地税、社保、金融、环资、住房公积金、经济责任等多个行业的审计数据分析系统。信息化建设为浙江审计事业的创新发展提供强有力的技术支撑。审计信息化应用也取得丰硕成果，远程审计、联网审计加快推进，完善了“预算跟踪＋联网核查”等计算机审计新模式，计算机审计逐步发展到数据式系统基础审计，优秀应用实例、计算机审计方法不断涌现，审计质量和效率得到大幅度提升。2010年，在长兴县开展的城镇居民基本医疗保险专项审计调查中首次实现“三个突破”③。

审计队伍建设大力加强。省审计厅每年组织多种形式的专题学习和讨论，2009年，厅党组中心组被省委评为“全省县以上党组中心组学习先进集体”，并在省委召开的表彰大会上作典型发言。为加快培养和发现优秀青年审计人才，2009年起举办全省审计青年论坛。同年，省审计厅出台《关于加快建立人才培养机制的意见》，根据审计工作的特点，把全省审计专业人才队伍的培养分为复合型审计人才、专业领军人才、业务骨干人才和青年审计后备人才4个层次，针对四方面专业人才的特点，分层次制订并实施相应的计划予以分类重点培养。在反腐倡廉建设上，按照“试点先行、重点突破、积极稳妥、全面推进”的工作思路，从重点岗位、重点人员和重点环节入手，全面推进审计机关廉政风险机制建设，不断建立健全廉政风险防控机制。

逐步构建适应现代审计要求的审计管理机制，相继出台《浙江省市县长经济责任审计操作指南》《浙江省投资绩效审计操作指南（试行）》《浙江省审计项目评优办法》《浙江省内部审计工作规定》等制度，推动审计工作科学化、规范化发展。加强审计理论建设，积极开展具有前瞻性、基础性、全局性课题的研究，自2004年审计署向全国开展重点课题招标立项以来，至2010年，浙江成为全国6次获得重点课题中标的省份；2010年，参加由审计长刘家义任课题组组长的《中国特色社会主义审计理论研究》重点课题组，完成子课题《关于审计功能研究》。自2005年以来，省审计厅参与省社会科学界联合会（简称“省社科联”）等立项课题达10余项，多个重点课题获得全省“当代浙学论坛”立项。2007年起，结合形势要求和亟待破题的重

① 国家审计信息化建设项目的简称。

② 指将系统部署在地（市）级审计机关，所属区（县）级审计机关只需远程接入终端，即可满足各地使用系统需求。

③ 指首次通过网络实现远程数据式审计，首次对不同地区的数据进行关联对比分析，首次在工作方案中同步下发计算机审计实务指南。

点难点工作，全省审计系统组织开展重点课题招标立项研究，产生了一大批实用性、创新性、指导性强的研究成果，有力推动了全省审计工作的转型发展。

浙江省审计机关自成立以来，紧紧围绕党委与政府工作中心，依法履职尽责，勇于探索创新，审计业务不断拓展，审计质量不断提高，审计基础建设不断加强，审计影响日益扩大。至2010年，全省共有审计机关102个，人员编制2877名，实有人数2745名。共审计117189个单位，查出违纪违规金额2005.86亿元，管理不规范金额5076.48亿元，应上缴财政金额264.10亿元，移送司法纪检机关事项1445件，提交审计工作报告和专报信息8.83万篇，为促进依法行政、推进廉政建设、保障经济社会健康发展做出了积极的贡献。

表 38-0-0-1　　1984—2010 年浙江省审计机关审计成果统计表

年度	审计单位（含调查）（个）	违纪违规金额（万元）	管理不规范金额（万元）	应上缴财政金额（万元）	应减少财政拨款或补贴金额（万元）	应归还原渠道资金金额（万元）	已上缴财政金额（万元）	移送司法纪检机关事项（件）	移送司法纪检机关和有关部门处理人	提交审计工作报告和信息简报（篇）
1984	264	1932		1258	0	0	149	0	0	0
1985	1421	19397		4579	0	0	4081	0	0	0
1986	2821	59779		12444	417	0	8088	12	77	0
1987	3200	61578		17353	1128	3779	14829	6	59	126
1988	3738	64394		14290	2914	3527	16414	7	32	465
1989	4657	94767		27237	2169	0	22019	22	173	599
1990	5077	88011		27049	5867	6208	25834	26	113	546
1991	5837	118929		33211	4576	10074	31016	25	58	670
1992	5593	144151		30179	939	4991	21953	30	53	586
1993	4440	123894		21791	2094	4311	19905	8	14	2899
1994	4297	241583		55052	2320	23612	50876	18	89	3418
1995	4510	309196		49762	1812	11391	43419	21	67	3052
1996	5029	603879		81648	4664	41652	68862	23	73	2956
1997	5157	687294		110484	6125	36599	101633	20	28	3090
1998	4823	953032		79287	5251	77660	73097	48	39	3762
1999	4363	1351519		118016	6080	64301	104942	43	26	4605

续表

年度	审计单位(含调查)(个)	违纪违规金额(万元)	管理不规范金额(万元)	应上缴财政金额(万元)	应减少财政拨款或补贴金额(万元)	应归还原渠道资金金额(万元)	已上缴财政金额(万元)	移送司法纪检机关事项(件)	移送司法纪检机关和有关部门处理人	提交审计工作报告和信息简报(篇)
2000	4329	1908995		85594	5554	132189	75408	71	37	4991
2001	4837	2677585		123520	4052	164745	107523	88	62	4980
2002	5221	1478041		125253	6357	57152	90752	83	13	204
2003	5177	1368230	2731286	153111	12880	239960	92179	107	86	4062
2004	5181	1233256	3506135	171391	26324	149144	86058	162	145	4534
2005	4733	1294522	5408857	251431	46271	97140	231521	142	219	5309
2006	5031	1604099	4654014	318989	60067	421919	94256	120	117	6447
2007	4453	1463001	9695744	160843	47008	365782	119037	119	125	7042
2008	4495	1196579	8573564	186370	52986	206942	149126	64	123	8486
2009	4270	547231	6184585	89204	31066	59299	57896	76	121	7538
2010	4235	363681	10010593	291629	35780	175887	237713	104	120	7947
合计	117189	20058555	50764778	2640975	374701	2358264	1948586	1445	2069	88314

资料来源：浙江省审计厅档案室。

说明：审计机关成立以来，统计口径几经变更。其中：审计单位数，1984—1987 年为审计项目数，1988 年(含)以后为审计单位数；违纪违规金额，1984—1997 年为违纪金额，1998 年(含)以后为违规金额；管理不规范金额自 2003 年开始统计。

第一章　机构与队伍建设

1982年12月，第五届全国人民代表大会第五次会议通过的《中华人民共和国宪法》规定，国务院和县以上地方各级人民政府设立审计机关，依法独立行使审计监督权。1983年4月，浙江省首个县级审计机关——永康县审计局成立；8月，首个地级市审计机关——湖州市审计局成立。12月，中共浙江省委批准成立浙江省审计局（简称省审计局）。根据《中华人民共和国审计法》（简称《审计法》）规定，浙江省各级审计机关分别在本级人民政府行政首长和上一级审计机关的领导下，负责本行政区域内的审计工作。对本级人民政府和上一级审计机关负责并报告工作，审计业务以上级审计机关领导为主。地方各级审计机关负责人的任免，应当事先征求上一级审计机关的意见。

至2010年，全省共有102个审计机关，包括浙江省审计厅（简称省审计厅）、11个设区市审计局和90个县（市、区）审计局。人员编制2877名，实有人数2745名。其中，行政编制2230名，实有人数2303名；事业编制647名，实有人数442名。

全省审计机关贯彻落实党的方针政策，坚持审计业务和队伍建设两手抓，重视提升干部队伍整体素质，促进干部队伍科学化、规范化发展。至2010年，全省审计机关共有中共党员1983人；具有中级专业职称1243人，高级专业职称398人；大专以上文化程度2520人，其中研究生152人。至2010年，全省审计机关共获得省部级以上荣誉表彰35项。

第一节　机构设置

1983年12月，浙江省审计局成立，并在1995年机构改革中改称为“浙江省审计厅”。至2010年，全省共成立102个审计机关，包括省审计厅、11个设区市审计局和90个县（市、区）审计局。

一、基本职责

省级审计机关自成立以来，其主要职责经过数次调整。1995年《审计法》实施以后，当年12月，省政府办公厅发文明确省审计厅为省政府组成部门，是省政府的审计机关。其主要职责是：

1. 组织领导全省的审计工作，研究制订本省审计工作的长远规划、年度计划，确定审计工作重点，制定审计业务规章制度，培训审计人员，组织行业和专项资金的同步审计。

2. 直接进行下列审计:(1)省级财政预算执行情况和其他财政收支。(2)省政府各部门和接受省财政拨款单位的财政、财务收支及其他资金使用效益。(3)省各部门(含直属单位)和下级政府预算外财政资金的收支管理和使用效益。(4)下级政府的财政收支。(5)省属地方金融、保险机构和非银行金融机构及分支机构的资产、负债、损益情况和信贷计划及执行结果。(6)省属经济实体和省级主管部门所属及归口管理、财务单列经济实体的财务收支及其经济效益和国有资产的保值、增值。(7)省固定资产投资项目的资金来源、使用情况和投资效益。(8)省政府各部门管理的社会团体、受政府委托管理的社会基金、社会捐献基金、资金的财务收支。(9)省政府各部门、省属地方金融机构和下级政府借用的国外资金和使用的国外援助资金。(10)省级政府授权的计划、金融部门以及证券主管部门对社会集资、债券发行的审批情况和证券经营单位的金融活动情况。(11)其他法律、行政法规规定应当由审计机关进行审计的事项。

3. 根据审计署授权对国家金融、保险企业、非银行金融机构和浙江的中央企事业单位进行审计。

4. 根据需要,对市(地)、县(市、区)审计机关管辖范围内的重大审计事项进行直接审计;必要时,对省以下各级审计机关审计的单位进行抽审。

5. 处理地方被审计单位对市(地)级审计机关审计决定的申诉。

6. 协同市(地)党委办理市(地)级审计机关负责人的任免事项。

7. 对审计中发现宏观管理方面的问题进行专项审计,对与国家财政收支有关的特定事项,向有关地方、部门、单位进行专项审计调查,报告审计调查结果,并向省政府和审计署反映情况,提出建议。

8. 对社会审计机构进行指导、监督和管理。

9. 对政府部门、企事业组织的内部审计机构进行业务指导和监督。

10. 承办省政府和国家审计署交办的其他审计事项。

2000年8月,实行机构改革,省政府办公厅再次发文,对省审计厅部分主要职责进行调整:

1. 组织实施国家审计方针政策、法律法规;受委托研究起草有关审计行政管理的地方性审计政策、法规和规章制度,经审议通过后组织实施。组织指导、协调监督各级审计机关的业务。

2. 向省政府报告和向省人民政府有关部门通报审计情况,提出制定和完善有关政策法规、宏观调控措施的建议。

3. 根据《中华人民共和国审计法》的规定,直接进行下列审计:(1)省级财政预算执行情况和其他财政收支。(2)省政府各部门事业单位及下属单位的财政拨款单位的财务收支。(3)省直属企业的财务收支、省本级重点建设项目的工程预算执行情况和决算。(4)市人民政府和部分县(市、区)人民政府的预算执行情况和决算。(5)省属地方金融、保险机构和非银行金融机构资产、负债、损益情况。(6)省人民政府部门管理的和受省人民政府委托社会团体管理的社会保障基金、环境保护资金、社会捐献基金以及其他有关基金、资金的财政财务收支。

(7)国际组织和外国政府援助、贷款项目的财务收支。(8)其他法律法规规定应当由审计厅进行审计的事项。

4. 承担审计署授权对国家金融、保险企业、非银行金融机构和中央企事业单位的审计事项。

5. 向省政府提交省级预算执行情况的审计结果报告;受省人民政府委托代拟向省人大常委会提出省级预算执行情况和其他财政收支审计工作报告。

6. 组织实施对贯彻执行根据财经方针政策和宏观调控措施情况的行业审计、专项审计和审计调查;依法受理被审计单位对审计机关审计决定的复议申请。

7. 负责省本级经济责任审计;组织、指导下级审计机关进行经济责任审计。

8. 必要时,对下级审计机关管辖范围内的重大审计事项进行直接审计和对下级审计机关审计的单位进行抽审。

9. 与市(地)人民政府(行署)共同领导市(地)审计机关,协同办理市(地)审计机关负责人的任免事项。

10. 组织对省重点国有企业和重点建设项目的审计监督。

11. 组织实施对内部审计的指导与监督;监督社会审计组织的审计业务质量,组织全省审计专业人员的业务培训。

12. 承办省政府和国家审计署交办的其他审计事项。

2009 年 10 月,省政府办公厅发文,调整省审计厅对社会审计机构审计业务质量的监督范围,不再核查社会审计机构对审计机关监督对象以外的单位出具的相关审计报告。加强对全部政府性资金使用绩效、经济责任、政府投资建设项目、环境保护和资源能源、社会保障资金、文化教育资金的审计职责。调整后的主要职责:

1. 负责对省级财政收支和法律法规规定属于审计监督范围的财务收支的真实、合法和效益进行审计监督。对审计、专项审计调查和核查社会审计机构相关审计报告的结果承担责任,并负有督促被审计单位整改的责任。

2. 起草有关审计行政管理的地方性法规、规章草案,经审议通过后组织实施。制定并组织实施全省审计工作发展规划和专业领域审计工作规划,制订并组织实施年度审计计划。参与起草财政经济及其相关的地方性法规、规章草案。对直接审计、调查和核查的事项依法进行审计评价,做出审计决定或提出审计建议。

3. 负责向省政府和审计署提出年度省级预算执行和其他财政收支情况的审计结果报告。受省政府委托向省人大常委会提出省级预算执行和其他财政收支情况的审计工作报告、审计发现问题的纠正和处理结果报告。向省政府报告对其他事项的审计和专项审计调查情况及结果。依法向社会公布审计结果。向省政府有关部门和设区的市人民政府通报审计情况和审计结果。

4. 负责直接审计下列事项,出具审计报告,在法定职权范围内做出审计决定或向有关主管机关提出处理处罚的建议:(1)省级预算执行情况和其他财政收支,省级各部门(含直属单位)预算的执行情况、决算和其他财政收支。(2)设区的市人民政府预算的执行情况、决算和其他财政收支，省级财政转移支付资金。(3)使用省级财政资金的事业单位和社会团体的财务收支。(4)省级投资和以省级投资为主的建设项目的预算执行情况和决算。(5)省级国有企业和金融机构、省政府规定的省级国有资本占控股或主导地位的企业和金融机构的资产、负债和损益。(6)省政府部门管理的和受省政府及其部门委托由其他单位管理的社会保障基金、社会捐赠资金及其他有关基金、资金的财务收支。(7)国际组织和外国政府援助、贷款项目的财务收支。(8)法律、行政法规规定应由省审计厅审计的其他事项。

5. 负责按规定对省管领导干部及依法属于省审计厅审计监督对象的其他单位主要负责人实施经济责任审计。

6. 负责对财经法律、法规、规章、政策和宏观调控措施执行情况、省级财政收支有关的特定事项组织专项审计调查。

7. 负责依法检查审计决定执行情况，督促纠正和处理审计发现的问题，依法办理被审计单位对审计决定提请行政复议、行政诉讼或省政府裁决中的有关事项。协助配合有关部门查处相关重大案件。

8. 指导和监督内部审计工作，核查社会审计机构对依法属于审计监督对象的单位出具的相关审计报告。

9. 负责与设区的市人民政府共同领导当地审计机关。依法领导和监督市、县(市、区)审计机关的业务，组织市、县(市、区)审计机关实施特定项目的专项审计或审计调查，纠正或责成纠正市、县(市、区)审计机关违反国家规定做出的审计决定。按照干部管理权限协管设区的市审计机关负责人。

10. 承担审计署授权的审计事项。

11. 承办省政府交办的其他事项。

二、省级审计机构

(一)机构建立及历任主要负责人

1983年12月，中共浙江省委批准建立浙江省审计局。

1984年10月，中共浙江省委批准成立浙江省审计局党组。

1995年5月，浙江省审计局改称为“浙江省审计厅”，浙江省审计局党组改称为“浙江省审计厅党组”。

表 38-1-1-1　　1983—2010 年浙江省审计厅(局)历任主要负责人情况表

职　　务	姓　　名	任职时间
省审计局局长	张升耀	1983-12—1995-04
省审计局党组书记		1984-10—1995-05
省审计厅厅长	陈正兴	1995-04—2004-01
省审计厅党组书记		1995-05—2003-12
省审计厅党组书记	谢力群	2003-12—2010-03
省审计厅厅长		2004-01—2010-03
省审计厅党组书记、厅长	陈荣高	2010-12—

资料来源:浙江省审计厅档案室。

(二)内设机构

1984 年 3 月,省审计局设审计一处(负责财政金融审计)、审计二处(负责工业交通审计)、审计三处(负责商粮外贸审计)、审计四处(负责基本建设审计)和办公室 5 个职能处室,暂定编制 50 名。

1985 年 9 月,增设人事教育处、综合处、审计五处(负责外资审计)。

1986 年 8 月,增设中央单位审计处(负责在浙中央部属企事业单位审计)。

1987 年 2 月,增设审计六处(负责行政事业单位审计)。

1988 年 9 月,增设审计事务管理处。

1989 年 6 月,设立总审计师室,实行总审计师负责制(不作为处级建制);将原审计一处改为财政金融审计处,审计二处改为工业交通审计处,审计三处改为商粮外贸审计处,审计四处改为农林文教审计处,审计六处改为行政事业审计处;设立基本建设审计处、外资运用审计处;撤销审计五处、中央单位审计处。

1990 年 8 月,设立省审计局驻省城乡建设厅审计处、省审计局驻省商业厅审计处,作为省审计局的派出机构;9 月,增设法制处;12 月,撤销财政金融审计处,设立财政审计处、金融审计处;撤销农林文教审计处、行政事业审计处,设立农林文教行事审计处。

1995 年 12 月,省审计厅设置 13 个职能处室和机关党委,行政编制为 200 名(含后勤服务人员编制 17 名)。内设机构调整为办公室、综合处、法规处、财政审计处、金融审计处、行政事业审计处、工业交通审计处、商贸审计处、固定资产投资审计处、农业审计处、外资运用审计处、审计管理处、人事教育处、机关党委。

2000 年 8 月,省审计厅设置 12 个职能处室和机关党委,编制 131 名(含后勤服务人员编制 17 名)。内设机构调整为办公室、法规处、财政审计处、金融审计处、行政事业审计处、经贸审计处、外资运用审计处、农业与资源环保审计处、社会保障审计处、固定资产投资审计处、经济责任审计处、人事教育处、机关党委。

2007年10月，撤销直属审计局、农业与资源环保审计处，设立文化教育审计处、环境资源审计处、农业审计处。

2009年10月，省审计厅设置16个职能处室和机关党委，编制144名(含后勤服务人员编制17名)，其中厅领导职数6名，处级领导职数48名(含机关党委专职副书记1名)。内设机构调整为办公室、法规处、财政审计处、行政事业审计处、文化教育审计处、金融审计处、经贸审计处、外资审计处、农业审计处、环境资源审计处、社会保障审计处、固定资产投资审计一处、固定资产投资审计二处、经济责任审计一处、经济责任审计二处、人事处、机关党委。

至2010年，省审计厅内设机构和编制未再变动。

(三)直属机构

1984年6月，浙江省审计科研培训中心(以下简称省审计科研培训中心)成立，为省审计局直属事业单位，其主要职能是承担审计理论及技术研究，组织学术交流出版及发行审计刊物等工作。编制20名。

1986年8月，省审计科研培训中心更名为浙江省审计科研培训所(以下简称省审计科研培训所)。

1987年9月，成立浙江省审计事务所(以下简称省审计事务所)，为省审计局直属自收自支事业单位，编制5名。12月，省审计科研培训所增加编制15名，连同原定编制共35名。

1993年2月，省审计科研培训所更名为省审计科学研究所(以下简称省审计科研所)，培训职能划归省审计局人事教育处；浙江省审计事务所更名为浙江省审计师事务所(以下简称省审计师事务所)。12月，成立浙江越信会计师事务所，为省审计局直属自收自支事业单位。

1999年12月，撤销省审计师事务所。

2000年1月，撤销浙江越信会计师事务所；8月，成立省审计厅直属审计局(以下简称直属审计局)，为省审计厅直属正处级事业单位，其主要职能是对以垂直管理为主的省工商、地税、质量技术监督等部门以及部分省属重点国有企业、高等院校的财务收支进行审计监督。人员依照国家公务员制度进行管理，编制20名。

2003年10月，成立浙江省审计干部培训中心(以下简称省审计干部培训中心)，为省审计厅直属事业单位，负责全省审计干部的培训工作。编制5名，从省审计科研所划转。所需经费由省财政适当补助，编制调整后，省审计科研所编制由35名核减为30名。11月，直属审计局定为监督管理类事业单位。省审计科研所、省审计干部培训中心定为社会公益类纯公益性事业单位。

2004年7月，成立省审计厅计算机审计中心(以下简称计算机审计中心)，为省审计厅直属监督管理类事业单位，其主要职能是运用计算机技术开展计算机审计工作，推广使用审计管理信息化系统和审计实施信息化系统，指导浙江省"金审工程"的建设和管理。编制6名，人员参照《中华人民共和国公务员法》进行管理。所需编制从省审计科研所划转，经费由省财政适当补助。机构规格相当于县处级。编制调整后，省审计科研所编制由30名核减为

24 名。

2006 年 12 月，直属审计局调整为省审计厅直属的县处级行政机构，核定行政编制 20 名，原核定的 20 名事业编制予以核销。

至 2010 年，省审计厅共有 3 个直属机构，事业编制 35 名（其中参照《公务员法》管理 6 名）。其中，计算机审计中心属监督管理类事业单位，人员参照《公务员法》进行管理。省审计科研所和省审计干部培训中心属纯公益事业单位。

三、市级和县级审计机构

1983 年 4 月，永康县审计局成立，是浙江省首个成立的县级审计机关。8 月，湖州市审计局成立，是浙江省首个成立的地市级审计机关。

1984 年 8 月，杭州市审计局成立，至此，全省 11 个地市级审计机关全部成立。

1986 年 7 月，宁波市江东区审计局成立，至此，全省 94 个省、市、县三级审计机关全部成立。

此后，全省行政区划几经调整，至 2010 年，全省共有 102 个审计机关，包括省审计厅、11 个设区市审计局和 90 个县（市、区）审计局。

表 38-1-1-2　　1983—2010 年浙江省各级审计机构成立情况一览表

地区	审计机构名称	成立时间	备　注
省厅	浙江省审计厅	1983 年 12 月 13 日	1983 年 12 月 13 日成立浙江省审计局，1995 年 11 月 23 日更名为浙江省审计厅。
杭州	杭州市审计局	1984 年 8 月 25 日	
	上城区审计局	1985 年 11 月 26 日	
	下城区审计局	1986 年 3 月 21 日	
	江干区审计局	1986 年 7 月 4 日	
	拱墅区审计局	1986 年 3 月 11 日	1986 年 3 月 11 日成立拱墅区审计局；1984 年 4 月 19 日成立半山区审计局；1990 年 2 月 20 日撤销拱墅区、半山区，设立新的拱墅区，同年 3 月 10 日成立新的拱墅区审计局。
	西湖区审计局	1986 年 2 月 27 日	
	高新技术产业开发区（滨江）审计局	1997 年 7 月 18 日	1997 年 7 月 18 日成立滨江区审计局，2002 年 8 月 1 日更名为高新技术产业开发区（滨江）审计局。
	萧山区审计局	1984 年 2 月 6 日	1984 年 2 月 6 日成立萧山县审计局，1988 年 1 月更名为萧山市审计局，2001 年 3 月更名为萧山区审计局。

续表 1

地区	审计机构名称	成立时间	备　　注
杭州	余杭区审计局	1984 年 1 月 23 日	1984 年 1 月 23 日成立余杭县审计局，1994 年 5 月 20 日更名为余杭市审计局，2001 年 3 月更名为余杭区审计局。
	桐庐县审计局	1983 年 12 月 25 日	
	淳安县审计局	1984 年 1 月 2 日	
	建德市审计局	1983 年 12 月 31 日	1983 年 12 月 31 日成立建德县审计局，1992 年 4 月更名为建德市审计局。
	富阳市审计局	1984 年 1 月 28 日	1984 年 1 月 28 日成立富阳县审计局，1994 年 3 月更名为富阳市审计局。
	临安市审计局	1984 年 1 月 23 日	1984 年 1 月 23 日成立临安县审计局，1996 年 10 月 28 日更名为临安市审计局。
宁波	宁波市审计局	1984 年 8 月 6 日	
	余姚市审计局	1984 年 2 月 1 日	
	慈溪市审计局	1984 年 1 月 24 日	1984 年 1 月 24 日成立慈溪县审计局，1988 年 11 月 19 日更名为慈溪市审计局。
	奉化市审计局	1984 年 2 月 15 日	1984 年 2 月 15 日成立奉化县审计局，1988 年 11 月 18 日更名为奉化市审计局。
	宁海县审计局	1984 年 2 月 19 日	
	象山县审计局	1984 年 2 月 21 日	
	鄞州区审计局	1984 年 6 月 22 日	1984 年 6 月 22 日成立鄞县审计局，2002 年 4 月 12 日更名为鄞州区审计局。
	海曙区审计局	1985 年 7 月 25 日	
	江东区审计局	1986 年 7 月 16 日	1986 年 7 月成立时和财政局合署办公，1989 年脱离区财政局独立办公。
	江北区审计局	1986 年 6 月 6 日	
	镇海区审计局	1984 年 2 月 11 日	1984 年 2 月 11 日成立镇海县审计局，1985 年 9 月更名为镇海区审计局。
	北仑区审计局	1985 年 11 月 5 日	1985 年 11 月 5 日成立滨海区审计局，1987 年 7 月更名为北仑区审计局。

续表 2

地区	审计机构名称	成立时间	备　注
温州	温州市审计局	1984 年 7 月 16 日	
	鹿城区审计局	1985 年 7 月 27 日	
	龙湾区审计局	1985 年 4 月 1 日	
	瓯海区审计局	1984 年 9 月 27 日	1984 年 9 月 27 日成立瓯海县审计局，1992 年 3 月 9 日更名为瓯海区审计局。
	乐清市审计局	1984 年 2 月 3 日	1984 年 2 月 3 日成立乐清县审计局，1993 年 9 月 18 日更名为乐清市审计局。
	瑞安市审计局	1984 年 7 月 5 日	1984 年 7 月 5 日成立瑞安县审计局，1987 年 7 月 1 日更名为瑞安市审计局。
	永嘉县审计局	1985 年 1 月 9 日	
	洞头县审计局	1985 年 3 月 14 日	
	文成县审计局	1984 年 3 月 21 日	
	平阳县审计局	1984 年 3 月 21 日	
	泰顺县审计局	1984 年 4 月 15 日	
	苍南县审计局	1984 年 9 月 1 日	
湖州	湖州市审计局	1983 年 8 月 21 日	
	长兴县审计局	1984 年 4 月 4 日	
	德清县审计局	1984 年 2 月 12 日	
	安吉县审计局	1984 年 4 月 12 日	
	吴兴区审计局	2008 年 5 月 20 日	
	南浔区审计局	2008 年 3 月 21 日	
嘉兴	嘉兴市审计局	1983 年 10 月 9 日	
	南湖区审计局	2000 年 5 月 28 日	2000 年 5 月 28 日成立秀城区审计局，2005 年 5 月更名为南湖区审计局。
	秀洲区审计局	1990 年 8 月 10 日	1990 年 8 月 10 日成立嘉兴市郊区审计局，1999 年 6 月 24 日更名为秀洲区审计局。
	嘉善县审计局	1984 年 2 月 25 日	

续表 3

地区	审计机构名称	成立时间	备　注
嘉兴	平湖市审计局	1984 年 2 月 26 日	1984 年 2 月 26 日成立平湖县审计局，1991 年 6 月 28 日更名为平湖市审计局。
	海盐县审计局	1984 年 3 月 24 日	
	海宁市审计局	1984 年 3 月 2 日	1984 年 3 月 2 日成立海宁县审计局，1986 年 11 月更名为海宁市审计局。
	桐乡市审计局	1984 年 2 月 18 日	1984 年 2 月 18 日成立桐乡县审计局，1993 年 3 月 26 日更名为桐乡市审计局。
绍兴	绍兴市审计局	1983 年 9 月 28 日	
	越城区审计局	2000 年 8 月 30 日	
	柯桥区审计局	1983 年 12 月 14 日	
	上虞市审计局	1984 年 4 月 11 日	1984 年 4 月 11 日成立上虞县审计局，1992 年 8 月更名为上虞市审计局。
	诸暨市审计局	1984 年 3 月 11 日	1984 年 3 月 11 日成立诸暨县审计局，1989 年 9 月更名为诸暨市审计局。
	嵊州市审计局	1984 年 10 月 1 日	1984 年 10 月 1 日成立嵊县审计局，1995 年 12 月更名为嵊州市审计局。
	新昌县审计局	1984 年 3 月 15 日	
金华	金华市审计局	1984 年 5 月 10 日	1984 年 5 月 10 日成立金华地区审计局；1985 年 5 月，金华、衢州分设，同年 7 月 6 日，撤销金华地区审计局，成立金华市审计局。
	婺城区审计局	1983 年 12 月 5 日	1983 年 12 月 5 日成立金华市审计局(县级局)，1986 年 6 月更名为金华县审计局，2001 年 3 月更名为婺城区审计局。
	金东区审计局	2001 年 3 月 19 日	
	兰溪市审计局	1984 年 2 月 1 日	1984 年 2 月 1 日成立兰溪县审计局，1985 年 6 月更名为兰溪市审计局。
	东阳市审计局	1983 年 7 月 8 日	1983 年 7 月 8 日成立东阳县审计局，1988 年 8 月 11 日更名为东阳市审计局。
	义乌市审计局	1984 年 3 月 19 日	1984 年 3 月 19 日成立义乌县审计局，1988 年 8 月更名为义乌市审计局。

续表 4

地区	审计机构名称	成立时间	备　　注
金华	永康市审计局	1983 年 4 月 9 日	1983 年 4 月 9 日成立永康县审计局，1992 年 8 月 24 日更名为永康市审计局。
	武义县审计局	1984 年 3 月 8 日	
	浦江县审计局	1984 年 3 月 7 日	
	磐安县审计局	1983 年 11 月 1 日	
衢州	衢州市审计局	1983 年 12 月 5 日	1983 年 12 月 5 日成立时属县级局，1985 年 5 月金华、衢州分设后升格为地级局。
	柯城区审计局	2002 年 5 月 29 日	
	衢江区审计局	1986 年 7 月 1 日	1986 年 7 月 1 日成立衢县审计局，2001 年 12 月 10 日更名为衢江区审计局。
	龙游县审计局	1983 年 12 月 5 日	
	江山市审计局	1984 年 1 月 12 日	1984 年 1 月 12 日成立江山县审计局，1987 年 11 月 27 日更名为江山市审计局。
	常山县审计局	1984 年 3 月 17 日	
	开化县审计局	1984 年 2 月 29 日	
舟山	舟山市审计局	1984 年 6 月 11 日	1984 年 6 月 11 日成立舟山地区审计局，1987 年舟山撤地建市后更名为舟山市审计局。
	定海区审计局	1984 年 3 月 8 日	1984 年 3 月 8 日成立定海县审计局，1987 年 3 月更名为定海区审计局，1994 年 7 月更名为舟山市审计局定海区分局，同年 11 月并入舟山市审计局，2001 年 8 月，定海区审计局恢复单设。
	普陀区审计局	1984 年 8 月 8 日	1984 年 8 月 8 日成立普陀县审计局，1987 年 3 月更名为普陀区审计局。
	岱山县审计局	1984 年 3 月 3 日	
	嵊泗县审计局	1984 年 3 月 7 日	
台州	台州市审计局	1984 年 6 月 25 日	1984 年 6 月 25 日成立台州地区审计局，1994 年台州撤地建市后更名为台州市审计局。

续表5

地区	审计机构名称	成立时间	备　注
台州	椒江区审计局	1984年5月29日	1984年5月29日成立椒江市审计局，1994年11月22日更名为椒江区审计局。
	黄岩区审计局	1984年4月26日	1984年4月26日成立黄岩县审计局，1989年11月7日更名为黄岩市审计局，1994年10月18日更名为黄岩区审计局。
	路桥区审计局	1994年12月8日	
	临海市审计局	1984年3月3日	1984年3月3日成立临海县审计局，1986年4月21日更名为临海市审计局。
	温岭市审计局	1984年2月7日	1984年2月7日成立温岭县审计局，1994年5月更名为温岭市审计局。
	玉环县审计局	1984年1月26日	
	天台县审计局	1984年3月15日	
	仙居县审计局	1984年5月6日	
	三门县审计局	1984年9月18日	
丽水	丽水市审计局	1984年7月27日	1984年7月27日成立丽水地区审计局，2000年丽水撤地建市后更名为丽水市审计局。
	莲都区审计局	1984年1月26日	1984年1月26日成立丽水市审计局(县级局)，2000年7月19日更名为莲都区审计局。
	龙泉市审计局	1984年7月13日	1984年7月13日成立龙泉县审计局，1990年12月更名为龙泉市审计局。
	青田县审计局	1984年3月26日	
	云和县审计局	1984年2月17日	
	庆元县审计局	1984年3月10日	
	缙云县审计局	1984年2月1日	
	松阳县审计局	1984年3月7日	
	遂昌县审计局	1984年2月11日	
	景宁县审计局	1984年10月8日	

资料来源：本表据各地审计局报送的资料整理。

第二节 干部队伍

审计机关组建以后，以选调、招考等方式充实审计干部队伍，优化干部队伍结构，通过专业培训、技能培训和学历知识教育，提升干部队伍综合素质，为审计工作提供人才保障。

一、人事管理

人事工作主要负责审计机关及其直属单位的机构编制、人事管理、离退休人员管理等工作；组织指导全省审计系统的教育培训、专业技术资格考评；协助党委组织部门共同管理下级审计机关负责人。

（一）干部招录及任用

1983年起，全省各级审计机关陆续成立并开始组建审计队伍，选调一批具有较高政策水平、熟悉财务会计和经济工作的业务骨干到审计机关工作。至1985年，全省审计机关共选调干部、职工587人，其中省审计局51人。1996年起，省审计厅新招录公务员全部实行公开招考。2007年起，省审计厅对事业单位新进人员实行公开招聘。

同时，省审计厅通过干部公选和竞争上岗等，提拔具有较高政治和业务素质的干部到处级领导干部岗位，优化干部队伍年龄、知识结构。1996年，省审计厅结合机构改革，在厅机关首次进行公开推荐和考试考核相结合的方式选拔副处级领导干部和正科级处长助理。通过报名、资格审查、笔试、面试、民意测验、考察、公示、党组研究等程序，提拔了8名副处长和2名正科级处长助理。2000年9月机构改革，对处级领导干部实行述职定岗和竞争上岗。全省各级审计机关也普遍采用竞争上岗、双向选择、轮岗交流等方式选拔任用领导干部。2010年，省审计厅出台《关于进一步规范干部人事工作的意见》，重点对处级干部选拔任用工作进一步规范。

（二）干部交流与基层锻炼

省审计厅将干部轮岗交流作为培养复合型干部的重要手段，重视后备干部和年轻干部的交流和基层锻炼。2000年9月机关机构改革中，对处以下干部实行双向选择、轮岗交流。此后，轮岗交流逐渐制度化、规范化。同时，推动干部下派基层锻炼常态化。至2010年，厅机关共下派锻炼中青年干部65人次。其中24名各类学校分配进厅机关的毕业生到市县审计局锻炼，18名到其他企事业单位锻炼，9名处科级干部到基层审计机关挂职，2名到基层相关单位挂职，12名到县（市、区）、乡镇挂职。通过基层锻炼，增加下派干部基层工作经历，提高组织协调和领导能力。

（三）部门和干部考核

2000年，省审计厅制定《工作人员考核实施办法（试行）》，强化奖惩激励机制，加强内部管理，促进提高工作水平。2002年，制定《部门目标管理考核办法（试行）》，对厅机关各部门实行多层面分类量化考核。此后，根据工作目标考核要求，对考核办法进行多次修订，发挥考核指挥棒对审计工作的引领作用。

二、专业化建设

全省审计机关成立以来，重视围绕审计工作中心和重点难点问题，以干部需求为导向，组织对干部的教育培训和专业化培养，提高审计干部政治素质和业务素质，培养高素质复合型审计人才。

（一）业务培训

至2010年，省审计厅统一组织全省性各类业务培训150余期，促进了审计专业化建设。

1. 基础知识和专业技能培训。省审计厅负责组织全省性审计业务培训，每年年初制订培训计划，根据不同业务需求，通过举办培训班、专题讲座、考前辅导等形式，指导审计业务，加快知识更新，交流审计经验。各市审计局负责组织当地审计干部的业务培训和集中整训。1992年起，省审计厅还组织开展审计专业技术资格考试培训，至2010年连续举办20余期考前培训班。1994年，省审计厅印发《关于开展计算机审计培训的几点意见》，至2010年，先后举办计算机审计骨干培训班、计算机审计普及培训班、计算机应用能力培训和考试、计算机技能中级培训班、数据分析专项培训班、联网审计研讨班等45期，参加培训人员2100余人次，培养了一大批计算机审计复合型人才。

2. 岗位资格培训和考试。至2010年，省审计厅根据审计署有关要求，共开展两次全省审计干部岗位资格培训和考试工作。第一次是1992—1994年，对9门审计课程实行全省同步培训，组织统一考试。第二次是2001—2002年，组织全省2000多名审计干部开展岗位资格培训和考试，合格率达90%。两次全省性的全员岗位资格培训，推动审计干部掌握岗位技能，加快知识更新，促进提升审计干部综合素质。

3. 领导干部培训。1993—2010年，省审计厅举办17期审计局长培训班。培训课程包括政治理论、廉政建设、审计知识和业务基础、审计法规等。培训的方式采取课堂教学、专题讲座、讨论交流、实地考察等形式。

1995—2010年，省审计厅举办处级以上干部培训班、读书会20余期，培训内容主要结合形势发展和审计工作要求，学习政治理论，总结交流工作。培训形式一般采用专家讲座、分组讨论、专题发言等形式。

（二）专业职称考试

1992年，审计署、人事部印发《审计专业技术资格考试暂行规定》，审计专业技术资格实行全国统一考试制度。浙江省审计专业技术资格考试工作由省审计厅和省人事厅共同组织，至 2010 年，全省有 1600 多名审计干部通过考试取得审计师等中级专业技术资格，其中省审计厅本级通过考试获得中级以上专业技术资格有 135 人。

1998 年 10 月，审计署、人事部在浙江开展高级审计师资格考评试点。1999 年 3 月，浙江省开始组建高级审计师资格评审委员会，对 1998 年度通过高级审计师资格考试的申报人员进行评审，共有 15 名审计人员获得首批考评结合高级审计师专业技术资格。2003 年起，省人事厅、省审计厅转发人事部审计署《高级审计师资格评价办法（试行）》，正式试行高级审计师资格考评结合工作，并组建高级审计师资格评审委员专家库，每年召开高级审计师资格评审会议，对通过全国高级审计师资格考试的申报人员进行评审。至 2010 年，全省共有 328 人通过高级审计师资格评审取得任职资格。

（三）学历教育

省审计厅鼓励干部利用业余时间参加学历教育，由单位承担部分或全部学费。市县审计机关也采取相应的措施和政策，推动干部提高专业学历。1986—1988 年，省审计局与省广播电视大学联合举办审计专业大专班，为省审计局本级和市县审计机关定向培养专业干部。

1985 年，全省审计干部队伍中中专以上学历的干部不足 48%，大专和大学本科毕业只有 72 人。至 2010 年，全省审计机关有超过半数的干部在职参加高等院校和党校的业余学历教育，并取得相应学位和学历。专业内容包括政治、行政管理、公共管理、工商管理、审计、会计、中文、法律等。审计干部学历水平大幅提高，大专以上学历人员比例提升至 91.8%，其中在职研究生 67 名，硕士研究生 83 名，博士研究生 2 名。

第三节 廉政建设

1984 年，省审计局设立党的纪律检查组（以下简称纪检组）。1986 年，向全省审计机关转发首个纪检工作文件《省局纪检组一九八六年纪检工作要点》。1998 年，全省各市审计局基本设立纪检组或配备专、兼职纪检监察干部。至 2010 年，全省审计机关已全部设立纪检组，并配备专职纪检监察干部。全省审计机关自建立以来，重视干部队伍廉政建设。坚持廉政教育，树立“廉洁自律”“廉洁从审”理念；贯彻党风廉政责任制、行政执法责任制，构建审计廉政责任体系和审计风险防控机制；实行政务公开，严格审计纪律，规范职业道德，推进行风建设；认真履行审计监督职能，严格财经纪律，查处违法违纪案件，推动党风廉政建设。1984—2010 年，全省审计机关共审计单位（含审计调查）117189 个，查出违纪违规金额 2005.86 亿元，应上缴财政金额 264.10 亿元，应减少财政拨款或补贴金额 37.47 亿元，应归还原渠道资金金额 235.83 亿元，移送司法、纪检等机关涉及经济案件事项 1445 件，移送司法、纪检等机关和有关部门处理人员 2069 人。

一、党风廉政建设责任制

1999年，省审计厅制定《落实党风廉政建设责任制的实施细则》，把党风廉政建设与业务工作紧密结合起来，把廉政责任纳入考核指标体系。2005年，省审计厅制定《落实党风廉政建设责任制实施意见》，成立厅党风廉政建设领导小组，明确考核责任，建立厅机关处级领导干部廉政档案，作为业绩评定、奖励惩处、选拔任用的重要依据。

2007年，省审计厅深入落实党风廉政建设责任制，把具体任务落实到每一个岗位，进一步加强惩治和预防腐败体系建设，建立健全教育、制度、监督三项并重的惩治和预防腐败体系。2009年起，省审计厅根据党风廉政建设责任制考核方案，在各部门自评的基础上，结合回访、检查有关制度执行情况，进行全面考核。

二、完善廉政风险防控机制

省审计厅从岗位职责和工作环节入手，以审计权力运行为主线，梳理重要领域和重点环节，排查廉政风险，建立廉政风险防控制度。通过审前承诺、审中监督检查、审后回访、规范自由裁量权、行政公开等方式，防范廉政风险。1997年，开展审计系统审计过渡专户管理情况执法监察。1998年起，每年对部分被审计单位进行回访。2005年，印发《关于浙江省审计机关建立健全惩治和预防腐败体系的实施意见》，构建审计机关惩防腐败体系，加强审计权力监督制约，落实审计项目质量控制、审计复核、审计会议、执法过错责任追究等规定，加强机关财务资金管理与监督，加强对党政领导干部选拔任用工作监督。2008年，制定惩防腐败体系工作细则，并将任务分解到各部门，严格落实廉政制度，加强对中介机构人员参加的审计项目复核和质量检查。2010年，印发《加强投资审计廉政风险防控指导意见》，抓住投资审计中腐败现象易发多发的重点部位和重点环节，做好投资审计廉政风险防控制度建设与落实。

三、审计纪律和作风建设

省审计厅注重纪律和行风建设，依据党规党纪明确审计人员廉政纪律要求，制定工作措施，严格执行审计纪律，加强监督，从严治理审计队伍。

1989年，省审计局制定《浙江省审计人员守则》《廉洁奉公的若干规定》，要求做到不搞特权，不谋私利，不接受被审计单位的请客送礼和低价购买商品；严禁领导干部利用职权为亲友经商提供方便；严禁用公款请吃送礼，不接受公款宴请。1990年，印发《浙江省审计人员纪律》，规定在函发《审计通知书》同时，将审计人员执行纪律征询表发至被审计单位，审计结束后反馈。省审计局贯彻执行审计署《关于加强廉政建设，纠正行业不正之风的通知》，开展行业不正之风自查自纠活动，并和省监察厅一起负责监督、检查省政府治理“三乱”情况。

1991年起，省审计局每年组织对全省审计机关执行审计纪律、审计质量情况进行检查考核。1993年，向全省各级审计机关约法三章，要求审计人员在公务活动中，不得以任何名义和变相形式接受其他单位赠送的礼金和其他有价证券，难以谢绝而接受的礼金和有价证券，必须在一个月内全部交出并上缴财政；不得用公款或以单位名义向其他单位借公款用于买卖股票，不得在工作时间了解和研究股票行情，影响工作；不得参加被审计单位内部职工的高利率集资。

2000年，省审计厅转发审计署《关于落实“八不准”审计纪律的意见》。规定不准由被审计单位安排住宿，因特殊情况确需在被审计单位住宿的，费用统一结算，据实支付；不准住高档、豪华宾馆，异地审计，应由办公室统一负责，按照规定标准，本着安全方便、节约的原则安排住宿；不准接受被审计单位安排的就餐和宴请，市区内审计一般不安排就餐，确因路途较远，确需在被审计单位就餐的，一律吃工作餐，费用统一结算，据实支付；不准无偿使用被审计单位的交通工具，审计所需交通工具，由办公室安排落实，确因审计工作需要临时使用被审计单位交通工具时，要据实付费，任何个人不准借用被审计单位的手机、计算机和机动车辆等物品；不准参加被审计单位安排的旅游、娱乐和其他消费；不准接受被审计单位的任何纪念品、礼品、礼金和各种有价证券；不准向被审计单位提出与审计工作无关的要求；不准在被审计单位报销任何因私费用。

2004年，省审计厅印发《关于贯彻落实“八不准”规定的意见》，制定《关于加强审计纪律“八不准”的实施意见》《关于外出审计就餐、住宿的规定》等相关配套措施。严格执行审计外勤经费自理，切断与被审计单位经济上任何联系，严禁审计机关和审计人员通过社会审计组织获得非法收入。

2009年，省审计厅印发《关于认真贯彻执行审计纪律八项规定进一步加强审计机关反腐倡廉建设的意见》，要求全省审计机关向社会公布“八不准”规定和举报电话，将“八不准”规定连同审计（调查）通知书送达被审计单位，接受监督。

2010年，省审计厅实行审计组廉政建设承诺和被审计单位纪检监察部门协助监督审计组执行审计纪律的制度。审计组在审计进点前需向驻厅纪检组提交《审计组廉政建设承诺书》，驻厅纪检组、监察室同时向被审计单位寄送《关于协助监督审计组执行审计纪律的函》。

第四节　评先评优

全省审计机关履行审计监督职责，加强自身建设，涌现出一批先进典型，受到各级党委、政府和上级审计、人事部门的表彰。

1986年起，审计署、人事部开展全国审计机关先进集体和先进工作者评选表彰工作，至2010年共进行7次，包括历年来国务院有关部门和省委、省政府表彰的先进单位和个人，全省审计机关共计有13个单位22次被评为省部级先进集体，13人次被评为省部级先进个人。

全省审计机关先进集体和先进工作者评比表彰工作从1987年开始，每3年～5年一次，共进行过7次，先后有88个单位被评为全省审计机关先进集体，有282人次被评为全省审计机关先进工作者。

表 38-1-4-1　　1986—2010 年浙江省获省部级表彰先进集体一览表

表彰时间	先进集体	荣誉称号
1986 年	杭州市审计局	全国审计机关先进集体
1989 年	杭州市审计局	省级先进基层党组织
1990 年	杭州市审计局 义乌市审计局 慈溪市审计局	全国审计机关先进集体
1993 年	舟山市审计局	省级文明单位
	杭州市审计局	全国审计机关先进集体
1997 年	温州市审计局 义乌市审计局	全国审计机关先进集体
2001 年	杭州市萧山区审计局 台州市审计局	全国审计机关先进集体
2003 年	省审计厅	全省“百乡扶贫”攻坚挂钩扶贫先进单位
	慈溪市审计局 嘉兴市审计局	省级文明单位
2005 年	杭州市余杭区审计局 绍兴市审计局 慈溪市审计局	全国审计机关先进集体
2006 年	宁波市审计局机关党委	省级先进基层党组织
2009 年	省审计厅	全省县以上单位理论学习中心组先进单位
2010 年	杭州市萧山区审计局 宁波市鄞州区审计局 温州市审计局	全国审计机关先进集体

资料来源:浙江省审计厅档案室。

说明:1997 年,杭州市审计局、慈溪市审计局被省审计厅、省人事厅记集体二等功 1 次。

表 38-1-4-2　　1986—2010 年浙江省获省部级以上表彰先进个人一览表

表彰时间	先进个人	荣誉称号
1986 年	徐光溪(舟山地区审计局) 周　超(长兴县审计局)	全国审计机关先进工作者
1987 年	张竹云(云和县审计局)	省劳动模范

续表

表彰时间	先进个人	荣誉称号
1989 年	吴成煦(泰顺县审计局)	全国审计机关先进工作者
1990 年	洪玉章(龙游县审计局)	省优秀共产党员
1993 年	吴治中(余杭市审计局)	全国审计机关先进工作者
1997 年	周家础(宁波市审计局)	全国审计机关先进工作者
2001 年	韩国良(绍兴县审计局)	全国审计机关先进工作者
	童成宋(嘉兴市审计局)	全国模范军队转业干部
2005 年	王利军(杭州市审计局)	全国审计机关先进工作者
2006 年	王荣千(台州市审计局)	省优秀共产党员
2008 年	鲍继方(嘉兴市审计局)	省优秀共产党员
2010 年	俞越江(嵊州市审计局)	全国审计机关先进工作者

资料来源:浙江省审计厅档案室。

说明:1997 年,绍兴县审计局局长韩国良被省审计厅、省人事厅记二等功 1 次。2001 年,省审计厅行政事业审计处沈德良获“全国审计机关廉政勤政工作先进个人”称号。

第二章 法制建设与审计业务管理

审计法制建设与审计管理是审计机关依法履行审计职责,防范审计风险,保障依法审计的重要基础性工作。法制建设与审计管理工作以“严格审计执法,规范审计行为,防范审计风险,提高审计质量”为目标,旨在全面推进审计工作的制度化、规范化、法治化建设。

浙江省法制建设与审计管理工作的发展,以《中华人民共和国审计法》与审计署第 6 号令即《审计机关审计项目质量控制办法(试行)》颁布实施前后为界,大约经历三个阶段。1984—1994 年,审计法制工作管理运作体系基本形成。省级审计机关成立初期,审计法制工作由总审计师负责。1990 年 9 月,省审计局设立法制处,承担法制建设工作,各地市审计局法制机构也陆续成立。1995—2003 年,审计法制工作全面开展。《审计法》实施后,全省审计机关建章立制,推行执法责任制,建立审计质量控制机制,开展审计质量检查评优、普法教育法制宣传和审计质量活动年活动。2004—2010 年,全省审计法制工作紧紧围绕贯彻审计署第 6 号令这一主线,审计质量管理建设进入完善期。

全省审计机关自成立开始就注重审计法制建设与审计管理工作。1983—2010 年,省本级制定颁布 1 部地方性法规,制定颁布 3 部审计规章;出台 27 项审计质量管理制度和一批审计业务规范性文件,法规系统的制度建设逐步完善。1986—2010 年,全省审计系统深入持久地开展普法教育工作,共经历了 5 次“五年”普法教育。其中“四五”普法由于工作成效显著,省审计厅被评为全国“四五”普法工作优秀单位。1986—1992 年组织全省记集体功审计组评奖。1999 年起,开展全省审计项目评优,出台《浙江省优秀审计项目评比试行办法》。省政府对各单位行政执法责任制进行考核检查,2006—2010 年,省审计厅连续 5 年均获得优秀等级。

第一节 法制建设

审计法制建设主要包括:立法建制,构建审计法规体系;审计执法责任制以及考核评比;审计法制宣传教育等方面。实践充分证明,法制建设对保证和促进依法审计、推动审计事业健康发展发挥了重要作用。

一、地方审计法规

加强审计立法是推进依法审计工作的基础。浙江省重视审计地方立法和规章制度的建设，1983—2010 年颁布 1 部地方性法规，即《浙江省国有企业经理、厂长离任经济责任审计条例》；颁布 3 部审计规章，即《浙江省内部审计工作规定》《浙江省国家建设项目审计办法》和《浙江省预算执行审计监督办法》；制定由省委办公厅、省政府办公厅颁布的规范性文件 2 个；制定 27 项审计质量管理制度。

（一）省人大常委会颁布的地方性审计法规

1997 年出台的《浙江省国有企业经理、厂长离任经济责任审计条例》是浙江省审计机关成立以来制定的第一个省人大颁布的地方性法规。该《条例》于 1997 年 12 月经省第八届人民代表大会常务委员会第四十一次会议通过（省第八届人民代表大会常委会公告第 80 号），自 1998 年 4 月 1 日起施行。《条例》共 28 条，分 5 章，分别是总则、审计内容和审计程序、审计管辖和职权、法律责任、附则。该《条例》的施行在加强对国有企业经理、厂长任职期间经济责任的监督，促进国有企业健康、稳定发展，保障国有资产的保值增值方面发挥了作用。

（二）省政府颁布的审计规章

1984—2010 年，省政府颁布《浙江省内部审计工作规定》《浙江省国家建设项目审计办法》和《浙江省预算执行审计监督办法》3 部审计规章。

1989 年 11 月，省政府颁布《浙江省内部审计工作暂行规定》（〔1989〕浙政第 37 号）。该《规定》对全省建立健全内部审计制度进行了规范。2009 年，省政府第 258 号令颁布《浙江省内部审计工作规定》，自 2009 年 6 月 1 日起施行。《规定》共 23 条，主要包括制定依据、机构和人员、职责和权限、审计程序、指导、监督与管理、法律责任等内容。该《规定》实施以来，对推动全省内部审计工作广泛开展和全面有效转型起到良好的作用。

2002 年 7 月，省政府第 146 号令颁布《浙江省国家建设项目审计办法》。该《办法》巩固了投资审计的法律地位，强调实现国家建设项目竣工决算必审制的发展方向，初步解决了利用社会中介机构进行国家建设项目审计的问题，为依法进行投资审计提供法律基础。

2004 年 3 月，省政府第 170 号令颁布《浙江省预算执行情况审计监督办法》，自 2004 年 5 月 1 日起施行。这为全省审计机关本级预算执行审计和对下级政府的财政决算审计提供了具体操作依据，创造了良好的法治环境。

（三）省委办公厅、省政府办公厅制定的规范性文件

1996 年 11 月，省委办公厅、省政府办公厅出台《浙江省领导干部经济责任审计办法（试行）》，在全国率先开展地厅级领导干部经济责任审计。该《办法》共 18 条，明确了领导干部经济责任审计的范围、内容、程序，浙江省经济责任审计对象明确定位在上至厅局长，下至乡镇长。

2000 年 1 月，省委办公厅、省政府办公厅出台《关于贯彻执行中办国办两个经济责任审计暂行规定的若干意见》。该《意见》对全省审计机关贯彻落实中共中央办公厅、国务院办公厅《县级以下党政领导干部任期经济责任审计暂行规定》和《国有企业及国有控股企业领导人员任期经济责任审计暂行规定》提出 5 点意见；全面部署对党政部门和国有企业领导干部的

经济责任审计,建立经济责任审计联席会议制度。

二、执法责任制

审计执法责任制是审计机关落实行政执法责任制的具体体现。1998 年,浙江省全面推行行政执法责任制。1999 年,《浙江省审计厅行政执法责任制实施方案》出台,2006 年修订完善,促进全省审计机关行政事务的公开公正。明确各部门的执法职责和执法流程,使依法行政、合理行政、程序公正、诚实守信、权责统一的要求落实到职能部门和业务人员,并对审计执法实行年度考核。1998—2010 年,省审计厅本级通过完善各项审计管理制度,严格规范审计程序、审计文书、审计处理处罚等行政行为,较好地完成了各项责任制目标。做到审计立项和审计程序合法率达到 100%;审计通知书、审计报告、审计决定等审计文书依法送达并取得送达回证,审计文书送达率达到 100%;正确引用法律、法规和规章,依法处理、处罚,审计决定适用法律、法规和规章正确率达到 95%以上;及时办理行政复议案件,结案率和准确率均 95%以上;审计项目立卷归档率达到 100%。2006 年起,省政府对各单位依法行政的组织领导、执法队伍建设、执法行为规范、法规的正确实施和管理目标的完成等情况进行考核评议。在 2006—2010 年 5 个年度考核中,省审计厅均获得优秀等级。

三、行政复议与行政诉讼

行政复议和诉讼是保障具体审计行政行为合法性和正确性、纠正部分抽象行政行为、维护被审计单位合法权益的重要制度。1989 年,《中华人民共和国行政诉讼法》颁布;1990 年,省审计局根据《行政复议条例》出台《浙江省审计局行政复议管理试行办法》。1999 年,《中华人民共和国行政复议法》颁布,全省审计机关组织培训和考试,省、市两级相继成立审计行政复议委员会,确定法制机构为复议机构,确定专(兼)职复议人员。

省审计局成立初期共受理复审案件 3 起,复审后局部调整结论决定 1 起,维持审计结论决定 2 起。1985 年 4 月,省审计局收到湖州市广播电视局《关于要求湖州市审计局对湖州市市广播电视局 1984 年财务收支审计结论进行复查复议的申请》。5 月,省审计局进行复查后部分调整审计结论。

1986 年 6 月,省审计局收到绍兴瓷厂及所属劳动服务公司对绍兴市审计局《审计结论和决定》中有关结论的申诉报告。8 月,省审计局进行复查后认定,绍兴市审计局《审计结论和决定》是正确的。

1987 年,省审计局收到中国工商银行宁波市信托投资公司对宁波市审计局《审计结论和决定》要求复审的申请。3 月,省审计局进行复查后认定:宁波市审计局的审计结论事实清楚,情况确实,中国工商银行宁波市信托投资公司仍应按照宁波市审计局的《审计结论和决定》执行。

至 2010 年,除行政复议事项外,全省审计机关未发生行政诉讼案件。

四、普法教育与法制宣传

普法教育和法制宣传是审计法制建设的重要组成部分。深入持久地开展普法工作对于提高审计干部的法律意识、促进依法审计具有重要意义。1985年，中共中央、国务院作出《关于向全体公民基本普及法律常识的五年规划》，全民普法工作启动。1986—2010年，全省审计机关按照上级部署，认真开展教育宣传活动，经历了5次“五年”普法教育。每次普法都列入审计工作的主要议事日程，从制定规划到总体部署，做到有计划、有重点、有要求；同时建立普法教育领导小组，机关主要负责人任组长，定期召开会议，研究布置工作，加强组织协调，推动普法有序开展。

（一）“一五”（1986—1990年）普法教育与宣传

“一五”普法教育期间，全省审计机关重点学习《宪法》《刑法》《经济合同法》《审计条例》《行政复议条例》《国务院关于违反财政法规处罚的暂行规定》等法律法规。加强审计执法基础工作，增强审计法制观念，认真履行审计监督职责。

（二）“二五”（1991—1995年）普法教育与宣传

“二五”普法期间，全省审计机关以《宪法》为学习核心、以12个专业法为学习重点。1994年12月，省人大常委会副主任杨彬在浙江电视台作贯彻落实《中华人民共和国审计法》的电视讲话。同时，《浙江日报》刊登省委副书记、常务副省长柴松岳题为《贯彻实施审计法，促进我省经济健康发展》的文章，要求各级政府要认真贯彻执行《审计法》，切实加强对审计工作的领导。各部门单位要自觉接受审计监督，支持配合审计工作，各级审计机关要严格执行《审计法》。全省各地开展形式多样的学习贯彻审计法活动。省审计局邀请高校专家作《审计法》专题报告会，与杭州市审计局联合举办大型审计法咨询活动，与浙江日报社联合举办浙江审计知识竞赛。1995年1月，《浙江日报》全文刊登《审计法》。

“二五”普法中，各市地审计局对审计署制定的12个专业法实施宣传教育，并进行书面考试，考试成绩全部合格。经评选，杭州市、温州市、湖州市、衢州市、舟山市、台州市等6个审计局为审计专业普法优秀单位。通过普法，推动审计工作的法制化、制度化、规范化建设。

（三）“三五”（1996—2000年）普法教育与宣传

“三五”普法期间，全省审计机关深入学习《宪法》、基本法律和法学基础理论知识，以及《审计法》《预算法》《公司法》以及审计署1号、2号令等法律法规。开展普法师资培训，组织人员参加《行政处罚法》《刑事诉讼法》《社会主义法制建设基本知识》及审计署38个规范性文件等培训班。“三五”普法专业法学习采取统一命题、分级组织考试的方式进行，1998年，组织省审计机关行政执法人员审计法律知识考试以及审计法律知识竞赛；1999年，省审计厅召开《审计法》颁布5周年新闻发布会。

(四)“四五”(2001—2005年)普法教育与宣传

“四五”普法期间,全省审计机关建立健全党组中心组学法制度与全员学法制度,并组织两次全省性审计法律培训。举办审计干部学法讲座和学习新颁布法律法规知识培训班,健全考试制度。采取集中培训与个人自学相结合、专题讲座与网上辅导相结合形式,保证每位干部学法时间每年不少于40课时,集中学习时间每年不少于8小时。同时,邀请专家授课、在浙江审计网站上开辟专栏、发放学习提纲、组织法律知识考试等多种形式,全部学完普法规划规定的法律法规,重点学习新颁布的法律法规。举办大型培训班学习新颁布的与审计工作相关的法律、法规、规章,组织干部参加单项法律考试。采取多种形式开展法制宣传教育和活动,通过广播、电视、报纸专栏、知识竞赛、广场咨询等多种形式宣传《审计法》。2001年,省审计厅联合浙江日报社举办审计法规知识竞赛;2003年,结合审计法规贯彻年活动,举办全省审计系统法律知识竞赛,省审计厅和各市审计局组成12个代表队,在浙江电视台进行电视总决赛。

全省审计机关“四五”普法工作成效显著,省审计厅被评为全国“四五”普法工作优秀单位。2005年对全省11个市审计机关“四五”普法工作进行检查验收,杭州审计局、金华审计局获普法工作一等奖。

(五)“五五”(2006—2010年)普法教育与宣传

“五五”普法期间,全省审计机关健全全员学法制度。省审计厅举办培训班30余次;连续5年组织全厅干部参加为期一个星期的冬季集训;组织审计知识竞赛1次、专业法律知识考试5次。深入学习宣传《宪法》《物权法》《行政处罚法》《食品安全法》等法律法规;继续组织学习《审计法》及其他审计法规、审计准则,开展新修订的《审计法实施条例》的学习与培训以及与审计工作密切相关的《会计法》、税法等财经法律法规的学习与培训。组织全省审计机关开展法制宣传月活动;完善“浙江审计”网站的普法宣传栏目、财经法律法规查询栏目和审计经验库栏目建设;省审计厅与浙江日报社联合举办审计法知识竞赛;印制《审计法》小册子,发送有关被审计单位学习培训;组织开展审计法律法规现场咨询活动;组织全省审计机关“公务员学法用法”“政府立法中的法律责任设定”等征文活动;通过梳理和编写“审计常见问题定性和处理处罚依据”,规范审计人员执法依据;省审计厅本级每年进行一次普法综合知识考试,成绩优良。

“五五”普法期间,省审计厅注重法制宣传教育与依法行政相结合、学法与用法相结合,审计干部的法律素质不断提高。2006—2010年,省审计厅本级完成的所有审计项目都符合审计法定程序;审计通知书、审计报告、审计决定书等审计文书依法送达并取得送达回证,审计文书送达率为100%;没有发生行政裁决、行政复议和行政诉讼事项。

第二节　审计业务管理

审计业务管理包括:计划与统计管理、审计质量控制、复核审理与审计会议、整改督查和质量检查与评优。

一、计划与统计管理

审计计划与统计工作实行统一领导,分级负责,归口管理。省审计厅每年编制审计项目计划,在全省审计工作会议后发到各级审计机关执行,并在年底逐级统计上报审计项目计划执行情况和审计成果。

(一)计划编制

1984—1985年,由于全省审计机关尚在初创阶段,未下达全省统一审计计划。

1986年开始实施全省审计项目计划管理,至2010年,共实施全省统一组织审计项目383个,涉及审计各领域。2000年前,全省审计计划有项目总量指标,且统一组织审计项目数量较多,每年在17个以上。此后,不再下达总量指标,且统一组织项目数量开始下降,基本在13个左右,更注重对审计质量的提升。

2007年开始,省审计厅积极推进审计业务转型与管理创新,在同步审计项目安排的模式上,采取"菜单式"与"1拖N"管理模式相结合。"菜单式"管理就是将部分同步审计项目以"菜单"的形式下达,各地结合实际情况和审计需求选择项目。"1拖N"模式就是对同步审计项目采取1个主项目拖带N个子项目。2010年,省审计机关将经济责任审计与预算执行审计、政府投资项目审计、专项资金审计、企业财务收支审计、金融机构资产负债损益审计等相结合,并对国家审计、内部审计和社会审计等审计资源进行整合。

表38-2-2-1　　1986—2010年浙江省审计计划统计表　　单位:个

年份	计划总量	署定审计项目数	省定审计项目数	全省统一组织审计项目	年份	计划总量	署定审计项目数	省定审计项目数	全省统一组织审计项目
1986	725	211	119	0	1991	3650	437	164	9
1987	725	49	166	0	1992	3650	429	361	34
1988	2200	944	191	10	1993	3300	133	370	26
1989	3000	130	280	12	1994	3300	125	370	16
1990	3620	241	327	16	1995	3300	334	317	19

续表

年份	计划总量	署定审计项目数	省定审计项目数	全省统一组织审计项目	年份	计划总量	署定审计项目数	省定审计项目数	全省统一组织审计项目
1996	3300	604	488	19	2004		20	820	13
1997	3300	609	487	19	2005		0	159	14
1998	3300	533	387	20	2006		28	97	14
1999	3300	601	354	18	2007	不再下达总量指标	112	399	13
2000		268	360	17	2008		7	721	23
2001	不再下达总量指标	392	245	13	2009		0	679	14
2002		207	507	10	2010		7	992	21
2003		320	439	15					

资料来源：浙江省审计厅档案室。

（二）统计管理

1992年，省审计局对各市地的审计统计工作开始综合评分考核。2003年出台《浙江省审计统计工作质量考核办法》，对各地报送的审计统计报表的及时性、真实性、准确性和完整性等方面进行考核，统计质量逐步提升。

审计单位数一直保持比较平稳。1984—2010年，全省完成审计单位117189个，年平均审计单位数4340个。1984—1986年，审计单位数较少。1986—2010年，全省年均审计单位数上升至4695个。省审计厅对审计项目实行总量指导性计划和审计署、省审计厅重点审计项目指令性计划的制度。1989—1999年，全省审计项目计划总量一直控制在3300个左右。2000年起，全省不再下达审计项目计划总量指标。

违纪金额数、应缴财政数、已缴财政金额逐年上扬。1993—2001年，违纪金额从12.39亿元增加到267.76亿元；2002年，由于违纪金额统计口径发生变化，数据出现变动。1996年，应缴财政数出现大幅增长，从4.58亿元增加到8.16亿元。2001年，预算执行审计中查出的应缴财政额5.23亿元，占全部应缴财政额的42%。已缴财政金额2010年达到23.77亿元。

审计报告信息上报及采用数逐年上升。1987年起，统计报表中开始设立用于反映审计工作报告信息简报有关情况的统计指标。审计工作报告信息简报提交数从126篇增加到2010年的7947篇，领导批示数从57篇增加到5156篇。至2002年，审计工作报告信息简报的提交数和被批示采用数两项指标改为审计调查报告数和被批示采用数。

二、审计质量控制

审计质量控制是审计机关依法行政的重要环节。是保证审计质量、降低审计风险的关键环节。全省审计机关通过实行审计复核审理、审计业务会议、审计执法和质量检查、审计项目评优等方式，加强审计执法和质量管理，促进提高审计工作质量和执法水平。省审计厅自成立以来，出台一系列审计质量管理制度，围绕审计准则开展一系列审计质量年活动，逐步形成一个完整的审计质量管理体系。

（一）审计质量管理制度

1986—1994 年，省审计局针对审计流程规范化，从审计取证工作入手，建章立制，抓好质量管理规章制度的制定。1986 年，制定《关于加强审计取证工作的试行办法》，并在此基础上于 1990 年修改制定《浙江省审计取证办法》。1989 年，制定《关于审计报告编制审定的试行办法》，对审计报告的编制以及审定的程序与内容作出规定，保证审计报告质量，为审计机关作出审计结论提供可靠的依据。1990 年，制定《审计结论和决定的试行办法》，对审计结论和决定的编制作出明确规定，审计结论和决定的作出逐步趋向规范化；制定《局(本级)行政复议管理试行办法》，对复议范围、复议申请的提出、复议案件的受理、复议程序等作出规定，保障被审计单位的合法权益。

1995—2002 年，省审计厅以复核审理为核心，通过实施事前、事中、事后的监督检查，严把质量关。1995 年，制定《审理工作办法》，规定复核内容、程序、复核材料和复核后的处理等内容，规范复核工作；1996 年，制定《审计执法责任及追究试行办法》，对发生审计过错责任的行为、过错责任追究的方法、过错责任的划分等作出规定；1997 年，制定《本级审计项目质量检查暂行办法》，对审计质量检查的范围、内容、组织领导、检查方式及评分标准等作出规定。全省审计质量检查工作步入制度化。1999 年，制定《行政执法责任制实施方案》，对实行执法责任的具体要求等进行分解，全省审计机关行政执法责任制全面推开；制定《听证程序操作办法》，规范审计听证程序，保障和监督审计机关依法行使审计执法权限，保护公民、法人和其他组织的合法权益；制定《浙江省优秀审计项目评比试行办法》，规定评比组织、评比内容、评分标准等，推动全省优秀审计项目评比工作规范化；2002 年，制定《审计结果跟踪和督促落实实施办法》。2004 年修订该《办法》，明确审计结果的跟踪检查和督促落实工作列为审计质量检查考核和审计项目评优的重要依据。

2003—2010 年，省审计厅完善全方位质量控制及执法责任办法。2003 年，制定《审计质量控制试行办法》，强化全省审计质量管理水平；制定《关于审计方案的补充规定》《关于审计证据的补充规定》《关于审计工作底稿的补充规定》，作为审计署第 6 号令关于审计方案编制、审计取证、审计工作底稿规定的有益补充；2004 年，制定《审计执法过错责任追究办法》，对发生审计过错责任的行为、过错责任追究的方法、过错责任的划分等作出规定，与审计署第 6 号令相衔接；制定《关于加强审计质量控制的指导意见》，优化内部管理流程，规范审计操作行为，防范审计风险，提高审计效率；制定《浙江省审计厅审计业务会议制度》，规范审计业务会议内容与程序；制定《审计复核工作规则》，对审计组、业务处和复核机构三级复核内容、程序和要求等作出补充和完善，提高审计复核效率和质量；2007 年，制定《专项审计调查实施办法(试行)》，专项审计调查项目的实施更符合实际；2009 年，制定《浙江省宏观服务型绩效审计管理办法(试行)》,及时解决绩效审计实践遇到的困难和问题,提高绩效审计管理水平,持续推进宏观服务型绩效审计;制定《浙江省联网审计管理办法(试行)》,对联网审计的组织领导和职责分工、联网审计的内容和方法、联网电子数据安全管理等作出规定;2010 年,制定《规范审计行政处罚裁量权实施意见(试行)》,推动依法、公正地行使审计行政处罚权,确保依法审计和规范执法,保障被审计对象的合法权益。

(二)审计质量年活动

2001—2005 年,全省审计系统围绕贯彻国家审计准则,开展一系列审计质量年活动。通过审计质量年活动,审计干部的法律素质不断提高,审计工作法治化程度提高。

2001 年,省审计厅制定《浙江省审计系统"审计法规贯彻年"活动实施方案》,指导全省审计机关开展"审计法规贯彻年"活动。活动增强了依法审计的意识,提高了依法审计的能力,规范了审计行为,形成审计机关内部的制约机制和监督机制。

2004 年,省审计厅制定《开展"质量创优年"活动的实施意见》,在全省审计系统开展以质量、创优为主题的"质量创优年"活动。活动建立健全了质量控制体系,规范和推广审计技术方法,使审计成效最大化,审计风险最小化。

2005 年,省审计厅印发《开展"严谨细致,提高质量"年活动的实施意见》,在全省审计系统开展"严谨细致,提高质量"年活动。活动促进实事求是、客观公正地处理审计发现的问题;准确分析问题的原因,从宏观的角度提出切实可行的加强管理的意见和建议;如实报告审计情况,恰当公开审计结果;加强督促整改,保证审计效果。

三、复核审理与审计业务会议

审计复核审理和审计业务会议是严格依法审计,提高审计质量的重要环节,是审计机关内控机制的重要组成部分。全省各级审计机关以复核审理和业务会议为核心,严把审计质量关。

(一)审计复核审理

审计复核审理主要是对审计工作中形成的文书和材料,反映的事实是否清楚;证明材料是否客观、相关、充分、合法;适用法规依据是否正确;审计评价和定性处理是否适当;审计程序是否合法等方面进行审核把关。审计机关成立初期,审计项目主要由业务处(科)室负责人和局领导审核把关。1995 年制定《审理工作试行办法》,规定由法规处负责对重大审计项目进行复核,并规定复核内容和程序,规范复核工作。随着审计质量意识和风险意识的提高,复核工作作为法制建设的重要内容,各级审计机关配备业务骨干、加强复核力量,复核工作不断深入。2000 年,提出审计组、业务处和法制机构(人员)三级复核制,对提高审计工作质量发挥了重要作用。

(二)审计业务会议

审计业务会议是审计机关内部对审计项目定性、处理、处罚进行合议和审定的一项制度。1989年制定《关于审计报告编制审定的试行办法》,开始实行审计业务会议制度。规定重大审计事项的审计报告应召开有审计机关领导、职能部门负责人和有关人员参加的审计业务会议审定。同时,全省各审计机关陆续建立审计业务会议制度。

四、整改督查

审计整改督查作为一项审计结果的跟踪检查和督促落实工作,是提高审计项目质量的重要环节,是审计质量检查考核和审计项目评优的重要依据。

审计机关法规部门成立前,整改督查工作分别由相关业务部门负责,不设专门的整改督查机构。法规部门成立后,整改督查主要由其承担。2000年机构改革后,明确审计结果的跟踪检查和督促落实是省审计厅法规部门的工作职责之一。

2002年,为加大审计整改督查力度,省审计厅出台《审计结果跟踪检查和督促落实实施办法》。各业务处对审计报告和审计决定书的采纳、执行情况,于审计文书送达后3个月内进行检查,形成书面材料归入审计档案。每年4月,对上一年完成的审计项目的审计结果跟踪检查和督促落实情况进行汇总。同时,将审计结果的跟踪检查和督促落实工作,列为审计质量检查考核和审计项目评优的重要依据。7月,省审计厅首次向省政府上报《关于厅本级2001年审计项目的审计结果跟踪检查和督促落实情况的报告》,并形成制度,每年上半年向省政府报告上一年度厅本级的审计结果跟踪检查和督促落实情况。

2007年,省审计厅首次向省人大常委会作《关于2006年度本级预算执行和其他财政收支审计工作报告反映问题的整改情况的报告》。自此,每年均向省人大常委会报告上一年度审计工作报告反映问题整改情况。审计报告反映问题和整改情况逐步向社会公开。

2008年以后,全省审计机关加大审计整改力度,加大对审计结果及领导批示落实情况的跟踪检查,并向省政府作专题报告,不仅反映审计发现的问题,还反映各部门、各单位对审计整改工作的做法和进展,充分体现审计工作的成效。

五、质量检查与评优

(一)质量检查

审计质量检查是审计机关对审计执法与审计项目质量情况进行监督检查,保证依法审计的一项措施。质量检查形式分3种:审计署组织的审计质量检查;省审计厅组织的全省审计系统审计质量检查;各市审计局组织的审计质量检查。省审计机关从1986年开始对全省审计项目质量进行检查,通过检查与被检查,有效促进全省审计机关执法水平与审计质量的提高。

1986—1994年,省审计局以审计执法情况、审计基础工作质量、审计工作成效等为重点,对全省审计质量进行检查考核。检查结果表明：全省各级审计机关认真抓质量管理，广大审计人员强化质量意识，以查处严重违反财经纪律的大要案为重点，依法开展审计监督；档案立卷普遍做到及时合规；加强内部制度的建设，强化审计为宏观服务的思想。但仍然存在审计力量不足、审计项目实施效率与审计成果应用有待提高等问题。

1995—2003 年，省审计厅围绕《中华人民共和国审计法》和《中华人民共和国审计法实施条例》执行情况进行检查。以法制基础工作检查考核表、审计项目执法检查考核表为基础，检查各地在审计立项、法定审计程序、审计取证、审计处理引用法律法规和审计决定执行等方面的情况。检查结果表明：这一时期，审计执法顺利，执行审计程序规范，法制基础工作到位，审计立项、审计程序的合法性被重视。各级审计机关重视审计质量管理，开展审计会议制度、审计回访制度，审计人员的执法和质量意识明显增强。但各地仍然存在定性处理引用法规尚不规范、部分问题取证材料不够充分、一些审计事项取证不足和鉴证意见要素不完整、对被审计单位提出异议的问题未能按规范的要求对其进行核实等问题。

2004—2010 年，省审计厅围绕贯彻落实国家审计准则、审计署第 6 号令的审计项目情况进行质量检查。重点检查审计质量控制制度的建立和执行情况，组织建设情况，审计准则的执行情况，审计项目成果反映的客观性、真实性以及所发挥作用的情况。检查结果表明：各级审计机关坚持依法审计，积极创新审计质量管理，不断适应审计业务变化，审计质量意识明显加强，审前调查、审计方案质量提高，审计质量控制制度逐步完善，审计执法行为日趋规范，审计成果得到彰显。但发现不少项目存在审计目标不明确、审计评价不到位、分析处理问题宏观意识不够、各地审计成果运用不够均衡、部分项目审计方案操作性不强、三级复核有形式主义倾向、部分审计项目查处问题的深度和力度不足等问题。

（二）质量评优

审计机关自成立以来，为加强审计工作管理，提高审计项目质量，在年度检查考核的基础上进行以质量和实绩为主要指标的评优表彰工作，以推动审计水平的不断提高。省审计局于 1986—1992 年组织集体功审计组评奖。1993 年起，因评选方法改变，集体记功评奖活动终止。

省审计厅于 1999 年开始开展全省审计项目评优工作，将质量检查与评优分开。省审计厅出台《浙江省优秀审计项目评比试行办法》，规定评比组织、评比内容、评分标准；规定每年上半年开展审计项目评优活动，对评选出的全省优秀项目进行通报表扬。2001 年修订评优办法，经济责任审计项目也纳入评优范围；2004 年再次修订评优办法，充分衔接审计署项目评优理念、评优办法和评优标准，引导审计项目达到审计风险最小、审计成效最大、项目最优的目标。

据统计，1986—1992 年全省审计机关获全省集体功一等功审计组 70 个，二等功审计组 243 个；1999—2010 年全省审计机关获全省优秀审计项目 479 个。

第三章　审计信息化

审计信息化是指审计对现代信息技术的利用，其内容包括基础设施、应用系统、审计知识库、标准规范、安全保障和服务体系、人才建设等。主要职责包括运用计算机技术开展审计工作；对各类审计信息化数据资源进行整合；协助推行电子政务；指导全省“金审工程”建设和管理；承办计算机审计培训工作。

浙江省审计机关信息化建设以需求为导向，从自发到有组织，从零散使用到规模化建设，不断探索并发展壮大。可分为4个阶段：1987—1994年，全省审计信息化工作整体上呈现零散性、自发性和尝试性的特点，对计算机的应用主要集中在报表统计和文字处理两个方面，尚未开始利用计算机技术开展审计或辅助审计。1995—2000年，全省审计机关加快信息化建设步伐。至2000年，省审计厅本级开通局域网，建立与审计署、省委、省政府联网的计算机远程站，实现与上级机关的公文电子交换；通过加快配备电脑等硬件设备、对省内部分困难地区的审计机关实施补助等办法，推动各地审计信息化建设。2001—2008年，启动国家信息化业务系统建设项目“金审工程”。2004年9月，省审计厅决定全省审计信息化建设纳入国家“金审工程”建设总体框架，在全省部署审计署的“现场审计实施系统”（简称AO）和“审计管理系统”（简称OA）。2008年，全省基本完成“金审工程”一期建设。2009—2010年，以全面建设审计数据中心、数据交换中心、联网审计分析系统建设为标志，全省审计信息化开始进入以“数据”为核心、“数字化审计”为方向的新阶段。

通过以“金审工程”为标志的审计信息化建设，全省审计机关基本实现审计管理信息化和审计实施信息化。“现场审计实施系统”的应用推广加快了计算机审计进程，计算机审计水平逐年提高。审计署从2005年开始向全国审计机关征集AO应用实例，2007年开始征集计算机审计专家经验，浙江省审计机关在上报、入选、获奖数量上连续多年均居全国前列。

第一节　信息化建设

审计信息化建设是国家电子政务建设的重要组成部分，主要包括硬件基础设施和软件应用系统。浙江省审计信息化工作从最初应用报表统计和文字处理开始，逐渐开通局域网络和远程站，实现公文电子交换到利用计算机技术开展辅助审计、联网审计。通过“金审工程”建设，全省审计机关部署“现场审计实施系统”和“审计管理系统”，从审计署到省、市、县四级互联互通，基本实现审计管理和审计实施的信息化。

一、基础建设

审计信息化基础建设，主要指为审计信息化提供必需的终端设备、网络设施、安全保障等。

（一）计算机设备配备

1988年，审计署结合审计统计报表的计算机处理要求，给省审计局配发第一台计算机。此后，各地审计机关也陆续添置计算机设备。1995年，全省审计机关初步建立统计报表系统、审计对象数据库、建筑工程预结算辅助审计系统。1995—2000年，审计机关加快信息化硬件建设步伐。省审计厅本级进行局域网建设，并开发推广审计应用软件。至2008年，全省审计机关2744名审计人员（其中一线审计人员1655人），配备各型服务器213台、台式计算机2178台、便携式计算机2364台。

（二）审计网络建设

1997年，省审计厅开始全省审计综合业务网络系统建设。该系统由厅本级的局域网，厅本级与省委省政府、审计署和各市（地）、县（市、区）审计局相连的远程通信系统，以及在该网络系统上运行的软件系统三大部分组成。同年，省审计厅编制《计算机局域网建设总体方案》，开始厅本级局域网建设。同时部署审计综合信息系统、公文和审计文书电子传阅系统以及常用财经审计法规计算机网络检索系统等3个应用系统。2002年，省审计厅与11个市和部分县级审计机关开通电子邮件系统，实现公文信息的电子收发。

2004年起，全省审计机关进行审计电子政务网三项建设：审计专网建设上，全省审计机关实现省、市、县三级互通互联。2007年，与审计署实现互联互通，浙江在全国最先完成审计专网四级互联。审计内网建设上，审计内网是涉密网，主要运行处理秘密级以上涉密信息和机关内部信息。移动办公网络建设上，新建成审计电子数字证书注册中心和审计移动办公接入中心。2009年，全省审计机关电子政务网三项建设基本完成。

（三）信息安全保障建设

信息安全是审计信息化建设的重要内容，包括信息系统物理安全和运行安全、网络安全、安全保密管理等。

2003年起，省审计厅先后完成信息系统等级保护、网络边界防护、系统运行监测以及安装反病毒系统等建设任务，全省审计机关在边界网络接入区域均部署防火墙设备，安装反病毒软件，配备外来入侵防御系统。2006年，省审计厅在厅本级试点应用省电子政务数字证书①开展移动办公的同时，制定《移动办公key使用管理规定》，对使用行为进行规范。2008年，省审计厅统一为全省审计机关提供审计电子数字证书的注册、发放、查询及统一身份认证

---

① 又称“移动办公key”。

等服务。2009年，省审计厅启动建设审计关键业务数据异地备份系统，并对审计管理系统进行信息系统安全保护等级保护测评，认定审计管理系统通过等级为三级的信息系统安全保护测评。

二、信息系统建设

审计信息系统建设指为满足审计管理、审计实施所需要的各类应用系统建设。

（一）审计管理系统建设

1997年，省审计厅委托中介机构开发基于LotusNotes的审计管理系统。

2001年，厅本级开通审计管理系统，并在全省推广。至2003年，全省有7个市审计局、33个县（市、区）审计局使用该系统。

2004年，省审计厅引进审计署审计管理系统，并在杭州市审计局、丽水市审计局进行应用试点。该系统通过整合审计公文流转、审计业务管理、审计现场作业三个主要环节，实现审计工作的全程信息化管理。2005年6月，该系统在厅本级投入试运行。

丽水市审计局在试点过程中探索了"市拖县（市、区）"①建设模式。2005年，国家发改委专家组和审计署信息办对丽水市审计局试点项目进行考察评估并给予肯定。2006年，审计署发布公告，向全国审计机关推广。

2007年，浙江省在全国第一个全面完成审计管理系统的部署并运行，实现省、市、县三级互联互通。

（二）审计业务信息系统建设

现场审计实施系统推广。2004年，审计署在全国推广部署现场审计实施系统。该系统是"金审工程"（一期）应用建设的一项重要成果，是在现场审计环境下，审计人员利用电子数据进行审计，并对审计项目进行管理的实施作业平台。2005年，在全省推广现场审计实施系统，完成一线审计人员系统安装及人员培训。该系统升级为2008版后，向全省配发单机版光盘和安装联机版。

联网审计系统开发。2003年，全省审计机关对联网审计系统开发进行不同审计领域、不同模式的探索试点。杭州市审计局针对财政系统的"金财工程"，提出财政联网审计功能架构，将财政联网审计系统发展成为审计数据综合分析系统，汇集审计所需数据。至2007年，该系统实现与杭州市"金财工程"八大系统全部联网，采用远程智能定期的方式采集审计数据，具备对财政部门开展"预算跟踪＋联网核查"审计模式的条件。至2009年，建立非税收入管理等四大类数据集，搭建了部门预算专项统计分析等10多个审计分析模型。

2005年，宁波市鄞州区审计局启动政府投资项目网上申报及管理系统开发，将全区50万元以上的政府投资项目全部纳入系统管理，全面反映各项目从立项到工程竣工及决（结）算

① 即"1拖N"。

审计等各项内容。各职能部门均能通过该系统及时了解政府投资项目建设进度，于2008年运行。同年，鄞州区审计局开始建设乡镇联网审计系统，至2010年，全区22个镇乡（街道）全面实施乡镇联网审计。

2008年，嘉兴市审计局建成联网审计系统。系统以“一个平台、两个数据中心”①构建审计分析模型，引入审计管理系统的“1拖N”模式，实现对政府资金的全过程跟踪监控和市、县两级审计局联动。

2008年，金华市审计局将部门预算执行联网审计系统与“现场审计实施系统”无缝连接，联网范围包含国库集中支付系统中的200多个被审计单位以及全部财政专项资金。

2009年，诸暨市审计局在“现场审计实施系统”联机版的基础上，整合开发诸暨市乡镇领导干部经济责任审计评价系统暨联网审计系统。

“金审工程”二期核心应用系统国产化示范项目。为加快“金审工程”国产化进程，浙江负责“金审工程”二期新建核心应用系统中的联网审计监测服务系统、审计信息共享交换系统以及交换中心安全支撑平台的国产化试点建设任务。省审计厅将需要国产化试点的建设内容集中申报“金审工程”二期核心应用系统建设国产化示范工程项目。2009年，该项目获国家发改委“国家信息化试点工程”授牌。

2010年，省审计厅下达“金审工程”二期核心应用系统国产化示范项目建设任务，明确项目建设参与单位的具体任务、责任人和时间要求。同时，实施省审计厅交换分中心和宁波、湖州、嘉兴、绍兴、台州、丽水6个市交换区的建设，以及省本级地税、部门预算执行、社保和农村合作金融机构4个行业和宁波、嘉兴、湖州、绍兴、台州、丽水6个市的审计数据分析系统建设。

“三小”审计软件开发。2005年，全省审计机关以“现场审计实施系统”为主要平台和依托，集中开发一批审计应用“小程序”“小软件”和“小工具”②。2005—2009年，“三小”审计软件评出9个一等奖，27个二等奖，90个三等奖。

（三）视频会商系统建设

2008年起，启动全省审计视频会商系统省市两级系统的建设。视频会商系统为高清硬件视频会议平台，依托电信专用线路，以省审计厅为中心会场，覆盖11个市审计局。整个系统通过多点控制单元（MCU）完成各会场视频终端设备的互通，实现双向视频电视会议、数据双流、远程培训和远程点播/组播等功能，具备与审计署、各市审计局视频会商系统的级联，画面效果达到高清标准。2009年，全省审计视频会商系统投入试运行，省审计厅与审计署标清视频会商系统实现互联。

---

① 即嘉兴市政府资金监控平台和市会计核算中心教育核算分中心、嘉兴交通投资集团数据中心。

② 简称“三小”审计软件。

第二节 信息化成果应用

审计信息化成果包括管理软件和业务软件在审计工作中的应用，通过审计信息化基础建设和信息系统部署推广，全省各类审计管理软件、审计业务软件得到广泛运用，推进审计工作更加科学高效。

一、审计管理应用

审计管理包括审计对象管理、计划管理、项目管理、档案管理、知识库管理、网站管理等。

(一)审计机关业务流程无纸化

2005年，省审计厅开始使用并在全省审计机关推广"审计管理系统"，全面实现行政、业务发文的无纸化流转，内部发文全部通过"公文办理"模块操作，做到拟稿、审核、核稿、审签、编号、发排电子化。全部业务公文在项目资料树中直接起草，实现业务公文与审计项目的衔接。省审计厅对市、县审计机关的发文，在纸质定稿的同时，通过"审计管理系统"消息中间件(MQ)实现自动传递。

2006年，省审计厅编制《OA－AO交互应用指南》，对OA－AO交互的内容、上传时间、各环节责任人、工作任务等作了明确规定。同时，推广应用省政府的移动办公key，实现审计人员远程办公和OA－AO远程实时交互。

2010年，省审计厅对"审计管理系统"应用在线统计情况进行通报，全省审计机关2009年度OA－AO交互比例达到48%；机关阅文总数165万件，办结公文总数6.6万件。

(二)审计档案无纸化管理

2002年，省审计厅以档案人员、计算机人员并联合软件开发公司组成"电子文件管理与电子档案管理"研制开发小组。2004年，飞审文档管理软件开发完成，实现局域网中文件管理与档案管理的无缝衔接，保存电子文件制作过程及公文办理过程的原始记录，对审计机关各类电子文档和实体文档进行综合利用和管理。

至2008年，录入1984—2001年历史档案目录文件4032个，其中审计项目案卷2097个，公文文书案卷1935个。保存2002—2005年度档案案卷目录文件1802个，其中审计项目案卷551个，公文文书件1251个；档案正文文件7171篇，其中业务公文2236篇，行政公文4935篇。保存2006—2008年度档案案卷目录文件847个，其中审计项目案卷363个，公文文书件484个。

2009年，省审计厅立项开发新的档案管理系统。2010年，新的档案管理系统通过验收。

(三)审计网站应用

2003—2004年,省审计厅开通浙江审计政务内网网站和互联网网站。网站主要内容有政务公开、审计信息和审计案例等。

2006年,完成"浙江审计"网站改版,建成统一的"浙江审计"电子政务门户网站系统,实现政务公开、对外宣传。2007年,省审计厅印发《关于全省审计系统网站建设与管理工作的意见》,完善和规范审计机关网站建设及管理工作,鼓励各地审计局建立有地方特色的审计专网网站和审计门户网站。2008年,省审计厅再次对网站进行升级改版,同时开发新的应用。同年,新版网站开通运行。

至2008年,全省11个市级审计机关建立互联网门户网站11个、审计专网网站10个;90个县(市、区)审计机关建立互联网门户网站59个、审计专网网站51个。

二、现场审计实施应用

(一)现场审计实施系统应用

2001年,省审计厅制定《浙江省审计信息化系统建设五年规划》,确立浙江审计信息化系统建设项目。

2003年,省"金审工程"列为省"五大百亿"工程中的百亿信息化工程重点建设任务之一。省审计厅在财政决算审计、电力审计、医院审计等项目中进行计算机辅助审计的初步实践与探索,通过财政税收审计,确立针对"税友2000"开发审计软件课题;通过电力公司审计,建成审计对象资料库。同时,引进推广金剑审计软件、审计统计抽样软件、审计数据库采集分析软件、通用审计软件、用友财务通8.21、审易软件等计算机审计软件。

2005年,省审计厅制定《关于促进计算机技术与审计业务融合的指导性意见》,以推广应用"现场审计实施系统"为基础,使审计业务人员熟练掌握两种以上审计软件或数据库软件的使用。同时,省审计厅研发税收审计软件"税审之友1.0版(TAF2000)",并在全省推广。

2006年,省审计厅在湖州决算审计项目中,开始探索利用AO软件实施大数据量业务计算机审计,利用AO后台数据解决税收计算机审计问题。同时,探索财务数据与业务数据的关联审计,开展联网审计试点和信息系统审计探索,扩大计算机审计项目覆盖面。

2008年,全省审计信息化工作会议要求各级审计机关结合项目实际,把改革创新的重点放在促进计算机技术与审计工作的融合运用。在审计项目实施中全面推进计算机审计,鼓励审计人员整理总结AO应用实例、开发总结计算机审计专家经验和计算机审计模型,鼓励在AO平台上开发、总结集成适应本行业、本专业审计需求的行业计算机审计小模块、小软件、小工具。

至2010年,全省计算机审计项目占全部审计项目的比例达到83.95%。在审计署举办的AO应用实例评选中,累计获奖612个,占全国总数的10%;计算机审计专家经验(审计方法)累计入选247个,占全国总数的8%;省审计厅连续5年获审计署AO应用实例优秀组织单位，连续3年获审计署计算机审计专家经验（审计方法）优秀组织单位，连续4年获省政府电子政务先进单位。

表 38-3-2-1　　2005—2010年浙江省获审计署优秀AO应用实例一览表

年度	审　计　案　例
2005	鄞州区农村医疗保障基金审计AO应用实例（宁波市）、三门县发展计划局财政财务收支审计（台州市）
2006	杭州市人防办负责人任期经济责任审计（杭州市）、鄞州区水利建设专项资金审计调查（宁波市）、新型农村合作医疗专项审计调查（省审计厅、宁波市）
2007	交通规费征收部门审计AO应用案例（省审计厅）、杭州市社会保险基金审计（杭州市）、杭州市地方税务局税收征管情况审计（杭州市）、鄞州区公路养路费绩效专项审计调查（宁波市）、宁波市鄞州人民医院经济运行情况专项审计调查（宁波市）、鄞州区国有土地使用权出让金审计调查（宁波市）、宁波市中级人民法院原院长离任经济责任审计（宁波市）、温州市瓯海区新型农村合作医疗专项资金审计调查案例（温州市）、交通管理部门财政收支及养路费绩效审计AO应用案例（湖州市）、省属下放企业税收收入及征管情况的专项审计调查（杭州市）
2008	巨化集团公司董事长任期经济责任审计（省审计厅）、政府集中采购专项审计调查（省审计厅）、杭州市本级预算执行情况审计AO联机版应用实例（杭州市）、萧山区物业维修基金专项审计调查（杭州市）、丽水市人民医院财务收支审计（丽水市）、龙泉市农村信用合作联社资产负债损益审计（丽水市）、青田县中医院财务收支审计（丽水市）、台州市医保中心信息系统审计实例（台州市）、冒名获取非法贷款审计实例（台州市）
2008	AO 2008在财政存量资金（基金）审计中的应用（台州市）、玉环县五项社保基金审计（台州市）、温州市社会保险基金审计（温州市）、宁波市住房公积金和其他住房资金财务收支审计（宁波市）、宁波市工商行政管理局局长任期经济责任审计（宁波市）、宁波市五项社保基金审计（宁波市）、鄞州区人民法院审判办公大楼竣工决算审计（宁波市）
2009	省本级社保参保人员信息规范性审计（省审计厅）、关于金融危机对地方财政收入的专项审计调查（杭州市）、杭州质量技术监督系统审计调查（杭州市）、萧山区镇（街）公立卫生院审计调查（杭州市）、宁波开发投资集团有限公司董事长任期经济责任审计（宁波市）、象山县五项社保基金审计（宁波市）、宁波市鄞州区财政预算执行情况和其他财政收支审计（宁波市）、邱隘镇原书记镇长“捆绑式”审计项目（宁波市）、宁波市住房公积金管理中心镇海分中心财务收支审计（宁波市）、大唐镇政府镇长任期经济责任和单位财政（财务）收支审计（绍兴市）、创新和拓展AO应用，努力发掘社保审计“免疫系统”功能的信息化实现方式（衢州市）、冒领失业保险金审计及失业保险金结余过大审计（丽水市）、特殊医疗挤占养老统筹基金、药店以高价药虚报医保药品（丽水市）
2010	长兴县城镇居民基本医疗保险审计（省审计厅）、AO在湖州市财政决算审计的应用（省审计厅）、数据式审计在同级审中的应用（杭州市）、聚焦“三农”贷款，关注农信社改革（杭州市）、浙江省临安经济开发区失地农民基本生活保障情况审计调查（杭州市）、萧山区卫生专项资金绩效审计（杭州市）、部分行政事业单位政府性资产管理情况专项审计调查（杭州市）

续表

年度	审 计 案 例
2010	环保污水排污费征收审计(宁波市)、鄞州第二医院财务收支审计(宁波市)、从征收基础入手完善地税管理方式(金华市)、财政非税收入系统审计(台州市)、临海市地方政府负债与政府投融资机构专项审计调查(台州市)、路桥地税局预算执行情况审计(台州市)、城居医保参保违规问题和保费征缴违规问题情况审计(丽水市)、青田县新型农村合作医疗保险基金专项审计调查(丽水市)

资料来源:浙江省审计厅档案室。

(二)信息系统审计

信息系统审计指通过收集和评价审计证据,对信息系统是否能够保护资产的安全、维护数据的完整、有效实现被审计单位的目标、高效使用组织资源等方面作出判断的过程。

2004年,省审计厅制定《浙江省2004—2007年审计信息化发展规划》,推进计算机辅助审计和计算机信息系统审计。2006年,省审计厅组织信息系统审计案例编写,全省征集到14个单位的18个信息系统审计案例,上报审计署。

2007年,省审计厅制定《浙江省"十一五"期间审计信息化发展规划》,对主要公共财政信息系统及其数据的真实性、完整性和安全性审计进行探索。同年,制定《浙江省计算机审计工作指南》,推动计算机审计的重心向电子数据审计、系统内部控制审计和信息系统审计转移,促进被审计单位的管理,防范计算机审计风险,避免假电子数据真审。2009年,全省31个单位的43个信息系统审计案例上报审计署,均被审计署录用,上报数占审计署征集总数的20%,列全国第二位。浙江省入选优秀案例的数量为全国第二位。2010年,省审计厅印发《关于加强信息系统审计工作的指导意见(试行)》,明确审计目标和内容,规范审计工作流程,全面推进信息系统审计工作。

三、非现场审计应用

非现场审计是指审计人员通过连续地收集、整理被审计对象业务经营管理的数据和资料,运用适当的方法和流程进行分析的远程审计程序。这是现代信息处理和传递方式下发展起来的一种审计监督方式,与现场审计相比具有全面性、时效性及审计成本低、效率高和规范性强等优势。

2004年,浙江省部分审计机关对非现场审计实施进行探索。杭州市审计局在各业务处安装市会计结算中心远程查询系统,通过政务网进入市会计结算中心数据库,对一级、二级行政事业单位的财务数据进行实时查询,并开发接口软件,与市会计结算中心数据库连接,实现远程数据采集,使审计人员可以利用该系统实现远程联网计算机辅助审计。乐清市审计局在救灾款物审计中,利用审计局网站对该市接收、管理、分配和使用救灾捐赠资金和救灾物资的有关单位及31个乡镇进行跟踪审计调查,并将审计实施过程在网上同步公开。

"现场审计实施系统"(2004版)在全省推广后,部分审计机关利用其开展非现场审计,也有部分审计机关利用审计署开发的联网审计基础平台，建设适合当地实际的联网审计系统。至2009年，全省有68个项目运用联网审计平台和联网审计技术开展审计分析。省审计厅和宁波市、绍兴市、丽水市等审计机关建设完成社保联网审计系统并实施审计；宁波市鄞州区审计局开发了浙江省第一个乡镇联网审计系统；诸暨市审计局建设基于AO联机版的乡镇街道领导经济责任审计联网审计系统；嘉兴市审计局建成政府资金监控平台。2010年，浙江省开始"金审工程"二期核心应用系统国产化示范项目建设。

省审计厅建设覆盖财政综合数据分析系统、地税审计数据分析系统、部门预算执行审计数据分析系统、社会保险资金审计数据分析系统、政府投资项目联网跟踪审计系统、乡镇领导干部经济责任联网审计系统6个行业的审计数据分析系统。

四、数字化审计模式

全省数字化审计模式可概括为建设"一套平台、两类资源、三大机制"。"一套平台"：即建设完成一套集AO、OA、OLA①、审计数据中心、审计交换中心等多个应用系统于一体的综合性数字化审计作业平台，为开展数字化审计奠定基础。"两类资源"：即建设好各重要行业的审计数据和审计方法两类资源体系。"三大机制"：即组织方式，建立省、市、县三级联动的审计工作机制；按照"审计业务组＋技术组"的模式建立分工协作机制；按照"把握总体、突出重点、分散核查、精确延伸、系统分析"的数字化审计方法，建立数据分析查证工作机制。

2009年，审计署同步实施的国际金融危机对浙江省中小企业影响状况专项审计调查项目。鉴于浙江省中小企业数量巨大，省审计厅扩大审计调查面，组织全省同步调查，利用审计专网上下联动，做到指令下达、调查上报、审核汇总网上一站式操作；利用计算机技术实行数据式审计，统一要求，分散采集，集中分析，为审计报告提供翔实的数据支撑。

第三节　信息化保障措施

审计信息化保障是指为开展审计信息化工作而建立组织管理机构、制订工作制度和规范、引进培训计算机专业人才、建立专业服务体系、开展审计信息化理论研究等工作。至2010年，浙江初步形成机构健全、机制完善、人才结构优化、服务指导到位的审计信息化保障体系。

一、信息化管理机构

1992年，省审计局成立计算机应用领导小组，负责全省审计机关的信息化建设规划工作。

2002年，省审计厅成立审计信息化建设领导小组，并在其下设立审计信息化建设工作小

---

① 在线审计或联网审计。

组，负责审计信息化建设工程的日常运作。全省审计系统信息化建设实行统筹规划，确保审计系统内信息共享，软件通用。

2004年，成立省审计厅计算机审计中心，主要职能：运用计算机技术开展计算机审计工作；对各类审计信息化数据资源进行整合；协助推行电子政务；指导省“金审工程”建设和管理；承办计算机审计培训工作。

2005年起，省审计厅将审计信息化建设情况列为重点考核内容，对成效显著的单位加大奖励力度。并采取建立“金审工程”专项系统建设资金补助、无偿提供部分审计实施软件以及加强业务指导等措施。

至2008年，全省102个审计机关中，有98个成立信息化工作领导小组；72个设立信息化主管部门，主要包括计算机审计处(科)，计算机中心或者计算机技术组。

二、信息化人才教育培训

1994年，省审计局依托杭州电子工业学院在杭州举办计算机专业人员培训班，主要培训硬件配置和会计、审计软件的开发和应用。同年，省审计局下发《关于开展计算机审计培训的几点意见》。计算机审计人才培训要遵循“两个先”的原则，即先进行计算机基础知识的培训和先抓一批骨干进行强化培训。

2001年，省审计厅举办首期计算机中级技能培训班，培养计算机审计中级人才，要求掌握审计署提出的“五能”要求，即：能打开被审计单位数据库，能将数据下载到审计人员的计算机中来，能使用审计软件进行查询、分析，能在现场搭建临时网络，能排除软硬件常见故障。此后，省审计厅每年举办1期～2期计算机中级技能培训班，至2010年举办12期，培训600人，考试合格560人。

2005年，省审计厅通过举办基础知识和技能培训、现场审计实施培训和建立审计专家库强化审计专业培训，向全省推广使用审计署“现场审计实施系统”。举办5期“现场审计实施系统”培训班，并为各地审计机关普及培训“现场审计实施系统”提供师资。至10月，全省培训1638人，占全省审计机关总人数的69.8%，一线审计人员参加培训的近100%。为克服计算机审计数据采集难题，举办数据库数据采集和转换专项培训班，培训学员56人。

2007年，省审计厅组建计算机审计专家库。第一批选出计算机骨干人才26人，并制作展板在2008年1月召开的全省审计工作会议上展出。2009年8月，又选出第二批审计机关计算机骨干人才26名。

三、信息化制度建设

省审计机关信息化制度随项目建设同步推进并逐渐完善，以保障全省审计信息化工作开展。

2002年前，省审计厅制定信息化制度主要为硬件、安全和联网方面的规定。1995年制定《关于计算机使用管理暂行规定》，对计算机管理、使用、安全等方面进行详细规定。2001年制定《计算机使用管理规定》，提出实行计算机等级考试和计算机配置相结合的原则，并加强对保密安全，特别是互联网接入安全方面的要求。

2002年，省审计厅开始加强对互联网、保密、软件使用开发制定详细规定。2002年制定《浙江省审计机关计算机网络远程通信管理暂行规定》，对全省计算机远程通信工作范围、工作岗位及职责、安全保密等内容作出规定。2004年制定《计算机辅助审计软件管理规定》，规范计算机辅助审计软件采购、开发、管理和使用。同年印发《浙江省2004—2007年审计信息化发展规划》，将审计信息化的目标定位在审计实施信息化、审计管理信息化、审计政务电子化，并将2005年定为“计算机审计应用推广年”。

2006年以后，省审计厅开始加强对网站、移动办公制度的规定。2006年制定《网站工作管理办法》《审计管理系统与现场审计实施系统信息交互管理暂行办法》，规范OA与AO之间的信息交互。2007年制定《关于加强全省审计系统网站建设与管理工作的意见》《浙江省“十一五”期间审计信息化发展规划》《浙江省计算机审计工作指南》等，涵盖计算机审计工作的主要环节和重要方面，对计算机审计的重点、难点问题和新领域、新内容提出指导性意见。全省各级审计机关也相继制定适合当地实际的制度，有效规范审计信息化的应用和管理工作。

第四章　审计科研

审计科研工作是审计工作的重要组成部分。浙江省审计科研工作主要分为理论研究、学会工作和组织宣传三大部分，始终坚持为审计中心工作服务，以课题研究为抓手，为审计实务工作提供有效的理论支持，不断推动审计工作科学发展。

1995 年之前，审计理论研究主要在审计的职能、审计与宏观经济调控和经济体制改革的关系、企业内控制度、审计方案、审计报告质量等方面开展重点研究，特别是对审计方案、审计报告等涉及审计质量的问题开展重点攻关，有效促进审计质量的提升和审计管理的深化。1995 年，《中华人民共和国审计法》实施后，把社会主义市场经济体制下强化审计监督、国有企业审计、财政预算执行情况审计等课题研究列入研究重点，取得大批审计科研成果。在国内率先开展审计文化研究和环境审计研究，填补了理论研究领域的空白。2004 年起，审计署在全国审计系统开展重点科研课题招标工作。至 2010 年，浙江省连续中标并完成 7 个审计署重点科研课题。

浙江省审计学会是研究审计科学的群众性学术团体，是全省最早成立的学术性社团组织之一。学会组织每年召开学会年会、常务理事会、秘书长会、专题研讨会等部署学会工作，组织开展学术研讨和课题研究。此外，学会组织开展学术交流，组织开展优秀审计论文和调研文章评优工作，推广优秀科研成果。《浙江审计》围绕审计中心工作，宣传贯彻省审计厅党组的审计理念和工作思路，对重要会议和重要历史事件进行全程跟踪报道，先后报道时任省委书记张德江、习近平和审计署审计长郭振乾、李金华、刘家义等领导在省审计厅的调研活动。通过出版专业著作，汇编《审计理论与实践》等，宣传和推广理论研究成果和审计实践经验。至 2010 年，出版《审计工作质量管理》《环境审计》《中国审计文化研究》《宏观服务型绩效审计模式·实例》等审计专业书籍 10 余本。

第一节　学术研究

浙江省审计学术研究始终坚持为审计中心工作服务、为审计长期发展战略服务的方针，以审计事业发展中的重要理论和实践问题为主攻方向，积极参与审计署、中国审计学会、省社科联、省科技厅等组织的课题研究，取得较为突出的研究成果。

一、审计署和中国审计学会立项课题

(一)审计署重点立项课题

审计署成立以来,采取与部分省级审计机关合作、招标等方式,共同开展课题研究。省审计厅结合浙江实际积极开展课题研究,1988—2010 年,完成审计署重点立项科研课题 17 项。

表 38-4-1-1　　1988—2010 年浙江省审计厅完成审计署重点科研课题一览表

年度	课题名称	年度	课题名称
1988	《审计在宏观控制中的地位和作用研究》	2003	《我国环境审计管理研究》
1990	《论审计工作制度化、法制化、规范化》	2005	《国家审计在加强宏观经济管理中的作用研究》
1996	《论社会主义市场经济条件下的审计监督机制》	2006	《以全部政府性资金为主线加强政府资金绩效审计研究》
1997	《对当前过多银行开户的思考》		
1999	《县级财政预算执行审计的思考》《1000 亿国债使用情况的审计研究》《股份制企业审计研究》	2008	《政府审计与国家经济安全》
2000	《加入 WTO 对我国审计的影响及对策研究》《中国审计行政管理研究》《网络经济时空观下的审计创新》	2009	《中国特色国家审计文化研究》《内部审计践行"免疫系统"功能的研究》《审计功能研究》

资料来源:浙江省审计厅档案室。

说明:2010 年无审计署立项重点科研课题。

1988 年,《审计在宏观控制中的地位和作用研究》从财政收支银行信贷的基本平衡、压缩基本建设投资规模、压缩社会集团购买力、促进党政机关为政清廉、监督经济责任全面履行和经济利益的合理分配等方面阐述了审计在宏观控制中的作用。

1990 年,《论审计工作制度化、法制化、规范化》阐述了审计工作行为标准问题对审计业务建设的重要性和解决思路。

1996 年,《论社会主义市场经济条件下的审计监督机制》阐述了建立与社会主义市场经济相适应的审计监督机制及该监督机制的构造、工作原理、工作方法、运行保证等内容。

1997 年,《对当前过多银行开户的思考》对当时预算单位银行多头开户的现状进行了分析,指出危害,提出进行银行账户审计的方法途径及相关建议。

1999 年,《1000 亿国债使用情况的审计研究》从浙江实际出发,阐述 1000 亿元国债在浙江省使用部分的运行情况及对浙江经济的作用,提出对国债资金使用的建议。《股份制企业审计研究》结合市场经济条件下企业改制方向,对股份制企业审计的必要性和审计方式进行研究。

2000年,《加入WTO对我国审计的影响及对策研究》重点研究加入WTO后带来的挑战和审计观念、制度、人才、技术等方面的应对策略,该课题获得全国优秀审计论文奖;《网络经济时空观下的审计创新》,对网络经济的兴起与知识经济、网络经济时空观下的会计创新、审计创新进行研究。

2003年,审计署重点课题《我国环境审计管理研究》着重对环境审计管理中存在的问题进行剖析,提出有针对性的对策建议。

2005年,审计署重点课题《国家审计在加强宏观经济管理中的作用研究》对新形势下国家审计在加强宏观经济管理中的作用以及发挥作用的途径和方式进行探讨。

2006年,审计署重点课题《以全部政府性资金为主线加强政府资金绩效审计研究》从全部政府性资金的内涵出发,探讨全部政府性资金绩效审计的方式方法。

2008年,审计署重点课题《政府审计与国家经济安全》阐述了政府审计与国家经济安全的关系以及政府审计在维护国家经济安全方面的途径和方式。

2009年,审计署重点课题《中国特色国家审计文化研究》揭示了中国特色国家审计文化的基本特征和功能,探讨审计文化的实现途径。同年,审计署重点课题《内部审计践行"免疫系统"功能的研究》分析践行"免疫系统"功能对内部审计目标定位、实务创新、管理创新、组织架构等方面的影响,探讨践行"免疫系统"功能的途径与方式。

2010年,在审计署组织的全国审计机关2008—2009年优秀审计论文和研究报告评选中,省审计厅《论国家审计的创新》获一等奖,《"免疫系统"框架下的国家审计管理路径》和《关于跟踪审计的几点思考》两篇论文分获二、三等奖。

(二)中国审计学会课题

中国审计学会通过课题委托等形式,与相关省级审计学会合作开展课题研究。至2010年,省审计学会完成中国审计学会立项课题11项。

表38-4-1-2 1988—2010年浙江省审计学会完成中国审计学会重点科研课题一览表

年度	课题名称
1988	《承包经营责任审计》《浅谈审计质量控制》
1997	《环境审计研究》
1998	《论财政"同级审"和"上审下"相结合》
1999	《审计外部环境的思考》
2000	《审计在国有企业改革和发展中的作用研究》
2001	《县市长经济责任审计研究》《国有企业领导人经济责任审计研究》《国家审计监督的民主化和公开化研究》《乡镇经济审计研究》
2003	《太湖流域水污染综合治理环境审计实证研究》

资料来源:浙江省审计厅档案室。

说明:2004—2010年无中国审计学会立项课题。

1988 年,《承包经营责任审计》着重从承包经营责任审计目的、内容、分工、依据与违纪处理等方面进行了系统分析。《浅谈审计质量控制》从审计的准确性、时效性、预见性、经济性等特点,阐明提高关键环节审计质量的重要意义。

1997 年,作为《环境审计研究》的子课题,浙江省审计学会承担了《开展符合中国国情的环境审计》课题,论证了开展环境审计的必要性,明确环境审计的定义和范围,并对环境审计的内容和方法进行研究。课题成果发表在《审计研究》1997 年第 3 期,并获全国审计科研论文二等奖。

1998 年,《论财政"同级审"和"上审下"相结合》重点研究"同级审"和"上审下"有机结合的几种审计模式,推动财政审计向纵深发展。该课题成果获 1999 年全国审计科研优秀论文评比一等奖。

1999 年,《审计外部环境的思考》对审计的法制环境、经济环境、人际环境、对象环境、物质环境、协作环境、舆论环境、教育环境等开展重点研究。

2000 年,作为《审计在国有企业改革和发展中的作用研究》的子课题,浙江省审计学会承担了《审计在国有企业改革和发展中若干问题的思考》课题,提出在新形势下国有企业审计的重要任务,并对国有企业审计中的重点难点问题进行深入阐述。课题成果刊发于《审计研究》2001 年第 5 期。

2001 年,《县市长经济责任审计研究》分别对县市长经济责任审计内容、方法、评价等问题进行研究。《国有企业领导人经济责任审计研究》以国企领导人员经济责任审计工作的规范运作为切入点,拓展经济责任审计的新观点、新方法。《乡镇经济审计研究》对建立适合中国国情的乡镇经济审计制度的做法和需要解决的问题等方面进行探索,获得全国乡镇经济审计经验交流会一等奖。

2003 年,《太湖流域水污染综合治理环境审计实证研究》对环太湖主要城市苏州、上海、嘉兴、湖州、无锡的国家审计部门和环保部门开展大量的实地调研,从太湖流域水污染综合治理现状、太湖流域水污染治理环境审计现状及存在问题、加强太湖流域水污染治理环境审计的初步构想等方面进行研究。课题成果在《审计研究》2004 年第 1 期上发表。

二、相关省级单位立项课题

1988 年起,省审计厅加强横向课题研究工作,积极争取省级相关部门立项重点课题。至 2010 年,完成省社科联、省科技厅等重点课题 17 项。

表 38-4-1-3　　1988—2010 年浙江省审计厅完成省级单位立项科研课题一览表

年度	课题名称	年度	课题名称
1988	《审计为宏观控制服务的途径和方法》	1994	《审计与经济效益研究》
1993	《审计如何促进外向型经济发展》	1996	《论社会主义市场经济条件下的审计监督机制》

续表

年度	课题名称	年度	课题名称
2002	《民营企业审计研究》、《中国审计文化研究》	2006	《国家审计在加强宏观经济管理中的作用研究》《以全部政府性资金为主线构建市县长经济责任审计新模式》《环境审计计划管理研究》
2003	《审计在加强权力制约和监督中的作用研究》		
2004	《政府投资建设项目绩效审计研究》	2008	《山区、库区困难群众异地脱贫政策绩效的调查与研究》《政府对农村公共卫生投入绩效的调查与研究》
2005	《财政性资金效益审计研究》《市县长经济责任审计研究》《社保资金审计与建设和谐社会研究》	2009	《浙江省财政综合预算改革实践与创新对策研究》

资料来源：浙江省审计厅档案室。

说明：2010 年无省级单位立项科研课题。

1995 年前，审计科研主要围绕审计的服务宏观调控和提升微观经济体的经济效益进行研究。1988 年，省社科联重点课题《审计为宏观控制服务的途径和方法》阐述了审计为宏观控制服务的重大意义和服务的十大途径。1994 年，省社科联重点课题《审计与经济效益研究》对审计监督的本质与经济效益的内在联系等方面进行探讨。

1995—2002 年，审计科研围绕市场经济开展课题研究。1995 年，省社科联重点课题《我省企业审计监督研究》提出审计机关要建立分类定期企业审计监督制度，并提出深化企业审计需要解决的几个关系问题。1999 年，省审计厅基于省社科联重点课题《县级财政审计研究》研究成果，制定《关于深化县级财政审计的若干意见》，对财政审计的实践起到指导作用，该课题成果获得全国优秀审计论文二等奖。2002 年，省社科联重点课题《民营企业审计研究》研究了全省民营企业内审产生与发展，存在的问题、困难及完善对策。同年，省审计学会完成《中国审计文化研究》课题研究。该课题获全国优秀审计论文二等奖。

2003 年开始，审计开始围绕中心工作进行转型，加强对财政、经济责任审计和改革中的重大问题进行审计研究。2003 年，省社科联重点课题《审计在加强权力制约和监督中的作用研究》阐释了审计对权力制约和监督的现实意义，审计对权力的制约和监督作用。2005 年，对财政专项资金效益审计的操作模式、市县长经济责任审计问题、社会保障基金管理中存在的主要问题进行了研究。2006 年，《国家审计在加强宏观经济管理中的作用研究》课题阐述了国家审计服务宏观经济管理的总体思路，探讨了国家审计在宏观经济管理中发挥作用的重点环节和途径。《以全部政府性资金为主线构建市县长经济责任审计新模式》课题对以全部政府性资金为主线的市县长经济责任审计新模式进行全面的论述，特别是对新模式的特点、内容和绩效评价指标体系进行详细的阐述。2008 年，省科技厅重点立项课题《经济责任审计在推进政府问责制建设中的作用研究》阐述了政府问责制的内涵、政府问责与经济责任审计关系和经济责任审计在政府问责制中的作用。2009 年，省审计厅课题组完成省哲学社会科学重大委托课题《浙江省财政综合预算改革实践与创新对策研究》，课题提出现有体制下推进深化综合预算改革的阶段性改革目标和措施、需完善相应的配套制度改革与国家财政法律体系的建议，课题成果获得省长吕祖善批示。

第二节　刊物与著作

1985年，全省审计机关利用各种平台和媒体，宣传审计工作，推广审计研究成果，指导审计实践，扩大审计影响。其中，《浙江审计》杂志是由省审计厅、省审计学会联合主办的专业期刊，发挥其宣传平台和理论与实践沟通桥梁作用，传达审计理念，总结实践经验，推广科研成果。

一、《浙江审计》杂志

1985年12月，《浙江审计》杂志（季刊）创刊。1988年1月起，《浙江审计》由季刊改为双月刊。1993年1月起，《浙江审计》由双月刊改为月刊。至2010年，《浙江审计》共发行255期。

1994年起，《浙江审计》杂志对审计发展中重大事情给予关注，并开辟专栏进行报道。

重大事件类：1994年第2期开辟专栏，庆祝浙江省审计机关成立10周年。1998年第12期开设《改革开放中的审计历程》专栏，纪念中共十一届三中全会召开20周年与浙江省审计机关成立15周年。2003年第8期报道审计机关成立20周年有关活动。以"浙江省纪念审计机关成立20周年活动全面展开——省委书记习近平发来贺信，全省审计理论研讨会召开"为题，对7月15日举行的全省审计系统理论研讨会进行专题报道。2008年第10期策划亚洲审计组织环境审计研讨班专刊，系统报道在杭州举办的亚洲审计组织环境审计研讨班情况。刊发审计署审计长刘家义在研讨班上的主题演讲、世界审计组织环境审计工作组主席爱沙尼亚审计长在研讨班上的讲话。

重要报告类：1997年第4期刊发《浙江省审计厅关于省级希望工程基金财务收支审计结果的通告》，首次在杂志上全文刊登审计结果通告。2005年第10期摘要刊登省审计厅厅长受省政府委托在省十届人大常委会第二十次会议上所作的《关于浙江省2004年度本级预算执行和其他财政收支的审计工作报告》，这是首次刊登审计工作报告。

重要领导调研类：2002年第8期报道省委书记张德江在省审计厅调研活动情况，并刊发调研讲话《积极探索，改进和深化审计工作，为全面推进我省现代化建设服务》。2006年第10期报道省委书记习近平在省审计厅的调研活动情况，刊发调研讲话《坚持以科学发展观统领审计工作，为构建社会主义和谐社会保驾护航》，习近平在讲话中提出"以审计精神立身，以创新规范立业，以自身建设立信"的总要求。编辑部在该期还刊发专稿《深情的关怀，殷切的期望——省委书记、省人大常委会主任习近平关心审计工作纪实》。

二、审计著作

全省审计机关组织编辑出版论文集和专业书籍，总结和交流审计工作经验，推广审计科研成果。省本级1989年前编辑出版的主要有《1987年论文选编》《中青年论审计》《1989年论文选编》《审计理论探索》等专著。

1989年，由水志仁、朱志标等编著的《乡镇企业审计》由上海科学技术出版社出版。

1990年，由吴永昌主编的《优秀审计报告选编》出版。系从全省各地报送的122份审计报告中评选出45篇获奖审计报告，汇编成书。

1992年，由吴永昌主编的《审计工作质量管理》由海洋出版社出版。审计署副审计长崔建民为该书作序；由胡宾等主编的《怎样提高企业效益》由浙江大学出版社出版。该书阐述企业经济环境、资金效益、物资效益、人员效益、企业目标管理和企业经营机制方面的内容，提出企业提高经济效益的现实途径；由姚雒白主编的《审计报告模式与实例》由上海交通大学出版社出版；由吴永昌主编的《审计人员知识手册》由中国审计出版社出版；由水志仁、冯孚良等编著的《涉外经济业务审计》由海洋出版社出版。该书系统阐述涉外经济业务审计理论和实践；由姚雒白、水志仁主编的《审计干部岗位知识手册》由上海科学技术文献出版社出版。

1993年，由姚雒白参与主编的《会计制度新变化通览》由中国审计出版社出版；由胡宾参与主编的《审计学基础》(现代审计学)由安徽人民出版社出版。1993年开始，省审计学会汇编优秀论文，每3年结集出版一本《审计理论与实践》，均由浙江大学出版社出版，为审计理论研究、业务实践和教学工作提供有价值的参考资料。

2001年，由审计署审计长李金华作序、陈正兴主编的《环境审计》由中国审计出版社出版。全书共12章，全面系统地阐述环境审计的理论与实务问题，填补了该领域理论研究的空白。

2004年，由陈正兴主编的《浙江审计回顾与展望》由时代经济出版社出版。该书以大量翔实的事实和统计数据为依据，记载了浙江审计20年来成长与发展及审计工作取得的成绩；由审计署审计长李金华作序，陈正兴、周生春主编的《中国审计文化研究》由时代经济出版社出版，这是国内第一部系统研究审计文化的专著，入选《当代审计书库》。该书从审计文化的概念入手，论及为什么要研究审计文化，如何研究审计文化，继而从文化的环境、结构、功能和变迁的不同视角，探讨中国审计文化的历史、现状与理想模式，并在此基础上阐明应如何建设审计文化。

2008年，由谢力群主编的《宏观服务型绩效审计模式·实例》由时代经济出版社出版。该书系统总结浙江省宏观服务型绩效审计模式的理念和实践经验。

第三节　审计学会

1985年10月，浙江省审计学会成立。省审计学会是研究审计科学的群众性学术团体，是全省最早成立的学术性社团组织之一。学会接受省审计厅和省民政厅的业务指导和监督管理，由省审计科学研究所负责日常工作。省审计学会围绕全省审计工作，在实践基础上开展理论研究，取得一批研究成果。

一、组织机构与会员队伍

1985 年 10 月，省审计学会召开成立大会，选举产生理事会及组织机构和领导成员。至 2010 年 12 月，先后召开 6 次会员代表大会。省审计学会会员分个人会员与团体会员，1985 年学会成立时，个人会员 147 人，2010 年达到 1974 人；团体会员也不断扩大。

表 38-4-3-1　　　1985—2010 年浙江省审计学会历届会长名单

年份	届别	名誉会长	会长	年份	届别	名誉会长	会长
1985	一	沈祖伦	姚雏白	1996	四	柴松岳、许行贯	陈正兴
1989	二	沈祖伦	姚雏白	2000	五	柴松岳、张友余	陈正兴
1993	三	柴松岳	姚雏白	2005	六	章猛进、叶荣宝	谢力群

资料来源：浙江省审计厅档案室。

二、学会活动

（一）学会工作会议

1985 年 10 月，省审计学会成立大会在杭州召开。全省各级审计机关和省直机关、大中专院校、科研单位、大中型企业、部队审计科研、教学和实务工作者代表 129 人参加大会。大会选举产生第一届学会理事会，审议通过《浙江省审计学会章程》。

1987 年 6 月，省审计学会年会在杭州召开。28 篇论文在会上作书面交流，以分组讨论的形式，就审计与宏观控制的关系，中国审计的性质、职能及如何做好内部审计工作 3 个专题进行学术交流。

1989 年 2 月，省审计学会年会在杭州召开。大会选举产生第二届理事会，修改并讨论通过学会章程，调整学会内部组织机构，设立学术研究委员会、教育培训委员会和秘书处。36 篇论文在会上作交流，就审计质量控制、承包经营责任审计、内部审计等问题进行专题研究。

1993 年 7 月，省审计学会第三次会员代表大会暨 1993 年年会在杭州召开。学会理事、各市学会代表和年会论文作者 85 人参加会议。会议选举产生第三届学会理事会，审议通过新的学会章程。37 篇论文在年会上就审计工作、经济效益审计、审计与搞活大中型企业等问题作交流。

1995 年 12 月，省审计学会成立十周年纪念大会暨 1995 年年会在衢州召开。审计署原审计长、中国审计学会会长于明涛为大会题词：“深入探索审计理论，为实现国家跨世纪宏伟蓝图贡献力量。”省审计局、省审计学会领导作工作报告。会议收到论文 76 篇，对财政“同级审”、企业审计、审计为促进廉政建设、经济建设服务及为宏观调控服务等进行研讨。

1996年9月，省审计学会第四次会员代表大会暨1996年年会在杭州召开。省审计厅厅长致开幕词，省审计学会第三届理事会会长作工作报告。年会收到论文67篇，主要探讨预算执行审计、社会主义市场经济条件下的审计监督等课题。

2000年12月，省审计学会第五次会员代表大会在杭州召开。全国政协常委、中国审计学会副会长金基鹏到会并讲话，省审计厅、省审计学会领导作四届理事会工作报告。会议表彰学会先进集体和优秀工作者，审议通过修改后的《浙江省审计学会章程》。大会收到论文40篇，对经济责任审计、深化预算执行审计、社会养老保险基金等专题进行研讨。

2005年5月，省审计学会第六次会员代表大会在杭州召开。审计署副审计长、中国审计学会副会长石爱中向大会发来贺信，省审计厅、省审计学会领导作工作报告。大会审议通过修改后的《浙江省审计学会章程》。

2006年2月，省审计学会六届二次常务理事扩大会议在杭州召开。审计署副审计长刘家义到会并讲话。会议重点学习贯彻中国审计学会五届二次理事会暨理事论坛精神，对探索具有中国特色的审计道路进行研讨。

2010年4月，省审计学会六届五次理事会在杭州召开。省审计厅、省审计学会领导在总结发言中强调，要将“免疫系统”理论和浙江审计创新体系有机融合，通过全部政府性资产推进预算体制改革，注重发挥审计的预防性功能，构建具有浙江特色的审计创新体系。

（二）学术研讨会

1988年，浙江省首届中青年审计理论研讨会在舟山召开。47篇论文在会上交流，50余名中青年审计干部就中国社会主义审计的职能、体系、对象，承包经营责任审计，如何提高审计质量等专题从学术角度进行研讨。9月，召开审计质量控制专题研讨会，就审计质量的含义、控制点及当前审计质量控制的主要任务等进行研讨。

1997年，省审计学会预算单位银行账户审计理论研讨会在海宁召开。省审计学会秘书长、副秘书长、省审计厅课题组成员及各市、地参与撰写该课题的论文作者等20余人参加会议。

1998年，省审计学会召开县级财政预算执行审计研讨会。会议对县级财政“同级审”的实践进行回顾和总结，提出改进和提高的对策，对县级财政审计的重要性、必要性进行理论分析，加深对搞好县级财政审计的认识。21篇论文在会上作交流。11月，全省企业真实性审计研讨会在杭州举行。研讨会总结交流企业真实性审计试点工作的做法和经验，研讨试点中遇到的问题和对策。来自11个市地的代表在会上介绍本地区真实性审计省级试点工作的情况和体会。

2000年，省审计学会在杭州召开中国审计学会“审计在国有企业改革和发展中的作用”第三课题组第一次会议。来自西安、安徽、青岛审计学会的负责人和浙江省审计科研所的课题组成员参加会议。与会代表对课题提纲展开讨论，对企业实务中遇到的问题进行理论研究。会议一致推选浙江省审计学会为该课题小组的牵头单位。

2001年，省审计学会召开经济责任审计专题研讨会。采取省、市学会合作方式，由各市学会分别承担子课题进行研究。会后将专题研讨会交流的论文成果，编印成《经济责任审计理论与实践研究》一书。

2002年，省审计学会召开审计理论研究协作座谈会。在杭5所高校专家、学者参加。8月，省审计学会在杭州召开审计在财政监督体系中的地位和作用专题研讨会。各地推荐13篇论文在会上作交流。

2003年，全省审计理论研讨会在杭州召开。该次研讨会为纪念审计机关成立20周年重要活动之一。省审计厅、省审计学会领导在会上讲话。各市审计局、厅机关各处室主要负责人以及论文作者62人参加会议。34篇论文在会上作交流。

2008年，省审计学会在杭州举办重点课题成果汇报会。会上对宏观服务型绩效审计与审计管理两大重点课题进行研讨交流；结合省委宣传部和省社科联组织开展全省哲学社会科学普及周活动，省审计学会以“为民审计共创和谐”为主题，在吴山广场设立展示台，通过咨询、展览、分发宣传资料等形式，宣传国家审计“免疫系统”理论和浙江审计工作所取得的成就。学会组成两支“社科下基层服务小分队”，开展下基层送服务活动。全省11个市审计学会参加本次全省联动的科普宣传周活动。

2009年，省审计学会在杭州举办重点课题成果汇报会，对国家审计“免疫系统”理论研究、全部政府性资产审计、创新审计管理3个重点课题进行研讨交流，并获得省社科联全省“当代浙学论坛”立项。

2010年，省审计学会学术研究基地在义乌市和海盐县挂牌成立。同年，浙江省审计学会分别就审计科研工作、审计学会工作在全国省级审计学会及特派办理论研究会秘书长和审计科研所所长培训班上作典型发言。

（三）课题立项

2006年以前，全省审计科研课题研究主要通过直接委托、合作等方式展开。2006年，省审计厅印发《审计科研课题管理办法(试行)》，对审计科研课题进行规范化管理。2007年，省审计学会接受省审计厅委托，组织开展全省审计系统科研课题立项研究工作，课题立项数量逐年增加。省审计学会每年召开重点课题研究成果汇报会，组织相关专家对重点课题进行检查评估，以保障重点课题的研究质量，成为实用性、创新性、指导性强的研究成果。至2010年，全省立项课题617项，其中重点课题65项，一般课题552项。

（四）论文评优

根据《浙江省社会科学优秀成果评选条例》有关规定，省审计学会成立优秀审计成果评审委员会，分阶段对各地推荐申报的审计学术论文进行评选。

表 38-4-3-2　　2005—2010 年浙江省审计系统优秀审计论文获奖情况表　　单位:篇

年度	参评论文	获奖论文				年度	参评论文	获奖论文			
		小计	一等奖	二等奖	三等奖			小计	一等奖	二等奖	三等奖
2005	140	27	2	5	20	2009	188	31	3	6	22
2006	114	27	2	5	20	2010	132	34	4	8	22
2007	143	33	3	5	25	合计	867	183	17	35	131
2008	150	31	3	6	22						

资料来源:浙江省审计厅档案室。

表 38-4-3-3　　2005—2010 年浙江省审计系统优秀调研文章获奖情况表　　单位:篇

年度	参评调研文章	获奖调研文章				年度	参评调研文章	获奖调研文章			
		小计	一等奖	二等奖	三等奖			小计	一等奖	二等奖	三等奖
2005	48	14	1	3	10	2009	105	22	2	5	15
2006	54	22	2	3	17	2010	97	26	4	6	16
2007	92	21	1	4	16	合计	495	127	12	26	89
2008	99	22	2	5	15						

资料来源:浙江省审计厅档案室。

(五)青年论坛

2008 年,省审计厅、省审计学会联合主办以“话说审计转型”为主题的厅机关首次中青年干部审计论坛,厅机关各处室、各直属单位 90 余名中青年审计干部参加论坛交流。同年,省审计厅举办中青年审计论坛,结合深入学习实践科学发展观活动,以“解放思想,发挥审计建设性作用”为主题。有 47 篇论文在论坛上进行交流。

2009 年,省审计厅、省审计学会联合举办全省审计系统首届青年论坛。收到 186 篇论文。论坛以“贯彻落实科学发展观,树立科学审计理念,促进审计工作科学发展”为主题,主要围绕如何树立符合审计转型要求的科学审计理念、如何进行审计管理机制创新、如何构建中国特色绩效审计模式、如何加强国家审计文化建设 4 个方面,展开学术研究和交流。同年,省审计学会派员全程协助筹办中国审计学会举办首届全国审计青年论坛,并选送 3 篇论文,分别获得专题一、二、三等奖。

2010 年,全省审计系统青年审计研讨会召开。会议围绕全部政府性资产审计、行业审计和审计管理3个专题进行研讨。全省审计系统95位青年审计干部和青年论坛理事参加研讨会。

(六)学术交流

1989年,华东地区中青年审计理论研究会第二次年会暨专题学术研究会在杭州召开。上海、浙江、安徽、山东、江西、福建、江苏等六省一市的40余位中青年审计工作者和高校审计教学、理论工作者参加。重点探讨审计准则和审计体制两个理论性较强的课题。

1995年,审计署在杭州召开审计与市场经济研讨会。审计署和国家体改委领导及专家学者25人参加研讨会。会议重点研讨社会主义市场经济体制下如何充分发挥审计作用及尽快建立完善科学审计监督体系等问题。

1997年,审计署在湖南召开账户审计研讨会,浙江省审计厅领导参加会议。8月,省审计厅与国家民航总局在新疆乌鲁木齐召开中国内部审计协会第一课题组论文研讨会。全国26个省、部委审计厅(局)参加会议。省审计厅课题组撰写的《试论社会主义市场经济条件下我国内部审计的体制和职能》获一等奖。11月,审计署在成都召开全国审计科研优秀论文评选会。省审计学会提交的《开展符合中国国情的环境审计》《论社会主义市场经济条件下的市场监督机制》分别被评为二、三等奖。

1999年,审计署科研所、省审计厅在杭州共同主办县级财政审计课题研讨会。来自上海、河南、浙江等14个省、市、自治区课题组的30余位代表参加研讨,收到课题论文20余篇。省审计厅、宁波市、绍兴县等3篇论文在会上作交流。在课题研究的基础上,省审计厅制定《关于深化县级财政审计的若干意见》。

2001年,全国乡镇经济审计经验交流会在浙江省绍兴县召开。省审计学会提交的《对乡镇经济审计的研究》课题在会上作交流并获得一等奖。

2002年,中国审计学会和省审计厅在宁波联合举办以"改革开放以来审计工作基本经验和审计发展趋势"为主题的审计论坛。审计署、中国审计学会和省审计厅领导出席会议。全国审计系统30余位代表参加会议。

2003年,中国审计学会在广东召开"走向现代化的中国审计——纪念审计制度写入宪法20周年"研讨会。省审计学会的《政府审计发展十大趋势》《国家审计风险的控制和防范》两篇论文参加交流。8月,全国审计理论研讨会在贵阳召开。省审计学会的《国家审计风险及其控制》课题在会上作交流。

2005年,中国审计学会在吉林省长春市召开审计计划管理研讨会。省审计学会提交论文在会上作交流,重点研讨国家审计计划管理现状及存在的问题、加强和改进审计计划管理的对策和建议等。

2008年,中国审计学会在江苏南京审计学院召开五届三次理事会暨第二次理事论坛。浙江省审计厅领导的发言题为《国家审计的创新与转型》,结合浙江省审计转型经验,对国家审计转型及中国审计未来发展的若干战略性问题进行思考。《论国家审计的创新》在《审计研究》2008年第3期刊发;同年,全国社保审计理论研讨会在北京召开,省审计厅提交的《加强社会保障审计，促进和谐社会建设》课题获全国社保审计理论调研二等奖。审计署在北京怀柔培训基地举办厅局级干部培训班，浙江省审计厅领导应邀在培训班上作题为《深刻认识审计本质，努力服务科学发展》的专题讲座，系统介绍浙江全部政府性资金审计、绩效审计、计算机审计“三个突破”的经验和做法。同年，由审计署主办、浙江省审计厅承办的亚洲审计组织环境审计研讨班（第七期国际审计培训研讨班）在杭州举行。研讨会的主题是“气候变化和大气污染防治审计”和“自然资源开发和能源可持续利用审计”。世界审计组织环境审计工作组主席爱沙尼亚审计长应邀参加，审计署审计长刘家义等领导出席会议。来自亚洲审计组织环境审计委员会（ASOSAI）32 个国家和中国香港、中国澳门审计机关的 64 名代表参加会议。

2009 年，《中国特色社会主义审计理论》课题研讨会在北京举行。课题组成员 11 人参加研讨会。省审计厅在会上阐述《关于审计功能研究》专题研究框架、研究思路和课题初步提纲。

2010 年，中国审计学会在杭州举办全国审计系统首届理论研究骨干培训班。审计署机关、特派办、全国各省（市、自治区）和计划单列市审计机关 172 名学员参加培训。

第五章　财政审计

财政审计是审计机关依法对政府公共财政收支的真实性、合法性和效益性实施审计监督。浙江财政审计主要组织实施本级预算执行情况和其他财政收支审计、下级政府预算执行和决算审计，以及财政专项审计和审计调查等。

浙江省财政审计以《审计法》实施为界，分为两个阶段。1984—1995 年：从审计机关成立到 1995 年《审计法》实施前。1984—1986 年，审计工作处于初创时期，全省审计机关主要组织对财政收支进行试审。1986 年 5 月，省审计局对湖州市财政决算进行审计，标志着全省财政审计正式开始。1988 年 11 月，国务院发布《中华人民共和国审计条例》。1990 年起，全省审计机关依照《条例》规定，开展对下级政府财政收支审计（即“上审下”），财政审计地位和作用不断提高，审计权威性得到加强。这一阶段财政审计以查错纠弊为主，审计的对象是本级政府各部门和下级政府决算，审计范围未涉及本级预算执行，审计方法、处理方式尚不规范。1995—2010 年：1995 年《审计法》实施，确立了财政审计法定地位，规定各级审计机关对本级预算执行情况和其他财政收支实施审计监督。实行财政审计的审计工作报告和审计结果报告制度（简称“两个报告”制度），将财政审计监督纳入国家财政管理体制，实现“财政监督”向“监督财政”的历史性转变，“两个报告”制度成为法定安排。1995 年 8 月，省政府出台《浙江省预算执行情况审计监督实施办法》，财政预算执行审计（即“同级审”）成为审计工作重点。1996 年起，浙江省全面实施本级预算执行审计，财政审计进入新阶段，形成“同级审”和“上审下”相结合的财政审计监督制度。

至 2010 年，省审计厅共进行预算执行情况和其他财政收支审计 15 次，市级财政决算审计 69 次，县级财政决算审计 46 次，开展财政专项审计调查项目 41 个。2006 年，浙江开展全部政府性资金审计，全省审计机关按照省审计厅《关于加强全部政府性资金审计工作的意见》，摸清全部政府性资金来源结构、支出方向、结余状况，揭示资金管理问题，为各级党委、政府决策提供参谋，为各级人大监督提供依据，取得明显成效。2010 年，浙江在全国审计工作座谈会上就全部政府性资金审计作典型经验介绍。审计署领导认为浙江预算执行审计的做法“在全国具有先导性和紧迫性”。

第一节　预算执行情况和其他财政收支审计

1996 年起，全省审计机关按照《审计法》规定，每年开展本级预算执行情况和其他财政收支审计,逐步形成具有浙江特色的财政审计模式。1996—1997年,审计主要目标是摸清家底、掌握情况。1998年起,将规范预算管理作为主要目标,将预算支出和内控制度作为审计重点。2000年起,注重于推进财政体制改革、规范财政管理和预算分配秩序、促进增收节支、提高财政资金绩效。2004年以后,由主要关注财政预算内资金向全方位关注政府性资金转变,逐步推进以全部政府性资金为主线的财政审计一体化,财政"同级审"水平逐年提高,为政府用财理财提供依据,为各级人大加强财经监督提供重要手段。

财政预算执行审计一般分两个阶段、两个层次进行。第一阶段(亦称"外围审计")选择财政资金安排较多的行政部门、涉及国计民生的专项资金(基金)进行审计。第二阶段(亦称"核心审计")对财政部门、地税部门具体组织的预算执行情况进行审计。审计结束后,审计机关向本级政府和上一级审计机关上报《财政预算执行情况和其他财政收支审计结果报告》(简称"审计结果报告"),而后,审计机关负责人受政府委托,向本级人大常委会作《财政预算执行情况和其他财政收支审计工作报告》(简称"审计工作报告")。

1996—2010年,省审计厅共组织省本级预算执行情况和其他财政收支审计15次,在提高财政性资金管理水平和使用绩效、促进深化财政体制改革等方面发挥了建设性作用。

1996年4月,省审计厅对1995年度省财政厅具体组织执行省本级预算情况、省地税局税收征管情况、预算外收支情况、财政周转金、财政专项基金(资金)进行审计,并对省财务开发公司经济活动中涉及省财政资金的有关事项进行延伸审计。这是省本级首次预算执行审计。主要目标是摸清家底,掌握情况,探索"同级审"模式。发现的主要问题:1. 省财政厅实际退库4.39亿元,超过省人大批准的预算额3.11亿元。2. 预算9.83亿元无偿拨款改为有偿支出。3. 多退外贸企业所得税748.58万元。4. 有偿拨款3850万元未按规定核算。5. 省级集中住房基金利息收入余额138.46万元未及时转作住房基金。审计提出处理意见,并建议加强财政周转金、专项资金统一管理,加强财政有偿使用资金管理,完善税务业务提退办法等。

1997年4月,省审计厅对1996年度省财政厅具体组织执行省本级预算情况、省地税局税收征管情况、预算外收支情况、财政周转金、财政专项资金(基金)进行审计。发现的主要问题:1. 预算暂存历年挂账2567万元未及时清理。2. 预算外暂存历年挂账4804.68万元未及时清理。3. 向外商投资企业征收的中方职工物价补贴和场地使用费1591.14万元未纳入预算管理。4. 预算安排副食品风险基金300万元未列支出。5. 预算内总账"经费暂付"余额577.14万元未按规定清理。6. 预算外资金余额881.87万元未按规定清理。审计提出处理意见,并建议加强财政资金管理,组织力量对逾期财政周转金借款清理和催讨,完善预算支出有偿使用资金核算办法,加强银行账户管理,做好专户储存资金有偿融通工作等。

经过两年"同级审"的摸索,省本级财政家底基本摸清,审计内容也由以收入为重点,向以支出、内控制度为重点拓展,大胆揭露问题。实现从单一预算执行审计向预算执行审计与专项审计相结合、预算执行审计与内控制度审计相结合、预算执行审计与领导干部经济责任审计相结合的转变,审计方式日趋成熟。

1998年5月,省审计厅对1997年度省财政厅具体组织执行省本级预算情况、省地税局税收征管情况和其他财政收支情况进行审计。同时组织全省审计机关对粮食风险基金、环保资金等进行专项审计。本次审计开始将规范预算管理作为主要目标，将预算支出和内控制度作为审计重点。发现的主要问题：1. 预算执行方面。收入退库增加省级棉花风险基金 200 万元；出借财政预算资金 3.78 亿元未设账核算；未按规定豁免下级财政周转金借款 2165 万元。2. 粮食风险基金、环保资金方面。粮食风险基金多头开户，9937 万元未按规定并入预算总会计管理；全省应收未收排污费 8199 万元；环保贷款逾期 8598 万元，占贷款余额的 46.69%；全省贷给非环境治理项目的环保资金和违规使用环保资金共计 5230 万元。审计提出处理意见，并建议加强预算管理，加强有偿使用资金管理，尽快建立各项专项资金会计核算制度，建立财政资金豁免报告制度，进一步规范粮食风险基金管理等。

1999 年 5 月，省审计厅对 1998 年度省财政厅具体组织执行省本级预算情况、省地税局税收征管情况和其他财政收支情况进行审计。发现的主要问题：1. 预算执行方面。预算内借款利息收入 526.12 万元挂“暂存款”账户；外商投资企业“中方职工物价补贴”等 1587.42 万元未缴国库作预算收入；以前年度支出收回转有偿使用 2.48 亿元挂“暂存款”账户；省地税直属一分局违规准予 20 家企业延缴税款 2126.07 万元。2. 财政性专项资金（基金）方面。预算内、外资金余额分别有 577.14 万元、460.06 万元未及时清理；造地改田资金存在违规减免，应征未征 1.59 亿元，被截留挪用 7250.45 万元（占总支出的 17.93%）；部分行政性收费收入未作预算缴库；全省少征漏征公路建设资金 7641.38 万元，欠缴各类公路规费 5994.6 万元，养路费收入 1.36 亿元未按规定上缴省财政。审计提出处理意见，并建议加强行政性收费预算管理，建立和健全会计核算，修订耕地保护和造地改田管理办法，加大公路建设资金稽查力度等。

2000 年 5 月，省审计厅对 1999 年度省财政厅具体组织执行省本级预算情况、省地税局税收征管情况和其他财政收支情况进行审计。同时组织全省审计机关对教育经费和农业发展基金等进行专项审计。发现的主要问题：1. 未作预算收入 1161.47 万元。2. 省级民政事业发展专项资金 1560.25 万元未上缴财政专户。3. 违规收取教育费用 2721.88 万元，挤占、挪用和虚列支出教育经费 4413.57 万元。4. 违规使用农业发展基金 4182.11 万元。审计提出处理意见，并建议加快预算制度改革，建立健全政府采购制度，规范教育经费筹集和使用，加强经费管理与监督等。

2001 年起，“同级审”注重于推进财政体制改革、规范财政管理和预算分配秩序、促进增收节支、提高财政资金绩效。全省审计机关树立大财政审计理念，将财政审计、行政事业单位审计、固定资产投资审计、社会保障资金审计等，作为大财政审计的系统工程，统一规划、协调组织，积极探索“同级审”新模式。

2001 年 5 月，省审计厅对 2000 年度省财政厅具体组织执行省本级预算情况、省地税局税收征管情况和其他财政收支情况进行审计。同时组织全省审计机关对科技经费、环保资金和外贸发展基金进行专项审计。发现的主要问题：1. 未作预算收入 1974 万元。2. 企业挖潜改造资金违规列支经费 250 万元。3. 预算中安排自收自支事业单位经费 190 万元。4. 违规出借财政周转金 1.06 亿元。5. 违规出借和挤占挪用科技经费 6256.88 万元，虚列转移科技经费 440.94 万元；挪用环保资金弥补行政经费及发放奖金 2975.30 万元，违规出借环保资金 1696.60 万元。6. 省教育厅机关向浙江教育报刊社借款 800 万元作其他收入入账，浙江教育报刊社作应收借款长期挂账。7. 浙江教育报刊社收入挂往来账，未申报纳税，少计缴税金 443.30 万元。8. 杭州外国语学校向学生收取赞助费收入共计 1018.30 万元。9. 浙信公司违规投资香港 H 股，造成亏损 1481.16 万港元，违规发放 100 万美元贷款；香港鸿发公司造成资产损失 1853.32 万港元，未经集体讨论投资 2450 万元。审计提出处理意见，并建议强化预算监督管理，健全会计核算，完善内控制度，加强专项资金监督与管理等。

2002 年 4—5 月，省审计厅对 2001 年度省财政厅具体组织执行省本级预算情况、省地税局税收征管情况和其他财政收支情况进行审计。发现的主要问题：1. 省级财政一般预算动用上年结余 8.77 亿元未编制预算调整方案。2. 未将省计生委上缴的照顾生育社会抚养费收入、省工商行政管理局行政性收费中集贸市场管理费、个体工商户管理费计 4309.59 万元纳入预算管理。3.“科技三项经费”支出 3500 万元挂“暂存款”账户。审计提出处理意见，并建议增加财政对社会保障的投入，完善专项转移支付制度，明确专项转移项目预算编报，切实抓好增收节支工作等。

2003 年 4—5 月，省审计厅对 2002 年度省财政厅具体组织执行省本级预算情况、省地税局税收征管情况和其他财政收支情况进行审计。同时组织对预算退库资金、省对市县转移支付资金、政府采购资金、扶贫资金等进行专项审计调查。发现的主要问题：1. 以前年度已支出款项 5274.65 万元收回后未冲销当年支出。2. 部分预算收入违规退库 3260 万元。3. 部分财政周转金 7.35 亿元仅作表式反映。审计提出处理意见，并建议强化预算监督管理，重视市县乡财政性负债问题，建立财政性负债预警和管理机制，完善对市县财政转移支付政策等。

2004 年起，“同级审”提出以“四个转变”为内容的财政审计一体化思路，即由主要关注财政预算内资金向全方位关注政府性资金转变；由关注各单位财务收支的真实、合法性向关注专项资金的使用方向、使用效益转变；由收支审计并重向以支出审计为主转变；由主要审计省本级支出向审计省本级与补助地方支出转变。以全部政府性资金为主线推进财政审计一体化，适应了浙江经济社会发展和预算内外资金规模不断扩大的需要，也符合政府收支分类改革的需要。

2004 年 3—4 月，省审计厅对 2003 年度省财政厅具体组织执行省本级预算情况、省地税局税收征管情况和其他财政收支情况进行审计。同时组织对公安、质监部门全省同步审计。发现的主要问题：1. 国有资产收益 1004.60 万元未缴入国库。2. 公路建设基金 3.37 亿元未按规定缴入国库。3. 预算外资金财政专户借款 2.80 亿元未及时清理。4. 一般预算外资金产生的利息用于财政系统补助 1021 万元。审计提出处理意见，并建议严格执行法律法规，确保财政收入应缴尽缴，规范预算分配行为，对预算外财政资金借款、周转金借款加大清收力度，建立健全内部控制制度，加强财政管理等。

2005 年 4 月，省审计厅对 2004 年度省财政厅具体组织执行省本级预算情况、省地税局税收征管情况和其他财政收支情况进行审计。同时，组织对工商行政管理和建设系统全省同步审计。发现的主要问题：1. 一般预算收支 3930.59 万元未按规定账务处理。2. 以前年度出借资金 2.92 亿元未及时收回。3. 工商、建设系统等普遍存在专项资金管理使用不规范，公用经费使用超定额等。审计提出处理意见，并建议对出借财政资金加大催讨力度，加强预算编制，硬化预算约束，提高资金分配透明度，优化支出结构，提高财政资金使用效益等。

2006 年 4 月，省审计厅对 2005 年度省财政厅具体组织执行省本级预算情况、省地税局税收征管情况和其他财政收支情况进行审计。发现的主要问题：1. 省人民大会堂迁建办公室缴回基建款 4651.62 万元未及时缴库作一般预算收入。2. 下岗职工基本生活保障资金专户和海塘捐赠资金专户未清理。审计提出处理意见，并建议做好增收节支，加快公共财政制度建设，归并专项资金银行开户等。

2007 年 4 月，省审计厅对 2006 年度省财政厅具体组织执行省本级预算情况、省地税局税收征管情况和其他财政收支情况进行审计。发现的主要问题：1. 未将一般预算和基金预算指标结余 3.50 亿元编入部门预算。2. 转移支付总体结构欠合理，专项补助项目设置过多，投向分散，省级专项补助资金年底拨付比重较大，部分未执行，资金拨付效率有待提高。3. 外贸出口发展基金支出 2338.31 万元不符合公共财政方向。4. 省级工伤保险、生育保险基金未实行地税征收。审计提出处理意见，并建议完善部门预决算管理，完善省对市、县的转移支付制度，加强对省属高校债务的后续管理等。

2008 年 4—5 月，省审计厅对 2007 年度省财政厅具体组织执行省本级预算情况、省地税局税收征管情况和其他财政收支情况进行审计。发现的主要问题：1. 一般预算支出中列支 14.18 亿元转入“暂存款”账户。2. 基金预算地方教育费附加支出列支暂存 2 亿元。3. 超标准支付国库集中支付业务代理费 45.67 万元。4. 预算外应缴国库收入 3.32 亿元未及时上缴。5. 应缴国库余额未及时上缴国库作一般预算收入和基金预算收入 6.24 亿元，未上缴中央库 388.42 万元。6. 预算外应收款长期挂账，2.67 亿元逾期 10 年以上。审计提出处理意见，并建议提高预算编制科学性，增强预算约束力，完善省对市、县的转移支付制度，继续清理整合专项资金，促进提高使用效益等。

2009 年 4 月，省审计厅对 2008 年度省财政厅具体组织执行省本级预算情况、省地税局税收征管情况和其他财政收支情况进行审计。发现的主要问题：1. 预算内列支转暂存 55.98 亿元。2. 违规退库 675 万元用于代征水利建设基金手续费。3. 预算列支出转入专项资金后未全部支出，5 项专项资金当年预算内列支出转入合计 17.53 亿元，实际支出 10.70 亿元。4. 公路客货运附加费 3.88 亿元支出安排不合理。5. 预算外应缴国库收入 9.86 亿元未及时上缴。审计提出处理意见，并建议改进预算编报管理，优化财政支出结构，加强省级政府债务管理，减少财政风险等。对有关部门和单位的整改情况，省审计厅进行跟踪督查。

2010 年 4 月，省审计厅对 2009 年度省财政厅具体组织执行省本级预算情况、省地税局税收征管情况和其他财政收支情况进行审计。同时组织对全部政府性资金的审计调查。发现的主要问题：1. 部分实际未发生的支出 10.71 亿元挂“暂存款”账户。2. 应作未作一般预算收入 2.26 亿元。3. 违规退库 1.85 亿元。审计提出处理意见，并建议强化预算编制和管理，加大预算监督力度，提高财政资金使用绩效，加强财政资金的管理与核算等。

第二节 财政决算审计

1986年起，全省各级审计机关对下一级人民政府财政决算进行审计。省审计厅负责直接审计设区市人民政府预算的执行情况、决算和其他财政收支情况。授权各设区市审计机关对所属县（市、区）财政决算进行审计。计划单列城市宁波市级财政由审计署直接审计。2006年起，全省审计机关按每年30%的覆盖面开展对市、县（市、区）财政决算的审计。财政决算审计在推动地方政府依法行政、依法理财，提高财政资金管理使用水平等方面发挥积极作用。

1986年，省审计局对湖州市财政决算进行审计，是全省首次市级财政决算审计。至2010年，省审计厅共完成市级财政决算审计项目56个。

一、市级财政决算审计

表38-5-2-1　　1986—2010年浙江省审计厅对市级财政决算审计一览表

年度	审　计　项　目	年度	审　计　项　目
1986	湖州市财政决算审计	1999	湖州市、金华市、衢州市、丽水市财政决算审计
1988	绍兴市、金华市财政决算审计	2000	温州市、嘉兴市、绍兴市财政决算审计
1989	杭州市、嘉兴市、舟山市财政决算审计	2001	杭州市、舟山市、台州市财政决算审计
1990	温州市、衢州市、台州市、丽水市财政决算审计	2002	绍兴市财政决算审计
1991	湖州市、绍兴市、金华市、舟山市财政决算审计	2003	湖州市、金华市、丽水市财政决算审计
1992	杭州市、温州市、嘉兴市、衢州市财政决算审计	2004	杭州市、嘉兴市、衢州市财政决算审计
1993	湖州市、绍兴市、金华市、舟山市财政决算审计	2005	温州市、绍兴市、舟山市、台州市财政决算审计
1994	温州市、嘉兴市财政决算审计	2006	湖州市、舟山市财政决算审计
1995	湖州市、丽水市财政决算审计	2007	湖州市、衢州市、丽水市财政决算审计
1996	湖州市财政决算审计	2008	嘉兴市、金华市、衢州市财政决算审计
1997	杭州市、温州市、绍兴市财政决算审计	2009	杭州市、温州市、绍兴市、台州市财政决算审计
1998	嘉兴市、舟山市、台州市财政决算审计	2010	湖州市、舟山市、丽水市财政决算审计

资料来源：浙江省审计厅档案室。

（一）杭州市人民政府财政决算审计

至2010年，省审计厅对杭州市财政决算共进行了6次审计。

1989年6—7月，省审计局对杭州市1988年度财政收支进行审计。发现的主要问题：1. 未经批准而税前还贷488.60万元；5家企业用税前利润归还未竣工的贷款项目255万元；杭州医疗器械厂以税前还贷名义，将260万元从“利润分配”账户转入“专项应付款”挂账，未予还贷，同时计提国家能源交通重点建设基金和国家预算调节基金（以下简称“两金”）28.96万元。2. 有8家企业在新增项目实现利润，折旧基金没有全部用于还贷的情况下以税还贷，计178.70万元；4家企业多用税金还贷136.50万元。3. 企业漏征少征各项税收793.94万元，杭州电视机厂“彩电外汇差价收入”少计企业销售收入1425.12万元。4. 市级7个主管局的经费退库超过省批限额164.10万元。5. 应清理转作财政收入的暂存款计318.15万元。6.“企业挖潜改造支出”中有不属于挖潜改造支出的金额1027.67万元。审计提出处理意见和建议。

1992年3—4月，省审计局对杭州市1991年度财政收支进行审计。发现的主要问题：1. 2家企业税前归还非财政、银行借款340万元；未完成承包计税利润还贷影响财政收入1410.04万元。2. 非贸易创汇在成本中列支奖励金13.69万元。3.“国营企业调节税”退库30万元给机械工业局作集中留利；4家农垦企业应上缴财政定额利润72.83万元，未纳入预算收入；杭州东风丝绸印染厂未将出口退税68.15万元并计利润；市城市建设综合开发公司应缴未缴所得税2026万元。市房屋建设开发公司1248.22万元未缴财政。4. 杭州电视机厂未缴纳特别消费税5785.50万元。5. 有6个单位共少计漏征“两金”236.73万元。审计提出处理意见，并建议强化税收征管基础制度，对财政信用资金和各项周转金存在的问题进行整顿。

1997年8月，省审计厅对杭州市1996年度财政决算进行审计。发现的主要问题：1. 金融保险业营业税733.94万元作市级财政入库。2. 有财政赤字的情况下增设预算周转金。3. 延期纳税审批不规范。4. 账务处理不规范。审计提出处理意见，并建议强化预算资金管理，加强会计核算，严格执行延期纳税审批制度和滞纳金制度，切实提高税收执法力度。

2001年8—9月，省审计厅对杭州市2000年度财政决算进行审计。发现的主要问题：1. 共19个单位行政性收费3581.98万元应列未列预算收入，罚没收入234.74万元未上缴财政。2. 违规退库3.60亿元转入社会保障帮困资金；退库670.33万元用于各单位经费。3. 国有银行营业税1403.86万元错入市级国库。4. 将付给市政府采购中心的备用金800万元作“其他支出”；“外债风险专项资金”专户购买美元列支出1899.55万元，但美元账户中未作反映；在“其他支出”中列支杭州卷烟厂奖金900万元。5. 外贸发展基金、蔬菜基地建设基金未纳入基金预算管理。6. 违规批准企业延期缴纳税款829.66万元。审计提出处理意见，并建议加强企业延期缴纳税款的审批管理，对偷漏的税款收取滞纳金，加强对财政性资金和预算外资金的管理。

2004年8月，省审计厅对杭州市2003年度财政决算进行审计，同时对政府负债情况进行专项审计调查。发现的主要问题:1. 以“国有企业计划亏损补贴”名义违规退库 4.67 亿元。2. 一般预算虚列支出 8167.90 万元。3. 金融保险营业税 3342 万元混淆入库级次。4. 应上缴省财政预算外资金专户 1190.03 万元未上缴。5. 市财政违规借入住房维修基金 6 亿元。审计提出处理意见,并建议清理专项资金,规范预算支出行为,进一步完善税收征管基础工作,正确处理好地方与省的利益关系,加强政府负债管理,防范财政风险。

2009 年 9 月,省审计厅对杭州市 2008 年度财政决算进行审计。发现的主要问题:1. 收费收入余额 6072.76 万元和罚没收入的未入库余额 1623.04 万元未作预算收入。2. 萧山区违规退库 426.24 万元。3. 少计提补充社保资金 14.59 亿元、社会保障风险准备金未专款专用、出借土地收益金给企业 656.80 万元。审计提出处理意见,并建议完善预算编制和报告制度,强化税收征管,规范社保风险准备金的使用,加强财政资金管理核算和使用绩效。

(二)温州市人民政府财政决算审计

至 2010 年,省审计厅对温州市财政决算共进行了 7 次审计。

1990 年 6—7 月,省审计局对温州市 1988 年度财政收支进行检查。发现的主要问题:1. 罚没款 52.62 万元未按规定缴入国库。2. 共 6 个市属单位应缴预算收入 773.87 万元未按规定缴入国库。3. 预算内、外暂存款 137.43 万元未及时转作财政收入。4. 小型技改贷款投资分成、利息收入和财政信用资金利息收入共计 922.34 万未按规定转作财政收入。5. 应作未作预算内收入 39.48 万元。审计提出处理意见和建议。

1992 年 5—6 月,省审计局对温州市 1991 年度财政收支进行审计。发现的主要问题:1. 温州木材集团公司减免增值税 72.12 万元。2. 市海洋渔业公司少计漏征“两金” 90.84 万元。3. 市财政计划亏损退库 6455 万元和职工补贴收入 9.26 万元作预算外收入;鹿城区财政局未将罚没收入 135 万元入库;市计委上缴扩权外汇效益款的抵押户利息收入、市基建材料设备公司上缴款,两项合计 45.32 万元未作财政收入缴库。审计提出处理意见和建议。

1994 年 11 月,省审计局对温州市区 1994 年 1—10 月财政预算执行情况进行审计。发现的主要问题:1. 省石油公司温州分公司缴纳增值税 681.03 万元,其中地方 25%部分计 170.26 万元错入市库。2. 温州市区欠税额 1.03 亿未上缴。审计提出处理意见和建议。

1997 年 7—8 月,省审计厅对温州市 1996 年度财政决算进行审计。发现的主要问题:1. 预算收入中退库“粮食政策性补贴”449 万元入“粮食风险基金”户,企业所得税违规退库 800 万元作市政府“国有流通企业网点建设资金”。“中外合资企业中方职工物价补贴和场地使用费收入”613.54 万元、原用预算资金购买的国库券兑付的利息收入 33.03 万元未纳入预算收入。2. 温州市建设集团公司解缴所得税 29.09 万未按规定上缴省国库。审计提出处理意见,并建议强化预算资金管理,规范财政专项资金、财政周转金的管理,及时清理财政预算内外暂存款。

2000 年 11 月,省审计厅对温州市 1999 年度财政决算进行审计。发现的主要问题:1. 土地出让金 203.28 万元未纳入财政预算。2. 违规提退国有企业所得税 150 万元,违规退税补充宣传文化发展专项资金 1400.91 万元。审计提出处理意见,并建议严格退税、退库管理，规范会计核算，真实反映会计信息。

2005年8—9月，省审计厅对温州市2004年度财政决算进行审计。发现的主要问题：1. 违规退库1726.57万元。2. 罚没收入2054.65万元未上缴国库。3. 国有资产经营收益3895.83万元应作未作一般预算收入。4. 行政事业性收费2.24亿元未纳入预算管理。5. 未上缴省财政1321万元。6. 土地出让金暂付款4.91亿元未及时清理。7. 金融保险营业税339.07万元混淆入库级次。审计提出处理意见，并建议改进和完善年度预算的编制工作，清理长期挂账的往来款项，正确处理好地方与省的利益关系。

2009年10—11月，省审计厅对温州市2008年度财政决算进行审计。发现的主要问题：1. 国资收益管理分散，且未作预算管理2.88亿元。2. 未按规定计提社保基金2.47亿元。3. 城镇土地使用税1538.61万元未按规定入库。4. 共24家金融企业营业税合计64.76万元入温州市国库，15家金融企业营业税未按规定上缴省库。审计提出处理意见，并建议完善国有资产管理，规范财政资金管理，强化税收征管。

（三）湖州市人民政府财政决算审计

至2010年，省审计厅对湖州市财政决算共进行了10次审计。

1986年5月，省审计局对湖州市1985年度财政决算进行审计。发现的主要问题：1. 违规退库79.41万元。2. 从"商业收入"中退库60万元长期存放"预算暂存"账。3. 虚列重列支出347.20万元。审计提出处理意见，并建议正确处理好条块关系，加强财政收入管理，完善预算管理制度，加强会计基础工作，提高会计核算质量。

1991年5—6月，省审计局对湖州市1990年度财政收支进行审计。发现的主要问题：1. 市丝绸公司提取技术开发费130.09万元，上缴市财政"预算外收入其他自筹收入"60万元；市商业、医药系统在税前列支，作直接增加成本或冲减营业收入处理。2. 市经济协作办公室下属3家公司少缴利润113.88万元，少计缴"两金"51.53万元；39家国营工业企业少计缴"两金"607.51万元。4. 共11个单位少计、漏征建筑税42.32万元。5. 从信托公司分得的投资红利225.48元未作预算收入缴库。6. 违规退库30万元。7. "预算外暂存"中36.57万元，利息收入223.57万元未作预算收入缴库。8. 以"企业挖潜改造支出"名义列预算支出100万元，并转入预算暂存账暂挂。审计提出处理意见和建议。

1993年10—11月，省审计局对湖州市1993年1—9月财政预算执行情况进行审计。发现的主要问题：1. 金属材料总公司未按规定征收营业税85.93万元。2. 市政府经济技术协作办公室下属5家公司直接冲减销售物资进销差价193.66万元。3. 从减免税款中集资248.66万元未作预算收入缴库。4. 石油公司营业税94.20万元错入湖州市金库。5. 应缴未缴罚没收入494.50万元。审计提出处理意见，并建议严格执行预算收入退库制度，加强对各项财政资金的管理，同时完善会计核算制度、账户设置。

1995年5月，省审计厅对湖州市1994年度财政收支决算进行审计。发现的主要问题：1. 应作未作预算收入2060万元。2. 对石油公司和糖业烟酒公司计征增值税。3. 应作省级预算收入的税收194.29万元错入市库。4. 财政局弥补出口退税资金150万元、民政企业集中款100万元、电力局上缴燃料补偿金58.86万元、信用资金转出100万元，挂预算外暂存，未及时清理。审计提出处理意见，并建议应严格执行相关法规的税收规定，规范征收行为。

1996年7—8月，省审计厅对湖州市1995年度预算外资金和财政周转金的管理使用情况进行审计。发现的主要问题：1. 向其他单位拆借资金5380万元。2. 资金占用费收支净额1422.22万元未转增周转金。3. 从信托公司取得的股息、分红317.42万元未按规定转作财政收入。4. 粮食风险基金违规列支南浔米厂补助12.03万元。5. 支农周转金违规认购省农村发展投资集团湖州公司法人股200万元。6. 专项基金周转产生的利息及占用费收入802.91万元未转增原专项基金。审计提出处理意见，并建议进一步加强财政周转金管理，清理多头开户、暂存暂付账户，加强财政周转金的会计基础工作。

1999年9月，省审计厅对湖州市1998年度财政决算进行审计。发现的主要问题：1. 市财政罚没专户余额120.12万元未缴财政。2. 市财政累计征收外商投资企业中方职工物价补贴收入及利息收入882.93万元未及时缴入国库。3. 市财政以其他计划亏损科目退固定资产投资方向调节税195万元挂暂存款账。4. 市信托投资公司营业税33.2万元作市级收入入库，尚欠缴营业税105.43万元。审计提出处理意见，并建议加强预算收入退库的管理，规范暂存款会计科目的核算、加强税收征收管理。

2003年10—11月，省审计厅对湖州市2002年度财政决算进行审计。发现的主要问题：1. 行政事业性收费7694万元未按规定纳入预算管理，股利分红104万元未缴国库，土地出让金净收益2617.66万元和水利建设基金1944万元未按规定纳入基金预算管理。2. 违规退库1.22亿元、违规提退水利建设基金500万元。审计提出处理意见，并建议加强预算管理和专项资金管理，及时足额将预算管理收入解缴入库，加强税收征管。

2006年9—10月，省审计厅对湖州市2005年度财政决算进行审计。发现的主要问题：1. 国有企业计划亏损补贴1.50亿元违规用于兑现地方财政优惠政策及支持上市企业补贴。2. 国有资产收益216.93万元未纳入一般预算管理、土地出让金净收益等收入6.07亿元未纳入基金预算管理。3. 违规集资4135万元。审计提出处理意见，并建议以政府收支分类改革为契机，进一步加强预决算管理和政府性资金管理，提高资金使用绩效。

2007年6—8月，省审计厅对湖州市2006年度财政决算进行审计。发现的主要问题：1. 财政资金出借3.80亿元用于政府建设项目临时周转尚未归还。2. 暂付暂存款长期挂账1.06亿元。3. 应作未作国有资产收益1.83亿元。4. 从土地出让金中支出200万元用于市政府驻北京办事处购房。5. 应缴代收上级财政专户款245.76万元未上缴省财政。6. 应缴未缴国库作基金预算收入198.88万元。7. 农业土地开发资金未按规定设立专户使用，欠缴505.03万元。8. 部分企业逾期纳税2734.39万元未加收滞纳金。审计提出处理意见，并建议进一步加强财政资金管理，加强税收征管力度，规范土地出让行为，维护土地市场的公平性，增强政府债务风险防范意识。

2010年6—7月，省审计厅对湖州市2009年度财政决算进行审计。发现的主要问题：1. 少计提廉租房保障金2063.23万元。2. 影响省级收入682.54万元。3. 拖欠土地出让金4.86亿元未及时收取。4. 少筹集社会保障风险准备金4132.31万元。审计提出处理意见，并建议重视社保资金的筹集，规范社保资金管理，加强财政资金的管理与核算。

（四）嘉兴市人民政府财政决算审计

至2010年，省审计厅对嘉兴市财政决算共进行了7次审计。

1989年5—6月，省审计局对嘉兴市1988年度财政收支进行审计。发现的主要问题：1. 共13家企业违规税前还贷1161.79万元。2. 违规退库14.37万元。3. 棉纺织厂违规以税还贷70万元。4. 市本级企业少征漏征国家能源交通重点建设基金（简称"能交基金"）306.75万元；7家企业上缴地方建港筑路基金107.91万元；市本级从能交基金收入中退库688.38万元，各县退库的上缴市财政306万元，两项合计994.38万元，不符有关规定。5. 漏征少征建筑税582.34万元。6. 省拨"肉价补贴"历年结余168万元以增拨科技贷款基金名义转入"事业周转金"账户；原预算外暂存的三项结余25.22万元直接转作事业周转金。审计提出处理意见和建议。

1992年4—5月，省审计局对嘉兴市1991年度财政收支进行审计。发现的主要问题：1. 市本级企业税前还贷计提奖励基金和后备基金计137.39万元；危房翻建费55.5万元在营业外列支；国营商业企业违规列支网点设施资金。2. 流动资金占用费256.37万元和物资开发基金599.35万元提取超过省规定标准。3. 市啤酒厂少缴中央专项收入3.08万元，少计漏征税费73.39万元，产品税43.46万元错入地方国库。4. 少计漏征能交基金283万元。5. 市丝绸服装总厂等4家预算外企业上缴财政利润67万元及市财政投资信托公司分得利润207.48万元未作预算收入缴库。6. 城市维护支出拨给市邮电局补助费216万元作暂存款，未清理结算。审计提出处理意见和建议。

1994年10—11月，省审计局对嘉兴市1994年1—9月财政预算执行情况进行审计。发现的主要问题：部分属预算内收入挂财政"预算外暂存"，包括承包结算款32.58万元，税务检查支队上缴的罚没款102.39万元。审计提出处理意见和建议。

1998年7月，省审计厅对嘉兴市1997年度财政决算进行审计。发现的主要问题：1. 省级收入183.41万元错入市库。2. 应作未作预算收入66.15万元。3. 从"地方税款滞金罚款收入"中违规提取税务违章案件告发人奖金79.23万元。审计提出处理意见，并建议加强罚没收入管理。

2000年8月，省审计厅对嘉兴市1999年度财政决算进行审计。发现的主要问题：1. 省级财政收入58.84万元错入市金库。2. 国有粮食企业亏损补贴6011.25万元未拨补粮食企业。3. 水利建设基金149.87万元未按规定纳入基金预算管理。4. 嘉兴三塔建材公司未按期缴纳所得税450.11万元。审计提出处理意见，并建议加强预算管理，规范预算收入退库管理，改进会计核算工作。

2004年6—7月，省审计厅对嘉兴市2003年度财政决算进行审计，并对政府负债进行专项审计调查。发现的主要问题：1. 违规退库1.95亿元。2. 国有资产收益3240.88万元未作预算收入；罚没收入1.48亿元未及时解缴入库；公安等四部门行政事业性收费收入7419.86万元未作一般预算收入；耕地占用税未上缴财政。3. 未纳入财政专户管理金额69亿元。

4. 省级收入37.85万元错入市金库。审计提出处理意见，并建议加强财政收入管理，规范退库行为，加强土地出让金净收益的核算，加强国有资产收益管理，取消代征税收过渡户，促进代征税收及时入库。

2008年9月，省审计厅对嘉兴市2007年度财政决算进行审计。发现的主要问题：1. 部分省级转移支付资金2.11亿元未编入预算。2. 市本级少提取社会保障资金9694.30万元。审计提出处理意见，并建议提高全部政府性资金的预算化水平，严格税收征管，进一步规范财政资金运作。

（五）绍兴市人民政府财政决算审计

至2010年，省审计厅对绍兴市财政决算共进行了8次审计。

1988年3—4月，省审计局对绍兴市1987年度财政收支进行审计。发现的主要问题：1. 违规税前还贷2156.81万元。2. 违规减税还贷118.80万元。3. 漏缴所得税470.74万元、能交基金426.12万元。4. 收入违规退库85.84万元。5. 重列支出49.10万元，移用上级财政拨入的“肉价补贴”款243万元。审计提出处理意见和建议。

1991年5月，省审计局对绍兴市1990年度财政收支进行审计。发现的主要问题：1. 集体企业减免税退库119.15万元违规转入“减免税款专户”。2. 市财税局对38家乡镇企业越权减免税额107.60万元。3. 酿酒总公司把逾期押金收入131.72万元转作营业外收入，未计缴产品税。4. 绍兴钢铁厂等6家企业违规税前还贷共计1345.85万元。5. 自行车厂和丝绸印花厂减税还贷未用新增折旧基金归还。6. 漏计漏征12个单位建筑税107.6万元。7. 市规划局和工商行政管理局上缴罚没款49.12万元挂暂存账，未按规定上缴；市财政820.44万元未纳入预算管理。9. 市经济建设开发公司漏缴所得税、“两金”计719.85万元。审计提出处理意见和建议。

1993年4月，省审计局对绍兴市1992年度财政收支进行审计。发现的主要问题：1. 酿酒总公司在未接到正式减免税批复的情况下，擅自将应缴产品税的全部金额转作还贷，超过批准数多转188.50万元。2. 自行车总厂少计应缴增值税71.96万元。3. 市财政将市交通银行分红264万元转作专项周转基金，未作为预算收入缴库。审计提出处理意见和建议。

1997年6月，省审计厅对绍兴市1996年度财政决算以及预算外资金和财政周转金、专项基金进行审计。发现的主要问题：1. 丝绸公司绍兴分公司增值税25%部分计16.55万元错入市金库。2. 违规退库1256万元。审计提出处理意见，并建议加强支出和退库管理。

2000年7月，省审计厅对绍兴市1999年度财政决算进行审计。发现的主要问题：1. 违规退库3004.62万元。2. 金融保险营业税25.35万元错入市金库。3. 违规退还绍兴瑞越仪器公司房产税14.32万元。审计提出处理意见，并建议严格控制税收延期纳税的审批。

2002年7月，省审计厅对绍兴市2001年度财政决算进行审计。发现的主要问题：1. 行政性收费5837.42万元未按规定实行预算管理。2. 省级财政收入515.48万元错入市国库。3. 土地出让金4.49亿元未纳入基金预算管理。4. 袍江工业区未上缴土地出让金9193.10万元。5. 违规调节税收收入3400万元。审计提出处理意见，并建议加强财政税收管理，加强各项财政性资金和预算外资金管理，正确处理省市之间利益关系。

2005 年 5—6 月，省审计厅对绍兴市 2004 年度财政决算进行审计。发现的主要问题：1. 预算支出挂账 1.10 亿元。2. 国有资产投资收益 3481.40 万元未按规定缴入国库作预算收入。3. 行政事业性收费 9301.69 万元未纳入预算管理。4. 金融保险营业税 173.81 万元错入市金库。5. 水利基金 5100 万元无依据退库。审计提出处理意见，并建议规范财政退库行为，加强各项财政性资金和预算外资金的管理。

2009 年 7—8 月，省审计厅对绍兴市 2008 年度财政决算进行审计。发现的主要问题：1. 罚没收入未缴入国库影响省级收入 38.80 万元。2. 行政事业性收费和专项资金未作预算收入影响省级收入 252.80 万元。3. 土地出让金相关税费及收入 3449 万元未及时缴库。4. 社会保障资金少计提 3.06 亿元。5. 未按合同规定及时收取土地出让金 6.26 亿元。审计提出处理意见，并建议加强财政收入征管，加强预算管理，重视社保基金筹集，防止支付风险。

（六）金华市人民政府财政决算审计

至 2010 年，省审计厅对金华市财政决算共进行了 6 次审计。

1988 年 3 月，省审计局对金华市 1987 年度财政收支进行审计。发现的主要问题：1. 共 7 家工业企业漏缴能交基金 48.44 万元。2. 违规退库 42.60 万元。3. 中央财政拨给的“肉价补贴”超范围支出 236.76 万元。4. 市财税局未经批准拨给局第四税务所办公室及宿舍基建款 10 万元。审计提出处理意见和建议。

1991 年 4 月，省审计局对金华市 1990 年度财政收支进行审计。发现的主要问题：1. 金华市啤酒厂漏征税费 4.56 万元，少计漏征建筑税 36.52 万元。2. 信托公司上缴所得税 64.44 万元未作预算收入缴库。3. 应缴未缴预算收入 165.96 万元。4.“专户储存”资金净利息差收入 71.33 万元未作预算外收入。5. 违规退库 16 万元。5. 违规支出肉价补贴 87.03 万元。审计提出处理意见和建议。

1993 年 5 月，省审计局对金华市 1992 年度财政收支进行审计。发现的主要问题：1. 浙江石化金华联营公司多减免税费 10.26 万元。2. 应征未征营业税、城建税、教育费附加等 9.23 万元。3. 市公安局罚没收入 16.09 万元未上缴财政。4. 市各执法机关上缴财政罚没款有 314.44 万元未直接缴库。审计提出处理意见，并建议完善资金管理办法，加强对财政专项资金的监督，纳入财政统一管理。

1999 年 6—7 月，省审计厅对金华市 1998 年度财政决算进行审计。发现的主要问题：1. 市财政累计收取外商投资企业中方职工物价补贴 21.85 万元。2. 越权减免所得税 8.36 万元。3. 省级收入 127.94 万元错入市金库。审计提出处理意见，并建议进一步清理预算暂存、暂付款，加强税收征管，积极稳妥地开展财政周转金的清理整顿工作，防范财政风险。

2003 年 9 月，省审计厅对金华市 2002 年度财政收支决算进行审计。发现的主要问题：1. 违规退库 1600 万元。2. 违规设立耕地占用税预征专户和契税征收专户。3. 土地有偿使用收支结余 2.42 亿元未纳入基金预算管理。审计提出处理意见，并建议加强国有资产管理、监督，确保资金安全，提高资金使用效率。

2008年10—11月，省审计厅对金华市2007年度财政决算进行审计。发现的主要问题：市经济开发区未批先征土地113.26公顷；逾期缴纳出让金现象较多；划拨用地改商住用地未缴纳土地出让金和相关税费；土地出让金尚未收取，实际使用权已转移。审计提出处理意见，并建议加强预算与计划的科学性，严格执行预算规定，加强土地出让金征收、管理。

(七)衢州市人民政府财政决算审计

至2010年，省审计厅对衢州市财政决算共进行了6次审计。

1990年4月，省审计局对衢州市1989年度财政收支进行审计。发现的主要问题：1. 市财税局共免征所得税15.45万元；经济技术协作办公室直属企业漏缴利润和“两金”45.83万元。2. 有41个单位应征未征建筑税185.62万元。3. 有36家企业少计提能交基金98.27万元，34家企业少计提预算调节基金59.79万元。4. 金华分局上缴材料变价款和预算外暂存款14.18万元未及时清理。审计提出处理意见和建议。

1992年6—7月，省审计局对衢州市1991年度财政收支进行审计。发现的主要问题：1. 衢州酒厂漏征税费9.43万元。2. 商业、粮食系统5户企业少计漏征“两金”13.8万元。3. 市燃料公司在商品流通费中违规列支固定资料购置费10.69万元。4. 市石油公司违规税前还贷240万元转入生产发展基金。5. 市财税局计划亏损退库给衢州酒厂90万元未如数弥补企业亏损。6. 烟草专卖局罚没收入26.84万元未缴国库。7. 借给市机关事务局“机关副食品基地”款31.8万元违规转作经费拨款列财政支出。审计提出处理意见和建议。

1999年9月，省审计厅对衢州市1998年度财政决算进行审计。发现的主要问题：1. 违规退库2.01亿元。2. 超范围退税122.81万元，违规退还所得税61.12万元。3. 减免营业税19.84万元及所得税103.49万元未纳入财政预算收入。审计提出处理意见，并建议加强预算支出和收入退库的管理，强化税收征管。

2004年9月，省审计厅对衢州市2003年度财政决算进行审计，同时对政府负债情况进行专项审计调查。发现的主要问题：1. 罚没收入2168.38万元未按规定纳入预算管理。2. 行政性收费1950.46万元、政府性基金4589.60万元未纳入预算管理。3. 土地出让金净收益2.65亿元未纳入基金预算管理。4. 预算外资金“耕地占用税预征户”专户已办理结算的耕地占用税收入92.08万元未及时缴入国库。5. 房地产企业少申报计税金额3315万元。审计提出处理意见，并建议加强税收征管，对专项资金和银行账户进行清理，对同类资金应合并核算，提高资金使用效益，确保资金安全。

2007年5—6月，省审计厅对衢州市2006年度财政决算进行审计。发现的主要问题：1. 罚没款收入余额1533.49万元未缴国库作预算收入。2. 水利建设等6项专项资金(基金)和农业土地开发资金合计3642.53万元未缴入国库作基金预算收入。3. 建筑地方高等教育费未按规定上缴省财政专户227万元。4. 部分土地出让金违规支出2821.65万元。5. 市高新技术园区欠缴土地出让金2410.07万元。审计提出处理意见，并建议加强税收征管力度，规范土地出让行为，加强土地出让金的征管用，防范政府债务风险。

2008年6—7月，省审计厅对衢州市2007年度财政决算进行审计。发现的主要问题：1.

土地出让金收入未足额计提社保障基金3736.54万元、政府调剂收入未按规定比例计提社会保障基金621.50万元、失地农民生活保障金和风险准备金1.72亿元未及时筹集到位。2. 金融业营业税15.14万元错入市金库。3. 共21家房地产企业欠缴土地契税1653.65万元。审计提出处理意见和建议。

（八）舟山市人民政府财政决算审计

至2010年，省审计厅对舟山市财政决算共进行了8次审计。

1989年4月，省审计局对舟山市1988年度财政收支进行审计。发现的主要问题：1. 有5家企业未用项目新增利润和折旧还贷101.63万元。2. 部分企业少计、漏征能交基金58.92万元。3. 违规税前还贷136.18万元。4. 违规退库41.13万元。5. 虚列支出537万元。6. 省拨“肉价补贴”38万元用于冲减行政费支出。7. 财政信用部利息收入1068.41万元未作预算收入。审计提出处理意见和建议。

1991年6—7月，省审计局对舟山市1990年度财政收支进行审计。发现的主要问题：1. 少计漏征税收254.76万元。2. 违规退库300.56万元。3. 上缴市财政罚没款17万元追加市物价局土建经费。4. 工业附加收入和公用事业附加收入28.23万元未作预算外收入。5. 未按规定作补充财政信用周转资金187.50万元。6. 转入财政信用部作贷款基金未作财政收入394.41万元。7. 副食品生产发展基金1389.64万元和渔业发展基金50万元未作财政收入。审计提出处理意见和建议。

1993年7—8月，省审计局对舟山市1992年度财政收支进行审计。发现的主要问题：1. 舟山纺织厂多减征增值税55.23万元。2. 经济协作公司及市物资系统所属单位少计漏征税费21.23万元。3. 紫竹林啤酒厂未按规定将产品税其中的5%税率部分98.02万元缴入中央国库。4. 舟山石油分公司零售营业税19.92万元、批发营业税69.24万元错入市金库。5. 违规退库39万元。审计提出处理意见和建议。

1998年8月，省审计厅对舟山市1997年度财政决算进行审计。发现的主要问题：1. 部分职工物价补贴和场地使用费35.04万元未作预算收入。2. 通过预算退库返还开发区部分企业税款38.74万元。3. 省级收入错入市金库158.10万元；石油分公司缴纳地方增值税132.49万元错入市金库。4. 通过预算退库800万元建立粮食风险基金；粮食专项补贴款65万元挂“预算暂存”账户；粮食政策性财务挂账利息补贴款251万元挂“预算暂存”账户。审计提出处理意见，并建议加强预算支出和收入退库的管理，提高各预算级次财政收入入库的正确率，加强对粮食专项资金的管理。

2001年9月，省审计厅对舟山市2000年度财政决算进行审计。发现的主要问题：1. 行政性收费、复垦基金、国有资产收益、新菜地开发基金等净收益合计1065.83万元未按要求纳入预算管理。2. 违规退库1295.59万元。3. 金融企业营业税28.81万元错入市金库。4. 对同一税种多次批准延期缴纳，合计1122.09万元。5. 烟草公司舟山分公司未及时缴纳所得税756.95万元。审计提出处理意见，并建议加强各项预算收入特别是土地出让金的管理，正确、及时核算土地出让金的净收益，加强退库管理。

2005年9月,省审计厅对舟山市2004年度财政决算进行审计。发现的主要问题:1. 部分行政事业性收费共计3604.48万元未及时缴库作预算收入。2. 应缴未缴省财政资金75.54万元。3. 专项资金3.17亿元未及时缴库。审计提出处理意见,并建议严格收入退库管理,规范财政退库行为,加强财政税收管理,加强政府负债管理,防范财政风险。

2006年6—8月,省审计厅对舟山市2005年度财政决算进行审计。发现的主要问题:1. 国有企业计划亏损补贴违规退库600万元。2. 应缴未缴企业职工基本养老保险金119.24万元。3. 土地出让金收入2745.91万元未及时缴财政专户。审计提出处理意见,并建议加强预算及预算外资金管理,加强税收征管力度,加强土地出让金的征收管理,规范土地出让行为。

2010年8—9月,省审计厅对舟山市2009年度财政决算进行审计。发现的主要问题:1. 专项收入未缴或少缴省级分成收入284.38万元。2. 预算管理不规范1.53亿元。3. 国有资源(资产)有偿使用收入3981.89万元未计提社保资金。4. 企业养老保险费少缴省级调剂金30.74万元。5. 改制企业社会保险费抵缴资产增值收益661.55万元未纳入社会保险费。6. 违规出借财政周转金4500万元。7. 向非预算单位拨款507万元。8. 暂存暂付款长期挂账5712.70万元未及时清理。9. 少征11家企业城镇土地使用税52.77万元。审计提出处理意见,并建议强化财政收入和支出管理,加强对财政资金的管理与核算,提高使用绩效。

(九)台州市人民政府财政决算审计

至2010年,省审计厅对台州市财政决算共进行了5次审计。

1990年5月,省审计局对台州地区1988年度财政收支进行检查。发现的主要问题:1.9个单位少计漏征建筑税共计52.41万元。2. 少计漏征“两金”68.88万元。3. 地区供销社简易建筑费的集中使用未按规定并入利润,共计42.59万元。4. 财务开发公司多提呆账准备金5.24万元,提资金占用费23.15万元,挂留在公司“暂存款”账上。5. 地区财税局更新改造基金委托贷款利息收入62.67万元直接增加更新改造基金。6. 将“预算暂存”以前年度支出收回款项33.84万元,转作文教周转金;基本建设支出列作其他各项事业费支出156.4万元。审计提出处理意见和建议。

1998年8月,省审计厅对台州市1997年度财政决算进行审计。发现的主要问题:1. 罚没收入152.60万元未按规定缴入国库。2. 以“政策性粮食亏损补贴”名义退库400万元。3. 省级收入21.60万元错入市金库。4. 超越减免税收权限影响省级收入17.28万元。审计提出处理意见,并建议加强罚没收入管理,加强收入退库管理,严格执行国家税收政策。

2001年7月,省审计厅对台州市2000年度财政决算进行审计。发现的主要问题:1. 部分职工物价补贴和场地使用费收入27.16万元、部分国有资产收益19.51万元、矿产资源补偿费收入10.51万元未作为预算收入,散装水泥专项资金未作基金预算管理。2. 违规退库退税202.22万元。3. 违规审批延期纳税613.65万元。4. 造地改田资金违规列支奖励经费10万元。审计提出处理意见,并建议加强财政税收管理,加强对各项财政性资金和预算外资金管理,加强会计基础工作。

2005年6—7月，省审计厅对台州市2004年度财政决算进行审计。发现的主要问题：1. 市本级财政向人大报告的预算仅包括当年一般预算收入安排预算支出部分，未将上级补助收入、上年结转等安排的支出纳入预算编制范围。2. 违规退库1703.5万元。3. 国有资产收益993.64万元未作为预算收入，罚没收入111.62万元未缴库。4. 部分收入未按规定纳入基金预算管理。5. 建筑地方高等教育费有257.28万元未及时上缴。审计提出处理意见，并建议推进财政国库管理制度改革，加强财政收入管理，严格执行各项税收政策。

2009年5—6月，省审计厅对台州市2008年度财政决算进行审计。发现的主要问题：1. 违规退库408.28万元。2. 专项资金少缴省级收入223.93万元。3. 历年在一般预算支出中列支挂暂存款，形成市政府移民资金结余1382.80万元。4. 非经营性国有资产出租收入404.89万元，国有资本经营收入20万元，未按规定计提充实社会保障资金127.47万元。5. 椒江区少计提农业土地开发资金916.23万元、廉租房保障资金11.62万元。6. 金融业营业税88.87万元入地方金库。审计提出处理意见，并建议推进国库集中收付制度，盘活财政专项资金存量，规范财政性资金管理，完善税务征收基础工作。

（十）丽水市人民政府财政决算审计

至2010年，省审计厅对丽水市财政决算共进行了6次审计。

1990年5月，省审计局对丽水地区1988年度财政收支进行检查。发现的主要问题：1. 少计、漏征能交基金151.37万元。2. 应缴未缴税金111.39万元。3. 财政决算虚列支出57.14万元，“以拨作支”虚增财政支出27.56万元；基本建设支出列作事业费支出185.50万元。4. 预算内、外暂存款中32.19万元未作财政收入缴库。5. 丽水地区种子公司上缴利润20万元未按规定作预算收入缴库。审计提出处理意见和建议。

1995年4月，省审计局对丽水地区1994年度财政收支决算进行审计。发现的主要问题：1. 财务开发公司上缴利润88.79万元挂“预算外暂存”账，未作为预算收入；地区公安处缉私款和烟草专卖局罚没收入计62.69万元，未按规定作为预算收入；地区财政局“预算外暂存款”账挂公安缉私、烟草罚没款及交警罚没款共计129.91万元，未列入预算收入。2. 地区财政局以地管县资金、行署办公楼改造项目等名义违规拨出经费377.20万元，开列暂存款科目。4. 财务开发公司少征所得税136.78万元、汽车工业公司少征增值税9.19万元。5. 烟草公司丽水分公司经营费用中违规列支“大楼经营费”100万元，挂到专项应付款。6. 地区粮油总公司欠缴企业所得税39.40万元。审计提出处理意见，并建议完善税收政策，严格征收税款。

1999年6—7月，省审计厅对丽水地区1998年度财政决算进行审计。发现的主要问题：1. 省级收入16.84万元混入地区库。2. 违规提退税务经费1832万元。审计提出处理意见，并建议清理财政历年挂账的往来款项，按规定取消过渡专户。

2003年6—7月，省审计厅对丽水市2002年度财政决算进行审计。发现的主要问题：1. 行政事业性收费4357.23万元未按规定纳入预算管理。2. 新增建设用地有偿使用费1041.51万元未上缴中央国库及省级国库；建筑地方高等教育费259.02万元未按规定上缴。

3. 省级收入 53.31 万元入地方金库。4. 纳税保证金 15.83 万元未按规定及时入库。审计提出处理意见，并建议严格预算管理，加强对各项财政性资金和预算外资金的管理，纳税保证金应严格按规定及时入库。

2007 年 9 月，省审计厅对丽水市 2006 年度财政决算进行审计。发现的主要问题：1. 国有资产经营收益 224.41 万元未纳入财政国资收益专户。2. 应缴未缴省级专项收入 215.61 万元。3. 国有资产收益和国有土地出让金未按规定提留充实社会保障资金 6981.60 万元。审计提出处理意见，并建议加强预算资金管理，加强社保基金管理，严格依法征税。

2010 年 10—11 月，省审计厅对丽水市 2009 年度财政决算进行审计。发现的主要问题：1. 未及时缴入国库、作为一般预算收入和基金预算收入计 2.36 亿元。2. 土地出让金收入少计提廉租房保障资金 2641.77 万元。审计提出处理意见，并建议规范预算管理，加强支出管理，加强财政资金的管理与核算，提高财政资金的使用绩效，控制负债规模，继续做好房地产企业的清理整顿工作。

二、县(市、区)财政决算审计

1985 年，台州地区审计局对玉环县财政决算审计，是全省首次对县(市、区)财政审计。1986 年起，各市地审计局均开始县级财政收支审计。2000 年，在各市对县级财政决算审计的基础上，省审计厅对富阳市、平阳县直接进行财政决算审计。2001 年起，全省开展市长、县(市、区)长经济责任审计，并同步进行财政决算审计。此后，在各市单独立项开展县级财政决算审计的同时，结合县(市、区)长经济责任审计，同步开展县(市、区)财政决算审计。至 2010 年，省审计厅共完成县(市、区)财政决算审计项目 50 个。

表 38-5-2-2　　2000—2010 年浙江省审计厅对县(市、区)财政决算审计一览表

年度	审计项目	年度	审计项目
2000	平阳县、富阳市财政决算	2005	安吉县、绍兴市越城区、嵊泗县财政决算
2001	桐庐县、临海市财政决算	2006	永嘉县、杭州市余杭区、平湖市财政决算
2002	永嘉县、杭州市拱墅区、宁波市江东区、德清县、海盐县、上虞市、兰溪市、常山县、三门县、舟山市普陀区、缙云县财政决算	2007	苍南县、诸暨市、常山县、舟山市普陀区财政决算
		2008	龙泉市财政决算
2003	温州市鹿城区、建德市、海盐县、浦江县、江山市、舟山市定海区财政决算	2009	宁波市镇海区、湖州市南浔区、嵊泗县、天台县、缙云县财政决算
2004	桐庐县、东阳市、开化县、岱山县、松阳县财政决算	2010	文成县、宁波市江东区、安吉县财政决算

资料来源：浙江省审计厅档案室。

2000 年，省审计厅对富阳市、平阳县 2 个县(市)1999 年度财政决算进行审计。发现的主要问题:1. 富阳市违规退库3286.35万元。2. 部分收入3345.33万元未纳入预算。3. 金融保险营业税194.56万元混入县级国库。4. 平阳县利息收入6.33万元未作为预算收入。5. 平阳县违规提退税务经费244.40万元。审计提出处理意见,并建议有关收入应及时足额解缴金库,纳入预算管理,减少预算收入退付随意性,凡不符合退库规定的应列入财政支出预算。

2001年,省审计厅对临海市、桐庐县2个县(市)2000年度财政决算进行审计。发现的主要问题:1. 违规退库3850万元。2. 虚列支出1821万元。3. 桐庐县部分罚没收入284.03万元未作为预算收入,部分行政性收费988.07万元未纳入预算管理。4. 临海市越权批准减免粮食附加税673.88万元。5. 桐庐县在预算内、外账之外设立调控专存户核算有关资金,年底结余4920.44万元。审计提出处理意见,并建议严格执行罚没收入和行政性收费收入实行预算管理的规定,加紧清理预算暂存、暂付款,正确反映预算收支全貌。

2002年,省审计厅对永嘉县、杭州市拱墅区、宁波市江东区、德清县、海盐县、上虞市、兰溪市、常山县、三门县、舟山市普陀区、缙云县11个县(市、区)2001年度财政决算进行审计。发现的主要问题:1. 违规退库2.76亿元,涉及6个县。2. 应作未作一般预算收入2.15亿元,涉及9个县。3. 土地出让金收入1.37亿元未纳入预算管理,涉及3个县。4. 杭州市拱墅区检察院"暂扣赃款"1504.55万元未及时上缴财政。5. 永嘉县省级金融营业税167.28万元混入县级金库。6. 上虞市少征收土地权属转移契税533.27万元,滞留税款1204.60万元。7. 三门县违规出借各项财政性资金3928.39万元。8. 缙云县预算外资金2148.18万元存入非国有商业银行。审计提出处理意见,并建议严格执行预算法,规范预决算行为,加强税收征管工作,规范税收征管行为,规范财政资金存储。

2003年,省审计厅对温州市鹿城区、建德市、海盐县、浦江县、江山市、舟山市定海区6个县(市、区)2002年度财政决算进行审计。发现的主要问题:1. 违规退库1.66亿元,涉及3个县(市)。2. 行政性收费1.09亿元未纳入预算管理,涉及5个县。3. 温州市鹿城区财政周转金574万元未按规定使用。4. 建德市少缴超收分成款1748.87万元,部分政府性基金1327万元未纳入预算管理。5. 浦江县部分罚没收入4434.12万元未按规定纳入预算。6. 江山市耕地占用税欠税4275.84万元未及时清收。7. 舟山市定海区虚列预算支出982万元。审计提出处理意见,并建议加强财政预算和其他财政资金收支管理,强化税收征收管理,规范国有资产管理,加大专项资金使用检查监督力度。

2004年,省审计厅对桐庐县、东阳市、开化县、岱山县、松阳县5个县(市)2003年度财政决算进行审计。发现的主要问题:1. 行政事业性收费、国有资产收益合计4252.14万元,应作未作一般预算收入,涉及5个县。2. 应作未作基金预算收入2.39亿元,涉及3个县。3. 桐庐县将预算内资金调入预算外资金财政专户,将财政返还款作为股东增资来源,改变征期入库企业所得税。4. 东阳市改制企业土地出让金4400万元未纳入基金预算管理,虚列预算支出1551.60万元,对13家企业少征教育费附加234.55万元。5. 岱山县虚列基金预算支出452.81万元。6. 松阳县挤占、挪用专项资金3606.09万元,未及时缴税合计100.12万元。审计提出处理意见,并建议加强财政收支管理,规范预算管理,加强对专项补助资金使用的监督管理，规范税收征管和稽查工作。

2005年，省审计厅对安吉县、绍兴市越城区、嵊泗县3个县(区)2004年度财政决算进行审计。发现的主要问题：1. 未纳入收入预算4006.34万元，涉及3个县。2. 安吉县行政事业性收费收入2518.51万元未按规定作预算收入，违规返回土地出让金3545.96万元，少缴省级分成收入359.89万元。3. 绍兴市越城区土地征用未办理农转用审批手续，土地出让金欠收严重，部分土地出让金未纳入财政专户管理，企业挖潜改造资金、农村教育费附加、农业发展基金等安排使用不符合规定，政府负债未建立统一有效的监管机制。4. 嵊泗县土地出让金收支3937.82万元未纳入预算管理；部分专项资金(基金)249.02万元未纳入预算管理，对纳税人实行财政贴息奖励950.21万元。审计提出处理意见，并建议加强财政资金管理，专项资金纳入专户、实行收支两条线。加强对土地出让金收缴核算管理，建立政府负债管理和预警制度。

2006年，省审计厅对永嘉县、杭州市余杭区、平湖市等3个县(市、区)2005年度财政决算进行审计。发现的主要问题：1. 违规退库2.07亿元，涉及3个县。2. 永嘉县以前年度结转的农业税减免以丰补歉资金197.16万元，一直挂账；从土地出让金中多提取业务费1395.01万元，少征漏征企业所得税等4186.31万元。3. 杭州市余杭区应缴未缴省级收入662.56万元，土地出让金2870.98万元未及时作收入，税款7694.39万元入库不及时。4. 平湖市应征未征建筑地方高等教育费335万元，未经批准设立福利企业统筹金2705.70万元。审计提出处理意见，并建议规范财政退库行为，加强土地出让金管理，避免违规减免土地出让金，建立政府负债预警机制，防范财政风险。

2007，省审计厅对苍南县、诸暨市、常山县、舟山市普陀区4个县(市、区)2006年度财政决算进行审计。发现的主要问题：1. 苍南县罚没款收入未及时缴入国库1987.96万元、应缴未缴省级收入310.84万元。2. 诸暨市土地出让金净收益7.68亿元未按规定纳入政府性基金预算管理，采矿权出让所得应缴省财政8.54万元未按规定上缴，少征浙江大东南包装公司所得税205万元。3. 常山县土地出让金未上缴财政专户320.41万元，未按规定开设预算外资金财政专户存款金额共计1024.88万元。4. 舟山市普陀区欠缴土地出让金7971.48万元，缓缴税款217万元，延压税款658.32万元。审计提出处理意见，并建议加强有关预算收入和支出管理，规范财政专项资金的管理，及时清理出台的财政优惠政策。

2008年，省审计厅对龙泉市2007年度财政决算进行审计。发现的主要问题：1. 预算安排不够科学。2. 部分政府性资金使用效益欠佳。3. 部分财政性资金管理不规范，应收未收土地出让金3918万元。4. 部分税款合计626万元未及时入库。审计提出处理意见，并建议加强年初预算与计划的科学性，严格执行预算法规定，完善财政性资金绩效评价制度，发挥好财政资金的经济效益和社会效益。

2009年，省审计厅对宁波市镇海区、湖州市南浔区、嵊泗县、天台县、缙云县5个县(区)2008年度财政决算进行审计。发现的主要问题：1. 应作未作一般预算收入2042.16万元，涉及2个县。2. 宁波市镇海区土地出让金净收益1856万元用于经济适用房补助。3. 湖州市南浔区违规减免土地出让金2.55亿元，应收未收旅游经营权转让收入366.67万元，超预算支出 131.31 万元挂列暂付款。4. 嵊泗县省级农业专项资金核算管理不够严密，地税征管信息系统存在缺陷。5. 天台县转移支付资金 2 亿元未及时安排使用，1.08 亿元预算内转入预算外。6. 缙云县未设置预算周转金，少提社保基金 1244.51 万元，高中段学校招生违规收费 1544.02 万元。审计提出处理意见，并建议加强全部政府性资金管理，促进社保及其他财政性资金的保值增值，多渠道筹措社保基金，防范支付风险，清理财政性往来款项。

2010 年，省审计厅对文成县、宁波市江东区、安吉县等 3 个县(区)2009 年度财政决算进行审计。发现的主要问题：1. 文成县土地出让金欠缴 9020 万元，部分折抵指标款挂暂存款未及时缴入国库，罚没款、行政性收费等应缴未缴国库，部分国有资产收益未纳入财政管理。2. 宁波市江东区国有资源(资产)有偿使用收入 3885.29 万元未纳入预算管理，少提预算周转金 2527.56 万元，虚列一般预算支出 1000 万元，违规兑现企业奖励 9520.43 万元，经济扶持资金 288.26 万元滞留在各街道。3. 安吉县部分省级预算补助收入 6336.20 万元、基金收入 7.40 亿元未纳入预算管理，少缴 727.84 万元。审计提出处理意见，并建议规范预算编制和专户管理，加快国库集中支付改革，全面清理地方财政结余结转资金；加强对政府负债管理，促进社会保障结余资金保值增值。

三、乡镇财政决算审计

1998 年之前，全省各市、县(区)审计机关已开展乡镇审计工作，包含部分乡镇财政决算审计内容。省审计厅于 1998 年首次组织市、县(区)两级审计机关开展乡镇财政决算审计。至 2010 年，省审计厅共组织市、县(区)两级审计机关对乡镇财政决算进行过 12 年审计。每年由省审计厅提出审计指导意见，由各市、县(市、区)审计机关组织实施。

1998 年，全省共审计 617 个乡镇，覆盖面 39%，审计重点为乡镇财政的预算外资金和自筹资金。共查出违规金额 1.05 亿元。发现的主要问题：1. 乡镇财政普遍存在赤字及隐形赤字，且金额庞大。2. 债权债务未及时清理，呆账情况严重。3. 乡镇财政管理不规范，财政收支反映不实。4. 截留、移用专项资金。5. 财务管理不规范，内部控制制度不健全。各级审计机关按照有关财经法规在职权范围内作出处理和处罚。审计建议建立健全乡镇财政的预决算制度，逐步消灭赤字，确保乡镇财政收支平衡；认真清理债权债务，努力压缩债权债务金额；严肃财经纪律，坚决制止乱收费行为；重视财务会计的基础工作，健全和完善内部控制制度。

1999 年，全省共审计 722 个乡镇，覆盖面 44%。共查出违规金额 2.11 亿元，处理处罚金额 4074 万元。发现的主要问题：1. 乡镇财政预算管理不规范，财政收支反映不实。2. 消费性支出控制不严，管理失控。3. 乡镇财政赤字现象比较普遍，赤字额逐年增大。4. 债权债务挂账时间长，金额大，存在较大潜在损失。5. 专项资金未做到专款专用，截留、挤占、挪用情况较为普遍。6. 乡镇统筹费征、管、用方面问题突出，情况严重。7. 财产物资管理失控，国有资产流失较为普遍。8. 财务基础工作薄弱，内控制度不健全。各级审计机关按照有关财经法规在职权范围内作出处理和处罚。审计建议统一认识，提高对乡镇财政赤字严重、负债沉重等危害性的充分认识，开源节流，努力实现乡镇财政收支平衡，建立和完善乡镇综合财政预算管理制度，逐步规范乡镇财政收支行为，加强对乡镇领导干部和财会人员的财经法纪教育和业务培训。

2000年，全省共审计579个乡镇，覆盖面34%。共查出违规金额4.15亿元，审计处理处罚金额1.16亿元，指明要求纠正金额2.99亿元。发现的主要问题：1. 乡镇财政赤字问题依然严重，隐形赤字呈增长态势，“消赤保平”任务艰巨。2. 乡镇财政收支反映不全面，“体外循环”问题较为突出。3. 乡镇政府直接成为贷款债务人，给乡镇财政收支平衡工作带来困难。4. 部分乡镇乱集资、乱收费严重，后续影响不容小觑。5. 乡镇财政、财务管理基础工作薄弱，财经纪律观念淡薄。6. 乡镇干部奖金补贴福利开支缺少依据，标准日益提高，与财政收入形成反差。部分乡镇甚至向金融机构和单位借款发放年终奖金。各级审计机关按照有关财经法规在职权范围内作出处理和处罚。审计建议加强乡镇财政管理，加强对乡镇领导干部的日常教育和经常性监督，增收节支，努力实现乡镇财政收支平衡，强化财政财务的基础工作，建立健全内部控制制度和财产物资管理制度。

2001年，全省共审计590个乡镇，覆盖面38%。共查出违规金额6.11亿元，审计处理处罚金额8723.08万元，要求纠正违规金额5.22亿元。发现的主要问题：1. 乡镇财政赤字和隐形赤字情况未得到明显改善，问题依然严重。2. 政府负债过重，形成大量债务资金。3. 财政收支管理问题仍较突出：未纳入预算（专户）管理，财政资金“体外循环”，部分乡镇财政决算不实，会计核算失真，财政性资金存款不合规，挤占移用专项资金。4. 经费开支混乱，财务管理内控制度形同虚设。5. 出借资金呆账坏账较多，存在潜在损失。各级审计机关按照有关财经法规在职权范围内作出处理和处罚。审计建议提高对乡镇财政赤字严重、负债沉重等危害性的认识，努力实现乡镇财政收支平衡，减少非常设机构，清退非在编人员，全面推行预算内外资金的综合预算和会计集中核算，从严控制非生产性费用的支出，加强对乡镇领导干部和财会人员的财经法纪教育和业务培训。

2003年，全省共审计410个乡镇，覆盖面29%。共查出违规金额3.35亿元，管理不规范金额6.64亿元，损失浪费金额7335.05万元。发现的主要问题：1. 乡镇财政赤字和隐性赤字严重。2. 乡镇政府性债务数额大。3. 财政管理问题：部分收入未纳入财政专户管理，坐收坐支情况比较普遍；部分乡镇将预算内资金列支出后转为预算外暂存核算，虚列支出；部分乡镇财政核算不规范，收支反映不实，会计信息失真；专项资金核算管理不规范；预算管理弱化、约束力不强。4. 财务管理问题。债权债务未及时清理，往来款长期挂账较为突出；缺乏有效的控制机制，现金管理制度松懈，白条现象普遍存在，票据管理不规范；资产管理薄弱，流失风险凸显。5. 部分乡镇存在违规收费现象。各级审计机关按照有关财经法规在职权范围内作出处理和处罚。审计建议加快经济发展转变增长方式，增强乡镇财政发展后劲，建立乡镇政府性负债预警机制和监控制度，完善“消赤保平”措施，健全各项内控制度，确保乡镇财政财务管理法制化、规范化，增强乡镇领导和财会人员财经法纪观念。

2004年，全省共审计427个乡镇，覆盖面32%。共查出违规金额2.89亿元，管理不规范金额14.43亿元，损失浪费金额4988.93万元，专项转移支付违规金额3383.65万元。发现的主要问题：1.“消赤保平”工作不平衡，部分乡镇财政赤字和隐性赤字仍然严重。2. 乡镇政府性债务增幅过大，偿债能力较弱。3. 财政管理比较薄弱：预算编制不够规范，执行不够有力;部分收入未纳入财政预算(专户)管理,坐收坐支普遍存在;部分乡镇财政核算不规范,收支反映不实,会计信息失真;专项资金核算管理有待加强。4. 财务管理不够健全:债权债务未及时清理,往来款长期挂账比较突出;现金管理制度松懈,白条抵库、违规大额现金支付工程款等现象普遍存在;支出控制不严,超预算现象时有发生,乱发奖金补贴问题未根本解决;部分乡镇资产购置、处置不规范,管理不完善,造成国有资产流失。5. 建设项目工程管理不够规范。6. 乱收费、乱罚款、乱集资现象仍有发生。各级审计机关按照有关财经法规在职权范围内作出处理和处罚。审计建议加快经济发展,积极培植税源,增强乡镇财政发展后劲,建立乡镇政府负债预警机制和监控机制,健全乡镇领导干部考核制度,完善消赤保平措施,建立健全内部控制制度,强化乡镇财政预算管理,增强乡镇领导和财会人员的财经法纪观念。

2005年,全省共审计333个乡镇,覆盖面25%。共查出违规金额2.13亿元,管理不规范金额10.62亿元,损失浪费金额133.65万元,专项转移支付违规金额2193.68万元。发现的主要问题:1."消赤保平"工作任重道远,部分乡镇财政赤字和隐性赤字仍然严重。2. 预算编制不够科学,执行不够有力。3. 资金核算、管理不规范。4. 财务管理不够健全:往来款未及时清理,长期挂账现象比较严重;缺乏有效的控制机制,现金管理不严,白条抵库、公款私存、多头开户及违规大额现金支付工程款等现象普遍存在;部分乡镇经费支出控制不严,奖金补助及福利发放数额较大;部分乡镇资产购建、处置不符合规定,账实不符,管理不完善,给国有资产造成安全隐患。5. 建设项目和资金管理比较薄弱。6. 依法治税意识淡薄,漏缴税金现象普遍存在。7.个别乡镇存在严重违法违纪问题。各级审计机关按照有关财经法规在职权范围内作出处理和处罚。审计建议进一步理顺和完善乡镇财政管理体制,加强基础财源建设,从严控制政府性负债建设行为,消化财政赤字,健全内部控制制度和债权债务责任追究制度,强化乡镇预算约束,严格控制财政支出规模,加强业务培训,强化队伍建设。

2006年,全省共审计415个乡镇,覆盖面30%。共查出违规金额3.83亿元,管理不规范金额11.59亿元,专项转移支付违规金额1383.30万元。发现的主要问题:1. 部分乡镇财政赤字和隐性赤字仍然严重。2. 乡镇政府性负债仍呈高位运行态势。3. 部分收入未纳入财政预算(专户)管理,坐收坐支普遍存在。4. 专项资金滞留、移用问题较为普遍。5.个别地方违规出借财政性资金。6. 债权债务未及时清理,个别乡镇人员涉嫌侵占公款。7. 消费性支出控制不严。8. 违规收费、罚款现象仍有发生。9. 财政财务和固定资产管理不健全,核算不规范。各级审计机关按照有关财经法规在职权范围内作出处理和处罚。审计建议立足当地,广辟财源,建立乡镇政府负债预警机制和监控机制,健全乡镇领导干部考核制度,完善"消赤保平"措施,继续推进乡镇政府综合改革,提高乡镇财政财务管理水平。

2007年,全省共审计262个乡镇,覆盖面20%。共查出违规金额1.60亿元,管理不规范金额12.69亿元,专项转移支付违规金额4618.58万元。发现的主要问题:1. 乡镇财政赤字问题依然突出。2. 乡镇政府负债居高不下,管理制度不健全。3. 预算管理不规范现象较为普遍。4. 基本建设项目及资金管理不规范情况较多。5. 土地出让金收支管理不规范。6. 专项资金拨付、使用不规范。7. 财政支出结构不尽合理,部分乡镇消费性支出控制不严。8. 无依据收费的情况时有发生。各级审计机关按照有关财经法规在职权范围内作出处理和处罚。审计建议积极培植稳固财源,改进转移支付方法,严格控制新增债务,继续推进乡镇政府机构改革,提高乡镇财政财务管理水平。

2008年,全省共审计426个乡镇,覆盖面21%。共查出违规金额1.48亿元、管理不规范金额22.11亿元,损失浪费金额812.24万元。发现的主要问题:1. 预算管理不规范。2. 部分乡镇财政财务管理较薄弱。3. 部分乡镇专项资金使用管理不规范。4. 基本建设项目管理不规范。5. 土地征用、出让管理不规范。6.个别乡镇存在违规集资、收费现象。各级审计机关按照有关财经法规在职权范围内作出处理和处罚。审计建议加强乡镇财政预决算管理和监督,切实提高财政财务管理水平,转变乡镇财政职能,探索建立新型乡镇财政管理模式,建立健全财务管理制度,强化乡镇财政财务基础性工作。

2009年,全省共审计249个乡镇,覆盖面22%。共查出违规金额5668.51万元,管理不规范金额14.53亿元,损失浪费金额179.31万元。发现的主要问题:1. 乡镇财政财务核算及管理不规范现象较为普遍:预算编制报告不完整,部分收支在往来款中核算,影响财政收支的真实性,违规发放奖金、补贴及招待费超支情况比较突出,白条抵库、公款私存等违反现金管理的现象屡禁不止。2. 专项资金被移用情况比较普遍。3. 乡镇基本建设项目管理不规范:工程未经立项审批,未按规定招投标或招投标不规范,建设工程发包给无资质的个人施工,已竣工建设项目未办理竣工验收及财务决算手续。4. 乡镇财政风险显现,亟待化解。各级审计机关按照有关财经法规在职权范围内作出处理和处罚。审计建议建立健全制度,规范乡镇财务管理,进一步规范政府投资项目管理,加强乡镇政府负债管理,控制财政风险,加大债权债务清理力度,完善对乡镇领导的考核评价体系。

2010年,全省共审计223个乡镇、48个街道,覆盖面21%。共查出违规金额1.07亿元,管理不规范金额27.99亿元,损失浪费金额194.96万元。发现的主要问题:1. 预算管理问题:向人大报告预算不完整不具体,大量收入未纳入预算,虚列预算支出,决算编制不完整。2. 负债管理工作不到位:负债总额呈增长态势,大部分乡镇政府性债务管理制度仍未建立,部分地方负债率超过警戒线。3. 消费性支出增长较快:招待费支出增长快,虚假列支发放奖金,超编购置车辆。4. 其他财务管理问题:财政赤字比例高,专项资金被移用,债权债务管理工作薄弱,各种摊派及乱收费现象仍有发生,虚假发票报销问题较多。5. 政府性资产管理不规范:固定资产账实不符现象普遍存在,乡镇土地房屋资产未进行物权登记,对外投资和经营性资产的收益未及时收取。6. 工程建设管理问题:部分"康庄工程"项目建设进度缓慢,项目招投标管理不规范,未按合同规定支付工程款。7. 计划外用工控制不严。各级审计机关按照有关财经法规在职权范围内作出处理和处罚。审计建议进一步规范乡镇预算编制,提高预算执行率,加强乡镇政府负债管理,控制财政风险,严格消费性支出管理,优化财政支出结构,改进政府性资产管理,防止资产流失。

第三节　财政专项审计与审计调查

1993年起，全省审计机关开展财政专项审计与审计调查。主要涉及财政预算外资金、财政周转金、财政信用资金、财政转移支付资金、全部政府性资金、政府性负债、税收征管以及财税政策执行等方面。1993—2010年，省审计厅共完成财政专项审计及审计调查项目39个。

表38-5-3-1　　1993—2010年浙江省审计厅对财政专项审计与审计调查一览表

年度	审　计　项　目
1993	全省地方财政信用资金情况专项审计调查(全省统一组织)
1994	15个市(地)、县(市、区)财政预算外资金专项审计(全省统一组织)；市(地)、县两级罚没收入管理情况审计调查(全省统一组织)
1995	9个市(地)、县(市、区)财政信用资金审计(全省统一组织)；舟山市本级财政有偿使用资金专项审计
1996	10个市、79个县财政部门管理的预算外资金和财政周转金专项审计(全省统一组织)；省财务开发公司财政财务收支专项审计
1998	省财务开发公司及所属6个子公司财务收支情况专项审计
2000	全省财政周转金清理情况专项审计(全省统一组织)
2002	省地方金库国库业务专项审计(全省统一组织)；浙江财政后勤服务中心财务收支情况专项审计；省财政厅财务收支审计；省财务开发公司财务收支审计
2003	省地方金库国库业务专项审计(全省统一组织)；全省企业挖潜改造资金专项审计(全省统一组织)
2004	29个市县(市、区)政府负债专项审计调查(全省统一组织)；省对市县财政转移支付资金专项审计(全省统一组织)
2005	全省下岗失业人员再就业和劳动就业服务企业税收优惠政策执行情况专项审计调查(全省统一组织)
2006	舟山市、湖州市和25个市、县(市、区)政府负债专项审计调查(全省统一组织)；省财务开发公司财务收支审计
2007	省级财政转移支付专项审计调查；衢州、湖州、丽水3个市和海宁、苍南、金华市金东区等25个县(市、区)财政对企业奖励扶持资金的使用管理情况专项审计调(全省统一组织)；全省建筑地方高等教育费征收、管理和使用情况专项审计调查(全省统一组织)；湖州、衢州、丽水3个市和海宁、常山、萧山等17个县(市、区)地方税收征收管理情况专项审计调查(全省统一组织)

续表

年度	审　计　项　目
2008	全省乡镇(街道)政府性负债情况专项审计调查(全省统一组织);省本级全部政府性资金专项审计;衢州、金华2个地级市和慈溪市、淳安县、象山县等17个县(市、区)建筑用石资源税征管情况专项审计调查(全省统一组织);全省实施第二轮就业再就业政策及就业再就业资金筹集、管理、使用情况专项审计调查(全省统一组织);全省财政专项资金存量专项审计调查(全省统一组织)
2009	省本级全部政府性资金与财政风险情况审计调查;省、市、县三级政府全部政府性资金专项审计调查(全省统一组织);81个市、县(市、区)财政资金安全与绩效专项审计(全省统一组织);全省金融危机对浙江省税收收入影响情况专项审计调查(全省统一组织);53个市、县(市、区)金融危机对当地政府负债与土地出让变动影响情况专项审计调查(全省统一组织)
2010	全省政府负债与政府投融资机构专项审计调查(全省统一组织);省本级的全部政府性资金专项审计调查;省、市、县三级政府水利建设基金专项审计调查(全省统一组织);湖州、舟山、丽水3个市和三门、奉化、江山、瓯海等9个县(市、区)财政涉企奖励补助资金管理和使用绩效情况专项审计调查(全省统一组织)

资料来源:浙江省审计厅档案室。

一、财政预算外资金和财政周转金专项审计及调查

财政预算外资金是国家机关、事业单位和社会团体为履行或代行政府职能,依法收取、提取和安排使用的未纳入政府预算管理的各种财政性资金;财政周转金是财政部门设置的以信用方式有偿使用的资金。

1994年,省审计局组织、各市(地)审计机关对15个市(地)、县(市、区)1993年度财政预算外资金进行专项审计。发现的主要问题:1. 地方政府在国家规定之外,自定项目,擅自开征预算外资金。2. 将预算内收入列入预算外或将预算内资金通过“收入退库”“虚列支出”等办法转为预算外资金。3. 部门和单位预算外资金未按规定上缴财政纳入预算外管理。4. 部分部门和单位财政专项资金逃避财政监督。5. 财政信用资金逾期率居高不下。审计建议保持财政预算外资金的适度规模和合理流向,建立财政信用监督机构,加大管理监督力度,促进财政信用业务规范化。

1996年,省审计厅组织全省审计机关对10个市(地)、79个县(市、区)1995年度财政部门管理的预算外资金和财政周转金进行专项审计。发现的主要问题:1. 国有土地出让收入、罚没收入、国有资产经营收入等部分预算资金未纳入预算管理。2. 自行设立收费项目,扩大征收范围。3. 财政周转金来源不当,使用不合规。4. 财政周转金多头开户分散管理。审计建议加强预算资金管理、严格收费范围,全面清理违规拆入资金,严格控制财政周转金规模,加强财政周转金管理。

2000年,省审计厅组织全省审计机关对财政周转金清理情况进行专项审计。发现的主要问题:1. 其他财政资金占用周转金账户。2. 违规出借周转金1.06亿元。3. 周转金占用和回收后安排使用不合规。4. 周转金存入非国有银行。5. 部分财政部门对周转金未实行统一核算;部分周转金账户处理不当。审计建议清理整顿财政周转金,严格执行只收不贷的规

定;严格按照规定用途使用,加强会计核算基础工作。

二、财政信用资金和罚没收入专项审计及调查

财政信用资金以约期归还、还本付息为条件,让渡支配使用权的财政性资金。罚没收入是执法部门依法对当事人实施处罚取得的罚没款以及没收物品的折价收入。

1993年,省审计局组织全省审计机关对地方财政信用资金情况进行审计调查,对6个市46个县(市、区)的财政信用资金进行重点抽查。发现的主要问题:1. 财政信用资金违规来源于金融机构;企业上缴财政收入直接转作财政信用周转金;违规退库转作财政信用周转金,合计1974万元;用集资摊派办法,向企业征集基金,建立财政信用周转金。2. 财政信用资金贷款面广,投向不尽合理,据金华、杭州、绍兴3个市统计,用于联营、房地产开发、参股投资资金达1.38亿元。3. 资金多头开户多头管理,坐支挪用;业务费开支不合理;贷款管理不严;会计核算不规范等。审计建议建立健全财政信用法制,规定财政信用筹资渠道,整顿财政信用秩序,建立资金管理办法,加强会计核算并纳入经常性审计范围。

1994年,省、市两级审计机关对全省市、县两级罚没收入管理情况进行审计调查。发现的主要问题:1. 罚没收入未作“预算收入”缴入国库。2. 执罚单位存在欠缴、坐支、截留、挪用等问题,拖欠情况严重,占应缴数的17.53%;执罚单位在调查期内坐支、截留、挪用共8309.87万元,占执罚收入总数的16%。3. 罚没收入核算不规范;财政部门对执罚单位拨款不及时。审计建议完善财政体制,制订罚没收入管理规定,加强罚没收入管理。

1995年,省审计厅组织部分审计机关对9个市(地)、县(市、区)1994年度财政信用资金进行审计,共查出违纪金额1.42亿元,经审计处理增加财政收入965.80万元。发现的主要问题:1. 应作财政收入的款项入了财政信用账。2. 财政信用资金来源不当。存在从银行违规拆入资金发放贷款,财政专项资金用于财政周转金贷款等情况。3. 应增加周转基金的款项未及时转为基金。4. 财务开发公司漏计漏缴税收现象较为普遍。5. 占用费支出及业务费的提取不合规。6. 财政信用周转金用于投资、参股、联营、基建项目等较为普遍;地方财政周转金贷款沉淀现象严重,贷款逾期率呈上升趋势。审计建议明确财务开发公司性质,规范其经营范围、经营方式、会计核算制度等,建立和完善规章制度,加强对地方财政信用资金的管理和监督。

三、政府性负债专项审计及调查

政府性债务是指政府部门和相关单位因公益性项目建设直接借入、拖欠或提供担保、回购等信用支持形成的债务。

1998年,浙江在财政审计中关注政府负债问题,连续多年在全省开展政府负债专项审计调查,摸清各级政府负债的规模、使用方向、使用成效。2005年,省政府印发《关于加强地方政府性债务管理的通知》,要求加强地方政府性债务管理,完善管理体制,全省政府负债得到有效控制,防范了政府偿债风险。2006年,全省开展大规模地方政府性债务审计,掌握政府性举债规模,测算偿债能力,为各级党委、政府进行科学管理和决策提供翔实可靠的数据支持。

2004年,省审计厅组织全省审计机关对29个市、县政府负债情况进行首次专项审计调查。发现的主要问题:1. 地方政府负债融资不规范。2. 政府举债缺乏规划,决策机制不科学。3. 多头举债,缺乏统一管理。4. 政府负债资金使用缺乏监督,使用不透明,部分负债资金投向不符合公共财政要求。5. 债务结构不合理。6. 未建立政府负债偿还机制。7. 部分市县已出现以贷还贷现象。8. 对融资公司的财务运作缺乏监督,损失浪费普遍。审计建议完善地方政府负债法规制度;明确责任实行归口管理;建立政府负债预警体系,防范财政风险,建立监测财政风险的指标体系和还贷做准备金制度;完善政府负债管理制度,严格界定政府性负债建设领域;建立经常性检查制度;改革和完善对领导干部的考核监督机制。

2006年,省审计厅组织全省审计机关对舟山、湖州两市和兰溪市、云和县、湖州市吴兴区等25个市县(市、区)截至2005年的政府负债的使用、管理情况进行专项审计调查。发现的主要问题:1. 政府负债管理制度不完善,未能做到统一归口管理;未编制完整统一的地方政府性债务收支计划;未全面建立偿债准备金制度和债务风险监测指标体系,债务风险较高。2. 隐性政府性负债数额大,对地方财政造成潜在还债压力。3. 违规担保,造成或有债务风险。4. 部分负债资金投向不合理,项目效益欠佳。审计建议编制统一的地方政府性债务收支计划,建立和完善偿债机制,加强债务控制,明确偿债责任,拓宽融资渠道,增强偿债能力。

2008年,省审计厅组织全省审计机关对全省乡镇(街道)2007年度政府性负债情况开展专项审计调查。发现的主要问题:1. 乡镇政府负债总体仍呈增长态势,且金额较大,涉及面广。2. 部分地区向个人集资数额较大,部分乡镇违规高息向企业借款。3. 乡镇债务管理和内控制度建设不够完善。4. 部分政府性负债支出不合规。5. 部分乡镇政府偿债困难。6. 负债资金综合利用效率不高。审计建议加快发展经济,拓宽财源,增强偿债能力;明确责任,加强监管,控制债务规模;完善体制,规范管理,提高保障水平;核实债务,分步实施,逐步化解风险。

2010年,省审计厅组织全省审计机关99个审计组1106人,对全省政府负债与政府投融资机构开展专项审计调查,共涉及债务单位2785个、无债务单位7918个,涉及债务共计6.45万笔。发现的主要问题:1. 未严格执行地方政府性债务监督管理规定,政府性债务审批和计划管理薄弱。2. 债务统计上报口径不统一,存在少报情况。3. 政府投融资机构管理薄弱,负债成本高。4. 部分政府性负债低效益高风险。5. 政府部门违规担保抵押,投融资公司超额担保。审计建议进一步完善政府债务管理制度;财政部门要切实履行管理职责;建立健全政府债务统计和报告制度;对投融资平台进行清理和规范;强化监管,完善问责机制。

四、财政转移支付资金专项审计及调查

财政转移支付是以各级政府之间所存在的财政能力差异为基础,以实现各地公共服务水平的均等化为主旨,而实行的一种财政资金转移或财政平衡制度。

2004年,省审计厅组织对2003年度省财政对市县财政转移支付资金进行专项审计。发现的主要问题:1. 专项追加补助资金分配不规范。2. 专项资金被挤占挪用364.67万元,未做到专款专用。3. 未及时安排、滞留专项资金1.79亿元。4. 个别专项补助资金使用效益低

下。5. 奖励资金分配不规范。审计建议优化财政转移支付资金的支出结构;尽快制定财政专项补助资金管理办法;加强专项资金使用的监督管理;加强“两保两挂”奖励指标管理,合理规定奖励分配范围。

2007 年,全省审计机关结合“同级审”,对 2006 年度省级财政转移支付进行专项审计调查。发现的主要问题:1. 转移支付总体结构欠合理,专项转移支付占 31.66%,比重过大。2. 专项补助项目设置过多,投向分散,资金使用绩效欠佳。3. 省级专项补助资金部分未执行到位。4. 省转移支付未能有效均衡地区财力差距。5. 至 2006 年累计未拨付滞留挂账金额达 48 亿元。6. 省对市、县转移支付总额 455.06 亿元,其中纳入预算编制的仅为 279.20 亿元(占 61.35%)。7. 专项补助资金移用 3560.33 万元。审计建议明确划分省与市、县之间的事权,调整转移支付项目结构,逐步加大一般性转移支付的比重,控制专项转移支付规模;完善转移支付的补助办法和补助标准;强化预决算编制和执行情况监督;建立健全转移支付监督检查和考评制度,完善专项转移支付监督体系。

五、全部政府性资金专项审计及调查

全部政府性资金是指以政府的公权力归集并且政府有权使用或者承担责任的资金。具体包括公共财政预算、政府性基金预算、社会保障预算、国资经营预算和政府性债务计划,以及尚未纳入预算管理的所有政府收支。

21 世纪初,浙江经济持续快速发展,财政收入不断增加。全部政府性资金总量规模较大,但真正纳入预算内管理的资金仅占全部政府性资金的 1/3~1/5,预算外可用财力远超预算内资金。省政府领导适时提出预算管理体制要达到“收入一个口子、预算一个盘子、支出一个口子”的要求,改革指向预算内外所有政府性资金。为有效突破审计监督瓶颈,2004 年,浙江提出在抓好财政预算执行审计的同时,扩大审计覆盖面,把所有政府性资金都纳入审计监督范围。省审计厅逐步推进全部政府性资金审计,审计范围横向向政府各类基金、土地出让金、政府负债拓展,纵向向专项资金的使用绩效、政府举债的基本建设项目、国有企业资产的保值增值延伸,真实揭示地方财力,为政府宏观决策提供依据。

2008 年,省审计厅对 2007 年度省本级全部政府性资金进行专项审计。发现的主要问题:1. 全部政府性资金管理模式有待改进;部分收入未纳入财政统收统支;普遍存在收入部门化;财政支出账户设置过多,部分财政资金使用绩效欠佳;政府负债管理不够到位。2. 非税收入 2837.89 亿元,比重相对过高,占税收来源的 35.01%;全部政府性资金支出结构与公共财政要求尚有距离;公共服务均等化不平衡。审计建议加快构建财政运行新机制,加强全部政府性资金的综合管理和监督,适度平衡财政收支,加大民生支出等投入。

2009 年,省审计厅对省本级 2008 年度全部政府性资金与财政风险情况进行审计调查。发现的主要问题:1. 省本级负债未真正实行统一归口管理。省财政厅尚未出台省本级政府性债务管理实施办法,未能全面履行省本级各部门对外负债的统筹审批手续。2. 省本级未编制年度债务收支计划。审计建议整合全部政府性资金,促进内需,重视政府举债风险,加强政府负债管理。

是年,省审计厅还组织全省审计机关对省、市、县三级政府2008年度全部政府性资金情况进行专项审计调查。发现的主要问题:1. 全部政府性资金管理尚待完善,综合预算管理水平有待提高。2582.08万元财政性资金未纳入财政管理;部分地区综合预算率偏低,财政改革推进迟缓;部分财政资金绩效不佳、财政资金沉淀现象依然较普遍。2. 政府负债管理不够健全,债务风险潜存。3.个别地方行政事业性收费未按规定及时停征。4. 国有资本经营收益管理尚待加强。大部分地方国有资本经营预算体系未建立;国有资产收益管理分散,未纳入预算管理;国有资产管理不够规范;行政事业单位房租收入未纳入国资收益。审计建议强化监督,规范管理方式,整合全部政府性资金,加强政府负债管理,完善省级部门参与对口市县各级部门行政性收费的分成。

2010年,省审计厅对省本级2009年度全部政府性资金进行专项审计调查。发现的主要问题:1. 财政预算外资金拨款占到11%,未能达到"预算一个盘子"要求。2. 预算外专项支出和预算外资金支出合计120.10亿元,占22.7%,未能达到"支出一个口子"要求。3. 全部政府性资金部分收支项目管理不够规范。收入核算不够完整,合计2.26亿元应作未作一般预算收入;部分预算内专项支出未按规定核算。审计建议继续推进预算管理改革,确保收入笼子和预算支出盘子的衔接,加强财政资金管理,提高资金使用绩效。

六、财政金库专项审计及调查

金库是国家财政资金的出纳、保管机构,负责办理预算的收纳、划分、留解和预算支出的拨付业务。

2002年,省审计厅组织对全省地方金库2001年度国库业务进行专项审计。发现的主要问题:1. 全省地方金库本级拨款中有拨往非预算单位款项867.33万元。2. 农村合作基金从地方财政库款中借款7100万元。3. 无预算退库1363万元。4. 存在未按文件依据退库的情况。5. 存在办理计划亏损补贴退库时未按规定程序审批等情况。审计建议对一般预算拨款与其他拨款分别登记及时掌握拨款进度,开展大额退拨款跟踪调查,提高报解工作效率。

2003年,省审计厅对省地方金库2002年度国库业务进行专项审计。发现的主要问题:1. 超预算拨款7.97亿元。2. 未按规定拨款渠道,将企业挖潜改造支出拨付省级下岗职工保障资金财政专户2.50亿元。3. 计划亏损补贴超预算退库1.14亿元。审计建议严格依规退拨款,改进退拨款手续,尽快修订《国库条例》及实施细则,明确财、税、库三方权责关系,推进国库管理制度改革。

七、其他专项审计及调查

(一)水利建设基金专项审计调查

2010年,省审计厅组织全省审计机关,对省、市、县三级政府2009年度水利建设基金进行专项审计调查。发现的主要问题:1. 资金沉淀与举债并存,影响资金使用绩效。2. 基金预算编制不完整。3. 资金使用不规范现象仍然存在。4. 水利工程项目管理有待加强。审计建议调整税源结构培植新的经济增长点，推进预算改革，完善政府债务管理机制，规范水利建设基金资金管理使用，加强水利项目管理。

(二)财政资金安全与绩效专项审计

2009 年，省审计厅组织全省 81 个审计机关，对财政资金安全与绩效进行专项审计。发现的主要问题：1. 部分财政借出资金逾期比例大，审批程序及手续不规范，存在安全隐患。2. 银行账户过多过散，财政存量资金管理绩效有待提高。审计建议规范资金出借程序，做好出借资金清理工作；制订全省财政资金调度使用的管理办法；规范财政性资金存款，清理合并银行账户，增加财政性资金的增值收益。

(三)金融危机影响情况审计调查

2009 年，全省审计机关结合本级预算执行审计，开展金融危机对浙江省税收收入影响情况的专项审计调查，并重点对外贸和房地产两个行业的部分企业进行延伸调查。发现的主要问题：1. 金融危机下税收收入增长放缓，“维稳”支出增加，财政收支平衡存在风险。2. 地方财政收入对房地产业依赖度较高，收入结构有待优化。3. 出口企业面临订单减少、交易风险加大，影响税源稳定。审计建议密切关注各行业动向，积极应对不确定因素；着眼转型升级，鼓励企业搭建内销平台。

是年，省审计厅还组织全省 53 个审计机关，就金融危机对当地政府负债与土地出让变动的影响情况进行专项审计调查。发现的主要问题：1. 作为债务抵押物的储备土地市场价值稳中有升，但目前市场环境下变现难度增加。2. 地方政府负债增长趋势明显，部分地方政府负债预警指标超标。3. 土地出让金减收、政府主导型投资的地方配套资金缺口较大、负债资金缺乏统筹机制以及贷款资金使用率不高等各种因素交织，致使地方政府负债规模居高不下。审计建议建立政府负债预警机制；合理有效利用土地，切实保障财政收入持续增长。扩大偿债准备金来源，增强政府偿债能力和抵御风险能力。

(四)涉企奖励补助资金管理和使用绩效情况专项审计调查

2007 年，省、市两级审计机关结合财政决算审计，对衢州、湖州、丽水 3 个市和海宁、苍南、金华市金东区等 25 个县(市、区)2005—2006 年度财政对企业奖励扶持资金的使用、管理情况进行专项审计调查。发现的主要问题：1. 各地企业奖励扶持补助成本较高，部分地方存在违规制定政策、政策导向不合理、管理制度不健全、政策效用不明显、缺乏跟踪问效机制等问题。2. 财政性资金尚未逐步缩小对竞争性领域的投入，个别地方奖励补贴资金逐年提高，与公共财政的发展方向不符。3. 部分扶持项目效果与预期目标相差较大。4. 政策制定缺乏协调统筹，少数企业多头享受政策，存在不公平性现象。5. 政策扶持重点不够突出，部分奖励扶持资金未能体现国家产业导向。6. 少数地方对补助资金审核把关不严，操作缺乏刚性。审计建议完善相关政策制度，促进提高政府资金使用绩效，做好对本地竞争性企业的补贴公开工作，制定支持企业自主创新和可持续发展的系列政策。

2010年，省审计厅组织对湖州、舟山、丽水3个市和三门、奉化、江山、瓯海等9个县(市、区)2009年度财政涉企奖励补助资金管理和使用绩效情况进行专项审计调查。发现的主要问题：1. 违规制定与税收挂钩的企业奖励补助政策。2. 补助资金设置不科学，多头享受情况严重。3. 补助奖励资金分散，带动作用不明显。4. 补助项目效果与预期差距较大。5. 补助资金拨付不及时，使用不规范。审计建议清理和纠正涉及税收返还的各项政策，完善项目补助审批和财政支出绩效评价制度，规范专项资金管理办法。

(五)建筑地方高等教育费专项审计调查

建筑地方高等教育费是向建筑业企业征收取的用于高等教育投入、促进教育事业发展的费项，由各地建设行政主管部门代征。2007年，全省审计机关结合“同级审”，开展2006年度全省建筑地方高等教育费的征收、管理和使用情况的专项审计调查。发现的主要问题：1. 各地开征情况不一，应征未征比例较高，少征建筑地方高等教育费6582.63万元，导致建筑地方高等教育费收入流失严重。2. 各地征收管理执行差异较大，少征漏征、无依据减免现象较为普遍。3. 少数地方多头征收，征收环节不统一。4. 上缴省级分成收入比率低，各地上缴差异大。5. 使用率不高，结存数额较大。审计建议重新审视开征建筑地方高等教育费的法定依据，研究完善相关政策，出台配套实施细则和操作办法；明确征收主体，加强部门沟通；建立健全考核机制，提高地方征收管理的积极性；加强资金管理，提高资金使用率。

(六)失业人员再就业和就业服务企业税收优惠政策执行情况专项审计调查

2005年，省审计厅组织全省审计机关，对2002—2004年度下岗失业人员再就业和劳动就业服务企业税收优惠政策执行情况进行专项审计调查。发现的主要问题：1. 税收优惠政策在促进就业和再就业工作中发挥的作用不够明显。2. 优惠政策适用对象范围过窄；优惠政策的享受方式不合理；再就业企业税收优惠政策中新办企业和现有企业的区分不合理。3. 企业利用各种手段钻政策空子的现象屡有发生。4. 政策执行操作不够规范。税务部门对未经劳动部门认定的企业给予税收减免；劳动部门在企业资质认定工作中存有缺陷；税务部门放宽减免条件；审批档案中年检资料不齐，基础工作薄弱。审计建议完善就业再就业税收扶持政策；劳动、税务和工商等相关部门建立监管协管机制，形成分工协作、部门联动、齐抓共管的工作格局。该审计调查报告上报国务院后，被国务院办公厅秘书局、《国内动态清样》采用，国务院随后下发的《关于进一步做好就业及再就业工作的通知》中多处采纳审计建议。

2008年，省审计厅组织全省审计机关，对2006年以来实施第二轮就业再就业政策及就业再就业资金筹集、管理、使用情况进行专项审计调查。发现的主要问题：1. 资金使用结构不够合理，沉淀较多，部分惠民政策未取得效果。2. 资金管理粗放，挤占挪用专项资金548万元，未实行财政专户管理1933.51万元。3. 就业再就业培训针对性不强，培训内容单一，就业帮助不够明显。审计建议加大就业再就业政策的宣传力度，落实各项就业再就业扶持政策；加强培训管理，提高培训质量和效果；加强对就业再就业资金及相关工作的管理；发挥好失业保险促进再就业功能。

（七）企业挖潜改造资金专项审计

2003年，全省审计机关对2002年度财政预算安排的企业挖潜改造资金进行专项审计。发现的主要问题：1. 企业挖潜改造资金预算编制未细化到具体技改项目，存在随意列支情况。2. 企业挖潜改造支出中列支其他支出，影响支出的真实性。3. 企业挖潜改造资金安排单位较多，但投资规模总量较小，技改项目特色不够突出。4. 项目实施未实行有效的跟踪检查，挖潜改造资金被挪用或未有效使用。5. 部分资金拨付不及时或支出挂账，影响财政决算的真实性。6. 用款单位企业挖潜改造资金的账务处理不规范，影响技改项目核算准确性。审计建议完善企业挖潜改造资金支出的相关制度；择优扶强，突出重点，对优势产业、重点技改项目实行资金倾斜政策；坚持专款专用，提高资金使用效益。

（八）财政专项资金存量专项审计调查

2008年，全省审计机关结合“同级审”，开展2007年度全省财政专项资金存量的专项审计调查。发现的主要问题：1. 专项资金使用缺乏预算管理，支出管理随意性较大。2. 专项资金项目设置缺乏统筹和有效整合。3. 部分专项资金长期沉淀未使用。全省预算外核算的专项资金1年内未使用的22.50亿元；1年以上3年以下未使用的31.03亿元；3年以上未使用的30.63亿元。4. 预算安排的专项资金当年拨付率较低，影响预算支出的真实性。5. 应纳入未纳入预算管理的专项资金仍普遍存在。6. 部分专项资金未用于专项工作。审计建议加强综合预算编制，增强资金使用合力；推进国库集中收付，盘活财政专项资金存量；确保重点，优化专项资金支出结构；开展财政专项资金绩效评价。

（九）税收征收管理情况专项审计调查

2001年，全省审计机关对各级地税部门提退代征代扣手续费的情况进行专题审计调查。发现的主要问题：1. 全省地税部门共违规提退代征代扣手续费（包括业务经费）870.23万元。2. 部分地税部门存在代征代扣手续费支付用现金结算、超标准支付、支付比例低、留用比例过高、发放奖金、弥补系统经费支出和收支赤字等现象。3. 经费收入账表不一致。审计建议清理现行有关提退使用代征手续费和业务经费规定，加强分类核算等管理工作。

2007年，省、市两级审计机关结合全省财政决算审计，对湖州、衢州、丽水3个市和海宁、常山、萧山等17个县（市、区）2006年度地方税收征收管理情况进行专项审计调查。发现的主要问题：1. 逾期入库税款未加收滞纳金。2. 存在预征税款情况。3. 混淆入库级次、设立税收过渡户问题仍较突出。4. 核定征收操作不够规范。5. 对房产开发企业所得税预征率政策落实不够到位。6. 漏征、错征地方税费，放宽条件减免税收。7. 地税登记信息系统还未与相关部门实行信息资源共享，造成税收征管不到位。审计建议加强计划管理，提高信息化共享水平，夯实征管基础工作，加强税法宣传，加大税收征管力度。

（十）财务开发公司专项审计

1996年，省审计厅对省财务开发公司1996年1—9月财政财务收支进行专项审计。发现的主要问题：1. 省财务开发公司和3家子公司少计应收利息与投资收益8447.12万元。2.5家公司逾期款项1.34亿元，占总资产额的3.68%；少数子公司投资项目未经严格审批把关，投资项目质量差，风险大；省华浙商业投资公司1笔400万元款项投放仅凭对方单位借条，至审计日仍未收回。3. 应收利息催收管理存在一定漏洞。省华浙商业投资公司2笔短期投资款600万元本金已收回，应收利息50.43万元账面无反映；省华浙工业投资公司3笔短期周转放款325万元本金已收回，应收未收利息26.55万元账面无反映。审计建议纠正"收付实现制"与"权责发生制"并用的错误做法；严格划分政策性经济业务与企业自营性经济业务的界限，正确核算企业经营成果；严格审查把关，尽力采取措施收回款项，减少投资风险；明确责任，对应收利息进行清收，防止国有资产流失。

1998年，省审计厅对省财务开发公司1997年度财务收支进行专项审计。发现的主要问题：1. 名为短期投资，实为拆借资金，造成收入少纳税。2. 已计提未缴纳的营业税及附加156.56万元，未按规定及时足额上缴；赞助款35.62万元未作纳税调整，应补缴所得税11.75万元；华浙农投公司房租收入60万元，未计缴有关税金。3. 将应付省财政、控办利息及委托投资收益等挂账。4. 向省财政厅借入的长期借款2.31亿元转作"盈余公积"。5. 所属兴财公司对外投资1468万元，历年无收益，且未能提供项目经营管理资料；对部分项目投资未作可行性研究；逾期贷款未能及时催收，个别子公司逾期贷款率已高达60%以上，部分已造成损失。审计建议对外投资应做可行性研究，对部分已造成损失或将要造成损失的投资项目要确定专人抓紧进行清理；对外贷款应做到贷前作调查，贷中作检查，贷后作督查，逾期贷款应抓紧催收；要及时足额计缴各项税金。

2002年，省审计厅对省财务开发公司2001年度财务收支进行专项审计。发现的主要问题：1. 名为投资实为出借款2.88亿元，其中2.53亿元已逾期，部分已造成损失。2. 税前多列支利息费用8048.37万元；华浙公司贷款利息收入未纳税，会计账上未反映股票买卖盈利，部分会计数据不真实，造成少计税金；兴财公司应作未作收入欠缴企业所得税302.48万元；华浙南都公司将应列开发成本的款项计入财务费用，欠缴企业所得税273.59万元。3. 省财务开发公司及所属华财公司应付未付省财政厅2.56亿元。4. 违规支付给省财政厅工会242.20万元。5. 对外投资损失7456万元，借款损失450.12万元。6. 省财务开发公司放款逾期5.43亿元。7. 省财务开发公司对外提供贷款担保2.40亿元。审计建议加大出借款清理回收力度，对逾期款项，应抓紧催收，屡催不还的，应在诉讼期内及时提起诉讼；加强子公司会计基础工作管理，加大投资监管力度，实现国有资产保值增值。

2006年，省审计厅对省财务开发公司2002—2005年度财务收支进行审计。发现的主要问题：1. 投入南方证券等4家证券公司资金和证券交易存在可能损失；部分工资奖金未缴纳个人所得税692.53万元；部分资产未入账。2. 华财公司未对逾期长期借款计提资金占用费464.26万元，长期挂"应付账款"科目；应收账款余额1459.16万元，其中3年以上1442.44万元，存在较大风险；应付利润未及时支付。3. 兴财公司应付省财务开发公司697.13万元利润，一直未支付；存在可能形成损失资金达6104.16万元；预收房款未按规定缴纳企业所得税，也未及时结转收入和相应的成本。4. 华浙公司欠缴税金6521.75万元。审计结束后，华浙公司积极整改，已全部缴纳。审计建议：对全资子公司及控股公司的投资采用权益法进行核算，编制合并会计报表；加大对出借款项的清理回收力度；加强对投资项目的风险防范意识和监管力度，确保国有资产保值增值。

八、税收财务大检查

1985—1997年，为治理经济环境，整顿经济秩序，在国务院统一部署下，连续13年开展一年一度的全国性税收、财务、物价大检查工作。浙江省审计机关主要进行税收财务大检查重点检查工作。省审计厅承担中央在浙单位和省属企业大检查工作，以及对市级财政收支情况进行检查。审计机关参与的重点检查单位，发现的主要问题：1. 违规偷税、漏税、减税、免税。2. 乱挤乱摊成本，随意核销费用。3. 截留、转移国家或单位收入。4. 白条列支，公款私存私分，私设“小金库”。5. 滥发奖金、实物、补贴，公款请客送礼、游山玩水，超标准装修办公房、业务房。6. 弄虚作假、造假账、假报表、假凭证等。审计机关按大检查相关政策和规定进行处理。

第六章　金融审计

金融审计是审计机关依法对银行、保险、信托、证券等金融机构经济业务活动的真实性、合法性和效益性进行审计监督。浙江金融审计主要对国有资本占控股或主导地位金融机构的财务收支和资产负债损益进行审计;对金融机构执行国家金融政策进行专项审计和审计调查。

浙江金融审计始于1985年,经历两个阶段。1985—1998年:以对中央金融机构审计为主,组织形式主要表现为审计署统一组织、全省同步。1985年,根据审计署统一部署,浙江省审计局组织开展中国农业银行浙江省分行及各市县分支行财务收支审计,是浙江金融审计的开始。其后,全省金融审计涉足银行、信托、保险等多个金融行业,审计关注的重点以财务收支审计转变为资产负债损益审计。审计调查和同步审计等方式开始在金融审计工作中逐步运用,不断完善。1998年,金融监管体制实行重大变革,中央金融机构的审计,开始由审计署统一组织。1998—2010年:以地方金融机构审计为主。组织形式为省、市两级相对独立立项,全省同步项目较少。2002年初,浙江省审计厅提出全省审计机关要以地方金融机构审计为重点,关注地方相关政策的合理性,关注防范金融风险。审计涉及各地信托、投资、证券、期货、房地产、融资、租赁、贸易、农村合作金融等多个行业,并开展金融机构资产管理和经营风险等专项审计调查。2002年,对中国农业发展银行浙江省分行审计,报送的信息被国务院办公厅采用,并获国务院副总理温家宝批示。2009年,地方商业银行经营风险专项审计调查报告获省长批示。这一时期金融审计还注重惩治腐败,为廉政建设服务。审计及时发现经济犯罪线索,查清了浙江省国际信托投资公司原董事长王某某、浙江省国信控股集团原董事长陈某某、浙江华龙房地产公司原总经理阮某某等人经济犯罪的事实,并移送相关部门。

浙江金融审计工作坚持以促进金融机构合规发展为目标,大力推进审计内容、审计技术方法和组织管理的创新,为地方维护金融安全、促进全省金融业和经济社会的健康发展发挥了重要作用。至2010年,全省共完成金融审计项目2732个,查出违纪金额89.75亿元,其中应缴财政金额3.97亿元。金融审计工作专报被各级政府和有关部门采用及批转,其中国务院领导批示2次,省级领导批示8次。

第一节　中央金融机构审计

1985年,省审计局首次组织全省审计机关对中国农业银行浙江省分行及其分支机构进行审计，其后陆续开展国有银行、国有保险公司、国有信托公司等中央金融机构的审计。1999年后，对中央金融机构的审计需经审计署统一授权，此类审计逐渐减少。2003年后，审计署未再授权。1985—2003年，省审计厅共完成中央金融机构财务收支和资产负债损益等审计项目44个。

表38-6-1-1　　1985—2003年浙江省审计厅对中央金融机构审计一览表

年度	审　计　单　位
1985	中国农业银行浙江省分行(全省统一组织)、中国银行杭州分行
1986	中国工商银行浙江省分行信托部
1987	中国工商银行浙江省分行(全省统一组织)、中国人民建设银行浙江省分行(全省统一组织)
1990	中国农业银行浙江省分行(全省统一组织)、中国工商银行浙江省分行(全省统一组织)、中国国际信托投资公司宁波分公司
1991	中国人民建设银行浙江省分行(全省统一组织)、交通银行杭州分行、交通银行宁波分行、交通银行绍兴支行
1992	中国工商银行浙江省分行(全省统一组织)、中国人民保险公司浙江省分公司(全省统一组织)、中国国际信托投资公司宁波分公司
1993	中国人民建设银行浙江省分行(全省统一组织)、中国银行浙江省分行(全省统一组织)、交通银行杭州分行、交通银行宁波分行、交通银行绍兴支行
1994	中国人民保险公司浙江分公司(全省统一组织)、中国国际信托投资公司宁波分公司
1995	中国人民建设银行浙江省分行(全省统一组织)、中国银行浙江省分行(全省统一组织)、交通银行湖州支行、交通银行温州支行、交通银行嘉兴支行、中国农村发展信托投资公司浙江分公司
1996	中国银行浙江省分行(全省统一组织)、中国农业银行浙江省分行(全省统一组织)、中国人民保险公司浙江分公司(全省统一组织)、中国建设银行浙江省信托投资公司
1997	中国农业银行浙江省分行(全省统一组织)、中国工商银行浙江省信托投资公司
1998	中保财产保险公司浙江省分公司(全省统一组织)、中保人寿保险公司浙江省分公司(全省统一组织)
1999	中国工商银行浙江省分行(全省统一组织)、中国建设银行浙江省分行(全省统一组织)、中国建设银行杭州之江支行、中国建设银行杭州西湖支行
2001	中国人民保险公司浙江省分公司(全省统一组织)、中国人民保险公司杭州经济技术开发区支公司
2002	中国农业发展银行浙江省分行(全省统一组织)
2003	中国人寿保险公司浙江分公司(全省统一组织)

资料来源:浙江省审计厅档案室。

一、国有银行审计

1985—2003年，省审计厅共完成中国农业银行、中国银行、中国工商银行、中国建设银行、交通银行、中国农业发展银行等在浙分行的财务收支和资产负债损益等审计项目29个。

（一）中国农业银行审计

1985年6月，省审计局对中国农业银行浙江省分行1984年度财务决算进行审计。发现的主要问题：1. 管理费列支福利费用。2. 非营业支出中虚列费用。3. 多计提职工教育经费。4. 扩大应付未付储蓄存款利息计提范围。5. 虚列公用经费支出。6. 多计提固定资产折旧等。审计处理意见：虚列利息支出、列支福利费等问题金额共计300余万元，上缴中央金库；多计提固定资产折旧问题，调整账户处理。

1990年7月，省审计局对中国农业银行浙江省分行1989年1月至1990年6月的财务收支进行审计。发现的主要问题：1. 少缴能交基金、预算调节基金和营业税共计520.33万元。2. 挤占多列成本13.74万元。审计处理意见：少缴基金及税费补缴入库；挤占多列成本上缴中央金库，并调整账户。

1996年3月，省审计厅组织全省审计机关，对中国农业银行浙江省分行1995年度资产负债损益进行审计。发现的主要问题：1. 业务经营问题。违规账外经营存款余额7440万元，贷款余额2.63亿元；通过虚假委托、系统内往来等违规发放贷款4.70亿元；基建资金移作拆借或放贷。2. 财务收支问题。截留转移收入1715万元；挤占成本费用2397万元；虚列支出130万元；少缴各类税金1233万元；累计账外资产3.54亿元；虚增资产458.20万元。审计提出处理意见及建议。

1997年8月，省审计厅组织全省审计机关，对中国农业银行浙江省分行及其分支机构1996年度资产负债损益进行审计。发现的主要问题：1. 贷款管理问题：贷款逾期率和催收率高；投资收益低，风险高；应收利息余额大。2. 业务违规问题：违规吸收、拆放资金；违规提供担保；违规提高利率；通过“代理放款”科目核算投资业务；利用证券回购业务违规拆出资金。3. 会计核算问题：省农行信托公司通过虚增红利、虚增代理放款1100万元，通过省农行计划处拆入500万元资金虚增投资收益。4. 财务收支问题：截留转移收入1528万元；挤占成本费用8753万元；虚列支出112万元；虚增利润419万元；漏缴税费1232万元；账外资产1879万元。审计提出处理意见及建议。

（二）中国银行审计

1985年11月，省审计局对中国银行杭州分行1984年度财务收支进行审计。发现的主要问题：1. 虚列支出、挤占费用，截留国家收入324.13万元。2. 变相高价买卖外汇50万美元，大量进口高级建筑材料。3. 为省五金矿产进出口公司和省水产进出口公司截留282万美元提供便利。4. 乱拉资金，扩大基本建设规模。5. 财务管理不善。审计处理意见：1. 截留国家收入324.13万元上缴中央金库。2. 变相高价买卖外汇取得的建筑材料款项上缴中央金库，其获取的建筑材料，从留成基金中支付。

1995 年 3 月，省审计局对中国银行浙江省分行 1994 年度资产负债损益进行审计。发现的主要问题：1. 信贷资产质量有待提高。2. 多提应付利息 18.49 万元，少计应收利息 197.25 万元。3. 挤摊成本 102.35 万元。审计处理意见：多提应付利息，应补缴所得税；少计应收利息，应调账增加本年度利润，补缴所得税；挤摊成本予以罚款。

1996 年 5—8 月，省审计厅组织全省审计机关，对中国银行浙江省分行（全辖）1995 年度资产负债损益进行审计。发现的主要问题：1. 逃避规模发放贷款。在规模外吸收信托存款 737.70 万元，发放信托贷款 637.70 万元；通过投资类科目违规放贷 1894.40 万元，有 22%逾期；通过虚假委托等发放贷款 7864 万元。2. 部分售汇业务手续不完善。3. 截留转移收入 640 万元。4. 挤占成本费用 752 万元。5. 虚列支出 317 万元。6. 少缴各类税金 632 万元。审计提出处理意见及建议。

（三）中国工商银行审计

1987 年 3 月，省审计局对中国工商银行浙江省分行 1986 年度财务收支进行审计。发现的主要问题：1. 应列未列收入。其中空白凭证调价及未按成本收费的溢差收入 12.93 万元列入专用基金账户，国库券推销手续费 1.26 万元以职工福利费拨付工会。2. 虚列支出共计 101.50 万元。3. 扩大成本开支范围，挤占成本 224.19 万元。4. 多计提费用，减少利润 60.15 万元。5. 直接冲损益递减利润 43.09 万元。6. 公用经费超支 96.69 万元。审计处理意见：对应列未列收入，在年度决算中冲回，增加年度利润；对于挤占成本 224.19 万元、虚列支出 60.50 万元，上缴财政处理。

1994 年 4 月，省审计局对中国工商银行浙江省分行 1993 年度财务收支进行审计。发现的主要问题：1. 收到省工商信托投资公司分来的股息及红利收入 46.42 万元直接进入发展基金账户，未缴税金。2. 多列成本费用 7.81 万元。3. 应收 3 家企业贷款利息 25.22 万元未及时收回。4. 对外新增投资幅度较大，往年投资收益较低。审计提出处理意见及建议。

1999 年 5 月，省审计厅组织全省审计机关，对中国工商银行浙江省分行所辖 99 个支行 1998 年度资产负债损益进行审计。发现的主要问题：1. 少计收入 2788.63 万元，多计支出 1552.71 万元。2. 账外资产 6442.28 万元。3. 违规经营损失 1.09 亿元。审计处理意见：补缴税金及罚没款项 1948.82 万元。其中 1495.78 万元上缴中央财政；453.03 万元上缴地方财政。清理各支行账外“小金库”，应补缴税金及罚没款项 616.41 万元。

（四）中国建设银行审计

1987 年 9—10 月，省审计局对中国人民建设银行浙江省分行 1985—1986 年度财务决算进行审计。发现的主要问题：1. 贷款利息收入转账不当。2. 成本中列支费用 17.73 万元。3. 以“地方财政委托贷款”利息分成来垫付自筹基建资金 538.12 万元。审计处理意见：中央轻纺专项贷款利息收入 17.88 万元、成本中列支费用 17.73 万元、地方财政委托贷款利息分成收入 538.12 万元，上缴财政。

1993年4—9月，省审计局组织全省审计机关，对中国人民建设银行浙江省分行1992年度信贷业务进行审计。发现的主要问题：1. 部分机构执行贷款计划不严密，存在贷款超规模问题。2. 部分机构存在虚假委托贷款，累计发生额达2.20亿元。3. 以流动资金名义贷款进行固定资产投资2298万元。4. 各类非正常贷款余额4.56亿元。5. 违章拆借资金3.53亿元。审计意见及建议：加强信贷基础工作，理顺内部各职能部门关系，消除交叉贷款，规范使用贷款科目，完善信贷业务核算；严格贷款投向控制，集中贷款规模和资金，支持短线产品和重点项目，促进信贷结构的调整；继续清理和催收非正常贷款。

1999年3月，省审计厅组织全省审计机关，对中国建设银行浙江省分行本级及11个市地分行和110个县级支行共122个单位的1988年度财务收支进行审计。发现的主要问题：1. 少计收入4637.17万元，多计支出1.55亿元。2. 累计形成账外资产1.78亿元。3. 违规经营，造成损失和非法支出2940.50万元，涉案金额395.52万元。4. 通过截留、转移收入、虚列、多列成本费用等方式形成“小金库”，累计发生额2180.87万元，主要用于职工奖金及福利性支出、购置固定资产、网点装修、请客送礼等开支。审计提出处理意见及建议。

（五）交通银行审计

1991年5月，省审计局对交通银行杭州分行1990年度财务收支进行审计。发现的主要问题：1. 挤占多列成本2.50万元。2. 应缴未缴“两金”15万元。3. 多提应付利息546.42万元；多提固定资产折旧3.62万元。审计处理意见：调整账户，列留利资金有关科目开支；应缴未缴“两金”应缴入中央金库；多提固定资产折旧金额应予冲减；调整处理不当账务，归还原资金渠道。

1993年5月，省审计局对交通银行杭州分行1992年度财务收支情况进行审计。发现的主要问题：1. 流动资金贷款手续把关不严、借新还旧、逾期严重。2. 拆借资金用途不当。3. 租赁业务和新营业大楼资金管理存在问题。审计意见及建议：信贷业务管理应引起重视，及时消除隐患；进一步创造条件拓展外汇租赁业务，以解决承租企业为引进国外先进技术和装备所需外汇资金短缺问题；新营业大楼项目，应尽快实施，多渠道筹集资金。

1993年6月，省审计局对交通银行绍兴支行1992年度财务收支进行审计。发现的主要问题：1. 信贷业务管理中存在贷款逾期、委托贷款资金来源不合规、拆借资金超期限、拆借资金用途不合规、拆入资金数量超规定等问题。2. 财务收支方面存在业务及管理费用中列支书报费、融资奖及融资费、应列未列收入8174.65万元等问题。审计意见及建议：逾期及资产质量管理方面问题应及时消除隐患；进一步挖掘潜力，提高资产收益率降低综合费用率，增加利润，注重经济效益提高；加强银行存款户核算规范化，保证库存证券额度的适度性。

1993年7月，省审计局对交通银行宁波分行1992年度财务收支及1993年上半年信贷业务进行审计。发现的主要问题：1. 向非金融机构拆出资金8515万元。2. 拆借资金用于流动资金贷款150万元，用于固定资产款5500万元。3. 非定向委托贷款余额7088万元。审计提出处理意见及建议。

1995年8月，省审计厅对交通银行温州支行自成立至1995年6月财务收支进行审计。

发现的主要问题：1. 少提定期存款应付利息 80.12 万元。2. 固定资产及其安装费列“递延资产”科目核算。3. 在会议费中列支宣传品和健身器材费用。4. 直接从委贷利息收入中坐支罚款。审计意见及建议：少提利息应予以补提；“递延资产”应划转为固定资产；宣传品费应调整科目列支；坐支罚款费应调整到营业外支出列支。

1995 年 11 月，省审计厅对交通银行嘉兴支行自成立起至 1995 年 6 月财务收支进行审计。发现的主要问题：1. 少计营业收入 2 万元。2. 成本率及综合费用率偏高，宣传费超指标。3. 福利性开支挤占成本。审计意见及建议：少计营业收入应调整补计；规范财务核算手续；加强会计核算工作，强化内部管理制度。

1995 年 11 月，省审计厅对交通银行湖州支行自成立起至 1995 年 6 月财务收支进行审计。发现的主要问题：1. 截留收入设置账外资金 44.97 万元。2. 开办费列支煤气款 8.62 万元。3. 营业费列支车辆购置附加费 4.60 万元。审计处理意见：对账外资金没收余额 13.45 万元，对已使用的 31.52 万元处以罚款；相关科目应调整账目。

（六）中国农业发展银行审计

中国农业发展银行浙江省分行是全国成立最早的省级政策性分行。

2002 年 4 月，省审计厅对中国农业发展银行浙江省分行 2001 年度资产负债损益进行审计。发现的主要问题：1. 信贷资产质量不高。2. 贷款业务多次展期。3. 财务收支核算不规范。4. 存在账外固定资产 2763.77 万元。5. 少缴税金 49.74 万元。审计意见及建议：调整信贷管理政策，扩大业务经营范围，增强经营能力；建立政策性银行法律体系，完善信贷管理办法；严格执行国家粮棉油储备轮换政策，减少和杜绝陈化粮棉产生；防范和化解信贷风险；健全内部管理机制，提高经营管理水平。报送的信息《农发行信贷政策和管理制度的调整刻不容缓》被国务院办公厅采用，并获国务院副总理温家宝批示。

二、国有保险公司审计

1992 年 6 月，对中国人民保险公司浙江省分公司的审计，是浙江省审计机关对国有保险公司的首次审计。1998 年，金融业监管体制发生重大变革，中央金融机构的审计由审计署统一组织并授权实施。2003 年后，审计署未授权浙江省开展全国性保险机构的审计。1992—2010 年，省审计厅共完成国有保险公司的财务收支和资产负债损益等审计项目 8 个。

（一）中国人民保险公司审计

1992 年 6 月，省审计局对中国人民保险公司浙江省分公司 1991 年度财务收支进行审计。发现的主要问题：1. 少计收入 3.25 万元。2. 违规列支费用 25.01 万元。3. 少缴营业税、城建税、教育费附加计 7.16 万元。审计处理意见：未确认收入和违规列支费用缴入中央金库；自查违规费用需调整账户处理；少缴税费缴入地方金库。

1996 年 7 月，省审计厅组织全省审计机关，对中国人民保险公司浙江分公司 1995 年度资产负债损益进行审计。发现的主要问题：1. 理财业务方面问题：部分市、县级公司赔案违反规定。赔案单证无效或不全，收据代替赔案购货发票及涂改发票报销；擅自提高赔款金额；损余物资未及时处理。2. 财务收支方面的问题：截留收入，转移资金 816.34 万元；虚列基本建设支出 4536.81 万元；违规使用防灾费 945.13 万元；挤占成本费用 1696.65 万元。3. 账外固定资产余额达 653.82 万元。4. 内部管理方面问题。代办手续费夸大基数计算，造成支出过高，全年代办手续费支出 1 亿元，且存在大额支付现金，支付手续不完整、移用等问题。省公司国际业务部总计退费 1066 万元，占全年保费收入的 7.48%，退费比例过高及退费资料不全。审计提出处理意见及建议。

（二）中保财产保险公司审计

1998 年 2—6 月，省审计厅组织全省审计机关，对中保财产保险公司浙江省分公司的 92 家分支公司 1997 年度资产负债损益进行审计，并对 296 个代理机构及防灾费使用情况作延伸审计。发现的主要问题：1. 代理机构无证经营较普遍，部分代理机构财务管理不规范；开办“卖方责任险”“产地险”未经人民银行确认，具体执行违反保险条款规定；变相降低费率，减少保费收入；实行固定包干赔付，赔款不真实。2. 少计收入 2945.58 万元；挤占成本费用 1871 万元；手续费支出不合规。3. 存在税费问题、账外资金资产问题、核算管理问题。审计意见及建议：加强代理机构的管理和必要的业务指导；严格财经纪律，规范代办手续费及赔款支出等支付方式；加强对跨地域设置的地方性保险机构的监督，以遏制保险市场的不正当竞争。

2001 年 3—8 月，省审计厅组织全省审计机关，对中国人民保险公司浙江省分公司 2000 年度资产负债损益进行审计。发现的主要问题：1. 降低费率，违规承保。企财险、货运险、船舶险等险种普遍存在降费情况。减少保费收入 4921.63 万元。2. 未按权责发生制核算保费，财务收支不真实。保费收入按收付实现制核算，跨年度入账 1683.46 万元，人为调节利润 148.53 万元，未经批准，擅自核销应收未收保费，直接冲减保费收入 49.04 万元。3. 基建超规模，账外资产数额大。通过营业费用列支办公大楼购置款、装修费，以租代购小汽车、理赔物资不入账等方式形成账外资产 4855.48 万元。4. 代理手续费支付不规范：违规列支聘用人员等工资、奖金和福利 1412.65 万元，宣传费、招待费 270.43 万元，超比例支付代理手续费 44.73 万元。5. 代理机构设置、监管不规范。保险代理网点组织化程度低，用工制度随意、产权关系不清，兼业经营，整体效率低。审计提出处理意见及建议。

（三）中保人寿保险公司审计

1998 年，省审计厅组织全省审计机关，对中保人寿保险公司浙江省分公司及 112 家分支公司 1997 年度资产负债损益进行审计。发现的主要问题：1. 业务方面。部分代理机构无证经营；寿险资金违规投资或用于发放贷款；以保费退还名义，支付资金给非保户。2. 损益方面。通过账外存放和往来科目调节保费收入；通过不同保险品种之间调节、摊销费用，达到调节利润的目的；部分分支机构少缴漏缴税费，私设“小金库”。3. 核算及管理方面。上划特种准备金弥补总公司亏损；未决赔款准备金计提不当。审计意见及建议：加强营销财务核算；加强基层网点和手续费使用管理，杜绝不正当竞争现象；加强固定资产管理。

2003年4—9月，省审计厅组织全省审计机关，对中国人寿保险公司浙江分公司2002年度资产负债损益情况进行审计。发现的主要问题：1. 少计收入358.16万元，多计支出1057.32万元。2. 采用长险短做、违规退保等方式虚增保费收入6554.95万元。3. 违规经营保险业务2.04亿元。4. 不良资产账面数4660万元，损失数1473.93万元。5. 漏缴税金170.53万元。审计提出处理意见及建议。

三、国有信托投资公司审计

信托投资公司是一种以受托人的身份，代人理财的金融机构，其主要业务为经营资金和财产委托、代理资产保管、证券发行以及投资等。自1986年对中国工商银行浙江省分行信托部审计始，至1997年对中国工商银行浙江省信托投资公司审计，省审计厅对国有信托投资公司共审计6次，专项审计调查2次。

1986年9月，省审计局对中国工商银行浙江省分行信托部1984—1985年度的财务收支和1985年度信托业务进行审计。发现的主要问题：1. 信托利润计523.92万元分配处理不合规。2. 截留、挪用信托利润223.70万元，绝大部分已用作基建、购车事项。3. 以设备租赁的名义，自批自用搞的办公用房等基建设施，共计135万元。审计提出处理意见及建议。

1990年11月，省审计局对中国国际信托投资公司宁波分公司1989年1月至1990年9月的本外币财务收支进行审计。发现的主要问题：1. 违反外汇管理相关规定，将外汇收入直接进入现汇户。2. 经批准减免的所得税286.47万元未按规定增加资本金，而按税后利润进行分配。3. 各项基金计提，未按规定报批。审计提出处理意见及建议。

1994年10月，省审计局对中国国际信托投资公司宁波分公司1993年度财务收支及有关经济活动情况进行审计。发现的主要问题：1. 少缴所得税13.37万元，少缴营业税及附加1.69万元。2. 少计收入244.11万元，多列成本费用19.55万元。3. 少计提投资风险准备金。审计处理意见：补缴税费，补计收入，补计风险准备金。

1995年6—7月，省审计厅对中国人民建设银行浙江省信托投资公司1994年度资产负债损益进行审计。发现的主要问题：1. 信贷资产质量不高。2. 少计收入23.23万元。3. 多列成本98.47万元。4. 公司未按权责发生制原则反映长期投资收益，3个投资单位可分配利润360.90万元未收回。审计处理意见：少计收入应调增利润，补缴所得税；多列成本问题，应调增利润，补缴所得税。

1995年9月，省审计厅对中国农村发展信托投资公司浙江分公司1994年1月至1995年6月财务收支进行审计。发现的主要问题：1. 资产负债方面，虚增利润416.97万元；漏缴营业税及附加26.89万元。2. 所有者权益方面，虚增实收资本2000万元，公益金转入“应付福利费”202.50万元。3. 管理方面，业务经营不规范；资产质量下降、风险增大；预付货款长期挂账。审计提出处理意见及建议。

1997年5月，省审计厅对中国工商银行省信托投资公司1996年度资产负债损益进行审计。发现的主要问题：1. 业务经营方面。委托贷款1651.20万元已形成风险；短期贷款2368.50万元用于长期项目；以咨询费名义收取额外利息；以租赁名义发放贷款；以“短期投资”名义发放信托贷款且造成损失。2. 财务收支方面。少计收入、少计投资收益、在“营业费用”科目列支固定资产购置款。审计提出处理意见及建议。

第二节　地方金融机构审计

浙江省地方金融机构审计始于1989年。地方金融审计对象，主要为省、市、县属国有金融机构或注册地在浙江省境内的其他金融企业。主要包含地方商业银行、证券公司、信托投资公司、期货公司、农村合作金融机构等。1989—2010年，省审计厅共完成地方金融机构财务收支和资产负债损益等审计项目42个。

表38-6-2-1　　1989—2010年浙江省审计厅对地方金融机构审计一览表

年度	审　计　单　位
1989	浙琼信托投资公司、省融资公司
1990	省国际信托投资公司
1992	省证券公司、省国际信托投资公司
1993	省租赁公司
1994	省国际信托投资公司、国际经济技术合作公司浙信公司
1996	省国信企业(集团)公司、省国际信托投资公司
1997	省国际信托投资公司、全省城市信用合作社(全省统一组织)
1998	省证券公司、上海宏广达实业公司
2000	省国信企业(集团)公司、省国际信托投资公司、国信汽车租赁公司、国际物业租赁公司、省国信企业(集团)上海公司、省信盛实业公司、省信鸿实业公司、省浙信实业公司
2002	省信托投资公司、金通证券公司
2003	浙江国信控股集团公司、省国际信托投资公司、富阳等5家农村信用社(全省统一组织)
2004	浙江国信控股集团公司、金通证券公司、新华期货经纪公司
2005	8家城市商业银行(全省统一组织)、省国际信托公司
2006	财通证券经纪公司
2007	部分农村合作银行(全省统一组织)、瑞安农村合作银行、萧山农村合作银行
2008	浙商银行、余杭等9家农村信用联社(全省统一组织)、临安市农村信用合作社
2009	财通证券公司、浙江财通物业租赁公司
2010	浙商证券公司

资料来源：浙江省审计厅档案室。

一、商业银行审计

（一）浙商银行审计

浙商银行成立于2004年，是浙江省唯一的全国性股份制商业银行。

2008年9—11月，省审计厅对浙商银行2007年度资产负债损益进行审计。发现的主要问题：1. 公司法人治理结构存在缺陷，高级管理人员薪酬制度未建立。2. 营业费用未合理控制，人力成本上升过快，总资产收益率下降明显。3. 贴现票据结息业务会计核算不规范，造成损益不实。4. 部分营业费用支出不合规。审计意见及建议：完善银行法人治理结构，建立完善高级管理人员薪酬制度；加强财务管理，科学控制成本，规范收入分配和费用报销制度；规范票据业务利息收支核算，真实反映损益。

（二）城市商业银行审计

城市商业银行，其前身系各地方城市信用社，1997年起整合组建为具有独立法人资格的地方股份制金融企业。1997年起，全省审计机关多次组织城市商业银行同步审计。

1997年7—10月，省审计厅组织全省审计机关，对全省239家城市信用合作经营组织1996年度资产负债损益进行审计。发现的主要问题：1. 资本金不足及不实。2. 资产质量低劣，经营效益较差。3. 违规操作，管理失范，存在较大经营风险。4. 从业人员素质参差不齐。审计意见及建议：人民银行与城市信用社财务应完全脱钩，切实划清行社关系；各级政府应关注城市信用合作组织经营风险，建立和完善风险监测反馈机制；提升从业人员素质。

2005年7月，省审计厅组织杭州等8市审计机关，对城市商业银行2003—2004年度资产负债损益进行审计。发现的主要问题：1. 贷款质量总体下滑，贷款过于集中，系统性风险突出。2. 计算机信息系统存在安全风险。3. 法人治理结构的运作和高管激励制度设计存在缺陷。4. 业务违规现象比较普遍，票据业务存在风险隐患，部分机构存在账外核算问题。审计意见及建议：政府及行业监管部门应加强监管，促进整改；商业银行应完善法人治理结构，重视信贷风险预警体系和强化内部审计体系建设。

二、浙江省国际信托投资公司审计

浙江省国际信托投资公司成立于1979年8月，是经中国人民银行和国家外汇管理局批准的全民所有制金融企业。1993年12月，经省政府批准，组建省国信企业（集团）公司，与省国际信托投资公司分别核算，实行总公司与子公司两级经营体制。

1990—2004年，省审计厅对省国际信托投资公司进行多次审计，发现重大违纪违规线索并移送相关部门。原公司负责人王某某、陈某某等受到党纪国法惩处。

1990年3月，省审计局对省国际信托投资公司1989年度财务收支进行审计。发现的主要问题：1. 少缴“两金”23.78万元。2. 少缴营业税、城建税及教育费附加48.17万元。3. 少缴奖金税1.25万元。4. 挤占、多列成本8.84万元。审计提出处理意见及建议。

1994年5月，省审计局对省国际信托投资公司及所属的5个全资子公司1993年度财务收支及有关经济活动进行审计。发现的主要问题：1. 漏缴税款1.28万元。2. 投资收益财务处理违规，分红141.23万元未及时入账。3. 漏提折旧和漏计成本虚增利润8.23万元。4. 财务管理和会计基础管理薄弱，会计资料不全、核算不规范。5. 存在账外资金；现金收入未及时入账。审计处理意见：漏缴税款补缴入库；少计收入、漏提折旧和少计成本，作调账处理；对未计入账目问题，按会计制度规定补记入账，对会计资料不全的，应补充资料，完善核算制度。

1996年9—10月，省审计厅对省国际信托投资公司1995年1月至1996年8月的资产负债损益进行审计。发现的主要问题：1. 资产质量不高：逾期外汇信托贷款1923.85万美元，逾期率68.77%；人民币贷款逾期率20.78%，应收利息余额较大。2. 漏缴税金问题：少计少缴营业税及印花税61.21万元。3. 损益问题：无依据计提投资管理费960万元；少计利息收入46.12万元；多提贷款呆账准备金48.40万元。4. 管理问题：违规办理委托贷款；委托贷款业务核算不规范。审计处理意见：少计税费补缴入库；少计利息收入，应调增公司利润；多计提贷款呆账准备金，应调整账户，增加利润。

1997年3月，省审计厅对省国际信托投资公司1996年度资产负债损益进行审计。发现的主要问题：1. 业务违规问题。对新华期货公司违规投入资金；合作租赁业务管理不严，造成资产不实；违反利率和外汇规定；短期贷款用于长期项目；信托贷款集中投向同一法人，占资本金的比重过大；用贷款从事股本权益性投资。2. 财务收支问题。公司本级少计利润24.88万元；证券部少计收入300万元；证券部多提回购证券利息55.38万元；营业费用中列支股民大户返还佣金84.09万元；预提装修费60万元，挂往来账。3.税金问题。浙信公司租赁部通过"投资收益"科目核算"租赁收益"10.3万美元，漏缴税金4.72万元；1996年少缴税金37.50万元。审计提出处理意见及建议。

2000年3—9月，省审计厅对省国际信托投资公司、省国信企业(集团)公司1999年度财务收支及其负责人王某某和陈某某经济责任进行审计。发现的主要问题：1. 公司经营决策失误及其他主客观原因，投资造成损失2.47亿元。2. 物业减值损失1.19亿港元。3. 信贷违规问题。违规发放100万美元贷款直接划给香港世海国际贸易公司；以委托租赁名义融资2200万元。4. 资产风险问题。浙江华电能源公司(系国信集团投资企业)管理薄弱，账外销售液化气2442万元，损失273万元；投资上海宏盟公司的900万美元，股权未真正落实；投资上海乔丰公司170.09万美元，形成风险。5. 浙信实业公司原法定代表人金某某违法经营管理不善造成巨额不良资产损失。审计认定，王某某应对投资造成损失计1853.82万港元、人民币6196.27万元承担直接责任；陈某某应对投资造成损失3264.60万港元承担直接责任。审计查明线索移送有关部门进一步查处，王某某、陈某某受到刑事处理。省审计厅就审计情况向省政府作出报告。

2002年4—6月，省审计厅对省国际信托投资公司2001年度资产负债损益进行审计。发现的主要问题：1. 与上海金信资产管理公司合作投资证券业务，未纳入财务核算。2. 挪用股民买卖证券资金。3. 投资担保存在风险。4. 委托理财业务经营不规范，经营状况未纳入财务核算，且少缴税金20.30万元。5. 部分银行信贷资金用于买卖股票。6. 股票投资业务核算不规范等。审计意见及建议：严格执行重组转制工作有关规定，加强管理，防止国有资产流失；严格执行企业财务制度，规范会计核算，真实、及时、全面反映经济业务及其财务状况和经营成果；切实加强资金户管理，确保资金安全，证券营业部资金开户要严加管理，建立监督制度，发现违规开户等情况应及时纠正，并严肃处理。

2003年2—5月，省审计厅对省国际信托公司2002年度资产负债损益进行审计。发现的主要问题：1. 公司直接从委托理财资金账户违规支付给委托方浙江银行学校等4个单位。2. 国债承销业务中返还客户手续费262万元直接在往来账反映。3. 委托理财业务中，先后与客户签订信托资金和合同等多种文本，存在未编流水号或者流水号缺号情况。4. 资产管理存在风险控制薄弱环节等。审计提出处理意见及建议。

2004年11月，省审计厅对省国际信托投资公司2001年1月至2004年10月资产负债损益及授权经营清算情况进行审计。发现的主要问题：1. 固有资产投资证券运作不规范。2. 单一资金信托用于证券投资，未真实反映投资资产状况。3. 违规账外经营，造成重大损失。4. 合同管理、内部控制制度存在重大缺陷。5. 公司制度未涵盖实际业务，带来政策风险和经营风险。6. 价值1997.96万元股票被违规指定到个人控制的资金账户。7. 账外446.50万元资金去向及用途不明。审计提出处理意见及建议。

三、证券公司审计

浙江地方证券公司主要包括省证券公司，金通证券、财通证券、浙商证券公司等。

1992年8月，省审计局对省证券公司1991年度财务收支及部分业务进行审计。省证券公司前身为中国人民银行浙江省分行独资的证券公司，1990年改组为地方性股份制证券公司。发现的主要问题：1. 违反规定，少缴所得税636.99万元。2. 挤占成本64.09万元。审计处理意见：补缴税费；调整账户，并处以罚款。并建议加强业务监督和指导，建立和完善各项规章制度；建立内审机构，强化监督，确保公司健康发展。

1998年6—8月，省审计厅对省证券公司1997年度资产负债损益进行审计。发现的主要问题：1. 对下属公司的资产及财务报表未统一管理核算。2. 违规吸储及挪用客户保证金。3. 借用他人账户进行违规自营业务。4. 违规进行资金拆借。审计提出处理意见及建议。

2004年11月至2005年3月，省审计厅对金通证券公司资产负债损益进行审计。金通证券公司前身为省国际信托投资公司证券管理总部。2002年经证监会批准注册成立为综合类证券公司。发现的主要问题：1. 违规账外自营证券，造成经营亏损2.08亿元，浮亏4.67亿元。2. 违规操作股票，造成亏损1561.13万元，浮亏5.61亿元。3. 义乌经营部原总经理违规融资1.65亿元，造成损失2136万元。4. 通过证券资金账户提现、费用套现等手段套现446.59万元。5. 挪用代买卖证券款1867.25万美元、910.43万港元。6. 违规投资3048万元。7. 违规替母公司担保1.74亿元。审计提出处理意见及建议。

2009年9—10月，省审计厅对财通证券公司2008年度资产负债损益进行审计。发现的主要问题：1. 以前年度委托南方证券公司理财失败款项向财通物业租赁有限公司收取利息

2714.15万元，依据不足。2. 未及时收回以前年度代支款项169.10万元。3. 吸收合并天和证券公司遗留的巨款债权未能按计划追回。审计意见及建议：进一步强化公司风险意识，完善风险管理体系，增强抗风险能力；妥善处理历史遗留问题，保护国有资产权益。继续加大债务催讨力度，尽量减少损失；理顺管理体制，明确会计主体和财务责任，保证剥离的非证券类国有资产的保值增值。

2009年11月，省审计厅对财通物业租赁公司2008年度资产负债损益进行审计。发现的主要问题：1. 少反映国有资产权益4462.05万元。2. 相关单位挤占公司利润3624.16万元。3. 大量房产长期闲置或被他人无偿占用。4. 出借资金长期未收回。审计提出处理意见及建议。

四、农村合作金融机构审计

2003年4—6月，省审计厅组织杭州等5市审计机关，对所属农村信用社2002年度资产负债损益进行审计。发现的主要问题：1. 部分信用社资产质量差。2. 抵债资产核算管理不规范、账实不符，质量较差。3. 增资扩股不规范，红利分配同股不同利。红利分配向个人股倾斜。4. 违规投资、担保形成风险。5. 部分信用社贷款结构不合理，监控指标严重超标。6. 信用社资本充足率和资本利润率偏低。审计意见及建议：加强资产管理，提高经济效益，防止金融风险；重组和改造信用社，使之成为农村股份制商业银行；研究制定信用社扶持政策；科学界定产权，妥善处置不良资产；建立科学合理的监管体制，规范监管，经营行为，提高监管效率；努力控制、降低存差，防范金融风险。

2007年3月，省审计厅对萧山农村合作银行2006年度资产负债损益进行审计。发现的主要问题：1. 违规向部分股东发放信用贷款。2. 低于人民银行再贴现率办理贴现利业务2944笔。3. 部分承兑业务管理不规范，存在风险。审计意见及建议：建立完善监督机制，确保内控制度有效执行；加大力度，有效防范和控制操作风险；严格审计和监控借款用途；增强贷后风险预警能力；建立贷后管理体系，梳理贷后管理内容，整合贷后管理流程，把贷前调查、信用评级、客户分类、风险分类、第二还款来源评价等工作与贷后管理流程整合；加强业务信息化基础工作，确保原始电子数据的真实、完整、有效。

2007年9—10月，省审计厅对瑞安农村合作银行2006年度资产负债损益进行审计。发现的主要问题：1. 对房地产公司贷款未按项目开发贷款进行严格管理。2. 贷后检查未能严格监控贷款用途。3. 银团贷款操作欠规范。4. 部分内部制度未有效执行。5. 抵债资产管理存在薄弱环节。审计意见及建议：探索“三农”贷款创新举措；健全和修订有关信贷管理和风险防范制度；增加支农网点建设投入及农户贷款支持力度；加强抵债资产处置管理。

2008年3—6月，省审计厅组织8个市级审计局，对余杭等9家农村信用联社2007年度资产负债损益进行审计。发现的主要问题：1. 部分行社拨备计提不足，利润不实，盈利能力和抗风险能力较弱。2. 支农贷款比例高估，纯农民贷款利率较高。3. 贷款投向未能有效落实国家调控政策。4. 违规发放房地产开发贷款。5. 以贷还贷、借旧还新情况较为普遍，掩盖贷款质量的真实性。6. 业务经营方式存在风险隐患。具体表现为贷款集中于大户，集聚经营风险；大量发放互保贷款，不利于分散风险；发放异地贷款和多头贷款，增加贷款管理难度；部分行社账户管理不规范，容易诱发道德风险并提供洗钱犯罪便利。7. 信贷业务管理不严，存在损失风险。表现为贷前检查流于形式，不能有效判断客户还款能力；贷后管理放松，贷款被挪为他用；贷款担保效力不足。审计意见及建议：继续实行和完善扶持信用社改革发展的政策；推进“信用浙江”建设，创造良好的金融环境，促进信用社发展；建立健全风险管理体制，防范和化解经营风险。

2008 年 3—6 月，省审计厅对临安农村信用联社 2007 年度资产负债损益进行审计。发现的主要问题：1. 贷款业务方面问题。未严格控制大户贷款；贷款“三查”制度未得到有效落实；以自然人名义发放异地贷款；核销联社内部员工的贷款表外欠息。2. 账户管理方面问题。个人存款账户基本资料管理不规范；中层干部违规出借个人账户。3. 抵押资产管理方面问题。客户抵债资产未及时处置；部分抵债资产管理不善。审计建议提高抗风险和经营能力；树立合规经营意识，贷款的发放、回收和核销要严格按照有关规定进行，不得随意处置；加强抵债资产管理，严格按照抵贷条件、抵贷程序接收抵债资产；及时规范处理抵债资产。

五、其他金融机构审计

其他地方金融机构包括租赁公司和期货公司。

1993 年 3 月，省审计局对省租赁公司 1992 年度财务收支及部分金融业务进行审计。发现的主要问题：1. 成本费用列支不当。2. 应收未收公司服务部资金占用费 21.36 万元，应予以补收，并在有关账户反映。3. 租赁合同不规范。审计提出处理意见及建议。

2004 年 9—10 月，省审计厅对浙江新华期货经纪公司 2004 年 1—7 月资产负债损益进行审计。发现的主要问题：1. 自有货币资金不足注册资金的 60%，大量应收账款难以收回，严重影响财务状况。2. 期货交易穿仓损失 1545.28 万元存在风险。3. 经纪人管理混乱，高比例佣金严重影响经营效益。4. 佣金支出直接在手续费收入中冲抵，少计手续费收入 607.25 万元。5. 客户开户资料审查不严。6. 现金管理发现短缺情况。审计意见及建议：落实应收账款的清收工作，加强还债资产的管理，监督还款协议的执行，并在年报审计中充分披露；加强手续费核算，按规定申报纳税；加强经纪人管理，严格控制佣金比例，切实提高经营效益，及时修改经纪人管理办法，统一佣金比例和审批权限；加强风险控制，避免穿仓损失；加强开户资料审查，清算停用的客户保证金账户，进一步规范开户，合同管理及出入金流程操作和控制；加强现金管理，做到日清月结，账款相符。

第三节 金融专项审计与审计调查

1987 年起，浙江金融审计还组织开展金融机构专项审计与审计调查。主要涉及金融资产管理、金融政策落实、金融经营风险以及金融机构专项资金等。1987—2010 年，省审计厅共完成金融专项审计与审计调查项目 40 个。

表 38-6-3-1　　1987—2010 年浙江省审计厅对金融专项审计与审计调查一览表

年度	审　计　项　目
1987	省农业银行建造普陀山干休所的资金来源和使用情况审计调查
1989	建设银行宁波分行私买外汇专项审计调查、信托投资公司支持本系统本单位基建情况的审计调查(全省统一组织)、中国银行浙江省分行《浙江金融》杂志社财务收支审计调查、省融资公司财务收支和资金融通业务专项审计
1991	省农业银行系统自有资金专项审计调查(全省统一组织)、省农业银行系统损益情况专项审计
1993	浙江省各专业银行和人保公司执行中央关于整顿金融秩序措施落实情况专项审计调查(全省统一组织)、省市(地)二级金融市场经营活动情况审计调查(全省统一组织)
1994	工商银行浙江省分行信贷质量情况专项审计(全省统一组织)
1995	农业银行浙江省分行、建设银行浙江省分行、农业发展银行浙江省分行农业资金投入情况专项调查审计(全省统一组织),中国人民建设银行浙江省分行消费基金增长情况调查审计(全省统一组织),中国银行浙江省分行消费基金增长情况专项调查审计(全省统一组织)
1996	中国农业银行浙江省分行职工养老保险基金和待业保险基金专项审计调查(全省统一组织)
1997	浙江省 9 家信托投资公司资产负债损益专项审计(全省统一组织)
1998	中国农业银行浙江省分行、杭州分行、宁波分行养老保险基金专项审计(全省统一组织),交通银行职工养老保险基金审计,中国银行浙江省分行养老保险基金专项审计(全省统一组织),工商银行浙江省分行、宁波分行、杭州金融管理学院 3 家单位职工养老保险基金审计(全省统一组织),建设银行浙江省分行、宁波分行职工养老保险基金审计,全省保险行业职工养老保险基金审计(全省统一组织),中国农业银行浙江省分行农村综合开发资金使用情况审计调查(全省统一组织)
1999	浙江华龙实业发展总公司经济问题专项审计、浙江产权评估交易所原总裁违法违纪行为专项审计、中国农业银行浙江省分行农业综合开发贷款审计调查(全省统一组织)
2002	金通证券公司资产质量和管理情况专项审计调查
2003	浙江银通典当公司资产负债损益审计
2007	省农村信用联社、14 家农村合作银行及 10 家农村信用联社的经营风险管理情况专项审计调查(全省统一组织)
2008	浙商银行发展中存在的困难和问题专项审计调查
2009	全省 12 家地方商业银行经营风险情况专项审计调查(全省统一组织)、桐庐县农村信用联社等 20 家行(社)经营情况和风险资产情况专项审计调查(全省统一组织)
2010	15 家农村信用社(合作银行)经营风险专项审计调查(全省统一组织)

资料来源:浙江省审计厅档案室。

一、金融机构资产管理专项审计及调查

1989年10月，省审计局组织市级审计机关，对全省地市级以上专业银行信托投资公司支持本系统本单位基本建设情况进行审计调查。发现的主要问题：至1988年末，浙江省银行信托公司支持本系统、本单位基建及购置固定资产共计2229.59万元。其中，购建营业用房2229.59万元。资金来源大部分系动用信托资金，20%左右为信托存款。调查发现，市地公司根据省分行的文件或指示，以租赁形式发放贷款购建办公用房、营业网点、汽车，并把租赁费列入成本，违反有关金融政策和财经纪律，与中央关于压缩固定资产投资规模精神相悖。审计提出处理意见及建议。

1991年6—9月，省审计局组织全省审计机关，对浙江省农业银行系统1988—1990年度自有资金构成、增减变化、自有资金总量、资金运用总数、负债经营程度、自有资金损失等情况进行审计调查。发现的主要问题：1. 省农行系统自有资金充足率较全国平均水平低，且呈下降趋势。2. 三年的负债经营程度高，且呈上升趋势。审计意见及建议：采取有力措施，使“呆滞”和“呆账”资金尽可能减少到最低限度；健全、落实相关信贷管理制度，使实际的自有资金充足率接近账面的自有资金充足率；鉴于有资金占总资产比例远低于全国平均水平，应适当提高自有资金比例。

1991年7月，省审计局对中国农业银行浙江省分行系统1990年度损益情况进行专项审计。1990年，全省农行系统亏损5500万元。发现的主要问题：1贷款规模受到控制，出现存款超过贷款。2. 大量应收利息收不回。3. 资金成本高。4. 自有资金比例低，负债经营。5.个别单位采取控制利润方法以完成利润指标。审计意见及建议：积极清收旧欠，提高贷款利息回收率；上级部门在政策上根据该行特点和困难给予适当区别对待。

1994年9月，省审计局对中国工商银行浙江省分行信贷资产质量情况进行专项审计调查。发现的主要问题：1. 全辖政策性贷款挂账24.40亿元，影响当年利息收入5400万元。2. 贷款3年以上的应收未收利息3.70亿元。3. 呆账贷款1.58亿元，呆滞贷款7.37亿元，分别占全部贷款的0.52%和2.42%。4. 以上缴利润形式上划总行统一解缴财政的定期储蓄存款应付利息余额5.43亿元，以上缴所得税和调节税的形式上划总行贷款呆账准备金4008万元。信贷资产流失的主要原因：1. 大中型企业转换经营机制不及时，亏损严重。2. 企业产权制度改革过程中，债权债务关系不落实，资金不合理占用情况较严重。3. 财政部门未及时足额拨付政策性贷款损失，还抽走部分银行信贷资金。4. 银行改革之后，难以适应市场经济发展的需要。审计提出处理意见及建议。

1995年6—8月，省审计厅对中国人民建设银行浙江省分行1994年度减利、潜亏或亏损情况进行审计调查。发现的主要问题：1. 流动资产和长期资产中的减利、潜亏或损失因素主要为逾期、两呆贷款余额增大，利息回收困难；存贷逆差，利率倒挂；资金绩效不足等。2. 固定资产中减利、潜亏或损失因素为固定资产构建超指标；账外固定资产数额较大等。3. 损益中的减利、潜亏或损失因素为营业费用总额增长过快；人为调节损益导致利润不实等。审计提出处理意见及建议。

1997年，省审计厅组织部分审计机关，对省国际信托投资公司、工行浙江信托公司、工行杭州信托投资公司、宁波、温州、湖州、台州、衢州、丽水地区等9家信托单位进行专项审计。发现的主要问题：1. 注册资本金不到位。2. 资产质量较差。逾期贷款多；投资回报率低，有的已造成损失；租赁业务中，应收租赁款逾期率高；欠息比例过高。3. 违规操作，存在严重经营风险。未经批准非法设置金融机构；从事虚假委托业务，资金达26.7亿元；违规从事拆借业务，资金被套情况严重；违规发行企业债券；违规自营股票，将资金投入期货公司。4. 账外经营及私设"小金库"。5. 违反利率政策。6. 丽水、衢州信托投资公司存在金融风险。审计意见及建议：地方政府应加强对当地信托投资公司的管理，切实解决存在的困难和问题，促使其依法经营，合理、合法运用资金；人民银行要加强对各信托投资公司金融监管，对不符合规定的金融机构进行清理，监督各信托投资公司严格执行国家金融法规，合法、稳健经营，减少经营风险；信托投资公司抓紧清理各项不良资产，特别是丽水、衢州两个信托投资公司要采取有力措施，加大清收力度，减少公司资产损失；切实解决资本金不足问题。

2002年7—8月，省审计厅对金通证券公司资产质量和管理情况进行专项审计调查。发现的主要问题：1. 诸暨营业部副经理违规接受客户口头委托，进行二级市场股票买卖，形成巨额亏损。证券管理总部同意向客户支付赔偿共计1120.60万元，上述资产损失未取得国有资产管理部门同意核销文件。2. 公司于2001年10月将股东单位3.26亿元验资款用于国债买卖，至2002年3月，上述业务和经营成果才在账面反映。3. 代发证券明细账年末国库券数量余额与货币余额不符，系错误记账。4. 公司成立以来，原值为1.23亿元的本级固定资产原属浙江省国际信托投资公司所有，未办理所有权过户手续。5. 未取得网上交易批准文件，开展网上委托业务。审计提出处理意见及建议。

二、宏观调控政策落实情况专项审计及调查

1993年9—10月，全省审计机关对各专业银行和保险公司执行中央整顿金融秩序措施的落实情况，进行专项审计调查。发现的主要问题：1. 拆借对象，用途不合规。2. 拆借期限违规。3. 拆借利率违规。4. 拆借利息差、手续费不入账。审计提出处理意见及建议。

1995年4月，省审计局对中国农业银行浙江省分行、中国人民建设银行浙江省分行、中国农业发展银行浙江省分行1993—1994年度农业资金投入情况进行专项审计调查。发现的主要问题：1. 支农贷款增长幅度低于贷款总量的增长幅度，且所占比例有所下降。2. 支农资金缺乏风险保障机制。农业经济贷款缺乏可靠的经济保证，农业贷款周期长，风险大，不建立风险保障机制，有可能造成银行资金难以收回。3. 指定项目的贷款存在呆滞风险。审计意见及建议：提高支农贷款增长幅度，使国家对农业投入的有关政策落到实处；建立健全农业信贷风险防范机制，防止信贷资产的流失；保证农业贷款指标真正用于农业生产。

1999年12月，省审计厅对中国农业银行浙江省分行1998年度农业综合开发贷款的计划、执行、效益及贯彻国家法规、政策情况进行审计调查。发现的主要问题：1. 不良贷款率高。2. 农业综合开发贷款的申报、立项、审批、计划下达、贷款发放等环节进展缓慢。3. 在贷款投向上，支持土地治理和中低产田改造的项目偏少，资金比例偏低。审计提出处理意见及

建议。

三、金融机构内部专项基金审计及调查

1995 年 5 月，省审计厅对中国银行浙江省分行消费基金增长情况进行专项审计调查。发现的主要问题：1. 职工个人消费基金名目繁多、资金来源复杂。2. 企业集团性消费支出增长幅度较大，成本费用中列支资本性支出项目较多且数额较大。审计意见及建议：严格执行财务制度，如实核算企业成本和职工个人收入；有关部门应制定更为合理的个人收入计税标准；应清理各种名目的自定个人消费项目，合理确定企业消费水平；盘清账外资产，切实加强资产管理；控制集团性消费支出。

1995 年 4—8 月，省审计厅组织 72 个市县审计局，对中国人民建设银行各分(支)行 1993—1994 年度消费基金增长情况进行专项审计调查。发现的主要问题：1. 职工个人消费性支出方面。职工个人消费基金增长与经济效益脱节，消费基金增长高于同期经济效益增长；通过所属单位和账外资金增加职工福利；工资性以外消费支出所占比重较大。2. 企业集团性消费支出方面。固定资产购建增长幅度过大；装修费用开支较大。审计提出处理意见及建议。

1996 年 6—7 月，省审计厅组织全省审计机关，对中国农业银行浙江省分行 1995 年度职工养老保险和待业保险基金收支管理情况进行专项审计调查。发现的主要问题：1. 养老基金未实行专户存储。2. 部分职工养老保险基金未按规定计提。3. 超规定范围列支基金 199 万元。4. 少数县级支行未计提养老保险基金，仍将实际发生的支出直接列入费用。审计意见及建议：省分行应督促各级分支行建立健全基金核算制度；严格基金的开支范围；采取安全有效的方法，确保基金的保值增值。

四、经营风险专项审计及调查

2007 年 3—11 月，省审计厅组织部分地市审计机关，对省农村信用社联合社、14 家农村合作银行及 10 家农村信用联社经营风险管理情况进行专项审计调查。发现的主要问题：1. 法人治理机构和体制运作缺陷明显，经营行为短期化和内部人控制情况仍然存在。2. 信贷管理粗放，系统性风险比较突出。3. 发展不平衡，两极分化严重。4. 违规发放贷款现象严重。5. “三查”流于形式，经营风险难以有效防范和控制。6. 信息化建设相对滞后，制约业务发展。审计意见及建议：继续深化农村合作金融机构改革，完善管理体制，将农村金融风险监管落到实处；加强农信社内部控制措施执行力度，夯实风险管理基础；加强业务培训，全面提升队伍素质；进一步加强农信社信息化建设。

2008 年 9—11 月，省审计厅对浙商银行发展中存在的困难和问题进行专项审计调查。发现的主要问题：1. 浙商银行总体经营规模偏小，竞争优势尚未形成。2. 国有股权控制力不足，国有股东未能在法人治理结构中有效发挥主导作用。3. 公司高级管理人员薪酬考核制度未建立，对公司长远发展不利。4. 单纯采取高薪激励措施，分配政策失衡。此外，税务部门检查和审计对总行营销部门抽查表明，营业费用支出中有相当部分报销发票的业务背景真

实性存在问题，部分费用或用于不正当竞争目的，或报销套现后转化为个人收入。审计提出处理意见及建议。

2009年3—7月，省审计厅对浙商银行、杭州银行、宁波银行、温州银行、绍兴市商业银行、金华市商业银行、湖州市商业银行、台州市商业银行、嘉兴市商业银行、浙江泰隆商业银行、浙江稠州商业银行、浙江民泰商业银行等12家地方商业银行经营风险情况进行专项审计调查。发现的主要问题：1. 大部分地方商业银行的信贷资产质量出现了明显下滑趋势，承兑汇票垫款比例上升。2. 客户经营环境恶化，信贷资产风险上升，银行盈利能力普遍下降。3. 部分地方政府行为给地方商业银行带来潜在风险。4. 温州银行对历史贷款的信贷管理不到位，不良贷款激增。5. 湖州市商业银行股权管理存在历史遗留问题。6. 信息系统建设整体上较为落后，制约行业发展，存在安全风险隐患。审计意见及建议：加强国有金融股权管理，推进地方商业资源重组，做优做强地方法人商业银行；清理解决历史遗留问题，防范化解本轮金融危机中凝聚的信贷风险和财政风险；推进银行间专业合作，探索建立全省地方商业银行信贷系统共建共享模式。审计综合报告获省长吕祖善批示。绍兴市某国有担保公司为单家民营企业提供巨额担保问题审计专报被省领导批转绍兴市政府。

2009年5—10月，省审计厅组织各市审计机关，对桐庐县农村信用联社等20家行(社)2008年度经营情况和2009年上半年风险资产情况进行专项审计调查。发现的主要问题：1. 重大风险客户在农信系统的融资占比逐步扩大。表现为重大风险客户结欠的风险贷款占此类客户结欠全部融资总额的比例正逐步上升。2. 部分行(社)信贷资金的行业投向过于集中，部分区域不良贷款反弹压力大。因贷款行业投向比较集中，一些区域特色经济较为发达的市县，信贷风险积聚度较高，行业性贷款风险凸显。3. 贷款客户参与民间融资日趋增多，贷款安全存在隐患。4. 信贷风险管理痼疾难除，仍存在较多问题。审计提出处理意见及建议。

2010年6—10月，省审计厅组织各市审计机关，对淳安县农村信用合作联社等15家农信社2009年度经营风险情况进行专项审计调查。发现的主要问题：1. 政府性背景贷款存在潜在风险。2. 违规发放贷款问题较严重。3. 信贷管理较粗放，系统性风险比较突出。4. 贷款管理不够规范，贷款"三查"未到位，经营风险难以有效防范和控制。审计意见及建议：认真贯彻落实国家宏观调控政策，合理把握信贷投向；加强内控制度执行力度，降低系统性风险；完善案防机制，提高风险防控能力。

五、其他专项审计及调查

1989年11月，省审计局对省融资公司财务收支和资金融通业务进行专项审计。发现的主要问题：1. 融资业务超越同业拆借范围。2. 拆给非金融股东单位的资金控制偏松。3. 个别拆出资金利率偏高，期限偏长。4. 代购调剂外汇，手续不全。5. 少缴税金及附加费23.05万元。审计提出处理意见及建议。

1989年12月，省审计局对建设银行宁波分行向光大实业公司私自买汇问题进行专项审计调查。发现的主要问题：1988年8月，建设银行宁波分行私自从光大事业公司买入181万美元，计人民币1194.60万元，另加手续费3.62万元。事后，该行主动向市外汇管理分局补办外汇买卖手续，并向有关部门提出验资和申请批准开办外汇业务。10月，建设银行总行和宁波市外管局分别批准该行开办外汇业务。

1999年3月，省审计厅对浙江产权评估交易所原总裁陈某任职期间违法违纪行为进行专项审计。发现的主要问题：1. 转移评估所的收入和资金。评估所成立后，又以评估所总裁助理姚某、陈某分别为法定代表人成立浙江名品广告公司和浙江颍河金卡电子工程公司，其目的：转移评估费收入；转移评估所炒作股票、期货获利收入；转移评估所资金用于炒作股票、期货；利用两公司滥发工资、奖金。2. 将评估所资金汇入的注册资金及经营收入用于期货、股票交易，共计179万元。省审计厅就发现的问题，移送至省监察厅查办。

1999年10月，省审计厅对华龙实业发展总公司进行专项审计。发现有关工作人员经济问题嫌疑及线索：1. 阮某某、黄某某等人转移公司股权转让收益1370万元及挪用资金106.63万元，共计1476.63万元，用于注册成立私人公司，其中1326.63万元进入私人公司及私人股票账户。2. 其他人员经济问题线索。职工叶某某套取现金20万元；职工张某某套取现金5万元。审计发现的问题移送至杭州市检察院立案侦查。

2003年3月，省审计厅对浙江银通典当公司资产负债损益进行审计。发现的主要问题：1. 典当余额超过规定限额。2. 未开具当票提前发放贷款。3. 未按规定计提坏账准备金。4. 少缴企业所得税11.85万元。审计意见及建议：严格按照《典当行管理办法》规定的业务范围进行操作，增强风险防范意识；加强财务管理，严格财务核算，纠正违规问题，补缴相关税款。

第七章　行政事业审计

行政事业审计是审计机关依法对行政事业单位的财政财务收支及相关经济业务活动的真实性、合法性和效益性进行审计监督。浙江行政事业审计主要对本级各部门预算执行及其他财政收支情况，对国家事业组织和使用财政资金的其他事业组织的财务收支进行审计；对与国家财政收支有关的特定事项，进行专项审计及审计调查。包括定期审计、财政财务审计、专项资金审计、政策执行情况等专项审计调查。

浙江行政事业审计起步较早，经历4个阶段。1984—1990年：行政事业审计主要是做好审计对象的调查研究工作，对省级65个厅局的基本情况进行归类摸底，并对省科学技术协会及下属5个单位进行试审，纠正违反控购规定、滥发奖金等违纪现象。1987年起，全省审计机关推行行政事业单位定期审计制度。至1988年，对省级机关定期审计覆盖面达到应审对象的78%，全省定期审计制度全面铺开。并将行政事业审计延伸到机关团体事业单位所办实体企业等。同时组织全省民政事业费救灾、救济款专项审计。并将审计对象扩展到省政府驻外办事处，对其所属80%的公司进行延伸审计。1991—1994年：行政事业审计从对行政机关、事业单位的定期微观审计，逐步转移到经常性年度财政财务收支审计。同时，关注行业及系统管理的宏观审计，集中精力开展对公安、工商等部门同步审计。1995—2003年：1995年《审计法》实施后，省政府出台《浙江省预算执行情况审计监督实施办法》，将掌握大量专项资金、基金的综合经济管理部门作为重点，采取全省上下联动、下审一级等审计组织模式，对住房资金、教育资金、法院系统等开展同步审计。同时，开展对本级党政部门及所属企事业单位预算执行审计，重视把审计和审计调查相结合，把对一级预算单位审计和对二级、三级预算单位审计结合起来，不断拓展审计深度。1996年，《浙江省领导干部经济责任审计办法（试行）》出台，经济责任审计成为行政事业单位审计的重点工作。2002年，全省行政单位会计核算中心审计工作得到审计署肯定，受到全国同行好评。2004—2010年：行政事业审计不断深化预算执行审计、专项资金及经费使用审计调查。逐步由收支审计并重向支出审计为主转变，重点关注预算的编制和执行、支出的真实完整性、支出审批控制、支出结构和支出比例变化的合理性。主要从政府采购、计划生育、体育彩票公益金等专项资金的使用效益上寻求突破，把资金使用绩效作为审计重点予以关注，加大延伸调查力度，相继开展全省356个与计划生育资金相关单位审计调查、全省320个重点项目政府采购审计调查和体育彩票公益金使用效益调查等。

至2010年底，省审计厅共完成行政事业审计项目370个，其中定期审计217个，财政财务收支审计110个，专项资金审计和审计调查43个。一批审计项目得到省级领导批示。

第一节　定期审计

行政事业单位定期审计，是审计机关初创时期的一种特定审计类型，审计形式主要为送达审计，审计期限定为季度、半年度和年度。审计主要内容是单位经费收支情况，重点是对财务收支真实性的审计监督。1986年，省审计局开始定期审计试审；1987年起，全省审计机关全面推行定期审计制度。1992年起，定期审计转为经常性的财政财务收支审计。1986—1991年，省审计厅先后开展217个(次)定期审计。

表38-7-1-1　　1986—1991年浙江省审计厅对行政事业单位定期审计一览表

年度	审　计　单　位
1986	省科协
1987	省科协、省科技干部局、省科委、省侨办、省打私办、知识画报社、省财政厅、省委组织部、省委统战部、省委宣传部、省民政厅、省纪委、省劳动人事厅、省参事室(文史馆)、省台办、省级机关党委、省物价局、省妇联、省民盟、省经济研究中心、省民进、省九三学社、团省委、省民革、省农工党、省民建、省工商联、省统计局、省委办公厅、省政府办公厅、省人大常委会办公厅、省政协办公厅、省人防办、省老干部局、省审计局、省机关事务管理局
1988	省乡镇企业局、省工商局、省政府办公厅、省劳动人事厅、省检察院、省法院、省公安厅、省委招待处、省人防办、省委办公厅、省安全厅、省纪委办公厅、省打私办、省九三学社、省民进、省审计局、省委统战部、省经协办、省民政厅、省机关事务管理局、省民革、省民建、省工商联、杭州商学院、中国计量学院、省司法厅、省委组织部、省机关党工委、团省委、省民政厅、省台办、省农工党、省统计局、省经济计划委员会、省人防办、省民盟、省建设厅、省农业厅、省林业厅、省总工会、省水产局、省环保局、省政协办公厅、省水利厅、省建材总公司、省妇联、省统计局、省人大常委会办公厅、省台办、省侨联、省参事室(文史馆)、省政府驻重庆办、省政府驻福建办、省政府驻深圳办
1989	江南游报社、省体委、省工商局、省计经委、省委办公厅、省委招待处、省经协办、省人防办、省财政厅、团省委、省妇联、中国计量学院、杭州商学院、省机关事务管理局、省卫生厅、省农业厅、省林业厅、省水产局、省民进、省民革、省九三学社、省农工党、省民建、省工商联、省民盟、省科协、省建材总公司、省水利厅、省劳改局、省统计局、省环保局、省级机关工委、省参事室(文史馆)、省经济技术社会发展研究中心、省打私办、省民政厅、省审计局 省总工会、省台办、省侨联、省纪委办公厅、省委组织部、省委统战部、省科技干部局、省文化厅、省人大常委会办公厅、省检察院、省司法厅、省法院、省监察厅、省安全厅、省公安厅、省政府办公厅、省地震局、省政协办公厅、省广播电视厅、省审计事务所、省政府驻海南办

续表

年度	审计单位
1990	省打私办、省级机关工委、省工商联、省纪委、省计经委、省政协办公厅、省监察厅、省人大常委会办公厅、省劳动人事厅、省委招待处、省计量局、省审计局、省委组织部、省委统战部、省政府办公厅、省机关事务管理局、省人防办、省参事室(文史馆)、省公安厅、省司法厅、省安全厅、省高院、省委老干部局、省台办、省妇联、省侨联、省税务局、省检察院、省冶金经济专科学校、省民进、省农工党、省九三学社、省民建、省民盟、省民革、团省委、省总工会、省环境监测中心站、省测绘局、省建设厅、省外办、省建筑工程总公司、省环保局、省政府驻沈阳办、省政府驻京办、省政府驻津办、省乡镇企业局、省体委、省水产局、省土管局、省林业厅、省水利厅、十一届亚运会浙江省基金会
1991	省政协办公厅、省政府驻晋办、省政府驻沪办、省政府驻沪办建筑管理处、省社科院、浙江电视台、省测绘局、省审计事务所、省建设厅、省计生委、省环保局、省无线电管委会、省水利厅、省档案局(省案室馆)、省容器检验所

资料来源:浙江省审计厅档案室。

1986年9月,省审计局开展定期审计试审工作,选取省科协1986年上半年财务收支情况进行试审,为正式开展定期审计工作打下基础。发现的主要问题:会计报表未能全面反映单位全部资金和财产情况,财务收支管理不规范。

1987年,省审计局开始全面推行行政事业单位定期审计制度。当年共抽审定期审计单位36个,选择党政机关为突破口,涉及省委、省人大、省政府、省政协和省财政厅、省计经委、团省委、省民进等党政综合部门及社团。审计反映,多数单位执行财经纪律较好,但部分单位领导对执行财务制度不够重视,存在违反财经纪律问题。发现的主要问题:部门单位会计核算基础工作较差,账务处理不规范;预算外资金与预算内资金使用管理不规范,收支不分,交互使用;能交基金应缴未缴;各项事业经费支出不合规;单位财物及资金管理不规范;扩大集体福利开支范围及设立“小金库”等。1. 省科协账外“小钱柜”1.14万元。2. 省委宣传部账外“小钱柜”4.06万元。3. 省物价局“以拨代支”开办费6万元,预算外经费23.21万元应转账调整,应缴罚没款74.84万元未缴入库。4. 省民盟18笔现金白条付款。5. 省民建26笔报销手续不符,同时存在凭白条付款。6. 团省委移用青少年活动经费8万元和基层团组织上缴团费2.38万元,支援灾区募捐款1.19万元长期挂在账外未转缴。7. 省经济研究中心账外“小金库”3.60万元,未缴国家能交基金1.83万元。8. 省科委债权债务不及时清理20.26万元。9. 省打击走私办11.63万元固定资产未入账,14.29万元应缴预算收入未缴。审计作出处理意见及建议。

1988年,省审计局在1987年首批定期审计的基础上,新增省法院、省检察院和高校等单位及省政府驻外省、市办事处,审计单位增加至55个。对审计发现的问题各部门单位都认真落实整改,但部分单位还存在不少问题:1. 省乡镇企业局外汇中收取的溢价作为发展基金计45万元,应补缴能交基金6.75万元;收入12.94万元,支出3.23万元,未入账。2. 省工商局《中国企业登记年鉴》违规收费316.87万元。3. 省经协办未按规定上缴能交基金9.08万元,擅自提高出差补贴标准。4. 省民政厅私自开户,违规列支行政和事业经费10万元。5. 省机关事务管理局无依据且无原始凭证列支程控设备款340万元。6. 中国计量学院固定资产账账不符，差额194.12万元。7. 省司法厅预算外资金管理失控，未纳入报表反映的预算外银行账户7个，资金147.55万元；转移资金12.69万元，滥发补贴4.50万元。8. 省建设厅违规开支招待所上缴利润3.91万元，违规移用省房屋经营公司交回的“流动资金”88.50万元。9. 省水产局移用发展生产专项资金37.50万元。10. 省驻重庆办事处冒领公款问题，移送检察机关立案侦查。11. 省政府驻福建办事处预付工程款230万元和支付购房款12.30万元未取得正式发票。12. 省政府驻深圳办事处违规出借款项80万元和贷款33万元。审计作出处理意见及建议。

1989年，省审计局定期审计单位数增至57个。审计内容从单纯的经费收支审计拓展到有重点的审计，开始重点关注私设“小金库”发放福利，利用工会组织违规发放钱物等方面，纠正滥发津补贴等现象，显示定期审计威慑作用。发现的主要问题：1. 省林业厅虚列支出7万元。2. 部分党政机关及社会团体均存在工会中发放福利现象。3. 省劳改局漏缴能交基金6.33万元，转移营业收入私设“小金库”11.74万元，局招待所设“小金库”7.50万元，违规发放补贴和福利3.88万元。4. 省统计局部分预算外资金未纳入财务管理，设置“小金库”15.85万元，扩大经费开支范围和虚列经费支出16.87万元。5. 省民政厅未经财政审批列支劳务费3.61万元。6. 省委统战部用上级下拨的接待费结余款24.50万元投资联办农产品基地。7. 省地震局倒卖木材、出售钢材等获利4.75万元转入“小金库”，违规出借公款17万元。8. 省广播电视厅私设“小金库”1.92万元，违规发放实物、支付私人财产保险费3.54万元，违规从事借贷业务收取利息3.42万元。9. 省卫生厅下属单位预算外收入31.17万元存放卫生厅办公室及工会，私设“小金库”。10. 省体委机关汽车服务队私设“小金库”5.16万元，乱立名目，滥发奖金补贴3.76万元。11. 省人防办违反规定以各种渠道和形式给职工、干部发放钱物6.50万元。12. 省妇联用预算资金各25万元借给浙江妇女国际旅行社和浙江省妇女儿童用品公司作注册资金。13. 中国计量学院将预算经费6万元以购买设备名义转入预算外账户，委托代培生经费收入6.23万元划学校基金，未转划为预算内资金，教育事业经费50万元从预算内转到预算外账户。14. 杭州商学院印刷厂未上缴利润5.50万元和计算机、财会大专培训班学费14.37万元违规转入咨询公司。审计作出处理意见及建议。

1990年，省审计局定期审计52个单位，并对省政府驻外办事处所属80%的公司进行延伸审计。经过前3年的审计，预算内、外资金收支管理逐步规范，但部分单位仍存在问题整改不力的情况。发现的主要问题：1. 省建设厅账外“小金库”9.39万元。2. 省外办以假借名目，筹集友协基金11万元，应缴未缴规费收入8.30万元，滥发实物、补贴5.70万元，工会4.70万元发放福利。3. 省环保局用污染源治理专项贷款基金，给非缴纳超标排污费的企业发放贷款30万元。4. 省政府驻沈阳办预算外收入7.12万元未纳入财务核算，违规出借经费20万元。5. 省政府驻京办未经财政部门批准，向下属单位收取管理费发放奖金搞福利10.31万元。6. 省政府驻津办违反专控商品管理制度，擅自购置空调等16.56万元，违反财务制度向下属公司收取“主任基金”和“资金占用费”6.63万元，违反财务制度发放奖金和实物2.96万元。7. 省乡镇企业局利息收入和外汇调剂收入，未按比例及时上缴“两金”26.07万元。8.

省司法厅未及时清理账户 21.01 万元。对未缴“两金”、购置专控商品未办理审批手续等问题，审计分别作出补缴入库与罚款处理。

1991 年，省审计局定期审计单位 14 个。发现的主要问题：1. 省政府驻沪办超标准发放奖金、补贴和实物共 9.07 万元；挤占其他资金，购买职工宿舍 65.28 万元；将信息业务收入直接用作副食品基地投资，形成账外资金，余额 907.09 万元，账外资金应作“小金库”予以收缴。2. 浙江电视台广告等收入挂账 313.73 万元，未及时转作收入，从中违规发放稿费等 9.22 万元；虚增业务支出 29.23 万元。3. 省测绘局擅自在经费中列支宿舍改造费 7.04 万元，扩大事业费开支 5.34 万元，用于购旅行车 1 辆；省档案馆擅自提留资料收入 10.64 万元作为预算外收入。4. 省建设厅对由省机关事务管理局退给的宿舍基建款 21.62 万元，未按审计结论和决定执行，上级抗震专项拨款 13.40 万元未纳入厅财务统一管理。5. 省环保局将 20 万元非自有的预算外资金转作信托存款。6. 省水利厅账外财政资金 225 万元未纳入厅财务核算，厅属省防汛防旱指挥部门的预算外收入未按规定计缴“两金”17.55 万元。审计作出处理意见及建议。

第二节　财政财务收支审计

1992 年起，全省审计机关转变审计模式，对行政事业单位的审计由定期审计转为经常性的年度财政财务收支审计，审计形式以就地审计为主，主要是对同级财政支出预算中的行政事业经费预算执行情况和其他有关财政财务收支进行审计，对与本级人民政府财政部门直接发生预算拨款关系的国家机关、党政组织、社会团体和事业单位经费预算执行情况和其他财政财务收支情况进行审计监督，评价该部门、单位财政财务收支的真实性、合法性和效益性。1992—2010 年，省审计厅共完成行政事业单位财政财务收支审计项目 110 个。

一、党委和政府部门审计

1992—2010 年，省审计厅完成对全省公安机关、工商局等系统单位财政财务收支情况的同步审计。同时完成对省级党委、政府部门财政财务收支审计项目 66 个。

表 38-7-2-1　　1992—2009 年浙江省审计厅对党委和政府部门审计一览表

年度	审　计　单　位
1992	省劳改局、省工商局、省就业管理局、省民政厅、省劳动人事厅、省土管局、省林业局、省打私办、省建设厅、省教委
1993	省审计局培训基地
1994	省公安厅、省机关事务管理局
1995	省建设厅、省计经委、省工商局、省机关事务管理局、省监狱局

续表

年度	审　计　单　位
1996	省公安厅、省计经委(2次)、省机关事务管理局(2次)、省工商局
1997	省侨办、省劳教局、省计经委、省统计局
1998	省房改办、省司法厅、省体委、省计经委、省人事厅、省南湖监狱
1999	省计经委
2000	全省部分工商局(全省统一组织)、省经协办、省工商局、省机关事务管理局、省计经委
2001	省计委
2002	省机关事务管理局、省建设厅、省计委、省会计核算中心、省体育局、省司法厅、省人防办
2003	全省98个公安机关(全省统一组织)、省公安厅、杭州市公安局、省体改委、省统计局、省机关事务管理局
2004	省委政法委、省政府采购中心、省建设厅、省计生委、省机关事务管理局、省打私办、省台办、省外办
2005	省法制办、省建设厅、省监狱局
2006	省建设厅
2009	省老龄委、省参事室(文史馆)

资料来源:浙江省审计厅档案室。

1992年,省审计局对省劳改局、省工商局、省就业管理局、省民政厅、省劳动人事厅、省土管局、省林业局、省打私办、省建设厅和省教委等10个单位财政财务收支进行审计。

省劳改局的主要问题:未缴“两金”金额高达151.77万元。鉴于省劳改局所属劳改单位亏损较多,审计处理意见;补缴“两金”72.52万元,其他超支发放补贴问题自行纠正。

省工商局的主要问题:工商规费、管理费收入管理不规范,基建账户存储900万元未办理财政审批手续,扩大费用开支范围9.85万元,无依据支付《浙江日报》著名商标刊登费43.47万元。审计处理意见:基建项目抓紧补办财政审批手续,健全财务内控制度,冲回商标费,挂“应收款”等。

省就业管理服务局的主要问题:1. 违反规定划拨给局工会1.43万元。2. 用预算外收入发放钱物1.19万元。审计处理意见:加强收支管理,严禁将收入划拨给工会。

省民政厅的主要问题:未经批准,在事业费中列支102万元划转到预算外增加“事业专项周转金”。审计处理意见:向财政部门补办审批手续。

省劳动人事厅的主要问题:省内各级劳动部门收取的养老保险基金管理费分成手续不够完善。审计建议按国务院规定完善审批手续。

省土管局的主要问题:1. 违反专控商品制度,超限额购买摄像机,涉及金额6415.60元,其中2台未开票入账。2. 向银行贷款200万元为下属公司办理注册登记,并垫付贷款利息

0.45万元。审计处理意见:1. 补办控购手续,并处以0.20万元罚款,上缴省财政。2. 抓紧收回利息。

省林业厅的主要问题:省绿化工程公司原财政拨款的余款0.82万元长期挂暂存款,不妥。要求作为省绿化办公室活动经费,专款专用。

省打私办的主要问题:罚没款结余56.95万元,在“应缴预算收入”挂账。审计处理意见及建议:罚没款足额上缴省财政。商请财政对打私办与省级各执法单位及省市各县级执法单位联合办案的罚没款提出具体的管理办法。

省建设厅的主要问题:1. 未执行上年审计结论和决定。2. 漏缴“两金”4.11万元。审计处理意见:1. 督促有关部门认真执行上年度审计结论和决定。2. 应缴“两金”及时上缴财政。

省教委的主要问题:1. 房租等收入2.69万元未入单位财务账。2. 未经报批和申领《收费许可证》自行收费49.56万元。3. 出借教育事业经费20万元。4. 漏缴“两金”5.89万元。审计处理意见:1. 房租等收入余额缴省财政。2. 补缴“两金”5.89万元。3. 严格按规定加强对出借资金管理。

1993年,省审计局对局培训基地财务收支进行审计。审计要求培训基地完善内部控制管理,会计核算严格按照财务制度规定执行,加强现金和票据使用管理。

1994年,省审计局对省公安厅、省机关事务管理局2个单位财政财务收支进行审计。

省公安厅的主要问题及处理意见:1. 应全额上缴公路交通管理罚没收入102.02万元。2. 收取公安牌证款23.60万元挂账往来账户,应作账务调整增加业务收入。3. 购置复印机、摄像机3.74万元,应补办审批手续。

省机关事务管理局的主要问题及处理意见:1. 将预算内存款1362万元转入预算外资金存款账户,并用于出借和经营。2. 动用预算内资金为银行调剂平衡存贷资金。3. 未办专控商品审批手续,以“购货款”名义购买小轿车,金额33.20万元。该做法违反规定,处以罚款1万元。

1995年,省审计厅对省建设厅、省计经委、省工商局、省机关事务管理局和省监狱局5个单位财政财务收支进行审计。

省建设厅的主要问题:1. 对直属单位预算外资金监督不够,漏缴税金。2. 预算外城建资金存在征收不足现象。3. 施工单位高估预算,监理、审价单位把关不严,审计核减工程造价1.56亿元。4. 资金使用不规范,随意移用建设资金、挤占建设成本,财政资金的运行不安全。审计建议:加强对直属单位预算外资金的管理监督,严格执行《浙江省预算外资金管理办法》;加大基本建设项目管理监督力度,健全规范资金管理。

省计经委的主要问题:1. 未按规定用途,出借、贷放、下拨各类专项资金。2. 无依据贷款1205万元,尚有110万元未收回。3. 利息收入443.60万元划出账外,另设账户贷放和开支费用。4. 差额利息收入和回收再贷利息收入共计11.75亿元未作收入。5.利息收入搞集体福利。审计处理意见:1. 出借、下拨作注册、开办费的资金,应向省政府报告其使用情况,并制定有关的管理规定明确经济责任。2. 出借做流动周转的资金,应按协议规定到期还本付息、利息收入按期转入本金,保证专项资金的用途需要。3. 无依据贷放的资金,应查清责任,追回本金和应收利息。4. 建议省计经委设立专项资金使用、管理的统一监督机构,健全内部制约机制。

省工商局的主要问题：1. 省本级工商规费收入1806万元未纳入预算管理；罚没收入157.22万元未及时上缴；预算外收入100.90万元挂暂存款；预算外收入均未缴纳两金；预算外资金列支下属单位房租费26.40万元。2. 下属3个事业单位税后利润17.47万元未及时上缴，其中9.56万元被省局用于改善职工福利；代收工商规费未及时上缴。审计处理意见：1. 加强资金管理，对出借的资金进行清理，及时收回借款。2. 采取措施催收下级局欠缴3721万元的工商规费和管理费用，及时上缴国家工商行政管理局2828万元工商规费。

省机关事务管理局的主要问题：1. 将借用人员工资4万元作工会活动经费。2. 基建财务工作薄弱，核算不规范。审计处理意见：1. 收回4万元工会经费。2. 由局财务处统一管理基建核算工作。

省监狱局的主要问题：1. 固定资产管理不善，设备购置费43.52万元未入账。2. 将临时办公房与外单位“联营”，收取“返利款”房租51.91万元，从中发放福利31.47万元。审计处理意见：1. 应根据盘存情况据实调账，确保国有资产的安全完整和财务核算的完整性。2. 加强对房租收支的管理。

1996年，省审计厅对省公安厅、省计经委、省机关事务管理局、省工商局4个单位财政财务收支进行审计。

省公安厅的主要问题：1. 未纳入厅财务报表反映的行政性收费148.79万元。2. 未经批准收取“创安”广告费25.16万元。3. 未按收费标准收取计算机防病毒软件成本费。4. 未经控办审批购置音响设备1.77万元。审计处理意见：1. 将特殊的绝密事项经费从一般公安业务经费开支中分离出来，单独列账。2. 进一步加强对公安罚没款的管理。3. 除对行政性收费之外的预算外收入，可采用经财政审批比例分成的办法二级核算，钱账分管。4. 严格执行预算外资金结存管理。

省计经委的主要问题：1. 省计经委以咨询服务费名义向下属4个单位收取费用36万元做预算外收入。2. 出借款利息12.02万元单独存放，未入账。3. 账外资金111.55万元。4. 分别出借给省经济建设投资公司1.19亿元和省丝绸进出口公司860万元作为流动资金，至1996年11月，借款本金及利息均未回收。5. 通过浙江稀土公司在上海浦东发展银行杭州分行违规开户300万元。6. 专项资金200万元出借作赔偿款，尚有60万元未收回。7. 现金28.91万元未入账。审计处理意见：1. 对账外资金、委贷资金利息收入，按国家有关规定予以处理。2. 出借资金本息应尽快收回。3. 拨给企业的注册资金问题，应按省人民政府办公厅抄告单规定，尽快组织实施。4. 应组织力量对逾期贷款进行一次清理，尽快收回贷款及利息。

省机关事务管理局的主要问题：1. 省直中心用住房资金100万元投资入股浦东发展银行杭州分行，既无投资协议也无股权证书，至审计日已收到29.24万元红利。2. 省直中心违规出借50万元给省住房资金管理联合中心。3. 省直中心管理费收支核算不规范。审计处理意见及建议：1. 对照有关住房资金管理中心性质、职责的规定，建议修改《浙江省直属单位住房基金管理中心章程》，并报省住房改革领导小组批准。2. 建议省住房制度改革领导小组对增值资金做专门研究，规定具体的使用办法。3. 建议省财政厅研究制定住房基金管理中心经费预决算管理规定。4. 完善省直住房资金使用审批制度，加强管理资金和审批资金的制约机制。

省工商局的主要问题：1. 走私车罚没款收入 826 万元未上缴国库。2. 工商规费收入 2197.43 万元未纳入预算管理。3.个体管理费 906.96 万元未纳入局预算外资金管理。审计处理意见：1. 及时清理往来账。2. 对预算外资金应按“专户储存”“先存后批、先批后用、量入为出”的原则执行。

1997 年，省审计厅对省侨办、省计经委、省劳教局和省统计局 4 个单位财政财务收支情况进行审计。

省计经委的主要问题：1. 省计经委将 800 万元资金放贷给浙江中农信对外贸易公司，未按期全额收回本息。2. 以技术咨询费名义向下属单位收取 20 万元做预算外收入。审计处理意见：1. 省计经委应抓紧收回委托贷款未收回的本金及利息。2. 以技术咨询费名义收取的费用和利息收入应严格按照有关规定处理。

省侨办的主要问题：1. 服务中心和《浙江侨声报》会计数据不实，包括：服务中心会计数据虚增实收资本和其他应收款 30 万元、虚增长期投资和其他应付款 36 万元，服务中心应作未作营业收入 3.25 万元。2. 违规列支华侨事业费支出 3.74 万元，用于基金会成立大会。3. 未经省控办审批，违规购买手机等 2.50 万元。4. 收管理费 20 万元，未纳入预算外管理而记入了工会账。审计建议：进一步加强会计核算的基础工作，强化收支管理，严肃财经纪律。

省劳教局的主要问题：1. 劳教储备基金结存 490.99 万元被挪用；挤占事业费 17.20 万元，用于发放职工年终奖、工会补助费等。2. 十里坪所将专项拨款直接转作企业的实收资本 1380.80 万元，未专款专用；莫干山所专项拨款 202 万元未专款专用，102 万元被挪用。3. 暂存应付款 315 万元，未按规定进行核算。审计处理意见：1. 严格界定预算内外财务收支，专项资金专款专用。2. 加强对下属单位管理，对十里坪劳教所、莫干山劳教所所属的公司财务核算不实、产权不清晰的情况，责成两所立即纠正。

省统计局的主要问题：1. 虚列支出 57.80 万元，套取现金 53.82 万元形成“小金库”。2. 虚列支出截留周转金款项挂“暂存款”65.80 万元。3. 扩大经费开支范围，违规列支费用 13.67 万元。4. 专项资金存贷款利息未全部归入本金。5. 委托贷款 42.10 万元利息无法收回造成损失；利息 15.20 万元未入账。6. 工业普查办公室违纪开假发票，套取现金私设“小金库”8.77 万元，集体私分专项资金 5.33 万元。审计处理意见：1. 对套取现金行为，处 5.50 万元罚款，上缴国库。2. 对集体私分的专项资金全部追回上缴财政，责成省统计局对有关责任人作出行政处理。

1998 年，省审计厅对省房改办、省司法厅、省体委、省计经委、省人事厅和省南湖监狱 6 个单位财政财务收支进行审计。

省房改办的主要问题：1. 违规将从住房资金增值净收益中提取 1995 年度盈余公积金和公益金 120 万元划入行政账户。2. 超核定编制 13 人。3. 应作未作其他收入 8120 万元。审计处理意见：1. 将 20 万元调整为事业单位福利基金，100 万元作为事业基金用于弥补单位以后年度收支差额。2. 进一步加强收支管理，纠错防弊。

省司法厅的主要问题：1. 省司法厅在合资公司浙江八下里汽车服务公司投入资金410.21万元，账上挂60万元外均做支出处理，投资收益19.98万元未入账，违规用于发放福利。2. 公证费违规向在公证处工作的公务员额外发放效益工资。3. 装备管理费余额15.90万元，未纳入厅财务统一核算和管理。4. 房屋出租收入35.61万元，未缴纳房产税4.27万元、营业税1.78万元、城建税0.20万元。审计处理意见及建议：1. 对投入资金应做账务调整，将410.21万元投入资金作为其他应收款挂账。2. 补缴房产税、营业税、城建税6.25万元。3. 公证费收入存入财政专户，严格实行收支两条线管理。4. 按规定将装备管理费转入厅预算外资金账户，进行统一管理。

省体委的主要问题：1. 无预算列支大楼后勤服务管理中心开办费5万元。2. 在行政经费中违规列支职工宿舍水电费5.49万元。审计处理意见及建议：收回无预算的开办费5万元，不在经费支出范围的职工水电费支出应予冲减经费支出。应严格按照预算要求和经费支出有关规定列支费用，禁止无预算支出和违规支出。

省计经委的主要问题：1. 省计经委从外向型经济发展基金中拨付省计划与经济干部培训用房筹建办公室8000万元。2. 省计经委所属省富力工贸实业总公司累计亏损1517万元，萧山钱江观潮度假村有限公司累计亏损182万元。3. 向浙江中农信对外贸易公司发放指定性委托贷款800万元，尚有595.05万元本金及相应利息未能按期收回。审计处理意见：1. 对省富力工贸实业总公司经营亏损情况应抓紧进行清理，查清亏损情况，避免更大损失。2. 省计划与经济干部培训用房占用外向型经济发展基金8000万元，专项资金应专款专用尽快归还。3. 加强对省现代农业培训基地的监督和管理。4. 加强专项资金的管理，切实做到专款专用。

省人事厅的主要问题：将收入381.74万元资金纳入工会账户，已支出48.90万元，主要用于职工福利、工会活动等。审计处理意见：隐匿收入入工会账的资金余额332.85万元转入厅财务。

2000年，省审计厅组织对全省部分工商局进行同步审计，同年对省经协办、省工商局、省机关事务管理局和省计经委4个单位财政财务收支进行审计。

全省部分工商行政管理部门1999年度财政财务收支和1998年度行政性收费、罚没收入收缴管理情况审计中发现的主要问题：1. 违规收费。2. 拖欠、截留行政性收费收入和罚没收入，浦江县工商局将市场管理费收入140万元滞留在市场中心未缴财政专户。3. 坐支收入、搞收支挂钩，龙泉市工商局对工商所、经检队的部分经费实行包干，1999年提取分成包干经费55.72万元。4. 罚没、暂扣款物管理不规范。5. 行政性收费未纳入预算管理，票款分离、罚没分离尚未全面开展。6. 设置“小金库”。嘉兴工商局向外资企业收取外资企业登记费均以个人名义私存私放。7. 滥发奖金补贴、违规搞集体福利。8. 基建规模超标等问题。金华市工商局职工住宅楼超概算570万元。审计处理意见及建议：1. 加强对行政性收费、罚没收入的管理。2. 加强会计核算和财务管理工作，重视对财务人员的培训。3. 加快与所办市场脱钩。

省经协办的主要问题：1. 煤炭集资款1.71亿元未在财务报表中反映。2. 固定资产687.17万元无实物账且未在报表中反映。3. 扶贫资金捐赠支出1424.55万元缺少有效原始凭据。审计处理意见:1. 地市集资款要核对清算,该账户大部分资金已被所属企业占用,应进一步核实认定。2. 应按规定对未入账固定资产补登入账,煤炭集资账户中固定资产应并入行政账户,并在财务报表中如实反映。3. 补取有关凭据,完善手续,真实合法反映扶贫资金支出情况。

省工商局的主要问题:1. "暂存款"账实不符,1997 年暂存款账面余额比报表多 8.64 万元,1998 年多 11.17 万元,系财政核准提取的集体福利,未及时调整报表。1999 年暂存款差额 631.54 万元,经查电脑账中有相同金额明细账,而手工账未登记。2. "暂付款——下级借款"科目账面反映与实际差额 100 万元,导致账实不符。审计提出相关处理意见及建议。

省计经委的主要问题:1. 能源基金 2691.36 万元,划入省经济建设投资公司,未纳入财务核算,历次审计时均未提供会计资料。2. 省财政拨入 1.29 亿元资金由浙江省经济建设投资公司处理,未统一建账核算。3. 发放科技资金贷款 3932.78 万元,余额 1909.10 万元,未按要求纳入财务管理。4. 省计经委前期工作经费 30 万元,划到省经纬公司账上,未按要求纳入财务管理。5. 省经济建设投资公司违规在外向型经济发展基金中列支 200 万元为省计经委购买职工住宅预付定金。6. 省经济建设投资公司以贷款的形式弥补省计经委工会下属的富力公司亏损 540 万元。7. 省计经委在专项资金中违规列支业务费、公务费、设备购置费等 221.88 万元。审计处理意见:1. 应继续重视财务管理工作,统一管理专项资金,严格按照规定使用资金。2. 对造成资金损失,应查明责任,并予严肃处理。

2001 年,省审计厅对省计委财政财务收支进行审计。发现的主要问题:1. 原省计经委 514.80 万元专项资金投资款已无法收回。2. 省重大建设工程交易管理中心将基建资金 200 万元用作对外投资。3. 萧山钱江观潮度假村有限公司截至 2000 年累计亏损 182.51 万元。4. 原省计经委计划指定性委托贷款 800 万元,尚有 595.05 万元本金及相应利息未能按期收回。审计处理意见:1. 加强对专项资金的管理,切实做到专款专用。2. 对委托银行发放的专项贷款和在省经济建设投资公司运作的专项资金应加强管理,对逾期贷款应采取措施,抓紧催收。3. 对投入省资源综合利用开发公司 514.80 万元投资款,应及时进行资产清算,减少国有资产损失。

2002 年,省审计厅对省机关事务管理局、省建设厅、省计委、省会计核算中心、省体育局、省司法厅、省人防办 7 个单位财政财务收支进行审计。

省机关事务管理局的主要问题:1. 未严格执行前次审计意见书。2. 未将划转省直物业管理中心 1860.14 万元财务数据并入局报表。审计处理意见:1. 将 3252.38 万元作账户调整,纳入局属账户统一核算。同时撤销省直物资供应中心单独开设的银行账户。2. 应将中心的资金纳入局属账户统一核算,同时撤销省直物业管理中心单独开设的银行账户。

省建设厅的主要问题:1. 厅机关预算外资金结余款 830. 43 万元,未纳入统一核算。2. 固定资产 25.63 万元未及时登记入账。3. 无正式发票支付城市化规划设计费 324 万元。审计处理意见:1. 进一步加强对预算外资金的使用管理,严格审批程序,严格按照新增固定资产加以管理。2. 加大对参股、控股公司监管力度,严格行使股东权力,力争国有资本的保值、增值。

省计委的主要问题：1. 在代管经费户中暂存应用于省计委正常开支的预算经费 359 万元。2. 省项目前期办其他应收款 30.05 万元未及时清理。3. 专项发展金产生的存款利息 30 万元由银行直接转入代管经费户。审计处理意见：1. 对于存款利息 30 万元，应归入原渠道再根据相关规定进行合理分配。2. 加强预算经费管理。

省级会计核算中心的主要问题：1. 对核算单位的财务事项特别是预算外的资金来源和性质不明确，影响会计核算的准确性。2. 会计核算复核职责应进一步明确。3. 工作人员统一着装款 12.20 万元未纳入政府集中采购。审计处理意见：1. 制定合规合理的开支范围和标准，为规范审核和正确核算提供有效依据。2. 严格按政府采购管理规定，加强采购管理。根据审计结果，省审计厅撰写省会计核算中心运行初期存在的问题及建议等专报。

省体育局的主要问题：1. 省体育局健身中心和黄龙体育中心综合训练馆基建项目超概算 1776 万元未经审批。2. 应收未收租金及使用费 433 万元。3. 应收未收的土地转让款金额 7697 万元。4. 黄龙体育中心收取草坪保护费 80 万元未转入事业收入。5.省体育彩票管理中心彩票公益金余额 2931.78 万元未上缴财政专户。6. 省体育彩票管理中心将应在 2002 年度发生的费用 8551.01 万元支出，列入 2001 年 12 月的事业支出。审计处理意见：1. 基建项目应按照规定的基建程序进行建设，严格控制建设规模和建设标准。2. 及时收回各项应收款。3. 加强对费用支出的管理，编制年度财务收支计划，并报同级财政主管部门审核批准后执行。

省人防办的主要问题：1. 对各市人防办票据领用、结存、使用情况缺乏掌握及控制。2. 固定资产未严格按要求管理。部分工程资产长期未入账反映，固定资产处置未经批准。3. 违规出借资金，造成损失 70 万元。审计处理意见：1. 对全省人防系统票据使用情况进行专项检查，按照规定做好票据登记、结报工作。2. 固定资产要建立起完整、明晰的实物明细账，健全管理体制，并定期清查，加强管理。

2003 年，省审计厅组织对全省 98 个公安机关财政财务收支进行审计。同年，对省公安厅、杭州市公安局、省体改委、省统计局、省机关事务管理局 5 个单位财政财务收支进行审计。

全省 98 个公安机关的主要问题：1. 违规乱收费 5570 万元，应缴未缴国库和财政预算外专户 3466 万元。2. 部分收支未纳入单位财务统一核算，存在隐瞒转移收入、设置账外账、“小金库”在下属单位列收列支等情况。3. 暂扣款、保证金、事故押金、扣押和没收物品管理不规范并存在挪用情况。4. 各地公安机关收受赞助、捐赠款现象较普遍。5. 公安机关财政预算经费保障不平衡，基层公安机关尤其是派出所经费保障不足。6. 资产管理不够规范，存在重钱轻物、重购轻管，导致资产账实不符、家底不清、职责不明等情况。7. 不同程度存在挤占挪用专项经费，公款私存，票据管理不善情况。根据审计结果，省审计厅撰写专报，指出公安机关财务收支存在的问题。

省统计局的主要问题：1. 省统计教育中心少计房租等营业收入 28.43 万元。2. 省统计局印刷厂应补缴企业所得税 8.80 万元。3. 预算外收支多头列账问题，涉及收入金额 260.97 万元，支出 129.90 万元。审计处理意见：1. 应补缴各项税金共计 10.38 万元。2. 将预算外资金余额 131.07 万元转回局机关本级财政经费收支账。

省机关事务管理局的主要问题：1. 违规使用专项资金 4700 万元，未将增值收益 170 万元用于省级机关职工住房建设。2. 将财政拨款特殊业务费 100 万元中的 26.57 万元违规用于接待开支。3. 对省机关后勤房地产公司和省直特资供应中心分别投资 2000 万元和 1000 万元，未纳入账务核算。审计处理意见：1. 增值产生的利息收益 170 万元冲减工程建设成本。2. 应归还原资金渠道 26.75 万元。3. 对外投资按规定作账户调整。

2004 年，省审计厅对省委政法委、省政府采购中心、省建设厅、省计生委、省机关事务管理局、省打私办、省台办、省外办 8 个单位财政财务收支情况进行审计。

省委政法委的主要问题：1. 违规列支会议费 1.50 万元。2. 违规列支会议培训费用 4.60 万元。审计处理意见：应加强财务管理，按有关财务制度如实列支费用。

省政府采购中心的主要问题：1. 以前年度审计意见没有全部执行到位。2. 采购项目不规范。采购计算机及系统设备 1350 万元未公开招标，采购省地税局小型机项目、省财政厅“金财工程”系统项目不合规。审计处理意见及建议：1. 进一步扩大集中采购规模，发挥集中采购机构的职能和作用。2. 健全各项制度和措施。

省建设厅的主要问题：1. 省规划院未及时结转收入 2167.51 万元。2. 规划院在事业支出中列支职工团保费 89.82 万元。3. 副厅长杨某某在规划院报销本人及家族成员出国旅游费用 4.96 万元。4. 规划院以考察费名义支付杨某某等出国费用 6.38 万元。5. 杨某某转移资金 147.38 万元，套取现金或用于个人消费。6. 杨某某到下属单位重复报销 14.63 万元餐费。对杨某某涉嫌贪污公款的问题移送省纪律检查委员会处理。审计处理意见：1. 加强对下属各单位的财务监控，严格财务管理，切实严肃执行内部控制制度，规范会计核算。2. 规划院应严格执行国家有关税收法规，按业务实际情况及时结转收入，使会计核算起到真实反映经营情况的作用。3. 结合审计发现的问题，加强对有关人员的廉政及财经法规教育。

省计生委的主要问题：1. 未经省财政批准无预算购房支出 211.39 万元；无预算资助支出 20 万元；超预算会议支出 5.91 万元。2. 违规自行采购汽车、电脑等 391.16 万元。3. 出借款 45 万元和开办费暂付款 5 万元难以收回。4. 财务收支未真实反映在下属单位开支 39.30 万元。5. 违规向市县计生局收款 10.52 万元。6. 超编制购车 1 辆，计 37 万元。7. 下属单位存在的问题：省计生培训中心一号楼改扩建超面积 1058 平方米超概算 739.82 万元，出借款 20 万元无法收回；省药具站出借款 41 万元无法收回。审计处理意见：严格按照预算管理规定进行收支管理，按规定进行相应的会计调整，加强对下属单位的监督。省领导对审计报告作出批示，要求对照整改。

省机关事务管理局的主要问题：1. 账户核算和管理不规范，非行政性经济业务活动未采用企业会计制度核算，未能客观、真实地反映该账户经济业务。2. 违规列支餐饮、住宿等费用 163.03 万元。3. 房租费等其他收入 258.63 万元入工会账，未纳入局财务统一核算，已支出 197.16 万元。4. 下属各单位提供担保或抵押共计 4.78 亿元，不符合“企业提供的对外担保金额不得超过本企业净资产 50%”的规定。5. 西湖老龙井御茶园基建项目没有按照招标内容进行建设，导致超概算。审计处理意见：1. 加强对所属单位的监管，促使各单位在认真履行好职能的基础上加强管理。2. 清理长期挂账资金和对外投资，追回国有资产，避免资金流失。3. 加强对局基建项目的建设和施工管理,强化成本控制。

省打私办的主要问题:1. 转入工会账户 21.23 万元,未按规定纳入行政账统一核算,13.23 万元发放职工福利。2. 拍卖行以技术咨询费的名义套取现金 28.50 万元。审计处理意见:应将全部收入纳入单位预算统一管理,加强对下属单位的财务监管。省长吕祖善对审计报告作出批示,要求省打击走私办对照整改。

省外办的主要问题:1. 行政事业性收费 1195 万元未按规定及时上缴财政专户。2. 账外发放福利补贴 146.62 万元。3. 房租等收入 264.79 万元挂下属单位账,预算外资金拨款 64.19 万元通过下属单位划转工会。4. 行政开支挤占外事经费 106.50 万元,专项购车费 157 万元未按预算执行。5. 代理出国人员返回款 14.50 万元未入账。审计处理意见:1. 严格按实行收支两条线管理,收费及时上缴财政专户。2. 清理与下属单位的往来款项,统一核算,统一管理。

2005 年,省审计厅对省法制办、省建设厅和省监狱局 3 个单位财政财务收支进行审计。

省法制办的主要问题:1. 法规汇编发行劳务费收入 468. 62 万元未纳入单位预算统一管理。2. 财务数据未按有关规定进行备份,致使其工会及下属研究所的电子数据账册全部丢失。

省建设厅的主要问题:1. 列支无预算支出合计 23.39 万元,违规出借专项资金 200 万元。2. 规划院未及时结转收入 2444.71 万元。审计处理意见:1. 严格收支预算管理。2. 加强对下属单位的财务监管,规划院应严格执行国家有关税收法规,按业务实际情况及时结转收入。

省监狱局的主要问题:1. 武警营房维修专项 100 万元未及时拨付。2. 未经批准,办公楼改建超概算支出 435.45 万元。3. 局机关办公楼改造支出 681.15 万元固定资产未入账,账实不符。4. 房租收入 317.40 万元未纳入财务大账收益。5. 东联集团公司收缴利润 7136.07 万元未作投资收益,未按规定计提盈余公积 927 万元和公益金 463.5 万元。审计处理意见:1. 进行相应的会计调整,办公楼改造支出增加固定资产 681.15 万元。2. 东联集团公司未分配利润按规定计提盈余公积。

2006 年,省审计厅对省建设厅财政财务收支进行审计。发现的主要问题:1. 厅本级预算执行中部分专项资金使用欠规范。2. 部分下属单位少缴税金 172.72 万元。3. 城市化课题经费使用欠规范,部分下属单位劳务费、福利费多头发放。审计建议:1. 进一步加强部门预算管理,严格按照财政审核批准的预算执行。2. 加强对下属单位的财务监管,督促下属单位严格财务管理。

2009 年,省审计厅对省老龄委、省参事室(文史馆)2 个单位财政财务收支进行审计。

省老龄委的主要问题:1. 在下属单位列支费用 4.76 万元。2. 基本公用支出挤占专项经费 24.87 万元。3. 省老年基金会拒绝提供相关账册资料,无法核实情况。

省参事室(文史馆)的主要问题:1. 部分项目预算编制不够规范。2. 馆藏字画管理不够规范。省长吕祖善对审计报告作出批示,要求对照整改。

二、法院和检察院审计

对法院、检察院财政财务收支的审计始于1995年。至2008年,省审计厅共完成审计项目6个。

表38-7-2-2　　1995—2008年浙江省审计厅对法院和检察院审计一览表

年度	审计单位
1995	省法院、省检察院
1999	全省72个法院(全省统一组织)、省法院、宁波海事法院
2008	省检察院

资料来源:浙江省审计厅档案室。

1995年,省审计厅对省法院和省检察院财政财务收支进行审计。

省法院的主要问题:1. 诉讼费150万元用于副食品基地投资。2. 超范围列支诉讼费30.11万元。3. 未经批准,将297.28万元诉讼费列支基建项目资金。4. 预算外资金未纳入财务统一核算,涉及金额676万元。审计处理意见:1. 全额收回150万元副食品基地投资款。2. 在诉讼费中列支职工福寿保险费及省法官协会注册资金30.11万元应以预算外收入抵补。3. 基建项目资金297.28万元必须补办财政批准手续。4. 所有的预算外支出、下级上缴收入、调剂支出及暂存款付款纳入财务统一核算,并在报表中反映。

省检察院的主要问题:1. 院办印刷厂收、支、结余未纳入院财务账、表反映。2. 历年来,将各地市汇入的购置装备款及本院转入的专项款单独设账核算,未列入会计报表。审计处理意见:抓紧清理暂存款、暂付款账户,收支均要纳入院账务统一核算。

1999年,省审计厅组织71个审计机关,对全省72个法院1997—1998年度财政财务收支进行同步审计。同年,对省法院、宁波海事法院财政财务收支进行审计。

对全省72个法院同步审计发现的主要问题:1. 拖欠、截留应缴国库的罚没收入和追回赃款,罚没物品未按规定处理。全省拖欠应缴国库的罚没收入两年554.14万元,兰溪市法院将罚没款10.50万元坐支。2. 行政性收费收入、使用和管理存在较严重问题。超标准收费、自立名目收费及擅自收取赞助费;行政性收费收入未按规定及时缴存;隐瞒、截留收费收入,形成"小金库",如湖州市城郊法院执行费302.66万元存放在账外;挤占挪用,违规使用诉讼费收入954.63万元;湖州市城郊法院违规出借诉讼费176.25万元。审计处理意见及建议:1. 全面贯彻落实"收支两条线"的规定,加强对行政性收费和罚没收入的管理。2. 严格规范行政性收费行为。省长吕祖善对审计报告作出批示,要求"收支两条线"。省审计厅就此将问题反馈给有关市、县,要求抓好整改监督。

省法院的主要问题:1. 超出财政部门批准数、用预收诉讼费作基建支出84.23万元。2. 违规使用诉讼费145.67万元,其中20.65万元违规发放职工补贴。3. 违反"收支两条线"规定,拖欠应缴财政专户诉讼费收入240.83万元,坐支诉讼费4549.19万元。4. 没收赃款

29.74 万元未及时上缴国库。5. 账外设外币美元账户，收入 55.56 万美元。6. 诉讼费利息及印刷厂上缴收入 68.06 万元转入工会账户，用于发放职工津贴。7. 应作未作其他收入 473.68 万元。8. 资金收入未纳入院财务统一核算 1.02 亿元。审计处理意见及建议：1. 补办未经审批基建资金 84.23 万元的审批手续。2. 将拖欠、坐支应缴财政专户诉讼费进行相应调整，缴入相关账户。3. 没收的赃款及时清理上缴国库。4. 强化对诉讼费用和罚没收入的管理，落实“收支两条线”规定。5. 进一步规范行政性收费行为，特别是加强收费票据管理。6. 健全财务核算制度，提高财务管理水平。省长吕祖善对审计报告作出批示，要求对照整改。对省高级人民法院的审计项目被评为审计署优秀项目。

宁波海事法院的主要问题：1. 收回预算外资金列支的保险费 19.5 万元现金，作“小金库”在账外列支费用。2. 缺乏收费依据违规收取执行费用和拍卖费用 48.16 万元。3. 未经省财政审批，擅自结转自筹基建 250.94 万元。4. 违反现金管理规定坐支现金 6.42 万元。5. 150.99 万元固定资产未入账。审计处理意见及建议：1. 全额收缴拍卖佣金、执行费。2. 将“小金库”资金余额 1.92 万元增加 1999 年初结余。3. 加强诉讼费收支的管理与核算。4. 进一步规范院机关的财务管理和会计核算，完善内部管理制度。

2008 年，省审计厅对省检察院财政财务收支进行审计。发现的主要问题：1. 未按省级建设项目的立项程序，自筹资金建设浙江省检察官进修学院 1650.93 万元固定资产长期未入账，形成账外资产。2. 房产出租收入未按规定入院机关财务账，用于发放院机关人员福利。3. “扣押款专户”中，已结案并定性为赃款的未按规定及时上缴国库。4. “装备账户”未纳入院行政账核算，1500 万元进行委托理财，造成部分国有资产流失。审计处理意见：1. 严格执行预算法和有关财经法规，规范财务核算；加强预算及固定资产管理。2. 将应缴赃款及时上缴省财政，3. 对委托理财造成的损失按规定程序报批处理。

三、省政府驻外办事处审计

1992—2005 年，省审计厅共完成对浙江省人民政府驻省外办事处及所属公司等单位的财政财务收支审计项目 13 个。

表 38-7-2-3　　1992—2005 年浙江省审计厅对省政府驻外办事处审计一览表

年度	审　计　单　位
1992	省政府驻深圳办事处、省政府驻沈阳办事处、省政府驻广州办事处、省政府驻珠海办事处
1994	省政府驻福建办事处、华浙公司
1995	省政府驻沪办事处
1997	省政府驻深圳办事处、省政府驻川办事处
2003	省政府驻京办事处、省政府驻沪办事处
2005	省政府驻沪办事处、省政府驻厦门办事处

资料来源：浙江省审计厅档案室。

1992年,省审计局对省政府驻深圳办事处、省政府驻沈阳办事处、省政府驻广州办事处、省政府驻珠海办事处4个单位财政财务收支进行审计。

省政府驻深圳办事处的主要问题:1. 因经营不当造成的损失121.78万元未作处理,挂"其他暂付款"。2. 应作收入的131.63万元未及时处理,挂"暂存款"。3. 向财政借入的930万元存在损失等问题,有待处理。4. 预算外收入0.74万元未入账。审计处理意见:1. 关于经营不善造成损失,驻深圳办事处应正式向主管部门写出报告,提出处理意见,并应实事求是对有关人员作出适当处理。2. 关于应作收入的131.63万元,应及时转为预算外收入,应向省财政厅申报核定上缴和留用的比例。3. 向财政借入资金,对已损失的25.93万元作出处理决定,对已形成固定资产的230万元借款及时转作拨款,对借而不用的资金及时归还。4. 关于未入账的收入应及时作为预算外收入入账。

省政府驻沈阳办事处的主要问题:1. 驻沈阳办事处管理的沈阳物资供销协作公司已销售但未办理出库手续的轴承压钢和落叶松圆木,金额8.24万元。2. 货已出售或缺损,但账上尚挂"商品采购",涉及金额8.14万元。审计处理意见:1. 调整相关账务。2. 对未收回的销售款应组织力量抓紧收回。

省政府驻广州办事处的主要问题:1. 应做预算外收入的有关款项,长期挂"其他暂存款",共计金额1.09万元。2. 应冲减经费支出的款项,房租费金额6.04万元在"其他暂存款"挂账。3. 票据使用不合规,管理制度不完善。审计处理意见:1. 预算外收入1.09万元从"其他暂存款"转入"预算外收入"。2. 结余房租费冲减经费支出。3. 停止使用上述收据,已开出未收款的收据,进一步清理和追查,并健全票据使用管理制度。

省政府驻珠海办事处的主要问题:1. 账务处理不实,下属珠浙公司漏缴国家税金。2. 未经批准自行决定执行特区工资、补贴和奖金标准,给职工增资和增发3个月工资。3. 出纳经管食堂账目收支不清,存在贪污公款情况。审计处理意见:1. 违规发放工资、补贴和奖金,应专题报省政府办公厅、省财政厅审批,获准后才能实施。2. 出纳贪污公款,由珠海办根据相关规定作出处理。

1994年,省审计局对省政府驻福建办事处财政财务收支进行审计。发现的主要问题:1. 违规将工会所办公司借入财政临时贷款100万元转作对外投资。2. 预算外收支核算不合规。审计处理意见:1. 向省国际物业租赁公司的投资款到期后,应把本息收回。2. 将预算外收支分别在"预算外收入"及"预算外支出"科目核算。

1994年,省审计局对省政府驻厦门办事处下属华浙经济开发公司财务收支进行审计。发现的主要问题:1. 会计核算不以权责发生制为基础,债权失实。应收销货款145.53万元,账面上没有反映;应收厦门特区贸易公司结汇款账实不符,差额11.12万元。2. 会计核算违反真实性原则,少计1—10月利润,10万美元汇率差价收入账面没有及时反映。3. 投出资金核算不合规,汇出资金26.48万元,既无投资经营合同,也无投资收益。4. 会计账表不符,报表和明细分类账有很大差异,资产差额111.20万元。审计处理意见:1. 应根据进货单位的发票及结算清单,以权责发生制为基础,逐笔清理"应收""应付"科目。2. 按审计核实数调整1994年1—10月利润。3. 加强公司投资管理,按照商业企业财务制度规定,签订合法投资合同。

1995年,省审计厅对省政府驻沪办事处财政财务收支进行审计。审计范围内未发现违反财经纪律事项。

1997年,省审计厅对省政府驻深圳办事处、省政府驻川办事处2个单位财政财务收支进行审计。

省政府驻深圳办事处的主要问题:1. 应作未作收入663.36万元,应纳入预算外收入核算。2. 部分预算外项目未按规定实行收支两条线核算,购汽车支出30万元直接冲减暂存款财政补拨30万元。3. 省财政借款200万元并投资于其所属的兴越公司账务处理不规范。4. 新增加固定资产均未登记固定资产实物账。5. 未使用税务部门统一监制的收款收据。审计处理意见:加强预算内外资金管理,强化财务核算。

省政府驻川办事处的主要问题:1. 虚报经费支出5.78万元。2. 实业公司在成都的建设银行账户日记账漏记14笔计30.10万元;库存商品盘点时发现盘盈4.46万元,盘亏8.23万元;商品购入时普遍缺少合法记账依据;实业公司无依据费用支出,会计凭证与原始凭证不一致。审计处理意见:1. 财会人员再兼任所属单位会计工作,失去财务监督和制约作用。2. 要加强固定资产管理,建立定期财产清查制度。3. 办事处及所属单位在银行共开设9个账户,应予以清理。

2003年,省审计厅对省政府驻京办事处、省政府驻沪办事处2个单位财政财务收支进行审计。

省政府驻京办事处的主要问题:1. 固定资产核算不规范。汽车账实相差4辆,账务未反映宿舍楼180平方米加层情况。2. 驻京办事处所属原浙京咨询服务中心资产余款,驻山西办事处、驻天津办事处并账收入,代收省劳动厅办证费返回等收入512.66万元账挂"暂存款"科目。3. 驻京办事处房租收入、服务费等收入余款73.69万元挂在工会账上,未作为其他收入。4. 浙江大厦未进行竣工决算。5. 京浙宾馆40万元客房租金收入长期挂账,未作营业收入。审计处理意见:完善内控制度,加强对固定资产和物品的管理,做到账账、账实相符,保证国有资产的真实完整。对京浙宾馆长期挂账的应收款项进行清理。

省政府驻沪办事处的主要问题:1. 下属建筑管理处设置"小金库",结余12.76万元。2. 房租收入存入机关工会,用于发放职工奖金104.09万元。3. 应将挂"暂存款"科目的房产收益款和以前年度提取的事业发展基金、机关三项经费余额244.07万元转入"经费结余"。审计处理意见:1. 将建筑管理处"小金库"现金结余12.76万元予以没收,上缴省财政,驻沪办事处应予以督促落实。2. 按规定进行相应的会计账务调整。

2005年,省审计厅对省政府驻沪办事处、省政府驻厦门办事处2个单位财政财务收支进行审计。

省政府驻沪办事处的主要问题:1. 预算执行不严格,预算的约束力有待加强,2004年实际支出超预算106.52万元。2. 招待费用核算不规范,部分人员经费和车辆费用也在接待费用中列支。3. 未按照合同及时收取房租29.93万元。审计处理意见:加强预算的约束力,严格执行相关内部控制制度,强化对房租等收入管理。

省政府驻厦门办事处的主要问题:1. 机构撤并未按有关制度和规定实施,未严格执行对外投资的内部控制制度。2. 往来账未及时清理,“暂存款”历年结余 238.25 万元长期挂账。3. 未经批准报废小汽车 3 辆,报废收入 0.90 万元,作“其他收入”入账。4. 发放职工工资外各种奖金福利未代扣个人所得税。5. 违规列支发放住房货币化补贴 5.67 万元。省长吕祖善对审计报告作出批示,要求对照整改。

四、事业单位和社会团体审计

1992—2006 年,省审计厅共完成对省属事业单位和社会团体财政财务收支审计项目 23 个。

表 38-7-2-4　　1992—2006 年浙江省审计厅对事业单位和社会团体审计一览表

年度	审　计　单　位	年度	审　计　单　位
1992	省社科联、浙江教育学院	2002	省直住房中心、省经济规划院
1996	省青年基金会	2003	省政府采购中心、省总工会、杭州新新饭店
1997	省青年基金会、省越信会计师事务所、省审计事务所	2004	省侨联、省招标办
1998	省妇联、省希望工程基金会	2005	省社科联、省社会主义学院、省工商联、浙江天正信息科技公司
1999	省青年基金会、中央纪委杭州培训中心		
2000	团省委	2006	省委党史研究室

资料来源:浙江省审计厅档案室。

1992 年,省审计局对省社科联、省教育学院 2 个单位财政财务收支进行审计。

省社科联的主要问题:1. 未经财政批准,以咨询服务部名义开立账户,私设“账外账”1.88 万元。2. 固定资产管理不合规。未经财政批准,将价值 12.70 万元的排版印刷设备借给下属省社科联文印室。审计处理意见:1. 撤销咨询服务部银行账户,其收支应纳入财务管理,结存款应分清其资金来源和性质及时清理。2. 固定资产应补办手续,报省财政厅审批。

浙江教育学院的主要问题:1. 教育月刊社和招待所财务收支未纳入院财务管理,形成“账外账”。教育月刊社 1991 年度总收入 348.35 万元,支出 244.09 万元;招待所总收入 19.40 万元,支出 15.74 万元,结余 3.83 万元,其中直接用于奖励、福利性支出 10.38 万元。2. 未经审批申领《收费许可证》,收取函授教管费 10.30 万元。3. 出借资金 71 万元,收取利息 7.71 万元。4. 漏缴能交基金 2.95 万元。5. 超标准补贴等不合理开支 1.06 万元。6. 从各种渠道发放奖金、实物 22.90 万元。审计处理意见:1. 教育月刊社和招待所 1991 年度的结余资金,全部上缴学院作为事业发展基金。2. 出借资金收取的利息全部转入学院的事业发展基金,尚未收回的出借资金抓紧收回,今后不得再搞变相的金融业务。3. 补缴奖金税 2.16 万元。

1996 年,省审计厅对省青年基金会财政财务收支进行审计。发现的主要问题:1. 投资、委贷结存基金190万元逾期未收回。2. 投资浙江城市信用社入股与委托单位无协议金额30万元。审计处理意见及建议:1. 部分账户处理应根据《希望工程基金管理机构会计核算制度》的规定予以纠正。2. 应建立基金增值管理制度,基金投资要有可行性研究。3. 应根据经济发展趋势和扶贫工作的要求,提高捐赠款物的使用效率和社会效益。

1997年,省审计厅对省青年基金会、越信会计师事务所、省审计事务所3个单位的财政财务收支进行审计。

越信会计师事务所的主要问题和处理意见:1. 未及时收回委托中行杭州信托咨询公司放款120万元,应尽快收回此款并清算逾期利息。2. 购入中文BP机2个,应按规定纳入事务所财产管理渠道。

省审计师事务所的问题和处理意见:1. 购入BP机和收录机3.78万元,均未列入固定资产核算管理。按相关规定将购入设备纳入财产管理渠道进行核算管理。2. 转让900MHZ移动电话1部,收取转让费0.50万元,应及时对该项资产进行账务处理,冲减其账面价值。3. 违规列支费用0.47万元,应严格按照相关规定的开支范围列支费用。

1998年,省审计厅对省妇联、省希望工程基金会2个单位的项目资金使用及财政财务收支进行审计。

省妇联的主要问题:1. 试行"双学双比"专项经费有偿使用,违规收取受益单位的农副产品用于机关职工的福利。2. 预算经费以拨作支金额14.30万元。3. 预算外资金121.31万元转入工会经费账户。4. 筹建办红利及股息收入26.50万元,全部转到工会账户。5. 省妇女儿童活动中心筹建办共违规出借资金470万元。6. 购置的固定资产未入账47.01万元。审计处理意见:1. 有偿使用收回的收益应全部用于"双学双比"活动,发放的农副产品应以预算外收入抵补"双学双比"专项经费。2. 对工会账户收入作一次全面清理。基建利息48.71万元按原资金渠道转入省妇儿活动中心筹建办,用于弥补基建缺口;收回省妇女国际旅社30万元、余款25.33万元共55.33万元,调整到"以前年度结余"科目。3. 投资浮山实业公司10万元,限期收回,基建账户利息收入236.87万元,用于基建资金缺口及归还儿童福利资金借款。对投资城市信用社的100万元,应退出股份。

审计省希望工程基金会结果表明:该会提供的会计资料基本真实地反映1997年度的财务收支。

1999年,省审计厅对省青年基金会、中纪委杭州培训中心2个单位财政财务收支情况进行审计。省青年基金会的主要问题:1. 捐赠物资6000套"希望丛书"价值41.28万未按规定入账,转移至其下属公司。2. 虚列、多列资助支出,转移希望工程基金47.38万元至下属天翔公司。3. 将希望工程基金20.53万元移入青年成才基金。4. 以前年度出借浙江庆丰集团公司80万元逾期利息仍未收回。审计处理意见:1. 审计责成将该批捐赠丛书的收、发按实补记入账,收回剩余丛书。2. 追回因虚列或多列以及投资中青商贸有限公司而被转移的基金。3. 尽快收回逾期利息。

2000年,省审计厅对团省委财政财务收支进行审计。发现的主要问题:1. 违规设立账户,预算外资金收支未纳入财务统一核算管理。2. 违规发放福利费支出33.42万元。审计处理意见:1. 共青团及下属单位应加强财经法规观念,提高经费核算管理水平。2. 宿舍楼基建项目已竣工,应及时销户。

2002年,省审计厅对省直住房中心和省经济规划院2个单位财务收支进行审计。

省直住房中心的主要问题及处理意见:1. 省房改办应付省机关事务管理局售房价格联合审批费11.49万元,及时清理并上缴省级机关事务管理局。2. 中心委托市建行向省直房地产公司发放政策性住房资金委托贷款80万元,期限1年,到期未还,审计要求及时收回欠款。

省经济规划院的主要问题:1. 对外投资220万元未真实反映投资情况,账挂"其他应收款"。2. 出租办公用房等收入未计入其他收入。3. 违规定期存款340万元,逾期未收回。4. 年末事业收入转出,依据不足。5. 将专项资金100万元用作对外投资。6. 用专项资金代省工程咨询公司还贷200万元。审计处理意见及建议:1. 应采取积极措施抓紧收回违规逾期存款,减少国有资产损失。2. 继续完善内控制度,对院事业收入项目和院职工技协收入项目应严格区分,避免随意性。3. 加强会计基础工作,规范账务处理,保证资金安全。

2003年,省审计厅对省政府采购中心、省总工会、杭州新新饭店3个单位财政财务收支进行审计。

省政府采购中心的主要问题:1. 单一来源采购程序不规范,2. 部分询价采购程序不规范,询价采购报价供应商数量少于规定数量。3. 部分竞争性谈判采购程序不规范。4. 集中采购效率有待进一步提高。5. 基础工作薄弱,未建立合同履约跟踪制度,采购档案管理不完善。审计处理意见:规范单一来源采购;询价要保证供应商达到单价,以保证竞争性;规范采购方法,提高相同货物的集中采购效率和公开招标的比重;加强对基础工作的管理,建立合同跟踪制度、完善采购档案管理。

省总工会的主要问题:1. 下属公司少缴各项税金271.23万元。2. 下属省职工房地产公司设立"小金库"100.86万元。3. 资产不入账,房产5套79万元未在账上反映。审计处理意见:1. 多列成本费用713.46万元和未进行所得税纳税调整的保险费用75.39万元,应补缴税金265.93万元。2. 补缴房产税4.18万元。3. 未入账房产应及时入账。

杭州新新饭店的主要问题:1. 租金54万元和接待费10万元,均在"预收账款"挂账反映,未作为营业收入。2 未将餐饮的营业收入948.37万元、利润294.04万元合并汇总后申报所得税。审计处理意见:按相关规定调整营业收入、营业利润,并补缴营业税附加和企业所得税。

2004年,省审计厅对省侨联、省招标办2个单位财政财务收支进行审计。

省侨联的主要问题:1. 收取办公用房使用费2.90万元,未纳入"其他收入"核算,用于职工福利。2. 收到华日集团公司捐款16万元,其中9.50万元用于职工福利,4万元转入浙江城建煤气热电设计院,2.16万元转入工会。3. 外事活动中赠送和接受礼品未实行登记管理制度。4. 浙江省华侨商社存在债务纠纷问题。5. 招待所通过虚列预提费用、其他应付款的方式,多列营业费用9万元。审计处理意见及建议:1. 严格执行相关会计核算制度。2. 制定侨团及侨胞接待标准和具体控制措施,同时严格执行内部规章制度,按规定标准、规定权限审核招待费。

省招标办的主要问题:1. 招投标管理费等少上缴财政109.03万元。2. 省交易中心的资产使用权权属关系未明确。3. 场租、席位费200万元未作为收入。审计处理意见:1. 省招投标办应加强对下属单位的财务管理,按规定及时缴纳税费。2. 省招投标办与省交易中心应尽快明确资产(使用权)的权属关系。

2005年,省审计厅对省社科联、省社会主义学院、省工商联、浙江天正信息科技公司4个单位财政财务收支进行审计。

省社科联的主要问题:1. 固定资产管理不完善,未及时办理废旧电脑报废手续,存在电脑被盗、账实不符情况。10台电脑被盗,盘点未见实物。2. 财务内部控制存在薄弱环节。库存现金短缺800元,已收款尚未入账金额10万元,已付款尚未入账金额12.43万元。审计处理意见:1. 重视固定资产管理,及时办理固定资产报废手续。2. 严格按照制度规定健全现金账目,加强部门预算编制的细化及专项经费的管理。

省社会主义学院的主要问题:1. 在未取得收费许可的情况下,擅自收取培训费8万元。2. 租金收入3.50万元未入账。3. 在"专项支出"违规列支维修款39.45万元、购车款24.24万元。4. 学院教学综合楼项目管理费超核定20.44万元。审计处理意见:将挂账金额调整入账;将被挤占专项经费63.69万元收回,列入学院开办费支出;超支的建设单位管理费不应列入工程成本。

省工商联的主要问题:1. 出借款155万元,未在账面反映。2. 会长工作经费报销手续不规范,14.96万元会长费用直接拨入传化集团公司,无原始发票。3. 会长资金核算不规范,160万元资金与其他往来款合并核算,无法确定资金使用情况。4. 下属单位钱江业余学校资产532.30万元、浙江工商经济开发公司资产137.02万元,未在会计资料中反映。审计处理意见:严格按行政单位会计制度要求进行核算,按相关规定进行会计调整;进一步规范预算外资金管理;加强对下属单位的财务指导和监督。

浙江天正信息科技公司的主要问题:1. 私设"小金库"206.82万元。2. 账外现金支付给个人业务费,没有签字,无依据。3. 账外现金7.07万元购买商品,没有合法凭证。4. 账外现金违规支付给个人奖励、津贴等106.85万元。审计处理意见:将账外收入依法登记在现金日记账内,并对公司处以10万元的罚款。

2006年,省审计厅对省委党史研究室财政财务收支进行审计。发现的主要问题:1. 部分专项经费未按规定用途使用,2005年财政共核拨省委党史研究室专项经费424.46万元,有18.84万元未按规定使用。2. 未经财政批准,22.50万元以前年度支出收回作"暂存款—福利费"核算,全额用于福利支出。3. 购买、处置拆迁安置房不规范。12套房产转让未进行固定资产评估,未统一在处置中心挂牌交易,而是直接委托房地产代理公司处置,不符合规定。4. 出售拆迁安置房收入599万元,未申报缴纳营业税金及附加。审计处理意见:1. 补缴税费33.55万元。2. 改变资金用途应报省财政补办审批手续。

第三节 行政事业专项审计与审计调查

1989 年起，全省审计机关先后开展行政事业单位专项审计与审计调查。至 2010 年，省审计厅共完成行政事业专项资金审计及审计调查项目 42 个，主要涉及公安系统、工商行政管理系统、政府采购、集中核算、住房资金、城建资金等方面的专项审计及调查。

表 38-7-3-1 1989—2010 年浙江省审计厅对行政事业单位专项审计与审计调查一览表

年度	审 计 项 目
1989	省委政研室私设“小金库”专项审计
1992	全省公安系统专项审计(全省统一组织)
1995	全省城建主管部门专项审计(全省统一组织)
1997	全省住房资金专项审计(全省统一组织)，杭州、湖州、舟山市住房资金专项审计
1998	全省住房资金专项审计(全省统一组织)
2000	全省工商行政管理系统专项审计(全省统一组织)
2001	全省政府采购专项审计(全省统一组织)，省改革发展研究院、《改革月报》杂志社、杭州《改革月报》大楼物业公司、省《改革月报》集团公司专项审计(全省统一组织)
2002	省政府采购中心政府采购专项审计、省公安厅交通巡逻警察系统专项审计、全省机关会计核算中心专项审计(全省统一组织)、全省政府采购中心政府采购审计调查(全省统一组织)
2003	全省政府采购中心审计调查(全省统一组织)、全省公安机关公安特费账户专项审计(全省统一组织)
2004	全省计划生育系统专项审计(全省统一组织)、全省政府采购重点项目专项审计(全省统一组织)
2005	部分行政事业单位支出专项审计、体育彩票公益金使用效益专项审计、省住房公积金管理中心住房公积金及其他住房资金专项审计调查、全省住房公积金和其他住房资金专项审计调查(全省统一组织)、杭州市住房资金审计调查、全省城建系统专项审计(全省统一组织)
2006	部分省级单位部门预算执行专项审计、湖州市住房公积金专项审计、全省 9 个城市住房公积金专项审计(全省统一组织)
2007	绍兴市住房公积金的审计调查、省级单位部门专项审计、省级集中核算单位专项审计调查
2008	省级政府集中采购专项审计调查、省级集中核算单位专项审计、省级单位部门专项审计、部分省级行政事业单位政府物业管理费使用情况专项审计调查
2009	省级集中核算单位部门内部控制专项审计、省级集中核算单位部门内部控制专项审计调查、全省行政事业性收费政策执行情况专项审计调查(全省统一组织)
2010	省级公务车辆定点维修专项审计、全省党政机关资产管理状况专项审计调查(全省统一组织)、部分省级行政事业单位房产使用管理情况专项审计

资料来源：浙江省审计厅档案室。

一、公安系统专项审计及调查

1992—2003年，省审计厅共4次组织全省审计机关对全省公安机关及交警部门进行专项审计，重点对罚没款、收费和集资等情况进行审计。

1992年，省审计局组织77个市、县审计机关，对61个公安局和42个交警支队1990年度财务收支进行专项审计，重点审计罚没款、收费和集资摊派收支及票据管理情况。审计表明，全省公安机关对财务工作是重视的，多数单位财务收支情况较好。发现的主要问题：1. 直接坐支、截留罚没收入。应缴未缴罚没收款2045.83万元，擅自坐支移用428.11万元。2. 未经批，准擅自收费和超标准超范围收费。有19个市、县公安部门存在乱收费现象，涉及金额100.39万元；3. 部分收入未纳入财务管理，存在截留、违规使用情况，涉及金额173.77万元。4. 有12个市、县公安机关共集资摊派金额207.22万元。5. 票据管理混乱，存在各种名目的自制收费票据。6. 财务管理较乱，各种收入不入账，形成账外账，金额达272.97万元。对公安系统审计中发现的问题，审计机关按有关规定作出处理，并提出建议：1. 根据中共中央、国务院《关于坚决制止乱收费、乱罚款和各种摊派的决定》，各级公安机关要继续对“三乱”情况进行清理整顿。2. 加强财务人员业务培训。3. 要制定切实可行的各项收费、现金、票据和罚没钱物等管理制度。4. 完善公安系统内审体系，加强审计监督。

2002年，省审计厅组织全省审计机关，对全省公安交通巡逻警察部门2001年度财务收支进行专项审计。共审计省交警总队、高速公路交警支队，10个市交警支队和84个县（市、区）交警大队。发现的主要问题：1.个别地方存在乱收费行为。2. 应缴未缴行政事业性收费和罚没收入2916.04万元。3. 部分收入未纳入财务统一核算，存在转移收入、账外账涉及金额1204.75万元。4. 交通事故押金核算管理不规范且存在挪用情况。5. 公安机关挤占挪用交警经费2039万元。6. 存在个人恶意侵吞行政事业性收费的违法事件。审计处理意见及建议：1. 重视财务管理工作，加强财经法纪意识。2.进一步落实收支两条线的规定。3. 强化经费预决算管理。

2003年，省审计厅组织全省审计机关，对全省公安机关2002年度公安特别费用账户进行专项审计。发现的主要问题：1. 特费账户未按规定单独设置或单独核算。2. 随意扩大特费账户核算范围，将其他资金违规纳入特费账户核算。3. 特费收支管理不规范，未按规定单独编报年度预决算，特费的支出预算和实际决算财政部门无从掌握。审计处理意见：1. 各级政府应加大公安特殊经费的保障力度，各级公安机关和财政部门应严格特费预算、决算的编报和审批工作。2. 省公安、财政部门应加强制度建设，制定全省公安特费财务管理和会计核算实施办法。3. 对现有特费账户进行一次全面清理，凡在特费账户中的非特费资金应限期纳入行政财务大账，今后应严格特费账户的核算和管理。4. 加强内部审计监督。

二、城建资金专项审计及调查

1995—2005年，省审计厅共2次组织全省审计机关对全省城建系统预算外资金使用情况进行专项审计调查，重点审计预算外资金和专项资金的使用管理情况。

1995年，省审计厅组织全省审计机关，分别对全省各级城建主管部门和部分城建单位预算外资金征收、使用、管理情况进行同步审计调查。发现的主要问题：1. 城建配套费多头管理，漏征、少征现象严重。2. 城建预算外资金普遍未实行财政专户储存管理，挪用、挤占情况严重。3. 会计核算制度不健全，城建资金收支反映不实。4. 城建预算外资金结余款未缴“两金”较为普遍。审计处理意见及建议：1. 严格执行预算外资金管理办法，进一步改进和加强城建预算外资金的使用和管理。2. 加强征收环节的管理。3. 各级城建部门要加强城建资金的会计核算工作，建立完整的收费统计台账。

2005年，省审计厅组织全省审计机关，对省建设厅和各市、县城建部门2004年度预算执行情况、专项资金的管理使用情况、有关下属单位的财务收支情况进行专项审计。发现的主要问题：1. 部分单位预算编制内容不够完整。2. 专项资金计划下达滞后、拨付不及时、不到位，存在挤占、挪用专项资金情况。3. 部分单位存在少收、不收有关行政事业费等违规行为。4. 资产管理和财务核算不规范，收入不入账。审计处理意见：1. 强化预算观念，细化预算编制，严格预算约束。2. 加强专项资金管理，切实做到专项专用。3. 各级城建主管部门要加强对下属单位的财务监管，切实执行内部控制制度。4. 规范城建系统所属各社团职责界限，该由行政部门行使的职能只能由行政部门自身来实行，实现行政职能与市场职能的脱钩。5. 开展对长期挂账往来款项和未入账固定资产的清理工作，确保各项债权债务的真实性，防止国有资产流失，罚没收入应及时上缴财政。

三、住房资金专项审计及调查

1997—2006年，省审计厅组织全省审计机关先后对各地住房资金、住房资金（公积金）和其他住房资金的归集、使用和管理情况及住房资金管理中心的财务收支进行11次专项审计及调查。

1997年，省审计厅组织全省审计机关，对84个市（地）、县（市、区）住房资金的归集、使用和管理情况及住房资金管理中心财务收支进行专项审计及审计调查，共涉及230个相关单位，审计总金额69.64亿元。本次审计采取上审下、同级审和检查验收相结合的方法，其中省审计厅直接审计杭州、湖州、舟山3个市。发现的主要问题：1. 住房公积金归集率不高。大部分地区建制率偏低，实缴率不高，存在长期不建制或建制后长期欠缴情况。2. 住房资金使用率不高，挤占挪用住房资金达7.28亿元。3. 多头管理，分散资金，不利于监督检查。4. 住房资金管理中心经费缺乏控制和监督，存在变相侵占住房资金现象。5. 部分地方未按规定核算管理住房维修基金，存在违规动用本金等情况。审计处理意见及建议：1. 各级政府、住房资金管理机构及有关部门要提高认识，加强领导，理顺管理体制，进一步健全完善规章制度。2. 采取切实手段加大住房资金归集力度，提高归集率，避免住房资金流失。3. 严格审核程序，加强对资金后续监管力度。

1998年，省审计厅再次组织全省审计机关，对11个市（地）、72个县（市、区）和省直住房资金的归集、使用和管理情况以及100个基金管理进行专项审计，延伸审计调查银行房信部及住房资金缴纳、使用量大的单位 170 个。发现的主要问题：1. 挤占挪用住房资金情况仍较严重，挤占挪用住房资金达 5.46 亿元。2. 住房公积金归集工作亟待加强。至 1997 年底，建制率为 43.46%。3. 部分地方直管公房出售收入未纳入住房资金管理中心统一管理，不少地方住房资金管理中心经费支出未经审核和批准。审计处理意见：1. 各级政府、住房资金管理机构及有关部门要提高对住房资金的认识，加强领导。2. 加强宣传，认真贯彻执行《浙江省住房公积金条例》，努力扩大公积金筹集使用范围。

2005 年，省审计厅对省直住房中心 2004 年度住房公积金和其他住房资金归集、使用和管理情况进行审计调查，并延伸调查了省财政厅、省工商局等 35 个住房公积金缴交有关单位。审计表明：至 2004 年，已建立住房公积金制度的省直单位数 2069 个，职工人数 17.82 万人，归集住房公积金 16.58 亿元，支取和转移 7.80 亿元，净余额 35.51 亿元。发放贷款余额 28.26 亿元。发现的主要问题：1. 住房公积金缴存、变更或者注销登记手续未及时办理。2. 记账式国债 5500 万元被金通证券指定回购融资存在风险。3. 住房公积金个人住房抵押贷款综合保险业务代理保险手续费 110.45 万元入工会账。4. 往来款长期挂账未及时清理。至 2004 年，住房公积金账其他应收款 4.12 亿元，其他应付款 7.07 亿元，住房补贴账应缴住房补贴年底挂账数为 131.19 万元。5. 投资收益 16.88 万元留在投资单位直接给职工发放奖金。审计处理意见：1. 进一步加大宣传力度，扩大政策影响。2. 加强联系，确保住房公积金缴存登记手续及时办理。3. 进一步规范对个人抵押贷款中介机构的选择。

2005 年，省审计厅组织全省审计机关，对全省 2004 年度住房公积金和其他住房资金归集、使用和管理情况进行专项审计调查。发现的主要问题：1. 住房公积金管理机构未按规定及时调整到位。2. 住房公积金覆盖面不够宽，住房公积金制度建立有待加强。3. 公积金缴存比例和基数不一，个人缴存额相差悬殊。最高月缴存额达 1.30 万元，最低月缴存额仅 4 元。4. 住房公积金个人住房贷款各地发展不平衡，向中低收入家庭发放的住房贷款偏少。5. 住房资金管理不合理，未能实现安全有效增值。6. 住房分配货币化工作进展缓慢，一次性住房补贴发放不平衡。7. 个别地方违规提供担保基金存在风险。8. 其他住房资金历年违规借(贷)款 7.38 亿元，部分借、贷款难以收回。审计处理意见：加强资金管理，严格征缴执法；实现安全有效增值；稳步推进企业住房分配货币化；强化风险意识；健全法规体系，完善政策措施。省长吕祖善等省领导对审计报告作出批示，要求对照整改。

2006 年，省审计厅组织 9 个市级审计机关，对住房公积金进行专项审计调查，重点关注 2005 年度住房公积金的归集、使用和管理情况，以及全省住房公积金政策、制度的执行情况及其效益。发现的主要问题：1. 公积金覆盖率低，结构不够平衡。2. 公积金缴存额差距过大。3. 住房公积金贷款政策受益面存在错位现象。4. 廉租房建设补充资金未发挥应有效益。审计处理意见及建议：1. 修订完善住房公积金制度及相关管理办法。2. 积极推进城镇廉租住房保障制度。

四、浙江省《改革月报》集团专项审计

2001 年，按照省委、省政府部署，省审计厅对省改革发展研究院、《改革月报》杂志社、杭

州《改革月报》大楼物业公司、省《改革月报》实业集团公司4个单位进行专项审计。同时，组织杭州市审计机关等对《改革月报》实业集团下属单位进行全面审计。

省改革发展研究院的主要问题：1. 违规筹集资金：吸收集资款150万元，尚未归还；借入资金1221.41万元，未归还额达1001.81万元。2. 调用资金造成损失，估计已有623万元无法收回。3. 对外投资失控，对杭州之江玻璃钢舰艇制造公司的投资、股权转让脱离财务监控，涉及金额5万元。4. 挪用、出借公款。向杭州锦江集团借入70万元，出借给临安纺织通信总厂，至审计日仍未收回。5. 公款42.30万元长期被个人占用。审计处理意见：1. 在省政府工作组安排下对违规筹集资金进行清理、归还。2. 根据省政府工作组部署进行追讨对外投资，以减少损失。3. 追回挪用、出借资金，长期被个人占用公款应予追回。

《改革月报》杂志社的主要问题：1. 违反会计法，反映虚假盈利，会计信息严重失真。2. 对外担保数额较大，存在损失风险极大，且未在财务会计报告中予以说明。因已发生诉讼经法院判决产生担保责任额2024.20万元，已被法院扣款3.70万元，潜在损失2020.50万元。3. 对外投资核算违反会计制度，对外投资余额129.50万元，账务反映严重失真。4. 债权被冲销或列支费用120万元。5.《改革文摘》报社存在白条支取现金6万元。6. 所属浙江信远公司为集团代开发票100万元，发票未入账。审计处理意见：1. 对216万元虚假盈利应调减经营结余，相应调增应付集团公司债务290万元，调增债权74万元；对1.26亿元虚假盈利，考虑到确有资金拨入，可不做调整，需补办集团公司拨款的有关手续。2. 补列应收款120万元，相应调增负债和经营结余。3. 督促下属单位纠正问题并加强管理。

省《改革月报》实业集团公司的主要问题：1. 虚增及抽回资本金。虚增的资本金2000万元；通过虚增资本金调增净资产1904万元；杂志社从集团公司抽回注册资金550万元。2. 盈亏不实，资不抵债，账面资产负债权益严重不实。需要调整减少的负债为3314万元；投资损失4805万元未及时反映；费用挂账749万元未及时纳入盈亏；在债权中为有关单位垫支费用549万元；在递延资产中属捐赠、赞助的费用支出214万元应纳入亏损。3. 集团公司非法集资311.10万元。4. 违规高息筹集资金3459万元，年利率高达24%－30%。5. 盲目投资，管理混乱，投资损失严重。长期投资单位及项目58个，投资金额1.44亿元，剔除虚假投资1904万元，实际对外投资1.25亿元，造成的投资损失4805万元。6. 投资权益无人落实，经济责任无人承担。7. 违反财务制度规定，收支款项手续凭证不全。8. 费用开支失控，有关证、单不全。在支出的费用中，经审核未取得收款单位收据的金额有224万元。9. 负债及资产未在账上完整反映。投入浙江天圆实业投资公司270万元开发“三星大厦”项目，2000年杂志社将在三星大厦的25%股权332万元及利息用于抵偿集团公司对华盟公司的债务733万元，以接受省经文公司所欠杭州钢铁集团公司544万元债务的方式，抵冲应支付给省经文公司的股权转让款等均未在账上反映。10. 违反财经纪律，公款私存。集团公司与省设备调剂服务部签订设备物资转让合同100万元，款项划入个人活期储蓄存折。11. 对外担保，承担巨额连带责任。集团公司因对外担保，承担担保责任款5515万元。审计处理意见及建议：1. 集团公司的投资损失及未纳入损益的费用支出，应按照财务制度的规定，调整账务，以真实完整地反映集团公司财务状况。2. 对数额较大的投资损失及坏账损失，应账销案存，纳入破产清理范围，依法处置。3. 尽快将集团公司纳入破产程序，对投资及债权的权益进入破产保护。省政府根据审计结果召开专题会议，决定对《改革月报》实业集团公司实行停业整顿。

同时，省审计厅组织杭州市审计局等审计机关，对省《改革月报》实业集团公司所属省经济文化发展公司等单位进行专项审计。发现的主要问题：1. 注册资金虚假，实收资本“不实”。至 2001 年 2 月，集团公司及其所属 18 家单位存在虚假出资和注册资金不到位情况。应到位注册资金 2.44 亿元，实际到位 7396.08 万元。2. 盲目投资，造成投资损失 7943.19 万元。3. 兼并扩张，给有关企业造成更大困难。4. 违规转让股权及资产，至少损失 2829 万元。5. 违规高息筹集资金 1.26 亿元。6. 利用职务便利，长期挪用和占用公司资金及资产。7. 资金账外运作，逃避监督。8. 费用开支严重失控。在自身发展困难情况下，用大量资金搞各种捐款、赞助和评选活动。1995—2001 年，各项费用开支高达 2350 万元。9. 因对外担保造成损失和潜在损失严重。10. 经营不善，管理混乱，会计信息严重失真。审计处理建议：1. 清理催收，减少损失。2. 严格执法，追究责任。3. 认真核实，妥善安置。

五、政府采购专项审计及调查

2001 年起，省审计厅先后对全省政府采购情况和采购管理部门进行 6 次专项审计及审计调查，重点对政府采购预算、程序、制度执行情况及经费使用管理情况进行专项审计。

2001 年，省审计厅组织全省审计机关，对省本级、11 个市、81 个县(市、区)的政府采购情况进行专项审计。发现的主要问题：1. 机构设置混乱，未建立管理、操作、监督相分离的制约机制。2. 采购规模偏小，范围较窄，逃避政府采购现象比较普遍。3. 采购无预算和计划，批次多、金额小，影响采购工作质量。4. 采购操作程序不规范。5. 政府采购基础工作薄弱。审计处理意见及建议：1. 积极采取措施，扩大政府采购范围和规模。2. 建立完善政府采购预算制度，提高政府采购质量。3. 加强法规制度建设，规范政府采购行为。4. 增加政府采购的透明度，建立完善内外并重的监督制约机制。5.认真开展调查研究，积极探索政府采购管理新机制。

2002 年，省审计厅组织全省审计机关，对政府采购管理部门和采购单位进行专项审计和审计调查。发现的主要问题：1. 政府采购管理体制不完善，缺乏监督制约机制。2. 政府采购预算管理滞后，影响采购工作开展和作用发挥；部分单位存在逃避政府采购的行为。3. 政府采购方式确定不合规及程序执行缺乏规范和透明。审计处理意见：1. 必须重视政府采购制度建设。2. 对符合公开招标方式的采购活动应尽量采用公开招标。3. 必须重视采购档案管理工作。

2003 年，省审计厅组织全省审计机关，对全省 2002 年度政府采购情况进行专项审计和审计调查。发现的主要问题：1. 政府采购预算和计划管理工作滞后。2. 政府采购机构设置普遍不符合要求，采购和监管一体，缺乏监督。3. 政府采购方式和程序执行不规范。4. 政府集中采购范围较小，结构单一。5. 政府采购管理和监督措施不到位，基础工作薄弱。审计对全省政府采购存在的问题，提出处理意见。

2004 年，省审计厅组织全省审计机关，对全省 2003 年度政府集中采购的 320 个重点项目进行审计和审计调查。审计结果表明，全省各级政府采购部门认真贯彻落实《政府采购法》，采购规模进一步扩大，采购行为逐步规范，管理制度逐步完善，监管工作不断加强，初步建立起政府采购的运行机制。发现的主要问题：1. 机构设置不合规。2. 预算刚性不强、编制不完整、计划不科学、管理不规范。3. 违规操作影响《政府采购法》的贯彻执行。4. 采购信息化项目国产化率偏低。审计处理意见及建议：1. 进一步重视和加强集中采购机构建设。2. 加快部门预算改革步伐，规范支出行为。省领导对审计报告作出批示，要求对照整改。

2008 年，省审计厅对省政府采购管理办公室和省政府采购中心 2007 年度政府集中采购情况进行专项审计调查。审计表明：省政府集中采购规模稳步增长，推动全省集中采购资源共享，采购范围逐年提高，政府采购监管体系不断完善。发现的主要问题：1. 政府采购规模偏小，采购预算追加和调整率高。2. 政府采购相关制度执行不够到位和操作不规范，影响政府采购效益。3. 现行省级政府采购制度不够完善。审计处理意见：1. 规范政府采购预算，提高政府采购的执行力。2. 完善政府采购相关政策法规。3. 整合资源，提高政府采购效益。4. 加强政府采购市场调研，科学制定采购招标文件。5. 简化政府采购审批操作程序。6. 加大政府采购宣传，提高政府采购的透明度。省长吕祖善等省领导对审计报告作出批示，要求对照整改。

六、预算执行情况专项审计及调查

2005 年起，省审计厅先后对省本级行政事业单位预算执行情况进行 7 次专项审计及审计调查，重点对预算编制、执行、专项经费支出、制度建设等进行专项审计。

2005 年，省审计厅对省人事厅、省科技厅等 7 个行政机关 2004 年度支出情况进行专项审计调查，并根据资金走向对相关单位进行延伸调查。发现的主要问题：1. 日常公用经费定额标准偏低，预算约束力不强。2. 经费预算和业务工作计划相脱节。3. 预算编制不科学。4. 追加的专项经费比例过高，影响资金使用效益。5. 挤占挪用专项经费和在下属单位开支现象比较普遍，本次调查 7 个单位共挤占专项经费 204.94 万元。审计处理意见：1. 适当提高正常公用经费定额标准。2. 细化预算，强化预算约束力。省长吕祖善对审计报告作出批示，要求对照整改。

2006—2007 年，省审计厅对省级 15 个单位部门预算执行情况进行专项审计，对 3 个单位部门决算进行审签，同时安排对省级集中核算单位 2005—2006 年部分项目预算执行情况进行专项审计调查。发现的主要问题：1. 部门预算盘子不够完整，部分收支游离于财政监督管理之外。20 个省级部门及所属单位 19.80 亿元收支未纳入部门预算。2. 多编预算、虚列支出，致使资金结余和挂账沉淀，造成财政资金闲置，4 个单位涉及金额 8772.38 万元。3. 下属事业单位在办实体时违规抽资或资本金不实。5 个部门的所属单位存在违规抽资或资本金不实问题，涉及金额 2790.67 万元。4. 违规为单位职工谋取福利现象较为普遍，6 个部门涉及违规搞福利问题。5. 二、三级单位的违纪违规问题依然比较普遍，有 5 个部门的所属单位存在私设账外账、违规集资等问题，金额达 4380.27 万元。审计处理意见及建议：1. 进一步强化预算管理水平，在提高行政能力上下功夫。2. 建立部门预算管理和财务管理工作领导责任制。3. 加大监督和惩办力度，促进部门预算和财务管理规范化运作。

2007年，省审计厅对省级103个集中核算单位2005—2006年度预算执行电子数据进行分析，并选择省外经贸厅、省检察院、省质监局等12个单位2005—2006年度部分项目预算执行情况进行审计调查。发现的主要问题：1. 部分资金收支未纳入部门预算，部门预算编制不够完整。12个单位中有省外经贸厅、省质监局等6个单位共计1.06亿元收支未纳入部门预算。2. 项目支出急剧上涨，基本支出逐年萎缩。3. 利用会议费转移资金、账外不正当消费情况严重。审计处理意见：1. 进一步完善预算定额和支出标准。2. 尽快规范公务员收入分配秩序。3. 健全管理制度，完善管理措施。

2008年，省审计厅对103个省级集中核算单位2006—2007年度项目支出预算执行情况进行专项审计调查，重点调查省旅游局、省法院、省新闻出版局等10个单位。发现的主要问题：1. 项目预算大量列支正常性开支，掩盖了行政成本的快速增长。2. 项目经费预算分配差异导致部门间资金配置运行的不均衡。审计处理意见：1. 完善项目库建设，加强项目支出预算的可行性论证和审核。2. 完善经费支出标准体系，控制一般性支出。3. 完善项目预算、绩效考评，加强监督检查。省长吕祖善对审计报告作出批示，要求对照整改。

2007—2008年，省审计厅对省交通厅、省经济贸易委员会、省国土资源厅等12个单位的部门预算执行情况进行审计，并延伸审计所属的72个二、三级单位。同时对103个省级集中核算行政事业单位2006—2007年度项目支出预算执行情况进行专项审计调查。发现的主要问题：1. 预算编制不够规范。项目支出预算编制并未真正实行“零基预算”。预算编制内容不够完整，不少收支游离于预算管理之外。2. 预算执行不够严肃，随意性较大。在下属或相关单位列支本级费用问题仍不同程度存在。专项经费用于日常公用开支现象较普遍，行政成本逐年增加。3. 财务管理不够规范。“收支两条线”执行不够严格、违规收费等仍有存在。监管不够到位。审计处理意见：1. 完善经费支出标准体系，控制一般性支出。2. 尽快规范公务收入分配秩序。3. 将预算管理工作与各单位的考核和奖惩结合起来。4. 进一步加强内部审计工作。

2009年，省审计厅在对120个省级集中核算行政事业单位2008年度预算执行情况进行分析基础上，对其中部分单位的预算执行内部控制情况进行审计调查。审计结果表明：省本级部门预算推行之后，各预算单位逐步重视预算管理，但预算编制和执行关键控制点设置缺失、缺少责任约束、监督测评力度不够等现象普遍存在。发现的主要问题：1. 预算管理内部控制制度建设不够健全，预算编制和执行不够规范。2. 经费支出控制制度未能认真执行。3. 内部审计力量不足，内部监督约束力不强。审计处理意见：1. 进一步完善部门预算，强化预算控制能力。2. 健全部门预算单位内部控制体系，规范单位内部行为。3. 强化内部审计的监督作用。4. 加大单位内部控制考核力度。

七、资产管理使用情况专项审计及调查

2008—2010年，省审计厅先后对省本级行政事业单位预算执行情况进行4次专项审计及审计调查，重点对预算编制、执行、专项经费支出、制度建设等进行专项审计。

2008年，省审计厅对省国土资源厅、省教育厅、省外经贸厅等11个省级行政单位房产及其经济实体的经营性资产和政府代管资产等管理使用情况进行审计调查。发现的主要问题：1. 资产管理基础工作薄弱，家底不清。2. 政府物业低效运转，绩效普遍较差，“非转经”管理不严，对外出租和承包管理不够规范。3. 出租收益普遍较低，个别单位存在房产闲置和低价出租、高价返租现象。4. 自营的培训中心、宾馆、招待所等经济实体普遍亏损严重，部分利用财政专项补助运作。5. 政府物业经营管理混乱，漏洞较多。审计处理意见：1. 积极推进行政事业单位资产管理改革，不断创新政府物业的管理体制和模式，并采取渐进式的改革思路。2. 注重资产管理与预算管理、财务管理相结合。3. 优化资产配置，发挥资产使用绩效。4. 规范政府物业出租行为，推进源头治腐进程。

2009年，省审计厅组织6个市、16个县(市、区)审计机关，对行政事业单位资产开展同步审计调查，其中省本级和5个市、9个县(市、区)调查了行政事业单位用于办公、经营的各种房产。审计表明，全省行政事业单位公房配置、使用和经营管理等方面存在的问题相当严重，亟待规范。发现的主要问题：1. 办公用房配置超标严重，单位间配置不均。2. 不少办公用房以综合、业务用房通过审批，使用中改变用途现象较为普遍。3. 经营管理不够规范，效益低下。审计处理意见：1. 结合实际将所有行政事业单位公共资产进行分类管理。2. 积极探索实行政府公共资产产权集中管理，实行所有权和使用权彻底分开的产权管理新体制。

2010年，省审计厅组织省本级和6个市、16个县(市、区)专项审计调查组，对全省1072个党政机关2009年底的房产(不含公有住房)管理情况进行专项审计调查。发现的主要问题：1. 基础工作薄弱，管理不规范。2. 产权管理混乱问题突出。3. 房产的账务管理较为混乱。4. 自用房产比例偏低，部分房产存在闲置、出租等现象未按规定报批。审计处理意见：1. 组织房产清查，统一房产产权。2. 组织全省各级资产管理信息平台和管理协同机制。3. 出台配置标准，加强房产统一管理和考核。省领导对审计结果作出批示，要求对照整改。

2010年，省审计厅对43个省级行政事业单位房产(不含公有住房)使用管理情况进行专项审计调查。本次调查着重对房产规模、竣工决算办理、权证管理、房产的配置使用、账务处理等总体管理情况进行调查。发现的主要问题：1. 房产管理基础工作薄弱，管理脱节问题突出。2. 未及时办理房屋所有权证和国有土地使用证。3. 核算不规范，账面价值严重失真。4. 存在产权混乱现象。5. 房产超标配置、配置不均情况突出。6. 对外出租等经营性房产未按规定报批。审计处理意见：1. 组织以房产为重点的资产专项清查，摸清家底，统一产权，规范房产管理工作。2. 充分发挥省财政厅部署的资产管理信息化平台的作用，建立省级单位资产管理协同、考核机制。3. 研究出台省级行政事业单位资产配置和更新标准，控制和降低行政成本。省领导对审计报告作出批示，要求对照整改。

八、其他专项审计及调查

1989年，省审计局对省委政研室课题经费等收支情况进行专项审计。发现的主要问题及处理意见：私设“小金库”，个人用款0.26万元，应如数向个人收回；收支后的余额1.16万元，属自查部分的0.47万元可经报财政部门批准后转作预算外资金，其余被查部分本应全额上缴财政，鉴于政策研究室尚有未完成课题需补充资金，决定收缴财政0.4万元。

2000年，省审计厅组织全省审计机关，对全省部分工商系统进行专项审计，重点调查行政性收费及罚没收入收缴情况。审计共涉及各级工商部门85个，省和市的审计面达100%，县(市、区)审计达到87.95%。发现的主要问题：1. 存在违规收费和乱摊派现象。2. 拖欠、截留行政性收费收入和罚没收入。3. 坐支收入、搞收支挂账。4. 罚没、暂扣款物管理不规范。5. 行政性收费未纳入预算管理，票款分离、罚款分离工作尚未全面开展。6. 设置"小金库"。7. 市场管理分离及所办经济实体脱钩方面存在问题。8. 滥发奖金补贴、违规搞集体福利。9. 固定资产管理混乱，出借资金难以收回。10. 存在漏缴税金问题。审计处理意见及建议：1. 加强对行政性收费、罚没收入的管理。2. 加强会计核算和财务管理工作，重视对财务人员的培训。3. 增加财经法纪观念，严格财政纪律。4. 加快与所办市场脱钩，做好市场管理分离工作。

2002年，省审计厅组织全省审计机关，对全省会计核算中心进行专项审计。2001年底，全省已建立核算中心65个(省级1个，市级9个，县级55个)，集中核算单位4155个。发现的主要问题：1. 纳入集中核算的单位和资金范围不全。金华市已纳入集中核算的市级机关、事业单位尚有协会、工会等300多个账户未纳入集中核算。2. 集中核算单位的部分利息收入被会计核算中心转作自身收入。2001年底嘉兴市集中核算单位的利息收入总计218.19万元，核算中心自行转作经费收入143.79万元。3. 部分核算中心和集中核算单位内控制度不健全或执行不到位。4. 部分专项资金和往来款等核算以及其他会计基础工作不能满足单位的管理需要。5. 会计核算中心对集中核算单位财务情况不熟悉致使部分职责履行不到位。审计处理意见及建议：核算中心应建立健全开支事项的范围和标准，完善管理软件以提高会计核算工作质量。

2004年，省审计厅组织全省审计机关，对全省计划生育委员会(局)、计划生育指导站、计划生育协会2003年度财政财务收支进行同步专项审计，并对财政部门、流动人口管理站、乡镇(街道)计生服务站等进行审计调查。全省共审计单位237个，延伸调查单位356个。发现的主要问题：1. 社会抚养费应征未征2.05亿元。2. 违纪违规金额6396.17万元，其中计生系统5503.19万元，财政部门892.98万元。3. 有10个县(区)计生事业经费投入不符合国务院和省委、省政府的规定；财政部门和计生局未及时下达预算和拨付使用计生经费2146.83万元；无预算和超预算支出等挤占计生专项经费7.93亿元。4. 有75个县(市、区)的社会抚养费未按规定纳入预算管理；无依据超范围超标准违规收费167.56万元；社会抚养费应征未征2.05亿元；收费未按规定及时上缴或坐支挪用；未按规定使用收费专用票据。5. 违规零售免费计生药具17.42万元；违规核销免费药具3.54万元；计生药具管理工作基础薄弱。6. 应作未作收入609.20万元。审计处理意见及建议：1. 进一步强化预算管理，严格预算执行。2. 加大社会抚养费征收力度，规范计生收费管理和收费行为。3. 健全内部控制制度，提高财务管理水平。4. 调整收费标准，加强收费监管。

2005年，省审计厅组织实施全省体育彩票公益金使用效益专项审计调查。本次专项审计调查主要围绕省级体育彩票公益金使用效益展开，同时抽取各地、市进行延伸审计，调查对象主要为财政部门、体育行政管理部门等，针对群众体育设施满意度等问题做问卷调查，在杭州市、嘉兴市、衢州市本级随机挑选社区，组织完成750人次的公众调查。发现的主要问题：1. 全民健身计划需进一步加强，体育彩票公益金使用范围较窄，体育彩票公益金地区之间的分配差异较大。2. 部分体育彩票公益金及相关资金安排不及时，影响使用效益。3. 体育彩票公益金管理监督不透明，违规使用公益金。审计处理意见：1. 制定完善有关体育法规，体现体育彩票公益金"取之于民，用之于民"的原则。2. 增加财政性建设资金对体育基础设施的投入。3. 把全省各级公益金都纳入财政专户管理，强化横向监督的同时，纵向的监督不应松懈。省长吕祖善对审计报告作出批示，要求对照整改。

2010年，省审计厅对省级公车2009年度定点维修情况进行专项审计调查。本次专项审计调查共问卷调查28个省级公车使用单位，实地调查9家公车维修企业，对公车维修工时核算、材料、价格管理等情况进行重点关注。发现的主要问题：1. 维修材料价格管理不够规范。2. 维修工时费用收取混乱。3. 维修技术有待提高。4. 公车使用单位送修行为不够规范。审计处理意见及建议：1. 完善制度，提高公车维修政策的科学性和可行性。2. 改进系统，促进公车维修网上填报数据的真实完整。3. 明确责任，加强公车维修日常监督检查。4. 强化宣传，逐步建立公车维修公示制度。

第八章　文化教育审计

文化教育审计是审计机关依法对文化、教育、科技、新闻出版、广电等领域的行政机关、企事业单位、社会团体和高等院校财政财务收支及有关经济活动的真实性、合法性和效益性进行审计监督。浙江文化教育审计主要对预算执行情况、决算(草案)和其他财政财务收支进行审计,组织全省文化宣传、教育、科技等专项资金审计,开展相关专项审计调查。

浙江省文化教育审计始于1986年,以浙江省能源研究所挪用科研经费购房等问题的专项审计为开端,经历3个阶段。1986—1994年:审计机关成立初期,受客观条件制约,文化教育审计以文化教育部门定期审计和违法违纪问题专项审计为主要内容。随着审计机构、人才队伍和制度建设的逐步完善,文化教育审计向经常性年度财务收支审计和行业性专项审计转变。这一阶段审计以真实性、合法性审计占据主导地位,查处违纪违法问题是审计主要目的。审计对象覆盖面有限,高等院校审计未充分开展。而教育和电视两大行业开始全省同步审计。1995—2003年:1995年,《审计法》颁布实施。审计在坚持文化教育各领域均有涉及的基础上,重点突出资金体量大、项目数量多、涉及单位广的教育、科技领域,高等院校审计覆盖面进一步扩大。把内控制度列入审计的重要内容,评价内控制度的健全性和有效性,实现财政财务收入审计与内控制度审计相结合的转变。创新审计技术手段,在部分项目中开展计算机辅助审计,提高审计工作效率。审计查出违规金额、移送案件数量明显增加,部分项目得到省领导的批示。2004—2010年:浙江文教科技事业跨越式发展,经费投入成倍增加,审计重点关注体制机制问题,工作思路向“揭露问题、分析原因、提出建议、帮助整改”转变。专项审计及调查受到重视,每年都有项目安排,教育科技经费等传统问题、高校负债等发展难题、中小学校舍安全工程等民生热点问题、技术咨询服务等廉政风险问题被纳入专项审计及调查范围。计算机审计向着分析比对财务数据与业务数据、审查信息系统有效性等纵深推进,成为审计的重要支撑力量。

至2010年,省审计厅共完成文化教育审计项目106个,其中财政财务收支审计69个、专项审计及调查37个。有15个项目分别受到省委、省政府主要领导批示。其中:全省基础教育经费专项审计调查受到省委书记和省长批示;全省高校负债情况专项审计调查受到省委书记、省长批示,省有关部门出台解决问题的措施;浙江科技学院财务收支审计受到省长批示,有关涉案人员经审计被移送司法机关追究刑事责任。

第一节　文化广电新闻出版部门审计

1989 年起，全省审计机关对文化、广电、新闻出版行政机关、企事业单位和社会团体开展经常性年度财务收支审计(含预算执行审计)。至 2005 年，省审计厅共完成文化、广电、新闻出版部门审计项目 18 个。

表 38-8-1-1　1989—2005 年浙江省审计厅对文化广电新闻出版部门审计一览表

年度	审　计　单　位
1989	省青年记者俱乐部、省出版总社
1992	浙江人民广播电台、省广播电视厅、10 个地(市)级电视台(全省统一组织)
1993	浙江日报社
1995	省广播电视厅
1996	省广播电视厅
1997	省广播电视厅、省文化厅
2001	浙江歌舞剧院
2002	省广播电视局
2003	省文化厅
2004	省文联、浙江长城影视有限公司
2005	省新闻出版局、浙江广电集团、浙江日报报业集团

资料来源：浙江省审计厅档案室。

1989 年 8 月，省审计局对省青年记者俱乐部 1987 年以来的财务收支进行审计。发现的主要问题：1. 未经批准收取赞助费和广告宣传费合计 13.22 万元。2. 公款宴请、发放实物计 6.12 万元。3. 以虚列支出、收入不入账等方式，私收、私存、私分现金 0.88 万元。审计提出停止违规行为、罚款、收缴违规资金等处理意见。

1992 年 2—9 月，省审计局组织全省部分审计机关，对全省 10 个市(地)级电视台 1991 年度财务收支进行审计，重点是预算外资金。发现的主要问题：1. 绍兴电视台和金华电视台截留、转移收入私设“小金库”52.70 万元，宁波、嘉兴等电视台收入挂账 124 万元。2. 部分电视台违规发放钱物 38.55 万元，超业务支出范围列支奖金、设备购置等费用 222.30 万元。3. 有10 个电视台发放稿酬、劳务费、业务介绍费等金额过高，占预算外总支出的 25%，且预算外资金结余的分配明显向消费基金倾斜。4. 部分电视台内控制度不完善，存在实物冲抵广告费不入账、违规使用广告发票等问题。审计提出清理“小金库”等处理意见，建议省广播电视厅和省财政厅联合制定省电视系统财务收支规范性的会计核算制度。

1992 年 5—6 月，省审计局对浙江人民广播电台 1991 年度财务收支进行审计。发现的主要问题：1. 无营业执照经营饲料添加剂、收割器等业务取得销售收入 13.36 万元。2. 广告费、赞助费等收入 54.39 万元未纳入法定账务管理。3. 违规收取活动赞助费和有偿信息费合计 168.02 万元挂账。4. 违规向台内人员发放联系广告、赞助的组稿费、劳务费等。审计提出收回账外资金、停止违规收费、补缴税费等处理意见，建议单位改革财务管理体制，理顺财务管理关系，整顿下属各记者站财务收支。

1995年11月和1996年3月，省审计厅分两次对省广播电视厅1995年度预算执行情况进行审计。发现的主要问题：1. 收取下属单位集资建房款681.97万元挂账。2. 收取自费来华外宾接待费，结余52.18万元转入“外事基金”。3. 省电视台少缴营业税等税费合计13.63万元。审计提出调账、补缴税费等处理意见，建议加强对省电视台财务工作的监督检查。

1997年5月，省审计厅对省广播电视厅1996年度财务收支进行审计，延伸审计浙江电视台等下属单位。发现的主要问题：1. 违反“财务大包干协议书”的规定，应缴未缴省财政款项239.39万元。2. 厅机关、服务中心等单位固定资产管理制度不完善，未入账固定资产合计7.16万元。3. 出版社和报社少计经营利润合计81.82万元。4. 服务中心和出版社为职工购买应由个人负担的财产保险合计11.80万元，电台违规超额发放劳务费69.95万元。审计提出调账、收回应由个人负担费用等处理意见，建议单位清理过多的银行账户，加强对下属二级单位的管理。

2003年1—3月，省审计厅对省文化厅2002年度财务收支进行审计，延伸审计省艺术研究所、省电影公司等下属单位。发现的主要问题：1. 未经财政部门批准，将厅机关所属价值240.02万元的办公用房划拨给浙江文艺音像出版社。2. 将厅机关的基建资金2246.35万元借给省级文化系统有关单位。3. 在省艺术研究院列支应由厅机关承担的费用4.52万元。4. 中国丝绸博物馆未经财政部门批准，将1.33公顷土地的使用权及其附着物作价960万元进行对外投资。5. 浙江舞台设计研究院有限公司在改制过程中，将部分净利润160.69万元计为股东共享的资本公积，未按要求计为国有股独享的权益。6. 省电影公司取得摊位租金少缴房产税85.18万元。审计提出调账、补办资产划拨手续、收回违规拆借资金、补缴税费等处理意见，建议单位进一步完善基建财务管理制度，加强对下属单位对外投资的监管。

2004年7—8月，省审计厅对省文联2003年度财务收支进行审计，延伸审计浙江展览馆等下属单位。发现的主要问题：1. 以下拨“装修费”的名义将50万元财政专项资金转移至浙江展览馆，用于支付省文联机关办公楼装修和浙江画院装修。2. 虚列支出，将文化艺术创作扶持经费等财政专项资金转移至浙江展览馆、省艺术发展研究会等单位使用，尚有结余977.35万元。3. 将浙江展览馆等单位上缴的经营收益直接转入机关工会、食堂，用于发放人员福利等170.66万元，尚有结余572.91万元。4.“以拨代支”向下属10个协会拨款289.80万元。5. 浙江展览馆等3个单位少缴企业所得税126.74万元。6. 部分下属单位经营收支核算不规范，存在以大额现金支付工程款、对外投资分红未作收益反映、报刊发行收入长期挂账等问题。审计提出资金返还原渠道、补缴企业所得税等处理意见，建议单位加强所属事业单位财务管理。省长吕祖善等省领导就审计反映的问题作出批示。

2004年8—9月，省审计厅根据省文联财务收支审计发现的线索，对其下属企业浙江长城影视公司2003年度财务收支进行单独立项审计。审计结果表明，公司财务管理混乱，内控制度不健全，会计核算资料不完整，存在偷逃税款等违法问题，公司法定代表人涉嫌经济犯罪。发现的主要问题：1. 违规将公司业务收入268.33万元存入公司法定代表人的个人账户,由其列支费用267.37万元,其中的72.35万元真实性无法核实。2. 节目发行预收款和定金1423.20万元在公司法定账务外核算,部分剧组有647.71万元资金未入财务账核算。3. 以支付广告费的名义向股东派发红利197.83万元,直接冲减公司营业收入,偷逃营业税及附加10.98万元。4. 借款给个人287.30万元长期未收回,其中借给公司法定代表人208.90万元。5. 支付劳务费未代扣代缴个人所得税101.42万元,取得节目发行收入少计营业税及附加25.61万元。审计提出收回私存的公款和借给个人的资金、将账外资金纳入法定账务管理等处理意见,公司法定代表人涉嫌侵吞国有资产、贪污犯罪,移送省纪委处理;建议公司建立健全内控制度、加强会计基础工作。

2005年5—6月,省审计厅对浙江广电集团2004年度财务收支进行审计,延伸审计浙江广播电视服务中心等下属单位。发现的主要问题:1. 广告收入管理混乱,集团广告部门受到的监督制约不够,未向集团财务部门报告已播出的广告1.43亿元,少计实物折抵、广告互换等方式实现的广告收入3193.62万元,擅自减免客户广告费170.84万元、调减应收广告费709.05万元。2. 广告费的收费政策实际执行比较随意,各频道广告价格折扣普遍低于集团的规定标准,部分频道还向广告大户返利214.41万元。3. 集团账龄3年以上的往来款项1266.63万元未及时清理。4.集团对外投资27家企业整体效益不佳,仅有6家盈利合计327.39万元,有14家亏损合计1684.23万元,其余尚未实际运作或无主营业务收入。5. 下属浙江天元电影电视艺术中心有231.75万元电视剧版权转让收入未入账反映,浙江广联信息网络公司委托投资国债可能产生损失1483.02万元。审计提出调账、清理往来款等处理意见,建议集团加强广告收入管理,建立科学、合理的广告管理内控制度。

2005年8—9月,省审计厅对浙江日报报业集团2004年度财务收支进行审计,延伸审计集团下属的浙江日报报业集团有限公司14个单位。发现的主要问题:1. 集团内部广告、福彩体彩广告、互换广告等收入1148.56万元未作收入反映。2.集团按高于内部经营责任制规定的标准与新闻发展公司结算《浙江日报》广告代理费,多付533.73万元。3. 集团报刊采编与《钱江晚报》《今日早报》未明确广告发布费支付标准。4. 集团下属浙报房地产开发公司投资福建九龙房地产项目股权不明晰。5.《钱江晚报》《今日早报》发行贴损率缺乏有效控制措施,《钱江晚报》各外地发行站坐支报刊零售收入109.51万元用于发放工资等。审计提出调账等处理意见,建议集团进一步理顺事业、企业两种体制下的核算关系。

第二节　教育科技部门审计

1995年起,全省审计机关对各级教育、科技系统开展经常性年度财政财务收支审计(含预算执行审计和决算审签)。至2010年,省审计厅共完成教育科技部门审计项目22个,其中教育部门项目13个、科技部门项目9个。

表 38-8-2-1　　1995—2010 年浙江省审计厅对教育科技部门审计一览表

年度	审 计 单 位	年度	审 计 单 位
1995	省科委、省教委	2002	省教育厅(预算执行)、省教育厅(决算审签)
1996	省教委、省科委	2003	省高等教育自学考试委员会办公室
1998	省教委、省科委	2004	省科技厅、省高等院校招生委员会办公室
2001	省科协、全省科委系统(全省统一组织)、省科技厅、省教育厅、省高等院校招生委员会办公室、浙江教育报刊社、浙江教学仪器公司、杭州外国语学校	2005	省教育厅、省教育发展中心
		2009	省科协
		2010	省科技厅

资料来源:浙江省审计厅档案室。

1995 年 3—5 月,省审计厅对省科委 1994 年度财政财务收支情况进行审计,延伸审计其下属的星火计划管理办公室等单位。审计结果表明,省科委对"科技三项经费"、自然科学基金和其他财政专项资金的管理使用很不规范,存在私设"小金库"、转移科技经费等违反财经法纪的行为。发现的主要问题:1. 虚列自然科学基金和"科技三项经费"支出形成账外资金 1189.97 万元,存入金融机构或借给有关科技企业。2. 从"科技三项经费"中划转资金 4538.36 万元设立科技开发基金和有偿使用资金,但未设账核算,使其游离于财务管理之外,且贷款逾期数额庞大,单位催收措施不力。3. 转移"科技三项经费"、自然科学基金和预算外收入设立"小金库"3 个,金额合计 50.45 万元,单位会计挪用"小金库"公款 2 万元。4. 挪用科技经费 790 万元借给省科技开发总公司等企业用于经营活动。5. 星火计划管理办公室转移或截留资金 201.45 万元至账外,侵占科技经费 41 万元。审计提出"小金库"资金和星火计划管理办公室侵占、截留的科技经费上缴省财政,清理科技开发基金和有偿使用资金并建账核算,虚列支出形成的账外资金重新纳入单位财务统一管理等处理意见,将涉嫌挪用公款的单位会计移送检察机关处理;建议单位改变科技资金多头分管的状况,全面彻底清查历年结余的科技经费,建立健全内部审计制度。

1995 年 10—11 月和 1996 年 1—2 月,省审计厅分两次对省教委 1995 年预算执行情况进行审计,延伸审计浙江农业大学、省高等院校招生委员会办公室等单位。发现的主要问题:1. 将预算经费 125 万元借给教育系统有关单位或个人尚未收回。2. 未经批准收取中专录取费等 6 项费用合计 75.47 万元。3. 将省财政拨入的职教周转金 570 万元转到某服务部委托其发放贷款,取得资金占用费收入 66.80 万元在该服务部账面列收列支。4. 省高校成教研究会擅自提高函授、夜大学生学费标准,省电大擅自设立考务费等 5 项收费,省招办未经批准收取艺术类考试报名费。审计提出收回出借的预算经费和职教周转金,停止违规收费等处理意见。

1998 年 4—5 月,省审计厅对省教委 1997 年度财政财务收支进行审计,延伸审计省教委教研室、省教学仪器公司等单位。发现的主要问题:1. 事业性收费 312.10 万元未按规定上缴财政，其中的234.65万元已使用，其余77.45万元分配给有关处室。2. 未报财政部门同意，直接将房屋出租收入224.90万元存入基建账户。3. 未经批准，收取“中师自考审定费”14.31万元。4. 无合法凭证列支印刷费、会议费合计41万元。5. “职教周转金”借款本金220.50万元、利息39.31万元逾期未收回。审计提出事业性收费上缴财政专户、停止无证收费、收回“职教周转金”借款本息等处理意见，建议加强固定资产管理、制定固定资产管理制度。

1998年10—12月，省审计厅对省科委1997年1月至1998年9月预算执行情况和预算外资金管理使用情况进行审计，延伸审计其下属的浙科技术开发总公司、省科技风险投资公司、省火炬产业发展中心等10个企事业单位。发现的主要问题：1. 省科委本级将国家火炬中心下拨的专项经费344.31万元放在省火炬产业发展中心账面核算，部分资金用于省科委本级的差旅费、招待费等支出。2. 省科技风险投资公司将2360万元资金用于金融投资等与科技无关的项目。3. 科技发展基金中，逾期3个月以上的贷款达1911.05万元。4. 浙科技术开发总公司、省科技风险投资公司等7个单位对外出借资金余额达7558.90万元，其中有457万元逾期未收回、2981.02万元已成坏账。审计提出收回与科技无关的项目投资、清理催收出借资金和逾期贷款、专项经费转回省科委本级等处理意见，建议省科委健全科技专项资金决算审查监督机制，加强对直属单位的财务监管。

2000年12月至2001年5月，省审计厅对省教育厅、省高等院校招生委员会办公室、浙江教育报刊社、浙江教学仪器公司、杭州外国语学校等5个单位财务收支进行审计。发现的主要问题：1. 核算不规范。省教育厅向浙江教育报刊社借款800万元用于购买处级干部商品房，借款作收入反映；省招办房屋出租收入140.72万元和信息费、刊播费收入43万元不应列在下属单位账面核算。2. 违规收费。杭州外国语学校收取各种名目赞助费合计1018.36万元，收费标准随意性较大；省教学仪器公司未经批准收取校办企业相关费用。3. 账外资金。省招办招生刊物发行收入1691.69万元在法定账外核算，高校音乐、美术等专业招生考试报名费86.29万元由各市(县)招办代收后直接转给各考点开支；浙江教育报刊社将下属公司上缴的承包款78.90万元直接转入报刊社职工个人账户，构成私设私分“小金库”。4. 转移经费。厅师范处将拨入浙江教育学院等3所学校的补助经费127.50万元作为厅师范处的处室经费，在上述学校账面列支，用于会议费、印刷费等；厅基础教育处将企业的教育捐款210万元转入省教研室，用于本处室有关开支。审计提出调账、收回账外资金、补缴税费、对“小金库”罚款20万元等处理意见，杭州外国语学校违规收费和省教育厅有关处室转移经费问题移送省教育厅处理。建议省教育厅对厅直属事业单位和高校开展定期或不定期的财务检查，省教育厅有关直属单位应加强会计基础工作、完善内控制度。

2001年，省审计厅组织全省审计机关，对全省科委系统1999—2000年度财政财务收支情况进行审计，重点审计科技经费的管理、分配和使用情况，延伸调查科技经费使用单位808个和科技项目1419个，科技经费的审计覆盖面为41.58%。发现的主要问题：1. 部分市、县科技经费增长低于财政经常性收入增长，部分市、县科技经费占同级财政支出的比例未达到市3%、县2%的标准。2. 省科技风险投资公司、省科委等单位将科技经费用于委托理财、违规出借等与科技无关的项目，合计4.72亿元。3. 挤占挪用科技经费4116.28万元用于基本建设、科委机关行政支出和其他不合规支出。4. 各级科委未按规定及时足额拨付科技经费3740.02万元。5. 省科委、台州市科委等单位违规豁免或核销科技发展基金贷款211.31万元。6. 全省科委系统科技有偿使用资金逾期未收回贷款余额达1.73亿元，部分已形成坏账。7. 多数企业和科研院所未对科技项目经费实行单独核算反映。审计提出收回被挤占挪用的资金、及时下拨经费、收回逾期贷款等处理意见，建议继续加大科技经费投入，提高主动设计项目经费在"科技三项经费"中的比重，区别对待科研院所事业费减拨，尽快制定出台科技有偿使用资金余额处理办法。省长柴松岳对审计报告作出批示。

2001年9—10月，省审计厅对省科协2000年度财务收支情况进行审计，延伸审计其下属的省科技咨询中心、省科技发展"金桥工程"基金会等单位。发现的主要问题：1. 内设机构科普部以收入不入账的方式设立"小金库"16.16万元。2. 未经财政部门同意，违规从房屋出租收入和下属单位缴款中提取职工福利基金63.61万元，违规将科学会堂扩建配套工程专项资金197.40万元用于其他项目。3. 以"房屋修理费"的名义套取现金17.28万元，发放职工福利。4. 省科协本级历年房租收入507.71万元、省科技咨询中心利息收入1465.19万元长期挂账。5. 省科技发展"金桥工程"基金会违规出借资金216万元，尚有57万元未收回。审计提出调账、清理"小金库"、将挪用的专项资金返回原渠道等处理意见，建议省科协加强财务核算基础工作和对下属单位的财务收支监管，关注内控制度实际执行情况。

2002年1—2月，省审计厅对省教育厅本级2001年度决算进行审签。发现执行以前年度审计决定不到位、部分经费下拨不及时等问题并作出相应处理。这是省审计厅服务省人大常委会对部门预决算审查监督，在文化教育审计领域开展的首个决算审签项目。

2004年5—8月，省审计厅对省科技厅2001—2003年度财务收支进行审计，延伸审计其下属的省风险投资公司、浙科技术开发总公司等单位。发现的主要问题：1."科技三项经费"预算编制不完善，部分预算没有对应的科技项目。2. 科研项目投入比较分散、单项扶持力度较弱，重大和重点科研项目平均资助额仅23万元，一般项目平均资助额仅14万元。3."科技三项经费"对外拨付不够及时、专项资金预算执行进度缓慢，至2003年底分别结存9040.58万元和2680万元。4. 省风险投资公司将厅下拨的"科技三项经费"4700万用于委托理财等无关项目。5. 浙科技术开发总公司以收取技术咨询费后再返还的方式，帮助有关单位套取现金2.20亿元。6. 厅属单位的科技项目存在配套资金不到位、未按要求单独核算、支出超预算和范围等问题。审计提出完善"科技三项经费"预算编制、收回用于无关项目的"科技三项经费"、停止套现活动等处理意见，建议加大科技管理体制改革力度，突出"科技三项经费"的扶持重点。

2004年11月，省审计厅对省高等院校招生委员会办公室2003年度财务收支进行审计，延伸审计其下属单位省招生考试信息咨询公司。发现的主要问题：1. 业务经费和会议费开支合计1361.90万元未编制预算。2. 向各市招办收取"招生通信资料费"未纳入法定账核算，尚有结余657.45万元。3. 以前年度行政事业性收费635.01万元长期挂账，未上缴财政专户。4. 固定资产账实不符109.12万元，已投入使用基建工程未及时办理竣工财务决算。

审计提出完善预算编制、调账、行政事业性收费上缴财政等处理意见，建议单位完善固定资产管理制度，加强对下属公司的监管。

2005 年 3 月，省审计厅对省级高教园区的建设单位省教育发展中心 2002—2004 年度财务收支进行审计。发现的主要问题：1. 将高教园区后勤项目转让给有关企业或学校，至 2004 年底应收未收分期转让款 1.83 亿元。2. 借款 100 万元向高教园区经济适用房项目公司注资，未作“对外投资”反映。3. 从自建和代建的工程项目中提取管理费合计 785 万元挂账。审计提出追讨应收账款、调账等处理意见，建议单位集中报销审批权，实行“一支笔”审批。

2005 年 5—6 月，省审计厅对省教育厅 2004 年度财务收支进行审计，延伸审计其下属单位省教研室、省电化教育馆、浙江教育报社等单位。发现的主要问题：1. 收取计算机等级考试费和大学外语等级考试费合计 1616.85 万元，未按规定上缴财政专户，且擅自与高校进行收入分成。2. 通过省教育发展中心向银行贷款 3200 万元用于浙江教育大厦基建项目，还贷资金来源尚未落实。3. 省教研室收入 1247.77 万元、省电化教育馆收入 241.94 万元长期挂账。4. 浙江教育报社为厅机关职工发放福利 19.10 万元。审计提出调账、行政事业性收费全额上缴财政专户等处理意见，建议省教育厅加强对所属事业单位和高校的财务监管。

2010 年 4—5 月，省审计厅对省科技厅 2009 年度部门预算进行审签，延伸审计 23 个部门预算组成单位。发现的主要问题：1. 部门预算仅编报“上年结转和结余”958.36 万元，该项决算金额高达 2.44 亿元。2. 科技项目经费拨付进度失衡，下半年拨付的资金占全年的 93%，其中 12 月占全年的 54%。3. 部门预算执行率偏低，23 个单位总的预算执行率仅 19%，有 15 个单位执行率低于 30%。4. 财政专项资金结余达 2.74 亿元，比年初增长 29%，有 10 个单位结余超 1000 万元，12 个单位结余超当年财政专项拨款。审计建议省科技厅统筹安排上年结余资金，加强对部门预算单位预决算编制工作的指导和监督。

第三节　高等院校审计

1989 年起，省审计厅对高等院校（含升格前中等专科学校）开展经常性年度财政财务收支审计。被审计的高等院校以省属院校为主体，含少数因办学体制改革划归浙江省管理的中央部委直属院校。至 2009 年，省审计厅共完成高等院校审计项目 28 个。

表 38-8-3-1　　1989—2009 年浙江省审计厅对高等院校审计一览表

年度	审计单位
1989	杭州电子工业学院
1991	浙江医科大学、浙江交通工业学校、浙江机械工业学校
1992	浙江工学院
1999	浙江丝绸工学院、杭州商学院、浙江经济高等专科学校、杭州应用工程学校
2000	温州医学院
2001	中国计量学院
2002	中国美术学院、浙江海洋学院、浙江科技学院、杭州商学院
2003	浙江广播电视大学、浙江财经学院、杭州电子工业学院、浙江工业大学
2004	宁波大学
2005	浙江水利水电高等专科学校、浙江传媒学院、浙江理工大学、浙江工业大学、湖州师范学院、浙江科技学院
2006	浙江海洋学院、中国计量学院
2007	浙江体育职业技术学院
2009	浙江医学高等专科学校

资料来源:浙江省审计厅档案室。

1989 年 11 月,根据审计署授权,省审计局对杭州电子工业学院(杭州电子科技大学前身)1988 年 1 月至 1989 年 6 月财务收支进行审计。发现的主要问题:1. 以搞计划外创收为名设立“小金库”250.61 万元。2. 学院物资供应部以“为学院创收”的名义倒卖木材指标和钢材等重要生产资料获利 16.37 万元并设立“小金库”。3. 用“小金库”资金进行对外投资,造成损失 15.80 万元。此外,审计还发现了学院严重违反现金管理规定、违规购买专控商品、资金管理不善等问题。审计提出“小金库”余款抵作财政拨款等处理意见,要求学院对有关当事人进行处理。

1991 年 5—6 月,省审计局对浙江医科大学 1990 年度财务收支进行审计。发现的主要问题:1. 学校取得外汇 29.92 万美元、10 万日元、0.37 万港元未纳入学校法定账务管理,而由学校财务处副处长私自保管。2. 将 349 万元国家资金转作银行定期存款,取得利息收入 28.10 万元。3. 将财政基建资金 270 万元外借,收取利息 17.69 万元,其中的 10 万元由学校财务处处长借给其弟经商。4. 有 8 个银行账户尚未按财政要求撤销,部分仍在进行违规财务收支活动。审计提出收回个人私存外汇、收缴违规外借资金产生的利息等处理意见,将涉嫌挪用公款的学校财务处处长移送省检察院处理。建议学校加快财务管理体制改革,完善和修订财务管理制度。

1992 年 6—7 月,省审计局对浙江工学院(浙江工业大学前身)1991 年度财务收支进行审计。发现的主要问题:1. 未经批准收费 6.18 万元。2. 通过虚列支出的方式,将财政经费 49.46 万元转移到预算外科目。3. 在预算内经费中列支预算外支出 62.54 万元。4. 对外科技服务收入分配不符合国家规定,过分向个人和系、处倾斜。审计提出调账、报领收费许可证等处理意见,建议学校加强会计基础工作和内部审计工作。

1998 年 12 月至 1999 年 1 月,根据教育部、审计署、财政部通知和省政府办公厅的意见,省审计厅派出审计组并组织省审计事务所等3个事务所，分别对浙江丝绸工学院、杭州商学院、浙江经济高等专科学校、杭州应用工程学校4所由中央部委划归地方管理的院校1998年度财务收支及1998年底资产负债情况进行审计，延伸审计4所院校的校办产业。发现的主要问题：1. 有关学校借给校办企业和相关企业的资金余额合计3311.20万元，其中的76.20万元因企业停业而无法收回、620万元逾期未收回，其余收回难度很大。2. 上述学校校办企业整体经营不善，效益欠佳，大面积停业或亏损。3. 杭州商学院等3所学校基建资金缺口合计高达5102.50万元，浙江丝绸工学院违规向教职工集资1019.90万元。4. 杭州应用工程学校等3所学校存在固定资产账实不符问题。审计提出清理借款、整顿校办企业等处理意见，建议有关学校明确校办企业产权关系，通过压缩开支、争取上级支持等方式解决基建资金缺口。

2000年12月至2001年1月，省审计厅对温州医学院1999—2000年度财务收支进行审计。发现的主要问题：1. 基建拨款结余54万元未上缴财政。2. 房屋出租收入未缴房产税等17.71万元。3. 挂往来款科目未作收入72.44万元。4. 违规向个人有偿集资325万元。审计提出基建结余款上缴财政、房租收入补缴税款、清理往来款和有偿集资等处理意见。

2002年，省审计厅对中国美术学院、浙江海洋学院、浙江科技学院和杭州商学院4所高校财务收支进行审计。发现的主要问题：1. 违规收费。杭州商学院和浙江科技学院未经批准收取费用344.89万元。2. 收入挂账。中国美术学院培训费、下属单位上缴款等收入303.89万元挂账，浙江科技学院拆迁补偿、成教住宿费收入75.46万元挂账，杭州商学院房屋出租、校庆捐赠等收入301.88万元挂账。3. 账外核算。浙江海洋学院账外核算王成海奖励基金收支，后勤公司账外核算房屋出租、文印等业务收支；杭州商学院持有价证券193.73万元仅在学院资金结算中心登记，未纳入学院法定账务反映。4. 对下属企业监管不到位。杭州商学院下属华商公司经营管理混乱，学院投资1038万元难以收回。审计提出调账、停止违规收费、将账外资金纳入法定账务核算等处理意见。

2003年，省审计厅对浙江工业大学、浙江广播电视大学、浙江财经学院、杭州电子工业学院4所高校财务收支进行审计。浙江工业大学的主要问题：1. 收取高等教育培养费未按规定上缴财政专户。2. 未经批准收取进修等费用94.60万元。3. 学校财务公司实现利润未上缴学校94.82万元。4. 学校对校办企业等出资共608.91万元，法定账未作投资反映；对11家学科性公司出资788万元，实际未到位。其他3所学校也存在违规收费、资产处理不当、私设“小金库”、违规集资和对校办企业监管不力等问题。审计提出停止违规收费、补办资产处置审批手续、清退集资款等处理意见。

2005年5—8月，省审计厅对浙江科技学院2004年度财务收支进行审计。发现的主要问题：1. 与社会企业合作创办民办二级学院，学院无视双方约定，为合作方支付征地费用合计1500万元，造成国有资产流失。2. 为合作方支付222万元作为其对民办二级学院的出资，一直未收回该项借款，造成国有资产潜在流失。3. 将本应支付给学生公寓家具供应商的货款30.52万元付给其他公司，在被家具供应商起诉的情况下，学院才一次性支付货款30.52万元。4. 将195.95万元资金分配给各系账外保存使用。5. 在基建账列支业务招待费140.21万元，超规定标准103.41万元。6. 基建工程33项未实行公开招投标，11项工程合计超支

3086.88万元。审计提出收回1500万元征地款和222万元借款、收回由各系保管的账外资金等处理意见，将对学院重复支付30.52万元家具款、造成国有资产流失负有责任的理工学院党委书记移送省教育纪工委处理。建议学院妥善处理与民营企业合作产生的系列问题，加强财务和基建管理。省长吕祖善等省领导就审计反映的办学土地问题作出批示。

2005年，省审计厅还对浙江理工大学、浙江工业大学、浙江传媒学院、湖州师范学院、浙江水利水电专科学校5所高校财务收支进行审计。发现的主要问题为违规收费、财务核算不规范、资产管理不到位、会计信息不完整、部分收入未上缴财政专户、部分新校区建筑面积超概算、对家庭经济困难学生资助力度不足等。审计提出停止违规收费、按有关规定进行财务核算、完整反映学校资产负债规模等处理意见，建议有关学校建立健全各项财务规章制度。

2006年，省审计厅对浙江海洋学院和中国计量学院财务收支进行审计。浙江海洋学院的主要问题：1. 取得教材折扣收入99.71万元未按规定处理。2. 家庭经济困难学生资助力度不足，助学基金结余达2074.28万元。3. 基本建设贷款利息未作资本化处理，从而少计固定资产645.76万元。4. 劳动服务公司违规借款25万元给个人。审计提出教材折扣收入退还学生、加大困难学生资助力度、基建贷款利息资本化、收回借给个人款项等处理意见。中国计量学院的主要问题：1. 在财政专项设备购置经费中列支人员劳务费30万元、提取项目管理费10万元。2. 在基建账中超范围列支学生公寓热水器、床等资产购置费187.69万元。3. 专项经费未分项单独核算。审计提出调账、专项经费按项目核算等处理意见。

2007年9—10月，省审计厅对浙江体育职业技术学院2004—2006年度财务收支进行审计。发现的主要问题：1. 虚列支出92.37万元转入往来科目。2. 将保险公司返还的运动员伤残保险金22.84万元直接转入单位食堂。3. 对省五环培训中心的投资364.67万元未在账面反映。4. 将体育场馆租给外单位，在该单位列支学院职工福利费19万元，从其应缴学院的租金中扣减。审计提出冲回虚列的支出、收回保险返还金等处理意见。

2009年6—7月，省审计厅对浙江医学高等专科学校2006—2008年度财务收支进行审计。发现的主要问题：1. 未制定外聘专家管理办法，使专家外聘及管理无章可循。2. 科研成果奖金发放未按学校规定经校长办公会议研究决定。3. 后勤综合楼工程确定中标单位，且无评标基础资料。4. 对学生资助力度不足，助学基金历年滚存结余1427.88万元。审计提出严格执行内控制度、加强困难学生资助力度等处理意见，建议学校完善内部控制制度，进一步开源节流，减轻财务负担。

第四节　文教科技专项审计与审计调查

1986年起，全省审计机关开展文化教育科技专项审计与审计调查，为宏观决策服务。长期重点关注教育、科技、文化资金，特别是教育、科技资金的管理使用情况。及时关注高校负债、文化企业转制等发展过程中出现的阶段性难点、热点问题。适当关注文化教育政策的执行情况。1986—2010年，省审计厅共完成文教科技专项审计与审计调查项目34个。

表 38-8-4-1　1986—2010 年浙江省审计厅对文教科技专项审计与审计调查一览表

年度	审　计　项　目
1986	省能源研究所用科研经费购房等有关问题专项审计
1987	省建筑工业学校购买对虾造成经济损失和提前支付基建工程预付款问题专项审计、全省普通教育经费管理使用情况专项审计(全省统一组织)
1988	省科技咨询中心咨询服务收费管理问题专项审计
1990	浙江电子工业学校有关白银问题专项审计、全省教育经费收支和教育费附加的征收管理使用情况专项审计
1994	杭州大学教育收费管理使用情况专项审计
1996	全省基础教育经费专项审计(全省统一组织)
1999	全省教育经费专项审计(全省统一组织)、省级教育经费专项审计、全省教育科技经费专项审计(全省统一组织)
2004	全省科技经费专项审计调查(全省统一组织),省科技厅科技经费专项审计调查,科技、科协及工会系统技术咨询服务情况专项审计调查
2005	省属高校负债情况的专项审计调查、部分省属高校图书设备采购情况专项审计调查
2006	省科技咨询中心“四技”项目专项审计调查、省本级宣传文化发展资金专项审计调查、省属三大文化集团转制工作专项审计调查、杭州电子科技大学科研经费专项审计调查、温岭市基础教育经费专项审计调查、全省基础教育经费专项审计调查(全省统一组织)
2007	全省教育经费投入专项审计调查(全省统一组织)、省属高校科研经费专项审计调查、全省部分高校独立学院专项审计调查
2008	省科技咨询中心经营和资金使用情况专项审计、省级科技经费专项审计调查、全省科技经费专项审计调查(全省统一组织)、省级职业教育“六项行动计划”经费专项审计调查、全省职业教育“六项行动计划”经费专项审计调查(全省统一组织)
2009	高校助学政策执行情况专项审计调查、省属高校债务管理情况专项审计调查
2010	省级重大科技创新服务平台建设资金专项审计调查、全省中小学校舍安全工程专项审计调查(全省统一组织)

资料来源:浙江省审计厅档案室。

一、教育资金专项审计及调查

1986 年 9 月起,省审计厅对全省和省本级教育资金进行 8 次专项审计及调查。被审计的教育资金主要是财政性教育投入,包括一般预算安排的教育经费、教育类行政事业性收费、教育费附加和其他财政性教育经费。

1986 年 9 月至 1987 年 2 月,省审计局组织全省审计机关,对 8 个市(地)、56 个县的教育主管部门和194个教育单位1985年度普通教育经费管理使用情况进行专项审计。共查出违纪金额1960万元,3人涉嫌贪污教育经费0.91万元。发现的主要问题:1. 挤占挪用教育经费686万元,用于计划外建设、购买汽车、经商办企业等。2. 巧立名目,超标准滥发钱物。3. 部分学校乱收费增加学生负担。4. 财务管理薄弱,有的教育主管部门单位账面混乱,往来款项较多,未能及时清理。5. 财产管理不善,多数单位没有建立固定资产明细账,部分校办工厂财产物资管理尤为混乱。审计提出收回被挤占挪用的教育经费、停止违规收费等处理意见,涉嫌贪污人员移送有关部门处理。建议建立健全教育内审机构,加强学校财务队伍建设,完善各项内控制度,切实做好教育费附加征管工作,重新修订学杂费标准,统一教师奖励办法。

1990年,省审计局组织全省49个县以上审计机关,对所在地区1989年度教育经费收支和教育费附加的征收、管理和使用情况进行专项审计。共审计49个教育主管部门、2所大学、54所中小学和5所幼儿园,对236个乡镇的教育费附加收支情况进行了调查。发现的主要问题:1. 欠征漏征教育费附加1443万元,部分乡镇乱支滥用教育费附加108万元。2. 挤占挪用教育经费426万元。3. 部分中小学超标准发放钱物76.80万元,违规购买专控商品38万元。4. 财务工作薄弱,财物管理不严。审计提出征齐教育费附加、收回被挤占挪用的教育经费等处理意见和建议。

1996年,省审计厅组织有关市、县审计机关,对部分市、县、乡教育主管部门和中小学1994—1995年度教育事业费预算执行情况和预算外办学资金的筹集、管理、分配和使用情况进行专项审计。发现的主要问题:1. 挤占挪用和出借教育经费合计711万元。2. 虚列支出、转移资金、私设“小金库”金额合计2026万元。3. 擅立名目收费、超标准收费金额合计1806万元。4. 教育资金闲置,杭州市教委教育费附加收入970.59万元、温州市教委预算外资金667万元未及时安排使用。审计提出收回被挤占挪用和违规出借的资金、清理“小金库”、停止违规收费等处理意见。

1999年11月至2000年1月,省审计厅组织全省审计机关,对全省1999年1—9月教育经费进行专项审计。审计教育经费使用单位677个,占拨款资金的46.72%;调查各级政府安排的教育专款项目475个。发现的主要问题:1. 温州、宁波等6市当年教育经费投入增幅及其中的教育事业费预算增幅,均低于财政经常性收入的增幅。2. 违规收费、搭车收费和变相收费问题较为普遍,收费应缴未缴财政专户6535.73万元。3. 临安、慈溪等地未按规定及时足额拨付教育经费合计2682.57万元。4. 台州、宁波等地部分教委挤占挪用教育经费合计3105.68万元。5. 温州市教委、浙江师范大学等单位为取得财政拨款等各种目的,虚列支出合计1307.89万元。6. 部分学校通过挂账、转入下属单位等方式隐瞒收入1780.51万元。7. 金华市教委等单位通过隐匿收入、虚列支出等方式设立“小金库”203.61万元。审计提出收回被挤占挪用的教育经费、没收违法所得等处理意见,建议政府职能部门明确“教育财政拨款”的具体含义,划清教育主管部门机关经费和直属学校事业经费、一般经费和专项经费的界限。

2006年,省审计厅组织全省审计机关,对2005年度全省基础教育经费和基础教育收费、负债管理情况进行专项审计调查。其中,省审计厅负责对温岭市的审计调查。调查涉及全省1000所中小学和部分乡镇(街道)。发现的主要问题:1. 14个县(市、区)教育预算内财政拨款的增长低于财政经常性收入的增长,71个县(市、区)财政支出中预算内教育经费支出比例的提高低于省政府规定的1.2%的标准,部分县(市、区)教育费附加5.01亿元未投入基础教育。2. 挤占挪用学校收费等预算外资金1.43亿元、教育费附加2.35亿元、预算内教育专项4771.13万元用于行政费、人员经费等支出。3. 高中教育阶段突破"三限"政策收取择校费,义务教育阶段通过其他方式收取"捐助费",省级重点名校通过举办"国有民办"学校的方式变相提高收费标准,违规金额合计2.56亿元。4. 全省基础教育基建负债达79.38亿元,还贷压力大,部分学校盲目扩张。审计建议:1. 根据不同地区财力状况、教育发展水平,出台分类经费保障政策,促进各地区教育均衡发展。2. 尽快出台国有民办学校管理办法和教育乱收费责任追究管理办法。3. 盘活存量教育资源,严格控制新的基础教育负债产生。省委书记习近平在《审计信息专报》上批示:要加强教育费附加使用的监督管理。省长吕祖善就审计反映的问题和提出的建议作出批示。

2007年,省审计厅组织全省审计机关,对2006年度全省教育经费投入情况进行专项审计调查。重点调查全省各级财政、教育部门,抽查部分乡镇(街道)和学校。发现的主要问题:1. 财政性教育投入不能完全满足教育事业发展需要,学校基建资金缺口较大,农村中小学经费保障有待加强,预算内教育经费支出占财政支出比重尚有提升空间。2. 财政对高校拨款不断增加,但财政拨款占高校总收入的比例从2000年的60%以上降至2006年的40%以下,学生受教育成本呈上升趋势。3. 在优质教育资源稀缺的情况下,重点学校择校费和赞助费难以根本消除,基础教育公平问题愈显突出。4. 学校高额基建负债增加了学校运行成本和家庭教育负担。至2006年底,全省教育负债总额259.89亿元,其中高校负债143.87亿元。还本付息一定程度依靠高校独立学院收费和中小学择校费、赞助费等。5. 财政资源和优质教育资源配置还不够均衡。非义务教育阶段预算内生均教育费投入高的地区是低的地区的3倍~6倍;义务教育阶段城市中小学预算内生均教育费比农村分别多0.18万元、0.10万元。审计建议:1. 加大财政教育经费投入,健全社会捐资助学机制,清理整顿国有民办"校中校"。2. 严格控制学校基建规模和新增基建负债,制定化解负债的办法和措施。

二、科技经费专项审计及调查

1999年起,省审计厅对全省和省本级科技经费进行过8次专项审计及调查。被审计的科技经费主要是财政性科技投入,包括"科技三项经费"(国家为支持科技事业发展而设立的新产品试制费、中间试验费和重大科研项目补助费)、自然科学事业费和自然科学基金。

1999年,省审计厅组织全省审计机关,对1998年度全省各级财政部门教育科技经费的安排情况进行专项审计,延伸审计部分教育科技部门的经费使用情况。发现的主要问题:1. 教育科技经费拨付不及时。部分教育经费滞留在乡镇,长时间未能转拨下达;部分"科技三项经费"滞留在科技主管部门,未能及时发挥资金使用效益。2. 挤占挪用教育科技经费,金额合计1617.12万元。3. 教育科技有偿出借资金逾期未收回现象比较普遍。审计提出及时下拨经费、收回逾期的出借资金等意见。审计建议：1. 各级财政部门提高教育科技支出在财政支出中的比重。2. 各级教育科技部门加大有偿出借资金的催收力度，加强教育科技经费使用的监督检查。

2004年3—8月，省审计厅组织全省审计机关，对2003年度全省科技经费进行专项审计调查。调查重点关注"科技三项经费"，涉及全省92个科技主管部门和1857个科技项目，覆盖的科技经费占全省该年度科技经费总投入的30%。发现的主要问题：1. 科研项目经费投入分散，单项扶持力度较弱，重点不够突出。全省科技部门安排的重大、重点项目数量占总数的20%，投入占总金额的52%，每项平均投入仅23万元；一般项目每项平均投入仅5万元。2. "科技三项经费"拨款不够及时，未下拨经费年末结余达6.87亿元，其中省科技厅9041万元。3. 科技项目配套经费到位情况不理想，共223个科技项目的配套资金没有完全到位，金额合计3.44亿元。4. 部分科技项目未按合同要求的时间完成，共345个科技项目、拨款金额2634万元未按时完成合同规定的技术经济指标。5. 部分科技项目经费使用超范围、超预算，涉及84个科技项目，问题金额合计2267万元。6. 省本级和杭州科技风险投资基金8143万元被用于无关项目。7. 省本级和杭州、温州等地科技部门对外有偿出借的科技发展金1.15亿元，因企业倒闭等各种原因，回收难度很大，存在损失风险。审计建议：1. 完善部门预算编制，细化预算内容。2. 压缩一般项目的数量和比重，实现重点突破。3. 加强科技项目立项论证和执行检查，制定科技经费绩效考核办法。省长吕祖善就审计反映的问题和提出的建议作出批示。

2007年4—11月，省审计厅在前期对杭州电子科技大学科研经费开展专项审计调查的基础上，对浙江工业大学、宁波大学等10所省属高校2004—2006年度科研经费的管理使用情况进行专项审计调查。审计结果表明，高校纵向科研经费管理和使用比较规范，但横向科研经费管理和使用问题较多。发现的主要问题：1. 横向科研项目造假，主要表现为学校通过下属单位上缴资金再返还的方式虚增科研经费规模，教师与其他单位串通虚构科研项目委托合同等。2. 横向科研支出控制不严，部分项目负责人编造名单领取劳务费以偷逃个人所得税，或用虚假发票套取科研经费。3. 部分横向科研经费购置的固定资产未在学校账面反映，存在流失隐患。4. 个别纵向科研项目负责人借科研协作之名将科研经费转入与其利益相关的公司，或向自办公司购买科研材料赚取差价。5. 科研项目结题不结账现象普遍，结余资金未按规定进行分配。审计建议：出台统一的横向科研经费管理政策，健全科研经费管理责任制，确定合理的科研经费管理费提取比例，控制横向科研经费提现额度。省长吕祖善就审计发现的问题作出批示。

2008年，省审计厅组织全省部分审计机关，对省本级和35个市、县(市、区)2007年度财政科技经费的安排、管理及使用情况进行专项审计调查。调查涉及科技项目单位412个、科技项目697个，覆盖科技项目经费10.74亿元。发现的主要问题：1. 科技项目涉及面广、数量多，科技主管部门管理人员有限，只能将项目立项环节作为管理重点，对项目实施过程及其效果监管薄弱。2. 项目承接单位普遍未单独设账核算科技项目经费，导致无法确定项目配套经费是否足额到位，部分单位存在弄虚作假、挤占挪用科技项目经费问题。3. 各级科技主管部门互通信息渠道不畅，使得少数企业通过包装多头重复申报科技项目，骗取各类财政补助资金。4. 科技主管部门及其下属单位将科技项目经费用于单位公用和人员支出。省科技厅下属单位省科技信息研究院和浙江科技报社挤占科技项目经费1248.69万元，用于本单位公用和人员支出。审计建议：1. 逐步改革财政资金对科技项目的补贴办法，更多运用财税优惠政策和投融资服务等方式支持企业自主创新。2. 建立一套涵盖各环节的科技计划项目管理信息系统，实现各级政府相关部门间的信息互通。3. 健全涵盖政府财政、审计、科技部门和社会中介机构的财政科技经费监督体系，修订完善省级科技经费管理制度。省长吕祖善就审计反映的问题和提出的建议作出批示。

2010年3—5月，省审计厅对省级重大科技创新服务平台建设资金管理使用情况进行专项审计调查。调查的重点是2008年底前启动建设的14个科技创新服务平台。发现的主要问题：1. 省科技厅尚未就平台的产权归属做出明确规定，也未对其转让、抵押、担保等设限，平台资产的所有权和使用权实际分散归属于平台各共建单位。2. 部分科技平台建设单位财务基础薄弱，缺乏有效的内部控制，存在假发票入账等违规问题。3. 部分县市拨付科技平台建设地方配套经费迟缓，甚至通过先配套后返还等方式弄虚作假以骗取省财政专项资金。4. 科技平台建设普遍未设独立账目对平台建设经费进行核算，部分单位不按合同规定使用经费，在平台建设经费中列支无关费用。5. 部分科技平台因前期论证不充分、方案出现重大调整等原因，建设进度滞后，导致建设经费滞留结余，未能充分发挥应有效益。审计建议：1. 适当调整科技平台建设方向，完善科技平台运行机制，使其更加符合经济社会发展需要；2. 健全完善科技平台建设相关制度，明确平台产权归属和建设单位权利义务，探索科技平台建设监管机制。3. 加强对有关市县政府的督促指导，确保地方配套经费及时足额落实到位。省领导就审计反映的问题和提出的建议作出批示。

三、高校负债专项审计及调查

2005年10—11月，省审计厅对20所省属高校2002年1月至2005年6月负债情况进行专项审计调查。审计调查表明，至2005年6月30日，20所省属高校负债总额102.39亿元，其中基本建设用途的负债占87.44%，银行贷款来源的负债占87.48%；部分高校贷款规模超出合理范围、还款压力巨大；随着还贷高峰期出现，高校债务风险亟待化解。发现的主要问题：1. 部分高校片面追求做大做强，缺乏理性分析和控制意识，贷款规模过大、还款能力不足。部分高校可用的收支结余仅占应付贷款利息的50%左右。2. 高校资产负债率过高，银行贷款占负债的比例过大。至2004年底，各高校总资产负债率达40%，其中30%的高校资产负债率超50%，最高达62%。3. 因物价上涨等原因，各高校新扩建项目预计超投资概算11.63亿元，加剧高校负债规模和还款压力。审计建议：1. 严格控制高校建设规模和标准，适当追加基建专项补助，鼓励高校通过土地置换缓解资金压力。2. 充分估计高校还贷高峰期可能出现的各种问题，帮助高校制订还本付息计划，研究建立高校财务预警机制。3. 对已开工建设的项目要分轻重缓急，停建或缓建非急需项目。省委书记习近平等领导就审计反映的问题作出批示。省政府于2006年一次性安排高校偿债补助资金36.50亿元。省发改委、省财政厅、省教育厅加强对省属高校投资规模和新增贷款的控制，针对每所高校制定了还贷方案。

2009年2—5月，省审计厅对省属高校负债情况再次进行专项审计调查，跟踪关注高校债务化解成效。审计调查表明，省属高校自身偿债能力依旧有限。发现的主要问题：1. 省属高校银行贷款余额仍在增加。除省政府2006年安排的还债补助资金，至2008年底，省属高校银行贷款余额比2006年初增加12.80亿元。省教育发展中心从有关高校老校区土地出让收入中预留的分摊预备费7.94亿元，仍未返还有关高校由其偿还银行贷款。2. 贷款利息负担沉重，高校自身偿债能力不足。2006—2008年，每所高校年均支付银行贷款利息2555万元，其每年正常经费结余基本只够支付利息，偿还本金需寄望于老校区土地置换，预计今后可筹集资金93.98亿元，但土地置换收入的实现存在长期性和不确定性等问题，导致浙江科技学院、浙江工业大学等7所高校财务运行出现困难。3. 基建后续投入规模偏大，建设资金仍需大量举债。已立项待建项目及计划新上项目尚需投入71.46亿元，独立学院扩建、迁建尚需投入50亿元以上。各高校又将迎来还贷高峰期。审计建议：1. 编制省属高校发展规划，作为审核省属高校基本建设项目的依据。2. 把高校负债管理情况作为高校目标责任制和领导干部经济责任审计的重要内容。3. 推动高校贷款整体打包置换，降低高校融资成本。省长吕祖善等省领导就审计反映的问题作出批示。省发改委、省财政厅、省教育厅提出严格规划引导、严格总量控制等10项措施。

四、“四技”项目专项审计及调查

2004年起，省审计厅对以技术开发、技术转让、技术咨询、技术服务（简称“四技”项目）的名义转移收入、套取现金问题开展过3次专项审计及调查。

2004年10月，省审计厅对省科技、科协及工会系统的技术咨询情况进行专项审计调查，并综合利用全省质监系统同步审计、全省部分环保机构财务收支审计等项目的审计成果。发现的主要问题：1. 建设领域通过技术贸易机构套现问题十分普遍。省建设工程设备招标公司将部分中标服务费通过5个科技咨询机构套现，转至账外；华东勘测设计研究院通过省科技咨询中心等单位转移收入，套取现金7216万元。2. 部分行政事业单位利用职工技协转移收入问题突出。全省质监、环保系统的部分机构，如杭州市环境科学研究院、绍兴市质监局等单位，将行政事业性收费或经营性收入转移至职工技协，用于发放职工福利、津补贴等。审计建议：科技、科协和工会部门要研究制定概念清晰、可操作性强的政策规定，进一步明确技术贸易机构开展技术贸易活动的条件、范围、职责要求，停止行政事业性收费单位职工技协的有偿服务活动。

2006年7—9月，省审计厅对省科技咨询中心2003年1月至2006年7月的“四技”项目财务收支和业务管理情况进行专项审计调查，延伸调查以咨询中心名义开展“四技”活动、业务量较大的华东勘测设计院、省环境检测中心站等16个单位。发现的主要问题：1. 技术承办单位利用国家政策优惠，以省科技咨询中心的名义与委托单位签订所谓“四技”合同，将本单位正常业务收入合计11.79亿元转移至省科技咨询中心，以此少缴营业税及附加、企业所得税合计4.25亿元,省科技咨询中心未起到合同审查、执行监督等作用。2. 省科技咨询中心提取从技术承办单位转移的收入中7%～10%作为“管理费”,将其余部分通过发放“津补贴”、报销费用等形式返还技术承办单位,但中心未严格审核技术承办单位提供的“津补贴”发放名单和费用发票,返还资金去向存在较大廉政风险。审计建议:科技部门要严格分设技术中介机构和技术合同认定机构,规范技术合同认定机构的准入程序。

2008年7月,省审计厅对省科技咨询中心2001年1月至2008年6月的经营和资金使用情况进行专项审计,重点对行政事业单位及其下属企业通过中心开展技术咨询业务的收入及其分配情况进行统计分析。审计结果表明,省科技咨询中心已成为有关单位特别是行政事业单位转移隐瞒正常业务收入的平台。发现的主要问题:1. 有65个行政事业单位及其下属企业以开展“咨询业务”的名义,将本单位正常业务收入12.04亿元转移至中心,占中心全部“咨询业务”收入的49.70%。特别是省环保局下属省环境监测中心站等9个事业单位,通过中心转移正常业务收入2.52亿元。2. 中心各项管理制度不完善,内控监督机制松懈,业务管理流程存在严重漏洞,项目管理部门和财务部门各行其是,长期不核对业务台账和财务账,导致财务到账合同款与项目管理部统计的合同金额严重不符。3. 中心通过为有关单位发放“咨询津贴”、报销费用等形式向其返还“咨询业务”收入合计20.09亿元,但对部分单位提供虚假名册逃避个人所得税、用假发票报销等行为缺乏约束。4. 中心按“咨询业务”收入的7%～12%提取管理费,牟取利益,扣除有关税费后,取得净收入合计1.12亿元。审计建议:1. 停止与行政事业单位有关的全部技术咨询业务,清理退还行政事业单位结留在中心的咨询业务余款。2. 研究制定概念清晰、结构完善、可操作性强的技术咨询服务政策。3. 由科技、财税、工商等部门对全省技术咨询服务机构进行一次全面的大检查。省长吕祖善等省领导作出批示。

五、教育政策执行情况专项审计及调查

2008—2010年,省审计厅连续4年对全省职业教育“六项行动计划”(即:助学奖学行动计划、实训基地建设行动计划、师资队伍建设行动计划、县级骨干学校建设行动计划、校企合作行动计划、提升劳动力素质行动计划)实施情况、高校助学政策执行情况、中小学校舍安全工程实施情况进行专项审计调查。

2008年,省审计厅组织6个市、26个县(市、区)审计机关,对全省职业教育“六项行动计划”实施情况进行专项审计调查。调查重点是“助学奖学行动计划”和“实训基地建设行动计划”,对象包括省本级和部分地方的财政、教育部门及部分职业学校。发现的主要问题:1. 部分地方经费投入保障不够。财力薄弱地区实训基地建设、助学奖学等配套资金落实不到位。嘉兴等地财政部门未将“六项行动计划”所需经费纳入年度财政预算。一些地方财政年度预算已安排的经费下拨不够及时。个别地方挤占挪用“六项行动计划”经费。2. 困难学生资助政策落实不到位。只有少数学校严格执行规定资助标准。部分学校受资助的困难学生人数远未达到规定的10%的标准。还有一些学校不及时发放助学金,重复申报、多头申报困难学生补助经费。3. 省级实训基地设备仪器集中采购经费汇缴不及时、完成率不高。2006年,全

省各地按时向省教育装备中心汇缴的采购资金仅占38.92%，当年采购完成率仅66.17%。4. 部分政策制度有待完善细化。对流失学生助学金结余如何处置需要明确，现行“助学奖学行动计划”应考虑三年制以上学生的资助问题，农村预备劳动力培训管理制度需要完善。审计建议修订完善省级层面的职业教育“六项行动计划”政策措施，加大对经济欠发达地区职业教育“六项行动计划”经费补助力度，建立奖助学金管理机构。省长吕祖善等省领导就审计反映的问题和提出的建议作出批示。该项目审计结果向社会公告。

2009年，省审计厅对省内18所高校2006—2008年度助学政策执行情况进行专项审计调查。发现的主要问题：1. 国家助学金发放不够规范，一些学校克扣截留部分国家助学金；一些学校为扩大资助面擅自调整国家助学金发放标准；还有一些学校违反教育部规定，用国家助学金抵扣学生欠缴学费。2. 部分学校未能按事业收入的4%且每生每年不低于400元的标准提取专项助学经费。3. 多数学校提取的专项助学经费未足额使用，历年滚存结余较大。4. 勤工助学岗位少、酬金低、工作时间超标，支出占助学经费的比例偏低。5. 助学贷款门槛高、手续多、放贷慢，部分银行为控制风险对申请助学贷款条件提出额外要求。审计建议：1. 教育部门要加大对高校学生资助工作的指导和监督。2. 财政部门要提高助学政策执行的可操作性，进一步明确规范高校助学经费的提取管理办法。省长吕祖善等省领导就审计反映的问题作出批示。

2009—2010年，根据审计署的统一安排，省审计厅组织全省审计机关分两个阶段对全省中小学校舍安全工程实施情况进行跟踪审计调查。第一阶段发现的主要问题：1. 部分校舍安全工程实施方案与规划存在差异，实施进度与计划相比普遍较慢。2. 部分校舍安全工程管理不够规范，存在无项目可行性研究报告、选址意见书或施工许可证即开工建设，未实行公开招投标，为赶工期质量把关不严等问题。3. 部分工程未实行专项核算，部分建设资金使用不规范。第二阶段发现的主要问题：1. 部分校舍安全工程规划调整未经有关部门批准。2. 部分校舍安全工程项目未按计划开工或项目建设进度缓慢，造成危房仍在使用。3.个别地区落实校舍安全工程建设项目收费减免政策不到位，未减半征收工程涉及的行政事业性收费和实行政府定价或指导价的经营服务性收费。4. 部分欠发达地区财力有限，校舍安全工程建设资金缺口较大，迫使一些学校举债建设。5. 部分完工项目未经验收就交付使用，已竣工验收项目未及时进行竣工财务决算，已竣工财务决算项目未及时办理资产移交手续。审计建议：1. 省财政要加大对欠发达地区的补助力度。2. 加快校舍安全工程项目的审批进度，推进工程建设的速度，督促学校补办规划调整审批手续，重视C级、D级危房的处置。省长夏宝龙等省领导就审计调查反映的问题作出批示。两个阶段审计调查的结果均向社会公告。

六、其他专项审计及调查

省审计厅对高校设备图书采购、文化企业转制、文化发展资金、高校独立学院办学状况等进行专项审计及调查。

2005年10—11月，省审计厅对19所省属高校2004年度设备和图书采购情况进行专项审计调查。发现的主要问题：1. 设备采购计划随意性大，预算编制较粗。2. 部分高校未建立图书和教材采购制度，已建立采购制度的高校执行制度不严。3. 采购信息公开程度不够，信息发布范围偏小，影响采购的竞争性。4. 教材采购折扣收入 1687.13 万元未按规定返还学生。5. 政府采购时效性较差，不能很好满足高校的需求。审计建议各高校要重视采购计划和预算的编制与执行，探索建立采购信息发布的公共平台，积极推动设备资源共享，加强采购各环节廉政风险的管控。

2005—2006 年，省审计厅对浙江日报报业集团、浙江广播电视集团和浙江出版联合集团的转制工作进行专项审计调查。发现的主要问题：1. 国有文化资产管理体制尚未理顺。转制后，省文化厅、广电局、新闻出版局等行政机关事实上不再承担国有文化资产监管责任，国有文化企业出资人缺位，党委、政府和各集团之间的委托经营关系以及各集团和所属成员单位间的资产关系不明晰，与此相应的业绩考核评价等配套制度缺失。2. 三大集团的还不是真正意义上的市场主体。转制涉及的资产评估、不良资产剥离、人员安置分流和身份转换、社会保障接轨等工作并没有全面展开。3. 三大集团市场竞争力有待加强。出版集团过于依赖中小学教材教辅经营利润，面对教材市场化改革，发展前景不容乐观；浙报集团、广电集团面临新媒体的竞争压力，广告等业务收入增幅明显放缓。4. 三大集团管理水平还有待提高。浙报集团、出版集团独资或控股的一级、二级子公司众多，管理难度较大，存在问题较多；广电集团仍旧沿用事业单位会计制度，广告收入管理欠规范，对外投资效益欠佳。审计建议：1. 单独设立国有文化资产出资人机构，代表国家依法履行出资人职责，形成国有文化资产监督机构、资产运营机构和实体经营企业三级管理机制。2. 加大对三大集团的财政扶持力度。

2006 年 7—8 月，省审计厅对省级 2004—2005 年度宣传文化发展资金进行专项审计调查。审计调查对象是资金分配单位省委宣传部、省财政厅和资金使用单位省文化厅系统、省广电局、浙江广电集团、浙江出版联合集团、浙江日报报业集团。发现的主要问题：1. 资金分配不够合理、投入重点不够明确，文化企业获得的宣传文化资金与其上缴的所得税存在相当的关联性，一些公益性文化事业因长期投入不足而严重滞后。2. 两年来文化企业资金实际只下达了 2.68 亿元，仅占预算的 73.70%。3. 因资金下达较晚、使用进度偏慢等因素，被调查的单位两年来资金结余分别达到 5334.19 万元和 3135.27 万元，分别占当年拨入资金的 34%和 25%。4. 部分单位超范围使用或未及时使用资金。审计建议：1. 完善宣传文化发展专项资金管理制度和资金使用绩效考评。2. 调整优化宣传文化发展资金投入结构，集中有限财力扶持文化建设重点项目。

2007 年 10—11 月，省审计厅对全省部分高等院校独立学院办学状况进行专项审计调查，涉及浙江工业大学、浙江理工大学、宁波大学等 11 所高校设立的 12 所独立学院。发现的主要问题：1. 大部分独立学院仍旧依托母体学校的各项资源，未达到国家规定的独立校园、独立办学、独立招生等"六独立"要求。2. 部分独立学院设施陈旧、图书设备陈旧，聘任的专任教师明显不足，不能完全满足办学需要。3. 独立学院 1.5 万元/年的学费标准较高，助学力度又不足，导致家庭经济困难学生负担较重。审计建议：1. 进一步鼓励民办高等教育发展，多渠道多层次筹集教育经费。2. 加强对独立学院家庭经济困难学生的资助力度，在政策上与公办高校学生一视同仁。省长吕祖善就审计反映的问题作出批示。

第九章　企业审计

企业审计是审计机关依法对国有企业的财务收支和资产负债损益的真实性、合法性、效益性进行的审计监督。浙江企业审计主要对工业、交通、建设、商业、外贸、旅游等企业及其主管部门进行审计;授权对中央在浙电力、电信、烟草、石油等企业进行审计;对企业各类专项资金和存在的普遍性、倾向性问题进行专项审计和审计调查。

浙江省企业审计起始于1984年,经历3个阶段。1984—1993年:以维护财经法纪为重点的财务收支审计阶段。企业是国民经济的基础,全省审计工作以企业审计起步。1984年,省审计局实施第一个审计项目是嘉兴毛纺织总厂审计,查明其隐瞒利润、偷逃税款等严重违纪违规问题,省政府向全省通报该厂严重违反财经纪律的问题,初步打开了企业审计工作局面。这一阶段,重点是核实企业财务收支的真实性、合法性,目的是防弊纠错,维护财经法纪,促进企业加强内部控制,提高管理水平。同时,逐步对企业效益审计进行探索,时称"一个基础,两个延伸",即在财务收支审计的基础上,向检查内控制度和经济效益延伸。1994—2003年:以财务收支为基础、资产负债损益为重点的真实性审计阶段。1995年,《审计法》实施,全省企业审计开始探索股份制企业审计,针对企业改制过程中,会计资料虚假,国有资产流失的倾向性、典型性情况,省审计厅实施省粮油食品进出口公司财务收支及改制时资产评估、验资等有关事项审计。此后,对改制企业尤其是政府授权经营企业集团和亏损企业的审计,重点查处国有资产流失、财务信息失真等问题。这一阶段,从财务收支审计为主转变为对企业的资产、负债、损益真实性审计,以促进国有资产保值增值。同时,针对企业资产质量低、会计信息失真等情况,提出以真实性为基础,摸清家底、打假治乱,促进国有企业改革发展,即"摸家底,揭问题,促发展"的企业审计思路。2004—2010年:财务收支与经济责任相结合的审计阶段。随着企业领导人员经济责任审计全面开展。企业审计重点转移到加强国有企业监督机制及领导人员经济责任方面。这一阶段,由真实性、合法性为主的审计监督向真实性、合法性、效益性并重的审计监督转变,由查揭问题为主向查揭问题、促进整改转变。突出关注企业经营绩效和资产运营质量,促进国有资产保值增值和企业可持续发展,认真履行社会责任。全省企业审计得到深化和提高。

至2010年,省审计厅共完成企业审计项目468个,其中工交、建设企业审计项目145个,商贸、旅游企业审计项目158个,中央企业审计项目47个,企业专项审计与审计调查118个。共有28个项目受到审计署和省政府领导批示,成效显著。其中:审计署审计长批示1个,省长批示13个,常务副省长和副省长批示14个。

第一节 工业交通建设企业审计

1984年起，全省审计机关对工业、交通、建设企业及其主管部门开展财务收支、资产负债损益及预算执行审计。1984—2008年，省审计厅共完成审计项目145个。

表38-9-1-1　　1984—2008年浙江省审计厅对工交建设企业审计一览表

年度	审计单位
1984	嘉兴毛纺织总厂
1985	省地方工业物资能源公司
1986	浙建一公司及所属7个内部独立核算单位
1987	全省食品行业(全省统一组织)、省皮革塑料工业公司、省房屋经营公司、浙江二轻轧钢厂、杭州包装材料厂、杭州春江棉纺织厂、杭州油毡厂、湖州市第一毛纺织厂
1988	省家用电器工业公司、省造纸工业公司、省化工轻工公司、省邮政车辆厂、省机械施工公司、省建总公司、浙江水泥厂劳动服务公司、杭州汽车制造厂、杭州新型建筑材料工业设计研究院、浙华联合开发公司
1989	省纺织工业集团公司、省建筑材料公司、省化工轻工公司、镇海石化总厂、浙江水泥厂劳动服务公司
1991	省石化厅、省电信器材厂、省环境工程公司
1992	全省医药行业(全省统一组织)、省二轻机械公司、省医药工业公司、省工业设计研究院、省公路管理局、省建筑材料工业总公司、浙江水泥厂
1993	省二轻工业总公司、省冶金工业局、省房地产开发公司、浙江水泥厂、武林建筑工程公司
1994	省汽车工业公司、浙江高新开发公司、省遂昌金矿、浙信房地产公司
1995	省轻纺工业供销总公司、省煤炭运销公司、省医药管理局、省经济建设投资公司、省交通厅、省煤炭工业总公司、浙江水泥厂、浙江公路机械厂、浙江三兴地业房产公司、杭州富强丝织厂
1996	全省交通行业(全省统一组织)、省交通厅、省机械工业厅、省电子工业局、省二轻总公司、省二轻工贸公司、省煤炭工业总公司、省皮革塑料工业公司、省电子器材公司、省乡镇企业局、省城乡建设开发总公司、省石化厅、省轻纺集团公司、浙江长广煤矿公司、浙江冶金集团公司、巨化集团公司、宁波港务局
1997	省建筑工程集团总公司、省房地产开发公司、省建材房地产开发公司、省铁路建设投资公司、省建筑材料工业总公司、省经济建设投资公司、省电子工业局、省化工研究院、浙江富春置业开发公司、浙江中远房地产公司

续表

年度	审计单位
1998	全省真实性审计试点企业(全省统一组织)、浙江信联等6家上市公司(全省统一组织)、省轻纺集团、省冶金集团、省造纸印刷工业集团、巨化集团、省基建财务公司、杭州炼油厂
1999	全省22家地方国有大中型工业亏损企业(全省统一组织)、省轻纺集团、省遂昌金矿、省皮革塑料工业公司、浙江申达塑料机械公司、省消防器材总厂、嘉兴冶金机械厂
2000	全省50家经贸企业(全省统一组织)、上海鸿发房地产发展公司、嘉兴市路桥开发公司、浙信房地产公司、浙江三狮集团公司、浙江温州冶金机械厂
2001	省煤炭集团公司、省乡镇企业局、省机电集团
2002	省交通厅、省轻纺建筑设计院、省建工集团公司
2003	省信息产业厅、省乡镇企业局、省中小企业局、省盐业公司、省国际信托投资公司、省石化集团公司、省轻纺集团公司、省轻工业公司、浙江化工科技集团、巨化集团、浙江省赞成发展公司、省直机关后勤房地产开发公司、浙江金纬房地产开发公司、温州地方铁路房地产开发公司、温州市房地产开发总公司、浙信房地产开发公司、浙江龙华房地产开发公司
2004	省能源集团公司、省交通厅、省手工业联社、浙江交通投资集团公司、浙江航空投资公司、省耀江实业集团公司、省耀江房地产开发公司、省金温铁道开发公司、省建筑材料集团公司、省东联集团公司
2005	省信息产业厅、省轻纺集团公司、浙江长广集团公司、杭钢集团
2006	省道路运输管理局、省交通厅、省机电集团公司
2007	全省交通管理部门(全省统一组织)、省交通厅
2008	省交通厅

资料来源:浙江省审计厅档案室。

一、工业企业审计

1984年5月,中央纪委批转群众来信,反映嘉兴毛纺织总厂隐瞒利润、偷漏税款等问题。该厂成立于1979年,下属有10家专业工厂和公司,是一家毛纺、服装类综合性大型企业,职工9000余人。11月,以省审计局为主,省财政厅、省税务局、省轻工业厅参加的省审计组对该厂实施审计。发现的主要问题:1. 弄虚作假,长期隐瞒利润1223.17万元。2. 违反会计制度,查出多报调价损失等有问题金额141.17万元。3. 制作假账,严重违反现金管理制度。审计提出应上缴财政1131.60万元等处理意见和建议。并建议嘉兴市委、纪委责成有关责任人作出检讨,并给予必要处分。建议省政府对该厂严重违纪一案给予全省通报。《人民日报》《浙江日报》分别对此项审计作专题报道。

1985年7月,省审计局对省地方工业物资能源公司1984年10月至1985年6月的经营活动和财务收支情况进行审计。发现的主要问题:1. 套取优惠外汇贷款和买方资金,无本经营。2. 套购外汇。违反规定套购外汇131.50万元。3. 高价销售、倒卖。将用外汇贷款进口的钢材、铝锭高价出售给省内单位,累计销售额2072万元,获利287万元。4. 隐匿利润179万元。审计提出补缴隐匿利润的税金和其他问题待联合调查组调查结束后一并处理的意见。

1987年2月,省审计局组织全省部分审计机关,对省食品公司和金华、慈溪、海宁等18个县市食品企业进行审计。全省共审计64个单位,查出违纪金额1143.38万元,应上缴财政166.75万元,增加企业预算外资金653.81万元。发现的主要问题:1. 慈溪市食品公司套取财政补贴34.08万元。2. 东阳市食品公司截留利润52.81万元;因产品供大于求,损失35.28万元。3. 仙居县食品公司因盲目加工成品肉,损失23.96万元。4. 食品公司系统结算资金占流动资金的37.72%,被外单位无故拖欠约500万元。5. 全省食品加工业1986年实现利润1278.60万元,同比下降175.15万元。审计提出处理意见和建议。

1987年3—4月,省审计局对浙江二轻轧钢厂财务收支和企业经营管理情况进行审计。发现的主要问题:1. 共89万元溢余未计入利润。2. 代理加工钢材收入及其他劳务收入44.60万元,未按规定计入企业收入。审计提出处理意见和建议。

1988年9月,省审计局对浙江水泥厂劳动服务公司1986年1月至1988年6月的财务收支进行审计。发现的主要问题:1. 已购入并交付使用的11套住宅共计24.40万元,仍挂在"投出联营资金"科目。2. 在二期石灰石矿山采准削顶工程成本中,为浙江水泥厂支付购商品房款等共计23.20万元。3. 预提房租、机器折旧费等合计31.10万元,不符有关规定。审计提出处理意见和建议。

1989年9月,省审计局对镇海石化总厂1988年度财务决算及1989年1—7月的财务收支进行审计。发现的主要问题:1. 联营单位厦门鹭甬公司税前还贷返回联营利润1160.60万元,未照章纳税。2. 多转原油销售成本,少计利润4000余万元。3. 向购货单位收取尿素特别奖229万元,未计入销售收入。4. 所属化肥分厂已领未用材料118.40万元,未按规定办理"退料"手续,多列当期成本。审计提出处理意见和建议。

1991年6月,省审计局对省电信器材厂1990年度财务收支情况进行审计。发现的主要问题:1. 少缴纳建筑税1.92万元。2. 在职工福利基金中列支发放职工实物共计3.88万元。审计提出处理意见和建议。

1992年2月,省审计局组织全省审计机关,对全省医药企业(包括工业、商业及少数医疗单位)1991年度的财务收支及有关经营业务活动进行行业审计。发现的主要问题:1. 多转少转或挤占成本653.90万元,造成盈亏不实。2. 截留或隐匿各种收入807.04万元。3. 漏缴各种税金259.63万元。审计提出处理意见和建议。

1992年8—10月,省审计局对浙江水泥厂1991年度财务收支进行审计。发现的主要问题:1. 收入挂账共144.30万元未及时转入企业销售收入。2. 挤占和虚列成本共35.29万元。3. 漏缴能交基金和预算调节基金共67.69万元。审计提出处理意见和建议。

1993年11月,省审计局对浙江水泥厂1992年1月至1993年6月财务收支进行审计。发现的主要问题:1. 少计收入55.05万元。2. 逾期水泥纸袋的押金收入50%的部分未上缴财政,合计金额55.77万元。审计提出处理意见和建议。

1994年4月,省审计局就人民来信反映的《省汽车工业公司财务收支中的几个问题》进行审计。发现的主要问题:1. 违反规定税前还贷450万元。2. 购入价值46.50万元的轿车1辆,超标准10万元;未经省控办批准,购入“柯喜佳”轿车1辆。3. 汽车物资市场装修工程款169.30万元直接冲销场租费收入。审计提出处理意见和建议。

1994年10月,省审计局对省遂昌金矿1993年1月至1994年6月的财务收支进行审计。遂昌金矿前身为黄铁矿,1976年开始开采黄金。发现的主要问题:1. 多计成本费用160.20万元。2. 漏计、欠缴能交基金和预算调节基金94.91万元。3. 对外投资效益差,投资本金损失255.01万元,损失严重。审计提出处理意见和建议。

1995年6月,省审计厅对杭州富强丝织厂1994年度财务收支及其有关经济活动进行审计。发现的主要问题:1. 少计利润231.23万元。2. 收取辅助生产分摊费3万元,计入“应付福利费”。3. 对外投资损失35.62万元未作财务反映。审计提出处理意见和建议。

1995年10月,省审计厅对省煤炭工业总公司1995年1—9月预算执行情况,以及预算外资金、各项基金,有偿使用资金情况进行审计。发现的主要问题:1. 拆借资金收取资金占用费151.55万元,未计缴营业税。2. 职工福利部分的预算外收入19.35万元转入食堂账核算,未计缴能交基金和预算调节基金。审计提出处理意见和建议。

1996年9月,省审计厅对省乡镇企业局1995年度财务收支情况进行审计。发现的主要问题:在浙信城市信用社开设账户,共计核算资金288.16万元,结余0.57万元,未纳入局统一财务管理。审计提出处理意见和建议。

1996年10月,省审计厅对省轻纺集团公司1996年1—9月预算执行情况进行审计。该公司是由省轻工业厅转体而成的省直属国有企业集团。发现的主要问题:1. 集团本级以“暂付款”名义将国家拨入的专项用于轻纺出口企业的技改资金1261.50万元拨付下属企业作注册资本,不符合有关规定。2. 集团本级以“财务活动费”2万元名义拨付下属省轻纺工业技工学校食堂。3. 集团本级用预算外资金发放奖金17.33万元。审计提出处理意见和建议。

1996年10月,省审计厅对省石化厅1995年度和1996年1—9月财政财务收支进行审计。并对所属的省化肥农药工业公司、省石油化学公司、杭州化工学校、省化工研究院等单位进行延伸审计。发现的主要问题:1. 部分预算外资金收支余额、财政退库余额、新产品开发基金余额、委贷资金利息收入合计508.24万元未实行财政专户存储。2. 将340万元预算外资金委托杭州工商信托投资公司贷款,利息收入未入账,尚有67.50万元的欠息及罚息未收回。3. 将收到的财政拨入流动资金贷款贴息200万元挂账,尚未分配。审计提出处理意见和建议。

1997年12月,省审计厅对省电子工业局1996年9月至1997年9月财政财务收支进行审计,并延伸审计其直属事业单位省电子工业学校、省电子产品检验所和省电子技术研究所同期的财务收支。发现的主要问题:1. 在生产发展基金中列支宿舍楼基建款151万元。2. 局所属省电子工业学校对校办厂的投资116万元未在账面反映;该厂实现的利润73.55万元也未在账面反映。3. 完工科研楼未及时转固定资产,累计投入资金计350.20万元。审计提出处理意见和建议。

1998年2—3月,省审计厅对省轻纺集团公司1997年度财务收支进行审计。同时延伸审计该公司的直属单位省轻纺经济协作公司和省金纬房地产开发公司。发现的主要问题：1. 违规收取管理费 36 万元。2. 收取物业管理 19.98 万元未冲减管理费用。3. 少计中国投资银行杭州分行支付的房租收入 15.08 万元。4. 浙江金纬房地产开发公司账外发放奖金 80 万元。审计作出调整账户，补缴税金，账外资金予以没收，上缴财政等处理意见。

1998 年 5—6 月，省审计厅对杭州炼油厂 1997 年度财务收支进行审计。发现的主要问题：1. 杭州炼油厂投资组建康明公司 1661 万元在往来账中核算，不符合有关规定。2. 通过杭炼汽车运输公司投资的 200 万元没有收回。3. 康明公司委托贷款的利息收入 788.74 万元未计缴营业税及附加。审计提出处理意见和建议。

1998 年 6—8 月，省审计厅组织部分市地审计局对浙江信联、凯地丝绸、浙江尖峰、钱江生化、中国轻纺城和宁波海运 6 家上市公司 1997 年度财务收支进行审计。发现的主要问题：1. 募集资金实际使用收益 3425.18 万元，为预计收益的 44.72%。浙江尖峰股份无偿放弃股权 8193.29 万股，钱江生化获得减免税返还 547.25 万元，列入未分配利润，未列入资本公积。2. 宁波海运股份公司无偿占用母公司海运集团资金 3732 万元。审计提出处理意见和建议。

1999 年 6 月，省审计厅对省遂昌金矿 1998 年度财务收支进行审计。并延伸审计下属劳动服务公司、矿建有限公司及非法人分支机构供销物资公司等单位。发现的主要问题：1. 下属劳动服务公司少反映销售收入 60.36 万元。2. 供销物资公司历年实现的利润 95 万元未并入金矿账上。3. 应付省冶金局集资款 350 万元未转入资本公积。审计提出处理意见和建议。

1999 年 6 月，省审计厅对省皮革塑料工业公司 1998 年度财务收支进行审计。发现的主要问题：1. 对外投资 2145.90 万元未反映在“长期投资”账上。2. 少转库存商品成本 397.46 万元。3. 将资金借给外单位，收取资金占用费及收取客户应收账款资金占用费共计 193.91 万元，未计缴营业税及附加。审计提出处理意见和建议。

1999 年，省审计厅组织全省审计机关，对 22 家地方国有大中型工业亏损企业 1998 年度资产负债损益情况进行审计。发现的主要问题：1. 大部分企业资产负债损益严重不实。2. 部分企业资产质量问题严重，潜亏和不良资产金额巨大。3. 技术改造项目失误，举债过度。13 家企业存在技术改造投资失误，不仅未产生效益，反而加大企业亏损。4. 对外投资失误，未产生经济效益。5. 企业内部经营管理混乱，国有资产流失严重。6. 违规进行内部集资。7. 部分企业兼并和出售后，人员负担问题仍较突出。8. 部分企业经营者和经营人员涉嫌经济犯罪。审计提出建议：1. 按照实事求是、分别对待原则，妥善解决国有亏损企业的问题。2. 扭亏脱困要与优化企业资本结构、调整产业及产品结构和加强企业管理相结合。3. 增资减债应坚持效益优先原则，防止新的国有资产流失。4. 改善外部环境，尊重企业自主权，避免造成新的企业负担。5. 严格企业破产程序，实行破产前审计制度。6. 改善和加强对企业投资行为的管理和监督。7. 规范国有企业对外担保行为，保护国有资产的安全。8. 加强国有企业不良资产的界定、处置和核销工作。9. 加强国有企业领导班子建设，完善国有企业经营者的管理和监督制度。

2000 年，省审计厅组织全省审计机关，对 50 家经贸企业财务收支进行审计。发现的主要问题:1. 被审计的50家企业,1999年底资产账面总额为71.92亿元,经审计核实后为69.84亿元。宁波永丰布厂在改制为宁波博洋纺织品有限公司时,职工股金应到位资金882万元,实际只到位了615.71万元,而在已到位的职工股金中,又有312.95万元是向总公司借的。2.11家企业存在少计和隐瞒利润问题合计金额3117万元,虚列资产2.67亿元,账外资产1242.32万元,私设"小金库"290.42万元。3. 违规发行企业内部债券,余额1112.15万元。审计提出处理意见和建议。

2000年3—4月,省审计厅对浙江三狮集团公司1999年度财务收支进行审计。该公司成立于1998年,由原浙江水泥厂改组而成。发现的主要问题:1. 子公司少提折旧2428.37万元,资产负债表少反映资产1315.83万元。2. 对海南椰林居日森置业公司投资750万元,成为3年以上无收益项目;应收、预付款中,属3年以上账龄的有378万元,成为潜在损失。3. 子公司浙江三狮水泥股份有限公司应提未提应付工资1269.83万元,影响了会计信息真实性。审计提出处理意见和建议。

2000年5月,省审计厅对温州冶金机械厂1999年度资产负债损益情况进行审计。发现的主要问题:1. 应收下属物资公司拨付资金利息180万元挂账。2. 应计未计各类借款的应付利息917.35万元。3. 应收华远公司土地补偿款193万元未到位。4. 尚有应付借款利息1126万元,应收新城公司搬迁赔偿欠款418万元,未在账上反映。5. 不良资产达4890.80万元。审计作出土地补偿款按规定增加所有者权益;借款利息和搬迁赔偿款抓紧清理并入总厂大账;抓紧清理不良资产并报有关部门批准后计入损益等处理意见。

2001年10月,省审计厅对省乡镇企业局2000年度财务收支进行审计。发现的主要问题:1. 将基地分利收入、会议费结余、房租收入、管理费收入等共计106.73万元,放入账外,结余29.73万元。2. 收回香港善高公司的投资款165.40万元挂账,余额136.90万元划入下属科技教育培训中心。3. 应付农副公司的资金划至科技教育培训中心。4. 固定资产原值310.10万元,无相应明细账和固定资产卡片,且未入年度财务报告。审计提出处理意见和建议。

2003年2月,省审计厅对省信息产业厅2002年度财务收支进行审计,并延伸审计省无线电监测站。发现的主要问题:省无线电监测站房租收入等176万元未进站财务账,而在站工会账反映。审计提出处理意见和建议。

2003年4月,省审计厅对省盐业公司2002年度财务收支进行审计。发现的主要问题:1. 收取的基金余额479.39万元未上缴同级财政专户,账挂"专项应付款"。2. 将以前年度利息收入余额633.84万元长期挂账。3. 公司累计收取盐业管理费722.42万元,下属浙江盐业经营开发部结算中心收取145.06万元,合计867.48万元,账挂于"其他应付款"。4. 累计收取食盐小包装袋监制费余额592.17万元,账挂于"其他应付款"。审计提出处理意见和建议。《专报信息》对有关情况进行通报。省领导作出批示。

2003年5月,省审计厅对省乡镇企业局、省中小企业局2001年1月至2003年4月财务收支进行审计。发现的主要问题:1. 向省地方工业产品检测中心借款10万元,解决新设浙江发达物资贸易公司的注册资金,不符合相关规定。2. 省地方工业产品检测中心未经批准,私设名目向325家企业共收取广告劳务费97.44万元。审计提出处理意见和建议。

2004年3—7月，省审计厅对省能源集团公司2001—2003年度财务收支进行审计，并延伸审计省电力开发公司、省煤炭开发公司、省天然气开发公司、浙江东南发电公司、温州发电公司和嘉兴发电公司。发现的主要问题：1. 省煤炭开发公司向省财政厅周转金借款1750万元长期挂账，未及时归还。2. 浙江东南发电公司超工效挂钩核定数提取工资总额2000万元；嘉兴发电公司超工效挂钩核定数计提工资总额1700万元。3. 省电力开发公司1900万元借款长期挂账。4. 温州发电公司为职工购买补充养老保险1296.28万元，未代扣代缴个人所得税261.73万元。5. 省煤炭开发公司将市场租赁业务交给下属物业公司负责经营，收入219.16万元放列账外。审计提出处理意见和建议。

2004年10—11月，省审计厅对省东联集团公司2001—2003年度国有资产授权经营考核指标完成情况及财务收支实施审计。东联集团成立于1997年，是统一经营司法企业国有资产的省属国有集团公司。发现的主要问题：1. 集团公司少计基期所有者权益计4046.50万元。2. 少计考核所有者权益计4359.87万元。3. 企业超标计提(列支)费用。4. 资本公积中转增实收资本，未及时进行账务处理，造成"长期投资"账面少反映5956.92万元。5. 公司所属的浙江南湖林场，审计确认资产总额7678万元，负债9987万元，净资产为负2309万元，已资不抵债。审计提出处理意见和建议。2005年4月，省领导对有关情况作出批示，要求对审计发现的问题认真研究，纠正存在的问题。

2005年6—7月，省审计厅对省信息产业厅2003—2004年度财务收支进行审计。发现的主要问题：1. 武林广场科协大楼1461平方米办公用房、22套住房共1329平方米住房未入固定资产账。2. 已调拨固定资产291.16万元未及时进行账务处理。3. 应收缴国有净资产377.86万元，未报经省财政批准，从应收缴数中核减267.43万元。4. 省电子器材公司将应由自身承担的补偿费用174.99万元冲减国有净资产。审计提出处理意见和建议。

2005年12月至2006年2月，省审计厅对省轻纺集团公司2004年度财务收支进行审计，并对集团公司控股子公司进行延伸审计。发现的主要问题：1. 所属金纬房产承担其子公司融资利息，少计权益1420.08万元。2. 金纬房产的部分资产账面未反映，账外剩余房产对应的开发成本约为490.34万元，多结转开发成本影响公司损益490.34万元。3. 金纬房产公司所属湖州金达房地产开发公司未按规定及时申报缴纳企业所得税336.81万元。审计提出处理意见和建议。

2006年2—3月，省审计厅对省机电集团公司2003—2005年度财务收支进行审计。省机电集团是由机电行业主管部门转体而成的省直属国有企业集团。发现的主要问题：1. 所属职业技术学院未及时上缴财政专户资金1752.91万元。2. 所属机电设计院111万元未及时结转收入；课题费结余821.87万元长期挂账。3. 所属设备进出口公司未及时上缴账销案存资产变现款219.74万元。审计提出处理意见和建议。

二、交通企业审计

1988年6—7月，省审计局对省邮政车辆厂1987年度财务收支进行审计调查。发现的主要问题:1. 收取外单位技术转让费 17 万元,超规定 7 万元。2. 商标使用费收入中 12.60 万元未作收入反映。3. 账外资金 12.60 万元,购买农副产品和白条支取现金,实物分发无清单。审计作出补缴税金的处理意见。

1992 年 2—3 月,省审计局对省交通厅公路管理局 1991 年度财务收支进行审计。发现的主要问题:1. 欠缴省交通厅公路建设基金(简称“公建金”)1044.33 万元。2. 公建金利息收入 134.45 万元挂账,其中公路客、货运输附加费利息 47 万元,养路费附加费利息 87.44 万元。审计作出欠缴公建金及利息收入全额上缴公建金专户和补缴税金的处理意见。

1995 年 5 月,省审计厅对浙江公路机械厂 1994 年度财务收支进行审计。发现的主要问题:1. 多列成本 96.55 万元。2. 联营投资方面存在的问题。与海宁客车总厂联合投资组建汽车联合制造公司,技术入股的 40 万元未列作长期投资。3. 原材料差价挂账共计 255.94 万元,转列其他应付款;应收账款余额,上升幅度大,未及时清理。审计作出调整冲减实收资本、增加长期投资额等处理意见。

1996 年 2—6 月,省审计厅组织全省审计机关,对全省交通行业进行审计。发现的主要问题:1. 养路费减征、漏征 1534.10 万元,欠缴 1142.44 万元。台州、湖州两市违规“搭车”收费 5082.74 万元。2. 全年共出借养路费 4824.42 万元,移用、挤占养路费 2102.66 万元,作有偿使用资金 5.94 亿元。3. 挤占养路成本 433.99 万元。4. 省级和 8 个市地交通部门共欠缴各种税款 4474.57 万元。5. 交通部门向所属三产企业无偿提供资金、资产,金额达 1147.58 万元。审计提出处理意见和建议。

1996 年 4—5 月,省审计厅对宁波港务局 1995 年度财务收支进行审计。发现的主要问题:1. 少计收入和漏计营业税及附加。港务管理收入未计缴营业税及附加共计 297.60 万元;北仑港埠公司和镇海港埠公司收取的速遣费 719.34 万元未及时上缴港务局;宁波港务局在大修理基金尚有余额的情况下,将 1697.38 万元修理费直接计入成本费用。2. 将多种经营单位上缴的管理费 23.20 万元、发展基金 13.14 万元挂“其他应付款”账户。3. 部分多种经营企业向局机关及下属二级单位直接返回消费基金,共计 81.35 万元。审计作出补缴税金、冲转和调整有关账户等处理意见,建议加强对外投资管理、加快对应收账款的收回工作、对北仑港埠公司和港盛仓储公司的堆存收支核算作一次清理等。

2002 年 6 月,省审计厅对省交通厅 2001 年度财务收支进行审计,并延伸审计省高等级公路投资公司、省公路管理局、省航运管理局、省道路运输管理局、省交通设计院、省公路学会、省国防交通协会。发现的主要问题:1. 违规出借公路建设基金 3460.60 万元、公路养路费 4.70 亿元。2. 收取下属单位企业管理费及上缴利润等余额、厅高等级公路建设基金结余等合计 32.32 亿元。3. 重复列支车库改建款 305 万元。4. 所属高投公司应缴未缴所得税、房产税、水利基金等 561.83 万元。5. 省交通设计院分包工程设计收入少缴营业税等 211.43 万元。审计作出冲回重复列支车库改建款、高投公司补缴所得税、房产税、水利基金等处理意见。

2006 年 8—9 月,省审计厅对省交通厅道路运输管理局 2004 年 1 月至 2006 年 6 月财政收支进行审计。发现的主要问题:1. 部分项目经费预算编报过大。2. 台州市公路运输管理处欠缴应上缴省级分成运管费 523.30 万元。3. 公建金业务费结余 343.42 万元未及时进行分配。4. 固定资产产权已转让，未及时进行相关账务处理。5. 省运管局长期挂账应收款 96.60 万元。6. 市、县运管机构应上缴省级分成公路运输管理费 8674.30 万元未缴入指定的省财政结算户。审计作出上缴省财政的公路运输管理费、公建金业务费结余应全额转增单位事业基金、部分固定资产产权已转让应及时调整账户等意见。

2006 年 9 月，省审计厅对省交通厅 2005 年度部门决算情况进行审计。发现的主要问题：1. 收入预算编制不够准确。省交通厅部门预算收入 56.01 亿元，决算收入 55.11 亿元，多编预算 9066.15 万元；省交通厅本级和部分下属单位利息收入等合计 2307.70 万元未编入部门预算。2. 省港航局部分预算项目未及时实施，导致 1679 万元专项资金滞留。3. 部门支出决算编制不够准确，多编决算支出 6205.01 万元，导致少反映年度专项资金结余 6205.01 万元。4. 结余资金闲置。厅本级表外净资产(资金)7.84 亿元，其中银行存款和有价证券共 4.43 亿元，未能及时发挥闲置资金的效益；公路建设专用基金历年滚存结余 6033.71 万元、省公路局基金账套历年滚存结余 1.04 亿元、交通信息化建设项目结余资金 2430.64 万元留存省交通厅信息中心，均未能及时发挥效益。审计作出改进和完善部门预决算编制工作、严格按照财政审核批准的预算执行、加强专项资金结余的管理、提高资金使用的合规性和效益性、省交通厅应加强对二级预算单位预决算编报工作的指导和监督检查等处理意见。

2007 年上半年，省审计厅组织全省审计机关，对全省交通管理部门及下属的公路管理、港航管理、公路运输管理等单位 2006 年度财政收支进行审计。发现的主要问题：1. 56 省道瑞安段通行费当年收支相抵亏损 5621 万元。2. 养路费超收分成中的一定比例用于征收业务费的政策不够科学规范。3. 部门预决算编制不够规范，专项经费结余未纳入收支决算，净结余未纳入次年预算。4. 部分工程建设项目程序不规范。5. 温岭市公路管理段、温岭市公路养护公司虚列工程款支出套取现金 116.44 万元，用于发放职工补贴。6. 收入不入账、账外列收列支 1860.16 万元。7. 交通规费少征漏征 19609.16 万元。8. 省公路局职工技协咨询费收入 537.79 万元，职工参与养路费科研课题研究获得经费 252.14 万元，用于发放职工补贴和福利。审计作出加强部门预决算管理，加强债务管理，健全和完善有关政策法规同，加强公路建设基金、养路费等交通规费的征收管理工作，加强养路费、公路建设基金、通行费等专项资金的使用管理；提高资金使用效益等处理意见。

2008 年 3—4 月，省审计厅对省交通厅 2007 年度预算执行情况进行审计。发现的主要问题：1. 部分净结余未纳入预算管理，部分交通规费资金安排用于非公路、港航建设等项目。2. 养路费预算安排的“项目前期工作管理经费”2414.77 万元被用于弥补市级交通部门的日常行政经费，养路费预算安排的“全省治超一线执法人员超时奖励补贴”专项经费，被超范围、超标准使用。3. 部分单位职工技术协会超标准发放人员劳务报酬。4. 所属交通技师学院少计缴税金 4.09 万元；公路技师学院未及时结转收入 663.76 万元。审计作出加强对省拨资金项目净结余的管理、督促省公路管理局停止执行从公路小修保养经费中计提职工福利基金的做法、加强所属学校代办收费管理、督促浙江交通技师学院按规定及时申报纳税、督促浙江公路技师学院按规定清理并及时结转收入等处理意见。《审计信息专报》对该情况进行通报。

三、建设企业审计

1986年12月至1987年1月，省审计局对浙建一公司及其所属的7个内部独立核算单位1985年1月至1988年9月的财务收支进行审计。发现的主要问题：1. 百元产值工资含量包干办法及奖金分配制度有待进一步完善。2. 债权、债务及内部往来款项核算不实，清理不及时，存在不少悬账。审计提出处理意见和建议。

1987年11—12月，省审计局对省房屋经营公司1986年1月至1987年9月财务收支进行审计。发现的主要问题：多提各种预提费681.99万元。审计提出处理意见和建议。

1988年11—12月，省审计局对省建总公司1988年1—9月经费收支进行审计。发现的主要问题：1. 总公司把内部所属单位定额流动资金借款利息和临时借款利息收入共14.60万元，全部转入"专用基金—职工福利基金"，未缴能交基金。2. 总公司虚列管理费支出13万元。审计提出相应处理意见。

1991年8—9月，省审计局对省环境工程公司1990年度财务收支进行审计。发现的主要问题：擅自拆借资金生息获利，2.48万元利息和盈利收益不入账，用于滥发钱物和请客送礼等开支。审计提出处理意见和建议。

1993年9月，省审计局对武林建筑工程公司1992年度财务收支和经营活动进行审计。发现的主要问题：1. 税后利润未按规定提取三项基金。2. 未按规定足额代扣代缴职工个人收入调节税。3. 公司以占用应付中方款项提取资金占用费11.37万元，入"财务费用—利息"内，挤列工程成本。审计提出处理意见和建议。

1994年5月，省审计局对浙信房地产公司1993年度财务收支进行审计。发现的主要问题：1. 拆旧房回收款53.58万元未作收入。2. 投资上海标准色卡投资公司的分利款165万元，未作投资收益。审计提出处理意见和建议。

1995年8—9月，省审计厅对浙江三兴地业房产公司自成立时起至1994年5月的财务收支进行审计。发现的主要问题：1. 从省地产公司取得的638.60万元，因经济纠纷，其中145.30万元被杭州市法院冻结。2. 实收资本272.40万元，转为"其他应付款"挂账。审计提出处理意见和建议。

1996年3月，省审计厅对省城乡建设开发总公司1993—1994年度财务收支进行审计。发现的主要问题：1. 与澳门贺回工业公司联合开发的"杭州钱江城"项目，后由外方独资经营，公司支付的项目土地定金及预提利息385万元，尚未收回。2. 支付省农行信托投资公司投资款利息550万元直接在往来科目核算，不符有关规定。审计提出处理意见和建议。

1997年7—10月，省审计厅对省经济建设投资公司1998年度财务收支、资产质量等情况进行审计。该公司成立于1988年，对经济建设项目进行投资和经营管理的省属企业。发现的主要问题：1. 违规垫付省计经委购房款2463.16万元。2. 兑换美元款299万元，虚列股权投资。审计提出处理意见和建议。

1998年3月至1999年7月，省审计厅对省基建财务公司1998年3月至1999年7月财务收支进行审计。该公司经营财务管理咨询和实业投资开发等。发现的主要问题：1. 违规炒股9150万元，账外收益243.95万元未入账，投资收益131万元未计收益。2. 违规收取基建项目委托贷款手续费963.67万元。3. 委托贷款300万元，逾期未收回。4. 违规代外单位办理股票一级市场运作计105万元。审计提出处理意见和建议。

2000年9月，省审计厅对嘉兴市路桥开发公司财务收支进行审计。发现的主要问题：1. 挪用建设资金1.73亿元。2. 委托贷款利息收入294.25万元未作其他业务收入，未缴营业税14.71万元。审计提出处理意见和建议。

2003年3月，省审计厅对省赞成发展公司2002年度财务收支进行审计。发现的主要问题：1. 公司净资产1亿元，对外投资6865万元，对外投资占净资产68.39%，比例过高。2. 分配职工个人股红利1046.30万元，扣除职工个人股红利用于增资扩股999万元，职工个人股实际分得红利47.30万元，未申报缴纳个人所得税。审计提出处理意见和建议。

2003年3—7月，省审计厅对浙江农村发展投资集团公司所属浙江龙华房地产开发公司2002年资产负债损益进行审计。发现的主要问题：1. 以联合开发房地产的名义出借企业名号和开发资质。2. 成本费用未及时归集反映，造成少计房产开发成本，存量资产核算不实。审计提出处理意见和建议。

2004年9—11月，省审计厅对省建筑材料集团公司2001—2003年度财务收支进行审计。发现的主要问题：1. 虚增利润2043.94万元。2. 少计吴山名楼A座房产销售收入1.28亿元。3. 通过往来账将7200万元的资金在账外进行投资，形成账外公司。4. 抽逃汇给浙江凯地房地产开发公司7200万元注册资金，用于收购浙江凯地房地产开发公司并对其增资。5. 所属华龙投资发展公司通过外单位，将资金投入炒股有5720万元，公司财务账未反映投资活动和投资股票盈亏。6. 所属浙江华龙房地产开发公司、杭州三江乐园公司出借1.19亿元资金给外单位，均未收取利息。审计提出处理意见和建议。

第二节 商贸旅游企业审计

1986年起，全省审计机关对全省商业、外贸、旅游企业及其主管部门开展财务收支、资产负债损益及预算执行审计。2006年以后，该类审计结合企业负责人经济责任审计进行。1986—2006年，省审计厅共完成审计项目158个。

表38-9-2-1　　1986—2006年浙江省审计厅对商贸旅游企业审计一览表

年度	审计单位
1986	全省物资行业(全省统一组织)、中国纺织品进出口公司浙江省分公司、中国轻工业进出口公司浙江省分公司、中国工艺品进出口公司浙江省分公司、中国粮油食品进出口公司浙江省分公司、省金属材料公司

续表1

年度	审　计　单　位
1987	全省食品公司(全省统一组织)、省食品公司、中国出口商品基地建设总公司浙江省分公司、中国外轮代理公司宁波分公司、中国轻工业品进出口总公司浙江省分公司
1988	全省农资公司(全省统一组织)、省兴越工贸有限公司、省物资协作开发公司、中国冶金进出口公司浙江分公司、中国有色金属进出口公司浙江分公司、中国电子进出口总公司浙江省分公司、望湖宾馆、省华侨企业公司、莫干山管理局所属饭店
1989	浙江经济实业公司、省燃料公司、省旅游局、省旅游总公司、省旅游协会、越海贸易公司、大东南集团公司、大东南集团宁波经营处、大东南集团贸易部、大东南集团国际经济贸易公司、大东南集团海杭贸易实业公司、大东南集团温州采购供应站、大东南包装实业联合公司、大东南装饰成套工程公司、大东南环球贸易实业公司、大东南集团亨达贸易实业公司、浙江企业家俱乐部
1990	省商业集团公司、省商业厅、省饮食服务公司、省食品公司、省五交化批发公司、省百货纺织品批发公司、省副食品批发公司、省商业供销公司、浙江经济实业总公司、浙江经济实业总公司杭州分公司、省经济实业总公司所属个人承包经营点、省沈阳物资供销协作公司、京浙物资公司、海南华商贸易公司、省政府驻天津办事处经济贸易技术协作服务公司、省供销社旅游服务公司、中国国际旅行社杭州分社、浙江建设旅行社、中国青年旅行社浙江分社、省职工友好旅行社、中国国际体育旅游公司浙江省公司、省中国旅行社、浙江海外旅游公司、浙江老年康乐旅行社
1991	晋浙经济协作公司、省经济协作公司
1992	全省医药行业(全省统一组织)、省医药药材公司、省医药总公司、省医疗器械公司、珠海浙江实业公司
1993	省土产副食品公司、省供销社、省特产公司、杭州珠杭电子技术服务中心、桐庐县商业总公司、浙江海外旅游公司所属的海外贸易投资部等4个单位
1994	全省物资行业(全省统一组织)、省医药管理局、省医药药材公司、省金属材料公司、浙江中汇股份公司、省机电设备公司、杭州梅苑股份公司、组织公费出国(境)旅游有关旅行社和组团单位
1995	全省农资企业(全省统一组织)、省经贸厅、省医药管理局、省旅工贸总公司、省旅游局(省旅游总公司)、长兴农资公司、富春公司
1996	省经贸厅、省物资局、省旅工贸总公司、省旅游局、浙江永宁实业公司、浙江大厦富春宾馆、省进出口商品检验局、省外贸公司、省畜产品进出口公司、省华兴畜产品厂
1997	浙江医药药材公司、省特产总公司、省粮油食品进出口公司、杭州梅苑股份公司
1998	省商业集团公司、省丝绸集团公司、浙江中大集团公司、浙江顺达贸易公司
1999	省经贸厅、省农业生产资料公司、省耀江实业集团公司、浙江物资产业(集团)总公司、杭州富强丝织厂、省工艺品进出口公司、省旅游局、富春公司
2000	全省75个外经贸主管部门(全省统一组织)、全省45家外贸企业(全省统一组织)、省经贸厅、省机械进出口公司、省纺织品进出口公司

续表 2

年度	审　计　单　位
2001	省经贸委、省经贸厅、省金属材料公司、浙江物产元通机电(集团)公司、啄木鸟服饰公司、浙江天园实业投资公司、省物产集团公司、杭州之江经济文化实业公司、浙江物产燃料公司、浙江中大技术进出口集团公司、浙江中大集团公司、浙江中大商贸公司、浙江中大集团控股公司、浙江世界贸易中心公司、中国浙江国际经济技术合作公司
2002	省经贸厅、中国国际贸易促进会浙江省分会、省商业财务公司、省商业集团公司、浙江泰丰控股集团公司、省物产集团公司、浙江国大集团公司、省食品公司、省丝绸集团公司、浙江东方集团控股公司、浙江物产元通机电公司
2003	中国国际贸易促进委员会浙江省分会
2004	省物产集团公司
2005	全省部分工商管理部门(全省统一组织)、省工商局、省供销社、省经贸厅、义乌市工商行政管理局、浙江荣大集团公司
2006	省旅游集团公司、省旅游局

资料来源:浙江省审计厅档案室。

一、商业企业审计

1986 年 5—6 月,省审计局对省金属材料公司进行财务审计。发现的主要问题:1. 多冲转"补偿贸易"投资 108.70 万元。2. 销售差价 496 万元,未及时清理上缴。3. 基本建设投资 120 万元,未按规定存入建设银行。审计提出处理意见和建议。

是年,省审计局还组织全省审计机关,对全省物资行业 1986 年度财务收支进行审计。全省共有物资企业 509 家,抽审 166 家,共查出各类问题金额 6200 万元,其中应上缴财政 1200 万元,有问题金额在百万元以上的有 9 个单位,万元以上的贪污案 1 件。发现的主要问题:1. 未转入利润的物资销售差价和其他收入共计 2800 万元。2. 平转议、擅自削价、乱加价等违反国家政策金额 1400 万元。3. 多摊费用共计 750 万元。审计提出处理意见和建议。

1987 年 5 月,省审计局对省食品公司 1985—1986 年度财务收支进行审计。发现的主要问题:1. 亏损严重。因收入减少、流通费增加,1986 年增加亏损 839.20 万元。2. 擅自向"冻猪肉储备户"收取利息 109.70 万元。3. 长期挂账 13.50 万元。审计提出处理意见和建议。

1988 年 3 月,省审计局组织全省审计机关,对全省农业生产资料公司 1986—1987 年财务收支及有关购销业务活动进行审计。发现的主要问题:1. 部分农资公司通过挂往来账或压低库存农资商品价值隐匿平议差价款 1815.50 万元。2. 违反物价政策,获取非法收入 110.70 万元。3. 余杭县和睦乡多种经营服务部将尿素通过层层加价、转手倒卖方式,加价 580 元/吨出售。4. 截留利润 526 万元,其中隐匿议价化肥经营利润 283.10 万元。5. 多转成本 194.50 万元,乱挤乱摊成本 134.30 万元。审计作出平议差价款转款专用于化肥等农资补贴;截留利润调增利润,补缴所得税和能源交通基金;平价尿素议价销售非法所得全数上缴财政的处理意见。省政府对该审计情况进行了批示。

1989 年 6 月，省审计局对省属大东南集团公司及其在海南的部分实业分公司自成立至 1989 年 6 月底的财务收支、经营活动情况进行审计。大东南集团公司成立于 1988 年，主要经营贸易业务。下属公司在省内有 10 家，在海南有 8 家。发现的主要问题：1. 违反外汇管理规定，将省政府作为发展外向型经济的周转金 100 万美元、中国银行杭州分行作为股金的 30 万美元，私自买卖、调剂、转让，获取价差 171.60 万元。2. 决策失误，造成投资损失约 145.30 万元。3. 对投出资金缺乏有效管理，投资效益低下。4. 未向有关部门报财务报表，对下属子公司无统一的控制报表。5. 工资、补贴标准超过规定；现金收款收据管理不善，收据品种多，收据购入、领用、注销等环节无手续。6. 私设“小金库”。审计作出对私自买卖、调剂、转让外汇的违纪行为按外汇管理有关规定处理；对由于工作失职和决策失误造成国家资产损失的单位负责人和直接责任人，提请有关部门追究其责任；进一步查实有关经济问题；清理“小金库”，全额上缴省财政；清理收回超标准发放的工资、补贴等处理意见。6 月，省政府秘书长对该情况进行了批示。11 月，省审计局先后向审计署、省委、省政府、省人大、省政协汇报审计情况。12 月，省审计局发出对大东南集团有限公司、越海贸易公司、浙江经济实业公司及所属 15 家子公司的审计结论和决定。1990 年 1 月，省审计局领导向全国人大浙江巡视组汇报大东南集团等 3 家公司审计情况。3 月，省审计局向省七届人大部分代表报告大东南集团等 3 家公司审计结论的执行情况。

1990 年 1 月，省审计局对浙江经济实业总公司杭州分公司及其前身浙江经济实业公司杭州吴知浩经营点 1988 年 3 月至 1989 年 4 月财务收支进行审计。发现的主要问题：1. 隐匿利润 39.90 万元。2. 擅自提高电冰箱价格，非法获利 2.08 万元。3. 以私人收据、收据代发票等不合规单据 89 张，共计金额 1.70 万元。4. 违反规定留利，将免征税款转入企业留利，多提福利、奖励和后备基金。审计作出会同财政部门对违规发放的奖金进行清理核实，没收非法获利；对短缺的物资进行审核清理；调整留利分配金额的处理意见。

1992 年 2 月，省审计局组织全省审计机关对全省医药企业 1991 年度财务收支及有关经营业务活动进行行业审计。11 个市地共审计 168 个单位，审计普及面约占全省医药行业的 60%，查出违纪违规资金 2399.35 万元，其中应收应缴财政 368.54 万元。发现的主要问题：1. 多转少转或挤占成本 653.90 万元。2. 截留、隐匿收入 807.04 万元。3. 漏缴各种税及能交基金、预算调节基金 259.63 万元。4. 私设“小金库”106.74 万元。审计提出处理意见和建议。

1993 年 9 月，省审计局对桐庐县商业总公司成立以来的财务收支和有关经营活动进行审计。发现的主要问题：1. 经营钢材业务，向香港兆源公司汇款 2424.50 万元，至审计日未收到钢材，也未收回款项。2. 拖欠国内企业汇入的钢材预付款 2388.08 万元。3. 所办合资企业杭州天龙铜业有限公司，外方资金 107 万美元未到位。审计作出通过各种途径追讨欠款和相应赔偿；对于汇出去的款项，应配合有关部门追踪查清；加强内部管理，节约费用开支的处理意见。建议桐庐县成立专门小组，负责向兆源公司追回款项及应赔偿款，必要时提请仲裁机构或司法机关裁决。9 月，省审计局就有关情况向省委、省人大常委会做了汇报。

1994年,省审计局组织全省审计机关,对全省物资企业财务收支进行行业审计。涉及全省物资系统的金属材料、机电设备、燃料、建材、农机、汽配、化轻、木材等97家专业公司,资金总额为34.29亿元。发现的主要问题:1. 盈亏核算不实,少计少缴税金。2. 结算资金有增无减,库存物资结构不合理,存在潜亏。3. 新会计制度衔接过程中,国有资产有不同程度的流失。4. 旧的计划经济体制的惯性,影响企业经营机制的转换。5. 实施新税制后,商品流通企业负担有加重趋势。审计建议:进一步转换内部经营机制;加强企业管理,重视对财会工作的领导;强化财经法纪观念;理顺产权关系,实现政企职责真正分开;加强新税制的宣传教育工作,搞好税制转换过程中的各项配套服务。《审计简报》对该情况进行通报。

1995年,省审计厅组织全省51个审计机关,对农资行业财务收支进行审计。共查出违纪金额1771万元,应缴财政146.41万元,追回专项资金20万元,增盈抵亏41.46万元,资产流失毁损18万元。发现的主要问题:1. 部分化肥流向不合理,增加了流通环节,不利化肥需求平衡和价格稳定。2. 违反价格政策,化肥实际调拨价超过规定的经营差率,获取差价收入。3. 化肥成本中提取差价挂账或移作他用。4. 化肥价格成本中运杂费项目预估过高和将利息进入化肥价格成本,提高化肥销售价格。5. 专项化肥拨补不及时,部分被挪用。6. 农资储备资金有缺口,利息负担不落实,影响化肥储备。7. 违反财经法规,隐瞒收入和利润。审计提出处理意见和建议。

1995年10月,省审计厅对省医药管理局1995年1—9月预算执行情况进行审计。发现的主要问题:1. "所有者权益"账用于列支弥补行政、工会经费及拨所属研究所149.19万元。2. 向下属单位收取投资收益80.39万元。3. 账户处理不当。在"其他应付款"账户挂救灾扶贫基金116.63万元,汇兑损益15.81万元;在"其他应收款"贷方有国家医药局拨入救灾款20万元;救灾基金利息收入列"盈余公积"11.25万元,合计163.68万元。4. 省药材公司少计房租、小车搬运费等收入182.89万元。审计提出处理意见和建议。

1996年1月,省审计厅对省物资局1995年10—12月财政预算执行情况以及预算外资金收支情况和各项基金收支进行审计。发现的主要问题:1. 局机关办公室经费暂付款挂账、局职工宿舍因房改收入等共计299.93万元未并入总公司账。2. 干训所固定资产账面挂账149.50万元,未并入单位账。审计提出处理意见和建议。

1999年3—5月,省审计厅对省属富春公司1995—1998年度资产负债损益情况进行审计调查。富春公司建于1984年,在香港经营房地产、贸易等业务。发现的主要问题:1. 经营"复印机及配件"业务被骗547.05万港元。2. 员工李某挪用72.45万港元难以收回。3. 公司兴达部应收账款892.69万港元未收回,预估损失190.54万港元。4. 应收万星有限公司2151.18万港元未收回,预估损失437.62万港元。5. 应收香港钱江贸易公司542.77万港元未收回,预估损失119.46万港元。审计建议:清理各类资金;通过资产置换的改制形式对公司进行盘活;将公司定位为类似省政府驻港办事处性质的企业;加强企业管理;处理好省财政在港房地产专项投入的产权关系。

2001年5—8月,省审计厅对省金属材料公司2000年度财务收支进行审计。发现的主要问题:1. 在费用中提取工效挂钩工资1300万元,当年实发工资奖金1036.46万元,当年已提未发 263.54 万元，在所得税汇算清缴时未作纳税调整。2. 金属材料公司对其中的 1.55 亿元净资产未列入资产评估的范围。审计提出处理意见和建议。7 月，省长柴松岳等省领导在省审计厅上报的《关于浙江省金属材料公司 1.55 亿元账外净资产未纳入改制资产评估范围的专题报告》上批示。

2001 年 12 月，省审计厅对浙江物产元通机电（集团）公司 1999—2000 年度财务收支进行审计。发现的主要问题：1. 少计国有法人股应得权益 282.29 万元。2. 收回已核销资产 69.26 万元，挂账“预收账款”。3. 下属浙江元通机电发展公司投资部在证券营业部开户进行股票买卖，未在会计账上反映，共计投入金额 1.31 亿元，至 2000 年末，账户资金余额 811.78 万元，持股票市值 1.56 亿元。4. 省物产集团公司为建设物产大厦支付给省生产物资总公司 550 万元拆迁补偿费，长期挂账“其他应付款”科目。5. 下属浙江物产租赁公司投资 1700 万元，组建“上海元益置业有限公司”，挂账“其他应收款”。审计提出处理意见和建议。

2002 年 3 月，省审计厅对中国国际贸易促进会浙江省分会 2001 年度财务收支进行审计。发现的主要问题：1. 支付在职职工工资、奖金及补贴等总计 174.45 万元，下属公司上缴的有关展览会收入分成和利润共计 235.58 万元，会员费收入 40 万元，一直挂账。2. 会展收入 120 万元，未计缴营业税及附加。审计提出处理意见和建议。

2004 年 7 月，省审计厅对省物产集团公司 2003 年度财务收支进行审计。省物产集团系省直属国有大型商品流通企业，于 1996 年由省物资局转制建立。发现的主要问题：1. 集团公司下属部分改制企业应上缴集团公司的资产计 7690 万元留在原改制单位使用，未按协议规定收取资产占用费。2. 下属燃料公司投入浙江天桥国际投资有限公司的 1158.93 万元收回存在困难。3. 关联公司购销业务销售收入未抵扣 1.15 亿元，影响集团公司合并会计报表。4. 收回原已移交省发展资产管理有限公司的剥离不良资产 251 万元挂其他应收款贷方，未及时交付。5. 委托投资收益 5921.40 万元，未按规定缴纳税金 328.64 万元。6. 所属浙江物产元通机电（集团）公司天然橡胶合作项目获固定收益 758.12 万元，未缴营业税及附加 42.08 万元。审计提出处理意见和建议。

2005 年上半年，省审计厅组织全省审计机关，对全省工商管理部门 2004 年度财务收支进行同步审计。发现的主要问题：1. 超标准收费、收费依据不充分。2. 投资联办、参与经营；变相脱钩、代管市场；协议移交、出租市场。3. 有的工商局在下属单位领取补贴，报销费用，发放福利；以工商干部家属名义违规集资兴办工商事务性经济实体谋利。4. 部分单位预算经费未按规定管理使用。审计建议：严格区分政府职能和市场行为；职能部门加强监管，整顿行业作风；严格部门预算管理，建立健全票据管理、资产管理、货币资金管理等制度，防止国有资产的流失。7 月，省长吕祖善对有关情况作出批示，督促工商部门提出整改意见并抓好落实。

2005 年 8 月，省审计厅对省供销社 2004 年度财务收支进行审计。发现的主要问题：1. 将省供销社、兴合集团干部职工在社属企业应退出的部分股份转入工会持有，并用其分红发放职工福利。2. 社本级违规向企业收取管理费 1563.87 万元。3. 部分房产和土地使用权的处置未经评估。4. 改制操作不规范，将不折股资产折价处理。5. 兴合集团及所属部分控股子公司未按权益法核算长期投资，造成少计所有者权益 4.37 亿元。6. 农资集团、省茶叶公司少缴企业所得税共 2076.36 万元。7. 违规在税前提取“为农服务基金”6788.81 万元。8. 新大集团债券投资违规操作造成损失 3402.09 万元。9. 省农资集团宁波公司私设账外账。10. 隐藏收益，将大量资金转移至民营企业。11. 兴合实业公司进口部经理，违反规定，将 1 万吨价值 1500 万元的进口废纸发给南洋公司，尚有 1150 万元货款无法收回。审计作出兴合集团应将实际已损失的不良投资 1.26 亿元按规定进行处理；将少计所有者权益 4.37 亿元编制合并会计报表反映；企业收入未按规定反映应补缴税金；违规在税前提取“为农服务基金”应补缴税金的决定，建议加强对授权经营企业的有效监管；切实加强资产管理工作，做好历史遗留问题的清理回收工作，严格资产核销手续，尽可能减少集体资产损失。10 月，省领导对有关情况进行批示，要求加强对整个供销社系统经营业务的管理工作和思想政治工作，从制度上、机制上、工作监督力度上解决经营中的违法违纪问题。《审计信息专报》对有关情况做出了通报。

二、外贸企业审计

1986 年 7 月，省审计局对中国工艺品进出口公司浙江省分公司 1984 年以来的财务和外汇收支进行审计。发现的主要问题：1. 截留利润 347.60 万元，其中多转库存商品、原材料销售成本 46 万元，走私罚款向国家报亏 250 万元，将国外应收账款擅自用于抵扣进口货款 3618 美元。2. 省工艺品进出口公司出口 25 千克珍珠，因工作严重失职导致国有资产重大损失。审计提出处理意见和建议。审计署审计长吕培俭在《浙江审计简报》第 79 期（增刊）上做批示。

1987 年 8 月，省审计局对中国轻工业品进出口分公司浙江省分公司 1985—1986 年度财务收支及有关经济效益进行审计。发现的主要问题：漏缴税金和能源交通基金 66.20 万元，截留基本业务出口收汇 100 万美元额度。审计提出处理意见和建议。

1988 年 11 月，省审计局对省华侨企业公司开办以来至 1988 年 11 月底的企业经营和财务收支情况进行审计。发现的主要问题：1. “华日”电冰箱高价进、高价销售 230 台，非法获利 10 万元。2. 擅自销售劣质电冰箱，获利 440 万元。审计提出相应处理意见和建议。12 月，省审计局向省政府做专题汇报。

1995 年 10 月，省审计厅对省经贸厅 1995 年度预算执行情况进行审计。发现的主要问题：1. 将外汇留成、外汇外偿等收入共计 3.80 亿元长期挂往来账。2. 利息收入 415.52 万元、以前年度代销利润收入 252 万元长期挂账。3. 将所属外贸企业的上缴利润 1.61 亿元挂“所属应缴利润”科目和“暂收款”科目。4. 将 300 万元的房屋维修管理费收入作“暂收款”挂账。5. 未经省政府和省财政审批将有关专项资金用于生产性和非生产性支出，其中用于生产性支出的有 5.82 亿元，用于非生产性方面支出的有 5285.32 万元。6. 省级经贸企业的 5 家外贸公司合计欠缴所得税 2028.17 万元、欠缴能交基金 499.91 万元、欠缴调节基金 199.94 万元。7. 省土畜产进出口公司从财政厅临时拆借的 462.48 万元未归还。8. 省纺织品进出口公司未将待结盈亏 124.36 万元及时并计利润。9. 省机械进出口公司未将 133.48 万元收入并计利润。10. 省经贸财务公司计提资金占用费 360 万元，多计成本费用。11. 省丝绸进出口公司多提利息 250 万元。12. 省纺织品进出口公司外借资金合计 640.58 万元。13. 省纺织品进出口公司将投资的 2600 万元股本金挂“应收账款”账户。14. 省经贸财务公司未经批准通过工会集资 677 万元。15. 少计预算外收入 180.11 万元；历届交易会上购置的设备合计金额 61.83 万元未入“固定资产”账；合计 62.92 万元的收入长期挂账。审计提出相应处理意见和建议。

1996 年 9 月，省审计厅对浙江进出口商品检验局本级 1995 年度财务收支进行审计。发现的主要问题：1. 未将商检收入 197.25 万元及时入账。2. 将基建贷款利息 92.72 万元误入业务支出。3. 购入的固定资产中有 55.73 万元未入账，将收到的签证费和房租收入合计 112.04 万元转入基建项目。4. 多提效益工资 394.06 万元，漏缴所得税 55.03 万元。审计提出处理意见和建议。

1997 年 7 月，省审计厅对省粮油食品进出口公司 1996 年度的资产负债损益情况进行审计。发现的主要问题：1. 结算类资金占用共 6.50 亿元。2. 违规炒期货，亏损 845.95 万元。审计提出处理意见和建议。

1998 年 4 月，省审计厅对省丝绸集团公司 1997 年度财务收支的真实性进行审计。该公司系省属国有外贸企业，成立于 1994 年。发现的主要问题：1. 存在不良资产 1.14 亿元，政策性基金结余未结转资本公积 6084.77 万元。2. 对外投资收益率仅 10.57%，预计对外投资损失达 6286 万元。3. 应收股利、应收利息合计 6741.80 万元未入账。4. 下属储运公司运费收入挂账、佣金收入挂账合计 926.02 万元，公司股权转让收入挂账 518 万元。5. 多计成本、费用 239.69 万元。6. 下属浙江凯喜雅国际仓储运输公司设置“小金库”，余额 373.61 万元。审计提出处理意见和建议。

1998 年 4 月，省审计厅对浙江中大集团公司 1997 年度资产负债损益及股份制改制、运作，股票上市等情况进行审计。该公司成立于 1996 年，系经营外贸业务和投资开发的省属国有企业集团。发现的主要问题：1. 应收账款计入销售费用，变相擅自核销外汇坏账 88.21 万元。2. 借款利息收入 21.65 万元，未按规定缴纳营业税及附加。3. 购入商品房，总价计 1350.63 万元，未将公益金转作一般盈余公积。4. 对外担保 1500 万元，未在年度报告中说明。审计提出处理意见和建议。

1999 年 3 月，省审计厅对省经贸厅 1996—1998 年度财务收支进行审计。发现的主要问题：1. 将利息收入挂应收款 1046.11 万元。2. 拆借资金利息收入挂外汇价差 8683.52 万元。3. 收到预付利息 117.47 万元挂专项账款结算。4. 将拨入经费结余款 21.62 万元转入经费暂存。5. 购房支出 1387.20 万元未经批准，占用了有关专项资金。审计提出处理意见和建议。

2001 年 1 月，省审计厅对省经贸厅 2000 年度财务收支进行审计。发现的主要问题：1. 对外拆借资金 4.67 亿元未收回。2. 应收拆借资金利息 4490.33 万元未入账，其中 1412.49 万元难以收回。审计提出处理意见和建议。

2002 年 1 月，省审计厅对省经贸厅 2001 年度财务收支进行审计。发现的主要问题：1.

利息收入余额 109.62 万元挂“暂收款”账上，未按规定转入出口事业发展基金。2. 未反映股票投资收益 226.50 万元。3. 少计提应付利息 330.08 万元。4. 先后分 5 次投入省对外经贸培训中心（浙江国际大酒店）基建项目 1.04 亿元，均在厅掌管的外贸事业发展基金中列支，未报经省政府领导批准。5. 长期挂账资金 1385.79 万元，其中挂账 10 年以上的有 1338.79 万元。审计提出处理意见和建议。

2003 年 5 月，省审计厅对中国国际贸易促进委员会浙江省分会 2002 年度财务收支进行审计。发现的主要问题：1. 其下属浙江省经贸国际展览中心抽逃出资 20 万元。2. 中国国际商会浙江商会应出资 30 万元而未出资。3. 固定资产盘亏 39.04 万元。4. 下属企业上缴的展览分成款 60 万元未纳入单位预算外资金收入管理。5. 大额定期存款 290 万元未在银行存款科目核算反映。审计提出处理意见和建议。

2005 年 7 月，省审计厅对浙江荣大集团公司 2004 年度财务收支进行审计。该公司成立于 2001 年，是由土畜产、粮油、医药保健等 8 家公司合并组建的省属企业集团。发现的主要问题：1. 荣大集团共少计粮油公司占用资金利息 1139.68 万元。2. 医药保健品公司存在将公司收入 330.09 万元转移到工会。3. 土畜产进出口集团公司工会将 160 万元资金委托给中国银行杭州信托咨询公司进行委托理财。4. 将本金及收益计 241.14 万元现金存入浙江惠灵对外贸易有限责任公司股票账户，作为该公司股票投资的投资收益，经查该出资款为改制前的国有资金。5. 发放股利未缴纳个人所得税 139.21 万元。审计提出处理意见和建议。12 月，省长吕祖善对有关情况作出了批示，要求浙江荣大集团公司对审计发现的问题进行整改。《审计信息专报》对有关情况做了通报。

三、旅游企业审计

1990 年 9 月，根据审计署、国家旅游局部署，省审计局对省中国旅行社 1989 年 1 月至 1990 年 6 月的财务收支及经营活动进行审计。发现的主要问题：1. 因营业收入、成本核算不正确，累计漏记营业收入 544.16 万元，少计营业净收入 266.47 万元。2. 因违反“先收费、后接待”原则，造成被拖欠团费 1688.70 万元。审计提出处理意见和建议。

1993 年 12 月，省审计局对浙江海外旅游公司所属的海外贸易投资部、杭州海珠楼餐馆、杭州新华旅行社、杭州新华婚礼服务公司 4 个单位 1993 年财务收支情况进行审计。发现的主要问题：1. 海珠楼开业前用于装修而获得的贷款 70 万元未入账。2. 为贸易部代垫的 77.54 万元支出转列“专项工程支出”，后转入“固定资产”，不符有关规定。审计提出处理意见和建议。

1994 年 4 月，省审计局对组织公费出国（境）旅游的有关旅行社和组团单位进行审计。发现的主要问题：境外发放零用金 595.99 万元，发生境外附加费 33.61 万元，境外其他费用 47.22 万元。审计提出处理意见和建议。省领导对该情况进行批示。

1995 年 4 月，省审计局对省旅游局（省旅游总公司）1994 年度财务收支进行审计。发现的主要问题：1. 所属 4 个单位上缴利润 228.15 万元，原有资产补偿收入 142.57 万元，全额转入“资本公积”，少缴“两金”92.68 万元。2. 向省旅游商贸服务公司和望湖宾馆收取外汇额度使用款共187.51万元，在“其他应付款”挂账，少缴所得税61.88万元。3. 未调增因外汇汇率变动引起的外币存款余额586.42万元。4. 收到杭州饭店股利共计3162.06万元，扣除免税金额和装修费，少缴“两金”494.39万元。5. 将杭州饭店历年缴入的土地使用费余额812.37万元挂于“其他应付款”账户。审计提出处理意见和建议。

1997年7月，省审计厅对杭州梅苑公司1996年度财务收支情况进行审计。发现的主要问题：1. 拆借资金收益、证券交易收益23.98万元未计缴所得税。2. 国债交易收益19.04万元未按规定列入投资收益。审计提出处理意见和建议。

1999年9月，省审计厅对省旅游局1998年度财务收支进行审计。发现的主要问题：1. 房屋等固定资产152.07万元未及时入账，形成账外资产。2. 土地使用费1863.06万元未及时上缴。3. 杭州香格里拉饭店上缴资产补偿费801.43万元长期挂账，未及时清理。4. 原杭州饭店装修工程款767.93万元未经批准转入递延资产账户。5. 出借款尚有150万元未收回。审计提出处理意见和建议。

第三节　中央企业审计

1987年起，全省审计机关根据审计署授权或统一部署，对中央在浙电力、邮电、烟草、石油、民航等部门及企业开展审计，并向上级审计机关报告审计结果。1987—2009年，省审计厅共完成审计项目47个。

表38-9-3-1　　1987—2009年浙江省审计厅对中央在浙企业审计一览表

年度	审　计　单　位
1987	省电力工业局、闸口发电厂、宁波卷烟厂、仙居邮电局
1988	省电力工业局
1989	省烟草公司、杭州卷烟厂、省电力工业局、台州发电厂
1990	省电力工业局、杭州电信局、中国机电设备总公司华东一级站杭州供应站
1991	省石油公司、省电力工业局
1992	省电力开发公司、金华市电业局、金华市“三电”办公室、衢州电力局、衢州市“三电”办公室、杭州电力局、杭州市“三电”办公室、9家供电企业以及同级“三电”办公室（全省统一组织）
1993	省电力工业局、镇海发电厂
1994	全省67个邮电部门（全省统一组织）、宁波卷烟厂、省电力工业局
1995	全省11个邮电局（全省统一组织）、省邮电管理局
1996	全省邮电行业（全省统一组织）、省电力开发公司、中国烟草总公司浙江省公司、杭州卷烟厂

续表

年度	审计单位
1997	省电力局本级等26家电力企业(全省统一组织)、全省烟草行业(全省统一组织)、中国烟草总公司浙江省公司、省邮电管理局、杭州电信局、浙江航空开发总公司
1998	全省66家石油公司(全省统一组织)
2001	全省86个供电局(全省统一组织)、省电力开发公司
2002	全省76家烟草公司(全省统一组织)、中国烟草总公司浙江省公司、杭州卷烟厂、宁波卷烟厂
2006	全省邮电系统(全省统一组织)
2009	中国烟草总公司浙江省公司及所属公司(全省统一组织)

资料来源:浙江省审计厅档案室。

一、邮电电信行业审计

1987年,省审计局委托仙居县审计局,对仙居县邮电局1986年财务收支进行审计。发现的主要问题:1. 动用公款5万元,为个人建房垫付地基费。2. 挤占成本,减少利润6.50万元。3. 私设账外账,漏缴税金。审计提出处理意见和建议。

1990年6月,省审计局对杭州电信局1989年1月至1990年3月财务收支进行审计。发现的主要问题:职工人寿保险费13.10万元重复调账,漏缴税金2.08万元。审计提出调整账户,并补缴税金的处理意见。

1994年3—5月,省审计局组织全省审计机关,对67个邮电部门财务收支进行同步审计。发现的主要问题:1. 超标准、超范围、超时限收取初装费及邮电通信建设附加费计587.74万元。2. 挪用、转移邮电通信建设资金计1621.48万元。3. 部分地方收取邮电通信延伸服务费达202万元,未在主业账反映。4. 普遍存在漏计漏缴邮电通信建设附加费营业税问题。5. 普遍存在邮电通信建设资金缺口,合计达26亿元。审计提出处理意见和建议。

1995年3—5月,省审计厅组织全省部分审计机关,对省邮电管理局、杭州市电信局和宁波、温州、嘉兴、绍兴等市县共11个邮电局1994年度财务收支进行审计。发现的主要问题:1. 转移、隐瞒国有资产3254.98万元。2. 漏缴国家税收5042.50万元。3. 挤占成本费用7615万元,转移隐瞒收入1105万元。4. 电话初装费未及时结转资本公积。5. 自行开口子收取各类附加费、集资费。6. 业务招待费普遍超支。审计提出处理意见和建议。

1997年2—3月,省审计厅对省邮电管理局1996年度财务收支及历年来邮电通信建设资金征、管、用情况进行审计。发现的主要问题:1. 未按规定编制报表,致使邮电资产少反映11.52亿元;初装费少反映2.70亿元;附加费少反映2494.09万元。2. 行政大楼多媒体系统工程款作预提费用计330万元。3. 电话磁卡销售额少作通信业务收入770.31万元。4. 应付福利费多提2481.36万元。5. 在营业外支出列支工程建设奖等60万元。6. 省通信工程质量监督站收取的监督费 294.31 万元，未按规定并计财务大账核算，尚有余额 86.30 万元。7. 省移动通信总公司收取返回的质量监督费 163.16 万元未纳入大账核算。审计提出处理意见和建议。

2006 年 7—9 月，省审计厅组织全省审计机关，对省邮政局及下辖市、县邮政局 2005 年度财务收支进行审计。发现的主要问题：1. 普遍存在资产负债核算不实。其中省邮政局少计资产 1275.15 万元、负债 567.06 万元、净资产 315.44 万元、净利润 21.61 万元。2. 部分市县局收入和成本费用核算不实，计 1860 万元。3. 邮政储蓄业务存在垫付国债资金 2500 万元，不良资产挤占储蓄资金 2593 万元，少计提储户存款利息 1.17 亿元，以及备付金留存超额等问题。审计提出处理意见和建议。

二、电力行业审计

1987 年 3 月，省审计局对省电力工业局及所属闸口发电厂 1986 年财务决算进行审计。发现的主要问题：1. 省电力局超发电用煤 50.07 万吨，未在财务决算中反映 810.20 万元的差价。2. 在上海煤组的应付账款中，挂有差价 618.10 万元。3. 外资报表的收益表中列税前利润 8999.10 万元，而会计决算报告列 4911.50 万元，相差 4087.60 万元，经查明是“减免产品税还贷款”。4. 当年生产发展基金、福利基金、奖励基金和后备金共应缴纳 615.60 万元，均占用生产发展基金。5. 压油小型基建计划中，省电力局实际开支 666.60 万元，超计划 44 万元，且有 535.50 万元用于生活设施，占基建计划的 83.33%。6. 省电力局欠省电力开发公司 1.03 亿元，并借给劳动服务公司 1020 万元，未及时清理。7. 闸口发电厂多发工资、奖金 26.30 万元。审计提出处理意见和建议。

1988 年 3 月，省审计局对省电力工业局 1987 年度财务决算进行审计。发现的主要问题：1. 华东电管局退回的网内互供电费 729.30 万元未冲减当年购电成本，造成亏损。2. 收取工商银行结算户存款利息 28.90 万元，未冲减费用。3. 多计加工用重油 9.10 万吨，计 284.60 万元。4. 收银行专项存款利息 12.40 万元，未作收入入账。审计提出处理意见和建议。

1989 年 5 月，省审计局对省电力工业局 1988 年度财务收支和世界银行贷款北仑港火电项目财务决算报表进行审计。发现的主要问题：1. 北仑工程公司投资完成表差错较多，其中将 1989 年发生的财政贴息收入 197.70 万元列入 1988 年度。2. 省电力局修改北仑工程公司上报的“基建投资表”，造成差错合计 6075.20 万元。3. 应缴所得税 220 万元和能交基金 27 万元未上缴财政。4. 倒卖木材料指标，非法获利 45.90 万元。审计提出处理意见和建议。

1990 年 4 月，省审计局对省电力工业局 1989 年度财务收支进行审计。发现的主要问题：1. 燃料成本差异未按规定进行分摊，多转燃料成本差异 1728.85 万元。2. 加工电费重复冲减成本 430.30 万元，漏缴“两金”62.83 万元。审计提出处理意见和建议。

1991 年 3 月，省审计局对省电力工业局 1990 年度财务收支及世界银行贷款北仑港火电项目决算报告进行审计。发现的主要问题：1. 挤占成本 776.07 万元。2. 所属劳动服务公司未正式取得营业执照以前实现的利润 106 万元未计入局利润总额。3. 应收未收煤运加价共计 2769.46 万元。4. 漏缴“两金”49.38 万元。审计提出处理意见和建议。

1992年3月,省审计局组织全省审计机关,对省电力开发公司、9户供电企业以及同级“三电”办公室进行行业审计。发现的主要问题:1. 免征产品税等共计9882.59万元,同期获得输变电分利222.71万元,收到台州电厂和镇海电厂上缴折旧款共计4766.39万元,均未缴“两金”。2. 提取加工用电管理费2.06亿元,未按规定缴纳有关税金。3. 越权征收电力建设资金。杭州、嘉兴等6个市“三电”办公室共征收4881.34万元。4. 各市共收取加工电价费和空调容量费3133.47万元,未计缴有关税金。5. 超范围、超标准收费4020万元。6. 全省应收未收的加工电收入2.30亿元。审计提出处理意见和建议。

1993年9月,省审计局对镇海发电厂1992年1月至1993年6月财务收支进行审计。发现的主要问题:1. 挤列生产费用231.43万元。2. 专项存款利息30.88万元未冲减生产费用。3. 速遣费收入13.33万元挂账,未计收入。4. 拨给厂工贸公司的补偿费、管道工程更换款共计74.32万元未收回。5. 生产费用列支综合楼租赁费41.88万元。6.将对外收取的管理费、装卸费收入199.15万元转入外单位,并以其中72万元发放职工生活补贴。7. 挂账利息共计141.88万元,未及时上解省电力局。审计提出处理意见和建议。

1994年6—7月,省审计局对省电力工业局1995年1月至1996年3月财务收支进行审计。发现的主要问题:1. 外借资金占用费收入470万元未及时入账。2. 省属发电成本中提取“受托经营方管理劳务费”“人工补贴费”“给投资方的管理费”,共计5113.67万元,不符合有关规定。3. 生产成本中提取电费手续费150万元,未作纳税调整。4. 欠缴以前年度能交基金171.09万元和预算调节基金191.43万元。5. 电建金、三峡工程建设基金代征手续费共计128万元,误列电建金账面支出。6. 对外提供的合并报表漏并省电力燃料公司、省电力物资供应公司和省电力建设总公司的资产,总额达8.50亿元。审计提出处理意见和建议。

1996年6月,省审计厅对省电力开发公司1995年1月至1996年3月财务收支进行审计。发现的主要问题:1. 出售用电权收入5.60亿元直接计入“资本公积”账户,借款利息收入9879万元未计缴营业税及附加。2. 平均电价补差电费收入2706.14万元,未作收入入账,漏计增值税销项税393.20万元。3. 小化肥补贴款合计2938.20万元直接计入“未分配利润”账户。4. 投资收益416万元未作账务处理。审计提出处理意见和建议。

1997年5—9月,省审计厅组织全省部分审计机关,对省电力局等26个电力企业财务收支进行同步审计。发现的主要问题:1. 省电力开发公司出售用电权收入余额5.60亿元,直接计入“资本公积”账户。2. 省电力开发公司对外投资收益416万元未及时收回,其中88.23万元已挪作他用。3. 省电力开发公司年平价电价补差电费收入2706.14万元未作销售收入,漏计增值税的销项税393.19万元。4. 省电力局擅自在受托经营的浙江华能长兴电厂、华能温州电厂的发电成本中提取列支了给投资方的“管理费”和给本局的“管理劳务费”“人工补贴费”共计5213.67万元。5. 各种地方性电价价外收费漏计缴增值税4376.02万元。6. 欠缴增值税、漏缴营业税及附加4060.67万元。7. 少计收入、挤占成本2826.65万元。8. 未移交结余基金845.08万元,违规列支过渡性养老金666.95万元。审计提出处理意见和建议。

2001年,省审计厅组织全省77个市、县审计机关,对86家省、市、县(区)供电局(公司)和省电力开发公司2000年度财务收支进行审计。发现的主要问题:1. 主业与多种经营之间机构交叉、人员混岗、资产相互占用、关联交易不合规。杭州市电力局将废旧物资收入的70%留给多种经营企业经营，转移利润227万元；主业资金、资产被多种经营企业无偿占用1.65亿元；主业向多种经营企业低价转售资产，差价574万元；主业向多种经营企业高价支付工程款等346万元。2. 挤占成本费用5186万元。3. 部分县(市)供电局收取供配电贴费2.67亿元，用于工程支出。4. 全省应付福利费红字达5844.74万元。5. 电费电表保证金尚有7.60亿元未清退。6. 存在不良资产10.34亿元。7. 椒江电力公司下属6个供电所，共计截留收入1690.14万元。8. 电网建设无产权投资20.20亿元。9. 省电力开发公司无依据提取“三江”治理费1000万元，挂“其他应付款”。10. 省电力系统应收借款5360万元。11. 不良资产10.34亿元，经济纠纷和担保损失9200万元。审计提出处理意见和建议。省审计厅就审计相关情况向省政府提交专题报告。

三、烟草行业审计

1987年9月，省审计局对宁波卷烟厂1986年1月至1987年6月财务收支和经济效益进行审计。发现的主要问题：1. 技术转让费收入706.70万元，未上缴所得税和留成分配。2. 因烟叶调价，库存烟叶共升值484.20万元，挂在“其他应付款”科目。3. 违反规定从调价升值中冲减应收进口烟叶款112.90万元；转入流动资金371.30万元。4. 多提固定资产折旧12.30万元。5. 发放加班工资33.40万元，超列成本10.40万元。审计提出处理意见和建议。

1989年7月，省审计局对省烟草公司和杭州卷烟厂1988年度财务收支进行审计。发现的主要问题：1. 省烟草公司烟嘴差价款56.41万元，未作公司利润处理；烟草补贴费26.75万元挂于“其他应付款”账户，未作毛利。2. 省烟草公司将调价引起的在途商品增值款44.21万元挂于“其他应付款”账户。3. 杭州卷烟厂技术转让费收入570.24万元，少缴税金。4. 杭州卷烟厂欠缴卷烟提价收入210万元；将支付给烟叶供应单位的烟叶管理费等36.83万元错列在产品税退税收入中。审计提出处理意见和建议。

1994年10月，省审计局对宁波卷烟厂1993年1月至1994年6月的财务收支进行审计。发现的主要问题：1. 多计当期产品成本593.27万元。2. 近两年欠缴产品税总计1.33亿元。3. 无依据将挂账的部分卷烟销售差价294万元转为向宁波烟草调拨站应收的货款。审计提出处理意见和建议。

1996年7—8月，省审计厅对中国烟草总公司浙江省公司1995年1月至1996年6月财务收支进行审计。发现的主要问题：收到各市、县烟草公司及所属子公司上缴的税后利润支用1534.47万元，不符合有关规定。审计提出处理意见和建议。

1997年4—6月，省审计厅组织相关市审计局，对中国烟草总公司浙江公司、杭州分公司、杭州卷烟厂、宁波卷烟厂4个单位1996年度财务收支进行审计。发现的主要问题：1. 用商业利润弥补工业利润，少缴消费税3.63亿元。2. 欠税额大，全省烟草企业累计欠税5.28亿元。3. 对外投资效益低，投资收益率仅0.70%。4. 烟草企业职工工资收入增长快、差距大。工业企业领导人平均工资是职工收入的9.80倍，商业企业领导人是职工工资的8.68

倍。审计提出处理意见和建议。

2002年6—11月,省审计厅组织全省审计机关,对76家烟草公司(烟草专卖局)和杭州卷烟厂、宁波卷烟厂2001年度财务收支进行审计。发现的主要问题:1. 共查出违规金额5.92亿元,应缴财政金额1.56亿元,归还原渠道资金841.36万元,偷漏税金1.48亿元,应纠正金额1.35亿元,向司法机关移送案件2件。2. 全省不少烟草公司存在账外资产,合计1137.08万元。3. 全省烟草企业挤占成本费用共计7215万元。审计提出处理意见和建议。

2009年7—9月,省审计厅对中国烟草总公司浙江省公司2008年度财务收支进行审计。发现的主要问题:1. 省公司将主业国有资金6.30亿元以低利率出借给职工参股的房地产开发企业,其中3亿元资金的利息收益差额未进行相关纳税调整,应收利息2409.07万元逾期未收回。2. 省公司股权投资收益1295.48万元和国有股分红款444.93万元未及时收回。3. 下属香溢房地产公司代个人支付贷款利息收入流转税43.06万元;税前列支代缴职工个人所得税42.26万元。4. 温州市烟草公司应付省烟草公司联营分红余款245.81万元,长期挂账未付。5. 全省烟草商业系统银行存款年末余额235.20亿元,存款资金绩效有待提高。6. 宁波市烟草公司员工74人持有下属2家企业股份,未按规定清退,计860万元。7. 部分单位代缴职工个人所得税122.38万元;少计定期存款利息收入4146.07万元;少计出借资金利息收益656万元。审计提出处理意见和建议。

四、石油行业审计

1991年1月,省审计局对省石油公司1989—1990年度财务收支及经营活动进行审计。发现的主要问题:1. 价格调剂基金594万元冲转进货成本,不符合有关规定。2. 多提、重复提取物资协作差价151.06万元。3. 出售液化气货款18.42万元未列入财务账。4. 未按实际销售额结转成本,少计毛利68.90万元。5. 计划汽油多转成本9.97万元。审计提出处理意见和建议。

1998年4月,省审计厅组织全省审计机关,对全省石油系统66家石油公司1997年度财务收支进行审计。发现的主要问题:1. 利润不实金额4925.87万元,未合并报表的国有资产5933.64万元,以及其他违规问题应缴财政962.42万元。2. 有35家石油公司经营亏损5052.36万元。无法收回资金3529.60万元,有问题对外投资资金2373.55万元。3. 湖州市石油总公司对外投资3858.02万元,为公司净资产的1.01倍;台州市椒江石油公司从事股票、期货经营,但一直未建账;浙华油轮公司收取的运输劳务费、洗舱费等收入94.37万元挂账,少计当期收益;普陀县石油公司租赁费收入77.65万元挂账;文成县石油公司虚作商品销售收入266.97万元。审计提出处理意见和建议。

第四节　企业专项审计与审计调查

1985年起,全省审计机关对企业的各类专项资金和存在的普遍性、倾向性问题开展专项审计与审计调查，并向上级审计机关及本级政府报告审计结果。1985—2010年，省审计厅共完成审计项目118个。包括工业交通专项资金审计、商贸旅游专项资金审计、企业改制审计、经营管理和经济效率审计、专案审计及其他专项审计项目等。

表38-9-4-1　　1985—2010年浙江省审计厅对企业专项审计与审计调查一览表

年度	审　计　项　目
1985	全省公路管理局公路养路费专项审计（全省统一组织），省水产进出口分公司出口创汇和销售利润等有关经济活动专项审计，省五金矿产进出口公司外汇收支钢材进销和盈亏等专项审计调查，省无线电器材经销公司外汇使用专项审计，嘉兴物资局公款吃喝送礼、滥发奖金实物问题专案审计，中国纺织品进出口公司浙江省分公司拨给供货厂纺织品“价外补贴”款专项审计调查
1986	省电子仪器厂进口王安微机经销问题专项审计、杭州建筑陶瓷厂引进大型陶瓷饰面板生产线专项审计
1987	省经贸系统部分单位购入非生产性小车专项审计调查、省级经贸5家公司经营性亏损专项审计调查、12家省级经贸企业以进养出外汇收支使用情况专项审计调查、宁波市外贸基地开发公司财务收支专项审计
1988	全省交通部门车辆购置附加费收支情况专项审计调查（全省统一组织），省交通厅、省公路管理局、省公路稽征局车辆购置附加费支出情况审计调查，杭州、宁波、金华等地29个中央企事业单位承包经营和遵守财经纪律情况审计调查（全省统一组织），杭州、宁波烟酒行业审计调查（全省统一组织），在杭涉外旅游企业的投资效益、经营管理审计调查（全省统一组织），省石油化学公司往来账、利润分配等账户专项审计，省汽车工业公司其他往来款项、利润分配专项审计，省汽车运输公司资产、物资、债权、债务、利润分配专项审计，省物资协作开发公司审计调查，浙华联合开发公司利润分配及往来款项专项审计，金华市21个单位违纪购买小汽车审计调查
1989	全省清理整顿流通领域433家公司专项审计（全省统一组织），省金属材料公司钢材等价格改革及差价核验专项审计，省机电设备公司汽车销售专项审计调查，省建筑材料公司经营水泥的计划、价格和差价核算专项审计，浙江省邮电管理局出版《纵横——中国商品指南》征集款收支情况专项审计调查，杭州邮政局出版《纵横——中国商品指南》征集款收支情况审计调查，景宁、云和、泰顺、文成四县扶贫汽车进销和倒卖情况审计调查
1990	全省清理整顿流通领域公司审计调查（全省统一组织），省属外贸公司的承包经营和超亏挂账情况专项审计调查，省二轻集团投资贸易部资金使用情况及财务收支专项审计调查，省纺织工业集团公司彩电经营状况专项审计，省振兴企业联合公司流动资金往来款项、经营收支等情况的专项调查，省丝绸进出口公司外贸承包经营情况及财务大检查遗留的问题专项调查审计，浙江复合包装厂审计调查
1991	全省商业、供销、物资和外贸行业部分企业的经营活动中资金被骗情况审计调查（全省统一组织），深圳蛇口华丝企业股份公司组建以来的经营成果以及与省丝绸进出口公司有关的财务专项审计调查，杭州钢铁厂企业税后留利和使用情况专项审计调查，杭州丝绸印染厂与深圳蛇口中外合资企业华丝公司的财务往来和有关经营活动专项审计

续表1

年度	审计项目
1992	全省流通领域5个行业联营项目效益审计调查(全省统一组织),衢州、金华、杭州及其所辖的市、县公建金的征收及代征单位同步审计(全省统一组织)
1993	全省商业、供销系统1116家企业流动资金的来源、占用及使用效果审计调查(全省统一组织),全省182家供销社及其直属公司财政收支及其经营活动审计调查(全省统一组织),全省19家股份制试点企业审计调查(全省统一组织),省计经委散装水泥办公室散装水泥专项资金收支审计,省级11家外贸公司和杭州市本级4家外贸公司专项审计,省经济建设投资公司投资资金来源及投资效益专项审计,浙江中汇(集团)公司实行股份制情况审计,浙江国贸中心成立以来资金到位及建设状况专项审计,浙江机械投资公司股份制情况审计调查,浙江申达机电集团公司实施股份制转轨情况调查,浙江南天邮电通讯发展集团公司审计调查
1994	全省公路建设专用基金征收及解缴情况审计(全省统一组织),流通领域8个股份制试点企业审计调查(全省统一组织),部分商贸企业投资风险审计调查(全省统一组织),省交通厅、省公路运营、稽征局公路建设专用基金征收、缴款情况审计,浙江中大集团公司国有资产情况审计调查,杭州丝绸印染联合厂和杭州牙膏厂管理人员的工资性收入情况专项审计调查,浙江东方股份公司国有资产经营活动等方面情况审计调查,深圳兆福印刷制品公司合资双方出资和引进设备情况审计调查,省粮油食品进出口公司财务收支及改制时的资产评估、验资审计,组织公费出国(境)旅游的有关旅行社和组团单位审计,无线通信局邮电通信建设资金收支管理情况审计
1995	全省商品流通领域驻省外城市43家企业审计调查(全省统一组织),全省37家工业企业转制过程中国有资产管理状况审计调查(全省统一组织),省交通厅预算执行情况以及预算外资金、各项资金、有偿使用资金等情况的专项审计,富春公司财务收支审计调查,23家省级外贸公司出口商品逾期未收汇情况专项审计调查,省食品公司冻猪肉储备费和基地商品猪补贴专项审计调查
1996	国有工业企业的技改资金管理情况及部分重点技改项目进展情况专项审计(全省统一组织)、全省经委系统国有工业企业负担状况审计调查(全省统一组织)、全省交通部门养路费专项审计(全省统一组织)、5家省级一类旅行社的境外旅游客户欠款情况专项审计调查、全省商品流通领域部分企业从事期货交易情况审计调查(全省统一组织)、杭州汽轮动力集团等5家企业(集团)审计调查、省中国旅行社严重违反外汇管理问题专项审计
1997	全省89家医药流通企业、51家药品生产企业和123个医疗单位产、供、销“一条龙”全面审计调查(全省统一组织),全省工商行政管理系统行政性收费和罚没收支审计调查(全省统一组织),省工商行政管理局行政性收费和罚没收入审计,省商业集团公司和省物产集团公司转制运作情况及资产变动情况专项审计调查,22家省级外贸公司保险费支出情况审计调查
1998	全省企业财务真实性审计试点情况审计调查(全省统一组织)、全省交通部门公路建设资金专项审计(全省统一组织)、省交通厅公路建设资金专项审计
1999	全省县级以上供销社所属农资企业化肥供应政策的执行情况及资产负债损益情况审计调查(全省统一组织),全省民航、邮电、电力、铁路、石油系统企业职工基本养老保险基金专项审计(全省统一组织)

续表 2

年度	审 计 项 目
2000	浙江三狮集团公司等 11 家国有企业改制情况审计
2001	全省外贸事业发展专项基金及部分外贸企业的使用情况审计调查(全省统一组织)
2002	全省各级财政安排的技改贴息资金专项审计调查(全省统一组织)、20 家授权经营集团国有资产保值增值情况专项审计、省土产畜产进出口公司的账外资产专项审计调查、省粮油食品进出口公司的账外资产专项审计调查
2003	省国际信托投资公司对上海、海南投资项目盈亏情况审计调查
2004	全省公路养路费征收及使用专项审计调查(全省统一组织)、省公路管理局养路费审计调查、杭钢集团等 22 家省属授权经营集团公司经营业绩审计、浙江耀江教育投资公司杭州下沙高教园区西区后勤服务设施项目有关费用情况专项审计调查
2005	全省国有投融资机构基本情况及投融资运作情况专项审计调查(全省统一组织),省教育发展中心、黄龙体育中心、西湖文化广场建设指挥部投融资和财务管理情况审计调查,杭钢集团等 18 家省属授权经营集团公司经营业绩考核审计
2006	全省旅游发展资金的使用、管理及绩效情况专项审计调查(全省统一组织),省旅游局省级旅游发展资金专项审计调查
2007	全省公路养路费审计调查(全省统一组织)、杭钢集团公司等 16 家省属集团公司经营绩效专项审计调查
2008	9 家省属企业国有资本经营收益专项审计、9 家省属企业执行企业年金制度情况专项审计
2009	全省扶持中小企业政策实施情况专项审计调查(全省统一组织)、国际金融危机对中小企业影响状况专项审计调查(全省统一组织)、13 家省属企业经营绩效专项审计调查、省丝绸集团公司改制过程中有关财务事项专项审计调查
2010	全省 76 家国有企业(集团)领导人及职工投资入股情况专项审计调查(全省统一组织)、全省盐业经营绩效专项审计调查(全省统一组织)、省盐业集团公司本级及 4 家全资子公司经营绩效专项审计调查、省本级国有资本经营预算编制执行情况专项审计调查

资料来源:浙江省审计厅档案室。

一、工业交通专项资金审计及调查

1985 年 4 月,省审计局组织全省审计机关,对全省公路管理局 1984 年度公路养路费的收支、管理情况进行专项审计。发现的主要问题:1. 截留养路费收入 2580 万元。2. 少收、漏收、拖欠养路费 619 万元。3. 乱挤乱摊成本和挪用养路费 776 万元。4. 被其他单位长期借占养路费 812 万元。5. 挤占养路费,用于新建、改建工程 4311 万元,占养路工程支出的 38%。6. 省交通厅共划拨杭州财税局 1436.85 万元,60%用于城市道路建设,其他移作他用,不符合有关规定。审计提出处理意见和建议。《审计简报》对该情况进行通报。

1986 年 9—11 月,省审计局对杭州建筑陶瓷厂引进大型陶瓷饰面板生产线进行专项审计，并将审计结果向省政府作了报告。发现的主要问题：1. 生产工艺不成熟，产品无销路，使建设银行 325 万元贷款和 51 万元利息无法收回。2. 占用所属保温厂 25.80 万元专用基金，影响该厂发展。审计提出处理意见和建议。省委办公厅、省政府办公厅《信息通报》(增刊)第 54 期对审计情况作了相关报道。

1988 年 2 月，省审计局对省交通厅、省公路管理局、省公路稽征局车辆购置附加费支出情况进行审计调查。发现的主要问题：1. 截留应缴公路建设基金 463 万元。2. 挪用 38.30 万元用于房屋建设。3. 擅自收取“免办凭证”手续费 17.40 万元。审计提出处理意见和建议。

1988 年 3—5 月，省审计局组织全省审计机关对全省交通部门车辆购置附加费收支情况进行审计调查。发现的主要问题：1. 应征附加费车辆 66046 辆，实际征收附加费车辆 56950 辆，全年少征附加费车辆近万辆。2. 农用车、挂车少征车辆购置附加费 972.50 万元。3. 下拨的车辆购置附加费分成拨款的 618.70 万元，应用公路建设的仅有 238.50 万元，年底结余 296.40 万元。审计提出处理意见和建议。9 月，《审计简报》对该情况进行通报。

1992 年 4 月，省审计局与省交通厅联合部署，要求衢州、金华、杭州市审计机关对交通部门公路建设专用基金(公建金)征收及代征单位进行同步审计。发现的主要问题：1. 欠缴公建金 1200.92 万元，漏征公建金 22.12 万元。2. 截留、挪用公建金 19.18 万元。3. 公建金存储利息收入 254.05 万元未滚作公建金上缴。审计提出处理意见和建议。

1994 年 3 月，根据省政府领导批示，省审计局组织全省审计机关，对交通部门公路建设专用基金征收、缴款情况进行专项审计。发现的主要问题：1. 省交通厅未及时将征收的公路建设基金解缴省财政厅公路建设专用基金专户累计 1.47 亿元，省公路运输管理局共计 1.08 亿元公建金未及时解缴省交通厅，杭州、宁波市征收部门欠缴省公路运管稽征局公建金 624.95 万元，各专业运输(代征)单位欠缴“公建金”1777.34 万元。2. 高等级公路建设基金被外借及移用累计 1.03 亿元，交通厅站场建设基金被无偿外借及占用累计 1140 万元，杭州市交通局挪用养路费 380 万元，建德市交通局挪用 132 万元。3. 全省各市少征公建金 8000 多万元。4. 杭州、宁波、舟山三市加收各种当地公建金达 7512.15 万元。审计提出处理意见和建议。省领导对该审计情况进行了批示。

1995 年 11 月，省审计厅对省交通厅 1995 年 1—9 月预算执行情况以及预算外资金、各项基金、有偿使用资金等情况进行审计。发现的主要问题：1. 收到所属上缴高等级公路建设基金 1.44 亿元，未按规定计缴营业税和预算调节基金。2. 公建金收入 4.06 亿元，未按规定计缴营业税。3. 省公路管理局收到所属上缴公路养路费收入、公路运输管理费收入共 5.46 亿元，未按规定计缴营业税。4. 省航运管理局收到所属上缴航道养护费等 18 项预算外收入、水路货运附加费、港口基础设施费共 2.35 亿元，未按规定计缴营业税。5. 省公路管理局收到所属上缴车辆通行费收入 1.12 亿元，未按规定计缴营业税。审计提出处理意见和建议。

1996 年 2—3 月，省审计厅对省交通厅 1995 年 10—12 月预算执行情况以及预算外资金、各项基金、有偿使用资金等情况进行审计。发现的主要问题：1. 省公路管理局公路运输管理费超计划收入 307.48 万元，超计划支出 247.82 万元；养路费超计划收入 1.76 亿元，超计划支出3399.61万元。2. 省航运管理局港航事业费超计划支出1606.17万元。3. 养路费5.52亿元尚未汇收入户。4. 少计规费收入262.27万元。5. 养路费中多计提业务费511.81万元。6. 以资金无偿外借、垫付形式挤占、挪用规费4550.78万元。7. 规费收入未计缴营业税及附加合计2719.31万元。8. 低息贷款让利给股份制企业约5000万元。审计提出处理意见和建议。《审计简报》对该情况进行通报。

1996年第四季度，省审计厅组织全省审计机关，对国有工业企业技改资金管理情况及部分重点技改项目进展情况进行审计。发现的主要问题：1. 全省金融机构共拖欠技改资金3.12亿元。2. 宁波、绍兴、丽水三市财政预算内安排的技改资金、技改统筹基金等被财政部门截留或转作流动资金借款等5990.87万元，占基金总数的18.21%。3. 全省技改项目共超概算1.30亿元，有的企业技改项目未经批准立项，擅自开工。4. 杭州13家国有工业企业逾期贷款达7235万元；7家亏损，亏损额达5885.65万元。审计提出处理意见和建议。《审计简报》分别对有关情况进行通报。

1998年11月至1999年1月，省审计厅组织全省审计机关，对全省1997年1月至1998年9月公路建设资金的筹集、使用和管理情况进行审计。发现的主要问题：1. 违规收费5.25亿元；少征、漏征各种公路建设资金7641.38万元；欠缴各类公路规费5994.60万元；养路费收入1.37亿元未按规定上缴省财政专户及金库。2. 各市出借公路建设资金共计5.96亿元，约有1.50亿元收回难度较大；挤占、挪用公路建设及养护资金1.38亿元；公路建设资金到位不及时金额达3.89亿元。3. 临海市计划外工程支出达602万元。4. 丽水地区缙云公路段与所属路桥公司每年白条支付上千万元工程款。5.320国道临平过境段管理处税前分红5966.61万元，超出可分配利润2067.37万元。6. 历年通行费收入6.88亿元，用于还贷4488.60万元，只占收入的15%。7. 欠缴税款2877.63万元。审计提出处理意见和建议。

2002年，省审计厅组织全省审计机关对2001年度省、市、县三级财政安排的经济结构调整、技术改造贴息项目等技改贴息资金进行专项审计调查。发现的主要问题：技改资金违规用于土建工程，共计521万元。审计提出处理意见和建议。省领导对有关情况作出批示。

2004年1—4月，省审计厅对省公路管理局2003年度养路费收支进行审计。发现的主要问题：1. 违规在养路项目列支厅招待所、局莫干山休养所建设拨款825.20万元。2. 养路资金被所属单位借用逾期未还910万元。审计提出处理意见和建议。7月，省领导对相关情况作出批示，要求有关单位落实审计意见及建议。

2004年，省审计厅组织全省审计机关，对全省2003年度公路养路费征收及使用情况进行专项审计。发现的主要问题：1. 全省未将养路费纳入政府性基金预算管理2.71亿元。2. 养路经费的结余资金出借9255万元。3. 个别市、县交通部门对修改建公路项目拨款不及时，计1.21亿元。审计提出处理意见和建议。

二、商贸旅游专项资金审计及调查

1993年3—6月，省审计局对全省商业、供销系统1116家企业1992年流动资金的来源、占用及使用效果进行审计调查。发现的主要问题：1. 企业自有流动资金缺口较大，增补措施不到位。全省被调查企业自有资金比重仅为15.4%。2. 库存商品结构不合理,流动资金变成了“不动资金”。3. 二级批发站、采供站的功能削弱,库存商品积压。4. 未严格养护、保管商品,致使商品霉烂变质。5. 结算资金居高不下,非正常占用情况严重。6. 盲目联营,管理失控,蒙受损失。7. 亏损挂账和潜亏数额巨大,基建支出挤占流动资金。审计提出处理意见和建议。《审计简报》对该情况进行通报。

1996年3月,省审计厅对浙江省中国旅行社境外应收款中存在的严重违反国家外汇管理规定等问题进行专项审计。发现的主要问题:1. 将入境游团费等收入1208.35万港元、88.34万美元存放境外,并直接支用。2. 以788万元人民币向广东多家公司私自换成764.12万港元;以逃汇、套汇所得外汇向免税商场购免税商品,再以人民币出售,累计从中获利282.69万元。审计提出处理意见和建议。

2000年3月至2001年4月,省审计厅对1998—2000年度外贸出口发展基金收支存情况进行专项审计调查。发现的主要问题:省计经委划款15万元给省经济实业发展有限公司,用于莫斯科展览会参展费用,直接在“外向型发展基金”中列支出,无具体支出项目和原始单据。审计提出处理意见和建议。

2001年,省审计厅组织全省审计机关,对财政、计经委、外经贸系统掌管的各项外贸事业发展专项基金1998—2000年度的筹集、拨付、管理、使用和结存情况进行专项审计调查。发现的主要问题:1. 省计经委2.26亿元出借款未收回,占基金总额的46.64%。2. 基金大量存放定期,使用率不高。省计经委“外向型发展基金”存放定期存单1.66亿元,占基金总额的34.23%。3. 金华市1704万元贴息资金,未按规定计入补贴收入618万元。审计提出处理意见和建议。8月,省长柴松岳在省审计厅上报的专报信息上批示。

2006年,省审计厅组织全省审计机关,对2005年度省级、11个市、40个县(市、区)旅游发展资金使用、管理及绩效情况进行专项审计调查。发现的主要问题:1. 部分项目资金分配不合规,挤占、挪用旅游发展资金。2. 普遍存在财政预算安排和实际拨付旅游发展资金不到位。审计提出处理意见和建议。12月,省长吕祖善在省审计厅上报的审计综合报告上作出批示。

三、企业改制专项审计及调查

1993年,省审计局组织部分市级审计机关,对全省19家股份制试点企业进行审计调查。发现的主要问题:1. 股份制企业筹集资金使用不当,兰溪一新制药公司募股、筹集的资金,用于开发项目实际支出只有95万元,占筹集资金的18.89%;用于购买股票340万元,占67.61%。2. 资产评估有问题,申达公司资产评估前账面净值为4123.30万元,评估后资产净值为1.01亿元,是评估前的2.45倍,造成企业资本利润率、投资回收率偏低,资产评估升值较大。审计提出处理意见和建议。

1994年6—7月,省审计局对浙江中大集团公司由原国有外贸企业转为股份制试点企业时的国有资产所有权的界定、资产评估、验证等情况进行审计调查。发现的主要问题:1. 公司对应收账款、存款等在资产减评后,少挂账1458.88万元,造成国有资产潜在流失。2.“长期投资—中大丝绸有限公司”挂账 917.42 万元，而合同规定中大公司接受投资单位实收资本的金额应为 551.29 万元。审计提出处理意见和建议。

1994 年 6—7 月，省审计局对浙江东方股份公司由原国有外贸企业转为股份制企业时的国有资产所有权界定、资产评估、验证及经营活动等方面情况进行审计调查。发现的主要问题：1. 企业资产评估减值 3921.41 万元长期挂账，4809.72 万元国有资产未计入股。2. 流动资金、固定资产、更新改造基金、生产发展基金和专用基金备抵项目增值 586.70 万元，未经批准入“待处理财产损益”科目。3. 税前还贷 1000 万元，挂列“应付国内账款”科目贷方。4. 未经审批将后备基金和净资产的 20%计 4488.13 万元作股份制企业资本公积入账。审计提出处理意见和建议。

1994 年，省审计局组织部分审计机关，对流通领域股份制试点企业进行审计调查，涉及外贸、物资、医药、商业等行业的 8 个单位。发现的主要问题：1. 温州市机电设备公司在改组过程中，将结余的企业流动基金、网点建设基金等 3 项基金合计 416.46 万元，作“应付账款”挂账，并将其中 179.50 万元转作职工个人股本，严重侵犯国家利益。2. 浙江物通股份公司核定的股本总额为 5000 万元，实际到位的股本金为 4806 万元，未到位股本 194 万元，与会计师事务所出具的验资报告不符。审计提出处理意见和建议。

1994 年 12 月，省审计局对省粮油食品进出口公司 1993 年度财务收支及股份制改制时的资产评估、验资等有关事宜实施审计。发现的主要问题：1. 账户处理不当。转出非经营性净资产 1957.56 万元，将后备基金 1925.15 万元转入“资本公积—国家扶持资金”。2. 股本构成来源不当。工会入股由公司拨款 550 万元，省经贸委拨款 250 万元，又向香港立新公司借款 800 万元入工会法人股。3. 用专用基金购建公司职工住宅，少计国有资产 1000 万元。4. 将总公司专项拨款用于购建职工宿舍，未入公司账，造成账外资产 600 万元。审计提出处理意见和建议。

1995 年，省审计厅组织全省审计机关，对 37 家工业企业转制过程中国有资产管理状况进行审计调查。发现的主要问题：1. 调查的 37 家企业中，土地使用权未按规定作价入股的企业有 18 家，造成国有资产流失 1.49 亿元。2. 对 6 家企业的调查统计，共有 1976.14 万元减免税金，未转为国有资产。3. 杭州某企业实际到位资金仅 4059.60 万元，占总股本金的 66.85%。4. 杭州 12 家企业以流动资金不足、技改资金缺乏等为由，拖欠国家股红利累计 1649.24 万元。审计提出处理意见和建议。

1997 年 8 月，省审计厅对省商业集团公司和省物产集团公司由行政主管部门转为集团公司后的运作情况以及转制前后的资产变动情况进行专项审计调查。发现的主要问题：商业集团不良资产 1.50 亿元；物产集团应核减的 1.20 亿元资产中，大部分系不良资产和潜亏。审计提出处理意见和建议。

四、经营管理和经济效益专项审计及调查

1985 年 12 月，省审计局对省水产进出口分公司 1984 年对外出口创汇和销售利润等有关经济活动进行专项审计。发现的主要问题：1. 截留出口收汇 84 万美元外汇额度。2. 隐匿出

口销售利润239万元。3. 应上缴利润中提前归还借贷款26万元，违反还贷规定。4. 拨给温州水产供销公司40万元价外补贴，未从企业基金拨出，且未要求对方开具销售发票，使收款单位直接列入“企业基金”账户，造成漏洞。审计提出处理意见和建议。

1986年3—4月，省审计局对省电子仪器厂进口王安微机经销问题进行专项审计。发现的主要问题：1. 微机大量积压，企业损失严重。积压的微机178套，占进口总数的68%，积压资金达469万元。2. 经济业务往来1100余万元账目脱离主管部门和财政、银行等部门监督。3. 可还贷款236万元，实际归还27万余元，被占用208万余元。审计提出处理意见和建议。

1987年6月，省审计局对省级5家经贸公司1986年经营性亏损和省级12家经贸企业1986年以进口养出口外汇收支使用情况进行专项审计调查。发现的主要问题：1. 省畜产进出口公司在市场滞销情况下，大量采购兔毛，导致库存兔毛1240吨，全年利息支出1069万元、保管费支出117万元。2. 经贸企业进口的手提式冷暖风机滞销情况严重，并向国家报亏23.50万元。3. 经贸厅向企业挪用进料加工钢材224.90吨，拨给有关单位。审计提出处理意见和建议。

1988年3月，省审计局会同省旅游局和杭州市审计局，对在杭涉外旅游企业的投资效益、经营管理，财务和外汇收支情况进行全面审计调查。杭州市42个旅游单位自查，在此基础上，省审计局重点抽查花家山宾馆等8家企业，杭州市审计局重点抽查华侨饭店等7家企业。发现的主要问题：1. 少计收入，多提、多摊、挤占成本。2. 少计利润，漏缴税金。3. 生产发展基金、后备基金使用不当。4. 私设“小金库”。5. 经营亏损。新侨饭店累计亏损414.20万元，负债3900余万元；黄龙饭店累计亏损390余万元；杭州饭店累计亏损300余万元。审计提出处理意见和建议。

1989年，全省审计机关在清理整顿公司中，认真开展审计监督，查处违法违纪问题。据统计，全省审计流通领域公司433家，查出各种违纪金额1.47亿元，其中上缴财政4976万元，罚款155万元，查出百万元以上违纪单位26个，万元以上贪污贿赂案8个，对违法违纪责任人员作出党纪、政纪处分9人，移交司法机关处理30人，审计后撤并公司10个。省属大东南集团公司的主要问题：1. 违反国家工商行政管理规定，违法经营和倒卖重要生产资料，共获毛利444.96万元。2. 工作失职，造成呆账损失达189.60万元。3. 决策失误，造成严重损失浪费，初步核算为133.80万元。浙江越海贸易实业公司的主要问题：1. 违规倒卖生产资料，获毛利94.86万元。2. 违反规定，获毛利134.56万元。3. 违法经营，获毛利122.02万元。省经济实业总公司的主要问题：1. 违法走私明信片，偷漏关税等30余万元。2. 非法代购黄金首饰10余千克。审计提出处理意见和建议。

1990年5—6月，省审计局对省属外贸公司的承包经营和超亏挂账情况进行专项审计调查。发现的主要问题：1. 国内农副产品收购价格和外销价格的升降不同步，其中收购价格承担了前两年收购价上涨的因素，成本大幅上升。2. 由于利率提高和借贷资金增加，公司多支出利息1896.20万元。审计提出处理意见和建议。

1990年6月，省审计局对省丝绸进出口公司外贸承包经营情况进行专项审计调查。发现的主要问题：1. 调整桑蚕茧丝价格后，增加库存价值6903.36万元，价外补贴4844.16万元，均未纳入财政预算管理。2. 未缴能交基金、预算调节基金 503.49 万元。审计提出处理意见和建议。

1991 年，省审计局组织全省审计机关，对流通领域中的商业、供销、物资和外贸等 4 个行业部分企业 1988—1990 年经营活动中资金被骗情况进行审计调查。发现的主要问题：1. 全省列入审计调查商业、供销、物资和外贸 4 个行业共 3070 个单位，其中发生资金被骗的企业 704 家，占被调查单位数的 22.93%；被骗资金总额 1.32 亿元。除通过运用法律和行政手段收回 5907 万元外，已经造成经济损失的被骗资金 1480 万元，挂账待处理的被骗资金 6077 万元，预计尚有 2269 万元可能坏账损失。2. 在处理被骗资金过程中已开支各种费用达 481 万元。审计提出处理意见和建议。

1992 年，省审计局组织全省审计机关，对全省流通领域中的商业、物资、经贸、医疗、供销社等 5 个行业县级以上公司至 1991 年联营项目经济纠纷和资金效益进行审计调查。发现的主要问题：1. 投资决策不慎，造成损失。2. 合同(协议)条款不全，责任不明。3. 盲目与乡镇企业及个体户联营，造成损失等问题。审计提出处理意见和建议。

1993 年 3 月，省审计局会同省经贸委、省财政厅，调查了解外贸企业超亏挂账情况，确定对占超亏挂账金额 92%的省级 11 家外贸公司和杭州市 4 家外贸公司超亏挂账情况进行专项审计。发现的主要问题：1. 全省账面累计超亏挂账金额为 3.96 亿元，其中省级外贸企业挂亏 3.38 亿元。2. 企业承包期发生的业务挂账达 6546.66 万元，其中一级兔毛库存 220.92 吨，潜亏金额达 1888.14 万元。审计提出处理意见和建议。

1993 年，省审计局组织全省审计机关，对全省 182 家供销社及其直属公司 1992 年度财政收支及经营活动进行审计调查。发现的主要问题：1. 系统实现利润下降，企业亏损。当年全省实现利润 1.55 亿元，比上年下降 27%；亏损单位 386 个，比上年增加 37%；亏损金额 7225 万元，比上年增加 26%。2. 企业历史包袱沉重。全省供销社系统待处理财产损失达 1.74 亿元，待弥补亏损 2.1 亿元，待摊费用 8882 万元，有问题商品 1.73 亿元，有问题资金 1.95 亿元，合计高达 8.41 亿元。直接导致企业流动资金短缺，负担沉重。3. 优惠政策措施到位困难。据对 14 个单位审计调查，共少提基金和费用合计 311 万元。审计提出处理意见和建议。

1993 年 2 月，省审计局对省经济建设投资公司 1992 年底前投资资金来源及其投资效益情况进行专项审计。发现的主要问题：1. 超基数 30%部分利润 533.04 万元未上缴财政。2. 计缴金额 3144.23 万元，未按规定缴纳能交基金和预算调节基金。3. 账面多保留外汇风险金 3355.44 万元，未及时计提利润并缴纳有关税款。4. 浙江涤纶厂 6000 万元已冲销，在投资账上未反映。审计提出处理意见和建议。

1996 年 3 月，省审计厅组织全省审计机关，对物资、商业、粮食等行业部分企业从事期货交易情况进行审计调查。全省共抽查 427 家企业，其中物资系统 286 家，商业系统 44 家，粮食系统 45 家，其他 52 家。发现的主要问题：1. 金华市有 13 家企业参与期货经营，累计期货亏损 4562 万元。2. 平湖市农机总公司违规向 6 家期货交易所投入资金 3500 万元，资金来源主要是靠银行借款，同时还在公司内部和有关单位向个人集资 295.80 万元用于期货交易。审计提出处理意见和建议。

1997年3—6月，省审计厅组织全省审计机关，对全省89家医药流通企业、51个药品生产企业和123个医疗单位进行产、供、销“一条龙”全面审计和调查。发现的主要问题：1.174家药品生产企业折扣让利额为15亿元，致使国家税收流失近7亿元。2.51家药品生产企业中，价外让利、隐形回扣共计1.56亿元。3.大量的药品折扣让利及回扣，调查的医疗单位、流通企业共计收取折扣让利回扣5.90亿元。4.医药流通企业财务管理、账务处理存在诸多违纪违规情况。据对全省89家医药流通企业审计结果汇总，共计查处违纪违规金额3638.54万元，应缴财政927.36万元。审计提出处理意见和建议。

2004年，省审计厅组织浙江天健等6家会计师事务所对杭钢集团等22家省属授权经营集团公司2003年度经营业绩进行审计，同时对杭钢集团等15家省属授权经营集团公司2001—2003年三年考核期满进行清算审计。发现的主要问题：1.省国信控股公司下属子公司证券投资尚有潜亏6955.47万元。2.省交通投资集团下属浙江沪杭甬高速公路公司等3家公司转让部分国有资产未报经批准。审计提出相应处理意见和建议。

2005年，省审计厅组织浙江天健等8家会计师事务所对杭钢集团等18家省属授权经营集团公司2004年经营业绩进行考核审计，同时对交通投资集团等4家集团公司2002—2004年3年考核期满进行清算审计。发现的主要问题：1.三狮集团下属子公司处理关联交易不规范，影响国有资产权益达1000万元。2.三狮集团下属子公司备用金余额合计高达1226.88万元，与备用金管理规定不符。审计提出处理意见和建议。

2005年10—11月，省审计厅对省教育发展中心、省黄龙体育中心、西湖文化广场建设指挥部等3个机构截至2005年6月底的投融资情况进行审计调查。发现的主要问题：浙江省黄龙体育中心综合训练馆超概算136.11万元，支付外单位资助款合计283.50万元。审计提出处理意见和建议。

2005年，省审计厅组织全省审计机关，对全省县以上政府及其部门举办的国有投融资机构运作情况进行专项审计调查。发现的主要问题：全省国有投融资机构融资余额共计1350.34亿元，融资逾期未还总额16.52亿元，信用风险逐渐显现。审计提出处理意见和建议。

2007年5月，省审计厅对实行国有资产授权经营的杭州钢铁集团公司等16家省属集团公司2004—2006年度经营绩效进行专项审计调查。发现的主要问题：1.部分集团公司主营业务收入下滑，盈利能力下降。2.成本费用增长速度快于主营业务收入增长速度，大多数集团公司的成本费用利润率处于同行业较低水平且逐年下降。审计提出处理意见和建议。

2009年5—6月，省审计厅对13家省属国有和国有控股企业2008年度企业经营绩效进行专项审计调查。发现的主要问题：1.13家省属企业中有3家企业在短期投资项目实际损失6165.09万元，短期投资公允价值变动损失2.44亿元。2.有6家企业违反规定多预发给35名企业经营班子成员基本年薪184.69万元。审计提出处理意见和建议。8月，省长吕祖善对有关情况进行批示。9月，省委办公厅、省政府办公厅对有关情况进行通报。《审计信息专报》也对有关情况进行了通报。

2010年上半年，省审计厅组织全省审计机关，对全省盐业2009年经营绩效进行专项审计调查。发现的主要问题：1. 全省仍有3个县(区)碘盐覆盖率、居民户合格碘盐食用率未达到90%(国家消除碘缺乏病标准)。2. 盐田废转较快，省产食盐自给水平严重不足。审计提出处理意见和建议。7月，省长吕祖善对有关情况进行批示。《审计信息专报》对有关情况进行通报。

2010年，省审计厅对省级国有资本经营预算编制执行情况进行专项审计调查。审计调查涉及省财政厅、省国资委以及14家省国资委监管的省属国有企业。发现的主要问题：1. 国有独资企业净利润上缴比例偏低。2. 国有资本经营预算支出方向未明显起到对国有企业转型升级的引领作用。审计提出处理意见和建议。8月，省长吕祖善对有关情况进行批示。12月，《中国审计报》《审计信息专报》对有关情况进行报道和通报。

五、其他专项审计及调查

1985年3月，根据审计署转来群众举报信，省审计局对嘉兴物资局用公款吃喝送礼、滥发奖金实物问题进行专案审计。发现的主要问题：1. 开办购置营业设备、办公设备、广告装潢、配套设施及接待费共计44.15万元，花费过大。2. 给干部职工发放西装、领带、衬衫、皮鞋，共支出4.70万元，超出相关标准。3. 发放奖金13.71万元，远超规定限额。审计提出处理意见和建议。5月，审计署对该专案审计报告进行批复。

1985年11月，省审计局对省五金矿产进出口公司1984年以来的外汇收支钢材进销和盈亏等进行专项审计。发现的主要问题：1. 截留并逃汇200万美元。2. 虚列成本，假报亏损，套取国家财政补贴445.60万元。3. 欠缴能交基金。审计提出处理意见和建议。省委办公厅、省政府办公厅《信息通报》对该案件进行通报。

1987年3—7月，省审计局对省经贸系统部分单位购入非生产性小车进行专项审计调查。发现的主要问题：以租赁名义，购入进口汽车、小型面包车，所付租金在商品流通费或企业管理费中列支，不符有关规定。审计处理意见：所支购车费用转入专用基金列支。

1988年7月，省审计局对浙华联合开发公司1987年度利润分配及往来款项进行专项审计。发现的主要问题：1. 所属西餐社和商场装饰工程款共计106.80万元，以高价购进材料低价出售的手段，擅自让利其他单位151.40万元。2. 在免缴所得税和能源交通重点建设基金542.70万元中，提取职工福利基金和奖励基金108.50万元。审计提出处理意见和建议。

1989年4月，省审计局对景宁、云和、泰顺、文成四县扶贫汽车进销和倒卖情况进行审计调查。发现的主要问题：1. 景宁县违反“扶贫汽车只限贫困县使用，不准加价转卖外县”和“本县使用有余的车辆由省统一调给其他贫困县使用”的规定，将91辆汽车全部提价转销给县外；销给县内的汽车中，有6辆提价销售，共获差价187.56万元。2. 云和县违规将30辆扶贫汽车加价销售给设备租赁公司，获差价38.28万元。审计提出处理意见和建议。

1989年5月，省审计局对省建筑材料公司1988年1月至1989年3月所经营的水泥的计划、价格和差价核算进行专项审计。发现的主要问题：1. 违规计提开发基金1166.33万元。2. 未缴纳营业税、城建税、教育费附加共125.96万元。审计提出处理意见和建议。

1991年9月，省审计局对杭州钢铁厂贯彻执行省政府《关于进一步增强大中型工业企业活力的通知》的情况进行调查，并对企业税后留利和使用情况进行专项审计调查。发现的主要问题：1. 执行省政府《关于进一步增强大中型工业企业活力的通知》存在困难：按杭钢“八五”技改计划纲要，资金尚缺口 1.80 亿元，另有 1.50 亿元基本建设项目，将有大量的征地、施工任务。2. 企业留利主要问题：实现销售收入增加 9528.63 万元，但实现利润总额仅 836.16 万元，比承包合同规定的上缴财政利润指标少 430.84 万元。3. 以前年度欠缴的产品税、增值税、营业税共计 1870.78 万元，转入了专用基金，不符合省政府专题会议纪要中要求补缴入库的要求。审计提出处理意见和建议。

1995 年 2 月，省审计局对省食品公司 1993—1994 年度冻猪肉储备费和 1994 年度基地商品猪补贴有关情况进行专项审计。发现的主要问题：1. 公司储备户“预提费用”账户多提利息、冷藏费等计 33.88 万元。2. 将自营业务发生的运杂费列入储备户经营费用，挤占了储备费用，共计 30.38 万元。3. 实收省财政厅基地猪补贴款 356 万元，拨付各有关单位 346 万元，余额 10 万元挂“应付款”账户，尚未处理。审计提出处理意见和建议。

1995 年 4 月，省审计局对省经贸委所属 23 家省级外贸公司至 1994 年底的出口商品逾期未收汇情况进行专项审计调查。发现的主要问题：1. 省外贸公司发往华路公司的商品价值高达 1600 万美元，尚有 800 万美元未能收回。2. 省级外贸公司逾期未收汇总额 7.27 亿元中，以信用证(风险较小)结汇的有 1.47 亿元，仅占 20%；其余结汇方式风险较大，占 80%。3. 国际因素影响机械、五矿、化工、机械设备等 4 家外贸企业，共有 53.50 万美元尚未收汇。审计提出处理意见和建议。

1996 年 5—6 月，省审计厅组织全省审计机关，对 1994—1995 年全省经委系统国有工业企业负担状况进行审计调查。共调查 1307 户企业，重点抽查 269 户。发现的主要问题：1. 利息支出占企业同期实业的产品销售利润比例由 1994 年的 28.32%上升到 1995 年的 35.72%。2. 企业非生产性支出占同期产品销售利润比例过高。3. 1994 年向企业收取的各项费用为 6.82 亿元，1995 年增加到 8.78 亿元，企业负担增加。审计提出处理意见和建议。

1996 年，省审计厅对省中国青年旅行社、省中国国际旅行社、省中国旅行社、省海外旅游公司、省康辉旅行社 5 家省级一类旅行社的境外旅游客户欠款情况进行专项审计调查。发现的主要问题：1. 应收账款上升。5 家旅行社 1994 年境外应收账款为 4124.24 万元，1995 年境外应收账款为 5967.22 万元，增长 44.69%。2. 境外应收账款占企业资产总额近 30%，影响资金周转和正常经营。审计提出处理意见和建议。

1997 年 2 月，省审计厅组织全省审计机关，对工商行政管理系统 1996 年度行政性收费和罚没收入的执罚、管理、使用、解缴以及票据的管理进行专项审计。发现的主要问题：1. 温州、衢州、宁波等地工商局规费收入等未缴存财政专户计 2000 多万元。2. 余杭工商局罚款总额 173.86 万元，其中 90.80 万元滞留在局“暂存款”账和基层所。审计提出处理意见和建议。

2002 年 1—2 月，省审计厅对省土产畜产进出口公司的账外资产进行专项审计调查。发现的主要问题：1. 违反外汇管理条例，将 1112 万美元以进口业务的名义将美元转入香港。2. 下属香港富春土畜产公司结余款 193.50 万美元，省土畜产公司账面未反映。审计建议：

建议国资委聘请中介机构对省土畜产公司资产进行全面审计。省长柴松岳等省领导分别对有关情况作出了批示。

2008年5月,省审计厅对9家省属国有企业2007年度执行企业年金制度情况进行专项审计。发现的主要问题:1. 部分集团公司在企业年金分配上,企业经营班子成员与职工之间的差距过大。2. 大部分集团公司未制订年金计划。3. 集团公司对企业年金发展缺乏统筹规划和整体设计。审计提出处理意见和建议。《审计信息专报》对该情况进行通报。

2009年2—4月,省审计厅组织全省审计机关,对国际金融危机对中小企业影响状况进行专项审计调查。发现的主要问题:1. 中小企业服务体系有待进一步建立和完善。2. 对小额贷款公司的政策支持力度有待进一步加大。3. 小企业贷款风险补偿资金使用管理有待进一步规范。审计提出处理意见和建议。5月,省领导对有关情况进行批示。《审计信息专报》分别对有关情况进行通报。

2010年上半年,省审计厅组织6市2县审计机关,对76家国有企业(集团)领导人及职工投资入股情况进行专项审计调查。其中省属企业18家、市属企业54家、县属企业4家。发现的主要问题:1. 其中21家企业1037名中层以上管理人员违规持股4.06亿元未清退。2. 在非国有企业兼职的53名中层以上管理人员未按规定辞去所兼任职务。3. 部分国有企业与职工持股企业关联关系不规范,影响国有企业权益。4. 有16家国有企业未收取国有股东股利分红9457.64万元,滞留在职工持股企业,被无偿占用。审计处理意见和建议:制订方案,做好违规持股清退转让工作,纠正在非国有企业违规兼职行为;规范国有企业与职工持股企业关联交易,加强财务监督;对中层以上管理人员岗位流动而导致持股行为不合规的,应及时清理清退所持股份。省长吕祖善对审计情况作出批示。

第十章　外资审计

外资审计是审计机关依法对审计职责范围内利用国外资金的经济活动以及相关财政财务收支的真实性、合法性、效益性进行的审计监督。浙江外资审计主要组织实施世界银行（以下简称“世行”）等国际金融组织和外国政府援贷项目公证审计；外商投资企业审计；涉外专项审计和审计调查。

浙江外资审计伴随着浙江的改革开放和外资的引进利用，经历了4个阶段。1984—1989年：浙江省开始利用国际金融组织和外国政府贷款为经济建设和社会发展筹措建设资金，项目的特点是贷款规模小，主要集中在教育和工业领域，通过中央行业主管部门组织实施。外资审计主要对国外援贷项目进行年度执行情况公证审计。1990—1999年：浙江外资审计对一些得到国际金融组织和外国政府贷款的重点项目，自签约至关账后一年，逐年进行审计监督，在跟进重点项目的同时，辅之以大范围的调查审计，将当时一些工业等经营性项目建设条件不成熟、偿债资金没保证、债务责任未落实等情况，及时向省政府和有关部门反馈。2000—2006年：政府外债进入借、用、还统一管理时期，贷款投向从工业等经营性领域转入环保、医疗、水利、消防等公共领域。外资审计从单纯的项目公证审计，发展为公证审计和预算执行审计相结合，还更多地从政府外债管理的总体上去把握发现存在的问题，提出审计意见及建议，使外资审计的范围和层次都发生较大变化，促使政府外债纳入预算管理和人大监督范围。2007—2010年：国际金融组织贷款开始主要投向中国中西部，浙江省仅签约世行贷款项目和外国政府贷款项目各2个。外资审计注重审计质量，力求规范到位，审计内容也向项目绩效、环保方面拓展，注重审计成果转化。

至2010年，省审计厅共完成37个世界银行、亚洲开发银行（以下简称“亚行”）贷款项目，52个单位及数十个子项目相关单位审计事项，出具中英文审计报告，及时揭露和查处违法违规问题，保障项目顺利实施，有效维护国家信誉。外资审计对政府外债规模、投向、结构、成效、还贷、外债汇率和利率风险控制等提出审计意见及建议，得到国务院和省政府主要领导的重视和批示，推动浙江外资运用的规范和发展。

第一节　国外贷援款项目审计

自1984年起，浙江省开始利用国际金融组织和外国政府贷款为全省经济建设和社会发展筹措建设资金。浙江外资审计在全省国外贷援款项目资金的借、用、还各环节及时跟进，进行监督服务。至2010年，省审计厅共完成审计项目42个。

表38-10-1-1　　1984—2010年浙江省审计厅对国外援贷款项目审计一览表

序号	审　计　项　目	审计实施年度
	一、世界银行贷款项目	
	（一）农林水利	
1	世行贷款农村改水项目省爱国卫生运动委员会农村改水项目办公室年度财务收支审计	1986—1991
2	世行贷款滩涂项目省滩涂开发项目办公室年度财务收支审计	1989—1994
	世行贷款滩涂项目省水产局鳗虾基地年度财务收支审计	1989—1994
	世行贷款滩涂项目省水产养殖公司年度财务收支审计	1989—1992
	世行贷款滩涂项目省围垦开发公司年度财务收支审计	1989—1993
	世行贷款滩涂项目省水利厅年度财务收支审计	1990—1993
3	省世行贷款造林项目办公室年度财务收支审计	1991—1998
4	世行贷款太湖流域防洪项目省太湖流域防洪项目办公室年度财务收支审计	1994—2001
5	世行贷款二期红壤开发项目省红壤开发项目办公室年度财务收支审计	1995—2003
	世行贷款二期红壤开发项目浙江农都筹建办公室年度财务收支审计	1997—1998、2000
6	世行贷款森林资源发展和保护项目省国家造林项目办公室年度财务收支审计	1996—2002
7	世行贷款中国种子商业化项目省种子公司、省财政厅年度财务收支审计	1998—2004
	（二）交通能源	
1	世行贷款农村公路项目省交通厅年度财务收支审计	1986—1992
2	世行贷款北仑二期工程项目执行单位宁波港务局年度财务收支和世行贷款专用账户审计	1990—1996
3	世行贷款北仑火电项目省超高压输变电工程建设公司年度财务收支及经济效益审计	1991—1994
4	世行贷款北仑港火电项目省电力公司专用账户及决算报表审计	1991、1994、1995
5	世行贷款浙江公路项目杭甬高速公路省高速公路指挥部年度财务收支审计	1993—2001
6	世行贷款浙江电力发展项目各年度财务收支审计	1996—2004

续表1

序号	审　计　项　目	审计实施年度
7	世行贷款内河航运项目省杭嘉湖内河航道改造工程领导小组办公室、省财政厅财务收支审计	1997—2001
	世行贷款内河航运项目嘉兴市内河航道改造工程指挥部财务收支审计	1997—1999
8	世行贷款沪杭高速公路项目省高速公路指挥部和省财政厅年度财务收支审计	1997—2002
9	世行赠款桐柏抽水蓄能项目省电力局财务收支审计	2000—2002
10	世行贷款可再生能源规模扩大化项目第一期后续项目财务收支和项目执行情况审计	2007—2010
11	世行贷款集装箱运输项目省国际集装箱领导小组办公室年度财务收支审计	2001—2006
	(三)科教文卫	
1	世行贷款浙江大学和中国水稻研究所项目审计	1984
2	世行贷款第二期农业教育项目浙江农业大学年度财务收支和项目执行情况审计	1986—1993
3	世行贷款地方大学项目杭州大学年度财务收支审计	1987—1993
4	世行贷款农村卫生和预防医学项目浙江医科大学年度财务收支审计	1988—1993
5	世行贷款综合性区域卫生发展项目浙江医科大学项目年度财务收支及项目执行情况审计	1990—1998
	世行贷款综合性区域卫生发展项目省健康教育中心和省疾病监测信息管理中心项目财务收支及项目执行情况审计	1990—1992
	世行贷款综合性区域卫生发展项目省临床检验中心年度财务收支及项目执行情况审计	1990—1998
	世行贷款综合性区域卫生发展项目省卫生厅Ⅲ项目办公室负责的浙江省卫生贷款Ⅲ项目年度财务收支审计	1990—1998
	世行贷款综合性区域卫生发展项目省肿瘤医院肿瘤防治中心年度财务收支及项目执行审计	1990—1998
	世行贷款综合性区域卫生发展项目浙二医院心脑血管病防治中心和浙江省急救技术中心年度财务收支及项目执行情况审计	1990—1998
	世行贷款综合性区域卫生发展项目省康复中心项目年度财务收支及项目执行情况审计	1990—1998
	世行贷款综合性区域卫生发展项目省医疗设备维修管理中心年度财务收支及项目执行情况审计	1991—1998

续表 2

序号	审　计　项　目	审计实施年度
6	世行贷款中学在职教师培训项目浙江教育学院年度财务收支审计	1990—1991
7	世行贷款职业技术教育项目浙江工业大学、浙江交通学校、浙江机械工业学校年度财务收支审计	1991—1997
8	世行贷款重点学科发展项目杭州大学、浙江大学年度财务收支审计	1992—1997
9	世行贷款传染病与地方病控制项目省卫生厅血防项目办公室、省财政厅外经处年度财务收支审计	1993—2003
10	世行贷款劳动力市场开发项目省劳动和社会保障厅财务收支审计	2000，2002—2004
	(四)环境保护和城市建设	
1	世行贷款浙江省液、固体废物管理战略规划和政策研究项目省环保局审计	1995
2	世行贷款中国环境技术援助项目省环保局年度财务收支和项目执行情况审计	1997—2001
3	世行贷款浙江城市开发项目省城市开发项目办公室财务收支审计	1994—2002
4	世行贷款浙江城市开发项目及所属环保、环保基金两个子项目省环保局环保项目办公室财务收支审计	1996—1997
5	世行贷款浙江省城建环保项目省城建环保项目办公室财务收支和项目执行情况审计	2005—2010
	二、蒙特利尔基金赠款项目	
1	省消防化工厂哈龙灭火剂淘汰项目审计	1998—1999
2	省化工研究院哈龙淘汰项目执行情况审计	1998—2002
3	省化工研究院氟化工总厂氯氟烃淘汰项目年度执行情况审计	2000—2002
4	浙江蓝天环保高科技公司哈龙淘汰项目年度执行情况审计	2003—2009
5	浙江蓝天环保高科技公司各年度氯氟烃整体淘汰项目执行审计	2005—2009
6	省化工研究院中国消耗臭氧层物质替代品发展战略研究技术援助项目执行情况审计	2006—2007
7	浙江威能消防器材公司哈龙淘汰项目执行情况审计	2007
8	浙江新安化工集团公司四氯化碳生产淘汰项目审计	2007
9	9 家企业使用四氯化碳作为化工助剂消费淘汰项目审计	2007—2010
10	浙江巨化氟化学公司氯氟烃整体淘汰项目年度执行情况审计	2007—2009

续表 3

序号	审　计　项　目	审计实施年度
11	浙江东阳化工公司氯氟烃整体淘汰项目、储存项目执行情况审计	2007—2009
12	临海市利民化工公司氯氟烃整体淘汰项目年度执行情况审计	2007—2009
13	东阳化工公司哈龙淘汰项目审计	2007
14	浙江巨化化工矿业公司三氯乙烷(TCA)生产淘汰项目年度执行情况审计	2007—2010
15	衢州九洲化工公司四氯化碳生产淘汰项目年度执行情况审计	2008—2010
16	宁波巨化化工科技公司四氯化碳生产淘汰项目年度执行情况审计	2008—2010
17	浙江巨化氟化学公司四氯化碳生产淘汰项目年度执行情况审计	2008—2010
	三、其他贷援款项目	
1	世行贷款工业信贷项目中国投资银行浙江省分行年度财务收支审计	1985—1998
2	世行贷款及亚行贷款工业信贷项目中国投资银行杭州分行年度财务收支审计	1997—1998
3	亚行贷款温州珊溪水利枢纽项目浙江珊溪经济开发公司年度财务收支审计	2000—2003
4	外国政府贷款半山脱硫项目杭州半山发电公司审计	2002

资料来源:浙江省审计厅档案室。

一、世界银行贷款项目审计

1984—2010 年,根据审计署授权,省审计厅对世界银行贷款项目审计 33 个,占总授权审计国外贷款项目数的 89%,覆盖农林水利、交通能源、科教文卫、环境保护和城市建设各领域。

(一)农林水利类世行贷款项目审计

1986—1991 年世行贷款农村改水项目审计。农村改水项目包括 35 个项目水厂,预算总投资 2708.52 万元,其中贷款 1083.41 万元,配套资金 1625.11 万元。至 1991 年已累计向世行提取使用信贷资金 1634 万个特别提款权(以下简称 SDR),向 5 县(市)收回转贷资金 3065.15 万元(折合 482.64 万个 SDR),累计完成工程投资 1.96 亿元,余杭、德清、乐清、慈溪、金华等 5 个项目县(市)1755 个村庄 164.70 万人受益。

省审计厅逐年对项目执行单位省爱国卫生运动委员会农村改水项目办公室财务收支进行审计。发现的主要问题:1. 国内配套资金不落实。2. 部分市县改水办机构尚不够健全。3. 项目总的完成进度慢,贷款物资和国内配套资金不衔接。4. 对施工质量监督不力,预决算审核把关不严,办理竣工验收和工程决算不及时。5. 已运营水厂还未正式接收实施管理。

6. 部分小型项目水厂到期还贷计划未能实现。7. 将部分外汇额度调节价差用于补助面上改水和项目管理，婺城区改水办将部分物资串换差价用于购建宿舍。审计意见及建议：尽快落实配套资金；督促有关项目所在县健全机构，充实专业人员；加强对施工质量的监督管理，严把预决算审核关，及时组织工程验收，做好工程决算；及时办理接收工作，充实管理人员，抓好水厂运营；抓紧落实还贷工作；抓好清账、清资、清产，办理后评估和财产交接手续。

1989—1994 年世行贷款滩涂项目审计。世行贷款滩涂项目于 1989 年 10 月由省政府向财政部签约承贷世界银行信贷款 1360 万个 SDR(折合 1860 万美元)和贷款 1240 万美元，直接转贷给省水利厅、省水产局和宁波市、舟山市、岱山县、洞头县、三门县政府，再逐层往下转贷至最终用户。建设期为 1987 年 7 月至 1992 年 12 月。至 1993 年，项目累计完成投资 2.21 亿元，为计划投资总额 2.37 亿元的 93.30%。

省审计厅逐年对项目执行单位省滩涂开发项目办公室、省水产局、省水产养殖公司、省水利厅、省围垦开发公司的项目执行情况和财务收支情况进行审计。

省滩涂开发项目办公室的主要问题：1. 项目有关单位责任制不明确，项目资金、物资和优惠政策未全部落实，项目管理亟待加强。2. 项目进度滞缓，4 个转贷协议未签订，配套资金缺口较大，虚报已完工工程量的情况严重，部分项目工程规划尚需调整。3. 部分子项目工程实施的程序不合规，质量不符要求。4. 河鳗和对虾生产亏损严重，项目共欠贷款本息 259.93 万美元。审计意见及建议：省政府尽早明确省项目办和有关单位的职责，落实责任制，落实项目配套资金、材料物资和有关世行贷款项目的优惠政策；省项目办敦促有关各方尽快签订转贷协议，考虑研究项目由建设阶段向生产经营阶段交替过渡的有关事宜，对虚报的项目工程量应督促其尽快纠正或采取补救措施，对不符合设计标准的工程，应督促其返工或补救。

省水产局财务决算的主要问题：1. 某些工程质量监督不力，决算审核不严，造成较大损失。2. 联营鳗场的领导决策和经营责任体制亟待确立或完善。3. 鳗苗价格暴涨，生产资金无从着落，鳗池利用率很低。审计意见及建议：加强对工程质量的监督检查，严格已完工程的竣工验收手续，把好决算审核关，防止损失浪费；对已建成的鳗场及成鳗出口中转站项目，应抓紧办理竣工验收交付使用手续；尽快做好项目扫尾工作，以保证项目按时结束。

省水利厅财务决算的主要问题：1. 转贷协议尚未履行签约手续，国内配套资金不足，项目建设进度缓慢。2. 部分世行贷款的转贷责任还未落实到经济实体，还贷存在困难。3. 联营开发的经营体制有待完善。审计意见及建议：尽快签订转贷协议，以便及时提取使用世行贷款；健全管理和监督机制，以不断完善联营体制，巩固联营基础。

1991—1998 年世行贷款国家造林项目审计。国家造林项目浙江子项目是根据中国政府与国际开发协会于 1990 年 6 月签订的《国家造林项目开发信贷协定》，运用国际开发协会信贷资金和国内配套资金进行的速生丰产用材林基地建设项目。该项目经调整，实施工期为 1990 年 8 月至 1997 年 12 月。项目概算总投资 1.29 亿元，其中利用协议信贷资金 1255 万个 SDR。审计表明：总共完成造林 6.15 万公顷，为项目概算 5 万公顷的 123%，累计完成项目投资 2.13 亿元，累计提取人民币贷款 9962.48 万元，累计提取贷款 199.13 万个 SDR，累计落实配套资金 9870.33 万元。

省世行贷款造林项目办公室财务收支情况逐年审计发现的主要问题：1. 购置照相机、面包车未经省控办审批；科研费使用不符合专款专用原则。2. 库存现金数额巨大。3. 部分项目所在县物资管理较乱。4. 出借项目资金频繁，出售物资不入项目账。审计意见及建议：健全物资进出库手续，省项目办、省林业技术开发服务中心应及时分清账目，收回项目资金；同时对各市(县)项目办对资金出借问题加强财务监督，制定切实可行的还贷计划和措施，保证还贷顺利进行。

1994—2001年世行贷款太湖流域防洪项目审计。项目贷款协定(信贷协定)由中国政府于1993年3月分别与国际复兴开发银行和国际开发协会签订，同年6月开始生效。协定规定复兴开发银行贷款1亿美元，国际开发协会信贷7280万个SDR，项目执行期5年；后项目延期至2000年结束。项目总投资为27.35亿元，其中浙江省总投资15.37亿元。至2000年，累计收到世行贷款26284万元。

省太湖流域防洪项目办公室财务收支逐年审计发现的主要问题：1. 项目资金管理不严，违反规定追溯报账93.87万元。2. 管理方面存在设计未批、工程交付无接收单位以及投资管理不散问题。3. 中央投资以及市、县配套资金未足额到位。4. 进口钢材出售不符合规定，进口钢材销售款不同程度被占用。5. 项目存在转包现象。6. 部分项目资金出借，且部分资金回收存在困难。7. 账表差额2.12亿元。8. 各市、县指挥部建设项目外工程或重复报账合计237.95万元。审计意见及建议：省项目办应向上级主管部门反映，提请早日批复杭嘉湖南排后续工程和环湖大堤初步设计；应争取中央资金按计划到位；对市、县配套资金到位率低问题，应通报各有关部门引起重视；对项目钢材出售不符合世行有关规定和进口钢材销售未缴税金的问题，建议审计署驻上海特派办统一处理；加强专项资金管理，遵循世行关于工程项目建设不得转包的规定；概算外及超概算项目应及时补办报批手续。

1995—2003年世行贷款红壤二期开发项目审计。世行贷款中国红壤二期开发项目信贷协定于1994年3月由中国政府与国际开发协会签订，贷款总额为10840万个SDR，相当于1.50亿美元，协议于同年6月生效。项目执行期8年。财政部于同年转贷给浙江省1806.67万个SDR，折合2500万美元，项目总投资3.34亿元，主要用于浙江省29条小流域的综合开发。项目投资累计完成52861.80万元，占总概算投资的158.27%。

省审计厅对项目相关单位省红壤开发项目办公室财务收支以及浙江农都筹建办公室财务收支逐年进行审计。发现的主要问题：1. 省、县配套资金均未及时足额到位。2. 国家计委批复的项目投资概算与世行确认的不一致，差额达10317.50万元。3. 风险基金增值利息挂列往来账。4. 浙江农丰实业公司累计欠省项目办利息、承诺费128.69万元。5. 累计出借项目资金1112.56万元，部分资金可能已难以收回。6. 物资采购与工程进度脱节，采购物资价格较高，部分物资积压。7. 移用物资周转资金，至2002年，出借、移用的项目周转金仍有833万元未收回。审计意见及建议：各级配套资金应按要求比例到位；省红壤项目办应根据项目实际执行情况及时向省计委、农业部、国家计委提出调整项目投资概算的报告，并报经世行确认。

1996—2002年世行贷款森林资源发展和保护项目审计。森林资源发展和保护项目于1994年7月签订贷款协议，信贷额为1.41亿个SDR，并于同年10月生效。1995年1月，财政部与浙江省政府签订转贷协议，转贷额为698.7万个SDR。项目从1995年开始实施，累计完成造林面积5.42万公顷，2001年完成造林面积881.60公顷。累计完成投资2亿元，提取协会借款757.72个SDR。

省国家造林项目办公室世行贷款财务收支逐年审计发现的主要问题：1. 省项目办按当年使用信贷资金额0.4%的比例向各县(市)项目办提取拟交林业部项目管理中心的项目管理费，高于按0.35%计提的规定。2. 衢州市衢江区项目办出借资金81.5万元。3. 尽管浙江省总体配套资金到位率达261.90%，但下属3县项目办配套资金合计159.58万元未到位。审计意见及建议：省项目办应加强协调，督促临安、龙游、遂昌、磐安县配套资金及时到位。同时，1995年度实际造林面积超过计划造林面积，有2449.38公顷未能报回信贷资金。建议林业部世行贷款项目管理中心在不超出总体计划的前提下，按实际完成造林面积报账。

1998—2004年世行贷款中国种子商业化项目审计。世行贷款中国种子商业化项目浙江子项目国家计委核准总投资2431.84万元，其中：世行贷款49.85万美元。项目累计提取世行贷款10.05万个SDR和36.70万美元。发现的主要问题：配套资金尚未到位、加工设备招标工作不能按时完成，严重阻碍了项目的进展；设备闲置。审计意见及建议：采取措施，抓紧实施项目建设；及时与有关部门协商，力争配套资金早日到位，充分发挥设备的使用效益。

(二)交通能源类世行贷款项目审计

1986—1992年世行贷款公路项目审计。浙江省世界银行贷款公路项目共有11条农村公路，涉及16个县，全长263.62千米，从1985年下半年先后开工，于1990年全部完工。原世行评估概算3801.24万元，实际完成投资5915.37万元，为原概算的155.62%。

省审计局对项目执行单位省交通厅财务决算进行审计。发现的主要问题：1. 项目机构不够健全，账务处理混乱。2. 执行单位变更计划未向项目主管部门——交通部报告请示。3. 部分项目公路竣工决算后未办理财产移交。4. 个别项目所在县公路管理部门请客送礼情况严重。5. 投资超概算较多。6. 部分世行贷款美元长期存银行，没有及时安排使用。审计意见及建议：健全贷款项目管理机构；执行单位变更计划应向项目主管部门交通部报告请示；督促有关项目所在县公路管理部门认真办理财产移交；加强有关人员教育，杜绝请客送礼情况再次发生；加强概算编制；采取措施，尽快有效地使用贷款资金。

1990—1996年世行贷款北仑港二期工程项目审计。北仑港二期工程与上海港项目属于世行贷款同一项目，项目信贷协定于1989年2月签订，同年5月开始生效，信贷总额为7640万美元。其中北仑港项目3000万美元，项目计划总投资3.90亿元，于1992年基本完成，并通过国家验收。因上海港项目部分工程未按时完成而要求将用款展期至1995年。累计提取世行贷款3000万美元，累计已付世行贷款利息821.22万美元，归还本金234.50万美元。

省审计局对世行贷款项目北仑港二期工程的项目执行单位宁波港务局历年财务收支和世行贷款专用账户逐年进行审计。发现的主要问题：1. 速迁费净收入漏报，未按文件规定比例分配和使用。2. 返回的港口建设费未分配三项基金。3. 以大型临时设施费名义开展永久性项目。4. 无依据暂估完成工作量230万元。5. 按规定应用于还贷的包干结余355万元，未上交还贷。6. 未经有关部门确认，将 80 万～110 万美元的世行贷款进行转贷。7. 漏缴、少缴“两金”及税收 212.12 万元。8. 会计账户处理不规范，多计费用，多计提效益工资和年终留利分配奖励基金。9. 资金违规拆借。10. 建设开发部累计支付给不承担建设任务的宁波进出口商品检验局基建资金 100 万元。11. 漏计当年利润 121.67 万元，挤占成本费用 20.78 万元，上缴的利润未并入局利润，在管理费用中列支与营运活动无关的费用 136.76 万元。12. 在更新改造基金中支付城建费 500 万元，支付属福利性设施方面的费用 61.22 万元不合规，专项存款利息收入分配不合规，散装水泥节约包装奖开支入账不合规，应追回的私人赔款在职工福利基金中核销。审计意见及建议：清理为宁波港务局本级及其所属单位新办集体企业的代垫资金，完善借款合同，防止国有资产流失；严格控制应酬费用开支，超出规定数额应缴纳所得税；返回的港口建设费应按规定执行；尽快与宁波进出口商品检验局明确债权债务关系，以保证世行贷款的及时归还；多计提效益工资，应立即纠正，冲减工资基金；债权债务需及时清理，追回拖欠之款。

1991—1995 年世行贷款北仑火电项目审计。北仑火电项目概算总投资为 33.63 亿元，其中利用世行贷款 3.90 亿美元。至 1994 年，项目累计完成投资 33.61 亿元，占概算总投资的 99.94%；累计支用世行贷款 3.65 亿美元，占贷款总额的 93.80%。

省审计局对省电力公司世行贷款北仑火电项目专用账户及决算报表和省超高压输变电工程建设公司世行贷款北仑火电项目的财务收支进行审计。发现的主要问题：1. 挤占成本、少反映利润、收入挂账等 1125.24 万元。2. 欠、漏、少缴税金 2549.36 万元。3. 购置集体福利设施的资金渠道不合规。4. 自行核销所属第三产业应收款 887 万元；世行贷款购入的部分设备长期挂账。5. 为了完成承包利润指标，应收未收的煤运加价共计 2769.46 万元直接列入销售收入。6. 专用账户利息收入未冲减财务费用。7. 长期投资核算不规范，隐瞒截留投资收益。审计意见及建议：往来账款要及时核对、清理；建议对退役的外购煤单独按实际价格结算；对系统外单位进行资金融通所取得的利息收入，应按规定缴纳营业税，对单位间的融资活动，应委托金融机构进行；省电力工业局应与所属独立核算单位理顺资金核算关系，划清“借”与“投”的界限，实行有偿使用资金。

省超高压输变电工程建设公司的主要问题：1. 上缴贷款的银行存息不合理，增加工程成本。2. 未办控购手续购置部分专控商品。3. 设备逾期提货滞纳金支出、事故处理费等挤占工程成本。4. 账外固定资产 216.92 万元。5. 无概算依据列支 CAD 工作站系统世行贷款 39.80 万美元。6. 少缴能交基金及预算外调节基金。7. 将出借所属劳动服务公司的 480 万元贷款资金部分的贷款利息列入工程成本。8. 公司运营占用项目资金 344.70 万元。9. 划拨给劳动服务公司款项未作借款处理，未收资金占用费。10. 国债资金通过劳动服务公司转给个人。审计意见及建议：工程投资完成额应按实际完成工作量填列；加强固定资产管理，以保证国家财产的安全和完整。

1993—2001 年世行贷款浙江公路项目审计。杭甬高速公路起自杭州，终于宁波，全长 145.25 千米。该项目贷款协议于 1992 年 9 月生效。项目投资总概算 23.19 亿元，其中世界银行贷款 2.20 亿美元(包括道路发展 0.40 亿美元)，计划于 1996 年通车。至 2000 年，累计提款数2.13亿美元，其中高速公路部分1.75亿美元，道路发展计划部分3862.77万美元。

省审计厅对省高速公路指挥部世行贷款浙江公路项目杭甬高速公路历年财务收支进行审计。发现的主要问题：1. 工程进度未达计划要求。2. 转贷协议尚未签订，致使转贷责任未能落实。3. 项目资金拆借较多。4. 部分道路项目建设在先，批准世行贷款在后，不符合协议要求。5. 省杭甬高速公路总监理工程师办公室与省高速公路指挥部经费界限未划清。6. 挤占杭甬高速公路建设资金严重。7. 财政部返还的承诺费和奖励金未纳入项目资金管理。8. 工程投资少列或多列。9. 委贷利息收入未缴营业税及附加。10. 超概算投资、概算外投资、多列监理费投资。审计意见及建议：尽快签订转贷协议，明确转贷责任；要求省指挥部对被挤占的资金全额收回，作调账处理；要求投资公司尽快建账，并理顺与其他部门的关系，清理往来款项；指挥部应及时与有关部门协商，及时向世行提款报账；督促施工单位及时结转工程投资。

1996—2004年世行贷款浙江电力发展项目审计。该项目由中国政府与国际复兴开发银行于1995年分别签署贷款协定和联合融资美元、日元贷款补偿协定，协议于同年生效，项目执行期为1995—2002年，项目总投资137.60亿元，其中：世行贷款4亿美元，联合融资1.50亿等值美元。浙江省电力发展项目主要工程有北仑发电厂二期工程和配套送变电工程。

省审计厅对世行贷款浙江电力发展项目所涉及的省电力公司、北仑发电厂二期工程、世行贷款北仑发电厂二期配套送变电工程的年度财务收支逐年进行审计。省电力公司及下属单位的主要问题：1. 单位往来账金额不相符。2. 应缴未缴税费1792.80万元。3. 购买职工住房资金3075.16万元和拨给所属单位购建职工住房和食堂补贴资金1.16亿元未在“公益金”项列支。4. 其他应收款7651.07万元未及时清理收回。5. 垫付联建大厦工程款未收回。6. 为临安超亚热电公司担保而承担连带赔偿责任支付2000万元。审计意见及建议：加强税收管理，及时清理往来账项，减少不合理资金占用；及时到位建设资金，确保工程进度和工程质量；妥善处理好垫付资金的回收工作。

北仑发电厂二期工程的主要问题：1. 项目资本金未及时到位。2. 投资列账不规范：对外投资列入建设成本；医药费等福利性支出直接列入待摊投资；多列投资3527.34万元。3. 少分摊材料成本差异224.20万元。4. 少缴税费228.84万元。5. 使用北仑发电厂二期项目基本预备费8663万元未按规定报批。6. 多付工程款118.21万元。7. 账务处理不妥金额共计3.79亿元。审计意见及建议：按规定增设“应付福利费”科目提取福利费核算福利性支出；进一步加强材料物资管理；及时清理往来账，收回出借资金；健全备品备件移交手续；加强对机组其他发电成本的控制；公司投资新建住宅小区，固定资产投资方向调节税率应报经同级税务机关审定，补办有关手续；北仑发电厂工程建设公司由建设单位转为施工企业后，应尽快签订总承包合同，以尽早明确双方责任。住房转让收益102.56万元应及时缴纳有关税金，办理房产转让手续。

浙江超高压变电建设公司实施的北仑发电厂二期配套送变电工程的主要问题：1. 部分投资列账依据不足。2. 地方专项资金到位不及时。3. 少缴税金453.71万元。4. 超概算和概算外投资费用1380.99万元。5. 超额发放工资奖金；部分职工工资及奖金在公司下属三产企业列支。6. 自有资金200万元委托银行贷款逾期未收回。7. 项目设计、监理及送变电安装工程均未实行招投标。8. 财务核算不规范，投资核算不准确及时。审计意见及建议：划清资金渠道，归还被占用的建设资金，正确核算工程成本；个别已完工工程和在建工程尚未与项目法人签订总承包合同，应尽快签订，以明确双方责任；采取措施抓紧催收逾期委托贷款；对电力建设项目全面实行招投标制度；收回已付给关联公司设备款中高于规定的物资采购供应综合费率标准的价差23.05万元及借款资金占用费35.60万元；规范与关联公司的关联交易运作，合理确定预付账款和商品销售价格。

1997—2001年世行贷款内河航运项目审计。世行贷款浙江省内河航运项目包括改建京杭运河、杭申线、长湖申线、乍嘉苏线4条航道和新建杭州港内河散货码头、嘉兴及湖州两个铁水中转港，共21个合同。该项目国内概算调整为12.25亿元。世行贷款内河航运项目累计提取世行贷款3995.18万美元，2000年提取世行贷款303.78万美元，2000年度世行收回专用账户存款50万美元。

省审计厅对省杭嘉湖内河航道改造工程领导小组办公室、省财政厅、嘉兴市内河航道改造工程指挥部世行贷款内河航运项目财务收支进行审计。省杭嘉湖内河航道改造工程项目领导小组办公室的主要问题：1. 虚列投资款178.66万元。2. 多列投资24.80万元。3. 湖州市铁水中转港项目实际征用土地面积超概算68.19亩，土地征用费超概算82.28万元。4. 杭州散货港多列待摊投资43.83万元。5. 嘉兴航道项目建设单位管理费1997年超概算63.47万元。6. 公司少估固定资产价值4361万元。审计意见及建议：该公司应尽快与有关部门办理资产交付手续，准确核算固定资产，真实反映公司营运情况。

嘉兴市内河航道改造工程指挥部世行贷款内河航运项目年度财务收支的主要问题：1. 少缴印花税8.95万元。2. 个别辅助设施土建面积超概算。3. 建设单位管理费超概算52%计197万元。审计意见及建议：定期与承包商核对工程投资完成额及工作量，年末作一次清查；嘉兴市财政局应及时与指挥部签订该项目铁水中转港工程的转贷协议。

1997—2002年世行贷款沪杭高速公路项目审计。该项目核定贷款金额1.47亿美元（剔除世行注销金额5334万美元），累计提款数1.29亿美元，其中高速公路部分1.27亿美元，道路安全计划部分198.35万美元。

省审计厅对省高速公路指挥部和省财政厅世行贷款沪杭高速公路项目年度财务收支进行审计。发现的主要问题：1. 部分工程款未报账。2. 部分通行费收入未记入利润。3. 中国农村发展信托投资公司浙江省分公司已被关闭，存款300万元被冻结，回收风险大。4. 各市、县建设指挥部出借资金问题严重，利息收入管理混乱。5. 工程投资中未反映土地征用费。6. 多列工程投资5246.56万元。7. 多列虚报国内监理费153.36万元。审计意见及建议：应加快一期工程世行贷款的报账工作，确保世行贷款及时到位；加强各项应收款和委存款的回收，资金投放应安全、可靠，确保重点建设资金不受损失；及时补缴税金。

2001—2006年世行贷款集装箱运输项目审计。1999年12月，财政部与省政府签订转贷协议，将世行提供的7100万美元中的1081万美元转贷用于国际集装箱多式联运系统项目，具体包括杭州口岸国际物流公司（杭州中转站）611.30万美元、湖州国际物流公司（湖州中转站)232.30万美元、萧山国际货运公司(萧山中转站)237.30万美元。累计提取世行贷款929.11万美元,占世行贷款总额1080.81万美元的86%;国内配套资金到位1.11亿元,到位率87%。

省审计厅对省国际集装箱领导小组办公室世行贷款集装箱运输项目财务收支逐年进行审计。发现的主要问题:1. 少计收入80.78万元及支出76.69万元;移用项目建设资金1242.19万元,致使项目工程不能及时付款。2. 湖州国际物流有限公司项目支出中的土地使用权、行政办公楼未列入批准概算,材料进库手续不够完善。3. 用资本公积弥补亏损,项目在建工程无依据列支113.27万元,少计汇兑损失41.78万元,固定资产少提折旧223.61万元。4. 杭州口岸国际物流公司2004年少计长期借款和在建工程6.45万元。审计意见及建议:立即收回移用资金用于项目建设,及时入账并调整应收款及相关账户;公司应增加长期借款和在建工程6.45万元。

2007—2010年世行贷款可再生能源规模扩大化项目第一期后续项目浙江小水电项目审计。2006年2月,世行执行董事会批准中国可再生能源规模化发展第一阶段后续项目。该项目由内蒙古风电和浙江小水电两部分构成,其中浙江小水电项目贷款1768万美元。浙江小水电项目由小水电新建项目和改造项目两部分组成,共计16个子项目。项目静态总投资2.27亿元。

省审计厅组织文成县、江山市、常山县、东阳市、丽水市莲都区、松阳县、安吉县、天台县、仙居县、磐安县10个县(市、区)审计机关,对世行贷款可再生能源规模扩大化项目第一期后续项目财务收支和项目执行情况进行审计。发现的主要问题:1. 丽水市雅溪一级水电站改造项目自筹配套资本金核算不规范。2. 江山金龙水电开发有限公司递延资产会计核算不实。3. 松阳梧桐源电站改造项目的建设单位未按承诺出资。4. 配套资金未能及时到位。5. 项目管理费超概算、业务招待费超标。6. 账面已完工作量与项目实际进度不符。7. 未及时办理工程竣工结算。审计意见及建议:各相关业主单位抓紧筹措所承诺提供的项目配套资金,已竣工项目抓紧办理工程竣工结算;加强费用开支控制;加强财务管理,如实核算完成工作量。

(三)科教文卫类世行贷款项目审计

1984年世行贷款浙江大学和中国水稻研究所项目的审计。

浙江大学项目审计:至1983年7月,浙江大学贷款计划项目的金额为780万美元,贷款项目实际支出181.37万美元,完成计划的23.25%。其中仪器设备完成计划的27.89%,人员培训费完成计划的17.16%,图书费尚未支出。审计意见及建议:1. 仪器设备索赔工作的中转环节耽搁时间过久,学校应争取商检局、中技公司和教育部等结算部门的支持。2. 对图书费和人员培训费结余,学校应进行测算并应及早调整项目计划。3. 教育部有关部门及时下发账单。4. 请教育部通盘考虑仪器设备的消耗材料的采购方法,早日建立零配件供应点和维修点。

中国水稻研究所项目审计:1983年经国家计委决定中国水稻研究所为我国第六个五年

计划国家大中型建设项目，批准投资4600万元，其中软贷款1000万美元(折合人民币2800万元)；1984年增加到5100万元。至1984年9月，贷款项目实际支出224.1万美元，完成计划的22.41%。其中直接进口仪器设备支出220.10万美元，完成该项目计划的39.30%；留学及培训费支出4万美元，完成该项目计划的2%。审计意见及建议：引进的仪器设备要及时登记固定资产账、卡，建立管理使用(操作)、维护保养和技术档案；配套必要设备和消耗材料，请农牧渔业部考虑解决该部分资金，并通盘考虑仪器设备材料的采购供应方法，早日建立零配件供应点和维修站。

1986—1993年世行贷款第二期农业教育项目浙江农业大学的审计。项目贷款总额为337.74万美元(包括SDR增值部分)，配套资金为659.20万元人民币。累计提取使用贷款337.04万美元，占协议贷款总额的99.80%；国内配套资金支出累计774.50万元人民币，占应配套总额的117.50%。

省审计局对世行贷款第二期农业教育项目浙江农业大学历年财务收支和项目执行情况逐年进行审计。发现的主要问题：1. 应索赔的8个品目、14个台件的仪器设备未得到赔偿。2. 进口仪器设备的维持费和维修经费无着落。3. 采购的计算机设备中，微机问题较多。4. 房屋、设备充抵国内配套资金未按规定办理。5. 部分引进仪器利用率不高，总开机时数不到100小时。6. 未及时落实进口仪器的备品配件资金和货源。审计意见及建议：抓紧提请农牧渔业部外资办协助索赔；房屋、设备充抵国内配套资金应按有关规定补办手续；争取尽快解决仪器设备的维持费；抓紧落实进口仪器的备品配件资金和货源；加强对项目财务的内部控制。

1987—1993年世行贷款项目地方大学项目杭州大学的审计。浙江省政府与国家教委在1986年7月签订《关于使用国际开发协会信贷实施地方大学项目的协议》，杭州大学的贷款额为260万美元(折合234万个SDR)，1991年1月增加5万个SDR。至1992年，累计贷款248.32万个SDR，占贷款总额的103.90%；配套资金626.50万元，占计划的86%。

省审计局对世行贷款项目地方大学项目杭州大学的历年财务决算逐年进行跟踪审计。发现的主要问题：1. 土建工程进度缓慢。2. 引进的部分设备质量不合格，未得到索赔；配套资金不足。3. 部分直采设备任务未完成。4. 项目完成后的设备维护费未解决，仪器设备零配件、易耗品的更换、补充缺乏资金来源。审计意见及建议：加快土建工程进度，尽快落实配套资金，抓紧向美方索赔，及时采办配套设备器材。

1988—1993年世行贷款农村卫生和预防医学项目浙江医科大学的审计。根据中国政府与国际开发协会签订的“开发信贷协议”，项目贷款总额为53.68万个SDR(约折合61万美元)，国内配套资金为360万元人民币。至1992年，累计提取使用贷款43.91万个SDR(折合60.08万美元)，占协议贷款总额的81.80%；国内配套资金支出累计336.40万元，占计划的93.40%。

省审计局对世行贷款农村卫生和预防医学项目浙江医科大学历年财务决算逐年进行审计。发现的主要问题：1. 药检培训楼的工程进度较慢。2. 设备利用率不高。3. 至1992年实际培训人员989人，仅完成计划的49%。4. 经抽查发现，有部分设备已发生故障，影响使用。审计意见及建议:尽快落实配套资金,加快工程进度,尽早使培训用的各种仪器设备投入使用;按期完成培训计划,提高进口设备的利用率,积极开拓校外药检分析等业务;对逾期未归的教师要采取有效措施,动员他们早日回国;尽快落实设备维修费,以保障设备的正常运转。

1990—1998年世行贷款综合性区域卫生发展项目审计。省审计厅分别对世行贷款综合性区域卫生发展项目的省卫生厅Ⅲ项目办公室、浙江医科大学项目、省健康教育中心和省疾病监测信息管理中心项目、省临床检验中心项目、省肿瘤医院肿瘤防治中心项目、浙二医院心脑血管病防治中心和省急救技术中心项目、省康复中心项目、省医疗设备维修管理中心项目等执行情况和财务收支情况分年度进行审计。

综合性区域卫生发展项目是世行提供贷款给中国的第三个卫生项目。中国政府与国际开发协会于1989年9月签订了该项目的信贷协议和项目协定。该项目从1989年12月开始生效,执行期为5年(1989—1993年),必要时可推迟2年,贷款偿还期为20年。贷款总额为1288.08万个SDR(相当于1700万美元),其中金华市(包括所属8个县、市)为1090万美元,其他有关单位为610万美元。全部外汇贷款由浙江省偿还并承担外汇风险。

省卫生厅Ⅲ项目办公室的主要问题:1. 部分转贷协议尚未签订,配套资金尚未落实。2. 项目进度缓慢、进展不平衡,个别项目单位尚未开展工作。3. 部分项目单位项目费用列支不合规。4. 部分项目设备质量差,存在着搁置、管理不健全现象。部分设备质次价高,利用率低。5. 个别项目单位转移、出借项目资金52万元,出租项目设施286平方米。审计意见及建议:省项目办应签订完善各个环节的转贷协议;对列支的不属于项目的费用进行账务调整,剔除不属项目计划的购建项目;对质量有问题的设备必须及时采取索赔等有效措施,提高设备利用率;及时向卫生部反映设备采购中存在的问题,加强和采购部门的联系,争取早日到货,加速项目进度。

浙江医科大学项目贷款总额度200.79万个SDR。累计提取贷款193.55万个SDR,为总贷款额度的96.37%;国内配套资金累计到位1953.04万元,为计划的198.51%;累计完成投资3525.90万元,为项目总投资1967.71万元的179.19%。发现的主要问题:1. 转贷协议没有签订,配套资金尚未落实,部分项目进度缓慢。2. 购置专控商品未经审批,且列支科目不当。3. 设备到货率低,个别设备质量较差。审计意见及建议:学校和有关各方应尽快签订转贷协议,落实配套资金;剔除对不符合支付范围及不属于贷款期间的费用;补办控购手续;对已到设备及时验收,对不符合要求设备抓紧处理索赔,加强设备管理及保养;尽快研究妥善可行措施,确保土建工程早日开工。

省健康教育中心和省疾病监测信息管理中心项目计划总投资803.45万元,其中:世行贷款107.99万美元(折合人民币401.73万元);国内配套资金401.73万元。省健康教育中心累计完成投资1323.58万元,为项目计划的216.45%;累计提取信贷资金60.84万个SDR,为计划的97.69%。省疾病监测信息管理中心累计完成投资318.12万元,为计划的165.73%;累计提取信贷资金19.04万个SDR,占信贷总额的97.40%。两中心累计到位配套资金871.57万元,为计划的216.95%。发现的主要问题:1. 项目进展滞缓,国内配套资金不落实，部分设备搁置，健康教育中心转贷协议未签订。2. 设备招标进度慢，现有设备性能差。3. 已完工健康教育大楼未能及时决算。审计意见及建议：项目办应尽快签订转贷协议，落实配套资金渠道；严格费用开支，防止损失浪费等现象；对缺少零部件或质量不符合要求设备，应按规定及时提出索赔或调换。

省临床检验中心项目执行期1989年9月至1995年9月，后经同意延长至1997年6月。该中心贷款总额度6.81万个SDR，累计提取贷款6.22万个SDR，为总贷款额度的91.42%；国内配套资金累计到位67.01万元，为应到位配套资金的130%；累计完成投资84.43万元，为计划的81.94%。发现的主要问题：1. 配套资金不足，未按要求单独设立银行账户。2. 项目执行进度缓慢，各子项目发展不平衡。3. 已完工的大修理工程未能及时向世行结报。审计意见及建议：项目主管部门省卫生厅及其代管单位省人民医院要采取措施，尽快解决配套资金不到位问题；省临检中心应及时向主管部门积极争取设备安置使用所需要的房屋设施；敦促省人民医院基建办尽快与施工单位办理已完工的大修理工程竣工结算。

浙二医院心脑血管病防治中心和省急救技术中心项目总投资为349.58万元，其中心脑血管中心118.64万元，急救中心230.94万元，世行贷款为46.99万美元(其中心脑血管中心15.95万美元，急救中心31.04万美元，折合人民币共174.80万元)。至1997年，省心脑血管病防治中心累计完成投资152.41万元，为计划的128.46%；累计提取信贷资金6.19万个SDR，为计划的92.08%。省急救技术指导中心累计完成投资339.74万元，为计划的147.11%；累计提取信贷资金20.44万个SDR，占计划的92.43%。两中心累计配套资金到位205万元，为计划的113.81%。发现的主要问题：1. 设备购置及项目活动等完成进度缓慢。2. 存在购置专控商品未能提供有关审批证明等项目管理问题。3. 提款报账进度慢。4. 急救技术指导中心(价值)仪器设备质量差，8台设备因不配套而闲置。审计意见及建议：加快提款进度；对已快竣工的800平方米急诊培训楼，尽快办理财务结算，争取早日向世行申请提款；加快设备采购进度；对有质量问题的设备及时索赔处理。

1991—1997年世行贷款职业技术教育项目浙江工业大学、浙江交通学校、浙江机械工业学校的审计。1990年8月，国家教委与浙江省政府签订了《关于执行世界银行贷款职业技术教育项目的协议书》，项目执行期5年。根据协议规定，该项目世行贷款总额为77万个SDR(折合100万美元)，国内配套资金总额为345.30万元。

省审计厅对浙江工业大学、浙江交通学校、浙江机械工业学校世行贷款职业技术教育项目财务收支情况逐年进行审计。发现的主要问题：1. "一标"设备中土木综合实验室12个品目尚未开箱验收，部分设备利用率不高。2. 国内配套资金购置设备完成较差。3. 实验室利用率、综合设施利用率和专业课实验开课率均未达到项目规定90%的效益指标。审计意见及建议：对尚未开箱的设备要抓紧做好验收工作，以便在索赔期内争得索赔权，避免造成损失浪费；提高实验室利用率，充分发挥贷款设备的使用效益。

1992—1997年世行贷款重点学科发展项目杭州大学、浙江大学的审计。1991年10月，国家教委与浙江省政府签订《关于执行世界银行贷款重点学科发展项目协议书》。杭州大学世行贷款重点学科发展项目工业心理学国家专业实验室项目执行期为5年，自1991年7月至1996年6月。根据协议,世行贷款31万个SDR(折合40万美元),国内配套资金144万元人民币及1万美元。浙江大学的重点学科项目执行期为5年,世行将提供贷款362万个SDR(折合468万美元),国内配套资金648.75万元人民币和4.80万美元。

省审计厅对杭州大学、浙江大学世行贷款重点学科发展项目财务收支逐年进行审计。

杭州大学重点学科项目的主要问题:1. 财务账与使用单位设备明细账不一致。2. 学校教学经费紧张,还本付息资金筹措困难。审计意见及建议:杭州大学工业心理学国家专业实验室应设立单独的固定资产分类明细账,争取一定数额的设备维护费,保证仪器设备的正常运行;省政府、省教委、学校及时协商,落实世行贷款重点学科项目还本付息经费。

浙江大学重点学科项目的主要问题:1. 不属配套范围的设备列入国内配套资金。2. 部分设备没有登记入册,部分设备未列单价及总额。3. 现场抽查发现"二标"仪器设备磁控溅射系统质量不高;"一标"仪器设备中的发酵罐、图像处理系统尚未调试成功;高级蛋白纯化系统质量不稳定。审计意见及建议:浙江大学应抓紧与中国技术进出口公司、供货厂商、国家教委、海关等有关部门联系,尽快解决个别仪器设备质量问题,做好项目竣工验收各项准备工作,并给予解决必要的运行费用。同时对各实验室的仪器设备做详细检查,对其中存在的质量问题要尽快提出解决措施。

1993—2003年世行贷款传染病与地方病控制项目省卫生厅血防项目办公室、省财政厅外经处的审计。1991年12月,中国政府与世界银行签订了传染病与地方病控制项目开发信贷协定。12月,财政部与浙江省政府签订项目转贷协议,转贷额为131.74万个SDR(约折合178.04万美元)。实际项目总投资3770.74万元,贷款总额66.09万个SDR,配套资金3029.73万元。项目由省卫生厅和开化、长兴、余杭等21个县(市、区)组织实施。项目的目标是阻断血吸虫病的传播,整个项目于2001年结束。

省审计厅对省卫生厅血防项目办公室、省财政厅外经处世行贷款传染病与地方病控制项目财务收支逐年进行审计。发现的主要问题:1. 贷款设备利用率不高;部分贷款药品没有分配;部分设备管理失控,存在调剂、出售现象。2. 贷款科研经费使用中存在提取和发放奖金问题。3. 项目执行期已近尾声,部分项目所在县还贷责任尚未落实。4. 对照转贷协议各县都存在大量贷款额度未提取的问题。审计意见及建议:省项目办对所有项目物资使用情况进行一次深入调查,督促项目所在县对尚未开箱设备尽快开箱验收,全面反映项目物资、设备到货和分配情况;对确实不适用的应专题向上级主管部门反映,争取切实可行的解决办法;重视个别项目所在县出现的调剂和出售贷款设备的问题;省项目办应积极争取贷款早日到位,并督促各地尽快投入配套资金;明确最终应承担的债务额度。

(四)环境保护和城市建设类世行贷款项目审计

1997—2001年世行贷款中国环境技术援助项目。世行贷款中国环境技术援助项目由国家环保总局与世行签订贷款协议,再由国家环保总局与浙江省环保局签订转贷协议,转贷额为22万美元,浙江省按1∶1配套资金。

省审计厅对省环保局世行贷款中国环境技术援助项目财务收支和项目执行情况进行审

计。发现的主要问题:项目初期未设专人负责财务工作,未及时建账建制,财务核算未完全按世行贷款财务管理暂行规定执行。审计意见及建议:省环保局应按要求建账建制,并与国家环保局保持核算口径的一致。

1996—1997年世行贷款浙江城市开发项目所属环保、环保基金两个子项目的审计。

省环境保护基金会于1995年7月和1996年9月将319.60万个SDR中的两笔各72.10万个SDR分别转贷给新昌炼油化工厂实施技改工程环保项目和杭州天纶钢丝厂实施第二期环保清洁生产项目。至1995年,累计完成项目投资502.13万元,累计提取世行贷款37.73万个SDR(折合人民币466.77万元)。

省审计厅对省环保局环保项目办公室世行贷款浙江城市开发项目及所属环保、环保基金两个子项目财务收支进行审计。发现的主要问题:1. 省环保办世行贷款子项目尚未与省政府签订转贷协议书,尚未配备专(兼)职会计人员。2. 提取的信贷资金未及时制证登账,也未编报会计报表。3. 环保子项目处于停顿状态,1996年后未进行任何工作,也未发生任何费用及支付。审计意见及建议:省环保局应主动同有关部门协商,尽快签订世行贷款转贷协议,使项目真正纳入正常管理的轨道;加强财务管理,配备专(兼)职会计人员,做到及时收集、处理、传递会计信息,确保项目顺利实施。

1994—2002年世行贷款浙江城市开发项目省城市开发项目办公室的审计。浙江省多城市开发项目信贷协定于1993年5月签订,1993年10月生效,信贷协定总额相当于7930万个SDR(约折合1.10亿美元),信贷资金由财政部转贷给浙江省政府,再转贷给杭州、宁波、温州、绍兴市政府。项目执行期为1993年8月至1999年6月,后延期到2001年12月。累计向世界银行提款74.18百万个SDR,累计还款27.75百万个SDR。

省审计厅对省城市开发项目办公室世行贷款浙江城市开发项目财务收支进行审计。发现的主要问题:1. 省项目办本级项目管理费列支不合规;世行贷款承诺费返还款未在项目相关资金中反映;项目部分设计方案缺少总体规划,部分建设设施功能未充分发挥作用。2. 杭州自来水总公司投资550万元,挂列"其他应收款",未作为长期投资。3. 宁波市道路改建项目资金管理未由项目办统一核算;子项目存在虚列工程投资等问题。4. 预提世行贷款利息464.72万元列入项目支出。项目设计时,未能充分预见建成使用后对环境造成的不良影响。5. 温州市项目办办公楼超投资、超规模。建设单位管理费累计超支252.83万元;温州城市供水工程项目投资概算调整,未经有关计划部门审批;温州市项目办用项目资金垫付泵站改造工程款502.92万元。审计意见及建议:省项目办应定期对工程进度、工程质量及财务管理进行检查,杜绝项目资金外借现象,督促各子项目办执行当地审计部门的审计意见;省项目办应加强指导、检查,保证工程进度平衡。

2005—2010年世行贷款浙江省城建环保项目省城建环保项目办公室的审计。世行贷款浙江省城建环保项目协议于2004年11月签字生效,总投资约28.78亿元,其中利用世行贷款1.33亿美元。项目旨在加强杭州市、宁波市和绍兴市的城市污水处理、垃圾处理等基础设施建设,改善城市环境面貌,提高城市环境质量,改善居民生活条件。项目建设期为9年(2003—2011年)。

省审计厅及有关市审计局对世行贷款浙江省城建环保项目财务收支和项目执行情况进行审计。发现的主要问题：1. 部分子项目未严格履行基本建设程序。2. 部分已完工工程未及时投入使用。3. 再生水需求量不足，项目设计能力未能充分利用。4. 城市管网建设相对滞后，影响污水处理厂的稳定运行。5. 工业污水排放管理协调机制尚不完善，影响污水处理质量。6. 污泥无害化处置比率低，处置能力不足。7. 污水处理成本、污水处理费收取标准和污水处理范围三者之间不匹配，影响污水处理厂的发展后劲和服务质量。审计意见及建议：推广世行贷款项目管理经验，提升项目管理水平；政府主导，统筹规划，推进城市污水治理体系建设；部门联动，跟进管理，确保项目预期目标的实现。

二、蒙特利尔基金赠款项目审计

中国政府于1989年9月正式加入《保护臭氧层维也纳公约》，1991年签署加入《蒙特利尔议定书》伦敦修正案，并成立了由环保部门牵头、18个部委参加的国家保护臭氧层领导小组，负责履行《维也纳公约》和《蒙特利尔议定书》，组织实施《中国逐步淘汰消耗臭氧层物质国家方案》。省审计厅根据审计署授权，对浙江省境内蒙特利尔基金赠款项目消耗臭氧层物质（ODS物质）淘汰情况进行审计监督，审计受捐赠企业的HALON、CFC、CTC及CTC助剂、TCA物质的生产、使用、进出口配额许可的执行情况，审计相关生产线的拆除，替代品和替代技术的研究，捐赠资金的到位使用等情况。

（一）哈龙（HALON）淘汰项目审计

1998—1999年，省审计厅对省消防化工厂哈龙灭火剂1995—1998年度产量进行审计。审计中未发现数字和资料中有任何重大错漏和不合规情况。审计确定被审计单位哈龙1211灭火剂产量控制在生产配额以内，严格执行了该厂与国家环保总局签订的协议。

1998—2002年，省审计厅对省化工研究院（又称省化工科技集团）哈龙淘汰项目的执行情况进行审计。审计中未发现数字和资料中有任何重大错漏和不合规情况。确定该单位与国家环保总局签订的合同执行情况良好，哈龙灭火剂产量控制在生产配额内，2001年哈龙生产线关闭项目总体执行良好。该项目2000年12月签订的合同规定哈龙淘汰量为150吨，合同赠款金额236.55万元，2001年前合同拨付给该厂的赠款金额为189.24万元，占赠款总额的80%。2001年未收到赠款20.38万元，占赠款总额的20%。

2003—2009年，省审计厅对浙江蓝天环保高科技公司哈龙淘汰项目年度执行情况进行审计。2002年所签合同赠款总金额59.50万元；2006年签署的哈龙淘汰项目合同书赠款金额52万美元，哈龙淘汰回补项目协议书赠款金额208万美元。审计确定该公司各年产量均控制在年度生产配额以内；哈龙淘汰项目总体执行情况良好，执行了该公司与国家环保总局签订的合同。

2007年，省审计厅对浙江威能消防器材公司哈龙淘汰项目2006年度执行情况进行审计。该项目合同赠款总金额11万美元。审计确定该公司产量控制在年度生产配额以内；哈龙淘汰项目总体执行情况良好，执行了该公司与国家环保总局签订的合同。

2007年，省审计厅对东阳化工公司2006年度哈龙淘汰项目进行审计。该项目合同赠款总金额493.35万美元。审计确定被审计单位2006年哈龙1211灭火剂生产线按合同已关闭并全部拆除。由于国内哈龙1211灭火剂禁用政策快于逐步淘汰政策，国内的灭火剂主要用户（消防器材厂家）关闭较快，导致合法生产量和销售市场不配套，大量中小企业赖账不还，公司货款无法收回，蒙受较大的经济损失。建议有关部门帮助企业解决困难，使合法生产的库存灭火剂找到合法的销售使用渠道。

（二）氯氟烃（CFC）淘汰项目审计

2000—2002年，省审计厅对省化工研究院（省化工科技集团）氟化工总厂氯氟烃（CFC）淘汰项目执行情况进行审计。发现的主要问题：原材料消耗、成本核算不规范，导致原材料单耗值各月波动较大。审计确定该厂1998—2001年CFC114、CFC115产品产量均控制在年生产配额以内，执行了该厂与国家环保总局签订的协议。

2005—2009年，省审计厅对浙江蓝天环保高科技公司各年度CFC整体淘汰项目执行情况进行审计。根据合同规定，该公司合同赠款总金额82.82万美元。审计表明，该公司CFC114、CFC115产品各年产量均控制在年度生产配额以内，最终生产线关闭，执行了该公司与国家环保总局签订的协议，总体执行情况良好。

2007—2009年，省审计厅对浙江巨化氟化学公司CFC整体淘汰项目各年的执行情况进行审计。该公司合同赠款总金额1987.97万美元，主要用于替代产品生产设备的投资建设。审计确定，该公司各年CFC产品产量均控制在生产配额以内，该公司各年储存量符合该公司与国家环保总局签订的协议，生产线转产、项目总体执行情况良好。

2007—2009年，省审计厅对东阳化工公司CFC整体淘汰项目、储存项目的执行情况进行审计。审计确定，该公司各年CFC产品产量控制在生产配额以内，储存量符合该公司与国家环保总局签订的协议，生产线转产项目总体执行情况良好。

2007—2009年，省审计厅对临海市利民化工公司CFC整体淘汰项目的执行和财务收支情况进行审计。该公司合同赠款总金额49.99万美元。审计确定，该公司2006—2008年度CFC-13产品的各年产量均控制在年生产配额以内，最终生产线关闭，较好地执行了该公司与国家环保总局签订的协议。

（三）四氯化碳（CTC）和CTC助剂淘汰项目审计

2007年，省审计厅对浙江新安化工集团公司2006年度CTC生产淘汰项目进行审计。该项目合同赠款总金额101.63万美元。审计确认该公司2006年CTC的实际产量均控制在年度生产配额以内；当年所出售的CTC产品，全部销售给有CTC使用配额许可证或销售登记证的企业，执行了与环保部对外合作中心签署的生产淘汰协议，项目总体执行情况良好。

2008—2010年，省审计厅对衢州九洲化工公司年度CTC生产淘汰项目执行情况逐年进行审计。该公司合同赠款总金额23.84万美元。审计确认该公司各年CTC产品全部销售给有使用配额许可证或原料使用许可证的企业，执行了与环保部对外合作中心签署的生产淘汰协议，项目总体执行情况良好。

2008—2010 年，省审计厅对宁波巨化化工科技公司 CTC 生产淘汰项目 2007—2010 年执行情况逐年进行审计。该公司在所审年度内无赠款。审计确认该公司各年 CTC 生产量及购入量，部分用于生产 CTC，部分作为 PCE 原料，部分被转化掉，公司各年度副产的 CTC 已全部得到处置，执行了与原国家环保总局外经办签署的生产淘汰协议，项目总体执行情况良好。发现的主要问题：2008 年 CTC 网上申报数量与实际到货数量有差异。审计意见及建议：进一步强化内部管理，严格执行网上申报制度，认真审核购入数量，保证网上申报数据的准确性。

2008—2010 年，省审计厅对浙江氟化学有限公司生产淘汰项目年度执行情况逐年进行审计。该公司合同赠款总金额不超过 891.18 万美元。审计确认该公司各年 CTC 的实际产量均控制在年度生产配额以内；当年所出售的 CTC 产品全部销售给有 CTC 使用配额许可证或销售登记证的企业；部分 CTC 作为 CFC 原料消费量；部分 CTC 转化为其他非 ODS 物质；当年副产的 CTC 全部得到处置，执行了与环保部对外合作中心签署的生产淘汰协议，项目总体执行情况良好。发现的主要问题：2007 年超配额销售 CTC 0.19 吨，原因为罐装人员工作疏忽造成。审计意见及建议：加强各管理环节工作对接，避免不必要的差错。

（四）三氯乙烷（TCA）淘汰项目审计

2007—2010 年，省审计厅对浙江巨化化工矿业公司 TCA 生产淘汰项目 2006—2009 年执行情况逐年进行审计。该厂合同赠款总金额 22.68 万美元，用于补偿企业因削减产量减少的收益和职工下岗费用。审计确定该厂各年度的 TCA 产量均控制在年生产配额以内，没有新增加 TCA 生产设备，严格执行了该厂与国家环保总局签订的合同。

三、其他贷援款项目审计

国际金融组织贷款项目除了上述世行贷款项目外，还有世行和亚行进行联合贷款的项目、亚行贷款项目、外国政府贷款项目。

1985—1998 年对中国投资银行浙江省分行（省投行）转贷世行、亚行贷款工业信贷项目的审计。由省投行转贷的世行、亚行工业信贷项目共 30 个，其中亚行项目 2 个。协议贷款总额为 3951.80 万美元，人民币配套贷款 5089.40 万元。1992 年宁波市计划单列，其中 5 个贷款项目划归该市。由省投行管理的 25 个项目，实际贷款总额 3211.90 万美元，人民币配套贷款 4064.60 万元。

省审计厅对省投行转贷的世行、亚行贷款工业信贷项目财务收支逐年进行审计。发现的主要问题：1. 会计核算不规范，存在以原始凭证代替记账凭证，有的原始凭证不符合记账凭证要求等问题。2. 在管理费中列支职工伙食补贴，挤占业务及管理费，违控购置商品。3. 存在逾期贷款问题。4. 未经财政部门批准，将委托贷款手续费收入全额上缴省建行。5. 少缴税金 15.49 万元。审计意见及建议：全额补缴税金；对逾期贷款逐一分析原因，采取措施，对逾期较长企业应按贷款合同规定，通过司法程序落实责任，减少国家资金损失；部分转贷项目停息、免息问题，建议投行积极向总行反映情况，要求总行明确停息、免息权限；对 10 个未清户项目，积极催讨，争取早日完成收贷工作。

1997—1998 年对中国投资银行杭州分行(投行杭州分行)转贷世行贷款及亚行贷款工业信贷项目的审计。由投行杭州分行转贷的世行、亚行贷款工业信贷项目共 31 个，其中亚行项目 2 个。至 1997 年，由投行转贷实施的世行及亚行贷款工业信贷子项目共 31 个，31 个子项目中尚有 12 个子项目未结清，其中由投行杭州分行本级实施的 10 个子项目，累计批准贷款 1764.70 万美元、实际发放贷款 1752.30 万美元、已收回贷款 83.11 万美元、贷款余额 1669.19 万美元；累计批准配套人民币贷款 3015.40 万元、实际发放贷款 3025.32 万元、已收回贷款 748 万元、贷款余额 2277.32 万元。

省审计厅对投行杭州分行转贷世行贷款及亚行贷款工业信贷项目的财务收支逐年进行审计。发现的主要问题：1. 项目贷款逾期率高、收贷收息困难；项目贷款担保管理工作不够重视。2. 财务收支和经营管理中存在的问题。多列成本 34.43 万元，少计缴营业税及附加 61.09 万元，少计投资收益 29.23 万元，擅自提高存贷款利率，职工集资，擅自挂账停息，对银投公司管理不善。3. 应收利息重计及少计，催收利息重计。4. 两个项目单位破产清算，贷款损失严重。审计意见及建议：对未清户世行、亚行贷款项目，投行杭州分行应积极参与，增强还贷能力；加强项目贷款担保管理，避免造成损失；控制固定资产增长规模，对职工住房的购置更应从严控制；对所属的银投公司进行彻底整顿，并采取切实措施，以避免国有资产的流失；投行应加强对营业部利息计提工作的指导管理，以真实反映经营成果；投行应切实加强对外投资管理，对逾期未收回的应限期清理回收；对已收回待处理抵债物要抓紧处理。

2000—2003 年亚行贷款温州珊溪水利枢纽项目的审计。该项目计划总投资为 43.48 亿元，旨在满足温州市及周围地区民用、工业和农业用水的增长需求，主要建设内容包括：珊溪大坝工程、赵山渡拦河坝工程、输水渠系工程、供水、发电、灌溉。项目贷款协定于 1998 年 7 月签订，贷款总额为 1 亿美元，关账日为 2002 年 6 月。2001 年，公司向财政部提出申请将贷款总额减少 5000 万美元，亚行已同意减少。累计提取亚行贷款共计 3547.26 万美元。

省审计厅对浙江珊溪经济开发公司亚行贷款温州珊溪水利枢纽项目的财务收支进行审计。发现的主要问题：1. 注册资金 8474 万元未及时到位。2. 部分单项工程投资超概算 9399 万元；建设单位管理费共超概算 6431.98 万元；超概算列支生产准备、运行、维护及人员培训费用 178.86 万元。3. 土建标多支付工程预付款 1609.28 万元。4. 少计 14.20 万美元的亚行贷款。5. 超中标价支付费用 244.45 万元。6. 占用项目资金 7335.61 万元。7. 虚列移民经费支出 5500 万元。8. 概算外列支 1788.89 万元。9. 为施工单位提供借款 1084.10 万元。10. 超范围发放奖金 2948.60 万元。11. 未缴税金 62.05 万元。12. 多计当年利润 8077.42 万元。审计意见及建议：收回垫付资金、沉淀资金等；严格控制建设单位管理费的支出；加强工程款、物资、往来款结算等方面的财务管理，清理银行户头；建设单位管理费修编概算后，应从严控制管理费开支；加强材料、设备等实物资产的管理，强化相应的内部控制制度的建设。

第二节　外商投资企业审计

外商投资企业审计是对直接利用外资的审计，主要体现为对外商合资经营企业、合作经营企业或外商独资企业的审计。外商投资企业基本为外商控股或独资的形式，浙江省这类审计集中在1992—2001年，省审计厅共完成外商投资企业财务收支项目8个，专项审计调查项目5个。

表38-10-2-1　　1992—2001年浙江省审计厅对外商投资企业审计一览表

年度	审　计　项　目
	一、外商投资企业财务收支审计
1992	中外合资华凌电器工业公司财务收支审计
1992	浙江华贸汽车服务公司(中外合营企业)财务收支审计
1992	6家中外合资企业杭州圣富宝塑料公司、杭州三联电子公司、华凌电器工业公司、宁波埃美柯金属制品公司、宁波三友服装公司、宁波海昌房产公司财务收支审计(全省统一组织)
1993	浙江华江塑料有限公司财务收支审计
1993	6家中外合资企业浙江三明茶叶公司、浙江武林建筑工程公司、杭州黄龙饭店、宁波甬大纺织公司、宁波拓展房地产公司、宁波德信佳洪水产公司财务收支审计(全省统一组织)
1996	浙江省善高化学公司财务收支审计
1996	浙江省中外合资经营企业财务情况审计
2001	杭州东方龙大酒店财务收支审计
	二、外商投资企业审计调查
1990	杭州友好饭店外汇收支专项审计调查
1990	杭州香格里拉饭店外汇收支专项审计调查
1991	浙江省属30家中外合资、合作经营企业基本情况专项审计调查(全省统一组织)
1993	浙江国际贸易中心资金到位及建设情况专项审计调查
1994	浙江省部分中外合作经营企业亏损情况专项审计调查(全省统一组织)

资料来源:浙江省审计厅档案室。

一、外商投资企业财务收支审计

1992年9月，省审计局对中外合资华凌电器工业公司1991年度财务收支进行审计。发现的主要问题：1. 企业严重亏损，资不抵债。2. 合资经营合同和董事会决议的某些重要条款尚未认真执行和落实。3. 未执行政府部门关于按时缴纳养老保险基金的规定。4. 公司建设征地手续不全，尚约有28亩水田荒置。5. 原材料核算不合规；往来款项长期积欠数额巨大，核对、清账不够及时。审计意见及建议：公司董事会和股权各方应改变中方不参与生产经营的状况，切实采取措施；公司董事会及有关各方应对亏损弥补问题进行认真磋商；关于建行抵押借款的抵押不足问题，应及时提请乙方股东按规定向银行办理资信担保手续；公司应缴未缴的养老保险基金，应按规定及时提取和缴纳；健全原材料核算管理制度；及时核对、清理往来款项。

1992年9月，省审计局对浙江华贸汽车服务公司(中外合营企业)1991年度财务收支进行审计。发现的主要问题：1. 多提应付中方工资。2. 董事会费用列支餐费、礼品费。3. 财务管理制度不够健全，原材料核算方面财务账与仓库账不相符；应收款缺乏正规催收制度；"应收应付"久悬未决；票证管理缺乏严格的领退销账制度；未按要求编制科目汇总表或汇总记账凭证等。审计意见及建议：及时清理债权债务，重视仓储工作，在采购、计量、验收、收发、领退等方面进一步健全内部控制制度。

1992年9月，省审计局和杭州市、宁波市等有关审计局对杭州圣富宝塑料公司、杭州三联电子公司、华凌电器工业公司、宁波埃美柯金属制品公司、宁波三友服装公司、宁波海昌房产公司6家中外合资企业财务收支进行审计。发现的主要问题：1. 流动资金普遍不足，银行贷款呈上升趋势。2. 个别企业亏损严重。3. 合营协议、合同、董事会决议是合营企业生产经营的依据，但有少数企业对其中的某些条款未能认真执行和落实。4. 部分合营企业没有交足职工养老保险基金。5. 部分合营企业在会计核算中无依据或不如实处理账务。审计提出相应意见和建议。

1993年7月，省审计局对中外合资浙江华江塑料公司1992年1月至1993年6月财务收支进行审计。发现的主要问题：1. 多转产品销售成本。2. 多转材料成本。3. 应计未缴房产税。审计意见及建议：严格按照《会计准则》正确核算原材料和产品销售成本；有关省皮塑公司经销部所欠18.88万元，应早日结清上述款项。

1993年8—9月，省审计局和杭州市、宁波市等有关审计机关，对浙江三明茶叶公司、浙江武林建筑工程公司、杭州黄龙饭店公司、宁波甬大纺织、宁波拓展房地产公司、宁波德信佳洪水产公司6家中外合资企业财务收支进行审计。发现的主要问题：1. 绝大部分中外合资经营企业外销产品没有达到合同规定的比例。2. 挤列成本，减少当年利润。3. 流动资金普遍不足。审计意见及建议：审批机构对现有中外合营企业进行一次清查，对那些不符合合营协议、合同的中外合营企业进行整顿处理，严格按照规定审批，并定期给各级审计机关提供新注册的中外合营企业的概况，以便审计部门实施审计监督。

2001年11月，省审计厅对杭州东方龙大酒店有限公司2000年度财务收支进行审计。发现的主要问题：1. 少缴房产税207.49万元、土地使用费1162.01万元。2. 不依照国家规定缴纳有关中方职工权益的资金；提取比例和用途不符合国家有关规定。3. 已投入使用的在建工程长期挂账，未及时办理有关手续。4. 在成本、费用中列支住房公积金48.48万元。5.

已提取停止缴纳的旅游费附加挂账未及时清理。审计意见及建议：公司应加强对涉及中方职工权益资金的管理，应提未提、应缴未缴的中方职工权益应按规定提缴；涉及中方职工权益资金应按有关财务会计规定正确核算外，同期设置辅助账簿，全面反映各项资金的来源和用途；企业工会应依法对涉及中方职工权益资金的提缴和使用进行监督。

二、外商投资企业专项审计及调查

1990 年 5 月，省审计局对杭州友好饭店 1989 年 1 月至 1990 年 3 月的外汇收支进行专项审计调查。发现的主要问题：1989 年业务用烟部分是用外汇购入的，其中以人民币计价销售给本饭店职工 839 条香烟计 2.48 万元。审计意见及建议：应加强对应收外汇结算账款的清理、催收工作，对寄售烟、旅游烟、人民币经销烟建立健全明细核算制度，正确反映各类烟的购、销、存，切实执行《浙江省寄售商品外汇管理规定》。

1990 年 5 月，省审计局对杭州香格里拉饭店 1989 年 1 月至 1990 年 3 月外汇收支进行专项审计调查。发现的主要问题：1989 年，杭州香格里拉饭店将美图哈里斯公司拖欠款 1.11 万美元转作坏账损失销账。鉴于该公司曾认可从 1992 年开始分 36 个月支付此笔欠款，并非属无法收回，审计意见及建议：美图哈里斯公司拖欠款仍应转回账内，挂列往来款项，并抓紧继续催收、清偿。

1991 年 9 月，省审计局对省属 30 家中外合资、合作经营企业基本情况进行审计调查。30 家企业投资总额为 1.65 亿美元，注册资本为 6144.08 万美元，其中中方占 60.32%，外方占 39.68%。发现的主要问题：1. 有的中外合营企业可行性研究不够充分、准确，缺乏科学依据。2. 缺乏一个统一协调解决企业存在问题和困难的管理机构。3. 部分引进设备价高质次。4. 部分外商未履行合同，使企业造成不应有的损失。5. 个别中外合营企业大部分权力为外方控制，中方处于被动地位。6. 固定资产投资比例过大，流动资金周转困难。7. 部分合营企业财务管理和会计核算基础比较薄弱。审计意见及建议：建立一个统一管理中外合营企业的机构，克服只重视开工忽视管理的倾向；严格可行性报告的论证和审查工作，参与审查的部门要负一定责任；注册资本尽可能以现金投入，引进设备应公开向国际招标；健全内部管理制度。

1994 年 7 月，全省审计机关对全省部分中外合作经营企业亏损情况进行审计调查。至 1993 年，全省共批准外商投资企业 8195 家，注册登记的为 8031 家，合同利用外资 74.75 亿美元，实际利用外资 16.11 亿美元。已开业投产的为 3595 户，年创产值 269.34 亿元，占乡以上工业总产值的 10.80%。其中盈利企业 1599 户，占开业投产企业的 44.50%，创利 4.28 亿元；亏损企业 1780 户，占开业投产企业的 49.50%，亏损额 8997 万元。盈亏相抵净盈利 3.38 亿元。本次审计调查选择国有资产比重较大的杭州电子公司等 56 家中外合资合作经营企业作为审计调查对象，这些企业累计亏损 1.04 亿元，并有 14 家企业存在潜亏现象，金额 1203 万元。审计建议：要选择好投资项目，选择高、新、尖产品，充分发挥本地优势，切实开展可行性研究，做好项目前期工作；督促中外双方及时缴纳注册资本；加强监督工作。

第三节　涉外专项审计与审计调查

1995年起，为切实贯彻国家提出的积极、合理、有效利用外资的方针，服务于浙江经济、社会发展大局，浙江外资审计在做好项目审计的同时，开展涉外专项审计调查，掌握基础、总体数据，把握系统性、普遍性、倾向性问题，促使全省外资“借之有道”“用之有效”“管之有法”，促使外债风险“防之有策”。至2010年，省审计厅共完成涉外专项审计调查项目11个。

表38-10-3-1　　1995—2010年浙江省审计厅涉外专项审计与审计调查一览表

年度	审计项目	年度	审计项目
1995	省国际信托投资公司外债年检审计	2004	浙江省属企业境外投资专项审计调查
1996	浙江省部分借用外国政府借款项目审计调查	2005	浙江省国际金融组织贷款项目专项审计调查
1996	中化兴中石油转运(舟山)有限公司外债年检审计	2007	浙江省早期外国政府贷款还贷风险专项审计调查(全省统一组织)
1997	省国际信托投资公司等5家单位外债年检审计	2009	浙江省2000年后签约生效的政府外债项目专项审计调查
2000	浙江省政府外债管理体制专项审计调查	2010	浙江省外经贸促进政策专项资金审计调查
2004	浙江省外国政府贷款项目专项审计调查		

资料来源：浙江省审计厅档案室。

1995年9月，省审计厅委托省审计事务所对省国际信托投资公司1994年度外债进行审计，其年检报告经省审计厅审核。省审计厅与国家外汇管理局浙江分局确定本次外债年检单位为省国际信托投资公司和温州国际信托投资公司。发现的主要问题：1. 公司借用长期外债时，指标审批耗时长。2. 项目可行性研究报告存在较大水分，测算时的效益往往因多种原因无法实现。有些项目存在总投资差距大、资金来源不落实，以致贷款项目无法产生应有的效益。3. 用款企业因资金周转等方面的原因，到期不能按时归还的情况较普遍。审计意见及建议：采取借、还外债同一币种，防止汇率风险；加强外汇贷款的选择，要选择有影响、有实力的大中型企业集团，并注重担保能力。

1996年7月，省审计厅对全省部分借用外国政府借款项目进行审计调查。杭州天虹纺织实业公司、余杭市临平绸厂、浙江中艺彩印包装有限公司、富阳第二水厂、湖州自来水厂5家企业项目的外国政府贷款分别来自比利时、日本、瑞典和芬兰政府。发现的主要问题：1. 立项与实际用款建设不一致。2. 部分项目存在设备质量差、利用率低的情况。3. 大部分项目经济效益不理想。审计意见及建议：强化立项管理，在政策上对一些基础较好的企业加以扶持;增强还贷风险意识,建立还贷准备金。

1996 年 11 月,由舟山市审计师事务所对中化兴中石油转运(舟山)公司进行外债年检,其年检报告由省审计厅审核。1995 年 2 月,中化兴中石油转运(舟山)有限公司向英国巴克莱银行、日本三和银行、日本劝业银行和荷兰银行借款。合同规定本金最大额为 3050 万美元,提款有效期为合同订立日至 1996 年 6 月,借款期限 7.5 年,宽限期半年。审计评价:除支付贷款启动费、代理费和律师费 39.55 万美元不符合合同规定用途外,公司 1995 年度外债借、用、还各方面均符合国家有关外债管理规定,遵守贷款合同,具有一定的盈利能力和较强的短期偿债能力。

1997 年 10 月,省审计厅指定省审计事务所对省国际信托投资公司等 5 个单位开展外债年检审计。据统计,这 5 个单位至 1996 年借用外债余额约 1 亿美元,其中:中长期外债为 2475 万美元,占外债余额的 24.60%;短期外债为 7570 万美元,占外债余额的 75.40%;对外担保余额 6100 万美元。发现的主要问题:1. 短期贷款用于长期投资。2. 用款单位未按期偿还贷款。3. 部分用款人财务状况及还贷能力较差。4. 被担保企业注册资金未全部到位。审计意见及建议:有关部门应对借款用途具体加以限定,促进借款单位专款专用;直接借款人要防范金融风险,加强贷前审查、贷后监督检查,对不能按时还本付息或借新债还旧债,短贷长用的用款单位要采取措施,并积极做好逾期贷款的催收工作;加强对境外融资担保单位的选择,对项目资金结构较复杂或投资额大、资金来源不落实的单位应多作论证,谨慎处置;用款单位要根据自身的实际情况,合理地借入外债。

2003 年 9 月,省审计厅对全省政府外债管理体制进行专项审计调查。本次专项审计调查涉及计划、财政、外汇管理等政府外债主管部门和有关项目主管部门、转贷金融机构、项目执行单位共计 19 个。2002 年,浙江省财政收入 1166 亿元,外债余额 61.83 亿元,总的外债规模控制在财力允许范围内。发现的主要问题:1. 外债项目建设缺乏总体和长远的规划。有的外债项目中途变更计划造成前期投入损失,有的公益性项目没考虑建成后的后续资金投入问题,造成项目建成后运行困难,影响项目作用的发挥。2. 外债管理部门多、层次多、环节多。外债项目前期程序复杂造成项目滞后。3. 没有建立相应的政府外债信息系统,信息资源无法共享。审计意见及建议:进一步发挥政府的引导作用,以长期发展规划指导政府外债项目建设;发展社会中介力量,弥补外债管理力量的不足,促进项目前期国内外程序的接轨;加强对外债项目运作的管理,当前特别要注意提高政府外债项目国际采购物资的技术含量和打捆采购物资的通用性;建立统一的政府外债信息系统。

2004 年 9 月,省审计厅对全省外国政府贷款项目进行专项审计调查。浙江省利用外国政府贷款工作从 1985 年开始,先后共实施贷款项目 65 个,金额达 7.68 亿美元,贷款来源为日本、加拿大和欧共体等 10 余个国家,贷款项目涉及能源、交通、通信、轻纺、农牧业、化工、机械、环保和城建等行业。调查范围包括省财政厅、省计经委等外国政府贷款项目主管部门和杭金衢高速公路、萧山机场、浙江城市污水处理项目、运河(杭州段)截污处理工程四堡污水处理厂扩建工程项目、浙江新昌胶丸总厂硬胶囊自动生产线、富阳建造第二自来水厂、舟山海洋渔业公司更新远洋捕捞渔船和舟山水产食品厂鱼类加工设备引进等项目。发现的主要问题:

1. 项目申报缺乏严密论证。2. 项目审批和建设期过长,造成项目滞后,未充分发挥应有的投资效益。3. 汇率波动大,外债风险增加。4. 行业滑坡、市场疲软,导致企业亏损,无力偿还贷款。5. 经营管理不善。6. 部分公益性项目收费难,亏损严重。审计意见及建议:改善外国政府贷款项目的管理机制;加强外国政府贷款项目的投向控制;加强外债风险控制;积极采取有力措施解决当前债务拖欠问题;对城市污水处理项目给予政府性扶持。

2005 年 11 月,省审计厅对全省国际金融组织贷款项目进行专项审计调查。本次审计调查范围涉及国际金融组织贷款项目主管部门省财政厅、浙江珊溪经济发展公司、世行贷款浙江省城市开发项目办、浙江省国际集装箱世行项目领导小组办公室等 10 余个单位。浙江省利用国际金融组织贷款的债务协议总额 16.41 亿美元,累计提款总金额 13.08 亿美元,累计偿还债务总额 5.17 亿美元,债务余额 7.81 亿美元,累计拖欠债务金额 996.98 万美元。发现的主要问题:1. 项目的开发、建设和经营与地方发展不够协调。2. 利用国际金融组织贷款项目实施和配套不够系统性。3. 公益性项目收费难以合理定价。4. 项目完成后,后续管理不够完善。5. 有限的金融衍生工具和有关外汇管理政策的限制,使项目难以防范金融风险。审计意见及建议:加强规划统筹,提高综合利用效益;转变思路,发挥公共财政的作用;贷款安排侧重于能源交通,加大对农业、教育、卫生、城市发展等的扶持力度;加强对已进入还款期、运营期的项目监管,维护转贷债权人的权益;适当利用金融衍生工具,避免金融风险;充分利用项目人才资源。

2007 年 9 月,省审计厅组织全省审计机关,对全省 2000 年以前贷款协议生效并实施、2006 年前具体还贷情况需作进一步明确的外国政府贷款项目进行专项审计调查。本次重点审计调查浙江风力发电发展公司、省电信公司、杭州华电半山发电公司、省信息中心等 26 个单位的 38 个项目。38 个项目均于 2000 年前开始实施,协议贷款金额为 5.13 亿美元,贷款来源于德国、法国、芬兰等 12 个国家,贷款项目涉及能源、城建、交通、电信、轻工五大行业。发现的主要问题:1. 部分项目债务悬空,没有真正落实。2. 部分项目单位破产,原项目债务无法落实。3. 部分项目拖欠本息,转由财政负担。4. 一些项目还贷期间的管理力度不够。审计意见及建议:加强还贷资金的金融风险管理,防范外汇风险;加强贷款项目运作管理,控制贷款风险;采取必要措施,清理拖欠债务,减少贷款损失。

2009 年 9 月,省审计厅对全省 2000 年后签约生效的政府外债项目进行专项审计调查。浙江省主权外债工作始于 1984 年,至 2009 年,全省主权外债协议总金额 21.78 亿美元,累计提款总金额 18.76 亿美元,累计归还本金 9.26 亿美元,债务余额 9.51 亿美元。发现的主要问题:1. 部分项目存在债务主体变更、债务不落实、项目业主失去偿债能力。2. 部分进口设备存在闲置或性能不稳定。3. 在建的部分子项目进度滞后;建成项目的后续管理存在困难。4. 公益性项目投产运营后普遍亏损。审计意见及建议:加强还贷资金的金融风险管理,防范外汇风险;加强贷款项目运作管理,控制贷款风险;采取必要措施,清理拖欠债务,减少贷款损失;加强管理,深化政府外债利用成效;统筹协调,推进公用事业发展。针对历次审计提出的问题和建议,省财政厅和有关部门采取措施:1. 积极向财政部争取还款优惠政策,着力化解历史欠账。2. 根据“借、用、还”与“责、权、利”相统一的原则,落实偿债责任。3. 制定《关于做好外国政府贷款拖欠项目还款工作的通知》。通过采取上述政策和措施，浙江省主权外债历史拖欠问题得到基本解决。

2010年6—10月，省审计厅对2007—2009年度全省对外经贸促进政策专项资金进行审计调查。审计调查涉及27项中央级和29项省级外经贸促进政策，各项专项资金共兑现12.22亿元；省本级预算安排专项资金已兑付5.79亿元。参与本次审计调查的14个市、县(市、区)3年内共兑现专项资金14.20亿元。发现的主要问题：1. 部分政策兑现迟缓，影响政策时效。2. 部分地方政策设置和资金配置不够合理。3. 部分专项资金使用率低、受益面窄。4. 部分专项资金使用和商务展会组织运行管理不规范。5. 服务外包培训机构管理不规范。审计意见及建议：加强对外经贸发展形势的研判，整合优化政策，加强政策宣传；建立健全商务会展和服务外包行业规范和监督约束机制，规范市场秩序；加强应对国际贸易摩擦的财政保障；加强商务信息化建设，简化流程。

第十一章　农业审计

农业审计是审计机关依法对农业经济领域的财政财务收支及其有关经济活动的真实性、合法性和效益性进行的审计监督。浙江农业审计主要组织实施全省农业、林业、水利、海洋与渔业、粮食等部门的财政财务收支审计、专项资金审计和执行国家相关政策的专项审计调查。

浙江省农业审计始于1984年，经历3个阶段。1984—1994年：主要是农业、林业、水利、海洋与渔业、粮食等部门及下属单位的定期财务审计和年度财政财务收支审计，以及针对某一事项某一项资金的专项审计，属于微观审计。1985年，省审计局实施第一个农业专项审计项目——慈溪县水利局水利事业费审计。为配合全省解决贫困人口和贫困县脱贫工作，审计机关把扶贫资金作为农业审计的重点，多次开展专项审计。1991年起，对每年验收的农业综合开发项目进行审计，逐步形成年审制度。1995—2003年：随着《审计法》的实施，逐步由微观审计转向宏观审计，对农业领域资金的监督趋于经常化。随着国家一系列农业综合开发政策及项目管理办法的出台，对农业综合开发项目的审计也从各地自行组织发展到全省同步审计，农业综合开发项目验收工作也从财政部门单独验收发展到未经审计不得验收的阶段。1995年起，为了推进农业投入资金的落实，多次组织对农业发展基金进行专项审计。1998年6月，根据国务院要求和审计署部署，省审计厅统一组织对全省粮食企业财务挂账情况进行为期2个月的清算审计，这是审计机关成立以来采取的一次最大规模的异地交叉审计方式。2004—2010年：随着中央和地方各级政府对农业问题的高度重视，农业领域资金逐年增长，农业资金审计种类也越来越多，出现一批包括农村住房改造建设工程、农民饮用水工程、农户生活污水净化沼气工程、农村劳动力素质培训、低收入农户集中村下山搬迁、三峡外迁移民工程、万里清水河道工程、千库保安工程等各种普惠农民的民生工程审计。

至2010年，省审计厅共完成农业审计项目161个，其中财政财务收支审计64个，专项资金审计和专项审计调查97个。多个审计项目得到省主要领导批示和省级以上报刊报道。审计中发现的大案、要案线索和涉案人员分别按规定移送有关部门进一步查处。1998年，召开全省粮食挂账清查审计表彰大会，审计机关一批先进集体和先进个人受到表彰。

第一节　农业林业审计

1985年起，浙江省审计机关开始对农林部门、农林专项资金（含农业发展资金、农业建设项目资金、扶贫移民资金等）进行审计和审计调查。至2010年，省审计厅共完成农林审计项目 94 个，其中部门审计项目 27 个、专项审计和审计调查项目 67 个，对促进农业和林业经济的健康发展，起到了重要作用。

一、农业和林业部门审计

1987—2010 年，省审计厅对农林部门及所属单位进行审计 27 次。被审计的内容包括财政财务收支、预算执行、资产负债损益、决算审签等方面。

表 38-11-1-1　　1987—2010 年浙江省审计厅对农业和林业部门审计一览表

年度	审　计　单　位
1987	省木材公司
1990	省蜂花粉开发研究中心
1995	省国有林场开发公司
1996	省农业厅
1997	省农村工作办公室、省农村经济信息服务中心、省农村经济发展投资集团公司、省农村经济投资公司、省乡镇企业国际合作公司、省华农现代农业发展公司、省村镇能源发展公司、省农业投资开发贸易公司、浙江富民公司、省木材公司、省竹业联合开发公司
1998	省林业厅
1999	省农林厅、省农都农产品公司、省农业厅畜牧管理局
2000	省农业科学院
2001	省农业和农村工作领导小组办公室
2002	省林业局、省农都农产品公司
2003	省农村发展投资集团公司
2004	省农村发展投资集团公司
2008	省林业厅
2010	省农业厅

资料来源：浙江省审计厅档案室。

1987 年 8—9 月，省审计局对省木材公司 1985—1986 年财务收支进行审计。发现的主要问题：1. 省木材公司挪用 797.18 万元挂账。2. 南北材差价款 244.94 万元挂到“其他业务收入”。在利润中核销损失 36.98 万元，报损处理未查明原因和追责。3. 移用应上缴国家的 515 万元，用于对外联营投资，获利 69 万元。4. 购置商品房支出 83.82 万元列支生产发展基金，另将 30 万元福利费借给建德林场作投资，获得“优惠价”禽蛋分给职工，变相发放实物补贴；将代管的木材更新改造资金 35.5 万元用于部分市、县森工站基建投资。审计作出将历年结余的木材补助资金扣除基本建设支出 379 万元后上缴财政、调整公司账务等处理意见，并提出建议。

1996 年 4 月，省审计厅对省农业厅 1995 年度财政财务收支进行审计，并延伸抽查 4 家二级预算单位。发现的主要问题：1. 脱离厅统一财务管理资金 237.04 万元，违规支出 63.31 万元。2. 虚列支出，乱提滥发钱物；固定资产账实不符、会计核算不清；缺乏有效管理制度。审计作出处理意见，并建议：抓紧解决厅各行政处室及二级预算会计单位几块牌子、一套班子的状况，严格执行有关规定，做好脱钩工作；全面清查固定资产；严禁设立“小金库”；对银行账户、基本建设的暂存暂付等作全面清理;按规定编制单位经费预算和决算。

1997年4—5月,省审计厅对省木材公司1996年度财务收支进行审计。发现的主要问题:1. 待摊费用年末挂账1463.45万元,未及时转入当期损益,虚增公司资产。2.省木材公司全资子公司浙江万森地板厂、省木材装饰材料分公司及控股的浙木物资公司的财务收支未纳入公司财务决算。3. 对外投资总额已超过净资产。4. 造林基地投资收入14.58万元挂账未计收入。5."长期投资"赤字挂账15万元未计收入。6. 上海浦东分公司大轮卸货费45.72万元转入库存商品账,应按规定转入经营费用。7. 公司坏账损失挂账82.78万元,对外担保额为4550万元,部分可能造成损失。审计作出加强财务核算、结转当期损益并调整利润、增加盈余公积、及时编制合并报表的处理意见,并建议增强资金风险意识,及时计提坏账准备金,对挂账3年以上的坏账损失及时报批。

1997年5月,省审计厅对省农村工作办公室1996年度财政财务收支进行审计。发现的主要问题:1. 用公款17万元以个人名义进行期货交易。2. 违规出借财政拨款210万元、财政支农周转金680万元。3. 违规收费74.45万元。审计作出对公款进行期货交易事项处以罚款等处理意见,并建议清理非财务机构管理资金、规范银行账户,所有资金纳入单位财务统一管理核算、完善单位内控制度。

1997年6月,省审计厅对省农村经济发展投资集团公司及其所属12家全资及控股公司1995年1月至1997年5月财务收支进行审计。发现的主要问题:1. 有11家企业主要经营资金拆借、证券、房地产等业务。2. 集团公司及所属2家公司出借资金赚取2600.85万元,其余10家企业亏损达2965.09万元。3. 少缴各类税金1029.80万元。审计作出补缴税金等处理意见,并建议:调整经营方向、加大农业投入;加强对集团所属公司管理;加强会计核算和内部审计监督工作;省政府及有关部门继续扶持等。代省长柴松岳等省领导对审计报告进行批示并作专题研究,要求组织力量整顿公司。

1997年7—8月,省审计厅对省富民公司1995年1月至1997年5月财务收支进行审计。发现的主要问题:1. 注册资金长期未全部到位。2. 违规拆借资金1012.92万元,其中未收回186.93万元。3. 出借资金利息收入计79.76万元未缴营业税及附加计4.41万元。4. 账务处理不规范。支付杭州金地公司合作经营款80万元到期未能收回,应收逾期违约金29万元,其中21万元违约金未记收入。公司支付诸暨大唐宾馆承包经营款16.50万元挂账未记收入。审计作出不得违规拆借资金、补缴税金、调整违约金和承包经营款科目的处理意见,并建议:公司应按规定范围从事经营活动;抓紧处理好转制前公司债权债务,收回对外投资和出借资金中发生的逾期、呆滞资金;账务处理要执行相关规定,建立健全单位内控制度。

1999年4—5月,省审计厅对省农林厅1998年度财务收支进行审计。发现的主要问题:1. 省林技中心挪用资金出借给个人,造成巨额损失。2. 虚假出资500万元,组建省园林绿化公司。3. 森林资源补偿费、林业保护建设费等收入未完全实行财政专户收支两条线管理。审计作出全面调查林技中心挪用资金事项,追讨欠款、减少损失;对厅本级的基建资金建立按项目明细核算的办法,及时结算核销已完工项目;从严管理预算外资金,统一设户,加强集中管理的处理意见和建议。

1999 年 7 月，省审计厅对省农都农产品有限公司 1998 年度资产负债及所有者权益进行审计。发现的主要问题：1. 利用企业资金炒股票，投资收益 6.30 万元。2. 将财政补助资金 100 万元结转“本年利润”账户，列支工会补助费、职工福利和年终奖、招商部费用等共 33.01 万元。3. 公司经营部财务未及时建账，管理混乱。审计提出加强内部管理、健全内控制度和财务监督、做好建设项目竣工验收、严肃财务管理的处理意见和建议。

1999 年 9—10 月，省审计厅对省农业厅畜牧管理局 1998 年度财务收支进行审计。发现的主要问题：1. 财务管理混乱，损失 600 万元。2. 违规将财政拨款转有偿使用并收回。3. 未完成省畜牧服务中心大楼建设。4. 实物收入不入账。审计提出健全完善内控制度；收回出借资金，加强对外投资管理等相关处理意见和建议。

2002 年 1 月，省审计厅对省林业局 2001 年度财务收支进行审计，并延伸审计部分下属单位。发现的主要问题：1. 行政事业性收费部分未实行“收支两条线”管理。2. 借出林业基金和周转金大量逾期，形成呆、坏账。3. 事业支出列支工会活动经费，下属单位转移收入用于发放奖金。4. 省林业种苗管理总站违规融借资金 359.27 万元。5. 省林产品质量监督检验站存在“小金库”问题。审计提出清理出借资金和“小金库”等处理意见和建议。

2003 年 3 月，省审计厅对省农村发展投资集团公司 2002 年度资产负债损益进行审计。发现的主要问题：1. 不良资产 9135.29 万元。2. 借款利息 365 万元长期挂账，无依据调减利润 57.85 万元，少计投资收益及管理费用 20.07 万元，多收管理费 17.96 万元，未计提委托贷款利息收入等。审计作出处理意见，并建议：强化风险资产管理，明晰企业产权关系，理顺集团内部财务核算体系，健全完善内部管理制度，加强对所属企业的管理监督和考核；及时纠正核算的不合规问题，按实编报年度预决算及会计报表，按规定缴纳税款。

2004 年 3—7 月，省审计厅对省农村发展投资集团公司 2003 年度资产负债损益进行审计。发现的主要问题：1. 账面不良资产 9034.62 万元。2. 集团公司及下属公司损益不实。3. 开发项目多列成本。4. 多计利息、少缴企业所得税。5. 房地产合作投资项目操作不规范。6. 对外投资未真实反映，合作开发并实际拥有控制权的项目均在往来账核算，未作长期投资处理。审计作出处理意见，并建议：集团加强对房地产业务的核算；按规处理内部相互投资、投资不实情况，理顺投资关系；促进下属公司实现会计电算化，配备内审力量，完善企业内部管理。

2008 年 7—8 月，省审计厅对省林业厅 2005—2007 年度财政收支进行审计。发现的主要问题：1. 森林植被恢复费征收程序不合规。2. 专项资金 1923.38 万元使用不规范。3. 国有股权转让 1000 万元未审批。4. 厅下属省种苗总站、竹产业协会等单位违规出借资金。审计作出处理意见，并建议规范森林植被恢复费征缴程序，加强专项资金管理和基本建设管理，加强本级往来款清理，加大对所属单位的财务监督力度。

2010 年 5 月，省审计厅对省农业厅 2009 年度的部门预算执行及决算情况进行审计。发现的主要问题：1. 年初预算编制未能正确估算经营和其他收入。2. 下属单位上交款 874.91 万元未纳入预算管理。3. 部分基本支出决算数超预算比例较高。4. 项目支出不合规。5. 基本支出占用专项经费 38.10 万元。审计作出处理意见，并建议加强部门预算管理；清理部门各项资金和转拨户，实现全面预算管理；严格控制各个单位的“四项经费”支出，加大项目资金督查和绩效评价力度。

二、农业和林业专项审计与审计调查

1987—2010 年，省审计厅对全省和省本级农业、林业资金进行 66 次专项审计及审计调查。其中农业发展资金审计项目 32 个、农业建设项目资金审计项目 14 个、农业扶贫移民资金审计项目 14 个、农业其他专项资金审计项目 7 个。

表 38-11-1-2　　1987—2010 年浙江省审计厅农业专项审计与审计调查一览表

年度	审　计　项　目
1987	缙云县等贫困县(市、区)扶贫资金审计(全省统一组织)
1988	萧山市农场管理局所属各厂经济效益审计
1990	衢州市乌溪江引水工程指挥部农业资金使用和管理情况审计、大东南养殖开发公司投资款审计调查
1991	省水产局省级财政支农周转金审计调查
1992	省农业综合开发办公室农业综合开发项目的管理和开发资金安排情况的审计、省十里丰农场农业综合开发项目资金审计
1994	省第二期农业综合开发资金审计(全省统一组织)
1995	省农业投入审计调查(全省统一组织)、关于贯彻落实《浙江省蔬菜基地建设保护条例》情况的审计调查(全省统一组织)
1996	省农业部门预算内外资金的审计调查(全省统一组织)、省围垦局农业综合开发新建项目资金审计、西湖国际高尔夫乡村俱乐部有限公司投资审计调查、省牧业对外经济协作办公室专项审计调查、省农业发展实业公司经营审计调查
1997	省监狱管理局第三期农业综合开发项目资金审计、省第三期农业综合开发资金审计(全省统一组织)、泰顺等 8 个贫困县扶贫资金审计(全省统一组织)、省扶贫资金专项审计(全省统一组织)
1998	桐乡市林业局农业综合开发资金审计、农业科学院农业综合开发资金审计、海宁市林业局农业综合开发资金审计
1999	泰顺县人民政府扶贫资金审计、省农村发展投资集团公司人民来信反映问题专项审计
2000	省农业综合开发资金使用情况专项审计(全省统一组织)、省本级农业综合开发资金审计、省财政厅农业综合开发办公室(本级)农业开发资金专项审计、省农业发展基金筹集使用管理情况审计(全省统一组织)、省农科院油菜原种扩繁基地建设项目基金财务收支审计
2001	省农科院水稻新品种原种扩繁基地建设项目基金审计、东阳等 4 个县(市)的财政支农资金审计、嵊州市国家农业综合开发高新技术示范项目审计、嵊州市国家农业综合开发水利骨干工程南山水库灌区项目审计

续表

年度	审　计　项　目
2002	国家农业综合开发水利骨干工程嵊州市南山水库灌区项目审计、全省三峡工程外迁移民资金财务决算审计(全省统一组织)、省三峡库区移民安置工作领导小组办公室三峡库区移民外迁安置资金审计、杭州市萧山区三峡外迁移民安置资金审计、嘉兴市秀城区三峡库区移民外迁安置资金审计、安吉县政府三峡外迁移民资金审计
2003	国家农业综合开发嵊州市高新科技示范项目财务收支审计、省农都农产品公司二期红壤开发项目财务收支审计、省国家农业综合开发项目审计(全省统一组织)、省本级农业综合开发资金审计、萧山区征用农村集体土地国家征地补偿政策落实情况的审计调查、杭州市区征用集体土地补偿政策落实情况审计调查、余杭区征用农村集体土地国家补偿政策落实情况审计调查、青田县人民政府扶贫专项资金的审计、全省扶贫专项资金审计(全省统一组织)
2006	全省三峡库区移民外迁安置资金审计(全省统一组织)、省水库移民安置办公室三峡库区移民外迁安置资金审计、嘉兴市南湖区人民政府三峡库区移民外迁安置资金审计
2007	全省“千村示范万村整治”工程专项资金审计调查(全省统一组织)
2008	杭州国家大麦改良中心建设项目财务收支审计、杭州国家大豆改良中心建设项目财务收支审计、全省百万农户生活污水净化沼气工程专项审计调查(全省统一组织)、全省新农村建设专项审计调查(全省统一组织)、德清县等11县(市、区)规模化畜禽养殖排泄物治理工程资金专项审计调查(全省统一组织)、全省千万农村劳动力素质培训工程专项审计调查(全省统一组织)、临安市和常山县千万农村劳动力素质培训工程专项审计调查
2009	省本级农业综合开发项目和资金审计、新昌县千万农民饮用水工程资金、浙江省千万农民饮用水工程资金专项审计调查(全省统一组织)
2010	全省农业综合开发竣工项目审计(全省统一组织)、全省超级杂交水稻制(繁)种及加工基地建设项目审核、遂昌等13个县农村住房改造建设专项审计调查(全省统一组织)

资料来源:浙江省审计厅档案室。

(一)农业发展资金审计

1987年起,省审计厅对全省及省本级农业发展资金开展32次专项审计和审计调查。农业发展资金主要包括财政支农周转金、农业综合开发资金、农业发展基金、农业投入资金等内容。

1992年1—4月,省审计局对省农业综合开发办公室、省财政厅、省支农银行等单位有关综合开发项目进行审计调查。发现的主要问题:1. 中央资金250万元未下拨,省配套资金超500万元。2. 省财政下拨开发区资金结存国拨资金900万元、省配套资金600万元。3. 农业银行专项贷款超计划180万元。审计建议:建立专账;制定开发项目会计核算制度,完善资金管理;规范农业银行专项贷款管理。

1994年,省审计局组织有关县(市、区)审计机关,在两年连续审计的基础上,对涉及浙江省第二期农业综合开发资金的43个主管部门、125个开发单位,进行期终审计。发现的主要问题:1. 农业综合开发资金的会计核算不够规范。2.“三项费用”的管理办法不够完善。

3. 外包施工的工程预算、决算审核有待加强。审计作出处理意见，并建议：强化项目管理；制订农业综合开发资金简易会计制度，统一核算方法；制发统一的会计账证，对“三项费用”的管理制订具体办法；实行“地方配套资金与省下投资金同步进行，同比例配足”的做法，保证资金及时到位；继续实施农业综合开发项目一审3年，加强工程预决算的审查；认真做好各项工程设施的管理工作。

1995年，省审计厅对省本级和部分县(区)1993—1994年度农业投入情况进行审计调查。发现的主要问题：1. 管理机制上缺少一个负责综合协调的部门。2. 财政预算内农业投入比例偏低，且不能与财政收支同步增长。3. 挤占、挪用农业专项资金问题随经费包干的普遍实行日益扩展。4. 农业基本建设投入严重不足，农业生产基础条件薄弱；农业科技投入不足。5. 农业中长期贷款投放不足，“戴帽”下达的贷款存在呆滞风险。6. 农业发展基金制度的贯彻执行情况较差。审计建议：财政部门加大对农业扶持的力度，提高预算内支农的比重，对有偿资金的管理要进一步研究切合实际的办法；加大农业基本建设和农业科技的投入，改善农业基础条件，提高农业科技水平；大力推行农业的专业化、集约化经营；银行部门应认真研究农业贷款发放和管理办法，加强对各项农业资金的监督管理。

1995年，省审计厅组织杭州、宁波等11个市、县(区)审计机关，对贯彻落实《浙江省蔬菜基地建设保护条例》情况进行审计调查。发现的主要问题：1. 人均菜地面积偏低，蔬菜基地的建设和保护意识有待加强。2.菜地基金征收上缴不及时，漏征、欠收情况严重。3. 普遍存在出借、挤占、挪用情况。审计调查金额7140.12万元，出借基金1547.4万元，占21.67%；挤占、挪用470.55万元，占6.59%。审计建议：加强宣传贯彻力度，把蔬菜基地纳入城市建设的统一规划，防止无偿占用蔬菜基地；统一菜地基金的征收管理方法，严格财政专户存储，专款专用；明确菜地基金的使用范围，加强监督检查。

1996年，省审计厅组织全省89个审计机关，对农业部门1995年度预算内外资金进行审计调查，延伸调查297个二级预算会计单位和118家农业企业。发现的主要问题：1. 挤占、挪用专项资金1290.38万元。2. 脱离单位统一财务管理资金784.17万元。3. 各项农业技术改进费征收乏力，流失严重。4. 农业资金逾期借款多，回收难，农业企业效益低，亏损严重。5. 农业建设项目配套资金未及时到位1350.16万元。审计建议：切实保证农业资金总体投入较大增长幅度；增强财务监督力度；改进和加强技术改进费征收工作；加强农业资金管理，提高资金使用效益。

1997年上半年，省审计厅组织33个市、县审计机关对全省第三期农业综合开发资金和项目区建设情况进行审计。发现的主要问题：1. 个别市、县提高费率发放财政有偿资金，多种经营和龙头项目财政资金借款合同中的资金占用费超标准。2. 省以上财政有偿资金203.902万元未回收。3. 基层项目管理不规范，财务核算和资金管理水平较低。4. 有的农业综合开发部门对多种经营和龙头项目不重视。审计作出处理意见，并建议：调整农业综合开发贷款政策，延长期限，降低利率和财政贴息；健全完善开发项目资金管理，统一规范会计核算；应重视财政有偿资金的安全、增值、回收工作，有效解决对土地治理项目还款资金不落实问题；加强对项目贷款计划的衔接，统一管理方式，加强协作，降低风险；项目区制定有效管理措施，加强已建设施后续管理和再投入。

1998年7月，省审计厅对桐乡市、海宁市林业局1996年1月至1998年6月农业综合开发资金进行审计。发现的主要问题：1. 资金到位较迟，市财政配套资金不足。2. 项目实施的跟踪检查督促不够。审计提出处理意见，并建议：做好查漏补缺，准备接受验收；研究配套资金缺口解决办法；明确结余资金投向，加强政府资金投入的引导作用。

2000年，省审计厅组织对全省1997—1999年度农业综合开发资金进行审计，共抽审360个项目。发现的主要问题：1. 部分项目地方配套和群众自筹资金未及时到位，影响工程进度和质量。2. 个别项目未按计划实施。3. 部分农业综合开发资金出借。4. 部分支出不符合项目资金使用范围，个别项目资金违规核算。5. 省本级有偿资金未能按时足额回收。6. 省财政厅统借省本级农业综合开发贷款560万元用于土地治理，因国家改变贷款管理方式难以落实到位。审计提出处理意见和建议。

2000年，省审计厅组织农业发展基金全省同步审计。发现的主要问题：1. 财政对支农资金投入方面的指标难以考核，部分市、县农业投入未高于财政经常性收入增长幅度。2. 农业发展基金筹集渠道不统一。3. 农业发展基金未统一管理和安排使用，挤占、挪用、滞留情况较多。审计作出处理意见，并建议：省农办、财政等部门应按规定制定考核指标体系，每年对各级财政支农投入情况和比例进行考核，确保农业投入的增长比例高于财政经常性收入的增长比例；制定有效的农业发展基金筹集渠道；统一规范农业发展基金管理机构设置，制定审批、管理和使用制度。

2001年，省审计厅对东阳市等4个县(市)1999—2000年财政支农资金进行审计调查。发现的主要问题：1. 部分县(市)财政支农支出的增长低于财政经常性收入增长幅度。2. 财政支农支出结构不合理，事业费所占比重偏大。3. 农业发展基金来源萎缩，部分资金违规使用。4. 支农资金使用分散，项目效果不明显。5. 乡镇财政对农业的直接投入不足。审计建议：修改农业发展基金的筹集和管理办法，降低支农资金中事业费的比重，增加项目投入重点。

2001年11月，省审计厅对嵊州市国家农业综合开发高新技术示范项目进行审计。发现的主要问题：1. 自筹资金200万元未筹集到位。2. 有偿资金和前期工费使用不合规。3. 项目工程未实行招投标、工程项目监理制。4. 变更建设内容，建造管理用房。5. 工程质量保证金的收取归还不规范。6. 部分单项工程投资额超计划。审计作出处理意见，并建议：尽快筹集自筹资金；对已列支不符合规定的费用予以冲转调；对确需调整的投资计划和变更建设的内容应规范操作；加快工程进度，确保按期完工；加大监督力度，严把项目工程质量关，收取质量保证金，在工程试运行期满后，进行清理结算。

2001年11月，省审计厅对嵊州市国家农业综合开发水利骨干工程南山水库灌区项目进行审计。发现的主要问题：1. 市财政配套资金300万元未到位。2. 项目建设管理费、房产转让费等使用不合规。3. 部分项目建设内容与批复不符，项目未实行招投标制和监理制，工程进度缓慢。审计作出处理意见，并建议：市财政配套资金尽快到位；严格按照计划实施，规范操作；相关账务问题按规定进行列支及增设科目；抓紧项目变更报批，加快工程进度；严格管理项目工程。

2002年6月,省审计厅对国家农业综合开发水利骨干工程嵊州市南山水库灌区项目进行审计。发现的主要问题:1. 工程款61.72万元以收据代替发票结算。灌区已建工程配套维修加固项目尚有35万元未取得发票,按审价结果结算工程款。2. 在业务及建设管理费中违规列支费用共12.25万元。3. 项目质量保证金大于规定比例。4. 项目未能全面实行工程招投标制及工程监理制。审计作出处理意见,并建议:抓紧工程款结算,按规定预留质量保证金;加快未完工程的施工进度;加强水利项目建设、项目资产、资金结余的管理。

2003年,省审计厅组织68个市、县(市、区)审计机关,对全省51个国家农业综合开发市、县及3个省直农场2000—2002年度农业综合开发项目进行审计。全省共审计453个项目,审计金额33.05亿元,通过审计查出各类违纪、违规金额990.19万元,审计期间促进资金投入到位1083.11万元,审计决定收缴财政11.90万元。发现的主要问题:1. 部分项目未按计划完成,存在改变项目用途、建设地点及不按规定实施等问题。2.许多项目未实现招投标,部分项目完工后未及时送审和办理竣工决算,部分项目竣工验收后,未按规定向接收单位办理资产移交手续,落实管护主体。3. 部分县(市)未及时下拨资金,自筹资金配套不足,虚列支出和挤占农业综合开发资金。4. 部分县没有严格执行县级报账制,用不合规的原始凭证入账。审计作出处理意见,并建议:农业综合开发项目选址、立项应考虑当地的城市总体规划要求和近期调整的可能性,以免造成损失浪费;严格执行工程项目招投标管理和竣工决算、资产移交等制度;加强资金管理。

(二)农业建设项目资金审计

1990年起,省审计厅对全省及省本级的农业建设项目资金开展14次专项审计和审计调查。被审计的农业建设项目资金主要包括农村住房改造建设资金、农村饮用水工程资金、农村污水治理工程资金、“千村示范、万村整治”工程资金、农村劳动力素质培训工程资金、农村造地造田和征地补偿资金等内容。

1990年9月,省审计局对衢州市乌溪江引水工程指挥部1989年度农业资金进行审计。发现的主要问题:1. 通过转出投资科目发给柯城区石室乡人民政府20万元作为造地改田工程款。2. 部分物资盘盈、盘亏。审计提出尽快归还20万元的处理意见和建议。

2003年10月,省审计厅对杭州市区、萧山区和余杭区2001—2002年建设项目征用集体土地补偿政策落实情况进行审计调查。发现的主要问题:1. 违规提取征地管理费;违规签订征地包干协议;征地补偿费未实行收支两条线管理;征地补偿安置与实际补偿情况不符。2. 征用过程中未批先征、少批多占、违规出租土地。3. 补偿资金管理使用不规范,补偿标准不一。4. 部分失地农民安置不到位。审计建议:严格按规定控制土地供应量,避免大量农村集体土地被政府圈用和收储;完善土地征用程序,规范征地费补偿标准,健全征地制度;加强对农村集体组织征地费的管理和使用等。

2007年3—5月,省审计厅组织部分审计机关对13个县(市、区)2003—2006年“千村示范、万村整治”工程建设资金进行专项审计调查,重点调查322个示范村、整治村。发现的主要问题:1. 部分村庄建设用地指标紧缺,影响工程实施进度。2. 部分村庄负债较重,偿债能力有限。3. 部分村庄整治偏重于“形象”工程,整治深度不够,工程实施效果与目标存在一定差距;整治项目资金核算、工程管理不够规范。4. 大部分村庄重建设、轻管理。5. 规划重视程度不高,规划实施走样。审计建议:结合实际编制规划,加强监督和管理,提高可操作性;完善村庄整治建设政策措施,加大财政资金投入力度;因地制宜做好村庄整治;安排一定比例资金用于以后长效管理,保障整治成效的巩固和提高。省长吕祖善在审计专报上作出批示。

2008 年 3—5 月,省审计厅组织 35 个市、县(市、区)审计机关,对绍兴市等 40 个市、县(市、区)2006—2007 年千万农村劳动力素质培训工程资金和项目实施情况进行专项审计调查。重点调查 605 个单位,并对 3544 名受训农民的培训情况进行问卷调查,审计调查总金额 2.59 亿元,查出违纪违规金额 7347.09 万元。发现的主要问题:1. 偏重培训数量,忽视培训需求。重复申报培训人数 19478 人次,重复领取培训资金 233.29 万元;培训对象超过规定范围 24743 人;培训时间“缩水”;培训项目与市场需求脱节;一些地方的培训项目缺乏吸引力。2. 资金管理不到位,使用不规范。部分县(区)财政未设资金专账核算;培训补助资金 1295 万元未专款专用;部分培训机构将商业培训作为素质培训申领补助资金。3. 培训机构虚假培训,骗取资金 66.01 万元。4. 基础管理工作较为薄弱,信息不够真实完整。培训信息工作存在诸多缺陷;部分培训机构财务管理不规范;专业资格证书发放把关不严。审计建议:建立以需求为导向的培训机制,制订合理的培训规划和年度培训计划;突出培训重点,调整培训补助政策;加大监管力度;改善培训条件,提高质量。审计信息专报得到省长吕祖善等省领导的批示,并由《中国审计报》作报道。

2008 年 3—5 月,省审计厅组织义乌市、兰溪市、衢州市衢江区、温岭市、文成县 5 个县(市、区)审计机关,对当地 2006—2007 年“百万农户生活污水净化沼气工程”实施情况进行专项审计调查,重点调查 34 个项目。发现的主要问题:1. 部分县(市)工程项目使用率较低,影响项目成效。2. 均衡发展水平低,生态优势未充分发挥。3. 项目实施不够规范,部分工程质量较差。4. 项目资金拨付不够及时,影响建设进度。审计建议:项目补助经费和需配套的资金要及时足额拨付到位,加强监督和指导;项目主管部门要加强对农户的技术指导,严格按要求进行设计和施工,加强项目监管;加快项目建设进度;适当提高农村生活污水净化工程的入污率,加强后续管理,巩固提高整治成效。

2008 年 3—10 月,省审计厅组织参与当地涉农专项资金审计调查的各市、县(市、区)审计局,对 169 个行政村 2006—2007 年新农村建设资金筹集使用、村级负债、村级集体经济发展等情况进行专项调查。发现的主要问题:1. 村级集体经济两极分化,大部分村经济来源单一且不稳定、发展后劲不足。2. 财政支农资金分配不够合理,对经济薄弱村的建设补助偏少。3. 资金投入使用的比重不够协调,重基础设施投入,轻生产发展、农民增收类项目投入。4. 行政村负债现象普遍,部分村负债规模已超出自身承受能力。5. 部分项目资金使用不够规范。6. 部分行政村公务费支出过大,村级财务管理亟待规范,失地农民社会保障问题突出。审计建议:整合财政支农资金,完善财政支农政策;从实际出发搞好新农村建设,严格控制负债规模,减轻农民负担;加强农村劳动力的素质培训,建立健全农村经济发展的长效机制。省长吕祖善对该项目的审计专报作出批示。

2008 年 8—11 月，省审计厅组织 8 个市、县(市、区)审计机关，对德清县等 11 个县(市、区)2006—2007 年规模化畜禽养殖排泄物治理工程资金进行专项审计调查。发现的主要问题：1. 禁养区治理政策未得到全面落实。2. 规模化养殖场未实行排污许可证制度。3. 治理对象和范围不全面。4. 治理工程建设管理有待加强。5. 部分治理工程后续管理不到位。审计建议：完善制度，加强监管；科学规划，加大资金扶持力度；加强畜禽养殖小区建设，解决小规模养殖场、散养户治理工作；加强后续防治管理等。

2009 年 7—10 月，省审计厅组织 35 个县(市、区)对 2007—2008 年千万农民饮用水工程建设资金和项目进行专项审计调查。发现的主要问题：1. 资金未按计划及时到位，影响工程建设进度。2. 部分地方对提高水质重视不够。3. 一些项目管理不够到位，建后管护机制不够健全。已完工投入使用的工程，未及时组织验收。4. 个别地方对已完工的农民饮用水工程项目未及时下拨资金；白条列支工程款，违规使用大额现金支付工程款。审计建议：落实管理机制；完善资金补助政策；强化各主体责任；建立信息平台，强化动态管理；抓好工程建设进度。省长吕祖善对该审计项目综合报告作出批示。

2010 年 8—12 月，省审计厅组织部分审计机关，对遂昌县等 13 个县 2009—2010 年农村住房改造建设进行专项审计调查。发现的主要问题：1. 部分农村住房改造建设集聚效应有待提升。2. 建设用地复垦任务未全面完成，土地复垦指标未优先用于农民建房。3. 部分农户建房存在未批先建。4.“建新不拆旧”现象较为普遍。5. 住房救助对象标准不明确。6. 住房救助标准较低，部分困难群众未能得到救助。7. 少数地方财政专项资金管理使用不规范。8. 部分县(市、区)农村住房改造建设进展缓慢。审计建议：加大财政资金投入力度，安排涉农资金项目，优先考虑农村住房改造建设的需要；加强政策引导，创新体制机制，不断提高集约用地和向城镇、中心村集聚程度；积极盘活农村存量建设用地，实现农村住房改造建设新增用地与农村建设用地复垦土地总量增减平衡有余；完善困难群众住房救助机制，明确住房救助对象标准。

(三)农业扶贫移民资金审计

1987 年起，省审计厅对全省及省本级的农业扶贫移民资金开展 14 次专项审计和审计调查。农业扶贫移民资金主要包括扶贫资金、低收入农户集中村下山搬迁项目资金、三峡工程外迁移民资金等内容。

1987 年 4 月至 2003 年 5 月，省审计厅组织开展扶贫资金专项审计调查 6 次。主要涉及缙云、青田、云和、武义、磐安、开化、泰顺、永嘉、文成、景宁、庆元、龙泉等贫困县(市、区)。发现的主要问题：1. 扶贫贷款逾期率高，呆滞沉淀严重。2. 扶贫资金投入分散，影响资金效益。3. 扶贫资金和项目以条条管理为主，地方政府的统筹管理能力较差。4. 项目资金拨付不及时，扶贫资金下拨后乡镇政府对项目资金分散小额滞留情况仍有存在。5. 扶贫资金管理工作有待加强。审计建议：建立地方政府统筹扶贫机制，提高扶贫资金的统筹管理能力；认真落实各项扶贫政策和措施，把各项扶贫资金落到实处；认真研究盘活逾期沉淀资金包括扶贫贷款的办法，加大催收力度；扶贫要与扶贫壮大村级集体经济相结合。

1997年3—5月，省审计厅组织部分审计机关对泰顺县等8个贫困县1994—1996年投入扶贫的支援不发达地区的发展资金、扶贫以工代赈资金和扶贫贷款进行审计。发现的主要问题：1. 扶贫贷款逾期率高，呆滞沉淀严重。2. 扶贫资金投入分散，影响资金效益。3. 地方政府对扶贫资金和项目统筹管理能力较差。4. 项目资金拨付不及时，部分资金分散小额滞留乡镇。资金管理工作有待加强。审计作出处理意见，并建议：建立地方政府统筹扶贫机制，提高统筹管理能力；认真落实各项扶贫政策和措施；认真研究盘活逾期沉淀资金包括扶贫贷款的办法，加大催收力度；扶贫要与扶贫壮大村级集体经济相结合。

1999年7月，省审计厅和审计署特派办共同组织对浙江省1997年1月至1999年6月中央财政安排和地方配套的扶贫资金进行专项审计。发现的主要问题：1. 移用扶贫资金弥补行政经费不足。2. 公款私存。3. 违规出借扶贫资金。4. 部分扶贫资金滞留。5. 擅自改变资金投向。6. 个人涉嫌贪污。审计作出处理意见，并建议：加强对扶贫资金集中管理；提高资金使用效益；严肃处理挤占、挪用扶贫资金的违纪问题；加强扶贫资金使用单位的会计核算和财务监督工作，严格执行财务制度。审计综合报告得到省长柴松岳的重要批示。

2002年8月，省审计厅对三峡工程外迁移民资金财务决算情况进行审计，同时对三峡工程外迁移民安置规划任务完成以及其他与移民工作相关的政策措施执行等情况进行审计调查。主要涉及杭州市、萧山区等地三峡移民安置情况。发现的主要问题：1. 各地移民安置资金标准不一。个别安置地未及时下发减免税费的有关文件。2. 部分安置乡镇未及时拨付生产安置费和基础设施费；已拨付安置村的生产安置费和基础设施费结存较多；个别安置乡镇、村违规使用生产安置费和基础设施费。3. 萧山区移民委托建房竣工验收后未见验收资料。4. 各地困难户补助费发放标准不一。审计提出处理意见和建议。

2003年5月，省审计厅组织全省审计机关对2000—2002年中央、省财政和地方财政配套的财政扶贫专项资金，省、市、县有关部门下拨的结对扶贫资金及其他纳入扶贫资金专户管理的扶贫资金进行审计，重点审计25个欠发达县和100个"百乡扶贫"乡镇，延伸审计调查部分扶贫项目。发现的主要问题：1. 全省扶贫资金结存、滞留量大。全省结存各项扶贫资金2.36亿元，占总投入数的49.40%。2. 扶贫资金专户管理不落实。3. 查出各类违纪违规金额4617.59万元，包括挪用、弥补行政经费、截留转移、违规出借、发放奖金和私设"小金库"等。4. 全省结对扶贫单位未按规定到位资金2162.92万元，结对帮扶资金划拨渠道不规范造成部分资金滞留，结对资金来源渠道较多且不够规范。5. 扶贫有偿资金逾期5251.32万元，回收困难。6. 扶贫项目地方配套资金不足、未进行招投标、项目验收不规范、未编制项目决算和审价、项目管理不善造成损失浪费等问题。7. 扶贫资金财务管理较薄弱，会计核算不规范，白条入账、大额现金支付比较普遍。审计作出追回挪用、截留、出借的扶贫资金等处理意见，并建议：加大对扶贫资金投入，重点倾向省政府确定的200个欠发达乡镇；设立扶贫资金专户，封闭运行；加强扶贫资金拨付管理，省级财政扶贫资金拨款时要加快进度；加强扶贫项目实施的监督管理。

2006年8—10月，省审计厅组织杭州市、嘉兴市、湖州市及其下属县（市、区）审计机关对

2004—2005 年三峡库区移民外迁浙江安置的资金进行审计。发现的主要问题:1. 部分地方财政补助资金未纳入当地移民办专户核算。2. 杭州富阳市大源镇 8 户 35 名移民未实行有土安置。审计作出处理意见,并建议:做好三峡库区移民安置后续工作,加强对结存资金的使用和管理;加大对三峡移民的帮扶力度。

(四)其他审计调查

1988 年起,省审计厅对除农业发展资金、农业建设项目资金及农业扶贫移民资金以外的其他农业资金进行 7 次专项审计和审计调查。

1988 年 4 月,省审计局对萧山市农场管理局所属各厂进行经济效益审计。发现的主要问题:1. 承包合同未明确债权债务处理条文,造成包盈不包亏。2. 逾期未清理应收款项金额 48.65 万元。3. 出口商品生产经济效益不高。审计作出处理意见,并建议:及时清理承包前的债权债务,由承包者负责承包期内造成的责任债权损失,列入合同奖惩内容;应试行资金分账制,划分国家资金和企业基金;加强承包后的财会管理和审计监督;引进竞争机制,抓紧处理拖欠时间较长的应收款项;尽快培养外贸人才和筹集资金等。

1996 年 7 月,省审计厅对省农牧业对外经济协作办公室 1994 年以来对外经济合作项目援乍得邦戈尔农业恢复项目进行专项审计调查。发现的主要问题:1. 虚列项目费用于发放职工劳务费;将项目考察费记入“其他应付款”科目,作为“创收收入”。2. 违反规定,在项目利润 566.86 万元中提取专用基金 160 万元。3. 援外人员发放奖金过高,共 9 万美元。审计建议调整虚列支出账目,在奖励基金中列支已发放的劳务费。

1999 年 1—3 月,省审计厅对省农村发展投资公司进行专项审计。发现的主要问题:1. 投资失误,造成损失。2. 省农发集团与其下属全资子公司共同出资 1000 万元,农发集团公司在注册资本到位当月抽回资金 700 万元。3. 自定政策发放巨额资金。4. 违规从出租车公司借入资金 200 万元,两年共支付利息 70.10 万元,其中直接转入工会 42.65 万元,全额发放给职工。5. 集团公司 40 余名职工,使用车辆 11 辆,车辆配备较多。审计处理意见:对审计发现的违反财经纪律方面的问题发出《审计决定》;对省农发集团在财务管理方面存在的问题发出《审计意见书》;对审计查明需要省纪委、监察厅处理的问题,进行通报并发出移送处理建议书;对涉及省农发集团下属浙江产权交易评估所总裁违法问题,移送省监察厅。审计建议:省政府及有关部门应适当集中农业方面的投资资金加大对该公司的投入,并在贷款、税收方面继续给予支持;将财政拨入和公司积累的资金划分为政策性资金和经营性资金两部分,除政策性资金必须用于农业投资外,允许企业从事其他行业投资,以增强企业竞争力;公司应加强对投资企业,特别是加强对所属全资及控股公司的管理工作。

第二节　水利和海洋渔业审计

1985 年起,省审计厅开始对水利和海洋渔业部门、水利和海洋渔业专项资金进行审计和审计调查。至2008年，共完成水利和海洋渔业审计项目38个，其中部门审计项目22个、专项审计和审计调查项目16个。

表38-11-2-1　　1985—2008年浙江省审计厅对水利和海洋渔业审计一览表

年度	审　计　项　目
1985	慈溪县水利局水利事业费专项审计
1986	省水产局渔政罚没收入审计
1987	缙云县水电局水利事业费专项审计
1988	水电部华东勘测设计院财务收支审计，舟山海洋渔业公司财务决算审计，省水利厅围垦资金、物资分配管理情况的调查
1990	省水利水电工程承包开发公司财务收支审计
1991	省水利厅物资服务站财务收支审计、省水利围垦综合开发一场开发工程财务收支审计、舟山海洋渔业公司财务收支审计、省钱塘江工程管理局的事业费收支和水利资金管理情况的定期审计
1992	省渔政局财务收支审计
1995	省水利厅预算执行情况审计
1996	省水利厅预算执行情况审计、省水利水电建设投资总公司财务收支审计、省钱塘江管理局财政财务收支审计、省围垦局预算执行情况审计、省水利厅财政财务收支审计、省水利专项资金审计(全省统一组织)
1998	省水利厅水利专项资金审计、省水利专项资金审计(全省统一组织)、台州市人民政府水利专项资金审计、台州市椒江区人民政府水利专项资金审计
1999	省水产局财政财务收支审计
2000	省水产局财政财务收支审计、省钱塘江管理局钱塘江南岸标准堤塘建设资金审计
2001	省水利厅财务收支审计
2002	中国水利水电第十二工程局年度财务收支审计、省海洋与渔业局财政财务收支审计
2005	省水利厅年度财务收支审计、省海洋与渔业局年度财政财务收支审计、省水利水电投资集团有限公司年度财务收支审计
2006	桐乡市万里清水河道建设资金专项审计调查报告、武义县千库保安工程建设专项资金审计调查、部分市县千库保安工程专项资金审计调查(全省统一组织)、有关市县万里清水河道建设资金审计调查、全省水利建设资金专项审计调查(全省统一组织)
2008	省水利厅决算情况审计

资料来源：浙江省审计厅档案室。

一、水利和海洋渔业部门审计

1988年起，省审计厅对水利和海洋渔业部门及集团公司进行审计22次。审计内容包括财政财务收支、预算执行等情况。

1988年6月，省审计局对水电部华东勘测设计院1986—1987年度财务收支进行审计。发现的主要问题：1. 漏缴、少缴国家基金42.95万元、税金30.40万元。2. 收入插账不当，计20.86万元。3. 账务处理不妥，计22.84万元。审计作出处理意见和建议。

1988年9月，省审计局对舟山海洋渔业公司1987年度财务决算进行审计。发现的主要问题：1. 专项基金、专用借款、融资租赁费等核算管理不规范。2. 应补缴建筑税30.80万元。3. 危房重建、扩建费列销售成本1744万元。审计作出冲回销售成本中计提的100万元，相应增加公司利润包干结余，补缴能交基金15万元等处理意见，并建议抓好清理固定资产投资在建项目，压缩投资规模工作，严格危房重建、翻建的审批工作；对以前所预提的危房重建、翻建费用按实际危房重建、翻建费用列支，未支用部分应予冲回，增加当年利润。

1990年4月，省审计局对省水利水电工程承包公司1989—1990年度财务收支进行审计。审计认为，该公司无资金、无场地、无必要人员、无承包工程能力，按清理整顿公司要求，应予撤销，其管理职能由省水利厅承担。

1991年7月，省审计局对舟山海洋渔业公司1990年度财务收支进行审计。发现的主要问题：1. 多预提鱼片车间、调味品仓库等危房翻建费440.30万元；危房翻建工程未开工，预提挂账354.75万元。2. 提取的技术开发基金442.27万元未计缴国家预算调节基金。审计作出将已预提而未支出的危房翻建费用冲转有关账目，增加当年利润，补缴有关基金等处理意见。

1992年4月，省审计局对省渔政局1991年度财务收支进行审计。发现的主要问题：1. 少缴“两金”161.13万元，未缴财政罚没款28.19万元。2. 渔政扶助款等30.52万元，历年挂账未处理。3. 部分会计原始凭证不全。审计作出补缴“两金”和罚没款，调整相关账户，补齐收据等原始凭证等处理意见。

1996年11—12月，省审计厅对省水利厅1996年1—9月财政财务收支进行审计。发现的主要问题：1. 擅自有偿收回并挪用财政拨款287万元。2. 未及时处理“小金库”，长期挂“暂存款”53.42万元。3. 违规收费11.90万元。4. 移用水利专项资金599万元用于出借和长期投资。5. 违规滥发钱物35.71万元。6. 擅自将水利附加费500万元出借给信托公司作平衡存贷差额。7. 财政资金89.76万元未入账。8. 行政事业性收费未实行专户存储893.76万元，直接列支253.50万元。审计作出财政拨款287万元上缴财政专项用于水利建设资金，已经发放的违规款项上缴省财政厅的处理意见，并建议：加强资金管理和监督调控力度，强化对下属单位的内部审计监督，建立完善财务管理制度；取消乱收费项目；加强对财会人员的培训教育。

2000年4—5月，省审计厅对省水产局1999年度财政财务收支进行审计，并抽查6个下属事业单位。发现的主要问题：1. 专项资金大量沉淀闲置。2. 行政事业性收入1366.55万元及相应支出在往来款核算。3. 下属2所水产研究所将省水产局和农业部拨入项目补助经费列入“预收合同款”,对部分项目补助经费提取管理费;从房租、利息等其他收入中提取劳务酬金。审计作出处理意见,并建议:抓紧提出沉淀闲置资金调整投资方向方案,报省财政批准使用;提高对水产事业资金的预算调控和监管能力,逐步理顺局与所属事业单位财政财务关系,规范所属科研事业单位有关费用和劳务报酬的提取和发放行为等。

2001年3—4月,省审计厅对省水利厅2000年度财务收支进行审计。发现的主要问题:1. 出借预算资金和事业基金,长期挂账。2. 少计资产48万元、利润230.43万元,少缴所得税76.08万元。审计作出处理意见,并建议加强水利资金管理监督;加强防汛物资的管理,确保储备物资安全完整。

2002年3—4月,省审计厅对省海洋与渔业局2001年度财政财务收支进行审计。发现的主要问题:1. 专项事业经费、基本建设资金未及时拨付。2. 转移事业经费到下属单位用于列支局机关费用。3. 行政事业性收费未按规定及时上缴财政专户。4. 部分物品采购未执行政府采购制度。5. 固定资产未入账。6. 省水产供销公司转让资金未上缴财政。审计作出严格按规定及时拨付预算资金、全面清理出借的资金并收回、严格执行政府采购规定、固定资产及时入账、省水产供销公司转让资金上缴国库等处理意见,并建议:严格预算资金的管理、拨付和使用,加强对行政事业性收费的管理,及时上缴财政专户;完善内控制度。

2002年4—5月,省审计厅对中国水利水电第十二工程局本级实施审计,延伸审计部分下属单位。发现的主要问题:1. 少反映投资亏损1232.98万元。2. 承担连带损失1465.51万元。3. 承担担保责任支出3686.42万元将造成部分损失。审计作出清理潜亏和担保等处理意见,并建议:完善担保管理制度;加强财务管理,正确核算盈亏;加强对下属单位的管理和监督,纠正乱集资等问题。

2005年5—6月,省审计厅对省水利厅2004年度财务收支进行审计。发现的主要问题:1. 自行采购省水利防汛调度中心配套项目固定资产62.27万元。2. 往年出借资金446.01万元未收回。3. 向下属单位收取调节基金121.99万元,在“暂存款”项下挂账。审计作出处理意见,并建议:加强对下属单位的财务监督,促使其严格按国家有关财务制度执行,对固定资产严格实行登记核算制度。

2005年8—9月,省审计厅对省水利水电投资集团公司2004年度财务收支进行审计。发现的主要问题:1. 国际贸易部经营棕榈油、煤炭等代理业务,大量资金尚未收回。2. 无依据核销应收钱江水利公司股利865.05万元。3. 全资子公司浙江浙水房地产公司挂靠开发项目出现法律纠纷。4. 浙水房地产公司向职工个人集资1211万元。5. 公司主要领导预领报酬58.78万元。审计作出收回部分欠款,通过法律手段对欠款单位部分资产采取保全措施;监督浙水房地产公司纠正上述集资行为,加强下属公司管理,严格按照有关财务制度规定,规范操作公司融资行为等意见。

2008年6月,省审计厅对省水利厅2007年度部门决算情况进行审计。发现的主要问题:1. 以前年度专项资金结余4439.15万元,未及时发挥效益。2. 项目支出与预算科目不符,超出专项资金使用范围。3. 年度追加预算项目9个计4228.27万元,未编制明细支出预算。4. 预算300万元以上项目4个,未按规定进行绩效评价。审计作出处理意见,并建议加强预算管理，严格按财政审核批准的预算执行，细化预算收支，加强项目管理，组织绩效评价。

二、水利和海洋渔业专项审计与审计调查

1985年起，省审计厅对全省和省本级水利、海洋渔业资金进行16次专项审计及审计调查。被审计的资金包括水利专项资金、渔政罚没收入、水利事业费、围垦资金、万里清水河道建设资金、千库保安建设资金等。

1985年6月，省审计局与慈溪县审计局对慈溪县水利局1984年度水利专项资金进行审计。发现的主要问题：1. 以拨代支，虚列支出58万元。2. 转移挪用资金24.92万元。3. 账外资金18.78万元。审计提出纠正以拨代支，在“拨出经费”中核算；尽力收回转移和挪用资金、账外资金、应收工程款；加强对下属单位的管理、指导和监督等处理意见和建议。

1986年9—10月，省审计局对省水产局渔政罚没收入进行专项审计。发现的主要问题：1. 省渔政局未报请省政府批准，发文征收资源赔偿费。2. 省渔政局发文导致全省各地渔政罚没收入未按规定上缴财政。3. 罚没收入管理不善，造成不应有的损失。挪用渔政补助资金16.60万元；违规购买固定资产28.37万元，未办理入库手续。审计提出处理意见和建议。

1987年10月，省审计局对省水利厅1983—1987年围垦资金和物资的分配管理情况进行审计调查。发现的主要问题：围垦资金投资搞开发农副产品基地联营不规范。审计提出海涂围垦中省所分得的土地，应按规定向国土管理部门办理使用权确认手续；对部分土地综合利用和开发，应统一规划并报省人民政府审批；围垦开发资金联营所得收益应用于围垦开发，制定具体办法；水利围垦资金和物资分配应相对集中，投入见效快项目；加强水利围垦资金使用的监督检查等处理意见和建议。

1991年3月，省审计局对省钱塘江管理局1990年事业费收支和水升资金管理情况进行审计。发现的主要问题：1. 超比例提取发放咨询费3.91万元。2. 预算外收入10.67万元挂账，未作为收入。3. 在集体福利费中列支应由个人承担的人身保险费。审计提出处理意见和建议。

1996年10月，省审计厅统一组织对全省1995—1996年水利专项资金进行同步审计。发现的主要问题：1. 水利部门截留挤占、挪用水利建设资金情况比较严重。2. 水利专项资金到位不及时，投资分散。3. 水利部门沉淀资金较多，资金使用效率低。4. 财务会计工作基础薄弱。审计作出处理意见，并建议：水利部门应加强水利项目投入管理，及时拨付资金；财政部门应加强对水利专项资金的监督检查，提高统筹管理能力，防止资金长期沉淀闲置、挤占挪用，严格项目管理费等收费的提取和使用管理，防止变相克扣；水利主管部门及其事业单位应与所办经济实体脱钩；规范水利专项资金管理，加强对基层单位的财务检查指导，提高水利系统财务管理和会计核算整体水平。审计专报得到省领导的批示。

1998年3—4月，省审计厅对省水利厅1996年10月至1997年12月水利专项资金进行审计，抽审省钱塘江管理局及有关工程项目单位。发现的主要问题：1. 省排灌总站水灌溉贴息资金结余91.08万元长期挂账，节水贷款项目应贴未贴47.33万元。2. 10万元预算资金出借给企业，长时间未收回。3. 基建存款和水利附加费存款利息收入104.52万元转作预算外

收入。4. 水利附加费转存其他银行及出借给下属部门。5. 省钱塘江管理局所属 4 个管理处将拨入的预算内防汛储备材料经费 40 万元转作“实收资本”。审计作出妥善处置贴息资金结余，收回借款，事企分开核算，对防汛储备材料经费 40 万元转作奖励、实收资本的 48 万元如数收回，对工程项目，除一般维护项目外，资金额较大项目应按规定招投标等处理意见，并建议：加强资金管理和监管调控，加强对水利专项资金包括行政事业性收费的监督检查，严禁出借、转户或将大额资金沉淀；应争取提高水利专项资金统筹管理水平，改变资金分散管理的现状，减少直至避免部门沉淀、闲置、截留、挤占问题发生。

1998 年 3 月，省审计厅组织 89 个市、县审计机关，对全省 1996—1997 年度水利专项资金进行审计调查。发现的主要问题：1. 各地投入比例不平衡，资金被挤占、挪用情况较严重。2. 水利建设基金少征 2.76 亿元。3. 应纳入预算管理的各项收费管理不规范，审计中查明挤占、挪用、出借等违纪金额达 1.19 亿元。4. 水利工程水费等预算外资金，未按规定缴入财政专户 4346 万元，被挪用其他支出 3200 万元。审计作出处理意见，并建议：加强对预算内水利专项资金管理，严禁挪用、转移；建立水利建设基金，纳入基金预算、专项核算；收取的预算外资金应按规定统一纳入财政专户管理；加强水利部门会计核算和财务监督；加强对水利专项资金的审计监督。该审计项目 2 份审计专报分别得到省长柴松岳等省领导批示，4 篇相关报道分别在《浙江日报》《浙江法制报》等一版头条刊登。

2000 年 8—10 月，省审计厅对省钱塘江管理局钱塘江南岸标准堤塘项目建设资金进行审计，并延伸抽查与该项目有关的工程管理、使用情况。发现的主要问题：1. 省钱塘江管理局支付萧山浦阳江水管所土地房屋征迁补偿及政策处理费少计 30.99 万元，但省钱塘江管理局挂账应付 80.11 万元，多挂应付款 49.12 万元。2. 省钱塘江管理局勘测设计院勘察队将省钱塘江管理局支付的工程钻探费 53.54 万元挂账，未结转收入。3. 浙江钱塘江水利建筑工程公司在西江塘段工程中发放员工各种形式奖金补贴 80.91 万元，未缴纳个人所得税。西江塘建设 4.5 千米前期工作违规先开工后批复。4. 部分建设工程勘察设计、监理未实行招投标，设计单位及资料采集计算承担单位无相应资质。审计提出调整土地房屋征迁补偿及政策处理费相关账务、结转工程钻探费、据实缴纳个人所得税、加强工程建设和质量管理等处理意见和建议。

2006 年 3—5 月，省审计厅组织温州等 5 市部分审计机关，对当地 2003—2005 年 252 个“千库保安”工程项目进行审计调查。发现的主要问题：1. 部分地区地方配套资金筹集不足。2. 工程管理不够规范，未按规定实施；招投标程序不规范，对参投单位资质审查不严。3. 个别地方建设资金存在损失浪费情况。4. 部分工程未按计划开工建设和及时完工。审计作出处理意见，并建议：完善工程项目省补资金政策；严格执行水利工程建设管理程序，加强项目质量管理，健全质量保证体系；完善工程前期勘察设计和后期管理。该审计项目综合报告得到省长吕祖善的批示。

2006 年 3—5 月，省审计厅对 2003—2005 年万里清水河道建设资金进行专项审计调查。其中，省厅审计调查桐乡市。发现的主要问题：1. 部分资金拨款不够及时。2. 部分河道整治质量管理不够到位。3. 部分镇、街道资金管理不够规范。4. 崇福镇部分河道建设项目未履行招标程序。5. 水质改善工程和生态景观工程数量偏少，不利于总体目标的实现。审计建议：财政部门应按规定及时下拨资金；水利部门应加强河道整治项目的质量管理工作，保障工程质量；加强对河道整治专项资金的监督。该审计项目受到审计长李金华的表扬，并得到省委书记习近平、省长吕祖善的批示。

2006 年上半年，省审计厅组织全省审计机关，对全省 2004—2005 年度水利建设资金进行专项审计调查。发现的主要问题：1. 各市、县水利建设资金违规退库 6323.45 万元；部分减免依据不够充分，减免幅度弹性较大，部分企业未如实申报营业和销售收入。2. 部分市、县资金管理不集中，预算内外多头管理，水利建设资金拨付不及时。3. “一刀切”的征收标准使得各类企业负担不均衡；减免明细规定欠缺，减免幅度确定主观性较大；处罚、保全措施存在空缺；部分征收政策对象确定不够明确。审计作出处理意见，并建议：适时修订完善水利建设资金征管法规；建立健全水利建设资金使用管理制度；加大对水利建设资金的筹集力度，做到应收尽收，确保水利建设资金按规定及时足额征集到位；建立部门沟通机制。

第三节 粮食审计

1989 年开始，全省审计机关对粮食部门和粮食专项资金进行审计。至 2010 年，省审计厅共完成粮食审计项目 29 个，其中部门审计项目 14 个、专项资金审计项目 11 个、粮食挂账审计调查项目 4 个，促进粮食资金管理，提高资金使用效益。

表 38-11-3-1　　1989—2010 年浙江省审计厅对粮食审计一览表

年度	审　计　项　目
1989	诸暨稻麦种场粮食生产专项资金审计、1 万吨小麦调查审计、11 个市新菜地开发建设基金审计、3789Q 项目办审计
1990	余杭县粮食局粮食财务收支审计、余杭县粮食局所属临平粮管所财务收支审计、余杭县粮油议购议销公司粮食财务收支审计
1992	省粮食局财务收支审计
1995	省粮食局预算执行情况审计、部分粮食企业执行政策和专项资金管理情况审计调查(全省统一组织)、桐乡市粮食局执行国家粮食政策等情况审计
1996	省粮食局预算执行情况审计(两次)
1997	省粮食局预算执行情况和粮食风险基金审计(全省统一组织)
1998	中国农业发展银行浙江省分行系统(不含宁波)粮食专项清查审计(全省统一组织)、全省粮食系统财务挂账和其他不合理占用农行贷款情况清查审计(全省统一组织)、中国农业发展银行浙江省分行有关粮食财务挂账情况审计、全省粮食系统粮食挂账清查审计(全省统一组织)

续表

年度	审　计　项　目
2002	省粮食局财政财务收支审计、省粮食集团公司财务收支审计、全省粮食专项资金审计(全省统一组织)
2003	省粮食集团公司年度财务收支审计
2005	省储备粮管理有限公司年度财务收支审计、省粮食局年度财务收支审计、省粮食集团公司财务收支审计、省国有粮食购销企业的粮食财务挂账处理情况专项审计调查(全省统一组织)
2009	全省地方储备粮专项审计调查(全省统一组织)、省本级地方储备粮专项审计调查
2010	全省粮食生产扶持政策专项审计调查(全省统一组织)、龙游县粮食生产扶持政策专项审计调查

资料来源:浙江省审计厅档案室。

一、粮食部门审计

1990 年起,省审计厅对粮食部门进行 14 次审计。审计的内容包括财政财务收支、预算执行等情况。

1990 年 4 月,省审计局对余杭县粮食局 1988—1989 年度财务收支进行审计。发现的主要问题:1. 应上缴财政而未上缴 32.96 万元;2. 利用往来账户隐匿收入;3. 截留利润 53.88 万元;4. 成本、费用不实 25.47 万元;5. 乱挤大修理基金调拨补助金 48.60 万元。审计作出处理意见和建议。

1992 年 6 月,省审计局对省粮食局 1990—1991 年度的财务收支进行审计。发现的主要问题:1. 未经批准从“更新改造基金”中拨款 167 万元用于招待所工程支出、局机关办公楼和招待所购置中央空调及配套设施等。2. 将用于仓储和其他生产经营性设施的 684.19 万元转入“生产发展基金”,未缴“两金”171.05 万元。3. 专用基金存款利息收入及投资分得股金和利息收入 521.89 万元,未缴“两金”130.47 万元。审计提出补办拨付招待所的 167 万元资金审批手续,加强对预算外资金的管理;用于仓储和其他生产经营性设施的 684.19 万元实属财政收入,视同财政拨款应专款专用;补缴“两金” 130.47 万元等处理意见和建议。

1995 年 11 月,省审计厅对省粮食局 1995 年 1—9 月预算执行情况以及预算外资金、各项基金、有偿使用资金情况进行审计。发现的主要问题:1. 省级储备粮抛售差价结余款 2271.15 万元未上缴财政。局办公楼有偿使用收入 48.87 万元未缴税。违规将行政经费 370 万元出借、50 万元定期存款方式存入工行信托投资公司。省粮食总公司划入国家扶持及网点基金 1300 万元,盈余公积中公益金 320 万元,国家扶持资金 880 万元,均未作专项基金管理。储运公司经管费 704.43 万元、省财政下拨的价外补贴长期挂到“其他应付款”。2. 储运公司应缴省财政款项 2210.19 万元挂账“长期应付款”。多提费用、收入挂账或未入账 1720.57 万元。省公司少缴所得税 663.23 万元。省粮食总公司将统筹款 520 万元拨给省局招待所395万元直接冲减“其他应付款”、挂账125万元。储运公司拨给宁波开发区公司550万元冲销“实收资本”和“资本公积”。3. 省粮食总公司期货操作亏损835.13万元。审计作出处理意见，并要求：省粮食局应及时上缴财政应缴款，及时清算调控粮差价；总公司应严格费用提取，清理融资费，余额冲减费用；总公司与所属子公司对账，及时将投资收益或应得收入入账；各省级公司应加强对期货投资操作的监督；储运公司不得从税后利润中提取奖金；服务公司对免于上缴总公司利润应及时调整所有者权益；向外拨款或投资不得直接冲减资本金或者往来账等。

1996年1月，省审计厅对省粮食局1995年10—12月预算执行情况以及预算外资金、各项基金、有偿使用资金情况进行审计。发现的主要问题：1. 各项粮油政策性资金结余待拨3772.13万元。2. 应收省财政粮油补贴1291.30万元。3. 省储粮油抛售结余待清算差价1319.55万元。4. 机关经费超支113.53万元，挂于“暂付款”账户。省粮食总公司划入136.80万元，挂于“暂存款”。审计作出处理意见，并建议：及时清算省财政拨入的各项粮油政策性资金、历年挂账的往来款和省级储备粮油抛售、补库的差价；限期收回系统内非粮食政策性业务借款等。

1996年10月，省审计厅对省粮食局1996年1—9月的预算执行情况以及预算外资金、财政周转金、财政专项资金情况进行审计，延伸审计省粮食结算中心等4个单位。发现的主要问题：1.“预收账款”账户余额5386.63万元，系多年结算滚存的差价款等。2.“其他应付款”挂账上年度应作收入或冲减费用款项627.17万元。3. 拨服务公司54.25万元用于购车，未入账。4. 结算中心储备粮抛售价格或财政结算价与库存成本差额6700.8万元未缴省财政。5. 省粮食局补助淳安县救灾粮款项50万元，在结算中心应缴省财政早籼谷差价款中冲减。6. 结算中心收到省粮食局拨付的国家专储油费用310万元作“政策性补贴收入”入账，未转拨代储备单位省粮食总公司。7. 储运公司购入小麦成本8698.14万元，增值税发票进项税额1130.76万元，销售完毕后均开普通发票。8. 储运公司销往省外粮食未冲销原提取劳务费16.57万元。9. 储运公司将铁路中转服务费65.51万元作劳务费收入。审计作出将预收账款5386.63万元转作“粮食发展资金”，将其他应付款627.17万元按规定转作收入或冲减费月，服务公司54.25万元购车款及时入账，差额6700.80万元收齐上缴财政，淳安县救灾粮款项50万元在结算中心留用差价款项中支付，及时转拨国家专储油费用310万元，储运公司购入小麦增值税进项税额转出1130.76万元并进行增值税专项清理和准确申报，冲销储运公司销往省外粮食原提劳务费16.57万元，储运公司将铁路中转服务费65.51万元调整计入“营业外收入”等处理意见，并建议：省粮食局应及时收齐并上缴应缴款项，清理下拨各项政策性补贴及有关代理费用；全面清理挂账多年的款项，按资金性质做出账务处理；各省公司应严格区分自营和代理业务，分账核算；各省公司应正确区分政策性和经营性业务，准确及时申报交纳应缴税款；加强会计监督等。

1997年11月，省审计厅对省粮食局1996年10月至1997年9月预算执行情况及预算外资金、财政周转金、财政专项资金和1996年1月至1997年7月的省级粮食风险进行审计。发现的主要问题：1. 省财政厅共超拨省粮食局往年省级储备粮油利息费用补贴1571.42万元，省粮食局多下拨市、县 374.34 万元。2. 省粮食局将省财政拨入补库差价 3000 万元挂账，未计收入。3.“应收补贴—价外补贴”账户应收往年价外补贴 924.08 万元。4. 结转轮换抛售小麦成本 612.50 万元，在省粮食结算中心挂账。5. 历年滚存平转议粮油差价款、菜油差价款 5044.62 万元挂账，同期应收省财政应拨未拨补贴款 5227.47 万元。6. 省粮食局将粮食政策性财务挂账利息补贴 181 万元转入“专项资金—粮食发展专项资金”。审计作出直接在省财政超拨结余中冲减往年省级储备粮油利息费用补贴 1571.42 万元，并及时清理挂账款和补贴款，将粮食政策性财务挂账利息补贴 181 万元作为政策性补贴收入入账等审计意见，并建议：加强省级粮食风险基金管理；及时清理应收往年省级粮食风险基金挂账，按内容进行专户核算；不能在应缴省财政抛售差价款中直接列支由省财政拨补的项目；属多拨市、县的要与应收省财政的分账核算；应收市、县的抛售差价款应在账上全额反映，并及时收齐上交；多下拨未收回及应转拨的各项政策性补贴要及时清账；及时清理应收应付政策性粮油挂账。

2002 年 1—2 月，省审计厅对省粮食局 2001 年度财务收支进行审计。发现的主要问题：1. 局应收应付各项补贴款长期挂账 6924.05 万元。2. 漏拨省财政厅拨入的学校经费 5 万元，挂账“其他应付款”。3. 局“其他应收款”长期挂账：委贷款年末余额 1032.06 万元；原系统内借款 2331.95 万元；服务公司连带赔偿责任被强制执行借款本息 72 万元。4. 省粮食集团付给粮食批发市场开办费及多付手续费 67.26 万元，挂账“其他应付款”。审计作出处理意见和建议。

2002 年 3 月，省审计厅对省粮食集团公司 2001 年度财务收支进行审计。发现的主要问题：1. 应付款 642.55 万元无法确定具体应付内容。2. 储运公司长期应付款 1710.19 万元，为进口粮食中转结算的周转资金。该公司因改制，已无进口粮食任务。3. 储运公司改制时将不良资产 3583.50 万元单挂，在收回原确定为不良资产的部分应收款 279.82 万元时，只冲减相应的应收款账户，未冲减单挂的不良资产，造成改制单挂资产的账实不符。审计提出应根据粮食任务变动情况并做相应账务处理，将不良资产收回情况报省国资办，做到账实相符等处理意见和建议。

2003 年 7—8 月，省审计厅对省粮食集团公司 2002 年度财务收支进行审计。发现的主要问题：1. 待处理资产未完全真实反映：待处理不良资产 1.21 亿元未在“待处理流动资产损失”科目核算；其他不良资产和坏账计 4456.65 万元未按规定反映；已房改出售的职工住宅挂“在建工程”科目。预提费用及挂账不合规：“应付账款”科目结存储备粮油保管费计 744.37 万元无支付对象；“预提费用”余额 800 万元未结转；“其他应付款一其他”账户余额 585.13 万元实际不需支付。计提缴纳企业所得税 280.66 万元等。2. 延伸审计浙江大酒店：使用的房屋建筑物未计提折旧，转让所得款未作收益处理等。3. 延伸审计储运公司：“长期应付款”中挂账的以前年度中转地进口小麦提价款未及时清缴财政，制单挂不良资产及剩余资产未作专项应付款反映等。审计作出处理意见，并建议：正确会计核算，如实反映公司的盈亏；加强对库存商品管理，做到出入库手续完备，账账、账实相符；加强对不良资产的管理，做好历史遗留问题的清理回收工作。

2005年2—4月,省审计厅对省储备粮管理有限公司2004年度财务收支进行审计。发现的主要问题:1. 往来款未及时清理,少结转收入827.16万元。2. 未正确核算基建业务、存货成本和拨入款项1.05亿元,中穗库将拨入款项29.52万元挂账,未结转“资本公积”。3. 未正确核算新增投资款。4. 对宁波金光码头长期投资核算存在重复入账、虚增资产权益情况。审计作出处理意见,并建议:加强实物资产管理,定期盘点,完善实物资产购入和领用审批登记制度;加强公司费用支出管理,严格费用报销审核制度,按实施规范核算;及时清理往来款,及时根据粮食年度的清算文件进行账务处理,做好财政补贴资金的下划工作;及时正确核算长期投资和粮库基建支出情况,正确反映经济业务发生和公司损益情况等。

2005年2—4月,省审计厅对省粮食局2004年度财务收支进行审计。发现的主要问题:1. 往年补贴款共20项未清算,长期挂账,应付余额1414.47万元。2. 对25个单位委贷款逾期未收回,大多单位因破产、改制、出售、严重亏损无力归还。涉及本金856.60万元,但账面余额为731.96万元,主要原因为收回贷款本息时作本金冲减。3. 应收省粮食总公司及下属单位款项1472.92万元,因企业改制原因,收回难度较大。欠款单位账面实际1140.66万元,比系统账面少332.26万元。4. 省粮食干部学校下属浙江格来恩公司管理不善,存在大量债权债务。5. 未及时与省粮食科学研究所有限公司签订资产租赁、资金占用及使用费等合同协议。审计作出清算长期挂账,抓紧对该委贷款的核账及核销报批工作,组织人员清查核对下属单位欠款并制定清欠解决方法,督促省粮食干部学校做好对浙江格来恩公司债权债务的清欠工作并及时上报和清账难收回款项等处理意见,并建议:抓紧清算以前年度政策性补贴资金;加强对往来款项的管理,及时清理坏账损失;主管财务部门要健全规范管理制度,加强对下属核算单位的指导和监督管理工作。

2005年2—4月,省审计厅对省粮食集团公司2004年度财务收支进行审计。发现的主要问题:1. 子公司与公司本级往来款余额不相符。2. 未足额摊销无形资产251.81万元。3. 以前年度中转地进口小麦提价款1710.19万元未清缴。审计作出处理意见,并建议:加强财务管理;加强对委托理财、书面作品收藏等特殊领域投资、证券期货交易投资等管理,建立规范的重大投资决策集体审议研究制度;加强对不良资产、抵债资产的管理;健全完善并严格执行对大宗国际贸易合同等重大经济决策的内控制度等。审计移送省检察院案件线索2条。审计专报得到省领导的批示。

二、粮食专项审计与审计调查

1995年起,省审计厅对全省和省本级粮食资金进行专项审计及审计调查。至2010年共完成审计项目15个。审计的内容包括粮食资金执行政策情况、粮食专项资金管理情况、储备粮、粮食财务挂账等。

(一)粮食专项资金审计

1995年起,省审计厅对全省和省本级粮食资金进行11次专项审计及审计调查。审计的内容包括粮食企业执行政策情况、粮食专项资金管理情况、储备粮等。

1995年，省审计厅统一组织对桐乡等11个县(市)粮食企业执行政策情况和粮食专项资金管理情况进行审计调查。发现的主要问题：1. 粮食实际收购完成计划的92%，计划完成不平衡。2. 粮食价外补贴挂账较多。3. 个别地方不按规定储备或违规动用。4. 国家专项储备粮费用补贴尚未及时足额到位，欠拨572.87万元，主要属国家专储粮应拨补的费用和利息。有些地方未及时足额拨付补贴款，大多数地方移占移用储备费用补贴款。5. 粮油销售措施不够规范。6. 县(市)级政府粮食风险基金管理还需加强。7. 部分地方粮油周转资金被不合理占用。8. 隐瞒收入、乱挤乱摊费用较为普遍。审计作出处理意见，并建议：粮食部门应积极向银行争取收购资金贷款，消除自身不合理的资金占用，及早收回出借资金，清理长期挂账的政策性补贴收入，及时转账冲减亏损挂账；适时扩大储备规模，增强粮食宏观调控能力；粮食部门应单独核算粮油储备费用利息，及时反映收支情况；各有关粮食部门应将及时足额下拨省下拨的补贴款；严格粮食风险基金用途范围，专款专用；推进试点工作，如实反映政策性业务的盈亏，及时清算。

1998年6月，省审计厅对中国农业发展银行浙江省分行系统粮食专项清查进行审计。发现的主要问题：1. 诸暨市农发行私设“小金库”；农行浦江支行吴某将国家政策性信贷资金占为己用，向企业借款127万元；遂昌县粮油贸易公司将50万元粮油调销贷款转给私企遂昌绿神公司。2. 向其他非政策性粮油企业发放贷款762万元。3. 虚列费用支出，以租赁形式购置固定资产，通过其他科目发放贷款。审计作出处理意见，并建议：重新认定政策性粮食收购资金范围，封闭运行，保证粮油收购不打白条；加强粮油企业监督管理，加强账户管理，建立派驻信贷员岗位责任制度，严格按进度发放贷款；对农发行违规发放和粮食企业挤占挪用粮油贷款问题，限期清理纠正；财政各项补贴资金应及时足额到位并拨付；对瑞安市农发行违规利用政策性信贷资金为职工谋利、截留应缴利息问题，建议省分行在全省范围内进行一次政策教育，并对有关责任人进行必要的行政处分。

1998年6月，省审计厅对中国农业发展银行浙江省分行本级进行专项审计，延伸审计省种子公司。发现的主要问题：省农发行与省国际信托投资公司签订汽车租赁合同，2562万元租费分4年摊入租赁费，违反相关规定。审计作出处理意见，并建议：省分行加强信贷管理，组织协调好全省农发行系统政策性收购企业附营业务占用贷款的确认，认真做好划转工作；保证政策性亏损挂账的拨补措施；财政补贴资金要及时到位；加强财务管理，规范会计核算工作。

2002年5月，省审计厅组织全省82个审计机关，对全省82个财政部门、73个粮食主管部门、84家粮食收储企业2001年度的粮食专用资金进行专项审计，延伸部分粮油储备库，并对1998年新增粮食财务挂账处理的执行情况进行后续审计。发现的主要问题：1. 粮食风险基金筹集不规范，以财政退库的形式筹集粮食风险基金4.71亿元。2. 粮食储备规模未到位。3. 移用粮食风险基金未通过专户管理1.46亿元。4. 各级储备粮中存有超期储存和陈化粮。5. 部分委托代储储备粮的安全、完整存在隐患。审计提出了处理意见和建议。

2009年3—5月，省审计厅组织全省审计机关，对85家地方储备粮承储企业2009年地方储备粮计划规模落实情况、轮换计划执行情况、财政补助资金和银行贷款管理情况进行专项审计调查。发现的主要问题:1. 一些市、县订单粮执行率不高。2. 部分市、县仓储设施陈旧落后。3. 少量储备粮质量不合格。4. 储备粮管理工作不够规范:轮换出入库粮食未全部实行公开竞价销售和采购;部分储备粮轮换补库超期、超过规定储存年限。5. 其他应当改进的问题,如部分市、县粮食轮换差价收入未及时上缴专户、储备粮和商品粮同仓混放、出入库储备粮未委托粮食质量检验机构进行质量鉴定等问题。审计作出处理意见,并建议:制定储备粮仓库设施标准,分类管理;严格质量检测程序,配置必要的机械设备积极处理杂质超标;完善储备粮轮换管理具体操作规范,建立健全出库考核机制,完善储备粮轮换公开竞价销售和招标采购办法。省政府主要领导对审计结果高度重视并作出批示。

2009年3—5月,省审计厅对省储备粮管理有限公司2009年3月末省级地方储备粮库存数量的真实性、2007—2008年期间储备粮轮换计划执行情况、财政补助资金、银行贷款进行专项审计调查。发现的主要问题:1. 储备库存数量与计划规模存在差距。2. 省级储备粮库存品种较单一。3. 订单合同执行率不高,储备粮价外补贴奖励政策落实不到位。4. 储备粮轮换制度有待进一步完善。5. 库存储备粮18612吨质量不合格。审计建议:完善粮食补贴政策,加强政策落实检查;逐步优化储备粮库存品种结构;进一步规范省级储备轮换操作程序;加强储备粮收购环节的质量管理,建立有效考核机制;加强员工队伍建设。审计专报得到省长吕祖善等省领导批示。

2010年3—5月,省审计厅组织厅本级和部分市、县审计机关,对平阳等10个县(市、区)2009年粮食生产扶持政策进行专项审计调查。发现的主要问题:1. 粮食合作社运作管理规范化程度低。2. 一些地方虚报冒领粮食生产扶持政策补贴。3. 部分扶持资金未及时拨付和发放。4. 扶持政策执行简单化,影响成效。5."一折(卡)通"管理和发放补贴资金不够规范。审计建议:规范粮食专业合作社建设,理顺部门和乡镇之间的工作责任关系,完善基础性资料建设的各项工作;加强扶持政策的宣传力度,加大补贴资金发放的公开程度。专报信息得到省长吕祖善等省领导批示。

(二)粮食财务挂账审计

1995年起,省审计厅对全省和省本级粮食财务挂账情况进行4次专项审计及审计调查。

1995年2月,省审计局对桐乡市粮食局1994年度执行国家粮食宏观调控政策情况、粮食财务挂账情况以及粮油价格执行情况等进行审计调查。发现的主要问题:1.省下达收购任务未完成,储备食油计划未落实。2. 部分粮食收购价外加价及议评差价进入成本推动粮食销价上涨。3. 国家专储粮的费用、利息补贴未及时足额到位。4. 粮食财务挂账余额1872.79万元。5. 省、市财政欠拨粮食收购价外补贴101.06万元。6.未留足市级储备粮,周转轮换处理全部原平价结余库存谷物,成本差价349.10万元挂账。账面结余调拨补助金564.05万元。柴油、化肥平议差价余额共68.38万元挂账。多列费用、少计利润23.69万元。审计建议:对粮食收购价外补贴、议评差价款,单独挂账;平转议差价款,用于组织议价粮补足600万千克市级粮食储备之需;粮食销售价格按规定执行;挂账事项调整账户,抵补原粮食财务挂账;对重复列支财务费用、多提保管费用应调整账户,并计利润等。

1998年6—9月，省审计厅根据审计署等八部委的要求，组织全省审计机关对全省粮食系统1992年4月至1998年5月粮食财务挂账和其他不合理占用农发行贷款情况进行清查审计。由全省审计机关组成审计团队，实行异地交叉审计形式。全省农发行系统列入专项审计对象的有77个单位；全省粮食系统列入清查审计对象的有584个单位，其中：粮食结算中心71个，粮管所388所，粮库125个；延伸审计调查350所。发现的主要问题：1. 不合理占用农发行贷款13.69亿元。2. 新增粮食财务挂账19.90亿元：核减粮食部门自报数6.19亿元，核减率为23%。3. 部分库存粮油空库6100万千克。4. 移用部分粮油差价或补贴。5. 违反规定抛售救灾粮。6. 移用、滞留贫困地区农民返销粮补助资金。7. 账面虚购虚销粮油。8. 违反规定逆价销售，造成亏损挂账。9. 国家专储粮食收购品种、粮源下浮。10. 部分库存粮食长期未轮换、陈粮比例较高。11. 用资本金消化老挂账渠道不合规。12. 盈亏不实。13. 部分财政、粮食主管部门截留、移用上级专项补贴。审计作出处理意见，对一些违反财经法规且性质严重、数额巨大的问题进行通报或移交有关部门处理，并建议：加强资金管理；坚持顺价销售原则，因地制宜核定各级储备粮油规模及收购价格；控制粮源；加快仓储建设，增强储存能力；及时消化粮食补贴挂账、拨付各级的粮食补贴款项；加强收购企业监管，防止资金混用；健全粮食风险基金制度；多关注遗留的粮食管理问题，增加投入静助企业平稳过渡；各项补贴款项设立专户拨付，及时到位并专款专用；粮食企业加快自身改革，转换经营机制等。该审计项目得到了各级政府的好评。11月，召开全省粮食挂账清查审计表彰大会，一批先进集体和个人受到表彰。

2005年2—4月，省审计厅组织全省79个审计机关，对全省123家国有粮食购销企业1992年4月至2004年12月粮食财务挂账及处理情况进行专项调查。发现的主要问题：1. 大部分挂账企业无力消化新增粮食财务挂账及其他不合理占用贷款。2. 新发生粮食财务挂账2.11亿元，部分企业经营亏损和潜亏巨大。3. 市、县级财政部门粮食风险基金结余金额较大，资金使用率低。4. 部分企业多家并存、资源配置不合理、资金质量差。5. 部分市、县粮食费用补贴缺乏激励机制。6. 部分市、县存在粮食储备及保管风险。7. 部分市、县粮食主管部门与粮食购销企业政企不分，存在主管部门占用企业资金情况。8. 部分市、县粮食购销企业损益核算不实。审计提出完善粮食购销企业经营机制；统筹规划新建粮库；完善粮油政策性补贴制度和管理办法；完善经营管理机制，防范风险；加强财务管理等处理意见和建议。审计综合报告、审计专报得到省长吕祖善等省领导批示。

第十二章　环境资源审计

环境资源审计是审计机关依法对政府主管部门和相关单位从事环境资源经济活动和管理活动的真实性、合法性和效益性进行的审计监督。浙江环境资源审计主要组织实施全省环境保护和国土资源部门财政财务收支审计、专项资金审计和执行国家相关政策的专项审计调查。

浙江省环境资源审计始于1987年,经历3个阶段。1987—1994年:审计机关成立初期,受客观条件制约,环境资源审计以行政事业单位定期审计和违法违纪问题专项审计为主要内容。随着审计机构和制度建设的逐步完善,环境资源审计向经常性年度财务收支审计和行业性专项审计转变。1995—2007年:随着国民经济和社会事业发展,环境资源类专项资金种类和规模不断扩大。1995年《审计法》实施后,全省审计机关全面开展土地出让金、造地改田资金、林保资金等专项资金审计。同时,结合环境审计特点,利用环境审计绩效评价体系,对各地环境质量进行总体评价;利用计算机辅助审计技术开展审计;利用问卷调查收集评价信息;利用实地取样检测、实地拍照取证,提高证据的科学性和时效性。2001年,省审计厅出版《环境审计》一书,由审计长李金华作序,对环境审计背景、审计标准、审计依据、审计对象等作了系统论述,对全省乃至全国环境审计起到引领作用。2007—2010年:强化环境资源专项审计与审计调查,为政府宏观决策服务。2007年10月,浙江省审计厅在全国率先成立环境资源审计专职部门,推进环境资源审计深化发展。通过与相关部门开展战略合作,充分运用国土信息系统开展大数据审计,提高审计效率,完成传统审计难以实现的目标。在审计领域、范围、深度、效果等方面取得全面发展,初步形成以环境资源审计部门主导、其他部门共同参与的多元化审计工作格局。同时,还完成《环境审计综合评价指标体系》课题,实现环境资源审计评估从综合定性评估向分目标定量评估的转变。

至2010年,省审计厅共完成环境资源审计项目77个。多个审计项目得到省主要领导批示和省级以上报刊报道。审计中发现的大案、要案线索和涉案人员分别按规定移送有关部门进一步查处。

第一节　国土资源审计

1988年起,全省审计机关开展对国土资源部门财务收支审计和国土资源专项审计调查,为加强被审计单位经营管理,提高经济效益,为党委、政府决策,宏观调控提供依据和服务。

在审计中重点关注国土相关部门行政事业性收费、预算执行、预算外经费管理、建设项目经费等财务收支使用管理情况，及时关注土地出让金、造地改田资金、土地整理、基本农田保护、存量土地和矿产资源等热点难点问题。至2010年，省审计厅共完成国土资源审计56个，其中部门财务收支审计项目15个，专项审计调查项目41个。

表38-12-1-1　　1988—2010年浙江省审计厅对国土资源审计一览表

年度	审　计　项　目
1988	省测绘局行政事业经费审计
1993	杭州、温州、嘉兴、湖州、绍兴五市国土资金审计（全省统一组织），杭州市土地管理局国土资金审计，杭州市财税局国土资金审计，杭州之江国家旅游度假区管委会国土资金审计，杭州经济开发区管委会国土资金审计，杭州高新技术产业开发区管委会国土资金审计，嘉兴市土地管理局国土资金审计，嘉兴市财税局国土资金审计，湖州市土地管理局国土资金审计，温州市土管局国土资金审计，温州市财税局国土资金审计，温州市经济技术开发管理委员会国土资金审计，绍兴市土管局国土资金审计，绍兴市财税局国土资金审计，绍兴市经济技术开发区国土资金审计
1994	金华市土管局国土资金的征收管理及使用情况审计、舟山市人民政府国土资金的征收管理及使用情况审计、省测绘局财务收支审计
1995	省土地管理局预算执行情况审计
1996	全省国有土地使用权出让金审计（全省统一组织）、衢州市政府国有土地使用权出让金审计、湖州市政府国有土地使用权出让金审计
1997	全省造地改田资金审计调查（全省统一组织）
1998	省土地管理局造地改田资金审计、全省造地改田资金审计（全省统一组织）
1999	省土地管理局财务收支审计
2002	全省质量技术监督系统财务收支审计（全省统一组织）、省质量技术监督局财务收支审计、省国土资源厅财政财务收支审计、省有色金属地质勘查局财务收支审计
2003	杭州市国有土地使用权出让金审计（全省统一组织）、杭州市政府国有土地使用权出让金审计、建德市国有土地使用权出让金审计、杭州市萧山区政府国有土地使用权出让金审计、余杭区政府国有土地使用权出让金审计
2004	全省质量技术监督系统财务收支审计（全省统一组织）、省地质勘查局财务收支审计、台州市质量技术监督局财务收支审计、省质量技术监督局财务收支审计
2005	衢州市本级国有土地使用权出让金专项审计调查、全省国有土地使用权出让金审计调查（全省统一组织）
2007	全省造地改田资金专项审计调查（全省统一组织）、全省国有土地使用权出让金专项审计调查（全省统一组织）、兰溪市造地改田资金专项审计调查、嘉兴市国有土地使用权出让金专项审计调查、嵊州市造地改田资金专项审计调查

续表

年度	审　计　项　目
2008	省国土厅及部分县(市、区)土地整理资金专项审计调查(全省统一组织)、上虞市耕地保有量和基本农田存量资源专项审计
2009	全省质量技术监督系统预算外收入及支出情况专项审计调查(全省统一组织)、省质量技术监督局本级预算外收入及支出情况专项审计调查、衢州市衢江区标准农田建设情况专项审计调查、全省农业标准农田建设情况专项审计调查(全省统一组织)
2010	省有色金属地质勘查局财政收支审计、部分县(市、区)政府存量土地资产专项审计调查(全省统一组织)、三门县百万造地项目专项审计调查

资料来源:浙江省审计厅档案室。

一、国土资源部门审计

1988年起,省审计局开始对省国土资源部门进行财务收支审计,主要关注行政事业性收费、预算执行情况、预算外经费管理、建设项目经费管理使用以及企业经营效益情况。至2010年,省审计厅共完成国土资源部门财务收支审计15个。

1988年10—11月,省审计局对省测绘局1988年1—9月的行政事业经费预算内外收支进行审计。发现的主要问题:1. 经费开支不当。2. 应计收入挂列“应付款”和漏交能交基金。3. 在“应付款—房租收入”中列支换气扇款147.26万元,使当年房租收入出现红字而增加了经费开支94.37万元,生产发展基金支付煤气管道建设及安装费18.47万元。4. 移用资金搞自筹基建。5. 财务管理不完善,部分会计业务处理不当,手续不够完备,应收、应付挂账多。审计就此提出改进意见和建议。

1994年5月,省审计局对省测绘局1992—1993年度行政事业经费收支情况进行审计。发现的主要问题:1. 局物资站既未经工商注册登记,也未纳入局预算管理。2. 局办公室发放职工误餐补贴1.35万元,在“经费支出”账户中列支,扩大了事业经费的开支范围。3. 局质检站经费包干结余未按规定比例分配专用基金。4. 局所属省测绘技术开发公司未按国家税法规定缴纳所得税和“两金”。审计建议省测绘局应尽快收回对外投资和出借的资金,避免造成经济损失。

1995年10月,省审计厅对省土地管理局和下属单位1995年1—9月预算执行情况以及预算外资金、各项基金、有偿使用资金情况进行审计。发现的主要问题:1. 应作预算收入的款项未及时列作收入。2. 专项经费移作他用。3. 预算外资金用于入股和出借。4. 基建项目变更未经批准;省土地评估咨询中心开业至今尚未办理纳税登记和申报纳税;省土地资源调查办公室会计记账不够规范。审计就坚持预算外资金专款专用,对下属单位有关税收及会计基础工作问题,提出改进意见和建议。

1999年8—9月,省审计厅对省土地管理局1998年度财政财务收支进行审计。发现的主要问题:1. 将收取的土地使用租赁管理费及土地使用费挂账,未记为收入。2. 下属省统一征地事务办公室在上缴局收入中，造成20万元债权消失。3. 下属单位应上缴局收入未及时上缴。鉴于省级机关将进行机构改革，审计建议切实防范和杜绝机构改革之时，可能发生的违纪问题。

2001年11月至2002年6月，省审计厅组织全省审计机关，对全省质量技术监督系统（以下简称省质监系统）2001年度财政财务收支进行审计。发现的主要问题：1. 以"四技"服务名义转移事业收入的现象比较突出。2. 内部管理体制不顺，人员混岗严重，造成行政事业性收费和经营性收费收入混淆不清。3. 违规收费现象不同程度存在。4. 违规经营、坐收坐支问题时有发生。5. 票据的使用和管理不够规范。6. 罚没款物管理制度不够完善。审计建议加快质监系统事业单位体制改革，严格区分政府职能和市场职能，实现体制创新。

2002年5月，省审计厅对省国土资源厅2001年度财政财务收支进行审计。发现的主要问题：1. 省地矿史志编写等部分专项经费未专款专用。2. 出借的事业经费尚有38万元未收回。3. 省国土厅本级业务招待费超出当年单位公务费预算2%的比例。4. 购买部分固定资产未入账，造成部分资产账实不符。5. 省国土厅转拨国土资源部拨入的专项经费收支未纳入厅财务年度决算报表。6. 直属单位存在的其他问题：省统一征地事务办公室违规收取"征地费"445.42万元，固定资产账实不符；收到国家地质调查项目拨款672万元，支出579.41万元，未纳入年度决算报表；省地质调查院对外经营中存在大额现金支出。审计就建立健全专项资金管理办法，严格专款专用，发挥内部审计监督作用，加强对下属事业单位的财务监督等问题，提出处理意见和建议。

2002年9—10月，省审计厅对省有色金属地质勘查局2001年度财务收支情况进行审计。发现的主要问题：1. 企业改制中存在问题。该局从地勘事业费中提取用于转增下属企业资本金的使用及核算。局彩印厂、机械厂改制时资产先转让后评估，改制后未办理工商变更登记手续。2. 财务收支存在问题。局统筹办公室多余资金未纳入年度决算，对宁波地块的转让款、对鲁迅路基地的开发效益及转为对绍兴浙凯公司的投资均未按规定进行核算，局本级提取国家基金250万元长期挂账。矿勘院银行日记账与银行对账单不一致，未经批准核销投资损失30万元。测绘院未经批准出售汽车造成损失8.68万元。3. 所属投资企业财务收支存在问题。天津银丰公司违规经营造成地勘实业损失260.61万元。地勘实业公司多次借款给外单位和个人使用。工程公司账外资金172.31万元。工程公司借款300万元给个人炒股造成损失。地勘实业公司将400万元委托个人投资股票造成损失。审计就健全和完善内部管理制度，规范改制工作，明晰产权关系，防止国有资产流失等问题，提出处理意见和建议。

2004年7—8月，省审计厅对省地勘局2003年度财务收支进行审计。发现的主要问题：1. 事企未能完全分开核算，部分财政、财务收支反映不实。2. 未经批准向下属单位收取调剂资金、节约与收益资金、产业结构调整资金有偿使用费。3. 下属单位存在大额现金结算，未严格执行《现金管理暂行条例》问题。审计建议：要处理好地勘系统发展和稳定的关系，充分重视离退休人员的生活保障和其他生活福利待遇问题；对审计发现的大额现金支付劳务费，设账外账，应予以充分重视，健全内部控制制度。省长吕祖善对该审计项目信息专报作了批示。

2009年6—9月，省审计厅及部分市、县审计机关对省质监局本级以及杭州、温州等8个市、49个县（市、区）2007—2008年行政事业性收费、预算外经费管理和部分企业的经营效益情况进行专项审计调查。发现的主要问题：1. 政企、事企分开不够彻底，存在向下属单位借调人员设备、与下属单位资产权属不清以及事业单位领导在企业交叉任职等问题。2. 部分行政事业性收费和罚没物资管理不够规范，存在执行标准不够严格、罚没执法不够严谨、物资保管安全性较差等问题。3. 个别单位资金管理不够规范，存在对外投资未履行审批手续、机关为下属企业提供担保和违规支付工程款等问题。4. 质监系统收入分配机制不够统一规范，所属学会、协会等社会团体的财务监管还需要进一步完善。审计就严格落实政企、事企分开，强化行政事业性收费和罚没收入管理，规范收入分配机制，加强资金管理和财务规范化建设等，提出处理意见和建议。省长吕祖善对该审计项目综合报告作出批示。

2010年7—8月，省审计厅对省有色金属地质勘查局2007—2009年财政收支进行审计。发现的主要问题：1. 部门预算编制和管理不够规范，其中预算编制不够准确，收支项目预计；经营项目收支未按实核算，未完整纳入部门预决算管理。2. 存在账外资产，私设小金库，部分固定资产未在财务账上反映等问题。3. 部分投资企业及应收款项存在潜亏。出借资金款项长期未收回。部分债权存在潜在损失。4. 财务管理不够规范，对下属单位监管不力。审计就执行财经政策法规、完善制度、规范管理，提出处理意见和建议。

二、国土资源专项审计与审计调查

1993年起，省审计厅开展国土资源专项审计与审计调查，为党委、政府决策提供依据，为宏观调控服务。重点关注土地出让金、造地改田资金、土地整理、基本农田保护、存量土地和矿产资源等热点难点问题。至2010年，省审计厅共完成国土资源专项审计与审计调查41个。

（一）土地出让金审计

1993年起，省审计厅对全省土地出让金进行29次专项审计。土地出让金系各级政府土地管理部门将土地使用权出让给土地使用者，按规定向受让人收取的土地出让的全部价款。包括国有土地使用权出让、划拨、转让以及国有土地使用权出让金征收、管理、使用和土地收储、征用、整理等方面。

1993年上半年，省审计局对杭州、温州、嘉兴、湖州、绍兴五市（本级）实施国土资金审计，主要审计1991—1992年国有土地使用权有偿出让和出让收入及耕地占用税收缴、管理、使用情况。

对杭州市审计情况：

杭州市土地管理局的主要问题：1. 国有土地批租方面存在问题。《杭州高新技术产业开发区固定资产投资管理办法》第十二条有关开发区土地征用审批权限的规定，与国家和省土地管理法规、规定不符；杭州市对旧城改造的国有土地，继续实行行政划拨的做法不妥当。滨江区块成片国有土地使用权出让未严格执行《外商投资开发经营成片土地暂行管理办法》。

2. 有偿收入在收缴、管理环节存在问题。有偿使用收入未实行收支两条线管理，应上缴财政的收入没有按规定上缴。有偿收入管理不严，发生土地资产收益流失、挪用的现象。3. 有偿使用收入在使用环节方面存在问题。用于造田、造地的土地出让金，资金没有到位。土地使用权有偿收入的管理使用未制定相关规定。4. 土地出让外汇收入方面存在问题。国有土地使用权有偿使用收入中的外汇额度应上缴中央财政 1033.04 万美元，全部欠缴。审计还就切实保证土地管理部门依法行使统一管理城乡土地的职权，对有偿使用收入执行收支两条线管理，强化对土地资源的宏观管理，提出改进意见和建议。

杭州市财税局的主要问题：1. 被挪用的土地出让金问题。市经济建设发展公司挪用 100 万元土地出让金。2. 收缴土地使用权租金问题。收取的土地使用权租金 103.27 万元未及时上缴市财政。3. 追缴欠缴的耕地占用税问题。耕地占用税欠税额达 1134.69 万元。4. 对有偿收入在收缴、管理环节的监督问题。有偿收入未实行收支两条线管理，国有资金以拨代支的做法应予以纠正。审计还就强化征管措施，制定可操作的国有土地有偿使用收入征收管理的具体实施办法等问题，提出改进意见和建议。

对嘉兴市审计情况：

嘉兴市土地管理局的主要问题：1. 国有土地出让合同中，有 5 个合资项目的土地出让金外方承担部分 2514 万元，合同规定全部以人民币支付。2. 国有土地出让收入未上缴财政，直接支付给有关开发单位用于征地拆迁费，配套设施费和开发区的征地开发等 741 万元。3. 国有土地出让合同中，出让金总额 177.62 万元减免。审计提出处理意见，并建议：国有土地出让要充分运用竞争机制，提高出让土地收益。

嘉兴市财税局的主要问题：耕地占用税预征账户未建账及多提业务费 1.99 万元。审计建议组织有关部门对以往的出让金收支情况进行一次清理，严格执行收支两条线管理，管好土地出让金，充分发挥资金效益。

对湖州市审计情况：

湖州市土地管理局的主要问题：1. 下放土地审批权给经济技术开发区问题。2. 土地使用权出让工作未实行统一管理，地产市场亟待规范。3. 部分地块的出让成本核算随意性较大，真实性较差。4. 减免出让金，变相压低地价，擅开支出口子，返回国有土地使用权出让金。5. 耕地占用税欠税额较大，欠税时间较长。审计就研究制定合理的地价构成，规范土地使用权出让形式，尽可能筹集更多的建设资金等方面提出意见和建议。

对温州市审计情况：

温州市土地管理局的主要问题：1. 违反规定，没有及时解缴代收土地出让金。2. 违反规定，转付市公共事业开发公司 10 万美元。3. 土地使用权出让合同审批手续不全。审计就扩大对基准地价的研究范围，尽快制定出科学可行的开发区耕地使用权出让基准地价，完善补办使用权出让制度，研究土地收益金的收取问题，提出处理意见和建议。

温州市财政局的主要问题：1991—1992 年温州市大量国有土地使用权出让金在市财政外收支，部分资金滞留在土地管理部门，影响了资金使用效率。审计就国有土地使用权出让金、国土资金管理等问题，提出处理意见和建议。

对绍兴市审计情况：

绍兴市土地管理局的主要问题：1. 绍兴市第一塑料厂经绍兴市中级人民法院裁定破产，由浙江漓渚铁矿总公司以购买或兼并的形式接收该厂资产。2. 至审计时，绍兴市土地管理局外汇存款账 97.41 万美元，另有 1 万美元出让金还留存绍兴经济开发区开发建设委员会。审计就加强对二级、三级地产市场的宏观调控，强化对土地资源的宏观管理，合理确定地价，提高土地利用效益，在国有土地使用权有偿使用收入上执行收支两条线管理等方面提出处理意见和建议。

绍兴市财税局的主要问题：两年耕地占用税减免 186.90 万元；市财税局收到市土管局上缴土地出让金 3317.50 万元，全额纳入市城市共建费专项资金户。审计就加强国有土地使用权有偿使用收入的管理，执行财政收支两条线管理，综合开发资金使用情况的监督等方面提出建议。

1994 年 3—4 月，省审计局对金华市土地管理局 1992—1993 年度的国有土地使用权出让和国土资金征收、管理、使用等情况进行审计。发现的主要问题：1. 资金管理分散，出让国有土地使用权获得的有偿收入未实行收支两条线管理。2.4000 万元土地出让金改变用途，成为企业注册资金。3. 提高土地出让业务费的提取标准，又重复列支行政事业费支出 610.37 万元。4. 国土资金沉淀在经管单位用于外借。5. 划拨土地进行房地产开发。审计就深化土地使用制度改革，建立土地价格评估机构，利用外资进行土地开发，国土资金要纳入市财政，实行收支两条线管理等，提出处理意见和建议。

1994 年 4 月，省审计局对舟山市、定海区和普陀区土管局、财税局及舟山市经济开发区、舟山东港开发区、朱家尖开发建设管委会 1992—1993 年度国土资金征收、管理使用情况进行审计。发现的主要问题：1. 资金管理分散，国有土地使用权有偿出让收入未完全实行收支两条线管理。2. 减免出让金 5293 万元。3. 国有土地转让缺乏前提条件。4. 出借出让金 657 万元。5. 出让金 25 万元从管理费核销，作为对企业的长期投资。6. 用出让金支付商品房定金 8 万元列作业务支出。审计还就土地批租和国土资金的征管、使用工作，引进外资开发土地等提出处理意见和建议。

1996 年 3—5 月，省审计厅组织省本级和 11 个市地审计机关，对 13 个市、县(市) 1994—1995 年度国有土地使用权出让金征收、管理和使用情况进行审计。1994—1995 年，13 个市、县(市)共签订国有土地有偿出让合同 4159 份，出让面积 1282.87 公顷，地价款总额 18.37 亿元。发现的主要问题：1. 出让金未纳入财政预算实行收支两条线管理，开发区普遍存在自收自用出让金的情况。2. 挤占挪用出让金 1.12 亿元。3. 土地出让金多头管理，随意减免情况屡有发生。4. 化整为零出让土地的情况依然存在。5. 欠收土地出让金情况相当严重。审计就加强土地出让金管理和土地法律法规的宣传提出处理意见和建议。

2003 年 6—11 月，省审计厅组织杭州市、金华市审计机关，对杭州市 2001—2002 年国有土地使用权审批流转和有关土地资金的征、管、用等情况进行审计。发现的主要问题：1. 违规制定征地实施程序。2. 耕地保有量、建设占用减少耕地数、农用地转用数超过土地利用总体规划和土地利用年度计划下达数。3. 外移基本农田 9100 公顷，3 个国家级开发区、萧山区、余杭区未全部纳入杭州市土地集中供应。4. 未批先征、未批先建，部分经营性用地未实行招标拍卖挂牌出让。5. 出让土地存在问题。低价协议出让土地，出让价格确定的自由裁量面过大，闲置土地，部分地块出让年限不符合国家规定，部分地块未经地价评估协议出让，违规约定土地出让金缴款时间，违规审批设立园区8个，园区土地使用率低。6. 土地出让金征管方面存在问题。土地出让金未按规定及时足额征收、上缴并实行收支两条线管理，土地出让金未全额纳入基金预算专户管理，违规使用土地出让金。7. 违规收费。审计就及时修编土地利用总体规划，严格执行城市规划和土地利用年度计划，加强土地出让金征收管理使用，建立土地储备成本的事前预算控制制度等提出处理意见和建议。

2005年3—5月，省审计厅组织各市审计机关，对衢州市本级、富阳、宁海、瑞安、新昌、德清、平湖、永康、天台、江山、松阳、嵊泗12个市（县）2003—2004年国有土地使用权出让、划拨、转让以及土地出让金的征、管、用和土地收储、征用和整理等情况进行专项审计调查。发现的主要问题：1. 土地征用环节问题。未实行统一征地，用地单位各自征地、签订征地协议。未办理农用地转用审批手续。2. 土地出让未严格执行有关规定。低于基准地价70%协议出让土地造成少收土地出让金1.27亿元。经营性用地违规协议出让。部分项目用地存在人为拆分报批、未批先出让等。3. 项目用地屡有违规。建设项目用地未批先建、未经批准改变用途612宗。用地单位对受让土地未动工建设，造成闲置土地34宗。4. 土地出让金征、管、用方面问题。大量土地出让金被当地政府减免、抵扣、返还。用地单位欠缴土地出让金数额巨大。挤占、挪用土地出让金现象普遍、数额巨大。普遍存在土地出让金未及时上缴财政专户。5. 土地整理及造地改田资金管理方面的问题。部分市（县）未将耕地开垦费、土地整理结余资金等1.58亿元纳入造地改田资金专户，滞留在财政预算外资金专户。6. 土地收储方面问题。土地未实行统一收储。收储土地负债数额过大。土地储备中心将土地抵押贷款，储备土地未缴纳有关税费。审计就坚持土地集中统一管理制度，严格执行土地管理各项政策，强化对存量建设用地的调整和改造，严格土地出让金征收管理和使用，规范税费收支管理等提出相应意见和建议。省委书记习近平对该审计项目信息专报作出批示。省长吕祖善等领导对该审计项目综合报告作出批示。

2007年3—6月，省审计厅组织全省审计机关，对各市、县（市、区）2005—2006年国有土地使用权出让金的征收、管理、使用情况进行专项审计调查。发现的主要问题：1. 土地出让金征收管理中存在问题。违规减免5.72亿元土地出让金、抵扣3.02亿元。欠缴土地出让金270.99亿元。2. 土地出让金使用管理中存在问题。土地出让金直接或间接返还18.12亿元，用于出借、对外投资等15.91亿元，用于弥补经费9.81亿元、平衡预算5.34亿元，用于办公楼建设5.82亿元。其他未按规定使用土地出让金8.02亿元。3. 土地出让金核算管理中存在问题。部分县（市、区）土地出让金未设财政专户、未全额纳入出让金财政专户核算。4. 国土部门对土地出让合同未及时完整进行台账登记和宗地核算。审计就强化规范意识，严格预算管理，增强法制意识，严格执行土地管理各项政策，加强部门协作，完善土地出让金的征收管理机制，加强核算管理，规范使用土地出让金等提出相应意见和建议。省长吕祖善等省领导对该审计项目综合报告和信息专报作出批示。

(二)造地改田资金审计

造地改田资金主要用于土地开发、土地整理、土地复垦、其他支出以及与造地改田工程有关的工程设备购置和必要的管理支出等。1997 年起，省审计厅对全省和省本级造地改田资金进行 8 次专项审计。

1997 年 7 月，省审计厅组织全省 86 个市、县(市、区)审计机关，对全省 1996 年 1 月至 1997 年 6 月造地改田资金征收、管理、使用情况进行审计调查。发现的主要问题：1. 造地改田资金应征未征数额大，全省各市、县(市、区)均有较大的漏征、欠征问题。2. 随意减、免、缓情况突出。3. 造地改田资金利用率低、闲置沉淀多。4. 截留、挤占、挪用问题较为严重。5. 专户管理，专项结算，封闭运行的规定未能切实执行。审计就加强对造地改田资金征收、分配、管理、使用、检查监督提出处理意见和建议。

1998 年第四季度，省审计厅组织全省审计机关，对 1997 年 10 月至 1998 年 9 月造地改田资金进行审计。发现的主要问题：1. 造地改田资金应征未征，违规减、免、缓问题严重，全省各市、县普遍存在。耕占税本期全省(除宁波)纳入造地改田资金。造地费和复垦基金应征未征合计 1.59 亿元。违规减、免、缓问题依然存在。2. 截留、挤占、挪用造地改田资金问题依旧。3. 造地改田资金未能按要求专户管理、封闭运行。4. 造地改田资金沉淀闲置多，合理利用率低。审计就认真贯彻有关“国家实行占用耕地补偿制度”的规定，确保行政区域内的耕地总量动态平衡；土管、财政等部门要根据以上精神，取消和归并一些收费项目等提出建议。

2007 年 8—10 月，省审计厅组织部分审计机关，对舟山市本级和 12 个市、县(市、区)2005—2006 年造地改田资金筹集、管理、使用情况进行专项审计调查。发现的主要问题：1. 造地改田资金筹集、管理方面存在问题。造地改田资金未及时足额计提征收，滞留资金 4.58 亿元，未设财政专户或未全额纳入财政专户核算管理。2. 造地改田资金使用方面存在问题。出借或以垫付资金形式变相出借造地改田资金 3.66 亿元。造地改田资金超范围使用 8050.63 万元。造地改田资金结存较大，投入造地改田项目比例偏低。造地改田项目资金存在资金拨付环节多、资金拨付不及时等情况。3. 造地改田项目实施、管理方面存在问题。项目未按计划实施，部分项目建设存在立项程序不合规。耕地占补平衡存在质量上不平衡的现象。部分建成的标准农田与规定标准存在一定差距。部分项目存在不同程度的抛荒现象。审计就完善制度，重视征收管理，加强资金使用管理，强化质量管理，及时足额筹措造地改田资金，建立健全项目资金追踪问效机制，增强政府统筹管理能力，提高造地改田资金使用绩效，提高土地利用率等提出处理意见和建议。省长吕祖善对该审计项目综合报告作出批示。

2008 年 5—9 月，省审计厅组织部分审计机关，对 25 个县(市、区)2006—2007 年土地整理资金使用情况进行专项审计调查。发现的主要问题：1. 资金管理方面。制度规范相对滞后。部分土地整理资金未纳入财政专户管理，存在层层滞留和移用现象。乡镇白条支付工程款现象较为普遍。机构设置重叠，部分资金支出失去部门预算监督与控制。2. 工程管理方面。工程招投标制度执行不到位。工程预决算管理不规范。3. 新增耕地面积管理方面。对新增耕地面积控制程序不严，存在将原有耕地反映为新增耕地情况，部分新增耕地面积不实。

4. 折抵指标管理方面。折抵指标调剂价格机制有待完善。个别地方买入土地折抵指标向多个账户汇出资金。历年利息收入未上缴省财政。5. 测绘市场管理方面。土地整理及复垦工作开展尚未形成健康公平的外部测绘市场。6. 后续管理方面。后续管理制度不健全。土地整理后不同程度存在耕地闲置情况。部分建设用地复垦损毁严重。审计就完善土地整理及复垦工作的相关政策制度，严格实行公开招投标，正确处理好发展粮食生产与高效生态农业的关系等提出处理意见和建议。省长吕祖善等省领导对该审计项目信息专报作出批示。

2010 年 3—4 月，省审计厅对三门县 2008—2009 年百万造地资金筹集、管理、使用情况及造地项目实施情况进行了专项审计调查。发现的主要问题：1. 部分造地资金的管理和使用不符合规定。将标准农田和耕地结余资金用于县国土大楼建设，委托造地资金及建设用地复垦指标调剂资金未及时上缴县财政等问题。2. 部分造地项目建设、实施和管理不符合规定。3. 省重点低丘缓坡开发造地项目未按规定实行招投标。审计就规范造地资金的管理和使用，强化造地项目支出预算管理，提高财政资金使用绩效等提出处理意见和建议。

（三）其他专项审计与审计调查

2008 年起，省审计厅对标准农田建设、存量土地资产、矿产资源等内容进行 4 次专项审计。标准农田建设主要关注资金的投入、管理和标准农田的数量、质量情况。存量土地资产主要关注土地收储、土地确权登记发证、农转用批次申报、供地计划执行和政府存量土地经营等情况。矿产资源主要关注其开发利用情况。

2008 年 6—7 月，省审计厅对上虞市 2005—2007 年耕地保有量和基本农田存量资源开展审计调查。发现的主要问题：1. 耕地保有量及基本农田数量质量方面存在问题。规划批复下达数与上报数不一致。林地与耕地存在重复统计。部分开发、整理和复垦项目耕地质量不高。部分耕地面积不实，耕地中水面面积过大。2. 耕地和基本农田保护考核和管理方面存在问题。海涂耕地和基本农田保护责任书未签订。乡镇基本农田管理不到位。村级管理未落实到户。3. 违法用地方面存在问题。罚款标准不统一，执行不到位。没收建筑物未执行。拆除建筑物的处罚未执行。审计就加强土地总体利用规划、海涂耕地和基本农田保护，加强对违法用地的处罚，健全国土部门统计工作等提出处理意见和建议。省领导对该审计项目信息专报作出批示。

2009 年 3—6 月，省审计厅及各市审计机关，对 13 个县（市、区）1998—2007 年标准农田建设情况进行专项审计调查。发现的主要问题：1. 标准农田建成质量不高，离目标存在较大差距。2. 标准农田数量不实，扣除非法占用面积后少于任务面积情况比较普遍。3. 标准农田入库和上图数据不吻合，电子图库不能准确反映标准农田的面积和现状。审计还就完善标准农田建设、管护制度，加大土壤改良资金投入，严格土地执法监察等提出处理意见和建议。省长吕祖善等省领导对该审计项目综合报告作出批示。省政府办公厅出台了《关于开展标准农田质量提升试点工作的通知》，启动 31 个县（市、区）标准农田质量提升试点。

2010 年 3—6 月，省审计厅及各市审计机关对临安市等 14 个县（市、区）至 2009 年政府存量土地资产情况进行专项审计调查。发现的主要问题：1. 存量土地管理不规范，批而未供土地面积大，土地利用率与省政府要求目标存在较大差距。2. 地方政府利用存量土地违规进行担保，抵押情况比较突出，金额巨大。3. 国土部门监管不严，预征土地现象十分严重。4. 土地登记管理薄弱问题较为普遍，部分地区存在违规办证情况。审计还就规范管理，完善存量土地相关法规、制度，严格纠正违法办理土地证问题等提出处理意见和建议。省领导对该审计项目综合报告作出批示，发布了《全省政府存量土地资产专项审计调查结果公告》。

第二节　环境保护审计

1987年起，省审计厅本级开展对环境保护部门财务收支审计和环境保护专项审计调查，促进环境保护基本国策的落实。长期关注环保部门预算、决算执行，预算外经费管理等财务收支使用管理情况，关注环境治理资金、水环境治理、水污染防治、生态公益林建设等热点问题。至2010年，省审计厅共完成环境保护审计项目20个，其中财务收支审计项目5个，专项审计及审计调查项目15个。

表38-12-2-1　　1987—2010年浙江省审计厅对环境保护审计一览表

年度	审计项目
1987	省环境监测中心、杭州市科技咨询服务部春节滥发实物款等问题调查审计
1991	省环保科研所财务收支审计
1993	省环保局环境资金收支管理情况调查审计
1998	省环保局财务收支审计、全省环保资金同步审计(全省统一组织)
2000	杭州、宁波、温州三城市排污费审计(全省统一组织)，杭州市排污费收支审计
2001	全省环保资金审计(全省统一组织)、省环保局环保资金审计
2004	省环保局财务收支审计、全省环境保护部门财务收支审计(全省统一组织)
2008	省本级“811”环境污染整治行动建设资金专项审计、全省“811”环境污染整治行动建设资金专项审计(全省统一组织)、义乌市“811”环境污染整治行动建设资金专项审计、林业厅本级重点生态公益林建设资金专项审计、部分县(市)重点生态公益林建设资金专项审计(全省统一组织)、建德市重点生态公益林建设资金专项审计
2009	太湖流域水污染防治专项审计调查(全省统一组织)
2010	钱塘江流域生态保护和水环境整治专项审计调查(全省统一组织)、金华市本级钱塘江流域生态保护和水环境整治专项审计调查

资料来源：浙江省审计厅档案室。

一、环境保护部门审计

1987年起，省审计厅对全省和省本级环保部门进行财务收支审计。主要关注部门预算、决算执行，预算外经费管理等财务收支使用管理情况。至2010年，省审计厅共实施环境保护部门财务收支审计6个。

1987年4—5月，省审计局对省环境监测中心1986年1月至1987年3月预算外资金的收支情况进行审计调查。发现的主要问题：1. 将预算外管理的纵向课题结余资金转作预算外经营收入。2. 各项专用基金之间自行确定留成比例。3. 发放实物。4. 移用设备购置等专项拨款冲抵商品房暂付款。5. 漏缴“能交基金”。6. 挤列预算外课题成本。审计就加强财务管理和对预算外资金管理等提出处理意见和建议。

1991年9—10月，省审计局对省环境保护科研所1990年度预算内外财务收支进行审计。发现的主要问题：1. 私设“小金库”，乱发咨询费和劳务费。2. 虚列专项设备款支出，截留国家专项拨款。3. 部分预算外收入漏缴“两金”。4. 部分预算外资金存款利息收入账务处理不符合现行会计制度的有关规定。5. 部分经营收入转入杭州市科技咨询中心，从中套取现金，乱发津贴和奖励。审计建议省环保科研所要开拓正规的渠道，用足用好国家对科技人员的优惠政策，对联营单位的往来账目进行清理核实，加强财务控制和监督。

1997年11月，省审计厅对省环保局1996年11月至1997年9月的财务收支情况进行审计。发现的主要问题：1. 省环保局账面反映应收未收的二氧化硫排污费6422.40万元。2. 全省各地环保部门应上缴省环保局的排污基金1833.20万元，实际收缴544.86万元，占应缴数的29.72%；尚有1288.34万元未收缴。3. 省环保局收缴的排污费和环保基金，尚有1021.74万元的排污费收入和478.25万元的环保基金未上缴国库。4. 省环保局环保贷款逾期未收回767.50万元，占贷款总数的43.72%，严重影响了环保资金的周转和安全。审计就加强环保资金的内部管理，对应收未收的环保资金和逾期环保贷款资金等提出处理意见和建议。

2004年2—3月，省审计厅对省环保局2003年度财务收支进行审计。发现的主要问题：1. 未经财政批准，将环保业务补助资金157.35万元用于办公大楼装修和弥补行政经费不足。2. 局机关工作人员在浙江省环境科学学会领取奖金、津贴。3. 收取下属事业单位赞助款97万元，用于发放职工奖金、津贴。4. 部分物品采购未执行政府采购制度。5. 固定资产1.18万元未入账。6. 延伸审计下属单位发现的问题。课题管理费中列支浙江省固体废物管理中心会议费。省环科院有合同预收款未及时清理。审计就加强环保贷款基金、污染治理资金、财政贴息补助资金、排污费基金等财政性资金的管理，健全和完善内部管理制度，加强和督促下属单位依法合规经营，规范财务核算等情况，提出改进意见和建议。

2004年上半年，省审计厅组织全省审计机关，对全省87个环境保护部门2003年度财务收支情况进行审计。发现的主要问题：1. 排污费征收方面存在问题。未按规定全面开征排污费，大量排污单位未纳入征收范围。全省排污费征收力度不够，应征未征、少征排污费情况较普遍，排污收费存在协商收费、人情收费、违规减免等情况。对欠缴的排污费催收力度不够。征收的排污费未按规定及时上缴国库。排污费征收环节内部控制制度不够健全。2. 环保治理资金使用方面存在问题。征收的排污费用于污染治理的投入严重不足,资金投向不合理。挤占、挪用排污费现象时有发生。环保部门未按进度拨款、滞留排污费情况较为普遍。3. 环保贷款资金管理方面存在问题。至 2003 年,全省共结余环保贷款基金 1.88 亿元,存在环保贷款基金逾期情况严重,大量环保贷款无法收回。环保贷款及利息收回后大量滞留在环保部门,未及时上缴财政用于污染治理。环保贷款违规豁免。审计提出处理意见和建议。省长吕祖善等省领导对该审计项目信息专报和综合报告作出批示。

二、环境保护专项审计与审计调查

1993 年起,省审计厅开展环境保护专项审计与审计调查。主要关注环境治理资金、水环境治理、水污染防治、生态公益林建设等。至 2010 年,省审计厅共完成环境保护专项审计与审计调查项目 15 个。

(一)环境治理资金

1993 年起,省审计厅对全省和省本级环境治理资金进行专项审计。主要包括排污费征收、解缴、使用和环保补助资金分配、拨付以及建设、治理项目资金管理使用情况。

1993 年 3 月,省审计局对省环保局 1992 年度环保资金的收支、管理情况进行审计。发现的主要问题:1. 征收方面主要表现在排污费征收不足和欠缴。排污费未按规定及时足额收缴。已征收的排污费未及时解缴国库。2. 资金投向及使用方面存在挪用及投向不尽合理等问题。挪用污染源治理贷款基金。未按规定设立污染源治理专项基金。部分环保资金贷款不符合有关规定。未按规定提取一定比例的资金单独设立污染源治理专项基金。环保补助费使用比例明显不合理。3. 管理方面存在监督不力、制度不全、手续不完备等问题。对污染源治理贷款基金的使用,缺乏监督。环保资金拆借使用,贷款利率偏低等。对贷款治理项目竣工验收,缺乏对资金使用情况的验收和监督。贷款资金的会计账务处理所附原始资料不完整。逾期未收回的环保贷款数额较大,影响资金周转以及造成部分贷款难以收回。环保贷款豁免条件不明确,缺乏可操作的监督管理手段。审计就完善征收、管理制度,增强内部制约机制等提出改进意见和建议。

1997 年 10 月,省审计厅组织全省审计机关,对全省 1995 年 1 月至 1997 年 9 月环保资金的征收、解缴、使用、管理等情况进行审计。发现的主要问题:1. 应收的排污费未能及时足额收缴,欠缴的单位多,欠缴的数额较大。2. 已征收的排污费未能及时足额上缴同级财政纳入预算管理。3. 违规贷款和违规使用环保资金。4. 积存偏高沉淀多,未将现有环保资金充分发挥作用。审计就加强依法征收力度、加强环保资金的管理、规范会计核算、加强财务管理等提出处理意见和建议。

2000 年 6 月,省审计厅组织对杭州、宁波、温州 3 市 1998—1999 年度排污费征收、解缴和环保补助资金、污染源专项基金的分配、拨付以及用款单位和污染源治理项目资金管理、使用、效益情况进行审计。发现的主要问题:1. 排污费收入方面存在问题。未及时足额征收排污费。截留、挪用排污费收入。排污费收入转存定期。排污费未及时足额解缴金库。2. 环保治理资金使用中存在问题。预算违规安排环保治理资金用于非环保治理项目。温州市本级超比例安排环境监测中心用于自动监测系统建设经费。移用和占用环保治理资金。环保资金违规出借或被自身建设占用。3. 环保补助费方面存在问题。超范围安排使用环保补助费。4. 环保贷款资金方面存在问题。企业挪用环保贷款。违规发放环保贷款。部分环保贷款未按期收回,逾期率较高。5. 部分污染源治理项目未能按计划完成。审计就挤占环保补助资金,修改完善排污费资金管理的法规制度,推行总量排污水费等提出处理意见和建议。

2001 年 1—5 月,省审计厅组织全省 85 个审计机关,对 2000 年度全省环保资金(重点是排污费)的征收、管理、分配和使用情况进行同步审计。对全省 330 家缴纳排污费的企业及污染源治理项目进行延伸调查,审计总金额 9.80 亿元。发现的主要问题:1. 排污费征收环节存在问题。全省共少征、少缴、欠缴排污费金额高达 2.36 亿元。主要表现为排污费征收不力,征收的排污费未按规定上缴财政,应缴未缴情况还比较严重。2. 环保资金在使用方面存在问题。全省被挤占、挪用环保资金等违纪、违规金额达 1.13 亿元。主要表现为挪用于建房、购车 747.39 万元。挪用于弥补行政经费及滥发奖金 2975.30 万元。违规出借 1696.60 万元。挪用于与排污单位污染源治理无关的支出 3918.90 万元。3. 环保贷款基金使用方面存在问题。全省 2000 年环保贷款基金结余共 2.55 亿元。违规豁免。部分治污项目效果不明显。4. 资金管理方面存在问题。大量资金结存,未充分发挥环保资金的使用效益。会计核算不规范。审计就加大征收力度,改革环保资金的分配和支出管理办法,改进排污费核算体制等提出处理意见和建议。省长柴松岳对该审计项目信息专报作出批示。

2008 年 3—4 月,省审计厅对 2005—2007 年度省财政安排用于"811"环境污染整治行动资金投入、省本级承担的全省环境自动监测网络建设项目资金使用及项目实施情况进行专项审计调查。发现的主要问题:1. 省环境监测项目实施未执行规定的基本建设程序。2. 空气自动监测站仪器款地方配套资金 398.47 万元未到位。3. 省环境监测项目采购的仪器设备未登记固定资产科目。审计就规范项目基本建设程序管理,加快省环境建设项目后续工作,加强省环境监测项目财务管理等提出处理意见和建议。

2008 年 3—6 月,省审计厅组织部分审计机关,对省本级和杭州、绍兴、丽水等 18 个市(县)2005—2007 年度"811"环境污染整治行动建设资金的投入、管理和使用情况进行专项审计调查。发现的主要问题:1. 环境状况虽有所改善,但减排任务依然严峻。主要表现在机动车尾气污染日趋严峻、部分地区结构性污染依然存在、企业偷排、超标排放时有发生。2. 环保基础设施建设管理不到位,项目绩效未充分发挥。主要表现在部分污水处理厂污水处理量不足,工艺设计存在缺陷,部分设备闲置,污水处理效果不够明显。环境自动监测监控系统运行不够稳定。垃圾集中处置设施运行管护不到位。3. 污水处理收费政策执行不到位,征收管理有待规范。污水处理费收费标准与标准存在一定差距。污水处理费征收管理缺乏制度约束。计提支付污水处理费代征手续费缺乏统一的标准。欠缴、应征未征、滞留污水处理费情况比较突出。自备水源污水处理费征收困难。4. 排污许可证制度执行不够到位,大量排污企业未置于环保部门有效监管之下。审计建议:环保部门要落实排污许可证制度,抓紧落实机动车检测国家标准，加快管网建设和省环境监测项目后续监管工作；省政府要尽快出台规范污水处理费征收管理的制度，确保污水处理费及时、足额征收和统筹管理使用。省长吕祖善等省领导对该审计项目综合报告作出批示。

（二）生态公益林建设审计

2008年，省审计厅对生态公益林建设进行专项审计。主要关注生态公益林林区建设、管护和制度落实情况以及生态公益林建设资金的使用、管理和绩效情况。

2008年7—9月，省审计厅组织部分县（市）审计机关，对建德、象山等25个县（市）2006—2007年度重点生态公益林建设资金的使用、管理和绩效情况进行专项审计调查。发现的主要问题：1. 资金拨付不及时，财政结余较多，影响投资绩效。2. 财政配套资金不到位，会计核算不够规范。3. 护林员结构不合理，支付劳务费偏低，林区管理措施还需进一步完善。4. 专项资金使用不够规范，财务监督相对薄弱，资金管理存在隐患。5. 省重点生态公益林管理制度相对滞后，部分条款已经不适应形势发展要求。审计就修订完善制度，建立责任追究制度，坚持建管并重等提出处理意见和建议。省长吕祖善等省领导对该审计项目综合报告作出批示。

2008年7—8月，省审计厅对省林业厅2006—2007年度重点生态公益林建设资金进行专项审计调查。审计调查结果表明，省林业部门能认真贯彻省委、省政府生态省建设的战略部署，加强工作筹划，完善目标责任，先后制定了公益林管理、资金补偿和考核等管理办法，认真勘划和及时公布全省重点生态公益林面积，初步建立相关信息管理系统，连续两年发布重点生态公益林建设与效益公报，积极宣传生态文明。审计就完善管理制度、及时改进资金补助模式、建立生态补偿标准的定期增长机制、加强对专项资金的检查监督等提出处理意见和建议。

（三）水污染防治审计

2009年起，省审计厅对水污染防治进行专项审计。被审计的水污染防治主要包括太湖流域和钱塘江流域水污染防治、生态保护和水环境治理等方面的资金筹集、管理和使用情况。

2009年5—8月，省审计厅组织杭州、嘉兴、湖州及部分县（区）审计机关，对2008年度太湖流域水污染防治情况进行专项审计调查。发现的主要问题：1. 太湖流域水环境质量改善不够明显。2. 个别地区饮用水安全存在一定隐患。太湖流域嘉兴地区地表水水源地水质为Ⅳ类和Ⅴ类，没有符合水功能区的饮用水水源地标准。3. 污水处理设施建设进展不平衡。主要体现在污水处理厂与管网建设不平衡、新污水处理厂建设与老污水处理厂提标改造不平衡、污水处理和污泥处理不平衡。4. 污水处理企业运营管理方面存在一定问题。杭州天创水务有限公司未及时支付杭州七格污水处理厂二期资产转让款32461.5万元。5. 少数垃圾处理存在安全隐患。主要表现为个别垃圾填埋场渗滤液未能实现达标排放。个别乡镇的部分垃圾堆放在临时垃圾填埋场，未进行规范的无害化处理。少数垃圾中转站建设未经用地审批，未办理土地证。6. 重点污染源在线监控系统效果不明显。7. 农村面源污染治理方面存在一些问题。8. 水污染防治资金筹集、管理和使用不够规范，防治工作体制、机制不够畅通协调。审计就健全污染治理体系，加大统筹治理力度，加强饮用水保障体系建设，完善在线监控体系建设，加快环保基础设施建设，积极推进农村面源污染治理等提出处理意见和建议。省长吕祖善等省领导对该审计项目信息专报作出批示。省政府采用《审计建议尽快出台排污许可证管理条例》审计专报，并上报国务院办公厅。省审计厅撰写审计信息50多篇，全方位、多角度、深层次地宣传了浙江省太湖流域审计开展情况。其中，多篇被中央级媒体、《中国审计报》、审计署网站等采用。

2010年5—8月，省审计厅组织21个县(市、区)审计机关，对2008—2009年度钱塘江流域生态保护和水环境整治情况进行专项审计调查。发现的主要问题：1. 流域水质改善未完全达到预定目标，重点污染地区污染形势仍然严峻。2. 环境治理多头管理，体制不够顺畅协调。3. 环境治理设施建设滞后，工程减排效果低于预期。4. 工业园区环境治理存在薄弱环节，农村面源污染治理效果不够明显。审计就整合部门资源，强化生态保护和水环境整治协调力和执行力，加大重点地区、重点行业环境整理力度，健全工业园区(开发区)环境管理体制，重视农村面源污染治理等提出处理意见和建议。省政府有关部门对审计发现的问题高度重视，积极督促和整改。省长吕祖善等省领导对该审计项目综合报告和信息专报作出批示。《审计建议加快建立千岛湖水资源保护机制》被省政府上报国务院办公厅信息采用。

第十三章　社会保障审计

社会保障审计是审计机关依法对政府主管部门管理和受政府委托由社会团体管理的养老、医疗、工伤、失业等社会保险基金和各项社会福利、社会救济、社会捐赠、社会优抚及医疗卫生、慈善残疾等资金的筹集、管理、使用情况，以及各相关单位财政财务收支及有关经济活动的真实性、合法性和效益性进行的审计监督。浙江社会保障审计主要组织实施全省社会保障、民政事业、医疗卫生、食品药品监督等部门财政财务收支审计、专项资金审计及执行国家相关政策的专项审计调查。

浙江省社会保障审计始于1988年，经历3个阶段。1988—1994年：审计机关成立初期，主要以行政事业单位定期报送审计和年度财务审计为主。1988年，全省首次开展以救灾救济资金为重点的民政事业经费同步审计，开启社会保障类专项资金审计。1992年，全省首次开展养老保险和待业保险基金同步审计，以养老保险为主要组成部分的社会保障资金审计开始起步，成为重要审计种类之一。这一时期，审计的主要目标是查错纠弊，揭露各类侵占挤占、挪用移用和损失浪费等问题。1995—2000年：随着社会保障体系和制度的完善，资金规模不断扩大，社会保障审计日趋经常化、全面化。1995年《审计法》实施，社会保障基金和社会捐赠资金等审计成为审计机关的重要职责。全省社会保障审计领域和覆盖面逐步扩大，养老、就业、医疗、工伤、生育保险等“老五险”基金，以及社会捐赠、福利、救济、优抚、慈善、残疾、医疗、卫生、红十字等专项资金，成为审计机关“民生资金”审计的重要组成部分，得到各级政府高度重视和社会各界普遍关注。2001—2010年：随着社会事业的发展，社会保障领域由城镇职工向城镇和农村居民拓展，审计机关全面开展城乡居民养老、医疗社会保险和新型农村合作医疗等“新三险”基金审计，以及医疗卫生机构、慈善总会、红十字会、残疾人就业保障、城乡最低生活保障、被征地农民社会保障及抗震救灾捐助和移民安置等相关社会保障资金的审计和审计调查。2003年起，全省连续7年开展社会保障基金审计。这一阶段，社会保障审计进一步向政策制度合理性有效性拓展和深化：从关注资金安全向更多地关注制度的完整性、有效性和可持续性转变；从单项资金的审计向促进社会保障体系的健全、完整和有效性转变；从单个部门单项社保信息的准确性、有效性向以多部门相关信息为基础，分析检查全社会社保信息的正确性、完整性转变。

至2010年，省审计厅共完成社会保障审计项目129个。其中财政财务收支审计项目47个，专项审计及审计调查项目82个。有28个审计项目受到省主要领导批示，部分项目在省级以上报刊报道。

第一节　社会保障系统审计

1992 年起，全省审计机关开展对社会保障部门、社会保险基金及其他社会保障资金审计。其中社会保险基金审计主要关注城镇职工五项社会保险基金及农村养老保险基金、新型农村合作医疗、农村养老保险、城乡居民社会养老保险等新型社会保险基金。至 2010 年，省审计厅共完成社会保障系统审计 62 个，其中财务收支审计项目 9 个，专项审计及审计调查项目 53 个。

表 38-13-1-1　　1992—2010 年浙江省审计厅对社会保障系统审计一览表

年度	审　计　项　目
1992	全省养老保险基金、待业保险基金专项审计（全省统一组织）
1994	杭州市劳动局养老保险基金及失业保险基金专项审计、绍兴市劳动局养老保险基金及失业保险基金专项审计、金华市劳动人事局养老保险基金及失业保险基金专项审计、嘉兴市劳动局养老保险基金及失业保险基金专项审计、杭州等 5 市养老保险基金及失业保险基金专项审计
1996	温州市劳动局本级养老保险基金和失业保险基金财务收支审计、台州市劳动局本级养老保险基金和失业保险基金财务收支审计、舟山市人事劳动局养老保险基金和失业保险基金审计、企业职工养老保险基金和失业保险基金审计（全省统一组织）、省劳动厅预算执行情况审计、全省劳动部门预算内外资金审计调查（全省统一组织）
1998	省劳动厅财务收支审计
1999	省社会保险基金管理中心企业职工基本养老保险基金财务收支审计、全省各行业统筹企业职工养老保险基金专项审计（全省统一组织）
2000	全省企业职工基本养老保险基金收支预测审计调查（全省统一组织）、浙江省企业职工基本养老保险扩大覆盖面情况审计调查（全省统一组织）
2001	全省企业职工养老保险基金审计（全省统一组织）、省社会保险基金管理中心企业职工养老保险基金审计、湖州市企业基本养老保险基金审计、杭州市余杭区企业基本养老保险基金审计、省劳动和社会保障厅财务收支审计、省就业管理服务局财务收支审计、省农村社会保险基金管理服务中心财务收支审计
2002	省、市企业职工基本养老保险基金和失业保险基金审计（全省统一组织），省、市企业职工基本养老保险基金审计（全省统一组织），省社会保险事业管理中心企业职工基本养老保险基金审计，省就业管理服务局失业保险基金审计
2003	台州市社会保险基金审计，嘉兴市社会保险基金审计，13 个市、县社会保险基金审计（全省统一组织）

续表

年度	审　计　项　目
2004	绍兴市社会保险基金审计、舟山市社会保险基金审计、省劳动和社会保障厅财务收支审计、部分县(市)社会保险基金审计(全省统一组织)、新型农村合作医疗试点情况审计调查(全省统一组织)
2005	部分市、县失业保险基金审计(全省统一组织)、金华市社会保险基金审计、温州市社会保险基金审计、温州市失业保险基金审计、德清县被征地农民基本生活保障资金审计调查、杭州市萧山区和桐庐县新型农村合作医疗情况审计调查、全省被征地农民基本生活保障资金审计调查(全省统一组织)
2006	丽水市社会保险基金审计、衢州市社会保险基金审计、省级医疗保险基金审计调查、全省社会保险累计结余资金审计调查、部分县(市)新型农村合作医疗专项审计调查(全省统一组织)、全省城乡最低生活保障审计调查(全省统一组织)
2007	湖州市社会保险基金审计、全省农村养老保险基金审计(全省统一组织)、平湖市农村社会养老保险基金财务收支审计、宁波市鄞州区农村社会养老保险基金审计、全省社会保险基金专项审计调查(全省统一组织)、全省企业五项社会保险资金审计(全省统一组织)、温岭市失业保险金审计、实物抵缴社会保险费情况审计调查、被征地农民社会保障资金专项审计调查(全省统一组织)
2008	省本级五项社会保险基金审计
2009	省劳动和社会保障厅财政收支审计、全省企业五项社会保险资金审计(全省统一组织)、省本级社会保险基金审计、全省企业年金及金融危机对就业与社会保险基金的影响专项审计调查(全省统一组织)
2010	桐庐县城乡居民基本医疗保险专项审计调查、长兴县城镇居民基本医疗保险专项审计调查、武义县城乡居民社会养老保险专项审计调查、全省城乡居民社会养老保险基金审计(全省统一组织)、全省城镇居民基本医疗保险基金专项审计调查(全省统一组织)

资料来源:浙江省审计厅档案室。

一、社会保障部门审计

1996年起,省审计厅对社会保障部门开展9次财务收支审计。涉及社会保障管理部门及其下属单位等。

1996年上半年,省审计厅对省劳动厅1995年度预算内外资金进行审计,并组织全省审计机关分别对同级劳动部门开展了审计调查,共涉及85个劳动主管部门、152个社会保险机构、115个其他事业单位,审计调查资金总额45.96亿元。发现的主要问题:1. 预算外财务收支核算不合规,私设"小金库"。2. 固定资产未入账情况严重。3. 罚没收入未及时上缴财政。4. 部分劳动主管部门向下属单位摊派费用。审计作出处理意见,并建议:进一步加强预算内外资金管理,建立健全监督检查和处罚制度。

1998年4月,省审计厅对省劳动厅1997年度财政财务收支进行审计,并对省社会保险基金管理中心、省就业服务管理局1997年度财务收支进行审计调查。发现的主要问题:1. 固定资产入账不全，管理欠完善。2. 应转未转省劳动信息中心事业费112.04万元。3. 应作未作收入39.47万元。审计作出处理意见，并建议：加强国有资产管理，防止财物流失。

2000年12月、2001年2—3月，省审计厅分两个阶段对省劳动和社会保障厅1999　2000年度财政财务收支进行审计。发现的主要问题：1. 未经批准擅自收取退休证费用44.15万元。2. 利用工会银行账户，收取文件汇编、退休证等费204.32万元，部分用于职工福利发放。3. 移用预算资金66万元，通过工会账购买2套干部住房。4. 资料和文件汇编经费收支在"暂存款"科目核算，用现金支付各处室发行费184万元，脱离了会计监督。5. 厅机关食堂投资副食品基地17万元，已收回本金13万元，尚有4万元未能收回。审计作出处理意见，并建议：增强财经法纪观念，加强财务管理及对财务会计人员的业务培训。

2004年6—7月，省审计厅对省劳动和社会保障厅2003年度财务收支情况进行审计。发现的主要问题：1. 书款及房租收入在工会账户入账，征缴手续费收入未入厅机关财务账。2. 收到劳动和社会保障部拨入劳动力市场建设补助经费136万元，未及时下拨至各试点城市，以用于部里部署的工作任务。3. 向13所技工学校出借资金300万元尚未收回。4. 向厅直属各单位下达经费上级指标，实收315万元，不符合有关规定。5. 下属单位存在失业保险和养老保险省级调剂金对外出借逾期未收回，失业保险省级调剂金收缴不及时。审计提出处理意见和建议。

二、社会保障资金审计

社会保障资金包括五项社会保险基金、新型社会保险基金、其他社会保障资金等。

（一）五项社会保险基金审计

1992年起，省审计厅组织对全省及省本级五项社会保险基金开展44次专项审计与审计调查。主要是企业职工基本养老保险、城镇职工基本医疗保险、失业保险、工伤保险和生育保险基金的征收、管理、使用情况审计项目。

1992年上半年，省审计局和11个市(地)、57个县(市、区)审计局，分别对本级劳动部门所属的70个养老保险基金管理机构和83个待业保险基金管理机构1990—1991年度养老保险基金、待业保险基金的收支、管理情况进行专项审计。全省审计覆盖率达80%左右，审计总金额19.56亿元，审计查出违纪违规金额8607万元，占审计总金额的4.4%。发现的主要问题：1 部分企业未参加统筹，部分企业欠缴、漏缴基金，部分地方不按规定标准筹集基金。欠缴、漏缴社会保险基金额合计364.13万元。2. 挪用、出借资金造成损失。3. 管理费使用范围规定不具体，存在主管部门侵占挪用管理费等现象。审计作出处理意见，并建议：规范基金统筹办法，提高社会化程度，以适应经济发展的需要；强化基金筹集管理；规范管理费的提取，明确其使用范围。

1994年3—4月，省审计局对杭州、嘉兴、绍兴、金华、湖州等5市劳动局经管的1993年度养老保险基金、失业保险基金进行专项审计。1993年，5市共筹集养老保险基金6.40亿元，支出6.30亿元，至年底累计结余2.89亿元，相当于5.5个月的平均支付能力。筹集失业保险基金 2549 万元，支出 1648 万元，至年底累计结余 4339 万元。发现的主要问题：1. 移用养老保险基金 2560.5 万元，占结存资金总额的 8.8%。2. 各管理机构自行出借基金，部分款项长期未收回；用基金出资投资入股。3. 以转业训练需要为名动用失业保险基金建造培训楼、饭店及兴办劳务市场。4. 部分城市养老保险收不抵支。审计作出处理意见，并建议：实行地方立法，杜绝挪用、侵占社会保险基金；应按国务院规定在全省范围内建立失业保险基金委员会；逐步建立养老保险基金的省级调剂基金，以提高调剂余缺。

1996 年上半年，省审计厅组织各市（地）审计局，对劳动部门经管的 1995 年度养老保险基金和失业保险基金收支和管理情况进行审计，全省审计 41 个单位，涉及 52 个市（地）、县（市），审计面 54%。1995 年全省养老保险基金收入 43.28 亿元，支出 33.51 亿元，当年结存 9.77 亿元；失业保险基金收入 1.97 亿元，支出 1.18 亿元，当年结存 7884 万元。本次审计总金额为 34.97 亿元，查出违纪违规金额 3.95 亿元，占审计总金额的 11.3%。发现的主要问题：1. 基金征收难。会计报表反映应收未收基金 3.26 亿元，拖欠情况较为严重。2. 基金使用管理不当，查出违纪违规金额 3.95 亿元。3. 部分结存基金保值增值得不到保证。4. 管理费提取比例高，随意性大，使用乱，结存多。审计作出处理意见，并建议：加强建章立制，规范政府、企业、参保人及经管机关的职责、权限和义务；取消现行社保机构管理费由各地自定提取比例的规定，改为由同级财政参照略高于本级行政事业单位经费额度，每年核定预决算。

1999 年 3—4 月，省审计厅组织全省审计机关，对 11 个市（地）、79 个县（市、区）和省本级 1998 年度企业职工基本养老保险基金的征收、支付、管理情况及 94 个社会保险经办机构的财务收支情况进行审计，对部分拖欠养老保险费的企业进行审计调查。1998 年，全省企业职工基本养老保险基金收入 60.97 亿元，支出 57.22 亿元，年末累计结余 36.58 亿元。审计表明，企业职工养老保险覆盖面逐步扩大，实施范围由国有企业、集体企业职工扩大到股份制企业、外商投资企业、私营企业职工和个体劳动者。审计共查出违纪违规资金 6.25 亿元，主要是挤占、挪用基金 0.95 亿元，未专户存储基金 4.56 亿元。发现的主要问题：1. 基金征缴情况不容乐观，结余基金支撑能力呈下降趋势。2. 共查出挤占、挪用养老保险基金金额 9499.61 万元，严重违反专款专用原则。3. 各地未按规定上缴省级调剂金。4. 查出隐瞒转移收入 412.75 万元，虚列支出 226.73 万元。5. 违规用基金提供经济担保。6. 违规办理提前退休 801 人，多支付养老金 132.20 万元。审计作出处理意见，并建议：扩大覆盖面，加强基金征收工作；规范管理，严禁挤占、挪用；加强省级调剂金的收缴力度，积极推进省级统筹。省长柴松岳等省领导对审计报告作出批示，要求各地政府高度重视社保工作，认真整改审计意见。该审计项目简报被省《政务信息》采用，省领导作出批示。

2000 年 6 月，省审计厅组织全省审计机关，对 2000 年度全省企业职工基本养老保险基金收支预测进行专项审计调查。经审计预测，全省 2000 年基金收入为 80.58 亿元，比上年增长 11.48%；2000 年支出为 80.32 亿元，比上年增长 14.45%；年末累计结余 39.51 亿元。预测结果表明，2000 年全省企业职工基本养老保险基金收支平衡。审计建议：进一步扩大基本养老保险覆盖面，加强基金征缴工作；积极拓宽筹资渠道，充实养老保险基金。

2000 年 4—7 月，省审计厅组织厅本级和 10 个市、县审计机关，对企业职工基本养老保险扩大覆盖面情况进行专项审计调查。审计表明，1999年省政府下达扩面指标为39.6万人，至年底实际扩面新增人数52.79万人，完成计划指标的133.31%，实际增收养老保险费16.4亿元。当年收支结余2.13亿元。全省养老保险扩面和征缴工作总体完成情况较好，初步扭转缴费人数逐年下降的局面，实现当年基金收支平衡并略有结余。发现的主要问题：1. 养老保险扩面工作进展不平衡，地区之间、扩面人数与基金实际征缴额之间差异较大。2. 政策宣传、征缴管理、监督有待加强。3. 养老保险法律体系不够健全。4. 扩面政策未能根据实际情况及时加以调整，给扩面工作造成诸多不便。审计建议：加快养老保险工作的立法进程修订和完善相关政策法规并加大政策宣传和舆论引导力度；加强基金征收力度，适当加大对欠缴、少缴、拒缴基本养老保险费的处罚力度，提高收缴率。

2001年3—6月，省审计厅组织全省审计机关，对11个市、79个县(市、区)和省本级1999—2000年度企业职工基本养老保险基金的征收、使用、管理情况及各级社会保险经办机构的财务收支情况进行审计。至2000年，全省参加企业养老保险的职工人数为417.25万人，2000年度全省企业职工基本养老保险基金收入93.20亿元，支出77.79亿元，年末累计结余54.66亿元。发现的主要问题：全省共查出违纪违规问题资金9.59亿元，其中：挤占、挪用资金1.41亿元，截留转移收入260.94万元，违规列支养老金709.42万元，未实行财政专户存储资金5.01亿元，抵偿养老金实物未变现和用于质押贷款等其他违纪资金3.07亿元。其中：1. 养老保险省级调剂金欠缴情况严重，全省共欠缴6309.37万元。2. 以前年度挤占、挪用基金情况未全部纠正，新的挤占、挪用问题又有发生。3. 基金征收困难，欠缴情况严重，支撑能力减弱。4. 以实物形式抵缴养老基金的情况较多，管理上存在漏洞。5. 养老保险基金收入不实，财政专户存储、收支两条线管理办法未严格执行。6. 部分基金存入国有商业银行以外的金融机构，风险较大。7. 养老基金负债运行，个人账户的空账风险不容忽视。审计作出处理意见，并建议：切实做好养老保险基金的欠费清缴工作，制定统一的机关事业单位职工养老保险管理办法，加强省级调剂金的收缴力度，加快推进全省养老保险基金的统筹。省长吕祖善对审计报告作出批示，要求认真整改落实。

2002年4月，省审计厅组织省市两级审计机关，对省本级和11个市2001年度企业职工基本养老保险和失业保险基金的征缴、管理、使用情况进行审计。至2001年，全省参加企业职工养老保险的人数为485.27万人，养老保险基金总规模为208.11亿元。全省参加失业保险的单位88970家，参保人数391.05万人，失业保险基金总规模为23.92亿元。审计表明，全省基金征缴和扩面工作取得很大成效，基本打破企业所有制界限和职工身份差别，实行统一保险制度。初步形成“地税征缴、财政管理、社保支付”的基金管理模式。审计共查出违纪违规问题资金2.04亿元。发现的主要问题：1. 资金总量不足，供需矛盾突出。2. 企业欠缴养老保险基金10.66亿元。3. 欠缴省级调剂金3919.25万元。4. 缴费基数不实，非公企业参保率低。5. 违规接收抵费资产，一次性缴费核算不规范。6. 保值措施单一，基金增值率低。7. 失业金支出不实，管理监督不严。审计作出处理意见，并建议：各级政府要加强对社会保险工作的领导；各级劳动和财政部门，应制定基金增值措施和运行机制；各级人大应加快社会保险立法。

2003年5—10月，省审计厅组织省、市审计机关，对台州、嘉兴2市及11个县（市、区）2002年度养老、失业、工伤和生育保险基金的征缴、使用和管理情况进行审计。审计表明：各地社会保障基金得到进一步充实；下岗职工基本生活费和企业离退休人员养老金得到及时发放，在册人员社会化发放率达100%。审计共查出违规金额3.20亿元，其中未实行专户储存1.71亿元、以物抵费781.07万元、当年拖欠基金8762.47万元、未上缴调剂基金398.61万元、其他违纪5726.31万元。发现的主要问题：1. 基金征缴情况不乐观，结余基金支撑能力不足。2. 社会保险基金收支不实，财政专户存储、收支两条线管理办法未完全实行。3. 以实物形式抵缴社会保险基金未按规定及时变现。4. 部分市、县未按规定上缴省级调剂金。审计作出处理意见，并建议：加大宣传力度，提高社会保险资金财政专户管理的认识，进一步拓宽筹资渠道，调整财政支出结构，逐步建立稳定的财政补充机制，完善被征地农民基本生活保障制度。省长吕祖善等省领导对该审计项目专报作出批示，要求深入研究审计发现的问题，落实整改。

2004年5—12月，省审计厅组织省、市两级审计机关，对绍兴、舟山、宁波、丽水4个市及9个县（市、区）2003年度养老、医疗、失业、工伤和生育保险基金的征缴、使用和管理情况进行审计，对部分参保单位的缴费情况进行抽查。审计表明：13个市、县社会保障工作取得明显成效。基金征缴管理进一步规范，以非公有制企业为重点的扩面工作有了很大进展，社会保障基金进一步充实；下岗职工基本生活费和企业离退休人员养老金及时发放，社会化发放率达100%。审计共查出违规金额6.56亿元。其中：挤占、挪用5476.44万元，未专户存储1.93亿元，以物抵费5528.42万元，税务部门收入户年底滞留2068.51万元，未上缴省级调剂金134.12万元，拖欠基金2.07亿元，其他违纪1.23亿元。发现的主要问题：1. 社会保险基金扩面难度大，基金欠缴现象不同程度存在。2. 挤占、挪用基金情况仍较严重。3. 税务部门滞留资金，财政专户存储、收支两条线管理办法未完全实行。4. 违规接收抵费资产，一次性缴费核算不够规范。5. 对基金增值重视不够，保值增值较为困难。6. 部分定点医疗机构违规使用医疗保险基金。7. 部分市、县未按规定上缴省级调剂金。8. 养老保险基金空账运行。审计作出处理意见，并建议：加强社会保险费的征缴工作，不断提高对社会保险资金财政专户管理的认识；劳动保障行政部门要加大对各定点医疗机构的检查、监督力度；进一步拓宽筹资渠道，建立稳定的财政补充机制。省长吕祖善对审计报告作出批示，要求研究解决审计指出的问题。

2005年7—8月，省审计厅组织各市审计机关，对温州市、舟山市和10个县（市、区）2004年度失业保险基金进行审计。失业保险基金在经历了2001—2003年支付高峰后趋于正常，基金结余量逐渐增长，为政府加强对失业人员的基本生活保障和促进再就业工作奠定了基础。发现的主要问题：1. 不按规定的缴费标准和缴费基数征收失业保险费。2. 养老保险，失业保险参保率明显偏低。3. 失业保险基金管理中存在资金账户设立和管理不够规范、违反规定开户等情况，以前年度挤占、挪用资金一直挂账未予以清理，个别地方失业保险费收入不真实。4. 失业保险支出不规范。5. 失业保险基金增值力度不够。6. 部门之间协调不力造成数据不统一。7. 失业保险信息管理系统不完善。审计作出处理意见，并建议：依法扩大和巩固失业保险的覆盖范围，建立各部门之间的协调和监督机制，加强部门配合；各级就业管理部门加强内部基础工作，进一步提高失业保险信息化管理程度。省长吕祖善对审计报告作出批示。

2006年4—5月，省审计厅对省级医疗保险基金征收、管理和支付情况进行专项审计调查。发现的主要问题：1. 保险费尚未完全实行地税征收。2. 个人缴费基数保底与封顶线偏高。3. 向个人账户收取透支利息。4. 基金结余率过高。5. 重大疾病补助基金赤字严重。6. 医疗费用审核方式无具体标准。7. 子女统筹医疗费收入户与其他医疗费支出户混用。8. 公务员补助资金挤占代管公务员资金。审计建议：进一步完善省级基本医疗保险政策，规范重大疾病补助基金的运作，尽快制定医疗保险经办机构的规范管理办法，加强相关部门的协调配合和资金管理，加强医疗保险管理信息系统建设。省长吕祖善对审计报告作出批示。

2006年12月，省审计厅对全省社会保险基金累计结余资金进行专项审计调查，在对全省各级自查结果进行审核的基础上，实地抽查11个市和20个县(市)。至2006年9月，全省五项基金累计结余601.15亿元。审计表明，五项社会保险的结余基金账实相符，基金管理日趋规范。各级政府认真进行自查自纠，自查违纪违规资金8.64亿元，已自行纠正1049.93万元。审计发现的主要问题：1. 有的财税部门对社会保险基金收入延压入库和不及时划转社会保险基金财政专户。2. 收入户和支出户管理不严。3. 结余基金存款安排不够合理，收益率低。4. 社会保险结余基金存于非国有商业银行。审计建议：加强社会保险基金征收、管理基础工作；继续抓好违纪违规问题的整改落实，积极研究提高社会保险基金增值能力。

2007年上半年，省审计厅组织全省审计机关，对2006年度企业职工基本养老保险、城镇职工基本医疗保险、失业保险、工伤保险、生育保险等社会保险基金的收入、支出和管理情况进行专项审计。至2006年，全省各市、县(市、区)五项保险基金结余580.15亿元。审计表明，各市、县积极推进“五费合征”，社会保障覆盖面扩大，基金征缴能力增强，社会保障能力显著提高。发现的主要问题：1. 各地社会保险扩面进展不够平衡，部分地区社会保险覆盖面较低。2. 社会保险单位申报缴费基数不够准确、地方政策与上级法规不衔接，为社会保险费漏征留下空间。部分地方缴费基数和比例与上级法规不符，造成社会保险基金流失。3. 冒领和骗取保险金的情况时有发生。4. 欠缴社会保险费严重，全省累计欠缴社会保险费15.61亿元。5. 一些地方财政欠拨医疗补助资金，造成相关保险基金被挤占。6. 社会保险内部控制不严，存在管理和操作风险。审计作出处理意见，并建议：加大社会保险扩面征缴工作力度，统筹提升社会保险信息系统，加快联网建设，实行信息公开，接受社会监督。

2007年3—6月，省审计厅组织全省审计机关，对历年用于抵缴社会保险费的实物资产管理、处置等情况进行专项审计调查。至2006年，全省18个尚有抵缴社会保险费的实物资产的市、县(市、区)实存抵缴的房屋、土地、车辆等实物资产总计2.31亿元。这些资产主要由各地劳动保障部门或社会保险经办机构管理。发现的主要问题：1. 抵缴资产的价格评估、过户手续等不规范，造成社会保险缺口。2. 抵缴资产收益未纳入社会保险基金或移作他用。3. 抵缴资产的处置不符合规定，资金回收不及时。4. 资产变现不及时，管理不规范，给基金资产的安全带来隐患。审计建议：杜绝“以物抵费”，对现存抵缴社会保险费实物的资产进行彻底清理，对资产的收益进行清查。

2008年8—10月，省审计厅对省本级2007年度企业职工基本养老保险、城镇职工基本医疗保险、工伤保险、生育保险基金的收支和管理情况进行审计，并对就业再就业资金进行专项审计调查。发现的主要问题：1. 工伤保险和生育保险尚未移交地税征收。2. 省级医疗保险和养老保险未按照“五费合征”要求征收。3. 行业离休医疗费未及时拨付定点医疗机构。4. 就业再就业资金使用绩效不高。5. 资金使用结构不合理，沉淀较大，部分惠民政策未取得效果。6. 资金管理粗放，挤占、挪用专项资金548万元，就业再就业资金1933.51万元未实行专户管理。7. 就业再就业培训方面存在虚报多领、重复领取培训补贴，职业培训机构管理和操作不规范。审计建议：加大就业再就业政策宣传力度，加强培训管理，进一步发挥失业保险促进再就业功能。省长吕祖善等省领导对审计报告作出批示，要求切实抓好整改。

2009年7—8月，省审计厅组织全省审计机关，就金融危机对就业与五项社会保险基金的影响情况进行专项审计调查。审计表明，金融危机对社会保险基金和就业的影响：1. 参保人数逐年增长，但增幅减缓。2. 社会保险基金收入略有下降。3. 社会保险基金支出保持增长。4. 基金结余状况良好，短期支付能力平稳上升。5. 社会保险费欠缴情况加重。6. 金融危机期间农民工失业情况较为严重。7. 城镇登记失业率未能完全反映失业现状。审计建议：进一步加强对基金收支的监控，进一步加强基础工作。省领导对审计报告作出批示。

2009年下半年，省审计厅组织全省审计机关，对全省企业年金制度执行情况进行专项审计调查。至2008年，全省参加企业年金的单位数为1026个，参加年金职工人数为11.02万人。2008年度全年收入15.95亿元，支出3.07亿元，年末基金总额21.06亿元。审计表明，企业建立年金的条件基本具备，年金方案及其审核程序、缴纳年金的标准和列支渠道基本合规。原由社会保险经办机构管理的年金绝大部分已按规定移交市场化管理运营。发现的主要问题：1. 年金工作发展进度不平衡，政策制度亟待完善。2. 企业年金主管部门基础管理工作较为薄弱，行政监管机制有待健全。3. 企业年金制度执行中存在基金投资效益较低，安全风险存在隐患；缴费（享受）标准差距过大；个人缴费部分相对较少的问题。审计建议：加快原有企业年金移交工作，实现年金市场化管理运营；完善年金相关政策，促进年金规范运作。省领导对该项目审计报告和审计专报作出批示。该审计项目获审计署2009年计算机审计应用实例优秀奖。

2009年下半年，省审计厅组织全省审计机关，对全省2008年度企业职工基本养老保险、城镇职工基本医疗保险、失业保险、工伤保险和生育保险基金进行专项审计。2008年全省五项社会保险基金总收入706.08亿元，总支出429.05亿元，年末累计结余1177.27亿元，比上年增长30.77%。发现的主要问题：1. 社会保障资金多渠道筹措机制有待加强、养老保险个人账户做实工作仍未取得实质性进展。2.“五费合征”工作需进一步推进和深化。3. 各地查出退休人员死亡后继续发放养老金、重复领取社会保险金、用医保资金违规配药等。4. 部分社会保险基金相互挤占。5. 部分地方存在提供虚假材料，手续不齐全，违规或不规范办理退休（职）。6. 社会保险经办机构人员利用职务之便冒领侵占养老金涉嫌违法犯罪。审计作出处理意见，并建议各级政府加大社会保障投入力度，建立多渠道筹措社会保障资金机制；研究制订地税部门征缴社会保险费操作实施细则，不断深入推进社会保险“五费合征”工作；加强社会保险经办机构内部制度建设和内部控制管理；完善信息化应用系统建设。省长吕祖善等省领导对审计报告和专报作出批示，要求抓好整改落实。该审计项目获审计署2010年AO应用实例优秀奖。

（二）新型社会保险基金审计

2004年起，省审计厅对全省及省本级新型社会保险基金开展6次专项审计与审计调查。主要审计新型农村合作医疗基金、城镇居民基本医疗保险基金、农村养老保险基金、城乡居民社会养老保险基金的筹集、管理、使用情况。

2004年6月，省审计厅组织嘉兴及所属县（市、区）审计机关，对新型农村合作医疗试点情况进行专项审计调查。2003年8月，浙江省开始实施新型农村合作医疗试点工作，嘉兴市所属7县（市、区）被省政府列为试点县（市、区）。据统计，嘉兴全市农业人口240万人，参加新型农村合作医疗201.70万人，占应参加人口的84%。嘉兴市建立两级管理、两级补偿的合作医疗运行机制，各地合作医疗的财务管理和补偿支付程序基本符合相关制度和规定，对防止农民“因病致贫、因病返贫”起到积极作用。发现的主要问题：1. 部分乡镇存在工作经费挤占合作医疗资金；合作医疗资金未设立单独账户管理；会计核算不规范。2. 合作医疗报销标准不一；补偿手续不全；补偿范围不统一。3. 合作医疗受益面不广，补偿率低。4. 镇级基金赤字严重，财政压力较大。5. 农村合作医疗制度不统一。审计作出处理意见，并建议：逐步统一合作医疗管理机制，完善合作医疗实施办法。省长吕祖善对审计报告作出批示，要求研究解决存在的问题。省领导对该审计项目专报作出批示，要求整改落实。省政府办公厅出台《关于积极稳妥推进新型农村合作医疗工作的指导意见》。

2005年9月，省审计厅对杭州市所属萧山区、桐庐县2004年度新型农村合作医疗制度实施情况进行专项审计调查。发现的主要问题：1. 合作医疗经办机构规范化建设尚需进一步加强。2. 合作医疗补偿率不高。3. 乡镇合作医疗管理机构报销业务核算不够规范。4. 乡镇卫生院以药养医问题突出，自费药品使用过多，降低了参保人实际受益效果。5. 财政对卫生院的公共卫生经费投入不足。审计作出处理意见，并建议：加强合作医疗经办机构建设，加大农村公共卫生资金投入，并加强乡镇卫生院的管理。省委书记习近平对该审计项目专报作出批示。省审计厅撰写的该审计项目信息专报被省政府办公厅采用。

2006年下半年，省审计厅组织宁波、绍兴、湖州、衢州、台州和丽水市及所属县（市、区）审计机关，对2005年度新型农村合作医疗实施情况进行专项审计调查，涉及46个县（市、区），占全省有合作医疗保健任务县（市、区）总数（共87个）的52.9%。2005年度，46个县（市、区）共有1451万人参加新型农村合作医疗保险，平均参保率79.8%。2005年共筹集合作医疗资金8.67亿元，支付医药费8076.92万元。审计表明：全省新型合作医疗制度框架和运行机制基本形成。发现的主要问题：1.个别地方经办机构工作人员通过变造医院收费票据等手段骗取新型农村合作医疗基金。2. 新型农村合作医疗基金在管理中存在重复参保和重复报销现象，部分地方存在死亡人员医保卡未及时处理、医保卡相互借用等现象。3. 部分地方在困难群体参保、自费医药费用控制、住院费用报销比例等方面的惠民政策未能得到有效落实。4. 新型农村合作医疗信息管理系统内部控制设置存在缺陷、参保人员等基础信息未设置输入控制等问题。5.个别地方基金出现赤字风险、管理人员力量有待加强等。审计建议:统筹城乡居民医疗保险,推进医保制度有效整合,探索在全省率先实现城乡居民基本医疗保险一体化;建立信息资源共享机制,加快信息系统联网步伐。省委办公厅采用省审计厅撰写的审计信息。该审计项目获得审计署计算机审计实例应用奖。

2007 年 10 月,省审计厅组织全省审计机关,对农村养老保险基金的收支和管理情况进行专项审计。至 2006 年,全省共有 82 个市、县(市、区)开展农村社会养老保险工作,基金收入 35.42 亿元,支出 12.41 亿元,累计结余 23.01 亿元。共有参保人员 468.1 万人。发现的主要问题:1. 资金来源较为单一,缴费方式随意。2. 基金积累难以承担,支付风险在加大。3. 养老保险水平较低,难以保障基本生活。4. 部分地区因出借资金或被诈骗,资金未能收回。5. 经办机构挤占农村养老保险基金用于弥补经费不足。6. 基础管理工作不够到位。审计作出处理意见,并建议:强化政府责任,整合涉农保障制度,建立新型农村养老保险制度。

2010 年上半年,省审计厅组织全省审计机关,对 2009 年度全省 82 个统筹地区的城镇居民基本医疗保险基金征缴、管理、使用、信息化建设及工作运行情况进行专项审计调查。2009 年,82 个统筹地区城镇居民基本医疗保险基金收入 24.48 亿元,支出 16.79 亿元,年末累计结余 9.11 亿元。2009 年末参保人数 1121.64 万人。发现的主要问题:1. 全省城镇居民基本医疗保险基金筹集、使用和管理违纪金额 7238.81 万元。2. 管理体制不顺,造成多头管理、资源浪费。82 个统筹地区中,64 个主管部门为劳动保障部门,18 个为卫生部门。3. 部分地方支付能力面临风险隐患。82 个统筹地区中,有 14 个地方当年基金出现赤字。4.各地信息管理系统不同,数据信息无法共享。部分地方系统存在内控漏洞和安全隐患,大量基础数据不规范。5. 各地医疗保险政策碎片化、零散化,不利于更高层次统筹;商业保险公司参与政府医疗保险工作有待规范;经办机构力量薄弱,工作人员配比严重失衡。审计建议:整合城镇居民基本医疗保险制度和新型农村合作医疗制度,探索建立城乡居民基本医疗保险一体化保障模式;建立政府公共信息资源共享平台,提高统筹层次,加强风险控制,关注基金支付压力和化解财政风险。省长吕祖善等省领导对审计报告作出批示,要求对照整改。省领导对该审计项目 2 篇专报作出批示。

2010 年 6—8 月,省审计厅组织全省审计机关,对全省城乡居民社会养老保险情况进行专项审计调查。审计表明,城乡居民社会养老保险基础养老金发放及相关工作开展情况总体良好,初步形成了领导有力、运行稳定的工作格局。发现的主要问题:1. 参保人员的动态管理、信息准确度等相关基础工作不够到位,存在重复享受养老金现象。2. 部门间公共基础数据信息渠道不畅通,协调机制不完善。3. 管理服务平台未能有效建立,人员、经费保障不够到位。审计建议:完善城乡居民保险信息系统功能,进一步关注信息系统建设后延人员待遇享受等政策问题,健全完善工作协调配合机制,加强政策跟踪、情况反馈和考核督导。省长吕祖善等省领导对审计报告作出批示,要求对照整改。

（三）其他社会保障资金审计

2005年起，省审计厅对全省其他社会保障资金开展3次专项审计与审计调查。主要审计被征地农民基本生活保障资金和全省城乡最低生活保障资金。

2005年2—5月，省审计厅组织全省审计机关，对2003—2004年被征地农民基本生活保障资金的运营、管理情况进行审计调查。至2004年，全省各地均出台了实施被征地农民基本生活保障的政策文件，被征地农民参保人数140.08万人。2003—2004年累计筹集保障资金135.73亿元，支出14.97亿元，2004年底累计结余26.73亿元。发现的主要问题：1. 被征地农民的参保率低。2. 政府补助资金到位率低，不少地方基本没有投入。3. 被征地农民社会保障资金缺乏后续资金支撑，工作进展不平衡。4. 部分地区对基本生活保障资金未实行专户管理、单独建账、专款专用。5. 未按规定设立个人账户并计息。审计建议：加强政策调研，加大工作力度，抓紧建立有关资金的管理办法，抓紧建立被征地农民基本生活保障台账。省领导对审计报告作出批示，要求研究完善。

2006年2—4月，省审计厅组织全省审计机关，对本地区城乡最低生活保障（简称“低保”）工作进行审计调查。2005年，全省“低保”支出5.78亿元，采取预算安排、按实支付，或采取专项资金、专户存储等管理方式。审计表明，全省“低保”工作逐步实现制度化、规范化、法制化。发现的主要问题：1. 部分地区存在“低保”资金发放不规范。2. “低保”认定存在应退未退和应保未保的情况。3. “低保”基础工作相对薄弱，不能满足动态管理的需要。审计建议：“低保”补助标准及相关配套优惠政策有待规范；建立统一的社会救助平台，完善低保制度，加强基础工作。省长吕祖善等省领导对审计报告作出批示，要求进一步落实措施，作出整改。

2007年上半年，省审计厅组织全省审计机关，对2005—2006年度被征地农民社会保障资金进行同步专项审计调查。审计表明，各地被征地农民社会保障的覆盖面、参保人数、筹集资金总量等显著上升。至2006年，参保人数214.24万人，保障资金余额217.64亿元。发现的主要问题：1. 各地政策差异较大，工作进展不平衡，未能实现应保尽保、即征即保。至2006年，应保未保人数83.90万人，占应参保人数的30%。2. 被征地农民人数、应参保人数等基本指标无可靠数据，计算口径不统一。3. 应由政府和集体筹集的资金到位率不高。全省市、县政府未到位资金达39.32亿元，村集体资金未到位6.31亿元。4. 部分地区财政负担较重，后续支付压力大。5. 部分被征地农民社会保障资金未纳入财政专户管理1.10亿元。6. 部分被征地农民重复参保，双重享受社会保障资源，死亡人员领取社会保障的情况时有发现。审计建议：适当提高征地补偿标准，把对被征地农民的社会保障补偿纳入征地成本；分类设计和完善保障制度；细化政府对被征地农民社会保障的出资责任，政策统一、透明。省长吕祖善对审计报告作出批示，要求有关部门研究制定政策，规范各地的征地补偿和被征地农民基本生活保障工作。

第二节 医疗卫生系统审计

1991年起，全省开展对医疗卫生系统财务收支审计和专项审计与审计调查。专项审计调查重点是农村公共卫生资金及卫生部门预算内外资金。至2008年，省审计厅共完成卫生医疗系统审计项目26个，其中财务收支审计19个，专项审计调查7个。

表38-13-2-1　　1991—2008年浙江省审计厅对医疗卫生系统审计一览表

年度	审计项目
1991	浙江医科大学附属第一医院医疗收费、药品差价、奖金支付等情况审计，浙江医科大学附属第二医院医疗收费、药品差价收支、奖金支付等情况审计
1992	省卫生厅财务收支审计、省卫生防疫站财务收支审计、省卫生防疫站咨询服务部财务收支审计
1995	全省卫生部门预算内外资金审计调查(全省统一组织)、省卫生厅财务收支审计调查
1997	浙江医科大学附属第二医院财务收支审计、全省医院系统财务收支审计(全省统一组织)
1998	省卫生厅财务收支审计
2001	浙江大学医学院附属妇产科医院财务收支审计
2002	省医学科学院财务收支审计
2003	浙江大学医学院附属第二医院财务收支审计、省卫生厅财务收支审计、省疾病预防控制中心财务收支审计、全省99家医院财务收支审计(全省统一组织)
2004	省卫生厅财政财务收支审计
2005	省卫生厅部门决算审签
2006	浙江中医学院附属省中医院财务收支审计、省食品药品监督管理局财政收支审计
2007	省立同德医院财务收支审计、绍兴市农村公共卫生和农民健康体检专项资金审计调查、部分市县农村公共卫生资金专项审计调查(全省统一组织)、全省疾病预防控制中心项目建设情况审计调查(全省统一组织)
2008	省卫生厅财政收支审计、部分县市财政投入农村公共卫生服务机构资金专项审计调查(全省统一组织)

资料来源：浙江省审计厅档案室。

一、医疗卫生部门审计

1992年起，省审计厅对全省医疗卫生系统部门开展19次财务收支审计。主要是对卫生主管部门及其下属单位以及公立医院的财务收支审计。

1992年3月，省审计局对省卫生防疫站1991年度财务收支进行审计。发现的主要问题：1. 在预算科目列支职工宿舍基建款20万元，转入杭州市建设银行基建户专户存储。2. 未经物价部门批准，向各市收取“药检药品管理费”。3. 将防疫站预算外资金、专用基金均转入咨询服务部核算。审计提出相关处理意见和建议。

1992年2—3月，省审计局对省卫生厅1991年度财务收支进行审计。发现的主要问题：1. 账户处理不规范金额180.77万元。2. 事业经费列支共计100万元挂账。审计建议：加强内部控制制度，加强对下属单位经济活动的管理和监督；1991年度省财政拨入卫生事业经费达1.01亿元，省卫生厅必须采取有效措施，抓好经费管理，提高使用效果。

1997年上半年，省审计厅组织全省审计机关，对全省96所医院1996年度财务收支及药品管理进行审计。全省1996年末县级以上医院共有314所，实际审计96所，占县级以上医院总数的30.60%。96所医院均系差额预算管理的事业单位，由同级财政实行定额、专项补助。医院的收入来源主要是药品和医疗收入。1996年实现业务收入总额为29.65亿元，比上年增加6.15亿元，增幅26.15%；业务总支出26.75亿元，比上年增加5.25亿元，增幅24.43%。年度净结余3.33亿元。发现的主要问题：1. 药品折让收入71.59亿元未纳入“事业发展基金”专项管理，有的被转为消费基金。2. 违规集资1.08亿元。3. 乱收费、私设“小金库”等金额3753.44万元，隐瞒其他收入转移资金2628.28万元。4. 违规开支2093.68万元。5. 奖励基金、院长基金超支，挤占事业费1509万元。审计作出处理意见，并建议：各级政府应重视对医院的管理，研究制定与国家政策相适应的配套措施；财政、物价等部门应制定合理的药品价格体系，规范药品管理和核算办法；实行批发价与优惠价“并轨”，医院零售价应“高进高出、低进低出”，并按实际进价加成；对医院的各种违纪违规问题，尤其是转移资金，乱集资、乱收费等违纪行为，要进行全面清理和整顿。

2001年10—11月，省审计厅对浙江大学医学院附属妇产科医院2000年度财务收支进行审计。发现的主要问题：1. 应计未计收入278.93万元。2. 将其他单位给予的折扣、赞助费等计99.70万元直接转入“事业基金——一般基金”科目。审计作出处理意见，并建议加强对医院收入的管理。

2002年6—7月，省审计厅对省医学科学院2001年度财务收支进行审计。发现的主要问题：1. 专利使用费6611.34万元未纳入医科院账内核算。2. 对下属经济实体投资未全面反映。3. 下属经济实体存在未正确代扣代缴个人所得税、收入不入账，私设“小金库”。审计作出处理意见，并建议应加强对下属单位的财务管理，完善单位内部监督机制。

2003年2—3月，省审计厅对省卫生厅2002年度财政财务收支进行审计。发现的主要问题：1. 应作未作收入996.99万元。2. 未及时对所办经济实体进行脱钩和清理。3. 省卫生厅办公楼基建项目共向各大医院无偿借款3600万元，至2002年借款余额1260万元。审计作出处理意见，并建议加强对下属单位的预算管理，进一步清理往来款项。

2003年5—10月，省审计厅组织全省审计机关，对99所医院2002年度财务收支进行审计。同时对89家与医院相关联的医药流通及生产企业进行审计调查，调查分析药品2202种。至2002年，99所医院资产总额98.99亿元，负债总额19.37亿元。2002年各种收入

65.79亿元，各种支出57.49亿元，年末收支结余8.30亿元。全年的药品采购成本22.84亿元，进销差价为14.05亿元，平均进销差价率61.51%。本次审计，共查出各类违纪违规金额5.21亿元，其中账外资产1.17亿元，应缴未缴预算收入1.40亿元，隐瞒截留各种收入3000万元，虚列各种支出2500万元，违规医疗收费项目117项，计1200万元。审计决定应上缴财政金额1.28亿元。发现的主要问题：1. 合作经营不规范。主要表现在未经批准与外商投资企业合作经营部分科室，与国内企业、医院或个人合办专科门诊，由企业、个人出资或投入仪器设备参与收入分成等。2. 收费管理不规范，乱收费问题仍较严重。经对部分医院的医疗服务收费情况进行抽查，共发现有117项违规收费项目，违规收费金额共计1197.89万元。3. 药品及部分消耗性用品采购管理不规范。4. 药品收支两条线管理办法未能贯彻落实。5. 药品定价不合理，差价率过高。2002年的药品平均进销差价率61.51%。6. 存在违规集资行为的医院5所，集资额1804.60万元。审计建议：1. 省卫生行政主管部门，对全省各级医院进行一次全面执法检查，2. 各级价格管理部门要加强对医疗收费和药品价格的监督检查，及时调整和公布医疗服务的收费项目、内容和标准，严肃处理各种形式的乱收费行为。根据审计结果，《中国审计报》发表新闻述评，《中国青年报》《每日商报》《都市快报》《今日早报》均发表文章，对审计结果进行了相关报道。

2005年4月，省审计厅对省卫生厅2004年度部门决算情况进行审计。发现的主要问题：1. 厅本级部分收支未纳入部门年初预算。2. 厅下属预算单位收支未全额纳入单位预算。3. 个别支出项目预算编制不够规范细化。4. 部门预算执行中存在人员经费支出挤占日常公用经费支出的情况。审计作出处理意见，并建议进一步加强部门预算编制的科学性、预见性、准确性。

2008年10—11月，省审计厅对省卫生厅2005—2007年度财政收支进行审计。发现的主要问题：1. 厅本级预算二次分配在决策程序上制度执行不够到位。2. 财政专项资金管理使用的制度约束和进度控制有待加强。3. 对下属单位管理控制存在薄弱环节。4. 卫生厅保健局公务人员在保健中心领取费用。审计作出处理意见，并建议加强制度化建设和制度执行力，加强对直属单位的监督管理。

二、医疗卫生专项审计与审计调查

1991年起，省审计厅对全省及省本级医疗卫生系统开展7次专项审计与审计调查。重点关注农村公共卫生、农民健康体检资金专项审计调查及卫生部门预算内外资金、公立医院运行管理情况。

1991年2—3月，省审计局对浙江医科大学附属第一医院和第二医院1990年度医疗收费、药品差价、奖金支付等进行专项审计。发现的主要问题：1. 收费工作基础薄弱，存在错、乱状况。2. 药品核算办法不完善。3. 多转、超发业余服务补贴。4. 违反财务制度，在下属单位设置“院长基金”户，以及用公款购买国库券发给职工等。5. 漏缴国家预算调节基金。审计提出处理意见和建议，要求纠正违纪违规问题，加强收费基础工作；完善药品核算办法。

1995年上半年，省审计厅组织全省78个审计机关，对78个卫生主管部门及公费医疗办公室 1994 年度预算内外资金收入、管理和使用情况进行审计调查，并对所属医院、防疫站、药检所等 339 个单位进行延伸调查。发现的主要问题：1. 转移收入，乱立名目，滥发钱物达 4257.24 万元。2. 公费医疗超支严重，管理控制乏力，金额达 1.91 亿元。3. 截留罚没收入，挪用和出借卫生事业费。4. 医院普遍存在自行组织职工集资购买医疗仪器设备，以高息支付给出资者。5. 卫生单位仍然存在乱收费情况；部分乡（镇）卫生院亏损严重。审计作出处理意见，并建议：加快公费医疗制度改革步伐；加强预算外资金和医院内部集资管理；各级卫生主管部门应采取切实有效的措施，制止医疗单位乱收费，减轻病人负担和控制公费医疗支出；对收不抵支的乡（镇）卫生院，加强财务管理，督促其挖掘内部潜力，增收节支；主管部门在经费安排上要给予一定的倾斜，以改善农村医疗设施条件，促进卫生事业全面发展。

2007 年 2—6 月，省审计厅组织全省审计机关，对 61 个市、县（市、区）2004—2006 年疾病预防控制中心项目建设情况进行审计调查。61 个疾控中心建设项目，建成并投入使用 23 个，在建 38 个。项目概算总投资 1.30 亿元，实际完成投资 7.13 亿元。发现的主要问题：1. 部分工程建设进度严重滞后。14 个项目难以按时完成。2. 部分项目存在资金缺口，延缓工程建设进程，严重影响项目功能的及时发挥。3. 部分项目规划设计不符合要求，功能不完善、配套设备不到位问题比较突出。4. 部分新建疾控中心未有效利用新建设施，变相用于卫生系统办公用房或出租。审计建议：加强对疾控中心建设的领导，尽快落实资金和土地，加快工程建设进度；科学规划，整合资源，建立快速高效的疾控网络。

2007 年 7 月，省审计厅组织杭州、温州、嘉兴、衢州、金华、台州和丽水市审计机关，对 52 个市、县 2005 年 1 月至 2007 年 6 月农村公共卫生服务和农民健康体检专项资金进行专项审计调查。重点关注专项资金的到位、管理、使用和绩效情况。发现的主要问题：1. 挤占、挪用农村公共卫生资金 1124 万元，主要被用于医疗卫生机构经费。2. 部分地方存在政府资金未足额到位现象，其中市级财政未到位资金 897 万元，县级财政未到位资金 1453 万元。3. 农民健康体检工作有待完善。4. 农村公共卫生基础较为薄弱，难以完成繁重的公共卫生工作任务。审计提出处理意见，并建议：采取措施，加大对农村公共卫生资金的投入；加强对农村公共卫生专项资金的管理和监督，做到专款专用，严禁挤占、挪用，把专项资金真正用于直接面向农民的公共卫生服务项目。省长吕祖善对审计报告作出批示，要求卫生厅提出整改措施。

2008 年 4—11 月，省审计厅组织部分审计机关，对 22 个县（市）2005—2007 年财政投入农村公共卫生服务机构专项资金进行专项审计调查。重点关注政府投入农村公共卫生服务机构资金的筹集、管理、使用及其绩效情况，农村公共卫生制度建设以及服务网络建设情况，农村社区卫生服务中心运营情况等。发现的主要问题：1. 财政对卫生事业的投入仍难以满足农村公共卫生体系建设需要。2. 地区间发展不平衡，农村基层医疗服务机构和卫生服务机构机制转变滞后，农村公共卫生服务工作尚未完全落实到位。3. 农村公共卫生资金滞留财政，使用效益不高。审计建议：加强政府主导，统筹规划；加大投入，夯实基础；加大宣传，加强管理。

第三节　民政系统审计

1988年起，全省审计机关开展对民政部门财务收支审计及民政系统专项审计与审计调查。审计调查的重点内容是救灾款物、救灾捐赠资金及水库移民专项资金。至2010年，省审计厅共完成民政系统审计项目34个，其中财务收支审计项目15个，专项审计及审计调查项目19个。

表38-13-3-1　　　1988—2010年浙江省审计厅对民政系统审计一览表

年度	审　计　项　目
1988	全省民政事业费审计(全省统一组织)
1990	省电站移民安置办公室移民经费使用情况审计
1992	全省洪灾捐赠款物审计(全省统一组织)、省民政厅救灾款物专项审计、省红十字会受灾捐赠款物专项审计(全省统一组织)、省红十字会救灾款物专项审计
1993	省红十字会捐助的50CN603项目救灾款物情况审计
1994	省社会福利有奖募捐委员会办公室财务收支审计
1995	省社会福利有奖募捐委员会办公室财务收支审计
1996	全省民政部门预算执行情况审计(全省统一组织)
1997	省民政厅预算执行情况审计
1998	省民政厅财务收支审计、省红十字会捐助省内救灾资金和物资使用情况审计、香港红十字会捐助浙江省救灾资金和物资使用情况审计(全省统一组织)
1999	杭州市社会福利有奖募捐委员会办公室中国福利彩票赈灾专项募集情况审计、省福利彩票发行中心中国福利彩票赈灾专项募集情况审计(全省统一组织)
2000	省红十字会财务收支审计
2001	省电站水库移民安置办公室、省三峡库区移民安置领导小组办公室财务收支的审计
2002	省民政厅财政财务收支及民政专项资金审计、全省民政部门财政收支及民政专项资金审计(全省统一组织)、省水库移民安置办公室移民专项资金审计、省慈善总会财务收支审计
2003	全省防治非典型肺炎专项资金和捐赠款物审计(全省统一组织)、省红十字会财务收支审计
2006	全省民政系统财政收支审计(全省统一组织)、全省福利彩票公益金专项审计调查(全省统一组织)
2007	省民政厅部门决算审签

续表

年度	审　计　项　目
2008	省水库移民安置办公室财务收支审计、全省抗震救灾款物跟踪审计(全省统一组织)
2009	省红十字会财政收支审计、滩坑水电站移民安置资金专项审计调查(全省统一组织)、部分市县农村“五保”和城市“三无”集中供养资金专项审计调查(全省统一组织)、全省汶川地震救灾捐赠资金物资审计调查(全省统一组织)
2010	支援玉树抗震救灾捐赠资金及物资跟踪审计(全省统一组织)

资料来源:浙江省审计厅档案室。

一、民政部门审计

1994年起,省审计厅对全省民政慈善部门开展15次财务收支审计。主要是对民政部门及其下属单位的财务收支及预算执行情况审计。

1994年,省审计局对省社会福利有奖募捐委员会办公室1992—1993年度财务收支进行审计。发现的主要问题:1. 实有社会福利金利息收入19.99万元,比明细账少12.61万元;2. 不规范收入96.49万元。3. 共发生出借业务66笔,无有关论证资料,仅凭双方订立借款协议或出具字条,也未经省募委会集体讨论。4. 发行费列支于“资助、活动费”等,扩大开支范围。审计作出处理意见,并建议规范福利资金的使用或出借,保证专款专用、专户存储。

1995年10月、1996年1—2月,省审计厅分别对省民政厅1995年1—9月、10—12月预算执行情况进行审计。发现的主要问题:1. 移用省级救灾扶贫周转金及民政部拨救灾捐赠款等729.25万元;擅自设立省民政事业发展资金。2. 使用擅自设立的省民政事业发展资金增值收入45.19万元,受让千岛湖龙袍岛土地使用权。3. 移用省级救灾扶贫周转金增值收入50万元,由省抗灾救灾协会投资分利。4. 超出省级救灾扶贫周转金使用范围,借给省民政工业公司周转金35万元逾期未能收回。5. 挤占移用部拨救灾捐赠款增值收入,用于下属单位支出120万元。6. 挤占省级救灾扶贫周转金等专项资金抵补行政支出共193.42万元。7. 未经审批设立省退伍军人和军队离退伍干部安置周转金413.98万元。审计作出处理意见,并建议加强省级救灾扶贫周转金管理、境内外救灾捐赠款管理和厅行政经费预算执行管理。

1995年10—11月,省审计厅对省社会福利有奖募捐委员会办公室1995年1—10月财务收支进行审计。发现的主要问题:1. 将送给民政厅老干部使用的小轿车购置费48万元转作社会福利基金支出。2. 在社会福利基金中列支尚未立项批准的基建款10万元。3. 社会福利基金项目资助款未及时拨付到位。4. 社会福利基金未专户存储。5. 出借社会福利基金325万元,逾期未收回。6. 福利彩票发行费收支结余和专用基金累计结存款等,用于垫付省民政厅机关宿舍的基建款等,总计1589.47万元。审计作出处理意见:不当社会福利基金支出应收回返增社会福利基金;中募委拨入的福利基金资助项目款要逐笔清理专户存储,抓紧落实下拨;社会福利基金出借,应限期收回。并建议加强固定资产管理,建立财产清查制度。

1996年11月,省审计厅对省民政厅1996年1—10月预算执行和预算外资金管理使用情况进行审计。发现的主要问题:1. 挤占、挪用专项事业经费增值收入28.50万元作行政抵支。2. 出借部拨救灾捐赠款1040万元。3. 未经批准擅自设立安置周转金,并出借355万元,委托存款214.20万元。4. 未经财政核定预算,拨付业务处室业务费、会议费等60.15万元。审计作出处理意见,并建议:严格行政经费开支管理,杜绝用专项经费及其增值收入抵支;严格执行省事业发展专项资金管理规定,限期收回出借专项经费。

2000年5—6月,省审计厅对省红十字会1997—1999年度财务收支情况进行审计。发现的主要问题:1. 移用救灾款。2. 救灾物资管理存在严重问题。伪造救灾物资分配计划表及市(地)红十字会接收物资收据,实际救灾物资去向不明。随意涂改提货联,救灾物资发放严重不实。接收救灾物资不及时发放。接受附有不当要求的捐赠。救灾物资仓库保管账实不符。3. 侵占救灾款利息,侵占企业物资。4. 违规集资,私设"小金库"、收受回扣、固定资产账实不符。5. 捐助款未按规定单独设账核算,救灾款支出未取得销货发票,直接以拨作支。6. 救灾物资未建账核算,物资收入、发放、保管缺乏内控。审计作出处理意见,并建议:制定有效的内控制度并严格执行;加强对下属单位的管理。

2001年5月,省审计厅对省电站水库移民安置办公室和省三峡库区移民安置领导小组办公室1999年1月至2001年4月的财务收支进行审计。发现的主要问题:1. 三峡移民办虚列支出59.69万元。2. 电站移民办用管理费购置3套处级干部住房,计140.76万元。3. 移民资金大量沉淀,资金拨付不及时。4. 电站移民办移用库区建设资金投资办企业。审计作出处理意见,并建议:盘活闲置的巨额资金,以促进移民资金及时发挥效益;"两办"财务应尽快合并,省民政厅要加强对移民资金和下属移民企业的财务管理和监督。

2002年2月,省审计厅组织全省审计机关,对全省民政系统2001年度财政财务收支及民政专项资金(重点是救灾救济资金、最低生活保障资金、移民资金)的筹集、拨付、使用和管理情况进行审计。审计共查出违纪违规资金1826.09万元。其中:挤占、移用资金1392.01万元,截留资金35.30万元。发现的主要问题:1. 全省挤占、移用移民资金共计1162.39万元。2. 部分专项资金未及时安排使用或下拨。3. 移民资金出借情况严重,部分投资项目由于管理不善造成损失。4. 部分区、乡镇最低生活保障配套资金安排不足,降低发放标准,发放不及时,没能做到应保尽保。5. 部分农村救灾救济资金发放面控制不严,救济金额过少,存在平均分配现象。6. 各地民政部门出借资金呆滞损失的情况较为普遍,部分周转金出借时间已达10年以上。审计作出处理意见,并建议:各级政府财政主管部门要及时足额安排民政专项资金,拓宽筹资渠道,多方筹集最低生活保障资金;各级民政部门要加强对民政资金的管理和监督,认真清理民政专项资金借款。省领导对该审计项目专报作出批示。

2002年7—8月,省审计厅对省慈善总会2001年财务收支进行审计。发现的主要问题:1. 慈善创始基金不到位。2. 出借慈善基金逾期。3. 捐赠物资管理制度有待进一步完善。部分捐赠物资的收发未及时入账。审计作出处理意见,并建议:加强捐赠物资、捐赠资金管理制度建设。省领导在该审计项目专报上作出批示。

2006年2—4月,省审计厅组织全省审计机关,对全省民政系统2005年度财政收支进行同步审计。发现的主要问题：1. 部分单位挤占、移用专项资金，滞留应当下拨的专项资金。2. 部分专项资金使用效益欠佳，以前年度出借资金存在较大的呆滞账款。3. 收费方面存在无依据、超范围、超标准收费和未及时上缴财政专户。4. 部分殡仪馆部分商品定价过高。5. 财务核算不够规范。审计作出处理意见，并建议：进一步强化预算观念；加强对专项资金的管理，建议修订 1987 年颁布的《浙江省民政事业费使用管理办法》。省长吕祖善对审计报告作出批示。省领导在该审计项目专报上作出批示。

2007 年 3 月，省审计厅对省民政厅 2006 年度部门决算情况进行审签。发现的主要问题：1. 收入预算编制不够准确，少编收入预算 3295.43 万元。2. 省级民政事业发展专项资金、房屋拆迁货币补偿款未编入部门预算。3. 部分专项项目未及时实施，预算执行率偏低。4. 个别专项项目预算编制偏大，财政资金利用率不高。审计作出处理意见，并建议：进一步加强部门预算编制的科学性、预见性和准确性；加强对专项资金的使用管理；加强对二级预算单位预决算编制工作的指导和监督。

二、民政专项审计与审计调查

1988 年起，省审计厅对全省民政系统开展 19 次专项审计与审计调查。主要是对民政、社会捐赠资金、农村“五保”供养资金、社会福利彩票资金、救灾款物等社会救助、社会福利资金的专项审计调查。

1988 年，省审计局组织部分审计机关，对全省 1986—1987 年民政事业费拨款和使用情况进行审计。审计重点是民政主管部门发放的救灾及救济款。全省共审计 35 个县以上民政局和 19 个下属单位，以及 86 个乡(镇)基层单位。审计总金额为 6988 万元，占民政事业费拨款数的 29.7%。审计情况表明，全省大多数民政部门能认真执行民政工作的方针政策和各项财务制度：按规定发放社会救济费，两年共救济 1089 人次，扶贫 132 户，取得较好效果。但是在民政经费的管理和使用上存在一些问题。全省共查出各类违纪金额 476 万元，占审计总金额的 6.8%。发现的主要问题：1. 挤占、挪用民政事业专项经费 155.60 万元，占违纪金额的 33%。2. 虚列支出，以拨代支，转移民政事业费 159.60 万元，占违纪金额的 34%。3. 其他违纪金额占 33%，主要有私设“小金库”。审计作出处理意见，并建议：救济救灾款的发放首先应保障贫困户和受灾户的基本生活问题，并完善基层民政事业费的财务管理制度。

1991 年 12 月至 1992 年 1 月，省审计局组织市(地)县审计局，对全省遭受洪涝灾害后截至 11 月底捐赠款物的接收、管理、分配使用情况进行了专项审计和审计调查。至 1991 年 11 月，全省共接受捐款 8626 万元，捐款支出 4748 万元。接受捐物折款 1967 万元，已分给灾区 1678 万元。审计表明，浙江省对救灾捐赠款物的接收、分配、管理，绝大多数单位都能做到专人管理、专账核算，未发现截留、私分、贪污等问题。但是，也有少数地方和部门对捐赠款物投放迟缓，捐赠未专户储存。审计建议：建立健全救灾工作的规章制度，明确捐赠款物的收支、使用范围；对确实难以分配或不适用于灾区的捐赠物资，要允许委托有关单位合理折价处理，折价款及时回收入账，并保证专款专用。

1992 年 10 月，省审计局对省民政厅 1991 年度救灾款物的接收、管理和分配进行审计。

1991年，省民政厅共接收救灾捐赠款8544.03万元，接受救灾物资折款1382.57万元。至1992年9月共支付救灾捐款7409.42万元，结存1134.61万元。至审计日，多数救灾物资已分配，还结存13.26万元。审计建议：省民政厅应对救灾捐款增值单设明细账户，以反映其收支情况，分配下拨的救灾款物要及时取得合法凭证；对结余的救灾款物，要切实按照省政府要求以及灾区实际情况，有计划、有重点地安排使用。

1999年6月，省审计厅组织全省审计机关，对1998年度中国福利彩票赈灾专项募集情况进行审计。至1999年5月30日，浙江省彩票发行中心实际从中募委领票数为9.96亿元，实际销售数为9.87亿元，占发行任务的99.1%，并如期完成了赈灾募集资金上缴任务。发现的主要问题：1. 部分发行机构未严格按设奖程序操作，奖品采购及核算不够规范。2. 发行费用的管理不够规范。审计作出处理意见，并建议：进一步规范各级彩票发行机构的设奖程序和奖品采购工作，对现行的财务管理办法和会计核算办法进行补充和修订，省级发行管理部门改进发行方法。省委办公厅、省政府办公厅采用了由省审计厅撰写的审计信息。

2002年1—4月，省审计厅对省水库移民安置办公室2001年度电站库区移民专项资金的筹集、使用、管理情况进行审计。发现的主要问题：水利部共下拨省移民办5000万元，其中上缴省财政移民资金专户3432.90万元，拨给淳安县700万元，剩余867.1万元，先后下拨用于解决新安江水库库外移民遗留问题，并于2000年用水库移民经费历年利息收入作抵冲，填补资金缺口。审计建议水库移民资金应严格专款管理，统筹安排使用。

2003年5月，为加强对防治非典型肺炎（简称"非典"）专项资金和捐赠款物使用的监督，根据国务院要求和审计署统一部署，全省审计机关对防"非典"专项资金和捐赠款物进行跟踪审计。至2003年7月，全省各级财政共安排防治"非典"专项资金4.62亿元，已拨付4.06亿元，已实际支出3.88亿元。其他部门安排资金1.55亿元。全省有关部门共接受捐赠款物计1.39亿万元，大部分捐赠物资均已分配到各急需单位，捐赠款物结存计6671万元。全省审计共查出违规金额578万元。发现的主要问题：1. 主管部门未及时转拨专项资金。2. 采购物品管理和核算不规范，造成物资缺损。3. 防护、消毒物品发放计划随意性大。4. 接受捐赠主体多头。除民政部门、卫生部门、红十字会和慈善机构外，其他部门也直接接受社会捐赠款565.52万元，接受捐赠物折价302.16万元。5. 捐赠款物的接收和拨付手续不规范，未设捐赠物资财务明细账。审计作出处理意见，并建议：加强资金使用部门和单位严格资金投入和使用情况报告制度；各级财政部门应切实加强对防"非典"专项资金和捐赠款的管理。各有关部门要规范审批手续，做好补救措施。各接受捐赠款物的部门应进一步加强捐赠款物的接收管理工作。《浙江日报》和《中国审计报》对该审计项目多次报道。

2006年2—5月，省审计厅组织全省审计机关，对全省2004—2005年度福利彩票公益金筹集、使用和管理情况及公益金资助项目效益情况进行专项审计调查。全省用公益金资助的敬老院、社会福利院、"星光计划"等项目共计2790个，项目实际投资金额为14.81亿元，其中：公益金资助金额为2.97亿元。至2005年底，公益金资助福利类收养人员5.03万人，其中收养城镇"三无"及农村"五保"人员4.06万人。发现的主要问题：1. 个别市（县）公益金存在被挤占、挪用和未及时下拨公益金等现象。2. 部分公益金未按规定范围分配、使用。3. 公益金当年投放率低于规定的70%。4. 个别市(县)公益金余额没有及时缴入财政专户。5. 部分市(县、区)彩票公益金和发行费收入管理不够规范。6. 部分公益金资助项目存在改变用途、管理不够规范。审计建议:进一步加强公益金的资金管理,系统规划和科学合理安排公益金资助项目,同时注重资助项目的后续管理和绩效评估;省级公益金要加大对县(区)的补助力度。省长吕祖善对审计报告作出批示,要求民政、财政部门研究落实整改措施。

2008年6月,全省审计机关根据中央纪委、监察部、民政部、财政部、审计署《关于加强对抗震救灾资金物资监管的通知》要求和审计署统一部署,对全省抗震救灾资金和物资的筹集、拨付和管理使用情况开展跟踪审计监督。共组织102个审计组,累计抽调358名审计干部,对全省519个单位救灾款物的筹集、使用和管理情况开展跟踪审计。全省共接受社会捐赠资金34.62亿元,各级财政共安排救灾资金9.26亿元,共接收各类救灾捐赠物资折价6.41亿元;共有171.36万名党员缴纳了特殊党费,累计缴纳特殊党费4.99亿元。审计表明:各相关部门切实履行职责,强化对抗震救灾款物监管工作,保证了救灾款物的妥善使用。全省各级审计机关共提出审计建议160条,促进被审计单位制定完善有关管理制度和规定12个。针对抗震救灾款物跟踪审计情况,各级审计机关及时上报审计信息56篇、专题报告47篇,得到省长、市(县)长批示20篇次。发现的主要问题:1. 接收捐赠机构的基础管理工作有待加强。2. 接收捐赠的机构和渠道较多,不利于管理和监督。3. 接收、拨付和管理捐赠物资亟待规范。4. 捐赠款物后续处理需进一步跟踪。审计作出处理意见,并建议:建立突发重大自然灾害捐赠制度,完善捐赠款物管理的具体操作规定;捐赠接收机构要进一步加强应急管理。省长吕祖善对审计报告作出批示。省长吕祖善等省领导在审计信息专报上作出批示,要求规范完善。《浙江日报》、人民网、审计署均对该审计项目发表报道。

2009年上半年,省审计厅组织部分审计机关对22个市、县(市、区)2006—2008年农村"五保"和城镇"三无"对象集中供养资金进行专项审计调查,并抽查198个供养机构。发现的主要问题:1. 审计供养机构缺乏有效的财务控制。2. 管理人员缺乏相应的素质。3. 供养机构设施建设中娱乐设施相对缺乏。4. 集中供养对象档案管理不规范。审计作出处理意见,并建议供养机构的身份应尽快得到确定,集中供养人员的管理需要进一步加强,需要制定相关的财务制度。省长吕祖善等省领导对该审计报告作出批示,要求研究措施规范完善。省领导对该审计信息专报作出批示,要求加快解决集中供养机构身份问题。

2009年5—8月,省审计厅组织5个市33个县(市、区)审计机关,对滩坑水电站移民安置情况及移民安置资金拨付、管理和使用情况进行专项审计调查。滩坑水电站计划动迁移民5.18万人,动迁安置工作涉及5市33个县(市、区)。至2008年底,省移民办共收到滩坑水电站业主单位浙江北海水力发电公司划入移民资金18.34亿元,支出17.61亿元,结存7274.9万元。各安置市实际发放移民资金27.25亿元,其中各安置市、县财政投入配套资金9.24亿元。发现的主要问题:1. 移民资金未全面实行县级核算制。2. 项目建设资金多头核算。3. 用地审批工作进展缓慢。4. 移民生产用地管理不够规范。5. 移民安置房建设及分配工作有漏洞。6. 部分工程建设项目程序执行不够规范。审计作出处理意见,并建议:进一步加强移民安置后续管理工作;进一步落实移民后期扶持机制。

2009年9—10月，省审计厅组织全省审计机关，对全省汶川地震救灾捐赠资金和物资的筹集、拨付和使用管理情况进行审计调查。至2009年9月，全省接受社会捐赠资金37.95亿元，接收各类救灾捐赠物资折价6.76亿元。全省财政性资金和用于灾后重建的捐赠资金合计41.71亿元。调查结果表明：全省各级党委、政府高度重视抗震救灾工作，各相关部门切实履行职责，强化对抗震救灾款物监管工作，保证了救灾款物的妥善使用。审计调查未发现挤占挪用、贪污私分、损失浪费和延压、克扣等重大违纪违规情况，全省抗震救灾款物管理使用情况总体良好。审计建议：1. 建立突发重大自然灾害捐赠制度，明确法定接受捐赠主体，设立专门的捐赠资金银行专户，进一步健全救灾捐赠款物信息披露制度。2. 完善捐赠款物管理的具体操作规定。3. 捐赠接收机构要进一步加强应急管理。

2010年4月，青海省玉树发生地震，全省审计机关根据审计署统一部署，对全省抗震救灾资金和物资的筹集、拨付、使用和管理情况开展跟踪审计监督。全省共组织102个审计组，对各级财政、民政等相关政府部门和红十字会、慈善总会等捐赠接收机构开展全面跟踪审计，审计金额3.99亿元。审计表明：省支援玉树抗震救灾资金及物资的筹集、拨付、使用和管理基本规范，未发现挤占挪用、贪污私分、损失浪费等严重违纪违规情况。全省各级财政共安排援助资金1700万元，实际拨付1700万元。全省各级民政、红十字会、慈善总会及其他捐赠接收机构共募集捐赠资金3.64亿元，已实际支出3.63亿元；共募集捐赠物资折价1902.35万元，并已拨付灾区，无结存。

第四节　残联系统审计

1996年起，省审计厅开展对残联系统的审计，对残疾人就业保障金进行了专项审计与审计调查，并对第八届全国残运会开展跟踪审计。至2010年，共完成审计项目7个，其中财务收支审计4个，专项审计及调查3个。

表38-13-4-1　　1996—2010年浙江省审计厅对残联系统审计一览表

年度	审计项目
1996	省残疾人福利基金会财务收支审计、省残疾人联合会财务收支审计
2004	省残疾人联合会财政财务收支审计
2007	省残疾人联合会财政收支审计
2008	部分市、县残疾人就业保障金的专项审计调查(全省统一组织)，省本级和部分县(区)残疾人就业保障金的专项审计调查
2010	第八届全国残疾人运动会财政收支审计

资料来源：浙江省审计厅档案室。

1996 年 9 月，省审计厅对省残疾人福利基金会 1995 年 1 月至 1996 年 8 月财务收支进行审计。发现的主要问题：1. 接受境外团体和个人捐赠给残疾人艺术团、复明协会及基金会 2084.42 万元，均未纳入捐赠收入管理。2. 捐赠物资未建账控制，管理薄弱。3. 部分基金使用不合规，有的已造成损失。审计提出处理意见和建议。

1996 年 9 月，省审计厅对省残疾人联合会及所属省残疾人劳动就业服务中心、省残疾人职业技术学校、省聋儿康复中心 1996 年 1—8 月的预算内外财务收支进行审计。发现的主要问题：1 收取各类管理费 30.92 万元，累计支出 22.22 万元，滚存结余 8.70 万元，均未纳入单位财务统一核算，形成账外资金。2. 省残联康复部私自取得收款收据，并私存现金 3.09 万元。将亏损企业划归下属事业单位，致使专项资金被移用。3. 资产管理不善，与基金会产权不清。4. 加价出售专供药品，所得差价用于职工福利。5. 从赞助伤残人费用中违规提成 10%。审计提出处理意见和建议。

2004 年 3—4 月，省审计厅对省残疾人联合会 2003 年度财政财务收支进行审计。发现的主要问题：1. 中国残联下拨的专项资金未专款专用。2. 六运会捐赠资金分配使用不合理。3. 各项捐赠赞助款未纳入省残疾人福利基金会核算。4. 省残联劳动就业服务中心出纳以个人名义在银行开设账户，存入现金 11.38 万元。5. 就业保障调剂金未按规定核算管理。6. 省残联劳动就业服务中心未经物价部门批准，收取手语培训费。7. 用就业保障调剂金垫支医疗费用。审计提出处理意见和建议。

2007 年 11 月，省审计厅对省残疾人联合会 2004—2006 年度财政收支进行审计。发现的主要问题：1. 违规收取增印发行《浙江残联》杂志征订费。2. 省级残疾人就业保障金 289.25 万元未全额上缴省财政专户。3. 中国残联专项经费大部分未使用。审计提出处理意见和建议。

2008 年 2—5 月，省审计厅组织全省 51 个审计机关，对省本级及 50 个市、县（市、区）2005—2007 年度残疾人就业保障金征收、管理和使用以及残疾人“万户安居工程”进行了审计调查。省本级及 50 个市、县（市、区）残疾人就业保障金总收入 17.13 亿元，累计结存 8.61 亿元。发现的主要问题：1. 未按规定标准足额征缴残疾人就业保障金。2. 被调查单位均未实现残疾人就业保障金征收的全覆盖，征收率低问题突出。3. 残疾人就业保障金未全部由地税部门征收。4. 部分地方未将残疾人就业保障金纳入政府性基金预算管理，存在被挤占、滞留，未经同级政府批准改变用途等共计 652.08 万元。5. 残疾人就业保障金支出结构不合理，用于残疾人职业培训及提供就业服务支出比例偏少，综合服务设施及补助机构经费等支出偏多。6. 基础管理工作存在薄弱环节，各地支付手续费标准不一。7.“万户安居工程”个别地方虚假补助或存在资金不配套的情况。审计建议：完善残疾人就业保障金征缴办法，优化残疾人就业保障金的支出结构，加强残疾人就业保障金的管理工作。根据审计建议，省残联、省财政厅和省地税局联合向省政府上报了《关于落实审计意见进一步加强残疾人就业保障金征收使用管理情况的报告》，省领导作出批示。省残联、省财政厅出台了《浙江省基层残疾人综合服务设施建设管理办法》。省长吕祖善对该审计项目 3 篇专报作出批示，要求对提出问题落实整改。

2009 年 12 月，省审计厅对省第八届全国残疾人运动会筹委会自成立起至 2009 年 8 月财政收支情况进行审计。发现的主要问题：1. 在残运会经费中列支其他赛事费用。2. 资产管理有待进一步规范。残运会筹委会购置资产 28.43 万元，未计入单位固定资产账。筹备期间购买大量不属于固定资产的材料物资，未及时建立出入库管理制度和管理台账。3. 部分费用开支凭据不齐全。4. 招待费、礼品等经常性费用开支未建立管理制度。审计作出处理意见，并建议健全相关制度，加强经费和资产管理。

第十四章　固定资产投资审计

固定资产投资审计是审计机关依法对政府投资和以政府投资为主的建设项目的预算(或概算)的执行情况、工程结算、财务竣工决算等进行审计监督，对直接与项目建设有关的设计、施工、监理、供货等单位取得建设项目资金的真实性、合法性、效益性进行调查。浙江固定资产投资审计主要组织实施对省级投资和以省级投资为主的建设项目的预算执行和决算(含重点项目的跟踪审计)及国有施工企业的审计监督；负责固定资产投资管理部门及其下属单位的财政财务收支审计；组织固定资产专项审计和审计调查。

浙江固定资产投资审计始于1986年。审计方式由传统的手工操作到计算机信息化管理应用；审计内容从简单的自筹基本建设资金来源审计到全面开展工程概(预)算、工程价款、竣工决算、项目跟踪、投资绩效审计和专项审计调查等。投资审计经历3个阶段。1986—1991年：为配合国家控制投资规模，加强自筹基建项目管理，主要开展自筹基建项目资金来源审计、建设项目开工前审计、停缓建项目跟踪审计。1992—2002年：国家加大财政性资金投入，加快城市基础性综合发展项目建设，为加强项目管理，规范资金使用，重点开展对公路、桥梁、电力、教育、科技、卫生、农业、水利、城建、保障房等重点建设项目的审计和调查。2003—2010年：在贯彻《浙江省国家建设项目审计办法》的推动下，为扩大投资审计覆盖面，提高建设资金的使用效益，开始推行重点建设项目竣工决算必审制及建设项目绩效审计。同时，整合审计资源，组织部分高资质的社会审计组织参与建设项目审计工作。

至2010年，全省共完成固定资产投资审计项目3.80万个，减少损失浪费或节约建设资金39.87亿元，核减工程价款197.14亿元。向纪检监察和司法部门移送一批案件线索。在促进政府投资项目规范管理、严格规范基本建设秩序、加强建设工程廉政建设、贯彻落实国家宏观调控政策等方面发挥了积极作用。浙江日报社新闻大楼建设项目审计、省人民大会堂迁建工程项目审计、城市道路建设项目招投标情况专项审计调查、海塘配套加固工程建设项目专项审计调查等受到省委、省政府主要领导批示。一批工程建设涉案人员经审计移送，受到刑事处理。

第一节　自筹基建项目审计

1986—1995年，为落实国家调控政策，压缩建设投资规模，调整投资结构，严格控制新开工项目，全省审计机关开展对自筹基建项目资金来源审计、建设项目开工前审计和停缓建项目审计。主要审计自筹基建项目资金来源的合理性、建设资金到位的及时性、落实停缓建政策措施的有效性。

表 38-14-1-1　　1986—1995 年浙江省审计厅对自筹基建项目审计一览表

年度	项目数(个)	审　计　项　目
1986	1	全省自筹基本建设资金来源调查审计(全省统一组织)
1987	1	衢州市城南新区自筹资金建设来源调查审计
1989	3	全省停缓建项目跟踪审计(全省统一组织)、省级 54 个停缓建项目跟踪审计、杭州胡庆余堂中药保健旅游中心停建项目跟踪审计
1990	108	省革命烈士纪念馆等 9 个基建项目开工前审计，省煤田地质勘探综合楼等 6 个基建项目开工前审计，杭州武林小区等 8 个基建项目开工前审计，省纺织品服装进出口公司仓库等 8 个基建项目开工前审计，省丝绸公司下属 8 个简易茧库开工前审计，浙江医院病房等 7 个基建项目开工前审计，省考古研究所等 9 个基建项目开工前审计，东阳南江水库等 6 个基建项目开工前审计，余杭临平给水工程等 5 个基建项目开工前审计，杭高专配电间、杭州电子公司展销部、义乌民用机场 3 个基建项目开工前审计，长兴电厂扩建工程等 7 个基建项目开工前审计，省烟草公司仓库等 8 个基建项目开工前审计，嘉兴市石白漾水厂等 6 个基建项目开工前审计，省小百花越剧团宿舍等 9 个基建项目年开工前审计，浙江大学出版社等 9 个基建项目开工前审计
1993	1	全省重点建设项目资金到位和落实情况审计调查(全省统一组织)
1994	1	全省重点建设项目资金来源和资金到位情况审计调查(全省统一组织)
1995	1	省高新技术成果转化基地大楼项目基建资金来源情况审计调查
合计	116	

资料来源:浙江省审计厅档案室。

一、基建项目资金来源审计

20 世纪 80 年代初，全国固定资产投资规模过度膨胀，主要表现为地方和国有企业自筹资金投资增长迅猛，且普遍存在资金不落实、来源不正当问题。据统计，1986—1988 年，全省共审计自筹基建项目 2009 个，审计资金总额 11 亿元，发现资金来源不正当有 2.08 亿元。

1986 年 3—6 月，省审计局组织全省审计机关，对 1985—1986 年部分自筹基本建设资金来源进行审计调查。1985 年全省各级安排自筹基本建设投资计划 11.70 亿元，实际完成投资总额 12.90 亿元，超额 10.26%。各级审计局共审计 1553 个建设项目，年度实际完成投资额 7.90 亿元，占完成投资总额的 61%；至 1985 年底累计已筹集资金总额为 15.46 亿元，审计资金 8.75 亿元，资金审计面达 56%。发现的主要问题：1. 在建规模大，不占指标的自筹基建多。审计的 1553 个自筹基建项目，批准的概算投资为 21.45 亿元，至 1985 年底已完成投资

11.45 亿元，尚需投资 10.13 亿元。另外有 41 个续建项目 1986 年没有列入年度投资计划。2. 资金缺口大，未按规定把自筹基建资金存入建设银行。就审计的项目统计，自筹资金缺口达 5.92 亿元，约占投资总额的 27%。3. 乱拉资金搞自筹基建，资金来源不正当的情况严重。共发现不正当资金 1.83 亿元，约占审计资金的 21%，包括截留应缴国家财政收入或利润、挪用专用工程款、挤占流动资金和成本费用等。4. 建筑税不按规定征缴的情况普遍。审计作出归还、上缴截留挪用资金，追加投资计划、补办审批手续等处理意见，并建议追究有关责任人员责任、加强征收管理。

1987 年 9—10 月，省审计局对衢州市城南新区自筹建设资金来源进行审计。衢州市城南新区自 1985 年 9 月以来，共有 28 个单位开展建设。经审计发现，共有 16 个单位存在资金来源不当问题，占建设单位总数的 57%；来源不当资金 530.39 万元，占总筹措资金的 23.26%。发现的主要问题：1. 欠缴造地费 141.68 万元，占应缴数的 73.98%。2. 大量动用按规定不得用于自筹建设的资金。包括专用资金、专项资金和借款，共计 530.39 万元。3. 欠缴建筑税 210.47 万元。根据调查结果，审计提出处理意见：1. 有关单位应按规定缴纳造地费，责成土地管理部门负责催缴。2. 对建设资金来源不当的部分，原则上应归还原资金渠道。3. 欠缴的建筑税 210.47 万元，应严格按国家规定补缴。

1993 年 10 月，省审计局组织对 38 个省重点建设项目 1993 年资金到位和落实情况的审计调查。38 个省重点建设项目分布在交通、邮电、电力、农业水利、原材料工业、文教卫生、城市供水等七大行业，批准概算投资 278.18 亿元，累计到位资金 130.69 亿元，到位率 46.98%；累计完成投资 117.85 亿元，完成率 42.36%。发现的主要问题：1. 资金到位率偏低，影响工程进度。2. 项目调增概算后，缺口资金未落实。3. 超概算现象普遍，38 个项目预计超概算总额 26.75 亿元。4. 水利工程中的群众投入劳动力，既不计入已完成投资，又因人工工资标准偏低与实际支付差距太大，造成投资完成不实和地方实际负担过重。审计建议：省政府建立省重点项目建设基金，并强化工程监理工作，对群众投入劳动力的价值应作为项目投资总额的组成部分。

1994 年 5 月，省审计局组织各市审计局，对重点建设项目的资金来源及资金到位情况进行审计调查。列入省和市（地）级重点建设项目的资金，基建拨款 63.16 亿元，占投资计划总额的 14.39%；各项贷款 112.04 亿元，占 25.51%；各级自筹资金 105.28 亿元，占 23.97%；其他资金来源 40.70 亿元，占 9.27%；在概算中没有明确资金来源的有 117.96 亿元，占 26.86%。发现的主要问题：1. 预计的工程实际投资再次超概算。2. 部分项目资金不能及时到位，影响工程进度。3. 部分建设资金被挪作他用，影响了工程进度。审计提出加强建设项目的前期综合管理，对国家投资的公益性和基础性重点建设项目的全过程审计监督，同时加强对财务人员的业务培训，规范建设单位的会计核算工作等意见和建议。

1995 年 5 月，省审计厅对省高新技术成果转化基地大楼项目基建资金来源情况进行审计调查。该项目由省星火技术开发服务中心、省火炬产业发展中心、省科技风险投资公司、省专利技术公司、省计算技术研究所、浙江科技报社等 6 个单位联建，已到位资金 668.41 万元。发现的主要问题：1. 部分联建单位投入资金非本单位自有资金，而是相关的其他单位投入，投资主体不明确。2. 部分联建单位挪用“科技三项费用”等专项资金开展基本建设。3. 违反自筹基建资金先存后批、先批后用的原则。审计提出规范投资主体，归还“科技三项费用”专项资金，遵守基建资金存、批、用程序等意见和建议。

二、停缓建项目审计

按照中央“治理、整顿”的要求，审计机关对决定停缓建的项目实施跟踪审计，重点审计是否真正停缓建，检查停缓建后有无发生严重损失浪费和其他违纪问题。1989 年，全省对 94.90％的停缓建项目进行了跟踪审计，审计项目数 1155 个，全部停缓建后可压缩投资 13.70 亿元，其中省直属部门和单位 54 个停缓建项目可压缩投资 2.97 亿元。

1989 年 3—6 月，省审计局组织全省审计机关，对各地决定停缓建的项目进行跟踪审计。全省对全民、集体、乡镇共计 12223 个基本建设和技术改造项目进行清理，共决定停缓建项目 1216 个。审计对其中 1155 个项目进行重点跟踪审计，其实际建筑面积达 193.13 万平方米，总投资 14.17 亿元，累计完成投资 1.78 亿元。发现的主要问题：1. 在停缓建的项目中，已开工建设的项目只占 16.02％，许多是“影子项目”。2. 部分地区存在虚报停缓建情况。嘉兴市、金华市共虚报 16 个停缓建项目，这些项目基本已建成或投入使用。3. 自筹基建管理不严，导致投资规模失控和违反财经纪律乱拉资金等重大隐患。4. 缺乏全局意识、法制观念淡薄和有法不依、执法不严，仍然是投资规模失控的一大因素。审计建议：有关职能部门应相互协调，落实停缓建项目的善后处理工作，强化自筹基建管理，推行开工前审计监督制度等。

1989 年 3—5 月，省审计局对省级 54 个停缓建项目进行跟踪审计。54 个项目可压缩建筑面积 29.48 万平方米和投资 2.98 亿元，其中属楼堂馆所的 13 个项目，可压缩建筑面积 16.14 万平方米和投资 2.26 亿元。审计发现存在不严格执行停缓建决定、造成损失浪费和私收、私存、私分材料款等情况，并作出相应的处理意见。

1989 年 4—5 月，省审计局对杭州胡庆余堂中药保健旅游中心二期工程停建项目进行跟踪审计。发现的主要问题：1. 筹建处倒卖水泥国拨指标 800 吨，从中收取代办费进行私存私分。2. 筹建处擅自提高工作人员工资，滥发现金和实物。3. 利用停建工程结余资金，从事与项目无关的经济活动。审计作出收回私分和擅自发放的工资等处理意见。

三、基建项目开工前审计

1989 年，审计署与国家计委下发《关于开展基本建设项目开工前审计的联合通知》，审计机关开始对新开工和恢复建设项目的开工前审计，主要检查建设资金是否落实、来源是否正当。为此，省审计局制定《浙江省基本建设项目开工前审计实施细则》，对凡纳入全国或分部门、分地区的全民所有制固定资产投资计划的基本建设新开工项目、恢复建设的停缓建项目、技术改造项目中属基本建设管理的项目均为审计范围，省、市、县审计机关根据项目投资大小和类别分工组织实施。明确企业更改资金、大修理基金，银行非建设性贷款，各类租赁资金，各项行政事业经费，应上缴的税金、利润，流动资金等不能作为自筹基建项目的资金来源。自筹基本建设资金必须坚持先存后批，先批后用，存足半年才能使用的原则。同时项目投资资金必须落实，存入银行的资金需要满足当年投资计划所需要的资金。对无计划项目，资金来源不正当，擅自超规模、超标准，自筹基建项目未按规定纳税和认购企业债券的，审计机关不能出具开工（复工）证明。1990 年，浙江省审计局共对省革命烈士纪念馆、杭州武林小区、浙江医院病房楼、东阳南江水库、长兴电厂扩建工程等 108 个建设项目出具开工（复工）报告。

1999 年以后，随着行政审批制度改革，全省基建项目开工前审计工作不再单独进行。

第二节　重点建设项目审计

1988 年起，全省审计机关在试点的基础上，开始对国家和省重点建设项目的资金活动，包括概算、预算执行、财务决算、投资效益和遵守财经纪律情况进行审计监督，作出客观公正的评价，促进建设、施工、设计等单位和建设管理部门加强管理。

一、预算执行情况审计

预算执行情况审计是在建设项目已经开工，但未竣工的建设阶段开展的审计监督。包括履行基本建设程序，落实征地拆迁政策、招投标制度、投资控制情况，项目建设管理、工程质量、资金管理使用等情况。至 2010 年，省审计厅共完成重点建设项目审计 119 个，涉及铁路、公路、水利、电力、教育、卫生、企业等行业和单位。

表 38-14-2-1　1988—2010 年浙江省审计厅对重点建设项目预算执行审计一览表

年度	项目数(个)	审　计　项　目
1988	1	杭州高等专科学校基建项目
1990	2	浙赣复线项目的“七五”工程、省革命烈士纪念馆建设工程
1991	5	宁波港务局北仑港区二期扩建工程、镇海电厂三期工程、浙江火电建设公司承建镇海电厂三期扩建工程、镇海电厂灰库工程指挥部承建的镇海电厂三期灰库工程、浙江省第二建筑工程公司承建镇海电厂三期工程
1992	4	铁道部第十六工程局承建的宣杭铁路建设工程、上海铁路局宣杭铁路长杭段改造工程、中国铁路工程发包公司宣杭铁路宣长段工程、浙江省工业设备安装公司承担杭州磁带厂工程
1993	2	杭州磁带厂建设项目、浙江腈纶厂建设项目
1994	4	浙江涤纶厂 6 万吨聚酯工程项目、嘉兴发电厂一期在建工程、台州电厂四期扩建工程、省火电建设公司承建的北仑发电厂一期工程
1995	1	台州发电厂四期工程

续表 1

年度	项目数(个)	审　计　项　目
1996	13	杭甬高速公路建设项目、省高速公路指挥部杭甬高速公路在建项目、杭甬高速公路建设余姚指挥部、省路桥工程处杭甬高速公路第四合同段项目经理部、省路桥工程处杭甬高速公路第三合同段项目经理部、浙江省高速公路绍兴县指挥部绍兴段工程项目、省杭甬高速公路沈冀杭联合经理部、杭甬高速公路项目萧山段工程建设指挥部、省交通设计院承担的杭甬高速公路工程、中国建筑第一工程局杭甬高速公路余姚指挥部、浙江建设总公司杭甬高速公路项目经理部、杭甬高速公路建设鄞县指挥部、杭甬高速公路项目上虞段工程建设指挥部
1997	7	省金温铁路建设工程总指挥部、省火电建设公司与嘉兴发电厂一期工程项目、浙江省第二建筑工程公司与嘉兴发电厂一期工程项目、华东电力设计院与嘉兴发电厂一期工程项目、省电力局在嘉兴发电厂一期工程、嘉兴发电厂一期工程试生产期间、杭州市国家安居工程建设项目
1998	6	弁山湖大桥工程项目、320 国道线富阳至新登段一级公路改建工程项目、省路桥工程处承建的杭甬高速公路项目、北仑发电厂二期工程、省电力建设总公司承建的北仑发电厂二期工程、浙江日报社新闻大楼工程项目
1999	7	浙东海塘建设项目、三门县浙东海塘建设项目、浙江省玉环大麦屿中央直属储备粮库建设联合办公室、金华市中央直属储备粮库建设联合办公室、舟山市中央直属储备粮库建设联合办公室、嘉兴市中央直属储备粮库建设联合办公室、衢州市中央直属储备粮库建设联合办公室、湖州市中央直属储备粮库建设联合办公室
2000	1	上虞至三门段高速公路建设项目
2001	9	杭州萧山机场公路建设项目、浙江中医学院迁建工程项目、德清县供电局农村电网建设与改造项目、温州燃机发电建设项目、德清县电力实业总公司农村电网建设与改造项目、省电力公司(本级)农村电网建设与改造项目、省农村电网建设与改造项目、省电力建设公司与北仑发电厂二期工程建设项目、包建新村住宅小区工程项目
2002	5	开元旅业集团有限公司与浙江旅游职业学院建设项目、浙江大学医学院附属儿童医院病房楼建设项目、临安污水处理工程项目、临安红旗市政有限公司与临安污水处理工程项目、湖州市城市防洪工程建设项目
2003	4	江山碗窑水库建设项目、省水利水电建筑总承包公司与碗窑水库建设项目、杭州剧院改扩建工程建设项目、杭州市建筑工程监理公司与杭州剧院改扩建工程建设项目
2004	3	省人民大会堂迁建工程、省建设工程设备招标有限公司与省人民大会堂迁建工程、省工程监理公司与省人民大会堂迁建工程
2005	6	8 个中央直属粮库工程、舟山省级直属中转储备粮库工程、中国计量学院迁扩建工程、省老年大学迁建工程、浙江大学医学院附属第一医院医技楼建设项目、浙江大学医学院附属妇产科医院大楼建设项目、省少年教养管理所和邪教人员教育转化基地建设项目

续表 2

年度	项目数(个)	审　计　项　目
2006	11	杭州湾大桥建设项目、浙江商业职业技术学院滨江校区一期建设项目、浙江省人民医院病房综合大楼建设项目、浙江艺术职业学院迁建项目、浙江省机电职业技术学院建设项目、省体育局萧山体育运动训练基地工程、浙江警官职业学院迁扩建工程、教工路经济适用房建设项目、政苑小区建设项目、西湖文化广场建设项目、浙能大厦建设项目
2007	9	沪杭甬高速公路枫泾至大井段拓宽工程、舟山连岛工程西堠门大桥金塘大桥建设项目、浙江诸永高速公路指挥部、省道安吉王唐线改建工程项目、杭甬运河绍兴段航道建设工程、浙江大学医学院附属第二医院脑科中心与保健中心工程、杭州外国语学校迁建及扩建工程建设项目、下沙高教园区东区后勤及公建配套工程、浙江林学院新校区建设项目
2008	2	台缙高速公路建设项目、浙江东联大厦建设项目
2009	9	杭浦高速公路建设项目、320 国道朱家渡至钳口段改扩建项目、104 国道永嘉乌牛至六岙段改扩建项目、35 省道临海留贤至界头岭段改扩建项目、54 省道和 55 省道改扩建项目、58 省道(分泰线)改扩建项目、35 省道仙居界头岭至田市段改扩建项目、20 省道桐庐段改扩建项目
2010	8	长兴县小浦至槐坎公路改建工程项目、平黎公路嘉善南站连接线项目、义乌至浦江公路浦江段工程建设项目、丽武公路莲都区联城至老竹段改建工程、瑞安塘下至龙湾永中公路龙湾区中至梅头段整治工程项目、乐清市山老区连线公路改造工程、嘉善县平黎公路(西塘至省界段)拓宽工程项目、浙江大学医学院附属第一医院综合病房大楼建设项目
合计	119	

资料来源:浙江省审计厅档案室。

(一)交通设施项目审计

1990 年 8—9 月,省审计局对浙赣复线项目的“七五”工程进行审计。浙赣复线工程设计范围自萧山的白鹿塘至株洲的五里墩,正线长度为 840.10 千米。限于投资,“七五”期间新建复线建设计划安排 400 千米,投资控制 8.90 亿元。至 1989 年,复线项目共取得基建拨款 7.12 亿元,完成基建投资 7.10 亿元。发现的主要问题:1. 浙赣复线项目跨越了技术设计阶段,到审计时,“七五”工程的建设总概算尚未批复。2.“七五”工程的技术标准和建设标准偏低,不可能达到已批准的一级干线标准和实现全线自动闭塞的条件,直接影响这一地区运量与运能矛盾的缓解。3. 在工程施工管理方面,没有严格按照《铁路基本建设工程招标办法》的规定执行,未很好地体现平等、公正、合理的竞争原则。4. 在工程质量管理上,较大程度地存在着打“印象分”的现象,使质量评定在一定范围内流于形式。5. 在验工计价管理上,计价标准执行不严格,存在高估冒算、签证手续不完备等问题。其中提高规定费率、扩大计价范围的劳保费支出及大小临时设施费等共计 200.20 万元;弄虚作假,虚列玉山采石场扩建工程项目42.79万元;额外增补南昌、上海、福州工程总公司的劳保费超支数计274.45万元,扩大了基建项目投资开支范围。6. 应缴未缴施工企业税金1486.05万元。审计提出处理意见和建议。

1991年3—4月,省审计局对宁波港务局北仑港区二期扩建工程进行审计。工程批准概算投资3.89亿元,建集装箱、通用件杂货、多用途木材等泊位共6个,可增加吞吐能力350万吨/年。至1990年底,工程已完成投资47%。发现的主要问题:1. 陆域工程未按规定公开招标,施工合同未按规定签订。港外铁路和通信等专项工程的设计、施工单位均不符合资格要求。2. 用大型临时设施费298.50万元建造办公楼、食堂、水泥库等永久性建筑。3. 支付计划外工程投资93.94万元,包括购置两辆"桑塔纳"轿车。4. 历年来多提应付工程款44.17万元等。审计提出处理意见和建议。

1992年8—9月,省审计局对宣杭铁路长杭段改造工程进行审计。既有线长兴到杭州段114.40千米,早于1972年建成通车,调整概算为8496万元,已完成投资额6434.83万元。发现的主要问题:1. 既有线改造未按国务院批准的计划任务书要求建成Ⅰ级铁路,存在较大隐患,影响整体效益,造成二次改造损失。2. 乔司编组站建设决策滞后,影响既有线改造工程及时全面竣工和宣杭线效益的充分发挥。3. 投资调整幅度大,投资规模控制徒有虚名。4. 各承建单位和施工单位未缴营业税共223.95万元。根据调查结果,审计作出补缴营业税等处理意见。

1996年4—9月,省审计厅对杭甬高速公路在建项目进行审计。发现的主要问题:1. 省高速公路指挥部未按规定及时编报调整概算。已报调整概算存在错、漏、误,多列概算6452万元,少列概算1461万元。2. 对增设反压护道,未作技术上、经济上的可行性论证。设计存在错、漏情况。3. 路面和桥头接线处差异沉降远大于设计控制标准。沥青砼路面厚薄超出允许误差范围,个别路段路面沥青砼结构松散。4. 支付不当工程款1158.80万元。5. 工程建设损失浪费1135.64万元。侵占、移用建设资金3621.11万元。6. 存在以拨列支、扩大成本开支范围,多列工程费用968.43万元。7. 地方指挥部有123.24万元建设资金利息收入转入下属公司或其他单位。有1846.93万元代扣税款不按规定上缴并长期移用。8. 承包商、设计院等单位欠缴、漏缴营业税及附加1367.95万元等。审计提出处理意见和建议。

1997年9—11月,省审计厅对320国道富阳段一级公路建设情况进行审计。发现的主要问题:1. 未按初步设计批复的要求调整核定概算总投资。2. 改建工程建设标准达不到一级公路标准。3. 设计单位不具备高等级公路设计资质,承包商将部分工作量发包给无资质单位施工。4. 工程交工验收时降低质量验收标准。5. 未缴纳耕地占用税、印花税计97.02万元。6. 扩大成本开支范围列支费用130万元。出借资金298万元未及时收回本金和利息。7. 已支付工程价款高估冒算380.56万元。审计提出处理意见和建议。

2000年4—5月,省审计厅对上虞至三门高速公路建设项目进行审计。上三公路全长142.03千米,核定概算投资为46.26亿元。实际到位资金26.22亿元,完成投资18.74亿元。发现的主要问题:1. 上三公路建设管理体制不顺,没有真正实行建设项目法人责任制。2. 概算多列建设单位管理费1808.57万元。3. 监理费用以拨代支,支付给总监理部监理服务费 1250.59 万元依据不足。4. 勘测设计单位未经招标，设计失误较多，设计变更费多达 1.95 亿元。5. 无依据列支管理费 80 万元。6. 支付省科技咨询中心 288 万元依据不足。审计提出整改意见：1. 根据建设项目法人责任制要求，项目业主必须对建设项目全过程负责。2. 多列的建设单位管理费，建议报概算审批部门调整。3. 应严格执行招标文件。采取有效措施处理好公司的财产，防止资产流失。4. 无依据列支的管理费用和转移收入应收回。

2001 年 11 月，省审计厅对杭州萧山机场公路建设项目进行审计。杭州萧山机场公路为"四自"工程，全长 18.66 千米。至 2001 年 9 月，累计到位建设资金 6.18 亿元，账面完成投资额 6.22 亿元。发现的主要问题：1. 项目未严格按规定实行项目法人责任制、资本金制，资本金 4000 万元未及时到位。2. 工程造价增长预留费 1803.18 万元未及时调整。3. 工程列支概算外项目费用 832.67 万元。4. 超概算征地 16.25 公顷。5. 扩大建设规模，提高建设标准，增加投资 2287.70 万元。6. 委托采购的钢材、水泥原始票据不合规金额 6830.63 万元。审计提出整改建议：1. 投资主体须及时到位项目资本金。2. 工程造价增长预留费、概算外投资和应扩大规模、提高标准增加的投资应报原概算审批单位重新核定。3. 不合规的票据应符合报销制度要求。

2006 年 2—3 月，省审计厅对杭州湾跨海大桥建设项目进行审计。杭州湾跨海大桥全长 36 千米，设计概算 117.62 亿元。确定项目资本金 38.50 亿元。发现的主要问题：1. 未经批准占用土地 36.80 公顷。2. 项目资本金未按年度及时、足额到位。3. 因签订无效购买办公用房协议，造成悬账。4. 违规筹集资金 7150 万元。出借建设资金未收取资金占用费。5. 概算外项目建设占用资金 9227.98 万元。6. 建设单位管理费严重超概算标准。7. 代征税款 9739.38 万元未及时解缴入库，漏缴印花税 491.20 万元。8. 建设单位未按合同条款罚扣违约金 824 万元。审计提出处理意见和建议。

2007 年 3—4 月，省审计厅对舟山大陆连岛工程西堠门大桥、金塘大桥建设项目进行审计。发现的主要问题：1. 工程违规招标 82 项，涉及合同金额 16.79 亿元。2. 合同金额达 32.56 亿元的工程项目由施工单位违法分包，部分项目层层分包。3. 工程监理方面存在无资质人员长期担任项目总监、专业工程师不到位、监理业务转给个人承包的问题。4. 项目费用支出 2200 万元缺乏财务依据。5. 财务管理不规范，投资核算不实，有 2.29 亿元钢材款挂账于"预付备料款"，漏缴营业税、印花税等 2100 万元。审计提出应及时办理建设用地征用手续，严格规范招投标行为和转分包管理等建议。

2008 年 7—9 月，省审计厅对杭浦高速公路建设项目进行审计。发现的主要问题：1. 项目资本金未按计划到位。2. 工程招投标中符合性审查不严格造成无效标中标。3. 违反基建程序，建设用地未批先用。4. 建设单位管理费、建设期贷款利息超概算严重。5. 合同执行不严，变更合同增加工程造价 895.14 万元。审计提出整改意见：1. 对无效标中标、管理费超概算、合同执行和管理不严、资本金不到位、建设用地审批等问题要及时整改。2. 杭浦公司与关联方相互拆借资金不计财务费用，影响工程成本核算和关联方之间的财务关系。3. 招投标管理和土地征迁包干标准过高、资金大量结余问题建议有关部门调查处理。

2009 年 4—6 月，省审计厅对 320 国道常山段改扩建项目进行审计。发现的主要问题：

1. 项目前期阶段未编报项目建议书、未经施工许可便开工建设。2. 勘察设计合同 699 万元未进行公开招投标。3. 地方配套未到位资金总额 6434 万元。4. 违规出借建设资金 2615 万元。5. 二级公路改为一级公路，未及时签订施工承包补充协议，金额 2240 万元。审计提出整改意见：1. 认真履行建设程序和重大变更报批程序。2. 加强资金来源的管理，保证地方配套资金按建设进度及时足额到位。对出借建设资金及时收回。3. 规范合同管理。

2010 年下半年，省审计厅对全省 7 条县道项目（长兴县小浦至槐坎公路改建工程、平黎公路嘉善南站连接线工程、平黎公路拓宽工程、义乌至浦江公路浦江段工程、丽水至武义公路莲都区联城至老竹段改建工程、瑞安塘下至龙湾永中公路龙湾区永中至梅头段整治工程、乐清市山老区连线公路改造工程）进行审计。7 条县道总建设里程约 154.47 千米，概算总投资为 23.15 亿元。发现的主要问题：1. 部分项目因前期准备不足、审批粗糙，致使项目未能按预期实施，影响项目推进和效益发挥。2. 违规征用土地情况依旧存在，未批先用、少批多用、以临时用地规避监督等现象均有发生。3. 勘察设计未依法进行公开招投标，涉及金额 2300 万元。4. 施工与监理单位的人员频繁更换、职责缺位，甚至持伪造资质证书复印件上岗，工程质量控制和风险防范任务紧迫。5. 建设单位对施工、监理单位的管理薄弱，建设单位管理费超标趋势明显。审计提出处理意见和建议。

（二）农林水利项目审计

1999 年 3—6 月，省审计厅组织宁波、温州、台州、舟山 4 市及所属有关县 1998 年浙东海塘建设项目进行审计。重点审计 39 条海塘，合计长度 147.79 千米，概算投资为 6.50 亿元。共查出违纪违规金额 6316.91 万元，核减工程造价 311.85 万元。发现的主要问题：1. 未严格执行基本建设程序。2. 设计基础资料不全，设计内容不完整，设计深度不足。自行降低标准海塘建设标准。3. 工程招投标不规范，部分标段未实行招投标。4. 海塘工程转包问题突出。部分海塘未实行监理或监理工作不规范。5. 工程质量存在问题。6. 个别单位挪用标准海塘建设资金；以大额现金支付工程款。针对发现的问题，审计提出处理意见和建议。

2003 年 1—5 月，省审计厅对 8 个中央直属储备粮库（杭州滨江中谷国家粮食储备库、温州中央直属储备粮库、金华中央直属储备粮库、玉环大麦屿中央直属储备粮库、湖州中央直属储备粮库、嘉兴中央直属储备粮库、衢州中央直属储备粮库、舟山市中央直属储备粮库）建设项目进行审计。8 个项目总规模为库容 7.50 亿千克，总建筑面积 22.81 万平方米。项目总投资 5.60 亿元。发现的主要问题：1. 工程未按要求按时竣工。2. 监理工作不够规范。3. 多征粮库用地。4. 工程转包及招投标不规范。5. 超概算列支工程费用及扩大开支范围。审计提出处理意见和建议。

2003 年 9—10 月，省审计厅对碗窑水库建设项目进行审计。发现的主要问题：1. 将整体项目一分为二，且灌区配套工程建设严重滞后。2. 建设资金严重缺口的情况下，大量兴建计划外生活、办公、福利设施。3. 多调概算 2545.92 万元。4. 多列建设成本 1620.73 万元。5. 征用土地未经规划审批，超批准占用土地 40.54 公顷，擅自变更土地用途 0.93 公顷。6. 建设资金 2186.42 万元筹集不合规。审计提出处理意见和建议。

2005年9—10月，省审计厅对舟山省级直属中转储备粮库工程进行审计。项目建设规模为总仓容8万吨，工程概算1.25亿元，已到位资金1.09亿元，完成投资1.01亿元。发现的主要问题：1. 违反基本建设程序，按实报批调整概算。2. 工程实际工期明显落后于计划（合同）工期，造成管理费用的增加，影响投资效益的发挥。3. 附属工程及零星工程合同管理不够规范。4. 设计及部分专业工程未严格执行招投标制度。5. 建设单位管理费支出超标。审计处理意见：建设单位在今后的基本建设活动中，应严格执行基本建设程序，加强合同管理和工程进度管理，加大项目建设管理力度；严格执行项目法人制度，抓紧编制竣工决算，及时办理竣工验收手续。

（三）文教卫生项目审计

1988年4月，省审计局对新建的杭州高等专科学校基建财务进行审计。其教学实验楼项目总概算217.07万元，实际交付财产为289.10万元。发现的主要问题：1. 财务力量薄弱，建账、记账等基础工作比较差。会计科目运用混乱，凭证填制不清，会计处理不合规，账簿交接不结转。2. 内部缺乏必要的管理，各部门协调不够。审计提出处理意见：1. 加强基建材料设备的管理，健全收发料制度，做到账卡、账实相符。2. 组织力量认真地对各项财产物资进行一次清查，核实债权债务，核实库存材料，核实固定资产，做好交付使用财产等工作。

2001年6月，省审计厅对浙江中医学院迁建工程进行审计。项目总概算1.72亿元，总建筑面积7.14万平方米。发现的主要问题：1. 迁建工程建筑面积超计划1.16万平方米。2. 迁建工程未按合同约定的建设内容实施，部分装修项目另行发包，增加投资成本。3. 甲供材料结算价差款408.73万元未冲减建设成本。4. 核减项目工程价款1111.02万元。5. 迁建工程土地征迁中存在问题。审计提出处理意见和建议。

2002年6月，省审计厅对浙江大学医学院附属儿童医院病房大楼建设项目进行审计。项目核定面积2.06万平方米，概算6200万元。发现的主要问题：1. 多次提高建设标准，实际投资超出概算近1倍。2. 承包商将投标优惠款68万元以赞助款名义返还，转作医院专用基金。审计作出返还的投标优惠款作冲减投资处理，并建议补办原批准设计外工程的审批手续。

2003年2—3月，省审计厅对杭州剧院改扩建工程进行审计。工程概算1.90亿元，建筑面积4.95万平方米。发现的主要问题：1. 建设过程中多次作重大设计变更，决策滞后。2. 投资严重超概算。3. 施工单位违规垫资1700万元。4. 挪用建设资金办理公司注册登记。5. 改变了原初步设计建设内容，将除剧院本体外的综合楼建成了高档房地产开发项目。6. 账面少列杭州剧院建设资金2084.06万元，少列建设成本4576万元。7. 核减工程造价712.53万元。审计提出处理意见和建议。

2005年3—4月，省审计厅对中国计量学院迁扩建工程进行审计。发现的主要问题：1. 违反基本建设程序，边施工、边调整、边报批。2. 建设规模未按高校建筑规划面积指标控制。3. 部分项目化整为零，规避招标。存在违法转、分包行为。4. 主要单体项目部分经理不到位。承包商将投标优惠款以赞助费名义返还。5. 建设成本列支概算外投资717.46万元和工程投入使用后所发生的贷款利息1085.76万元。6. 挪用建设资金4969.05万元。审计提出处理意见和建议，并将违法转、分包企业移送有关部门查处。

2006年8—9月，省审计厅对萧山体育运动训练基地工程进行审计。发现的主要问题：1. 两次概算调整依据不足，概算编制深度不够、内容不全。2. 项目建设过程中设计变更较多，存在边设计、边施工现象，投资控制有待加强。3. 移用建设资金343.60万元。4. 二期土地未批先用。审计提出处理意见和建议。

2007年5—6月，省审计厅对下沙高教园区东区后勤及公建配套工程进行审计。发现的主要问题：1. 未办理报批手续，随意改变项目建设管理和筹资模式。2. 超规模建设，计划外设备购置，挤列项目建设成本。3. 建设进度严重滞后。部分用地闲置。多个建设项目未单独建账核算。4. 部分单项工程未进行公开招投标，涉及金额1490.30万元。5. 项目资本金未到位，增大项目成本约795.47万元。6. 项目后期管理权责不清、关系不顺。审计提出处理意见和建议。

2010年3月，省审计厅对浙江大学医学院附属第一医院综合病房大楼建设项目进行审计。实际到位资金3.56亿元，完成投资为3.72亿元。发现的主要问题：1. 综合病房大楼设计招标不规范。2. 超出房屋评估价110万元支付补偿款。3. 装饰工程低价中标，高价结算，使招投标失去应有作用。4. 设计深度不够，造成损失浪费。5. 配套工程可行性研究滞后。审计提出整改意见：1. 加强项目管理，严格执行基本建设程序。2. 规范项目招投标程序，强化招投标在造价控制中的作用。3. 进一步完善财务核算管理，准确核算项目成本。

（四）工业和电力项目审计

1991年7—8月，省审计局对镇海发电厂三期工程进行审计。工程投资估算3.06亿元，实行概算投资总承包。发现的主要问题：1. 生活福利设施建设超面积819平方米，改变用途面积9180.41平方米，超投资133.50万元。2. 油罐扩大规模后未重编初步设计或修正概算，实际投资超批准192.70万元。3. 投资包干结余中未按规定归还贷款341.09万元。4. 少缴“两金”236.31万元。5. 试生产净收入未按规定还贷和计缴“两金”。6. 三期工程基本上未实行招投标。审计作出补缴“两金”、按规定归还贷款的处理意见。

1992年6月和1993年7月，省审计局分2次对杭州磁带厂建设项目进行审计。项目概算4.28亿元。至1992年底实际完成投资5.51亿元，超概率35.43%。发现的主要问题：1. 初步设计概算大于估算10%，未对项目重新决策，重批计划任务书。2. 实际磁带和带基项目引进建设与可行性研究报告不符，未按规定对原可行性研究报告进行修改和复审。3. 带基装置与外商签协议前未作实地考察，引进决策依据不足，无法达到预期目标。4. 带基软件技术自行开发的决策，缺乏科学依据，造成被动局面。5. 移用建设资金1307.78万元。6. 多列试生产成本853.60万元。审计提出处理意见和建议。

1994年5—6月，省审计局对嘉兴发电厂一期在建工程进行审计。一期工程至1993年底共到位资金11.54亿元，实际完成投资6.94亿元。发现的主要问题：1. 原概算留有缺口过大，造成工程建设资金不落实。2. 因一些大宗地方性材料难以就地采购，增加了投资。3. 受国家外汇政策调整，外汇汇率差较大。4. 临时设施超概算控制指标。5. 新增项目及主要变更达 2.48 亿元未及时办理报批手续。审计提出处理意见：1. 应缴未缴的投资方向调节税，按规定予以补缴。2. 材料的核算应严格执行会计制度规定正确核算。3. 应及时调整概算缺口，办理新增项目及主要变更部分的调概算审批工作。

1998 年 4—5 月，省审计厅对浙江北仑发电厂二期工程进行审计。工程总投资 122.74 亿元。发现的主要问题：1. 有 1.15 亿元项目资本金未如期到位。2. 建筑安装工程量的 11％未实行招投标管理，89％实行议标和邀请招标。3. 二期工程双层材料库等附属生产工程和生活福利宿舍未纳入总体设计。4. 浙东南沿海电厂检修基地征地 10.70 公顷，超出二期工程建设用地。5. 生活福利设施超概算核定面积 32.43％，超概算核定投资 60.11％。6. 违规拆借、出借建设资金。7. 未按规定缴纳固定资产投资方向调节税和部分印花税。审计作出收缴未缴税金等处理，并建议尽快到位项目资本金，规范工程建设招投标、监理、价款结算及财务管理工作等。

2001 年 5—9 月，省审计厅组织 10 个市、69 个县(市、区)审计机关，对全省农村电网建设与改造项目进行审计，同时对农村供电管理体制改革、城乡同网同价实现情况进行调查。至 2001 年 3 月，实际到位建设资金 72.32 亿元。审计共查出违纪违规金额 12.76 亿元，移送检察院案件 1 宗，提出审计建议 156 条。发现的主要问题：1. 项目建设资金未专户存储 1473.75 万元。2. 挤占、侵占项目建设资金 2092.62 万元。3. 移用建设资金 597.11 万元。4. 部分项目造价管理不严，多计多付工程价款 7280.80 万元。5. 违规转包农村电网工程 1.37 亿元。6. 招投标管理不规范。审计提出处理意见和建议。

(五)市政设施和住宅项目审计

1997 年 3—9 月，省审计厅对杭州市国家安居工程建设项目进行审计。发现的主要问题：1. 安居工程的各项优惠政策未全部落实。2. 虚列多列安居工程成本。3. 安居工程利息支出偏高，城市配套资金未足额到位。4. 安居工程建设超标情况普遍。5. 擅自扩大建设规模，部分安居房做商品房销售，使安居工程的实际规模锐减。6. 享受安居房的标准不科学。审计建议应控制安居房单套面积标准，科学确定准入标准，落实国家的各项优惠政策等。

2001 年 2—3 月，省审计厅对包建新村住宅小区工程项目进行审计。发现的主要问题：1. 未随政策变化及时调整项目概算，由二期分摊一期工程的投资 4816.80 万元应核减财政投资。2. 一期工程建筑面积超规划许可批准面积的 12.3％。3. 多付工程价款。4. 无依据支付 231.29 万元征地补偿费列入项目投资，挤占建设成本。5. 用住房基金增值款购置车辆 448.47 万元，列入投资完成额。6. 收取管道液化气配套费和住户煤气开户费 220.29 万元，未按规定计缴营业税等有关税金。审计提出处理意见和建议。

2002 年 4 月，省审计厅对临安污水处理工程项目进行审计。至 2002 年 3 月，工程到位资金 4882.01 万元。发现的主要问题：1. 部分工程管理不规范，投资完成额不实。2. 生活、办公用房面积超概算。3. 施工单位报审结算多计工程价款 100.81 万元。4. 材料采购管理、核算不规范。5. 建安工程投资中列支征迁补偿费 248.47 万元。审计提出处理意见和建议。

2005 年 9—11 月，省审计厅对政苑小区建设项目进行审计。至 2005 年 8 月底，共拨入资金8.50亿元，支出8.37亿元。发现的主要问题：1. 未严格执行基本建设程序，项目投资缺乏概算控制。2. 部分公建设施建设滞后。3. 无依据计列建设成本2581.99万元。4. 设置材料供应中间环节增加建设成本。审计提出处理意见和建议。

(六)楼堂馆所项目审计

1990年11月，省审计局对省革命烈士纪念馆项目进行审计。项目核定概算1159万元，建筑面积5386平方米。发现的主要问题：1. 账外投资2.50万元。2. 以支付预付款名义出借资金201万元。3. 预付款3.84万元列作投资支出。救灾补助款5万元挂列暂存款。4. 按概算计提管理费用14万元。5. 材料核算没有实物账。审计对账外投资、移用救灾补助款等作出处理，并建议加强材料管理，防止出现管理漏洞。

1997年11月至1998年2月，省审计厅对浙江日报社新闻大楼建设项目进行审计。项目批准建设面积2万平方米，总投资5000万元以内。发现的主要问题：1. 工程设计、设备采购未通过公开招投标，土建工程采用独家定向议标。2. 为让不具资质的企业承建，采用由具备资质企业承包再转包的合作形式。3. 审核把关不严，造成多付工程价款242.18万元。4. 基建财务管理薄弱，工程与财务脱节，造成地下室工程价款101.97万元重复进账。5. 自行扩大工程建设规模和标准。审计作出收回多付工程款、调账重复进投资的处理意见，并建议补办有关审批手续和加强基建财务管理等。省委书记李泽民对审计结果报告作出批示。

2003年11月至2004年6月，省审计厅对省人民大会堂迁建工程项目进行审计，并对浙江省建设工程设备招标有限公司、浙江工程建设监理公司进行延伸审计检查。项目核定概算4.99亿元，总建筑面积5.85万平方米。发现的主要问题：1. 项目主要负责人腐败堕落、违法乱纪。2. 施工单位高估冒算，共核减工程造价6357.12万元。3. 项目边设计、边施工、边报批。概算审批滞后，未起到投资控制作用。4. 擅自扩大建设规模1958平方米。5. 财政资金超前到位且使用控制不力。6. 招投标管理混乱，存在内外勾结骗取中标、任意调整报价口径、巧立名目规避招标等行为。7. 施工监理严重失责。部分材料设备存在严重的质量问题。审计对有关问题作出处理。对杭州浙大亚通科技有限公司涉嫌抽逃注册资本、福建省泉州宏星装潢有限公司涉嫌合同欺诈，招标代理机构、监理单位等参与违规招标，工程签证和浙江城建园林有限公司承接环境绿化工程有关问题，以及中天建设集团、浙江省建设工程设备招标有限公司涉嫌偷漏税等问题移送有关部门调查处理。对在主会场灯光系统招投标中的舞弊问题，建议建设行政主管部门取消招标公司的招标代理资格。省长吕祖善对审计结果报告作出重要批示，要求认真解剖腐败案件，从中吸取教训，采取措施，从体制、制度上制止问题的发生。原省人民大会堂迁建领导小组办公室副主任谷某和工程部部长鲁某的犯罪行为由检察机关依法追究刑事责任。

2005年9—12月，省审计厅对西湖文化广场建设项目进行审计。发现的主要问题：1. 地方配套资金未落实，出资单位未按合同规定及时到位，造成筹资成本增大。2. 投资决策前期准备不充分，造成2400多万元建设资金被占用和200多万元损失。3. 建设资金向企业作短期拆借不合规。拆迁补偿未参照评估价格。4. 部分项目招投标不合规。5. 设计变更不合规，材料重新定价方式不利于投资控制。6. 虚增工程成本 2917.95 万元。审计提出处理意见，并建议做好剩余面积的出让工作。对浙江铁资大厦资产转让收入未缴相关税金问题移送税务部门调查处理。

2007 年 8—9 月，省审计厅对浙江东联大厦建设项目进行审计。发现的主要问题：1. 未按批准的项目建设规模、概算组织实施。2. 存在规避招投标行为。3. 施工单位弄虚作假，建设、监理单位把关不严，造成外立面幕墙材质改变、总价虚高。4. 建设成本中列支概算外投资 238.73 万元。审计提出纠正违纪违规问题、加强基本建设后续管理工作等建议。

二、竣工决算审计

竣工决算审计是对已完工的建设项目建设情况的真实、合法、效益进行全面的审计监督。包括项目概(预)算执行，工程结算和决算真实、合法，以及投资绩效目标的评估等。1990—2010 年，省审计厅共完成竣工决算审计项目 26 个，重点是电厂、高速公路、医院和大学迁建工程。

表 38-14-2-2　1990—2010 年浙江省审计厅对重点建设项目竣工决算审计一览表

年度	项目数(个)	审　计　项　目
1990	1	杭州煤气厂第一期工程竣工决算审计
1991	1	浙江医科大学附属第一医院病房楼工程项目决算审计
1994	1	北仑港发电厂一期工程竣工决算审计
1997	1	嘉兴发电厂一期工程项目竣工决算审计
1998	3	台州发电厂四期工程建设项目竣工决算审计、杭甬高速公路项目竣工决算审计、台州发电厂四期工程项目竣工决算审计
2001	2	沪杭高速公路(浙江段)建设项目竣工决算审计、北仑发电厂二期工程竣工决算审计
2002	1	浙江衢化股份有限公司电化厂 60KT/A 离子膜烧碱装置技改工程项目竣工决算审计
2003	3	邵逸夫医院医疗科教综合楼项目竣工决算审计、绍兴中央直属棉花储备库项目竣工决算审计、浙江省高级人民法院审判办公大楼建设项目审计
2004	1	省畜牧兽医局无规定动物疫病区建设项目竣工决算审计
2005	1	杭金衢高速公路建设项目竣工决算审计
2006	5	同三线三门铺里至临海青岭高速公路建设项目竣工决算审计、浙江医学高等专科学校工程竣工决算审计、浙江省环境保护实验综合楼建设项目竣工决算审计、浙江中医学院滨江学院工程竣工决算审计、钱塘江北岸险段标准海塘建设项目竣工决算审计

续表

年度	项目数(个)	审计项目
2007	2	杭州电子科技大学迁建工程竣工决算审计、浙江省海洋与渔业局综合大楼竣工决算审计
2009	3	沪杭甬高速公路拓宽工程枫泾至大井段及红垦枢纽段竣工决算审计、浙江省中医院改扩建工程建设项目竣工决算审计、浙江理工大学迁建工程竣工决算审计
2010	1	浙江经贸职业技术学院下沙新校区一、二期工程竣工决算审计
合计	26	

资料来源:浙江省审计厅档案室。

1990年5—6月,省审计局对杭州煤气厂第一期工程竣工决算进行审计。杭州煤气厂工程主要由一座日产30万立方米的煤气厂和140千米中低压输配管及其配套设施组成,核定建设总投资1.33亿元,1988年完工并交付使用。发现的主要问题:1. 上报基本建设投资额不实。2. 设计规范、标准和程序执行不严。3. 预付工程款、设备款、材料款和材料成本差异等均未按基本建设会计制度规定核算处理。4. 擅自超建行核准数冲转拨款。5. 动用工资基金结余发奖金。6. 部分主体工程存在质量隐患。审计作出调整账户、收缴税金等处理,建议有关部门尽快落实原料煤的来源、数量、品位等。

1991年1—4月,省审计局对浙江医科大学附属第一医院病房楼工程进行审计。工程总投资920万元。发现的主要问题:1. 工程所需投资将超原批准总概算达567.63万元。2. 执行合同不严肃,支付不应补差的材料价差50万元。3. 旧房拆除回收金不应记入行政账户,应转入基建账户,按规定冲抵基建拨款。4. 多计劳保支出费和包干系数共59.26万元。5. 医院行政财务拨给病房楼的50.50万元投资包干风险基金,基建财务未及时入账,严重违反财会制度。审计提出处理意见:1. 建议有关部门给予追加投资,对未报经批准,擅自提高标准和扩大工程项目的错误做法给予严肃批评。2. 多付的21.16万元工程款应予以收回。3.“投资包干风险基金”连同银行存款利息应抵作基建拨款。

1994年9—10月,省审计局对北仑港发电厂一期工程的竣工决算进行审计。工程概算投资28.25亿元。发现的主要问题:1. 投资包干结余中按规定应还贷的1737.97万元和应缴的“两金”434.49万元均未上缴。2. 一号机组提前投产发电,计提提前投产收益1090.83万元,按规定应缴“两金”225.25万元。3. 扩大建设成本开支范围,多列投资805.84万元。4. 应收省火电建设公司吊机租费414.35万元、施工用水电费192.28万元,未按规定冲减相应的投资成本。5. 外汇存款和利息未按规定冲减相应投资。6. 多列尾工预留投资632.91万元。审计作出收缴税金、归还贷款、调整账户等处理意见。

1997年6—7月,省审计厅对浙江巨能电力工程公司承建的嘉兴发电厂一期工程竣工决算进行审计。工程概算投资29.73亿元,实际造价32.59亿元。发现的主要问题:1. 一期工程公用设施建设超出初步设计的批复内容,总投资高出约3.48亿元。2. 将应作临时设施的办公楼建成了永久性建筑,面积为3620平方米,发生建安工程费用170万元,全部摊入工程成本。3. 用材料采购保管费 24.80 万元购置散装水泥车 2 辆，未作固定资产核算管理。4. 在设备投资中列支省电力建设总公司锅炉清洗设备款 100 万元。审计提出处理意见和建议。

1998 年 7—8 月，省审计厅对台州发电厂四期工程项目竣工决算进行审计。工程总投资 31.09 亿元。至 1998 年 6 月，工程到位资金 31.08 亿元，投资完成额 36.29 亿元。经审核工程实际投资为 33.47 亿元。发现的主要问题：1. 多列集资利息 2.82 亿元。2. 尾工工程多列投资 1850.67 万元，少列 563.04 万元。3. 超概算多支付尾工工程款 93.73 万元。4. 灰库工程多进四期投资 1112.37 万元。5. 设备投资漏列 2590.77 万元，多列锅炉酸洗设备投资 100 万元。6. 生活福利工程少缴投资方向调节税 65.36 万元。7. 试运行收入少缴增值税 154.59 万元。审计提出建议：1. 加强对尾工工程的管理，抓紧建设，尾工款除项目之间调剂使用外，严禁挪作他用。2. 尽快清理债权、债务，严格按合同规定收回、支付各种款项。对有关人员借用的备用金应催缴结清。3. 认真总结四期工程建设的经验和教训，重视总结工程设计、施工、监理、设备采购招投标工作。

2000 年 7—10 月，省审计厅对沪杭高速公路（浙江段）竣工决算进行审计。沪杭高速公路（浙江段）全长 102.72 千米。项目审定投资 31.01 亿元。发现的主要问题：1. 多列尾工 4799.17 万元。2.“环境保护”多计工程价款 268.07 万元。3. 应以外币支付的工程款改由人民币支付，造成计算错误多支付 1661.20 万元。4. 嘉兴指挥部将建设资金 1.73 亿元转入嘉兴市路桥建设开发公司，作为该公司的注册资本用于长期投资，未能按时归还。5. 移用建设资金 302.35 万元购建住宅。审计作出收回多付工程、调整投资等处理意见。并建议尽快落实建设资金，办理资产移交，补办审批手续，办理土地使用权证。

2002 年 9—10 月，省审计厅对浙江巨化公司电化厂 60KT/A 离子膜烧碱装置技改工程竣工决算进行审计。工程总投资为 2.53 亿元，经审计核实投资为 2.43 亿元。发现的主要问题：1. 化整为零规避国家经贸委对技改项目的审批管理。2. 离子膜烧碱技改工程募集资金 5000 万元，原公告用途与实际用途不一致。3. 部分项目未经招投标确定施工单位和监理单位。4. 未按规定办理土地使用权变更手续。5. 主装置等土建工程价款结算违反合同规定。审计作出相应处理，建议加强对发行股票募集资金使用的监督和管理。

2003 年 8—9 月，省审计厅对绍兴中央直属棉花储备库项目竣工决算进行审计。发现的主要问题：1. 土地征迁费用 1300 万元，未并计交付使用资产。2. 中央基本建设拨款缺口 353 万元尚未到位。3. 库区超概算征地 1.51 公顷。4. 原始凭证不合规 494.95 万元。审计提出建议：1. 应严格按招投标法的规定，规范招标行为。2. 按项目总投资的要求尽快下拨缺口资金，保证尾工项目资金和往来款项的清理。3. 向原概算审批部门申报调整征地指标。

2005 年 8—9 月，省审计厅对杭金衢高速公路建设项目竣工决算进行审计。工程全长 236.54 千米，核定投资概算 70.39 亿元，实际完成投资 58.28 亿元，扣除概算中未动用的预留费 8.51 亿元，实际节约投资 3.60 亿元。发现的主要问题：1. 房屋建筑工程投资超概算 2546.24 万元。2. 汽车购置等缺乏控制，管理费严重超支。3. 包干基数不合理，征地拆迁补偿资金严重超预算。4. 部分项目存在违规层层转包行为。5. 计划外购置摊铺机和冷铣刨机，多列设备投资939.96万元。6. 重复支付交通机电合同清关费用和沿线指挥部放样费186.39万元。7. 工程计量不规范，部分工程缺少变更手续。审计作出相应处理，并将萧山区财政局移用造地资金作征迁费的问题移送省财政主管部门调查处理。

2006年4月至2009年10月，省审计厅对浙江理工大学迁建工程竣工决算进行审计。项目概算12.05亿元，至2009年9月，实际完成投资额11.65亿元。审计对其中120个单项工程结算进行审核，送审金额共7.65亿元，审定金额6.80亿元，核减比例11.09%。发现的主要问题：1. 移用建设资金2800万元。2. 未批先用建设用地59.26公顷，未办理土地征用手续13.83公顷。3. 财政贴息1960万元未冲减工程成本。4. 扩大建设规模未及时办理报批手续。5. 部分设计单位未经招投标，有的无相应资质。审计提出处理意见和建议。

2007年8—9月，省审计厅对省海洋与渔业局综合大楼竣工决算情况进行审计。至2007年6月，账面反映完成投资5974.53万元，经审计核实，投资完成额应为5440.12万元。发现的主要问题：1. 项目超概算1175万元，其中概算外投资524万元。2. 三盛房产公司擅自挪用建设资金2840万元，篡改电子会计信息。3. 多计多列项目成本。针对发现的问题，审计提出建议：1. 应严格执行基本建设程序，规范项目招投标行为，强化投资控制意识，及时向原审批部门申报项目调整概算。2. 省海洋与渔业局应加强建设管理，强化制度建设，规范资金使用。

三、工程价款结算审计

建设项目工程价款结算审计，主要是对工程量的审核和价格、费用的审定，以防止工程款的虚报冒领。2003—2008年，省审计厅共完成工程价款结算审计项目4个。

表38-14-2-3 2003—2008年浙江省审计厅对重点建设项目工程价款结算审计一览表

年度	项目数(个)	审计项目	年度	项目数(个)	审计项目
2003	1	省委组织部党员电化教育中心办公用房装修工程	2008	1	浙江工业大学校园改扩建项目
2006	1	浙江财经学院迁建工程	合计	4	
2007	1	浙江工商大学风雨操场等建设项目			

资料来源：浙江省审计厅档案室。

2003年8月，省审计厅对省委组织部党员电化教育中心办公用房装修工程进行审计。工程由省财政厅拨专款38万元。审计核减工程价款7.90万元。

2006年9月至2007年5月，省审计厅对浙江工商大学下沙校区风雨操场、游泳馆、行政楼及后勤设施C区块二期二标段学生宿舍工程的价款结算情况进行审计。风雨操场、游泳馆工程由五洋建设集团公司承建，送审金额为6449.96万元，审定金额为4736.77万元，核减工程款1713.19万元，核减率26.56%。行政楼工程由长城建设集团公司承建，送审金额为1.67亿元，审定金额为1.45亿元，核减工程款2174.31万元，核减率13.02%。生活后勤设施C区块二期二标段学生宿舍工程由中天建设集团公司承建，送审金额为5924.03万元，审定金额5867.46万元，核减工程款56.57万元，核减率1%。审计建议学校在建设管理中加强对招投标文件的审核，同时加强质量管理，控制设计变更。

2006年7月至2008年4月，省审计厅对浙江工业大学校园改扩建项目工程价款结算情况进行审计。扩建项目共分经贸管理学院、人文学院、法学院、政管学院、国际学院、体育馆、图书馆等标段，分别由5家施工企业承建。共上报送审结算造价3.19亿元，审定造价2.69亿元，核减造价4973万元，核减率15.58%。

第三节 对口支援审计

根据党中央、国务院的统一部署，浙江省先后承担对西藏那曲地区、四川青川县和新疆阿克苏地区的对口支援建设任务。对口支援以资金和项目建设支援相结合。浙江省审计机关按照省委、省政府的要求和审计署的统一部署，组织省级和有关市、县审计机关开展对口支援审计工作，确保援建资金安全到位，援建项目管理规范、及时发挥作用。

1989年11月，省审计局对省援藏工程指挥部1984—1985年度财务收支进行审计。浙江省于1984年承担支援西藏建设的4个工程项目，即西藏体育馆、西藏大学教学楼、拉萨电教房、拉萨饲料加工厂。省援藏指挥部总的项目资金收入3340.33万元，拨付给4个项目资金3154.65万元。由省援藏指挥部直接核算使用的资金356.56万元。发现的主要问题：1. 省援藏指挥部计提的指挥长奖励基金有3.19万元以红包形式发放，不妥当。2. 省建筑工程总公司将分得的2万元结余资金用作奖励、福利，不符合规定。审计提出处理意见。

1989年11月至1990年2月，省审计局对省援藏领导小组办公室1986—1989年度财务收支进行审计。省援藏办资金来源合计211.46万元，资金支出合计207.26万元。发现的主要问题：1. 省援藏办原以贷款形式借给省经济建设规划院的50万元资金，作为省财政资金划拨给省工程咨询公司作注册资金，到审计时尚未办理划拨手续。2. 省援藏办对现有资金和物资使用管理不规范。审计建议规范资金划拨手续，结余资金和物资纳入省建筑工程总公司代为管理。

1990年3月，省审计局对西藏体育馆建设项目1984—1989年度财务收支进行审计。项目总概算1824万元。发现的主要问题：1. 浙江省第四建筑工程公司、浙江省工业设备安装公司对项目结余物资收入未按规定进行留利分配，直接转入职工福利基金。2. 浙江省建筑设计院将工程结余资金收入、结余物资处理收入、奖励等收入未入账。审计作出补缴能交基金的处理意见。

2008年，四川汶川特大地震灾害发生后，国务院安排浙江省对口支援四川省青川县灾后恢复重建。省审计厅根据审计署统一部署，组织省、市、县34个审计机关，对援建项目和资金开展跟踪审计监督。援建审计历时2年多，共派出审计组158个，组织审计人员635人，提交审计情况通报16份，发布审计公告4次，提出审计建议246条，促进建立健全规章制度37

项,加快项目建设进度112个,改进工程质量管理53个。浙江省各级审计机关全过程跟踪审计的268个全额投资类项目,有46个项目获得了四川省“天府杯”金奖、27个项目获四川省“天府杯”银奖、16个项目获得浙江省建设工程“钱江杯”奖。通过项目工程价款结算审核,共核减投资5.73亿元,平均核减率11.5%。

2009年8月,省审计厅对浙江省支援青川县灾后恢复重建指挥部财务收支情况及组织实施的青川县东山安居小区建设项目预算执行情况进行审计。项目概算投资为1.36亿元,实际已完成投资4200万元。发现的主要问题:1. 屋面防水材料更换未出具变更联系单。2. 存在未按图施工现象。3. 隐蔽工程验收记录不完整。审计建议要尽快落实征地、拆迁补偿工作,按施工承包合同约定调整地方材料价格结算。

2010年4月,省审计厅对青川智慧岛教育园区工程建设项目进行审计。发现的主要问题:1. 沥青砼道路面层分包项目未经招标人批准。2. 项目监理人员不到位。3. 财务管理不规范,费用核算不完整。审计建议项目管理单位应加强管理,合理控制管理费用。

2010年中央召开新疆工作会议后,省委、省政府高度重视对口支援新疆阿克苏地区、兵团农一师工作。省审计厅按照审计署的意见,组织10个有援建任务的市级审计机关开展对口支援新疆建设资金和项目的跟踪审计,并每年向社会公告审计结果。

第四节　固定资产投资专项审计与审计调查

针对固定资产投资管理各个环节,行业和单位执行政策制度中存在的突出问题,审计机关有计划地安排对政府投资管理和投资政策制度执行情况的专项审计调查,以揭示部门、行业、单位项目管理中存在的普遍性问题,促进完善政策制度,加强项目建设管理,提高政府投资绩效。1988年开始,全省审计机关开展此类审计。至2010年,省审计厅共完成审计项目46个。

表38-14-4-1　1988—2010年浙江省审计厅对固定资产投资专项审计与审计调查一览表

年度	项目数(个)	审　计　项　目
1988	1	12个“四自”公路工程(全省统一组织)
1989	1	省粮食局购买潮王综合楼、杭州粮油食品贸易大厦和加层建设办公楼
1991	2	省白蚁防治所白蚁防治费收支情况、省科技咨询中心下属白蚁防治科技协作中心咨询部收取白蚁防治费情况
1992	7	钱塘江治理工程和钱塘江海塘加固工程、治理太湖流域杭嘉湖水利建设工程(全省统一组织)、杭州市房屋建设开发公司开发建设商品房情况、杭州市住宅经营公司商品房开发情况、浙江国际经济技术合作公司和中国建筑总公司浙江分公司联合承包科威特300套住宅工程、杭州天鹰杀虫技术开发公司收取白蚁防治费情况、全省城市维护和建设资金(全省统一组织)

续表

年度	项目数(个)	审　计　项　目
1993	1	浙江省级建筑安装企业经济效益情况
1998	2	省电力开发公司电力建设基金使用情况、省电力工业局三峡工程建设基金
2001	1	农村电网改造和供电管理体制改革情况
2002	1	浙江国信控股集团有限公司办公楼装修工程
2003	1	全省财政投资建设项目绩效(全省统一组织)
2004	1	全省财政投资建设项目绩效(全省统一组织)
2005	4	全省公路建设项目(全省统一组织)、全省农村公路建设项目(全省统一组织)、兰溪农村公路建设项目、关于改进和完善政府投资项目建设管理
2006	3	全省经济适用房建设项目(全省统一组织)、城市污水处理设施项目建设运行情况(全省统一组织)、浙江省政府投资项目绩效
2007	4	7个等级公路建设项目(全省统一组织)、城市引(供)水工程建设运行情况(全省统一组织)、全省疾病预防控制中心项目(全省统一组织)、全省政府投资项目代建制(全省统一组织)
2008	5	18个县(市、区)下山脱贫工程实施情况(全省统一组织)、部分地方电力建设项目(全省统一组织)、全省城建投融资机构投融资和财务收支(全省统一组织)、全省二氧化硫减排实施情况(全省统一组织)、政府投资项目管理情况
2009	5	全省取消政府还贷二级公路收费锁定债务及里程(全省统一组织)、杭甬运河建设项目、西湖文化广场三大场馆装饰布展情况、省本级部分事业单位基建项目建设和管理情况、全省政府主导性项目实施情况(全省统一组织)
2010	7	全省海塘配套加固工程建设项目(全省统一组织)、全省水资源保障百亿工程(全省统一组织)、城市道路建设项目招投标情况、部分地区保障性住房建设项目实施情况、省部分体育场馆建设工程变更情况、新增政府主导性项目实施情况、全省工程建设领域突出问题专项治理(全省统一组织)
合计	46	

资料来源:浙江省审计厅档案室。

一、交通道路工程专项审计及调查

1988年,省审计局组织部分审计机关,对12个“自行贷款、自行建设、自行收费、自行还贷”(简称“四自”)的公路工程进行审计。这12个“四自”公路项目(包括104国道平阳段拓宽改建工程、长兴境内父子岭至界牌岭改造工程、绍兴市南连北建北线段工程,杭金公路萧山至次坞段工程,甬临线宁海段工程,嘉王公路工程,03省道金华陶朱至姜山头段工程,46省道衢州至龙游段工程,330国道丽金复线工程,75省道椒江至路桥段工程,329国道舟山段惠民桥至浦西扩建工程,320国道富阳至新登段工程)总投资15.33亿元,其中省公路管理局投入

3.53亿元，占总投资的23%，其余资金均为地方自筹。12个“四自”公路项目建设总长度为223.86千米，平均每千米造价684.80万元。发现的主要问题：1. 违规筹集资金9772.80万元。2. 投资行为不规范。省公路管理局投入的资金中有1.36亿元明确不作项目资本金入股，却要按投入比例分利。有2482万元以合同形式明确既按年固定利率分息，又按投入比例分利。3. 建设管理机构不能适应现代企业制度的要求，存在项目法人、经营主体不明确。4. 多支付工程价款1322.60万元，损失浪费等2057.19万元。5. 超越资质承揽业务，甚至无资质施工。6. 财务管理薄弱，违纪问题严重。7. 违反基本建设程序等问题普遍，招、投标及监理工作不规范。8. 通行费投资、分配管理不够规范，部分合资、合作经营路段分配不公或超额分配。9. 部分“四自”公路收费还贷能力差。审计提出处理意见，并建议：按规定成立项目经营公司，认真执行国家基本建设程序，严格执行招投标制度；对已满规定收费年限、还清贷款的公路，要及时撤销、合并收费，以减少公路站卡，保证公路畅通等。

2005年，省审计厅组织全省审计机关对2003—2004年农村公路改造项目进行审计调查。全省实际完成改造项目8428个，总里程2.37万千米。至2005年5月，全省“康庄工程”已到位资金53.52亿元。项目财务支出33.62亿元。发现的主要问题：1. 部分项目未按计划时间要求完成，影响了总体建设进度。项目计划管理与执行不严肃，调整变更较多。2. 建设资金落实不够及时，地方配套资金不足。上级补助资金存在层层滞留现象，未能及时发挥作用。3. 存在虚假申报建设项目或规模，套取专项补助资金。4. 招投标不合规，转包、挂靠、资质不符情况较多。5. 部分项目存在未落实监理制度、监理不到位的情况。6. 价款结算手续不规范，竣工决算编制不及时。7. 部分项目工程质量不过关，交通安全设施未及时设立，存在安全隐患。审计提出处理意见和建议。

2007年，省审计厅组织杭州、嘉兴、湖州、玉环、余姚、瑞安6个市、县审计机关对7个等级公路建设项目进行审计。7个项目概算核定总投资为19.92亿元，公路里程总长为111.99千米。至审计时，实际已完成投资14.17亿元。送审工程价款合计7.35亿元，审定造价7.21亿元，核减工程造价0.14亿元。发现的主要问题：1. 非主体工程项目普遍未采用公开招标投标方式。2. 工程概算与实际投资存在较大差距。3. 监管不到位，工程转分包问题突出。4. 部分工程项目存在损失浪费。根据调查结果，审计提出处理意见：1. 加强对工程招投标和承、发包的管理和监督，严格规范承、发包行为，监理单位应强化项目资质管理。2. 充分做好项目前期工作，规范行政审批手续，避免规划的随意变更，切实履行基本建设程序，减少损失浪费。3. 建议对工程进度、工程质量进行科学监管，加大征地拆迁和政策处理力度。

2009年9—11月，省审计厅对全省拟取消收费的政府还贷二级公路债务及里程情况进行专项审计。省交通运输厅对各地上报的政府还贷二级公路项目情况汇总，全省有79条由政府还贷二级公路拟取消收费，收费里程1776千米，投资额199.01亿元。审计认定项目总投资196.05亿元。审计提出处理意见：1. 未经竣工决算的项目需补办手续。2. 对尚在建设的项目进行投资额测算。3. 对明显是经营性的公路，建议不列入此次取消收费范围。

二、扶贫和水利工程专项审计及调查

1992年1—3月，省审计局组织对治理太湖流域水利工程（浙江境内）的杭嘉湖南排工程、嘉兴市太浦河工程（浙江段）、湖州市环湖大堤（浙江段）和东西苕溪防洪工程进行审计调查。4个水利工程共投资1.51亿元。发现的主要问题：1. 基本建设程序执行不严，边设计、边施工现象普遍。一些水闸枢纽、大桥的"控制工程"存在边设计、边施工，致使工程建设不协调，变更较大，造成材料物资的积压和浪费。2. 群众投入劳动力未能及时真实反映。4个水利工程投入群众劳力300多万工日，但财务账上并未核算群众投劳力折价投入，影响中央对地方实际应补助的投资额。3. 财产物资收发手续不完善，账户设置不健全，财会力量薄弱。审计提出处理意见和建议。

2007年，省审计厅组织温州、金华、慈溪等8个市、县审计局，对城市引（供）水工程建设运行情况进行审计。8个项目概算总投资17.99亿元。发现的主要问题：1. 部分项目缺乏统一规划，整体推进效果不理想。2. 部分项目建设进度缓慢，影响项目效益发挥。3. 部分项目概算编制粗糙，超概算问题较为突出。4. 部分项目，未依法公开招投标。5. 部分项目质量保证措施未能落到实处。审计提出处理意见，并建议统筹规划全省引（供）水工程，加强区域合作等。

2008年，省审计厅组织磐安、仙居、景宁、文成、常山等16个县（市）审计局，对18个县（市）2005—2007年度下山脱贫工程实施情况进行了专项审计调查。下山脱贫工程是浙江省"五大百亿"工程中"百亿帮扶致富建设工程"的重要组成部分。18个县（市）3年实际完成下山搬迁农户3.48万户、10.99万人，新建446个移民安置小区（点）。各级财政累计投入下山脱贫工程资金3.49亿元。发现的主要问题：1. 地方政府及其有关部门"等、靠、要"的思想较为明显，全省性的制度规范相对滞后。2. 有序、高效的工作机制尚未形成，各部门、各种资源尚需进一步整合。3. 各类到村资金未能及时整合到整村搬迁建设的下山脱贫工程中。4. 各地税费减免政策兑现程度不一。5. 对有下山脱贫意愿但又缺乏搬迁能力的困难家庭，未能提供足够的帮扶措施。6. 负担沉重延缓了困难群众下山脱贫的步伐，影响了"搬得下"目标的有效实现。7. 部分工作模式、考核体系需要进行调整、完善，以适应推进下山脱贫工作的客观现实需求。审计提出处理意见和建议。

2010年6—8月，省审计厅对省钱塘江管理局、舟山市普陀区、三门县实施的2008—2009年度海塘配套加固工程建设项目进行专项审计调查。发现的主要问题：1.用虚报和重复申报工程项目等手段骗取上级补助资金。2. 违规招投标问题较多。3.施工单位个人承包现象十分普遍，存在项目压价分包、单位财务信息失真和涉嫌偷税漏税等问题。审计作出相关处理，并建议：省水利厅对申报材料严格审查把关，对存在质量缺陷的海塘工程，研究解决质量缺陷和安全隐患问题等；对三门县水利局利用职权收受回扣的问题移送至三门县政府调查处理。省长吕祖善等省领导对该审计专报作出批示，要求省级有关部门必须依法依纪处理责任人及相关领导，省水利主管部门进一步研究加强和规范项目资金的建设管理。

三、电力电网工程专项审计及调查

1998年3—4月，省审计厅对省电力工业局1996—1997年度三峡工程建设基金进行审计。两年账面反映收到三峡基金6.08亿元，应缴国库6.06亿元，实际上缴国库5.23亿元。发现的主要问题：1. 两年少征三峡基金1129.16万元。2. 省1996年三峡基金账面数与温州电业局上缴数相差275.85万元。审计提出处理意见和建议。

2001年5—9月，省审计厅对省农村电网改造和供电管理体制改革情况进行专项审计调查。发现的主要问题：1. 设计、施工、监理同体，难以形成合理竞争，增加投资成本。2. 部分承包单位将工程肢解分包、转包，赚取差价。3. 职工技协成为转移资金和收入的“防空洞”。4. 现行电力投资管理体制不合理，造成争项目、争投资现象。5. 规划欠周详，存在浪费现象。审计提出处理意见：1. 总结农村电网改造经验，因地制宜，稳步推进。2. 研究亏损供电企业的出路。3. 供电企业要与多种经营企业划清关系，打破垄断，开放电力建设市场。4. 加强电力部门内部改革，做好增供扩销工作，降低电力运行成本。

2008年4—11月，省审计厅组织杭州、台州、嘉兴、湖州市审计局，对4个地方电力建设项目进行专项审计。4个项目（萧山发电厂天然气发电工程项目、台州发电厂扩建工程项目、嘉兴发电厂二期工程项目、长兴发电厂二期工程项目）概算总投资84.25亿元。发现的主要问题：1. 项目招投标流于形式，未形成公开公平竞争机制。2. 部分项目合同签订不规范，带来工程结算管理困难，也为一些单位转移收入创造便利条件。3. 概算执行不力，个别项目超概算严重。4. 部分项目质量保证措施未落实。5.部分项目成本控制不力，外部配套条件不完善，影响项目投资效益。审计提出处理意见和建议。

四、楼堂馆所和住宅工程专项审计及调查

1989年9月，省审计局对省粮食局购买潮王综合楼、杭州粮油食品贸易大厦和加层建造工字形办公楼等3个项目进行专项审计。发现的主要问题：1. 省粮食局及下属单位在无投资计划、未经财政审批的情况下，擅自动用专项资金600万元，向杭州市下城区房屋建设开发公司购买潮王综合楼。2. 未经有关部门同意，擅自动用专项资金600万元，用以弥补省粮油贸易公司与杭州市粮食局联建的杭州粮油食品贸易大厦基建资金缺口，并获得该大厦餐厅、客房设施产权。3. 未报计划部门和财政部门审批同意，擅自进行工字形办公楼翻建加层，至审计时已投资105万元，其中动用了55万元超购粮食加价款包干结余资金。审计作出收缴产权、归还移用资金的处理意见。

1991年11月，省审计局对杭州市房屋建设开发公司开发建设商品房情况进行审计。发现的主要问题：1. 公司未按规定将实现利润的55%计1020.11万元上缴财政，而转入开发经营基金。2. 漏缴能交基金合计10.04万元。3. 公司其他应付款材料差价余额66.60万元，应按规定结转利润。4. 周转房未按规定入账，也未纳入财产物资管理，形成账外资产。5. 拆迁户扩面收款冲成本。6. 公司未按规定上缴绿化费。审计作出收缴、补缴税费和调账的处理意见。

1992年5月，省审计局对浙江国际经济技术合作公司和中国建筑工程总公司浙江分公司联合承包的科威特300套住宅工程项目进行审计。审计确认该工程债权、债务，并提出意见和建议：1. 对外签订承包合同，必须对各项经济技术指标、国际市场和所在国的法律进行可行性论证，不可轻率投标；对转包工程，不仅要论证转包合同，更要论证原始合同。2. 国内合作方，合作合同条款应具体明确，并严格遵守。3. 配备懂业务、善管理、严守国际会计准则和国内会计工作规范的会计人员，适应工程需要。

2007年，省审计厅组织全省10个市及部分县审计机关对61个市、县的疾病预防控制中心项目建设情况进行审计调查。61个项目中，已建成并投入使用的项目23个，在建项目38个，项目概算总投资13.72亿元。发现的主要问题：1. 部分工程建设进度严重滞后。2. 部分地区建设资金缺口较大。3. 一些项目规划设计不符合要求，功能不完善、配套设备不到位问题比较突出。4. 部分项目改变用途，变相用于卫生系统办公用房和出租。5. 部分项目可以享受的优惠政策还没有落实，有些项目还承担了与项目无关的巨额费用。6. 工程造价控制不力。审计提出了相应的处理意见。

2009年，省审计厅对西湖文化广场省科技馆、省自然博物馆、省博物馆装饰布展情况进行审计。3个项目预算总投资3.50亿元，实际完成投资1.99亿元。发现的主要问题：1. 建设程序不规范，而是采用政府预算项目管理模式。2. 投资控制薄弱。存在项目未经批复等问题。3. 招投标存在违规现象。4. 违规转分包。5. 财务核算不够规范。审计提出处理意见：1. 进一步完善投资项目预算管理模式。2. 规范场馆使用，充分发挥场馆作为文化设施的社会效应。3. 理顺关系，健全机制，更好更快地发挥项目效益。

2010年3—5月，省审计厅对部分市、县（区）保障性住房建设项目实施情况进行专项审计调查。发现的主要问题：1. 各地低收入住房困难户保障率较低，经济适用房建设进度落后，有的“有名无实”。2. 廉租住房保障资金计提比例不足，使用效益不高，存在挪用情况。3. 保障房申请审核不严，失真现象普遍。4. 部分地区限价商品房受益群体以行政事业单位职工为主，未惠及低收入困难家庭。审计提出处理意见和建议。

2010年9—11月，省审计厅对部分省属体育场馆建设工程变更情况进行审计。发现的主要问题：1.个别项目规划调整不严谨、不科学，导致工程安全隐患和建设成本大幅增加。2. 设计失误或不到位引发工程质量事故，造成频繁变更损失浪费。3. 合同管理不严格不规范。审计提出处理意见：1. 加强政府投资项目建设前期工作，严格概算管理，重大规划调整和工程变更应按规定论证和报批。2. 加强工程合同管理，规范招投标行为，加大对招投标和施工违规行为的处罚力度，提高建设单位管理水平。3. 加强监管，落实代建单位责任，促进代建市场良性发展。

五、城建环保和投资管理专项审计及调查

1992年，省审计局组织10个市（地）、6个县（市）审计局对1991年度城建资金的征收、管理和使用情况进行审计调查。审计采用被审计单位自查和审计部门重点抽查相结合的方式，自查面达100%。据统计，城建资金收入为5.80亿元，用于城市各项建设支出5.23亿元。审计重点

抽查单位及项目200多个，查出各类违纪金额7955.20万元。发现的主要问题：1. 代征代收的城建资金欠缴财政3764万元、应征未征资金1290.49万元，部分单位擅自征收各种补助费439.16万元。2. 存在挤占、挪用、出借资金。3. 城建项目未按年度计划组织实施和不能及时办理竣工决算，项目结余资金未按规定上缴财政等。审计提出处理意见和建议。

2003年1—5月，省审计厅组织对省本级及市、县(市、区)98个财政投资建设项目进行绩效审计。其中：交通项目13个，水利项目9个，市政项目32个，文教体卫项目21个，农业综合开发项目4个，建筑项目14个，民政项目3个，技改项目2个。项目概算总投资37.44亿元，实际完成投资额38.92亿元，其中财政投资金额为20.55亿元，占项目概算总投资的54.90%。审计共查出违规金额7.89亿元，决定处理处罚1.82亿元，核减工程造价1.56亿元，有效节约了投资。

2006年2—6月，省审计厅组织全省29个审计机关对30个市、县(区)的33个城市污水处理设施项目建设运行情况进行专项审计。33个项目概算总投资94.58亿元。发现的主要问题：1. 城市污水处理水平较低，直接影响生态环境。2. 污水处理厂排放水质未达设计标准。3. 污泥无害化处理能力不足，回用水建设水平低。4. 污水处理管理运营机制待完善。5. 项目建设管理有待加强。审计提出处理意见和建议。

2007年1—7月，省审计厅组织对全省政府投资项目实行代建制情况进行专项审计调查。发现的主要问题：1. 各地推行代建制进程缓慢。2. 实施代建制的法律法规依据还不够充分。3. 代建单位工作职责不够明确。4. 现行代建费收费标准不一，存在多头管理现象。5. 对代建单位的管理工作未形成制度化、规范化。6. 个别以代建名义实施的项目，在工程招投标、材料采购等过程中存在违规现象。审计提出处理意见和建议。

2008年2—5月，省审计厅统一组织对全省19个当地政府及其有关部门举办或主管的城建行业投融资机构2007年度投融资和财务收支情况进行审计。发现的主要问题：1. 经营收益微薄、融资渠道较单一，在持续紧缩货币政策和土地宏观调控下还贷压力大。2. 建设项目监督管理机制不健全，缺少问责问效制度，影响资金使用效益。3. 财务管理基础工作薄弱，资产负债损益不实，会计信息失真情况较普遍。4. 部分城建投融资机构资产管理不善、家底不清。5. 投融资体制不顺，地方性债务管理制度执行欠佳。审计提出处理意见和建议。

2008年4—8月，省审计厅组织对全省二氧化硫减排实施情况进行专项审计调查。2007年，浙江省实现工程性减排22.85万吨，占总减排量的89.50%。发现的主要问题：1. 推进二氧化硫减排工作的体制机制不够顺畅。2. 电力企业脱硫设施不能长期高效地运行。3. 现行二氧化硫减排核算方法存在不足。4. 能源消费结构不够合理。5. 环保监管存在一些问题。审计提出处理意见和建议：1. 要增强节能减排的透明度。2. 加快淘汰落后产能，实施淘汰落后产能督办制度。3. 完善相关政策措施，加强环保执法能力建设，抓好6000多家重点企业的节能监管。4. 组建省级排污权储备交易中心，搭建区域排污权交易平台。5. 加强脱硫技术的研究，提高热电企业脱硫效率。6. 加快新能源建设步伐，提高新产能投资准入标准。

2009年11—12月，省审计厅对省级部分事业单位基建项目建设和管理情况进行专项审计调查。审计涉及基本建设项目11个，建筑面积33.67万平方米，概算投资17.17亿元。发现的主要问题:1. 黄龙体育中心武术馆项目改变性质及用途。2. 浙江小百花艺术中心、省疾控中心、浙江教育考试大厦建设项目工期滞后。3. 省体育局千岛湖水上运动训练基地、省疾控中心未严格执行招投标制度。4. 中国水利博物馆工程造价控制不到位。审计提出处理意见,并建议:对黄龙体育中心武术馆项目擅自改变项目性质及用途和中国水利博物馆违反合同条款提高材料支付价格的行为,追究相关人员及单位的责任;对中标的施工、代建、监理等单位不履行合同的,应联合建设主管部门严格执法。

2009 年 7 月至 2010 年 6 月,全省审计机关按照中央部署,对 2008 年以来工程建设领域突出问题专项治理进行审计或审计调查。全省审计项目 2700 个,审计资金总额 2626.90 亿元。审计发现 1373 个项目存在超概算、未按规定招投标、配套资金不到位等问题,涉及金额 56.46 亿元。审计后,已有 294 个项目进行整改,金额 10.06 亿元;节约资金或挽回损失 11.38 亿元;审计意见被采纳并整改 1274 条;建立健全规章制度 63 项。审计移送重大违法违规案件线索 15 起,涉案人员 13 人,涉案金额 2966.07 万元。

2010 年 4—7 月,省审计厅组织对嘉兴市、丽水市、衢州市 2007—2009 年城市道路建设项目招投标情况进行专项审计调查。发现的主要问题:1. 限制外地企业投标活动,形成地方保护和不公平竞争。2. 多家施工企业组织串标围标,涉及 21 个项目 1.82 亿元中标价。3. 挂靠、转分包问题较为突出,成为行业“潜规则”。4. 不按规定招标、标后管理不到位、工期延误。审计提出相应处理意见。省长吕祖善等领导对审计报告作重要批示,要求建立打破地方保护、规范招标评标制度,搞好专项整治,加强薄弱环节管理。

第十五章　经济责任审计

经济责任审计是指审计机关依法依规对党政主要领导干部和国有企业领导人员在任职期间因其所任职务，对本地区、本部门（系统）的财政收支、财务收支以及有关经济活动应负经济责任的履行情况进行的审计监督。浙江经济责任审计主要组织实施国有企业领导人员经济责任审计、党政部门领导干部经济责任审计、市县乡镇党政领导干部经济责任审计、高校党政领导干部经济责任审计。

浙江省经济责任审计工作起步较早，经历3个阶段。1985—1995年：1985年起，一些经济发达地区的市县审计机关开始实施国有企业经理、厂长承包经营审计和离任审计。1987年，省委组织部和省审计局联合印发《关于开展国有企业厂长承包审计的意见》，省审计局印发《关于开展厂长（经理）离任经济责任审计的通知》。同年起，一些市县的党委、政府开始向审计机关交办经济责任审计任务。省审计局实施的第一批经济责任审计项目是1989年杭州钢铁厂厂长承包经营责任审计和中国电子进出口公司浙江分公司经理离任经济责任审计。这一阶段的经济责任审计有两个特点：以市县审计机关为主，局部、分散地进行；以全民所有制企业厂长（经理）的承包经营审计和离任审计为主。1996—1999年：1996年，省委办公厅、省政府办公厅出台《浙江省领导干部经济责任审计办法（试行）》，在全国率先开展厅级领导干部经济责任审计。1997年，省人大常委会颁布《浙江省国有企业经理、厂长离任经济责任审计条例》，省委组织部和省审计厅联合出台《关于实施领导干部经济责任审计若干问题的意见》。至此，经济责任审计全面推开。1997年，省审计厅对省工商行政管理局原局长、省台湾事务办公室主任等首批厅级领导干部进行经济责任审计。这一阶段的经济责任审计有两个特点：有了地方性规定，全省经济责任审计工作快速发展，受到中央五部委（中央纪委、中央组织部、监察部、人事部、审计署）的关注；经济责任审计研究开始兴起并成为热点。2000—2010年：1999年，中共中央办公厅、国务院办公厅印发《县级以下党政领导干部任期经济责任审计暂行规定》和《国有企业及国有控股企业领导人员任期经济责任审计暂行规定》。2000年，省委办公厅、省政府办公厅出台《关于贯彻执行中办国办两个经济责任审计暂行规定的若干意见》，进行全面部署。同年，浙江省经济责任审计工作联席会议成立，由省委常委、常务副省长为召集人，省纪委、省委组织部、省监察厅、省人事厅、省审计厅五部门主要负责人为成员。全省各市县也相应建立联席会议制度。2001年，省委办公厅、省政府办公厅下发《关于进一步做好经济责任审计工作的通知》，审计对象拓展到地方党委、政府负责人。同年，省审计厅在临海市开展第一个市县长经济责任审计试点。2006年，省审计厅在平湖市试点，创建以全部政府性资金审计为主线的市县长经济责任审计新模式。2009年，省审计厅在新昌县、缙云县开展书记县长经济责任同步审计试点。2010年，浙江省出台《浙江省党政主要领导干部和国有企业领导人员经济责任审计办法》。这一阶段的经济责任审计有3个特点：各级党委、政府高度重视，机构设置、人员配备、经费保障等方面得到长足发展；审计范围日趋全面，审计内容日趋明晰，审计操作趋向统一规范；形成了覆盖市县和乡镇党政领导，党政部门和事业单位、人民团体领导，国有企业领导人员的经济责任审计监督格局。

1997—2010年，全省共完成经济责任审计项目15183个，审计各级各类领导干部16782名，查出各类违规金额566.13亿元，损失浪费金额21.98亿元；查出涉嫌个人经济问题、移送司法机关69人，移送纪检监察机关117人，查处了省供销社主任、省环保局局长、浙江国际信托投资公司董事长及总经理、省证券公司原董事长、省红十字会原常务副会长等一批腐败分子。浙江经济责任审计工作受到省委、省政府和审计署的充分肯定。历任省委书记、省长多次对经济责任审计工作作出重要批示。2006年2月，浙江省委书记习近平批示要求“进一步完善市县长绩效考核办法，形成正确导向，针对当前存在的突出问题，认真加以研究解决”。审计长刘家义等审计署领导多次批示肯定浙江经济责任审计工作。浙江也多次在全国经济责任审计工作会议作经验交流，受到关注和好评。2004年，浙江被评为全国经济责任审计先进地区，省审计厅、杭州市审计局、余姚市审计局、嵊州市审计局被评为全国经济责任审计先进单位。中央经济责任审计工作联席会议办公室分别于2003年8月、2006年10月在浙江召开现场会，推广浙江经验。中央和省级等20多家媒体均对浙江经济责任审计工作进行报道，引起较大社会反响。

第一节　国有企业承包经营审计和领导人员经济责任审计

1997年以前，全省审计机关对国有企业领导人员经济责任审计工作，主要以承包经营和厂长离任审计为主。1997年以后，统一由各级组织部门按干部管理权限下达审计任务建议书，由审计机关组织实施，并报告审计结果。至2010年，省审计厅本级共完成审计项目104个。

一、国有企业承包经营审计

1990—1994年，省审计局根据审计署部署及省政府安排，对省内国有企业承包经营情况进行审计。承包经营审计按照承包经营合同的执行期分为期初、期中及期末审计。期初审计主要对承包经营前的资产、承包基数核实情况进行审计抽查和鉴证；期中审计主要是检查监督合同双方履行承包经营合同情况；期末审计主要是核实承包经营企业的经营成果，对企业经营者的经济责任进行审计评议，作出审计结论。1990—1994年，省审计厅共完成审计项目26个。

表 38-15-1-1　　1990—1994 年浙江省审计局对企业承包经营审计一览表

年度	审　计　单　位
1990	嘉兴卷烟厂、浙江电子仪器厂、省石油化工机械设备材料公司、省农机工业公司、省服装工业公司、省德清萤石矿、省化纤工业公司、省石油化学公司、杭州磁记录设备厂
1991	省德清萤石矿、浙江电子仪器厂、省石油化学公司、省农业机械工业公司、嘉兴卷烟厂、省石油化工机械设备材料公司、杭州磁记录设备厂、浙江曲江实业公司、省化纤工业公司、省化肥农药公司、省纺织品工业集团公司、省机械设备进出口公司、衢州化学工业公司
1992	省化肥农药工业公司、衢州化学工业公司
1993	杭州钢铁厂
1994	省机械物资总公司

资料来源:浙江省审计厅档案室。

企业承包经营审计发现的主要问题:1. 转移和隐匿收入,形成账外资金。2. 成本费用核算不当,利润不实,存在潜亏或多计亏损情况。3. 企业资产清查处理不够及时,在建工程挂账,资产管理存在薄弱环节。4. 漏缴欠缴税金、利润情况普遍。审计对被审企业经营成果和完成承包基数情况进行界定和评议,对存在问题提出处理意见和建议,促进完善企业承包经营责任制。

二、国有企业领导人员经济责任审计

1989 年起,根据省委、省政府部署及被审计单位上级申请,对国有企业领导人员开展经济责任审计。1998 年前主要根据省领导指示、省委组织部要求和被审计单位上级申请,对国有企业开展厂长(经理)离任经济责任审计,并向相关单位报告审计结果。1998 年后主要根据省委组织部审计建议书,对省管国有企业领导人员开展经济责任审计,并向相关单位报告审计结果。1989—2010 年,省审计厅本级共审计 78 个项目。

表 38-15-1-2　1989—2010 年浙江省审计厅对国有企业领导人员经济责任审计一览表

年度	审　计　对　象
1989	杭州钢铁厂厂长、中国电子进出口公司浙江分公司经理
1991	浙江华越国际贸易公司经理
1992	浙江化工厂原厂长
1994	巨化集团经理
1995	浙江国际经济技术合作公司原总经理
1997	浙江国际经济技术合作公司原总经理

续表

年度	审计对象
1998	省建筑材料工业总公司总经理、省商业集团总经理、省冶金集团(杭钢集团)原董事长
1999	省房地产开发公司原总经理、省供销社(省兴合集团公司)主任(总裁)、省二轻集团总经理、省粮食集团董事长、巨化集团董事长、省建工集团董事长、省物产集团董事长、省轻纺集团董事长、省国际信托投资公司原董事长
2000	浙江证券公司原董事长兼总裁、省经济建设投资公司原总经理、省建材工业总公司原总经理、省商业集团原总经理、省国际信托投资公司原总经理、浙江长广集团原董事长
2001	浙江国际经济技术合作公司原总经理、省煤炭集团董事长、浙江世贸中心董事长、省机电集团董事长
2002	省丝绸集团原董事长、省信托投资公司董事长、中国水利水电第十二工程局原局长、省建工集团原董事长
2003	省粮食集团原董事长、省石化集团董事长、巨化集团董事长
2004	省手工业联社原理事会主任、浙江航空投资公司原总经理、省农村发展投资集团董事长、省能源集团原董事长、金温铁道开发公司原董事长、省物产集团原董事长、省建材集团公司董事长
2005	浙江广电集团总裁、浙江日报报业集团社长、省水利水电投资集团原总经理、省供销社原主任、浙江长广公司原董事长、浙江荣大集团原董事长、省轻纺集团董事长
2006	浙江出版联合集团总裁、浙江国信控股集团原董事长、省粮食集团董事长、省机电集团董事长、省丝绸集团董事长、省交通投资集团原董事长、浙江三狮集团董事长、金温铁路公司原董事长、省发展投资集团董事长、浙江中大集团原董事长、省能源集团原董事长、浙江建设投资集团原董事长、省机场管理公司原总经理
2007	浙江旅游集团董事长、省商业集团原董事长、巨化集团董事长
2008	省农村信用联社理事长、浙江出版联合集团原董事长兼总裁、浙江荣大集团原董事长
2009	省机场管理公司原总经理、浙江日报报业集团原社长、省二轻集团总经理
2010	浙江广电集团总裁、省供销社原主任、宁波港集团总裁、巨化集团原董事长、省机电集团董事长

资料来源:浙江省审计厅档案室。

1989 年,省审计局受主管部门委托,对杭州钢铁厂厂长、中国电子进出口公司浙江分公司经理等 2 名领导干部经济责任进行审计。杭州钢铁厂的主要问题:1. 任职期初基数不实,欠缴国家指令性钢材 4.75 万吨,却自销钢材 8.7 万吨。2. 将技改资金用于职工福利设施建设 2783.26 万元,用于对外横向联营投资 1200 余万元。3. 横向联营经济效益差,联营返利低。中国电子进出口总公司浙江省分公司的主要问题:1. 上报出口额严重失实,虚报 5631.06 万美元。2. 调节出口成本,将补付出口电视机、放像机的收购差价 766.98 万元计入成本。3. 虚报出口,冒领出口退税款 81.18 万元。4. 隐匿收入 38.95 万元,私设“小金库”。

5. 虚报换汇成本和盈亏总额，多提出口奖励金 17.61 万元。审计对相关问题作出经济责任界定，并提出处理意见和建议。

1991 年，省审计局受主管部门委托，对浙江华越国际贸易公司经理离任经济责任进行审计。发现的主要问题：1. 少计商品流通费 252.88 万元。2. 向中银公司外汇打包贷款，因国家汇率调整，多支出 281.04 万元，未转结汇差价支出计入盈亏。审计对相关问题作出经济责任界定，并提出处理意见和建议。

1994 年 5 月，省审计局受主管部门委托，对巨化集团原法定代表人任期经济责任进行审计。发现的主要问题：1. 提取的大修理基金年末余额未冲减成本，直接转入盈余公积 5795.64 万元。2. 应付电费多提部分未及时冲减成本 783.08 万元。3. 债券投资利息 122.94 万元未转入投资收益。欠缴“两金”241.87 万元。4. 财务报表编制出错，企业资产少计 2000 万元。审计对相关问题作出经济责任界定，并提出处理意见和建议。省领导对审计情况作出批示。

1995 年 9 月，省审计厅根据省政府领导批示，对浙江国际经济技术合作公司原经理离任经济责任进行审计。发现的主要问题：1. 对外承包工程科威特住宅项目，决策不慎。2. 对海南房地产市场投资不当，致使房产被套。3. 私设“小金库”，金额 204.40 万元。4. 公司“长期投资”近 3000 万元，无专门部门管理，影响投资安全和效益。审计对相关问题作出经济责任界定，并提出处理意见和建议。

1998 年开始，对省属企业省管领导干部经济责任审计，均由省委组织部下达名单，省审计厅组织实施。

是年，省审计厅对省建材工业总公司总经理、省商业集团总经理、省冶金集团（杭钢集团）原董事长等 3 名领导人员经济责任进行审计。省商业集团的主要问题：1. 受让杭州城站 5 号地块，支付 3412.13 万元，未动工兴建，占用集团大部分自有资金。2. 下属中江实业公司经营亏损，投资款 879.87 万元难以收回。3. 下属商业开发公司累计亏损 620.01 万元。4. 下属租赁公司连年亏损，285.15 万元无法收回。5. 为华联集团 230 万元借款担保负连带赔偿责任，将由杭州国际大厦承担。审计对相关问题作出经济责任界定，并提出处理意见和建议。

1999 年，省审计厅对省房地产开发公司原总经理、省供销社（省兴合集团公司）主任（总裁）、省二轻集团总经理、省粮食集团董事长、巨化集团董事长、省建工集团董事长、省物产集团董事长、省轻纺集团董事长、省国际信托投资公司原董事长等 9 名领导人员经济责任进行审计。

省供销社（省兴合集团公司）的主要问题：1. 深圳万盛公司经营损失 4310 万元。2. 投资亏损企业台州三鑫鳗业公司 1250 万元，形成风险。3. 投资浙江今日兴合旅游开发公司不合理。4. 收取所属公司资金占用费 3810.96 万元，未缴纳营业税。5. 在省社职工持股的 1500 万元中，省管干部持股额达 315 万元。审计对相关问题作出经济责任界定，并提出处理意见和建议。审计查明问题线索移交后，7 人被逮捕，其中正厅级干部 2 人，处级干部 1 人，被依法追究刑事责任。

省轻纺集团的主要问题：1. 原轻工业厅 929.46 万元未作为国家所有者权益并入集团公司，其他资产也未进行清理。2. 下属浙江金纬房地产公司改制前国有资产收益未全部上缴。

3. 短期投资收益285.30万元未予收缴。审计对相关问题作出经济责任界定，并提出处理意见和建议。

2000年，省审计厅对浙江证券公司原董事长总裁、省经济建设投资公司原总经理、省建材工业总公司原总经理、省商业集团原总经理、省国际信托投资公司原总经理、浙江长广集团原董事长等6名领导人员经济责任进行审计。省国际信托投资公司的主要问题：1. 违规投资香港H股，造成亏损1481.16万港元。2. 投资欧江集团及所属公司，造成债权损失3264.60万港元。3. 违规发放100万美元贷款，划给香港世海国际贸易公司。审计对相关问题作出经济责任界定，并提出处理意见和建议。审计查明问题线索移交后，原总经理陈某某被判处有期徒刑11年。

2001年，省审计厅对浙江国际经济技术合作公司原总经理、省煤炭集团董事长、浙江世贸中心董事长、省机电集团董事长等4名领导人员经济责任进行审计。

浙江国际经济技术合作公司的主要问题：1. 代理进口货物资金被套，造成经济损失和不良债权。2. 购入"点火枪"出口美国，造成损失186.74万元。3. 出借资金造成损失140.46万元。4. 与华滔集团公司签订《中介协议书》被起诉，造成损失180.04万元。5. 购入货物造成潜在损失142.45万元。省长柴松岳对该情况作出批示，要求有关部门认真处理。审计对相关问题作出经济责任界定，并提出处理意见和建议。

浙江世贸中心的主要问题：1. 违规成立实业公司及下属公司。2. 违规将世贸中心一期工程结余资金2000万元通过工会成立实业公司。3. 因担保而引起银行扣款700万元。4. 账外资金52.25亿元。5. 虚增工程投资完成额2515.98万元，其中转作实收资本2427.75万元。审计对相关问题作出经济责任界定，并提出处理意见和建议。

2002年，省审计厅对省丝绸集团原董事长、省信托投资公司董事长、中国水利水电第十二工程局原局长、省建工集团原董事长等4名领导人员经济责任进行审计。省信托投资公司的主要问题：与上海金信资产管理公司合作投资证券业务，未纳入浙江信托财务核算，证券销售差价收入少计营业税及附加20.06万元。审计对相关问题作出经济责任界定，并提出处理意见和建议。

2003年，省审计厅对省粮食集团原董事长、省石化集团董事长、巨化集团董事长等3名领导人员经济责任进行审计。巨化集团的主要问题：1. 应付工资结余3.99亿元，未进行纳税调整，少缴所得税1.32亿元。2. 将历年养老保险金结余款3307.96万元作为效益工资发放。3. 收到土地和资产租赁费共260万元未计收入，直接冲减管理费用，未计缴相应税费。4. 用于非应税项目的购进货物及应税劳务的进项税282.12万元进行抵扣。5. 巨化集团制药厂共计亏损2399.13万元，巨化集团铝厂累计亏损2069.81万元，巨化集团工程公司累计亏损926.47万元。审计对相关问题作出经济责任界定，并提出处理意见和建议。

2004年，省审计厅对省手工业联社原理事会主任、浙江航空投资公司原总经理、省农村发展投资集团董事长、省发展投资集团董事长、省能源集团原董事长、省金温铁道开发公司原董事长、省物产集团原董事长、省建筑材料公司董事长等8名领导人员经济责任进行审计。

省手工业联社的主要问题：1. 长期投资的产权关系和财务核算不够规范。2. 下属信联钢铁公司存在账外资产。3. 下属华江塑料公司将部分收入转移到工会账列收支。4. 联社不良资产总计达 1.81 亿元。审计对相关问题作出经济责任界定,并提出处理意见和建议。

省发展投资集团的主要问题:1. 职工补充养老保险操作不规范。2. 部分投资业务不合规。审计对相关问题作出经济责任界定,并提出处理意见和建议。省长吕祖善作出批示,要求高度关注委托理财资金,要有严格规范制度,对职工补充养老保险要规范。

省能源集团的主要问题:1. 浙江东南发电公司投资南方证券公司 2.20 亿元存在潜在损失。2. 省电力开发公司无偿占用集资办电的还本付息款 7.28 亿元。3. 省电力开发公司长期挂账计提资金利息 1.17 亿元。4. 省电力开发公司将持有股权转让,金额为 1.37 亿元,未经资产评估和主管部门批准。审计对相关问题作出经济责任界定,并提出处理意见和建议。省长吕祖善对审计情况作出批示。

2005 年,省审计厅对浙江广电集团总裁、浙江日报报业集团社长、省水利水电投资集团原总经理、省供销社原主任、浙江长广公司原董事长、浙江荣大集团原董事长、省轻纺集团董事长等 7 名领导人员经济责任进行审计。

省供销社的主要问题:1. 省供销社向兴合集团违规收取管理费 1563.87 万元。2. 股权转让损失 278.20 万元。3. 兴合集团将本级权益转移给部分成员企业计 3109.37 万元。4. 省农资集团、省茶叶公司未将证券投资收益作收入反映,造成少缴企业所得税 2076.36 万元。5. 违规在税前提取"为农服务基金"6788.81 万元。6. 省农资集团副总经理等人私设账外账,转移挪用集体资金。审计对相关问题作出经济责任界定,并提出处理意见和建议。

浙江荣大集团的主要问题:1. 少计粮油公司占用资金利息 1139.68 万元。2. 公司董事长调任未退股份,收取股利分红 105.42 万元,未严格按集团工效挂钩政策执行。3. 土畜产公司下属 3 家子公司未经批准,税后利润计提职工奖励基金 972.20 万元。审计对相关问题作出经济责任界定,并提出处理意见和建议。

省轻纺集团的主要问题:1. 集团自建用房 3910 平方米未入账,也未纳入授权经营范围。2. 下属金纬房产公司为其子公司承担融资利息 2908.09 万元,致公司利润未能正确反映。3. 金纬房产公司账外房产 490.34 万元。审计对相关问题作出经济责任界定,并提出处理意见和建议。

2006 年,省审计厅对浙江出版联合集团总裁、浙江国信控股集团原董事长、省粮食集团董事长、省机电集团董事长、省丝绸集团董事长、省交通投资集团原董事长、浙江三狮集团董事长、金温铁路公司原董事长、省发展投资集团董事长、浙江中大集团原董事长、省能源集团原董事长、浙江建设投资集团原董事长、省机场管理公司原总经理等 13 名领导人员经济责任进行审计。

浙江出版联合集团的主要问题:1. 集团法定账少计利息收入 700 万元。2. 下属浙江教育出版社存货财务账和实物账反映的书籍相差 782.28 万册。3. 下属华虹光电集团 3842 万元资金被公司另一股东长期借用,存在损失风险。4. 集团业务过于依赖教材教辅,其收入占集团总收入的 40.86%、利润占集团总利润的 67%。审计对相关问题作出经济责任界定,并提出处理意见和建议,在《审计信息专报》上提出建立国有文化资产出资人制度。

浙江三狮集团的主要问题：1. 违规私设“小金库”人民币 1385.73 万元、美元 0.70 万元、港币 1 万元。2. 收到省国资委返还班子成员风险抵押金本息及效益年薪合计 117.41 万元，未及时入账。审计对相关问题作出经济责任界定，并提出处理意见和建议。省长吕祖善两次作出批示，要求整改措施要落到实处，防止再次发生类似问题。

省交通投资集团的主要问题：1. 下属公司为杭州金基房地产公司提供委托贷款资金 12.21 亿元存在风险。2. 浙江高速投资发展公司购买山核桃款项 1500 万元产生账面损失。3. 杭金衢公司代收手续费 171.48 万元挂账，未计收入。4. 未向浙江余杭高速公路公司收回委贷利息 785.13 万元。5. 下属公司在成本费用中列支 117.35 万元固定资产。审计对相关问题作出经济责任界定，并提出处理意见和建议。省长吕祖善两次作出批示。

浙江中大集团的主要问题：1. 下属公司中大三川公司高价收购民营企业股权 1492.70 万元，支付购股款 3504.10 万元，股权溢价 2011.40 万元。2. 中大三川公司将高息借款发生的财务费用暂挂应收款，调节报表利润 583.80 万元。3. 下属浙江五金矿产进出口公司从应付账款中转出以前年度隐藏利润 6716.95 万元。4. 下属浙江中大兴盛贸易公司违规列支工资性奖金 377 万元。审计对相关问题作出经济责任界定，并提出处理意见和建议。省领导作出批示。

省机场管理公司的主要问题：1. 宁波机场和温州机场的一期、二期工程中均有地方政府资金投入，管理体制和投资主体一直未理顺。2. 萧山机场转让杭州国际机场大厦开发公司 90%股权事项需抓紧解决。3. 萧山机场有 90.67 万元长期挂账。4. 温州机场计入营业外收入的机场建设费结算差额 187.02 万元。5. 温州机场部分固定资产净值 351.08 万元由两家温州公司无偿使用。审计对相关问题作出经济责任界定，并提出处理意见和建议。

2007 年，省审计厅对浙江旅游集团董事长、省商业集团原董事长、巨化集团董事长等 3 名领导人员经济责任进行审计。巨化集团的主要问题：1. 以 2.41 亿元收购上海华山康健医疗公司 55%股权，投资效益不高，年均增值率仅 1.36%。2. 将国有投资款 2000 万元委托个人或外部公司持股成立新公司，未按规定核算，形成账外股权。3. 委托理财款 2.65 亿元，尚未收回本金 1.44 亿元存在潜在损失。4. 部分收入未纳入统一核算，造成少计利润 54 万元、少计收入 922 万元。5.红石房产公司购房折让款未按规定核算，多计固定资产成本 3700 万元。审计对相关问题作出经济责任界定，并提出处理意见和建议。

2008 年，省审计厅对省农村信用联社理事长、浙江出版联合集团原董事长总裁、浙江荣大集团原董事长等 3 名领导人员经济责任进行审计。浙江荣大集团的主要问题：1.无依据计提风险准备金，减少净利润 700 万元。2. 对浙江世贸中心 1785.38 万元投资未入账。3. 对省外经贸厅历史遗留债务未清偿，本息合计 4190 万元。4. 集团班子成员在下属公司持股分红及增持股份。5. 下属公司少计收入 4005.69 万元，未及时取得发票入账 1123.75 万元。审计对相关问题作出经济责任界定，并提出处理意见和建议。

2009 年，省审计厅对省机场管理公司原总经理、浙江日报报业集团原社长、省二轻集团总经理等 3 名领导人员经济责任进行审计。省二轻集团的主要问题：1. 下属公司违规分配历年资本公积和盈余公积 530.76 万元。2. 手工联社应付款项 355.51 万元挂账 3 年以上，未及时处理。3. 下属省工艺品进出口公司对外股权投资余额 988 万元、其他应收款余额 1022.70 万元，未计提长期投资减值准备和坏账准备。审计对相关问题作出经济责任界定，并提出处理意见和建议。省长吕祖善对审计情况作出批示。

2010 年，省审计厅对浙江广电集团总裁、省供销社原主任、宁波港集团公司总裁、巨化集团原董事长、省机电集团董事长等 5 名领导人员经济责任进行审计。

省供销社的主要问题：1. 累计收益 25.31 万元滞留在证券资金户，未作收益反映。2. 下属浙江农资集团税前计提坏账准备金 683.75 万元长期挂账。3. 兴合集团历年计提工效工资长期挂账 1773.04 万元，未及时冲回费用。4. 兴合置业公司报表利润 919.62 万元，未弥补上年亏损 295.80 万元。审计对相关问题作出经济责任界定，并提出处理意见和建议。

省机电集团的主要问题：1. 中层以上管理人员违规持股 210.69 万元，未及时清理。2. 未及时收缴下属企业改制国有净资产 982.29 万元。3. 下属省机电设计研究院欠缴税金及附加 80.65 万元。审计对相关问题作出经济责任界定，并提出处理意见和建议。省长吕祖善对审计情况作出批示。

第二节　党政部门领导干部经济责任审计

1997 年起，全省的党政部门主要领导干部经济责任审计，每年初由各级组织部门按干部管辖范围提出当年审计任务建议书，由各级政府向审计机关下达，审计机关据此列入审计计划并组织实施。审计结束后，审计机关向被审计领导和被审计单位发出审计报告和审计决定，向本级党委和政府主要领导报送审计结果报告，同时抄送组织部门等联席会议成员单位。1997—2010 年，省审计厅共完成党政机关、事业单位和社会团体领导干部经济责任审计项目 184 个。

一、党委部门领导干部经济责任审计

1999 年起，省审计厅开始对省级党委部门领导干部经济责任进行审计。1999—2009 年，共审计党委部门领导干部 10 人。

表 38-15-2-1　1999—2009 年浙江省审计厅对党委部门领导干部经济责任审计一览表

年度	审计对象	年度	审计对象
1999	省直机关工委原书记	2006	省档案局局长
2001	省委党史研究室原主任、省委党校常务副校长、省委农办主任	2007	省委 610 办公室主任、省委农办主任
		2008	省委党校常务副校长
2004	省委政法委秘书长	2009	省委党史研究室原主任

资料来源：浙江省审计厅档案室。

1999年,省审计厅对省直机关工委原书记经济责任进行审计。发现的主要问题:1. 行政账户资金30.34万元转入工会账户。2. 出借账外资金7万元未在账务上反映。审计对相关问题作出经济责任界定,并提出完善账户、纠正账外资金的处理意见。

2001年,省审计厅对省委党史研究室原主任、省委党校常务副校长、省委农办主任等3名领导干部经济责任进行审计。

省委党史研究室的主要问题:未经批准在交通银行杭州分行开设临时账户,资金32.84万元,用于发放福利。审计对相关问题作出经济责任界定,并提出不得开设新账户、违规发放福利等处理意见和建议。

省委党校的主要问题:1. 违规发放电脑补贴96.80万元。2. 教工生活配套用房超概算337.82万元,未补办报批手续。3. 固定资产账账、账实不符,处置未经批准。4. 部分收费项目未经批准和超标准收费。审计对相关问题作出经济责任界定,并提出收回违规资金、补登相关账户、补办审批手续等处理意见和建议。

省委农办的主要问题:1. 内部财务控制制度不健全,管理较混乱。2. 设置账外账,用于发放职工福利。3. 预算外资金1189.62万元未按规定实行收支两条线管理。4. 违规出借资金1835万元,利息所得85.65万元记入工会账。5. 预算外资金未纳入单位财务统一核算管理。审计对相关问题作出经济责任界定,并提出处理意见,对现金支出未附凭据向省农办出具审计建议书,对违反财经法规问题出具审计决定。

2006年,省审计厅对省档案局局长经济责任进行审计。发现的主要问题:1. 部分收费不合规,金额73.41万元。2. 应作未作收入18.76万元,入机关工会账,未入机关财务账。审计对相关问题作出经济责任界定,并提出处理意见和建议。

2007年,省审计厅对省委610办公室主任、省委农办主任等2名领导干部经济责任进行审计。省委农办的主要问题:1. 出借扶持发展村级经济周转金2468.75万元,尚有1041.61万元未收回。2. 上次审计意见未完全执行。以前年度违规出借资金尚有70万元未收回。审计对相关问题作出经济责任界定,并提出收回违规出借资金、按规定补办手续等处理意见和建议。

2008年,省审计厅对省委党校常务副校长经济责任进行审计。发现的主要问题:1. 固定资产处置不规范。未经批准和评估,无偿划转205.98平方米营业用房和184.05平方米专用房给物业公司。2. 专用房财务核算和管理不规范,专用房基建借款3200万元列基本建设支出。3. 少计资产1207.69万元。4. 往来款286万元未及时清理。5. 未按实际成本收取教材资料费,盈利929.92万元。审计对相关问题作出经济责任界定,并提出补办相关资产手续、及时收回借款利息、及时结转经费等处理意见和建议。

2009年,省审计厅对省委党史研究室原主任经济责任进行审计。发现的主要问题:1. 公款私存私放324.50万元。2. 财务核算不规范,暂存款列收列支80.89万元。3. 挤占移用专项经费68.20万元,用于聘用人员工资支出。审计对相关问题作出经济责任界定,并提出纠正公款私存、追回挤占移用资金等处理意见和建议。

二、政府部门领导干部经济责任审计

1997年起，省审计厅开始对省级政府部门领导干部经济责任进行审计。1997—2010年，共审计政府部门领导干部106人。

表 38-15-2-2　1997—2010年浙江省审计厅对政府部门领导干部经济责任审计一览表

年度	审　计　对　象
1997	省工商局原局长、省台办原主任、省石化厅原厅长、省新闻出版局原局长
1998	省劳动厅原厅长、省司法厅原厅长、省环保局原局长、省卫生厅原厅长、省水利厅原厅长、省教委原主任、省文化厅原厅长、省电子工业局原局长、省民政厅原厅长、省粮食局原局长、省医药管理局原局长、省机械工业厅原厅长、省科委原主任、省人事厅原厅长、省体委主任、省交通厅厅长
1999	省计经委原主任、省土管局局长、省旅游局局长、省广电厅厅长
2000	省工商局原局长、省协作办原主任、省水产局局长、省石化厅厅长
2001	省劳动和社会保障厅厅长、省教育厅厅长、省统计局原局长、省水利厅厅长、省外事办主任、省监狱局局长、省侨办主任、省乡镇企业局局长、宁波港务局局长
2002	省外贸厅厅长、省林业局局长、省财政厅厅长、省民政厅厅长、省体育局局长、省交通厅厅长、省司法厅原厅长、省人防办原主任、省广电局原局长
2003	省文化厅厅长、杭州市公安局原局长、省体改办原主任、省计委原主任、省乡镇企业局局长、省机关事务管理局局长、省统计局原局长
2004	省卫生厅厅长、省环保局局长、省质监局局长、省建设厅厅长、省计生委主任、省科技厅原厅长、省新闻出版局局长、省劳动和社会保障厅原厅长、省台办原主任、省外办原主任
2005	省法制办主任、省水利厅原厅长、省教育厅厅长、省信息产业厅厅长、省海洋与渔业局原局长、省监狱局局长
2006	省计生委原主任、省地勘局局长、省测绘局原局长、省运管局局长、省食药局局长
2007	省粮食局局长、省广电局局长、省民宗委主任、省国土资源厅厅长、省工商局局长、省人事厅厅长、省经贸委主任
2008	省环保局局长、省水库移民办主任、省财政厅原厅长、省农业厅原厅长、省司法厅原厅长、省物价局原局长、省乡镇企业局局长、省海洋与渔业局原局长、省林业厅原厅长、省发改委原主任、省外贸厅原厅长、省卫生厅原厅长、省侨办原主任
2009	省人防办主任、省体育局局长、省台办主任、省社保厅原厅长、省打私办原主任、省新闻出版局原局长
2010	省科技厅厅长、省畜牧兽医局局长、省经合办主任、省统计局局长、省信息产业厅原厅长、省国资委主任

资料来源：浙江省审计厅档案室。

1997年，省审计厅对省工商局原局长、省台办原主任、省石化厅原厅长、省新闻出版局原局长等4名领导干部经济责任进行审计。

省工商局的主要问题：1. 罚没收入未足额上缴国库222万元。2. 行政性收费2166万元未纳入预算管理。3. 基层局欠缴工商规费。审计对相关问题作出经济责任界定，并提出加强罚没收入和行政性收费管理，及时足额上缴罚没收入等处理意见和建议。

省石化工业厅的主要问题：1. 下属单位存在重大经济事项。合作经营的浙江华虹饭店累计亏损132万元；省石化公司经济合同纠纷案未决挂账1269万元；省化肥农药公司原财务科负责人经济案应收款挂账594万元；省石化公司将资金拆借给私营企业470万元。2. 预算外资金委贷利息收入93.91万元长期未作收入入账。3. 以场租费等各种名义向下属单位收取费用110.85万元，用于职工福利。4. 预算外专项资金投资大东南集团分得的股利未进预算外收入账4.39万元。审计对相关问题作出经济责任界定，并提出规范管理、强化对下属单位监督等处理意见和建议。

省新闻出版局的主要问题：1. 宣传文化发展专项资金结存4049.91万元，未按规定在财政专户储存。2. 销售收入核算不真实，金额752.20万元。3. 部分定点印刷厂债权127.43万元逾期未收回。审计对相关问题作出经济责任界定，并提出有关专项资金纳入财政专户、提高资金使用效率等处理意见和建议。

1998年，省审计厅对省劳动厅原厅长、省司法厅原厅长、省环保局原局长、省卫生厅原厅长、省水利厅原厅长、省教委原主任、省文化厅原厅长、省电子工业局原局长、省民政厅原厅长、省粮食局原局长、省医药管理局原局长、省机械工业厅原厅长、省科委原主任、省人事厅原厅长、省体委主任、省交通厅厅长等16名领导干部经济责任进行审计。

省卫生厅的主要问题：1. 未经省编委批准，未经注册登记，违规设立“浙江省医疗卫生国际交流中心”。2. 下属企事业单位上缴款由厅机关工会收取，用于发放考勤奖。3. 省改水办移用世界银行贷款项目资金，未收回3262.20万元。审计对相关问题作出经济责任界定，并提出彻底整改、及时报批及补办登记手续、立即收回移用资金等处理意见和建议。

省教委的主要问题：1. 事业性收费未纳入收支两条线管理，部分已被使用。2. 未经财政批准，将房屋出租收入存入基建账户。3. 房屋出租收入未按规定缴纳税费100.51万元。4.“职教周转金”借出款本金220.50万元、利息39.31万元逾期未收回。5. 在事业性收费中列支职工福利32.23万元。审计对相关问题作出经济责任界定，并提出加强管理、补缴税费等处理意见和建议。

省医药管理局的主要问题：1. 违规改变资金用途，拨款200万元，用于建设医药配套设施用房。2. 购买职工宿舍和归还代垫的购买职工宿舍借款200万元未入固定资产账。3. 资金出借取得利息收入772.77万元，未按规定纳税。4. 划出50万元存入临时户，挂“经费暂付”科目。审计对相关问题作出经济责任界定，并提出加强管理、强化监督等处理意见和建议。

省机械工业厅的主要问题：1. 下属省机械物资总公司资不抵债1431.75万元，因贷款担保承担连带责任金额7708.90万元。2. 省汽车工业总公司资不抵债693.50万元，因贷款担保承担连带责任金额1134万元。3. 省农机工业总公司资不抵债2916.44万元。4. 浙江东海轴承集团公司资不抵债，被迫解体。5. 浙江天乙机械投资集团公司原总经理违规经营，造成公司资不抵债。审计对相关问题作出经济责任界定，并提出全面清理下属单位资不抵债和担保责任等处理意见和建议。

省科委的主要问题：1. 下属企业省科技风险投资公司违规投资非科技项目3070万元，有457万元贷款逾期未收回。2. 国家下拨专项资金344.31万元未纳入统一核算管理。3. 省科技开发总公司经营不善，资不抵债。4. 省科委对下属单位财务监管不力。审计对相关问题作出经济责任界定，并提出收回投资、加强管理等处理意见和建议。

省粮食局的主要问题：所属省粮食总公司和省粮油储运贸易公司严重违规，挪用商业银行信贷资金3500万元从事期货交易，造成严重亏损。审计对相关问题作出经济责任界定，并提出严肃处理下属企业严重违规问题等处理意见和建议。

省人事厅的主要问题：1. 省转业军官培训中心违规出借资金175万元，有119.05万元未收回。2. 将资金322.67万元计入工会账户。3. 购买职工住房挪用军转培训费100万元，尚未归还。审计对相关问题作出经济责任界定，并提出处理意见和建议。

省体委的主要问题：1. 省体委下属紫云饭店擅自出借自有资金和提供贷款担保。审计时，有255万元出借逾期未能收回。2. 因担保承担连带责任造成损失178.06万元。审计对相关问题作出经济责任界定，并提出处理意见和建议。

省交通厅的主要问题：1. 任职前，省交通厅高等级公路建设基金2000万元贷款给省路桥工程处未收回；公建金800万元借给下属交通物资公司未收回；公路管理局养路费出借款余额2411.01万元难以收回。2. 任职期间，省交通厅将高等级公路建设基金3500万元贷款给省路桥工程处尚未收回；违规将高等级公路建设基金1000万元投资浙江东港开发公司，所得红利本息825.60万元用于房地产开发；将公路建设资金500万元无息借给所属省交通设计院；在养路费中违规列支购房及危房支出575万元、业务楼建设及装饰款619万元。审计对相关问题作出经济责任界定，并提出严禁挪用、限期追回专项资金等处理意见和建议。

1999年，省审计厅对省计经委原主任、省土管局局长、省旅游局局长、省广电厅厅长等4名领导干部经济责任进行审计。

省旅游局的主要问题：1. 长期投资本金沉淀，造成585万元损失。2. 出借款220万元逾期未收回。3. 因担保负连带清偿责任40.80万美元及相应的逾期息。4. 抽逃出资67.22万元。5. 支付272万元征地款开发旅游工程，但一直未进行开发。审计对相关问题作出经济责任界定，并提出全面清理投资、出借、担保事项等处理意见和建议。

省广电厅的主要问题：1. 与有关企业合作实施浙江影视城项目，投入土地征用费1171.03万元和项目前期费用158.98万元，因项目停止，遗留问题未妥善处理。2. 单位职工集资1760万元，用于建设梅地亚新闻中心，并以厅机关的资金支付集资利息184.65万元。3. 职工奖励超过核定标准85.70万元。审计对相关问题作出经济责任界定，并提出妥善处理浙江影视城项目遗留问题、严格执行财政核定的奖励性支出标准、清退集资款等处理意见和建议。

2000年，省审计厅对省工商局原局长、省协作办原主任、省水产局局长、省石化厅厅长等4名领导干部经济责任进行审计。

省工商局的主要问题：1. 商标协会违规收取商标评审费110万元，收费标准、收据和管理不规范。2. 违规实行“两费”定基数分成返还及规费奖励。3.固定资产管理不规范。审计对相关问题作出经济责任界定，并提出加强收缴管理、上缴收费罚没收入、清理固定资产等处理意见。省长柴松岳等省领导作出批示，要求高度重视，认真研究解决。同时，省工商行政管理部门的财务收支审计被评为全国优秀审计项目。

省协作办的主要问题：1. 对直属企业监管不力，能源公司投资和借款1630万元难以收回。2. 固定资产管理违反规定，账外表外资产合计730.22万元。3. 扶贫资金捐赠支出缺少原始凭据。4. 煤炭集资款账户资金1.71亿元未在财务报表上反映。审计对相关问题作出经济责任界定，并提出处理意见和建议。

省石化厅的主要问题：1. 违规使用化肥农药周转金81万元，用于弥补行政经费不足。2. 出借化肥农药周转金，共收取利息4586万元，未计缴营业税。3. 化肥农药周转金215万元收回难度较大。4. 基建账资金总额1.47亿元，工程已建成使用未办理竣工决算，也未并入财务大账反映。5. 省石化公司亏损金额1660.58万元，不良资产1608.07万元，欠银行等借款4293.93万元已逾期。6. 省化工研究院院长经济犯罪案造成国有资产流失。审计对相关问题作出经济责任界定，并提出纠正违纪违规问题，严肃查处经济案件等处理意见和建议。

2001年，省审计厅对省社保厅厅长、省教育厅厅长、省统计局原局长、省水利厅厅长、省外事办主任、省监狱局局长、省侨办主任、省乡镇企业局局长、宁波港务局局长等9名领导干部经济责任进行审计。

省教育厅的主要问题：1. 向教育报社借款800万元作为收入反映。2. 向直属单位收款487.59万元，用于发放职工奖金。3. 将省财政拨入的职业教育发展基金1000万元存入银行收取利息，一直未用于教育事业发展。4. 企业捐资助教款210万元转入直属单位，列支厅基础教育处有关费用。5. 委托省留学回国基金会收取自费出国未满服务期培养费未按规定上缴财政专户。6. 下属浙江教育报社、省教学仪器公司少缴税金494.45万元。7. 杭州外国语学校未经批准收取赞助费1018.36万元。8. 教育报社将所属广告公司上缴的承包款78.90万元直接发给职工，省招办刊物发行和房租收入878.55万元转入单位食堂，均未入单位账户。审计对相关问题作出经济责任界定，并提出调整会计处理，收回未纳入单位法定账管理的款项并统一核算，纠正无依据或超标准的收费项目等处理意见和建议。

省统计局的主要问题：1. 将财政资金搞委托贷款，利息收入40.50万元转入工会账户发放职工福利。2. 多渠道发放现金296.30万元，福利性支出不规范。3. 专项资金未专款专用，网络建设资金130万元用于粮农中心土建。审计对相关问题作出经济责任界定，并提出规范福利支出、严格遵守专项资金及经费支出的有关规定等处理意见和建议。

省水利厅的主要问题：1. 出借预算资金和事业基金1146万元未收回，长期挂账。2. 自定比例从占用水源、水域补偿费中提取管理费43.60万元。3. 质监中心违规给厅行政人员发放奖金和补贴。4. 投资公司违规出借资金2353.59万元，物资公司违规出借资金998.53

万元。5. 物资公司少缴所得税 76.08 万元。审计对相关问题作出经济责任界定，并提出清理出借资金、补缴税金等处理意见和建议。

宁波港务局的主要问题：1. 随意抽回对新世纪国际投资公司 6860 万元的股权投资。2. 或有负债 9980 万元，可能造成部分损失。3. 未经财政批准核销坏账损失 6266 万元。4. 有关财务收支问题。营业外支出多列住房损失 1118 万元，港务管理支出中列支公益性捐赠款 700 万元，以港养港资金 3.12 亿元未及时转入资本公积。审计对相关问题作出经济责任界定，并提出调整账户、补缴税金等处理意见和建议。

省外办的主要问题：1. 外事经费列支行政经费和发放补贴共 32.43 万元。2. 行政事业性收费 602.55 万元用于职工福利或直接用于其他支出。3. 违规发放机关职工现金及福利 578.75 万元。5. 对下属单位管理不力，导致亏损 2316.30 万元。审计对相关问题作出经济责任界定，并提出加强预算外资金管理、加强对下属单位财务监督等处理意见和建议。

省侨办的主要问题：1. 对省中旅集团投入近 1000 万元违规炒股监管不力。2. 接受捐赠无审批、无收据，金额 499 万元。3. 省海外交流协会对外投资会计资料反映不真实，20 万元投资缺乏有效证明材料。审计对相关问题作出经济责任界定，并提出规范对外投资、补办捐赠相关手续等处理意见和建议。

2002 年，省审计厅对省外贸厅厅长、省林业局局长、省财政厅厅长、省民政厅厅长、省体育局局长、省交通厅厅长、省司法厅原厅长、省人防办原主任、省广电局原局长等 10 名领导干部经济责任进行审计。

省林业局的主要问题：1. 基建经费 55.95 万元移用于事业经费支出。2. 行政事业性收费未全部实行收支两条线管理，代征林政规费的工本费收入中直接列支 76.79 万元，另有 1582.46 万元未上缴局财政专户。3. 对外担保 550 万元贷款造成严重损失。4. 将省级基建资金 50 万元用于职工购房补贴。5. 出借林业基金和周转金计 4554.15 万元，大量逾期、形成呆坏账。审计对相关问题作出经济责任界定，并提出规范资金管理、清理出借资金等处理意见和建议。

省外经贸厅的主要问题：1. 基建投资总额和建设规模与批复不一致，分别超出 1.48 亿元和 1639 平方米。2. 外贸发展基金列支培训中心投资款未经批准，涉及金额 1.04 亿元。3. 拆借资金 1385.79 万元存在损失风险。4. 财务公司逾期贷款本息共 765.28 万元已不能收回。5. 省外商投资企业协会少缴税金 110 万元。审计对相关问题作出经济责任界定，并提出清理各类资金、补缴相关税金的处理意见和建议。

省财政厅的主要问题：1. 部分收入未缴入国库纳入预算管理，其中社会抚养费收入、产权转让收入及上缴净利润两项涉及金额 4818 万元。2. 以亏损补贴退库形式退给省粮食局 1.04 亿元，其中省粮食局退回退库款 2900 万元，省财政厅挂暂存款账户，年末结余 2760 万元。3. 以前年度列预算支出款项转作专用基金，列“科技三项费用”支出 3500 万元并挂预算暂存款账。4. 省财务开发公司及下属公司少计各种税金 2148.27 万元。5. 后勤服务中心长期占用财政周转金，部分已造成损失。审计对相关问题作出经济责任界定，并提出处理意见和建议。

省体育局的主要问题：1. 基建超概算未办理批准手续，省体育局健身中心基建超概算969万元，黄龙体育中心训练馆基建超概算807万元。2. 房屋出租收入433万元未及时收回。3. 黄龙体育中心土地转让款7897万元未及时收回。审计对相关问题作出经济责任界定，并提出加强经营性收入管理、严控建设规模和建设标准等处理意见和建议。

省交通厅的主要问题：1. 违反规定出借或质押公路建设基金3460.60万元，其中逾期2040.60万元。2. 委贷资金9026万元逾期未收回。3. 收取下属单位企业管理费及上缴利润等720万元未按规定转作预算外收入并出借。4. 厅业务楼总投资6694.57万元未及时办理竣工决算。5. 高投公司未缴税金561.83万元。审计对相关问题作出经济责任界定，并提出清理各类出借和委贷资金、补缴税金等处理意见和建议。

省司法厅的主要问题：1. 行政事业性收费166.41万元未纳入专户管理。2. 省律师协会资料费、培训费收支业务单独设账户核算，未并入省律协年度会计报表，资金余额122.28万元。审计对相关问题作出经济责任界定，并提出规范行政事业性收费管理、加强下属单位财务指导和监督等处理意见和建议。

2003年，省审计厅对省文化厅厅长、杭州市公安局原局长、省体改办原主任、省计委原主任、省乡镇企业局局长、省级机关事务管理局局长、省统计局原局长等7名领导干部经济责任进行审计。

省体改办的主要问题：1.《改革月报》刊号转让补助经费200万元未在体改办账户反映。2. 专项经费未专款专用。3. 预算外收入未并入财务大账统一核算。审计对相关问题作出经济责任界定，并提出处理意见和建议。

省计委的主要问题：1. 代管经费户中暂存应用于正常开支的预算经费359万元。2. 原省计经委扶植出口创汇流动资金借款难以收回，直接经济损失239.92万元。审计对相关问题作出经济责任界定，并提出处理意见和建议。

省机关事务管理局的主要问题：1. 房地产开发上，财务风险大，管理责任不明，后勤中心负债达2.06亿元。2. 违规使用省级机关职工住房建设专项资金和专项贷款增值收益170万元。3. 资金占用费及房租费等收入852.8万元入工会和食堂账，未纳入统一核算，房租等收入251.38万元未及时收回。4. 下属莫干山管理局设置账外账，资金结存460.51万元。审计对相关问题作出经济责任界定，并提出处理意见和建议。

2004年，省审计厅对省卫生厅厅长、省环境保护局局长、省质监局局长、省建设厅厅长、省计生委主任、省科技厅原厅长、省新闻出版局局长、省社保厅原厅长、省台办原主任、省外办原主任等10名领导干部经济责任进行审计。

省环保局的主要问题：1. 污染治理资金、财政贴息补助资金、监测能力建设经费未及时拨付。2. 未经批准将环保补助资金157.35万元用于办公大楼装修和弥补行政经费不足。3. 将污染治理资金112万元用于下属单位的环保业务补助。4. 局机关工作人员在省环境科学学会领取奖金、津贴。5. 收取赞助款102万元，用于发放职工奖金、津贴。审计对相关问题作出经济责任界定，并提出纠正违纪问题、加强环保资金管理等处理意见和建议。

省计生委的主要问题：1. 出借款65万元难以收回。2. 预算管理和执行不规范。无预算购房211.39万元，无预算资助支出100万元，专项经费60万元未及时安排使用。3. 违规采购391.16万元。4. 在下属单位开支费用39.30万元。审计对相关问题作出经济责任界定，并提出处理意见和建议。省领导对审计报告作出批示，要求对照整改。

省建设厅的主要问题：1. 项目结余资金较多，编制部门预算未包含项目净结余资金。2. 对下属单位监管不严。3. 收取国有股红利473.88万元挂暂存款账。4. 原建设厅副厅长杨某某违规套取资金，重复报销费用。审计对相关问题作出经济责任界定，并提出移送相关部门等处理意见和建议。

省社保厅的主要问题：1. 以扶贫、援藏和改善机关福利为由，向直属单位下达上缴经费指标，实收235万元。2. 全省累计未及时收缴失业保险省级调剂金1895.47万元。3. 征缴手续费收入未入机关财务账。4. 未按规定使用部拨经费。审计对相关问题作出经济责任界定，并提出处理意见和建议。

省外事办的主要问题：1. 部分行政事业性收费未按规定实行收支两条线管理。2. 部分收入未进大账核算，用于发放福利补贴146.62万元。3. 财务管理不合规。代理出国人员意外伤害保险返回手续费14.50万元未入账，房租等收入264.79万元挂下属单位账，预算外资金64.19万元划转工会，用于发放福利补贴。4. 行政开支挤占外事经费。审计对相关问题作出经济责任界定，并提出处理意见和建议。

2005年，省审计厅对省法制办主任、省水利厅原厅长、省教育厅厅长、省信息产业厅厅长、省海洋渔业局原局长、省监狱局局长等6名领导干部经济责任进行审计。

省水利厅的主要问题：1. 出借资金446.01万元未收回。2. 向下属单位收取调节基金，未纳入部门预算。审计对相关问题作出经济责任界定，并提出处理意见和建议。

省教育厅的主要问题：1. 收取计算机等级考试费523.40万元、大学外语等级考试费1093.45万元，均未上缴财政专户。2. 省教育发展中心贷款3200万元用于浙江教育大厦基建项目，还贷资金来源未落实。3. 长期闲置省政府下拨高校重大科技攻关项目补助200万元。4. 省教研室部分收入长期挂账，余额1247.77万元；省电化教育馆教材发行折让收入241.94万元长期挂账，未作收入反映。审计对相关问题作出经济责任界定，并提出尽快发挥闲置资金使用效益、加强收入核算、加强对所属事业单位和高校的财务监管等处理意见和建议。

省信息产业厅的主要问题：1. 房租收入61.23万元未入财务账核算。2. 未及时收缴下属改制单位国有净资产377.86万元，且未报经省财政批准，核减应收缴数267.43万元。3. 厅本级出国（境）考察费用较大。审计对相关问题作出经济责任界定，并提出处理意见和建议。

省海洋与渔业局的主要问题：1. 历年结余资金200万元出借给宁波海景大酒店。2. 专项资金未及时拨付1172万元。3. 行政事业性收费收入未按规定上缴财政专户，计1244.38万元。4. 下属省水产供销公司改制中国有土地使用权评估不规范、投资龙翔大厦国有土地使用权未单独评估纳入改制资产。审计对相关问题作出经济责任界定，并提出处理意见和建议。

2006年，省审计厅对省计生委原主任、省地勘局局长、省测绘局原局长、省运管局局长、省食药局局长等5名领导干部经济责任进行审计。

省地勘局的主要问题:1. 无依据向下属单位收取产业结构调整资金有偿使用费118.50万元。2. 对外投资800万元,未产生投资收益且存在风险。3. 违规将产业结构调整资金200万元转入地勘发展基金。4. 省地球物理地球化学勘查院出借资金2000万元。审计对相关问题作出经济责任界定,并提出加强预算内外资金管理,清理结余款项,规范资金管理和使用,加强对下属单位财务监管等处理意见和建议。

省测绘局的主要问题:1. 部分收支未纳入单位财务账统一核算。2. 在下属单位领取现金用于发放局职工津贴、福利等13.61万元。3. 杭州四维宾馆私设"小金库"。4.少缴个人所得税35.85万元。审计对相关问题作出经济责任界定,并提出规范预算管理、加强内审力量、强化下属单位财务活动指导和监督等处理意见。根据审计结果,向省检察院出具移送处理书。

2007年,省审计厅对省粮食局局长、省广电局局长、省民宗委主任、省国土资源厅厅长、省工商局局长、省人事厅厅长、省经贸委主任等7名领导干部经济责任进行审计。

省粮食局的主要问题:1. 省粮食局未清理债权1.01亿元。2. 综合服务公司应收款项77万元存在潜在损失。3. 省直属库资产核销损失303.88万元未报批准。4. 省储备粮公司多计实收资本和长期投资,合计2766.65万元。5. 省直属库对外服务收入21.67万元转入该库工会。6. 省粮食干部学校、文达教育中心房租及其他收入151.15万元挂账且未计缴相关税费。审计对相关问题作出经济责任界定,并提出调整资本公积、实收资本,补缴税款,补登预收款项等处理意见和建议。

省国土资源厅的主要问题:1. 专项资金713. 24万元移用于弥补行政经费和工会经费。2. 厅机关福利费和其他费用674.40万元在工会及下属单位列支。3. 省土地整理折抵指标统筹专户调剂收益及利息收入3.74亿元未及时上缴。4. 对外投资、借款453万元难以收回。5. 联建办公楼少收土地转让款1131.56万元。6. 下属单位经费支出、资金资产管理不规范,且存在未缴税金问题。审计对相关问题作出经济责任界定,并提出加强制度建设、规范财务行为、纠正违纪问题等处理意见和建议。

省广电局的主要问题:1. 转拨户资金1119.46万元未纳入部门预算管理。2. 在下属单位省广电服务中心列支580.98万元,未纳入部门预算管理。3. 下属广电监测中心机房租用及物管经费专项预算100万元,用于中心日常经费开支。4. 广电监测中心将国家广电总局拨入的场地租赁、电路传输服务等经费303.01万元挂账,未作收入反映。审计对相关问题作出经济责任界定,并提出将转拨户资金、省广电集团补助资金和国家广电总局拨入的经费纳入预算管理等处理意见和建议。

省经贸委的主要问题:1. 所属散装办未将预收专项资金缴入财政专户,余额1967万元。2. 长期投资未及时清理,计2367万元。3. 下属杭州华清饭店将专项经费260.61万元,作为借款长期挂账,计提利息。审计对相关问题作出经济责任界定,并提出调整相关账户等处理意见和建议。

2008年,省审计厅对省环保局局长、省水库移民办主任、省财政厅原厅长、省农业厅原厅长、省司法厅原厅长、省物价局原局长、省乡镇企业局局长、省海洋渔业局原局长、省林业厅原厅长、省发改委原主任、省外贸厅原厅长、省卫生厅原厅长、省侨办原主任等14名领导干部经济责任进行审计。

省环保局的主要问题：1. 局本级和下属单位有9468.18万元资金账外运行；局下属省辐射环境监测站公款私存1855.53万元；环境自动检测系统和重点污染源检测系统建设存在违反财经纪律行为。2. 省环境保护科学设计研究院将2000万元资金按活期存款利率拆借给环茂公司周转使用，至审计时才收回。审计对相关问题作出经济责任界定，并提出纠正违纪行为、完善制度、加强监管等处理意见。省长吕祖善两次作出批示，要求该局从严自查自纠和处理，审计要加强督促。

省财政厅的主要问题：1. 财政收支管理中存在的问题：转移支付年底未拨付金额较大，达46.98亿元；财政预算外专项资金未及时安排使用，造成闲置沉淀，至年底资金结余6.50亿元；未及时完整反映以前年度财政投资收益。2. 下属省财务开发公司证券投资8亿元未取得相应投资收益，投资资金1亿元及债权1600万元存在或有损失。审计对相关问题作出经济责任界定，并提出处理意见和建议。

省农业厅的主要问题：1. 部分专项资金预算执行率不高，拨付不及时，转拨户账面结余826.29万元。2. 下属单位上缴款682.40万元未计收入，其中150.40万元用于人员及办公经费。3. 下属单位上缴厅机关福利100.20万元记入工会账，用于发放福利。4. 部分债权债务长期挂账。基建拨款290万元未及时清理；未及时归还省财政借入资金167万元；项目结余220.25万元长期挂账，未及时转收入。5. 已交付使用的7个基建项目总投资3031.12万元，未办理竣工交付手续并转入固定资产账。6. 下属单位存在专项支出不规范、出借资金未审批、职工个人违规集资、处级干部及职工违规投资入股改制企业等问题。审计对相关问题作出经济责任界定，并提出完善部门预算编制工作，及时清理暂存暂付款和基建项目，清理出借资金和个人集资投资，加强监管，补缴税费等处理意见和建议。

省物价局的主要问题：1. 局本级及下属检查分局私存账外资金294.47万元，用于发放职工福利及其他用途。2. 多次转账280万元，用于福利支出。3. 行政罚没款票据使用不规范，价格违法行为查处后续工作不到位。4. 国家下拨专项资金转入与资金用途无关的部门。5. 收入375.88万元转入工会、协会账户，用于发放福利。审计对相关问题作出经济责任界定，并提出清理账外资金、严格规范津补贴发放等处理意见和建议。

省林业厅的主要问题：1. 挤占森林防火指挥系统专项资金119.97万元、防火物资储备库专项资金175.13万和中央专项资金469万元，用于综合楼建设。2. 下属单位违规借贷资金4641.95万元。3. 森林植被恢复费收入4.94亿元未上缴财政专户。4. 产业化补助资金800万元改变用途，用于实体投资。5. 国有股权转让未履行审批手续。6. 厅本级往来款未及时清理，周转金出借款2182万元偿还困难。审计对相关问题作出经济责任界定，并提出调整相关账户、收回尚欠的出借款本息等处理意见和建议。省长吕祖善作出批示。

省发改委的主要问题：1. 部分专项资金利用率不高，预算执行率较低。2. 国有资产经营收益4470.61万元未纳入预算管理。3. 重大投资项目前期经费部分用于日常经费支出。

4. 下属企业挪用国有资金炒股票。审计对相关问题作出经济责任界定，并提出处理意见和建议。

省外经贸厅的主要问题：1. 在厅本级财务核算体系以外，存在其他预算外资金账户821.33万元。2. 共1.42亿元出借款已5年以上，其债权尚未落实。3. 将原东方集团的股权划转厅工会所属的浙江经贸商务中心，国有资产处置不合规。4. 房租收入少缴各项税款36.59万元。审计对相关问题作出经济责任界定，并提出补缴税款、调整资本公积、完善内审制度等处理意见和建议。

2009年，省审计厅对省人防办主任、省体育局局长、省台办主任、省社保厅原厅长、省打私办原主任、省新闻出版局原局长等6名领导干部经济责任进行审计。

省人防办的主要问题：1. 将人防经费划拨到行政经费，部分工程出租收益未计入人防经费账。2. 专项资金执行率不高，利用率低。3. 下属浙江宝石建设工程造价事务所虚开发票49.52万元，用于发放职工福利。4. 基建项目未单独设立基建账，竣工项目未及时办理竣工决算手续。审计对相关问题作出经济责任界定，并提出制定收入分配制度、调整会计处理等处理意见和建议。

省新闻出版局的主要问题：1. 虚列支出或账外发放人员福利264.77万元。2. 收取省出版联合集团房租450万元，收到国家新闻出版总署返还补偿款23.75万元，均在往来科目列收列支。3. 财政项目经费预算执行率偏低。审计对相关问题作出经济责任界定，并提出杜绝虚列支出行为、加快预算执行进度、完善相关管理制度等处理意见和建议。

2010年，省审计厅对省科技厅厅长、省畜牧兽医局局长、省经合办主任、省统计局局长、省信息产业厅原厅长、省国资委主任等6名领导干部经济责任进行审计。

省科技厅的主要问题：1. 厅本级部分房产未入账或在下属单位入账，共7处6484平方米。2. 从国家资本收益中计提奖金479.80万元，用于奖励下属企业经营班子成员。3. 在省科技风险投资公司中列支厅本级费用640.44万元，抵减其应上缴的国有资本收益。4. 国资收益2.62亿元未纳入决算报表反映。5. 逾期未收回所属改制企事业单位职工置换国有资产资金1073.33万元，且未计逾期利息380.17万元，已收回的职工置换国有资产资金2131.81万元未及时上缴财政。6. 科技有偿使用金、科技周转金共2679.66万元逾期未收回。审计对相关问题作出经济责任界定，并提出有关房产纳入厅本级法定账核算，将国有资产和收益纳入决算报表，清理收回科技有偿使用金和周转金等处理意见和建议。

省畜牧兽医局的主要问题：1. 部分专项资金执行率不高，资金结余未纳入下年度预算。2. 基本支出超支423.26万元，占用专项经费38.10万元。3. 部分对外投资收益率低。4. 向下属单位收取上缴款463.09万元无具体依据。审计对相关问题作出经济责任界定，并提出加强预算、专项资金管理，建立健全财务制度等处理意见。省长吕祖善等省领导作出批示。

省经合办的主要问题：1. 煤炭集资款2.45亿元未纳入预算管理，也未在财务报表反映。2. 浙江协作大厦房产未进行竣工决算，各项产权证均未办理。3. 省经合办在浙江协作大厦列支费用196.94万元。4. 部分往来款长期挂账，未及时清理。审计对相关问题作出经济责任界定，并提出清理长期往来款项、督促下属企业办理竣工结算等处理意见和建议。

省国资委的主要问题：1. 项目净结余资金 144.73 万元未按规定纳入预算安排。2. 项目细化预算编制不够科学，项目支出管理不够规范。培训费、维修费等 11 项结余 689.24 万元，而招待费、物业管理费等 7 项超预算支出 127.33 万元，另外福利费、电费、租赁费等 3 项实际支出 325.77 万元，无相应经费预算。3. 无偿使用所属监管企业办公房。审计对相关问题作出经济责任界定，并提出结转净结余资金、完善房屋租赁管理等处理意见和建议。省长吕祖善作出批示。

三、事业单位领导干部经济责任审计

1997 年起，省审计厅对省级事业单位领导干部经济责任进行审计。1997—2010 年，共审计省级事业单位领导干部 12 人。

表 38-15-2-3　1997—2010 年浙江省审计厅对事业单位领导干部经济责任审计一览表

年度	审计对象	年度	审计对象
1997	省农科院原院长、省社科院原院长	2006	省社科院院长
1998	省经济规划院原院长	2008	省公路局原局长、省医学科学院院长、省机械设备成套局局长
2000	省农科院院长	2009	省农科院院长
2002	省经济规划院院长、省医学科学院原院长、省有色金属地勘局原局长	2010	省港航局局长、浙江在线管委会主任、省有色金属地勘局局长

资料来源：浙江省审计厅档案室。

1997 年，省审计厅对省农科院原院长、省社科院原院长等 2 名领导干部经济责任进行审计。省农科院的主要问题：1. 预算外资金管理方面：兴办的经济实体经营不善，效益低下亏损 22 家，净亏 22.04 万元；预算外收入列支各种奖金、补贴 138.31 万元；预算外支出挤占事业费 258.02 万元。2. 财务监督不力，造成部分国有资产损失 141.74 万元。3. 对外投资少计 1033.54 万元。4. 院所属资金结算中心未纳入院财务决算，形成账外资产 217.88 万元。5. 下属单位上缴创收收入，发放奖金福利补贴 77.94 万元。6. 融资收入用于发放津补贴 60.37 万元，挂账 80.02 万元。审计对相关问题作出经济责任界定，并提出纠正违纪问题、加强财务核算和监督管理、加强内审工作等处理意见和建议。

1998 年，省审计厅对省经济规划院原院长经济责任进行审计。发现的主要问题：1. 省规划院以省工程咨询公司的名义投资省证券公司 100 万元，账务不实。2. 违规向省石化公司借入 150 万元。审计对相关问题作出经济责任界定，并提出纠正违规借贷资金问题，按实做账，加强对外投资管理，加强会计监督等处理意见和建议。

2000 年，省审计厅对省农科院院长经济责任进行审计。发现的主要问题：1. 预算外资金未纳入财政专户管理。2. 部分收入分配不符合规定。院资金结算中心自行分配结余资金累计 499.34 万元。3. 部分奖金、补贴等列支渠道不当。发放“劳务费”“劳务酬金”等累计

60.76万元。审计对相关问题作出经济责任界定,并提出处理意见和建议。

2002年,省审计厅对省经济规划院院长、省医科院原院长、省有色金属地勘局原局长等3名领导干部经济责任进行审计。

省经济规划院的主要问题:1. 购置职工住房未办理报批手续。2. 事业收入项目与院职工技协收入项目界限不清。3. 用专项资金代省工程咨询公司还贷200万元。审计对相关问题作出经济责任界定,并提出处理意见和建议。

省有色金属地勘局的主要问题:1. 对外投资造成损失260.61万元。2. 公款委托个人炒股达700万元。3. 违规出借资金。4. 工程公司账外资金172.31万元。5. 绍兴珠宝行资产处置款960.56万元未收回。审计对相关问题作出经济责任界定,并提出清理资金、加强财务管理、严格执行内控制度等处理意见和建议。

2008年,省审计厅对省公路局原局长、省医科院院长、省机械设备成套局局长等3名领导干部经济责任进行审计。

省公路局的主要问题:1. 未按产权关系完整反映共3347.66万元的投资。2. 应收未收下属单位承包费收入351.70万元。3. 未督促下属单位及时办理投资5192.99万元建成的房屋权证。4. 借入款136.14亿元偿还任务重。5."高速公路收费结算系统运行"项目支出结余2299.16万元挂账,未按规定结转。6. 应收未收款项巨大,催收不力。部分专项资金被违规使用。审计对相关问题作出经济责任界定,并提出调整相关账户,规范会计处理,清理往来款,纠正违规挤占专项资金,补缴税费等处理意见和建议。

省医学科学院的主要问题:1. 院部分房产长期被院属普发中心参股企业无偿占有。2. 违规在往来科目列收列支专项经费、科研经费等,结余1889.02万元;3. 与宁波人健药业公司共同开发专利技术,未经资产评估,将属本方的50%专利权以30万元价格转给对方。审计对相关问题作出经济责任界定,并提出将财政专项经费、科研经费等挂账余额结转为收入,合理收取参股企业国有资产占用费等处理意见和建议。

省机械设备成套局的主要问题:1. 局本级及下属单位通过虚列工资、劳务费、会议费等形式套现261.24万元至账外。2. 省下属成套服务中心以虚假设计咨询费等名义支付办公楼所涉债务和引进投资者佣金费用80万元。3. 公款私存资金余额16.53万元。4. 将离退休经费13.82万元转至人事处长个人活期存折存放使用。5. 省成套公司利用假发票冲抵费用套现99.16万元。6. 局本级及下属单位存在总额为8647.80万元的不良资产。7. 省成套公司少计收益93.46万元。8. 省局及宁波分局已处置的固定资产277.45万元未销账,账实不符。审计对相关问题作出经济责任界定,并提出清理违规资金和不良资产等处理意见和建议。

2009年,省审计厅对省农科院院长经济责任进行审计。发现的主要问题:1. 对外投资收益率低。2. 部分科研收入及房屋出租款未计收入。3. 下属浙江柑橘研究所专项资金432万元变更用途。4. 下属农科集团未按规定对控股子公司合并报表。5. 下属农科种业公司私存部分公款,被个人占用。审计对相关问题作出经济责任界定,并提出加强专项资金管理、严格执行会计制度、加强下属公司财务管理等处理意见和建议。

2010年,省审计厅对省港航局局长、浙江在线管委会主任、省有色金属地勘局局长等3

名领导干部经济责任进行审计。

省港航局的主要问题：1. 私设“小金库”，累计动用1742.67万元。2. 通过“事业基金、专用基金”违规发放职工奖金1072.22万元。3. 部分工程基建项目存在多处违规问题。办公大楼装修超概算540.31万元；虾峙门口外航道整治工程部分项目未公开招投标，涉及金额681万元；千岛湖水上搜救中心工程存在未批先建、超规模实施以及改变工程用途等问题。4. 巨额贷款的同时，又大量沉淀资金，长期闲置。审计对相关问题作出经济责任界定，并提出清理“小金库”和沉淀资金等处理意见和建议。省长吕祖善作出批示。

省有色金属地勘局的主要问题：1. 部门预算编制和管理不够规范。2. 下属环境院账外私设“小金库”，职工预留股红利以个人名义定期存款。3. 部分投资企业及应收款项存在潜亏。4. 部分会计核算不规范，未及时清理往来款项，影响财务状况真实性。5. 财务管理不够规范，对下属单位监管不力。审计对相关问题作出经济责任界定，并提出纠正账外资产和“小金库”、加强预算编制工作、完善相关制度、防范经营风险等处理意见和建议。

四、社会团体领导干部经济责任审计

1997年起，省审计厅对省级社会团体领导干部经济责任进行审计。1997—2010年，共审计社会团体领导干部25人。

表38-15-2-4　1997—2010年浙江省审计厅对社会团体领导干部经济责任审计一览表

年度	审　计　对　象	年度	审　计　对　象
1997	省科协原常务副主席	2005	省社科联原主席、省工商联党组书记
1998	省妇联主席	2006	团省委书记、省科协副主席
2000	团省委原书记、省残联理事长、省红十字会原常务副会长	2007	省作协主席、省残联原理事长
2001	省科协副主席	2008	省红十字会常务副会长、省妇联主席
2003	贸促会浙江省分会会长、省妇联主席、省红十字会专职副会长、省总工会原主席	2009	省社科联原副主席
2004	省侨联主席、省残联原理事长、省文联主席、团省委书记	2010	省侨联原主席、省文联书记处常务书记

资料来源：浙江省审计厅档案室。

1997年，省审计厅对省科协原常务副主席经济责任进行审计。发现的主要问题：1. 未经有关部门审批同意，将农函大历年结余及利息收入10.50万元建立“农函大基金”，转入银行作定向委贷。2. 在“其他暂存款”科目核算预算外收支余额340.24万元。审计对相关问题作出经济责任界定，并提出补办手续、加强财务核算管理等处理意见和建议。

1998年，省审计厅对省妇联主席经济责任进行审计。发现的主要问题：1.“双学双比”专

项经费有偿使用收益用于发放福利。2. 预算外收入违规转至工会经费账户。3. 妇女儿童活动中心基建资金 2066.73 万元用于出借。4. 基建款 100 万元用于投资活动。5. 事业发展基金 50 万元转预算外收入，未专款专用。审计对相关问题作出经济责任界定，并提出清理出借资金、规范专项经费和预算外资金使用等处理意见和建议。

2000 年，省审计厅对团省委原书记、省残联理事长、省红十字会原常务副会长等 3 名领导干部经济责任进行审计。

团省委的主要问题：1. 企管委共收下级单位上缴款等 403.86 万元，未纳入团省委财务统一管理。2. 部分经费支出不合规，用于发放职工福利等。审计对相关问题作出经济责任界定，并提出处理意见和建议。

省红十字会的主要问题：1. 救灾款兴办企业及投资造成损失，个人侵占利息 4.58 万元。2. 救灾物资分配管理存在造假情况，发放严重不实。3. 不明收入未入账，私设“小金库”，收受回扣。4. 固定资产账实不符，救灾物资仓库保管账账实不符。5. 捐助款未按规定单独设账核算，资金收入无原始凭证，资金使用以拨作支。6. 救灾中心对外投资造成损失。审计对相关问题作出经济责任界定，并提出加强救灾款物管理、清理“小金库”和“回扣”问题等处理意见和建议。相关涉案人员移送有关部门进一步处理。

2001 年，省审计厅对省科协副主席经济责任进行审计。省科协的主要问题：1. 内设科普部创收 16.16 万元未入单位法定账，形成“小金库”，用于劳务费、招待费等开支合计 14.02 万元。2. 未经财政同意，将科学会堂扩建专项资金 197.40 万元用于其他项目。3. 套取现金 17.28 万元用于发放职工福利。4. 省国际民间科技交流中心虚列支出，套取资金 8.10 万元设立“小金库”。审计对相关问题作出经济责任界定，并提出要求清理“小金库”，将移用的专项资金退回原渠道，调整账目、冲减虚列费用等处理意见和建议。

2003 年，省审计厅对贸促会浙江省分会会长、省妇联主席、省红十字会专职副会长、省总工会原主席等 4 名领导干部经济责任进行审计。

贸促会浙江省分会的主要问题：1. 贸促会在下属省经贸国际展览中心抽逃出资 200 万元。2. 下属企业上缴的展览分成款未入单位预算外收入，分成款 60 万元挂账至浙江商会。3. 大额定期存款 290 万元未在银行存款科目反映，而在“其他应收款”科目核算。审计对相关问题作出经济责任界定，并提出处理意见和建议。

省妇联的主要问题：1.《家庭教育》杂志社虚列名目超额发放工资、奖金、福利等 248.94 万元；偷漏税金 66.28 万元；违规拆借资金 200 万元。2. 省妇女儿童活动中心违规拆借资金 621.15 万元。3. 浙江丰乐大厦财务管理混乱。审计对相关问题作出经济责任界定，并提出加强财务管理，强化下属单位监管，清理违规拆借资金，补缴税费等处理意见和建议。

省总工会的主要问题：1. 总工会机关收取下属单位 153.61 万元，用于发放福利和有关活动费用。2. 下属省职工房地产公司设立“小金库”100.86 万元，少缴各项税金 267.05 万元；以非正常价格出售房产 9 套，损失 249.91 万元。3. 省建设建材工会因涉及法律诉讼，连带清偿 118.90 万元。审计对相关问题作出经济责任界定，并提出清理“小金库”、补缴税金等处理意见和建议。

2004年，省审计厅对省侨联主席、省残联原理事长、省文联主席、团省委书记等4名领导干部经济责任进行审计。省文联的主要问题：1. 以“展览场租费”的名义虚列支出，将文艺创作扶持经费、协会活动经费等财政专项资金转移至浙江展览馆、省艺术发展研究会等单位使用，尚余977.35万元。2. 下属单位上缴的经营收益转入机关工会、食堂，用于发放福利170.66万元，尚余572.91万元。3. 拨给下属10家协会资金289.80万元，作为支出核算，构成“以拨代支”。4. 投资损失72万元。5. 下属长城影视公司财务管理混乱。审计对相关问题作出经济责任界定，并提出处理意见和建议。省长吕祖善等省领导作出批示，要求彻底查清问题。根据批示要求，省审计厅还就上述问题向省政府作了专题报告。

2005年，省审计厅对省社科联原主席、省工商联党组书记等2名领导干部经济责任进行审计。省工商联的主要问题：1. 会长工作经费费用清单无原始发票。2. 会长资金核算不规范，与其他出国组团往来款及其他暂存款合并核算，无法确定会长资金的整体使用情况。审计对相关问题作出经济责任界定，并提出处理意见和建议。

2006年，省审计厅对团省委书记、省科协副主席等2名领导干部经济责任进行审计。

团省委的主要问题：1. 基本建设财务核算与管理薄弱。团省委机关办公大楼已完工并投入使用，但未办理竣工决算手续。2. 省青年联合会股权转让未经资产评估。3. 青年时报社的“长期股权投资”586.40万元账实不符。4. 购置固定资产计31.35万元未入固定资产账。审计对相关问题作出经济责任界定，并提出及时办理竣工结算和结转固定资产手续，对不符合相关规定的会计处理进行调整，对青年时报社的“长期股权投资”作账务处理，以确保国有资产的完整性等处理意见和建议。

省科协的主要问题：1. 非独立核算单位农函大违规自设账户核算，收入48.63万元未纳入省科协法定账核算。2. 未经批准收取优秀论文评审费、职称证书费合计25.86万元，挂往来科目核算。3. 下属外语专修学校利用非合规票据收取学费64.60万元，转移至私人账户，用于支付教师工资和房租等费用24.90万元。4. 下属省国际民间科技交流中心私自买卖外汇，用以支付出国团队个人开支和团费。5. 浦发银行上缴的房租507.71万元挂往来科目，违规列支业务费60万元。6. 管理费和房租等收入挂往来科目，余额903.98万元。7. 下属省科技咨询中心利息收入1355.09万元，未作收入反映，且“四技”项目管理内控不健全，违纪情况时有发生。审计对相关问题作出经济责任界定，并提出清理账目、加强“四技”管理、停止违规收费、缴纳罚款等处理意见和建议。

2007年，省审计厅对省作协主席、省残联原理事长等2名领导干部经济责任进行审计。

省作协的主要问题：1. 会计账表不能全面真实反映本单位财务收支情况：将应属本单位收入310.52万元转入下属单位浙江文学交流辅导中心核算。2. 以车辆使用费、临时工工资的名义从基建账套取现金，用于发放本单位混岗人员月度奖金等19.96万元。3. 报废固定资产57.60万元，未及时核销。4. 文学院取得培训中心出租收入41万元，少缴税费。审计对相关问题作出经济责任界定，并提出调整相关会计账目、补缴税费等处理意见和建议。

省残联的主要问题：1. 未经物价批准收取手语培训及资料费。2. 省级残疾人就业保障金未全额上缴省财政专户。3. 机关办公楼及残疾人康复中心综合楼未办理竣工决算。4. 中国残联专项经费大部分未及时转拨。5. 省残疾人艺术团和省残疾人福利基金会财务管理薄弱。审计对相关问题作出经济责任界定，并提出处理意见和建议。省领导对审计报告作出批示，要求切实抓好整改。

2008 年，省审计厅对省妇联主席、省红十字会常务副会长等 2 名领导干部经济责任进行审计。省妇联的主要问题：1. 省妇联部分固定资产未按规定核算。账面少计固定资产 6.34 万元。2. 下属单位未按规定进行资产处置：省妇女儿童活动中心未经审批擅自将固定资产、低值易耗品和其他应收款共 76.63 万元作资产损失核销；《家庭教育》杂志社未经审批，将长期挂账的应收借款 30.28 万元擅自核销。3.《家庭教育》杂志社支付各地妇联等杂志发行奖励费合计 9199 万元列入成本，未取得正式发票。审计对相关问题作出经济责任界定，并提出规范杂志发行奖励费发放等处理意见和建议。

2009 年，省审计厅对省社科联原副主席经济责任进行审计。发现的主要问题：1. 预算编制不够科学合理。2. 以各种名义将财政性资金和其他收入转入下属单位共计 164.33 万元。违规发放福利 98.22 万元，划入省社科联工会 65.20 万元。3. 浙江社会科学进修学院高教自学考试教学班管理不规范，白条支出 154.91 万元。审计对相关问题作出经济责任界定，并提出规范发放职工福利、严格控制暂付款等处理意见和建议。

2010 年，省审计厅对省侨联原主席、省文联书记处常务书记等 2 名领导干部经济责任进行审计。省文联的主要问题：1. 浙江画院未建立收藏作品管理制度，实物与登记不符。2. 本级房产 1.89 万平方米，在下属浙江文艺大厦、浙江展览馆入账。3. 浙江文艺大厦应收浙江长城影视公司款项 112.85 万元未及时清算收回。审计对相关问题作出经济责任界定，并提出健全相关制度、调整账目、收回款项等处理意见和建议。

五、省政府驻外办事处领导干部经济责任审计

1999 年起，省审计厅对省政府驻外办事处领导干部经济责任进行审计。1999—2007 年，共审计省政府驻外办事处领导干部 12 人。

表 38-15-2-5　1999—2007 年浙江省审计厅对省政府驻外办事处领导干部经济责任审计一览表

年度	审　计　对　象
1999	省政府驻海南办事处主任、省政府驻福建办事处主任
2000	省政府驻沪办事处原主任、省政府驻广州办事处主任
2001	省政府驻川办事处原主任
2003	省政府驻京办事处主任、省政府驻沪办事处主任
2006	省政府驻广州办事处主任
2007	省政府驻沪办事处原主任、省政府驻川办事处主任、省政府驻深圳办事处主任、省政府驻京办事处主任

资料来源：浙江省审计厅档案室。

1999年，省审计厅对省政府驻海南办事处主任、省政府驻福建办事处主任等2名领导干部经济责任进行审计。省政府驻海南办事处的主要问题：1. 未制止下属公司违规期货交易，造成亏损89.07万元。2. 下属两家公司经营不善，资不抵债。3. 下属公司违规拆借资金300万元，引发借贷诉讼。4. 办事处在下属公司列支奖金36.73万元。审计对相关问题作出经济责任界定，并提出清理下属公司资产，追回出借资金，停止在下属单位列支奖金等处理意见和建议。

2000年，省审计厅对省政府驻沪办事处原主任、省政府驻广州办事处主任等2名领导干部经济责任进行审计。省政府驻沪办事处的主要问题：1. 违规无偿调拨给招待所6辆汽车，价值162.70万元。2. 虚列机关职工养老保险金等支出68.17万元。3. 所属代办服务部发生经济案件，债权债务一直未进行彻底清理。4. 财务暂存款账户所挂钩的沪办大厦二期工程资金2061.31万元和暂付款账户所挂的二期工程投资款1738万元，未及时作财务处理。审计对相关问题作出经济责任界定，并提出规范固定资产管理、冲回虚列支出等处理意见和建议。

2001年，省审计厅对省政府驻川办事处原主任经济责任进行审计。发现的主要问题：1. 下属代办服务部出借款损失10万元。2. 代办服务部收到浙江省国际信托投资公司汇入利息10万元，一直挂账，未作为收入。3. 汽车出租无法收回，造成固定资产流失。4. 下属灯具经营部经营不善造成严重亏损，财务管理混乱；大量使用白条，总额为46.02万元；销售收入不入账，直接坐支。审计对相关问题作出经济责任界定，并提出全面清理下属单位财务等处理意见和建议。

2003年，省审计厅对省政府驻京办事处主任、省政府驻沪办事处主任等2名领导干部经济责任进行审计。

省政府驻京办事处的主要问题：1. 房租和服务费收入余款73.69万元挂在工会账。2. 驻京办事处所属原浙京咨询服务中心资产余款，驻山西办事处、驻天津办事处并账收入以及代收省劳动厅办证费返回等收入512.66万元挂账。3. 固定资产管理不规范，购入汽车及电脑等资产54.18万元未作固定资产入账。审计对相关问题作出经济责任界定，并提出完善内控制度、统一票据管理、清理长期挂账的应收款项等处理意见和建议。

省政府驻沪办事处的主要问题：1. 房租收入111.55万元入机关工会，用于发放职工奖金。2. 下属建管处设置“小金库”，用于发放职工福利等。审计对相关问题作出经济责任界定，并提出清理“小金库”等处理意见和建议。

2006年，省审计厅对省政府驻广州办事处主任经济责任进行审计。发现的主要问题：1. 部分固定资产未入资产账反映。2. 部分收入未入账，作为劳务费直接发放给职工和用于零星支出。3. 房租收入等42万元入工会账户。4. 往来科目金额316.53万元长期挂账。5. 浙江大厦装修工程超预算42万元。审计对相关问题作出经济责任界定，并提出清理固定资产和往来款等处理意见和建议。

2007年，省审计厅对省政府驻沪办事处原主任、省政府驻川办事处主任、省政府驻深圳办事处主任、省政府驻京办事处主任等4名领导干部经济责任进行审计。

省政府驻沪办事处的主要问题：1. 抵债股票133.78万元未在账上反映。2. 固定资产623.54万元未入大账统一核算。3. 建管处部分收支未纳入账户统一核算。4. 建管处无依据预提表彰会资金180万元、预提房屋装修费190万元。审计对相关问题作出经济责任界定，并提出尽快办理抵债股票过户手续、规范预算制度等处理意见和建议。

省政府驻深圳办事处的主要问题：1. 所属公司对外投资未及时清理。2. 违规出借资金300万元。3. 虚列支出10万元。4. 转移房屋租赁收入56.37万元。审计对相关问题作出经济责任界定，并提出尽快办理股权变更手续，如实反映投资款；尽快收回违规出借资金，确保国有资产安全；调整相关账务处理等处理意见和建议。

第三节　市县乡镇党政领导干部经济责任审计

全省各市、县、乡镇(街道)领导干部经济责任审计工作起始于20世纪90年代中期，审计对象由乡镇长(街道主任)开始，逐步拓展到市县长和市县党委书记。按领导干部管辖范围和审计机关组织实施方式，共分3个层次：第一，市级领导干部审计。除杭州、宁波两个副省级城市主要领导系中央管理干部外，其他9个地级市主要领导干部经济责任审计均由省审计厅根据审计任务建议书名单直接组织实施，每年基本安排1名。第二，县(市、区)领导干部审计。由省审计厅根据审计任务建议书，统一组织各市审计局，以异地交叉方式实施审计，每年安排10名左右。第三，乡镇(街道)领导干部审计。由各县(市、区)审计局根据当地安排，组织实施，每年安排任务各地不尽一致。审计结束后，由审计机关向政府和组织部门报送审计结果报告，各级领导对审计结果和审计专报作出批示。2006年2月，省委书记习近平所作“探索科学的市县长绩效评价体系，形成正确导向，对存在的突出问题认真加以解决”的批示，为浙江经济责任审计指明了努力方向。

一、市级党政领导干部经济责任审计

2002年起，省审计厅对市级政府主要领导干部经济责任进行审计。2002—2010年，共审计市级党政主要领导干部9人。

表38-15-3-1 2002—2010年浙江省审计厅对市级党政领导干部经济责任审计一览表

年度	审计对象	年度	审计对象	年度	审计对象
2002	绍兴市原市长	2005	台州市原市长	2008	衢州市市长
2003	丽水市市长	2006	舟山市市长	2009	绍兴市原市长
2004	嘉兴市市长	2007	湖州市原市长	2010	湖州市市长

资料来源：浙江省审计厅档案室。

2002年，省审计厅对绍兴市原市长经济责任进行审计。发现的主要问题：1. 违规退库1.16亿元：违规退库资金用于建立专项基金9871万元；安排单位经费597.80万元；补贴市财

政局国有企业计划亏损1173.06万元等。2. 行政性收费未纳入预算5837.21万元。3. 国有资产收益5407.20万元未按规定缴入国库。4. 设置罚没款过渡户。5. 土地出让金核算体系不合规。6. 经济开发区部分土地出让、定价情况不规范。审计对相关问题作出经济责任界定,并提出处理意见和建议。

2003年,省审计厅对丽水市市长经济责任进行审计。发现的主要问题:1. 财政地税方面:部分行政事业性收费未纳入预算管理;国有资产收益未按规定缴入国库纳入预算;部分基金未纳入基金预算管理;部分应缴收费未及时上缴;企业挖潜改造资金支出不合规。2. 固定资产投资方面,6个项目存在建设规模超标现象。审计对相关问题作出经济责任界定,并提出处理意见和建议。

2004年,省审计厅对嘉兴市市长经济责任进行审计。发现的主要问题:1. 财政地税方面:向人大报告的预算编制范围与《预算法》规定不符;市本级财政以国有企业计划亏损补贴名义违规退库1.80亿元;市本级财政国有资产收益3240.88万元未作一般预算收入,罚没收入未及时解缴入库,公安等4部门行政事业性收费有6371.40万元未作一般预算收入;专项资金等节余4436.59万元、土地出让金净收益15.25亿元,未按规定纳入基金预算管理。2. 土地出让方面:嘉兴市经济技术开发区征用集体土地836.74公顷未及时报批;未公开招标,协议出让商业用地,且出让年限不符合国家规定;应收未收土地出让金10.52亿元。审计对相关问题作出经济责任界定,并提出处理意见和建议。

2005年,省审计厅对台州市原市长任期经济责任进行审计。发现的主要问题:1. 市政府制定的部分财税、土地政策不符合国家规定。2. 引进民间资金投资建设项目操作中存在诸多违规问题。3. 开发区政府投资项目管理不够规范。4. 向人大报告的预算编制范围不符合《预算法》规定。5. 土地管理法规执行中存在的问题:未公开招标,协议出让11宗商业用地涉及土地面积25.60公顷;市区应收未收土地出让金14.57亿元;经济开发区工业用地协议出让合同价格高于市政府规定的部分,同意企业缓缴不当。审计对相关问题作出经济责任界定,并提出处理意见和建议。

2006年,省审计厅对舟山市市长经济责任进行审计。发现的主要问题:1. 预算管理欠规范:市本级在预算收入中以"国有企业计划亏损补贴"退库到"市财政局粮食风险基金专户"600万元,未直接退给申请单位;市财政局未将部分专项资金等余额60.17万元和新增建设用地土地有偿使用费1021.61万元缴入国库作基金预算收入。2. 应缴未缴职工基本养老保险省级统筹119.24万元。3. 土地出让及出让金征管不规范:以土地开发费核减土地出让金2.03亿元;部分土地出让金净收益5643.82万元未纳入基金预算;市国土局的土地出让合同规定土地出让金分3年收取,不符合有关规定;市本级未批先征土地52.02公顷;市城市建设综合开发公司、金湖置业公司的商品住宅、商品用房招标出让成交价违规减免1522.10万元;部分项目用地拆分出让。4. 自收自支及企业化管理的事业单位养老金个人缴费比例不符合规定。审计对相关问题作出经济责任界定,并提出处理意见和建议。

2007年,省审计厅对湖州市原市长经济责任进行审计。发现的主要问题:1. 预算管理欠规范:市财政局将国库存款出借给市规划与建设局4000万元、市中级人民法院1000万元;市本级在预算收入中以“国有企业计划亏损补贴”名义退库合计1.24亿元。2. 被征地农民社会保障资金政府应出资部分未足额到位。3. 土地出让不规范：出让项目有16宗欠缴土地出让金8.62亿元；部分项目存在分拆供地审批问题。4. 大剧院建设项目超概算。由于原概算漏项等原因，市政府一次性追加投资6700万元，追加投资为批准概算的44%。审计对相关问题作出经济责任界定，并提出处理意见和建议。

2008年，省审计厅对衢州市市长经济责任进行审计。发现的主要问题：1. 社会保障资金筹集不足，支付能力较低：土地出让金收入，少计提社保基金3736万元；政府调剂收入，少计提社保基金621.50万元；市经济开发区、西区管委会、高新园区欠缴失地农民生活保障金和风险准备金合计1.73亿元。2. 部分政府建设项目审批监管不严，造成停工损失和借用其他专项资金：市发计委自行批准建造5个党政机关办公楼项目，合计总概算2.70亿元；借用物业维修专项资金1850万元建造“人才公寓”。3. 大型商厦用地低价出让，少收土地出让金389.06万元。4. 部分罚没款、行政事业性收费、专项资金等未及时纳入预算管理，影响当年省级收入2946.34万元；衢州饭店清算结余款1300万元、衢州烟草公司已划转给衢州市政府的资产7778.62万元等合计9078.62万元国资收益，未纳入财政预算专户管理；农业土地开发资金等5项资金未及时纳入基金预算收入152.82万元。审计对相关问题作出经济责任界定，并提出处理意见和建议。

2009年，省审计厅对绍兴市原市长经济责任进行审计。发现的主要问题：1. 社会保障资金未足额筹集，影响支付能力。土地出让金收入少计提补充社会保障资金3.06亿元。2. 个别政府投资项目审批不符合有关规定，个别建设项目无法按期实施。3. 土地管理基础工作和出让金管理不够规范，存在安全风险。市财政局土地出让金专户出借款余额11.07亿元；市财政局核算的镜湖新区、经济开发区、袍江开发区土地出让金专户出借款合计10.40亿元。4. 公安等部门行政事业性收费、水资源费、公路运输管理费、出租汽车经营权出让收入合计4685万元未及时缴入国库作一般预算收入，影响省级收入252.80万元；土地出让相关税费合计3449万元未及时缴入国库和财政专户。5.投融资机构偿债压力较大，部分贷款沉淀较多。审计对相关问题作出经济责任界定，并提出处理意见和建议。

2010年，省审计厅对湖州市市长经济责任进行审计。发现的主要问题：1. 对部分企业实行与税收挂钩的奖励政策不符合规定。2. 未严格执行相关规定，少缴省级财政收入：市本级未按照规定将应缴入省级收入的农业土地开发资金597.90万元上缴省财政；将应属于省级收入的11家金融营业税88.14万元入市地方金库，影响省级收入。3.政府负债增长较快，部分指标超过省政府规定：市本级偿债率均超出省政府规定的安全线，偿债准备金不足省定的标准。4. 土地集约利用和管理水平有待提高：市政府存量土地共446宗1740公顷，供地率与省政府要求尚有差距；复核验收率及合格率较低，超面积用地多且处罚不够到位；因拆迁等原因造成的闲置土地多，共计93宗242.29公顷。5. 用储备土地为国有单位贷款担保抵押或用于投融资机构扩充资产。市土地储备中心将部分划拨土地和工业用地改变为经营性用地后划转给国有投融资机构用于扩充资产不当。6. 部分历史遗留问题处置不规范。审计对相关问题作出经济责任界定，并提出处理意见和建议。

二、县级党政领导干部经济责任审计

2001年起，省审计厅开始对县级党政主要领导干部经济责任进行审计，其对象包括县（市、区）党委书记和县（市、区）长。2001—2010年，共审计103人，其中县（市、区）党委书记6人，县（市、区）长97人。

表38-15-3-2　2001—2010年浙江省审计厅对县级党政领导干部经济责任一览表

年度	审　计　对　象
2001	临海市市长
2002	杭州市拱墅区区长、宁波市江东区区长、永嘉县县长、海盐县县长、德清县县长、上虞市市长、兰溪市市长、常山县县长、舟山市普陀区区长、三门县县长、缙云县县长
2003	建德市市长、余姚市市长、温州市鹿城区区长、浦江县县长、江山市市长、舟山市定海区区长
2004	桐庐县县长、慈溪市市长、乐清市市长、桐乡市市长、嵊州市市长、东阳市市长、开化县县长、岱山县县长、温岭市市长、松阳县县长、台州市黄岩区区长
2005	临安市市长、宁波市镇海区区长、洞头县县长、嘉善县县长、安吉县原县长、绍兴市越城区区长、武义县县长、衢州市柯城区区长、天台县原县长、嵊泗县县长、遂昌县原县长
2006	杭州市余杭区区长、宁波市江北区区长、奉化市市长、瑞安市市长、永嘉县县长、平湖市市长、湖州市吴兴区区长、绍兴县县长、永康市市长、龙游县原县长、仙居县原县长、景宁畲族自治县县长
2007	杭州市滨江区区长、宁波市北仑区区长、苍南县原县长、海宁市原市长、长兴县原县长、诸暨市原市长、金华市金东区区长、常山县县长、舟山市普陀区原区长、台州市黄岩区区长、青田县县长
2008	杭州市江干区区长、象山县县长、温州市瓯海区区长、乐清市市长、浦江县县长、武义县县长、江山市原市长、舟山市定海区原区长、岱山县县长、玉环县县长、云和县县长、龙泉市市长
2009	淳安县县长、宁波市镇海区原区长、洞头县县长、桐乡市市长、湖州市南浔区区长、上虞市原市长、金华市婺城区原区长、龙游县原县长、嵊泗县县长、天台县县长、缙云县原县委书记、缙云县县长、新昌县县委书记、新昌县县长
2010	建德市委书记、建德市市长、文成县委书记、文成县原县长、安吉县委书记、安吉县县长、永康市委书记、永康市市长、宁波市江东区区长、嘉善县原县长、诸暨市原市长、开化县县长、临海市市长、温岭市市长、松阳县县长

资料来源：浙江省审计厅档案室。

浙江县级党政领导组织责任审计主要经历两个阶段：2001—2005年，以财政决算审计为主线，以财政资金为监督重点阶段；2006—2010年，以全部政府性资金审计为主线，以政府资产管理为监督重点阶段。先后采取5种审计模式。

2001—2003年为财政决算审计模式。

2001年，省审计厅对临海市进行县(市)长经济责任审计试点，实现了县(市、区)长经济责任审计工作的突破。发现的主要问题：1. 罚没收入应作未作财政预算收入1.26亿元。2. 违规退库4132.57万元。3. 财政周转金违规发放新贷款。4. 土地出让违规，突出表现在应公开招标的采取协议出让，协议出让的出让金收取标准不合规；土地出让金收支管理不合规，1861.88万元净收益未按规定缴入金库作财政预算收入；违规批准减免土地出让金819.48万元。5. 社会保障基金累计欠缴1786.47万元，且违规出借专项资金。审计对相关问题作出经济责任界定，并提出处理意见和建议。

2002年，省审计厅对杭州市拱墅区、宁波市江东区、舟山市普陀区、永嘉县、海盐县、德清县、上虞市、兰溪市、常山县、三门县、缙云县等11个县(市、区)长进行经济责任审计扩大试点工作。德清县的主要问题：1. 违规退库1.24亿元。2. 行政性收费未纳入预算收入722万元。3. 国有资产收益581万元、土地出让金净收益897万元未纳入预算管理。4. 税收返还、补助1.09亿元，不符合有关规定。5. 违规向房地产开发企业协议出让土地。2002年11个县(市、区)扩大试点审计，共查出违规金额50.9亿元。审计均对相关问题作出经济责任界定，并提出处理意见和建议。2002年扩大县长经济责任审计试点工作基本达到摸清财政家底、揭露存在问题、规范财政行为的预期目标。2003年2月，《中国审计报》以《让市长的决策管理合法高效》为题，专题报道浙江省市县长经济责任审计扩大试点工作。

2003年3月，新华通讯社刊发《浙江推行对市县长的经济责任审计》的文章。指出“浙江省市县长经济责任审计目标定位有特色，工作模式有创新，组织方式有特点，业绩评价指标体系有新意，审计质量控制有探索”。

2003年，省审计厅对建德市、余姚市、江山市、浦江县、温州市鹿城区、舟山市定海区等6个县(市、区)继续进行县长经济责任审计试点。浦江县的主要问题：1. 土地出让金征管制度需进一步完善。2. 县出台的有关工业园区土地价格优惠政策与上级文件不符。3. 县财政局在国有企业计划亏损补贴中退库粮食风险基金专户660万元；退库给“技改统筹资金”专户3202.70万元补贴给企业，不符合规定。4. 部分罚没收入未按规定纳入预算，计4434.12万元。5. 矿产资源补偿费未缴国库计150.94万元。6. 土地出让金直接列支各项费用计640.85万元，不符合相关规定。审计对相关问题作出经济责任界定，并提出处理意见和建议。

2003年8月，全国市县长经济责任审计现场会在浙江召开，总结推广浙江的做法和经验。浙江省审计厅被中央五部委经济责任审计联席会议评为全国经济责任先进单位，浙江省被评为全国经济责任审计先进地区。在3年审计基础上，浙江省创造性地提出了市县长经济责任审计框架，形成以财政决算审计为主线、以财政资金为监督重点的市县长经济责任审计模式。

2004—2005年为财政决算审计加专项审计调查模式。

2004年，省审计厅对桐庐县、慈溪市、乐清市、桐乡市、嵊州市、东阳市、开化县、岱山县、温岭市、松阳县、台州市黄岩区等11个县(市、区)长进行经济责任审计，开始加大专项审计调查力度，包括政府负债、土地出让金、社保基金、重大投资项目等。慈溪市的主要问题：1. 财政预算执行和管理方面的问题:预算执行情况报告有待规范;部分预算资金未纳入预算管理;部分政府性基金未纳入基金预算;违规退库;部分预算资金未及时足额入库;城市维护建设费、企业挖潜改造资金和排污费使用不符合规定。2.部分土地出让金应收未收;土地出让收入设过渡户,未直接缴财政专户。3. 未按规定权限审批建设项目;工程监理、工程施工均未进行公开招标。4. 部分行政事业性收费未按规定征收政府基金。审计对相关问题作出经济责任界定,并提出处理意见和建议。对2004年关于市县政府负债的审计调查报告,省长吕祖善多次作重要批示。省政府根据审计反映情况,在全国率先出台《浙江省人民政府关于政府性债务管理的规定》,规范全省各级政府的负债管理。

2005年,浙江省审计厅对临安市、宁波市镇海区、洞头县、嘉善县、安吉县、绍兴市越城区、衢州市柯城区、武义县、天台县、嵊泗县、遂昌县等12个县(市、区)长进行经济责任审计,同时开展政府可支配资金收入和支出结构、政府性投资项目决策和绩效两个专项审计调查。临安市的主要问题:1. 政府投资项目决策程序履行不到位,决策欠科学。2. 重大建设项目管理协调不够,建设资金未发挥应有效益。3. 部分政府项目未严格执行招投标制度。4. 国土管理存在问题。建设用地突破城市总体规划和土地利用总体规划,用地安排欠合理。土地优惠措施不符合规定。5. 部分专项资金支出不合规,罚没款与执罚单位的收支挂钩,土地出让金违规使用,企业改制中国有资产管理不规范。审计对相关问题作出经济责任界定,并提出处理意见和建议。对12个县(市、区)的审计共查出违规行为金额92.8亿元,地方政府自定的各类违规优惠政策28条,编报审计专报信息26篇,被省委、省政府采用10篇,引起了省领导的高度关注。省委书记习近平作出批示,要求进一步完善市县长绩效考核办法,形成正确导向,针对当前存在的突出问题,认真加以研究解决。省长吕祖善等领导也多次批示。

2006—2007年为全部政府性资金审计模式。

2006年,省审计厅选择平湖市开展以全部政府性资金审计为主线的县(市、区)长经济责任审计新模式试点,审计视野从财政预算资金扩大到全部政府性资金(包括土地出让金、政府负债、部门管理的资金、减免资金、其他资金等)。发现的主要问题:1. 土地出让金净收益3.98亿元未纳入基金预算管理。2. 社会保障专项资金委贷给经济开发区。3. 政府投资项目建设程序控制不严,近半数项目拖延工期。4. 应收未收土地出让金1.42亿元。审计对相关问题作出经济责任界定,并提出处理意见和建议。平湖试点项目被评为审计署表彰项目。《中国审计报》头版报道:以科学发展观为统领,以全部政府性资金为主线,浙江构建经济责任审计新框架。是年10月,中央五部委经济责任审计工作联席会议办公室在杭州召开全国经济责任审计工作座谈会,推广浙江的新模式。审计署领导将浙江全部政府性资金审计模式称为"先进地区的先进做法和先进经验"。

是年,省审计厅还对杭州市余杭区、宁波市江北区、奉化市、瑞安市、永嘉县、湖州市吴兴区、绍兴县、永康市、龙游县、仙居县、景宁畲族自治县等11个县(市、区)长继续进行经济责任审计试点。奉化市的主要问题:1. 政府性资金分配不合理,支出结构有待优化:3年内安排用于自定企业优惠政策兑现的政府性资金共计5.19亿元,占全部政府性资金支出的6.17%;

政府性资金1.91亿元用于回购外资、民营资本原投入的交通城建旅游等项目，4.17亿元用于尚未办理征地报批手续的土地预征，占全部支出的6.57%；另有2346万元国有资产收益未上缴。2.部分经济管理行为不规范。包括违规减免税费和基金；违反程序制定收费标准等。3.政府投资项目建设程序控制不够严格，部分项目执行效果欠佳。部分政府性资金未建立预算管理制度，部分收支未纳入预算管理。审计对相关问题作出经济责任界定，并提出处理意见和建议。2006年12个县(市、区)长经济责任审计共编报审计信息32篇、审计专报6篇，被上级部门采用有22篇，被省委、省政府领导批示17篇，4篇审计结果报告得到省领导直接批示。

2007年，省审计厅对杭州市滨江区、宁波市北仑区、苍南县、海宁市、长兴县、诸暨市、金华市金东区、常山县、舟山市普陀区、台州市黄岩区、青田县等11个县(市、区)长进行经济责任审计。常山县的主要问题：1.违规制定企业奖励扶持政策。2.违规减免土地出让金2256.73万元。3.土地出让金等合计1.87亿元未纳入基金预算管理；省专项补助资金7516.81万元未及时拨付。4.社保资金管理需进一步完善。被征地农民基本生活保障资金政府应出资4662.61万元未及时到位。审计对相关问题作出经济责任界定，并提出处理意见和建议。2007年11个县(市、区)长审计项目共上报专报和信息17篇，被审计署办公厅采用3篇，省政府办公厅采用2篇，得到批示的有10篇。国务院总理温家宝和审计署领导作出批示。《宁波市北仑区创建商业保险引入农村合作医疗领域的新模式》被国务院办公厅采用。省长吕祖善等领导对8篇信息专报作出批示。

2008年为全部政府性资产审计为主线的县(市、区)长经济责任审计模式。

2008年，省审计厅选择江山市开展以全部政府性资产为主线的县(市、区)长经济责任审计新模式试点。发现的主要问题：1.推动区域经济结构优化的重点不够明确，经济持续发展压力较大。2.管理经济社会发展方式精细化程度不高，依法行政存在薄弱环节。3.财力集中统筹使用程度较低，公共经济管理水平有待提高。4.土地、资金等资源要素配置不尽合理，制约当地经济发展。审计对相关问题作出经济责任界定，并提出处理意见和建议。

是年，省审计厅还对杭州市江干区、象山县、温州市瓯海区、乐清市、浦江县、武义县、舟山市定海区、岱山县、玉环县、云和县、龙泉市等11个县(市、区)长进行经济责任审计。10篇专报得到省领导批示。省长吕祖善对市县长经济责任审计综合报告作出批示。

2009—2010年为以全部政府性资产审计为主线的书记、县长同步审计模式。

2009年，省审计厅选择新昌县和缙云县分别开展以全部政府性资产审计为主线的书记县长经济责任同步审计试点。缙云县的主要问题：1.“一厂一策”决策，后续监督不到位。2.被征地农民基本生活保障未实现即保，3年应保未保达7335人。3.政府性资金年度财政预算草案编制不完整；资金管理制度出台迟缓；政府对投融资机构资金运行管理不到位。4.政府性投资项目建设程序欠规范，完成率不高。5.违规低价出让土地；土地出让金支出不合规；土地指标调剂款收支不合规。6.事业单位养老保险存在支付风险；未建立社会保障风险准备金制度；被征地农民未能即征即保，政府承担的保障资金未能及时足额到位。审计对相关问题作出经济责任界定，并提出处理意见和建议。

是年，省审计厅还对淳安县、宁波市镇海区、洞头县、桐乡市、湖州市南浔区、上虞市、金华市婺城区、龙游县、嵊泗县、天台县等10个县(市、区)长进行经济责任审计。审计长刘家义对浙江经济责任同步审计作出批示，给予充分肯定。

2010年，省审计厅进一步加大对县(市、区)书记县长同步审计力度，共安排对建德市、文成县、安吉县、永康市、宁波市江东区、嘉善县、诸暨市、开化县、临海市、温岭市、松阳县等11个县(市、区)的15名党政领导干部进行经济责任审计，其中对4个县(市、区)的8名党政领导干部进行同步审计。永康市的主要问题：1. 指定总部经济中心土地出让价格行为不合规。2. 扶持骨干企业铁牛集团的部分措施不合规。3. 大量征地返还土地长期闲置。4. 部分重点项目的资金、土地落实不到位，项目前景堪忧。部分“811”水流域污染治理项目不理想。5. 土地出让金和社会保障资金相关制度执行不够到位。6. 部分政府性资产管理和政府投资项目管理不够严格。审计对相关问题作出经济责任界定，并提出处理意见和建议。

三、乡镇党政领导干部经济责任审计

浙江省自20世纪90年代中期开始对乡镇(街道)党政主要领导干部进行经济责任审计，主要由县(市、区)审计机关实施。2003年起，全省开展乡镇党政主要领导干部经济责任同步审计和规范化试点。主要经历两个阶段。

2003—2005年，是以财政财务收支审计结果作为经济责任评价基础的阶段。2003年，为规范全省乡镇党政领导干部经济责任审计，省审计厅制定《浙江省乡镇领导干部经济责任审计试行办法》，对审计目的、对象、范围，审计重点内容、评价原则、评价指标，审计结果报告体例要求，审计公告等都作了相应规定。同时，印发《浙江省乡镇党政领导干部经济责任审计规范化试点方案》，在全省80个乡镇(街道)，对101名乡镇领导干部进行了经济责任审计规范化试点，共查出各类违纪金额2.25亿元，3人被移送司法机关。通过试点，初步确定乡镇领导干部经济责任审计的框架。2004年，全省审计机关共对79个乡镇、105名乡镇领导干部(其中书记31名、乡镇长74名)开展经济责任审计，查出各类违纪金额9476万元，管理不规范金额4.87亿元，损失浪费金额508万元。2005年，同步审计的面逐步扩大。这一阶段，在审计内容和重点上，坚持以乡镇财政收支为基础，围绕乡镇领导干部的职责，对财政财务收支的真实性、合法性、效益性及内部控制制度以及乡镇领导干部的廉洁自律情况进行审计，同时进行财政决算审计和开展乡镇政府负债等专项审计调查。

2006—2010年，是以全部政府性资金绩效审计结果作为经济责任评价基础的阶段。2006年，省经济责任审计工作联席会议办公室制定《浙江省乡镇党政领导干部经济责任审计工作的指导意见》，提出“1+N”的组织方式，即经济责任审计与预算执行审计、各类专项审计和审计调查等紧密结合，实现一次审计满足多种需求；提出全部政府性资金绩效审计要求，突出收支管理和有关制度建立执行情况。还对经济责任评价体系、计算机审计、落实离任交接制度和分类管理等作了规定。同年重新制定《浙江省乡镇党政领导干部经济责任审计试点工作方案》，并直接指导和参与4个乡镇的试点。

2007年，为进一步落实全部政府性资金审计要求，浙江继续探索乡镇领导干部经济责任

审计的有效方法，全省30个审计项目参加扩大试点。通过审计，初步形成了以三类责任、四项评价为重点的评价体系。按照发展经济和统筹社会事业、依法行政、科学管理这三类责任，重视对以和谐发展为核心的乡镇经济社会事业发展评价、以公共财政方向为核心的全部政府性资金管理评价、以经济管理为核心的经济决策评价和以财经法纪观念为核心的政策和内控制度评价。2009年制定《浙江省乡镇党政领导经济责任审计操作指南》，构建审计评价体系框架。2010年，省审计厅组织全省29个县(市、区)进行以全部政府性资产审计为主线的乡镇党政领导干部经济责任同步审计试点，拓展了审计的广度和深度，揭示了乡镇资产管理混乱等普遍性问题，规范乡镇资产管理。

浙江省乡镇领导干部经济责任审计的工作思路和做法得到中央经济责任审计工作联席会议办公室的肯定，在全国会议上作了经验介绍并向全国推广。

第四节　高校党政领导干部经济责任审计

1999年起，省审计厅开始对省内高校的省管领导干部经济责任进行审计，被审计的领导干部以校(院)长为主。1999—2010年，共审计高校领导干部50名。2006年起，每年向省政府报告高校经济责任审计综合情况。

表38-15-4-1　1999—2010年浙江省审计厅对高校领导干部经济责任审计一览表

年度	审　计　对　象
1999	浙江广播电视大学校长、浙江师范大学校长
2000	浙江工业大学校长
2001	中国计量学院院长
2002	中国美术学院院长、浙江海洋学院院长、浙江科技学院院长
2003	浙江广播电视大学校长、浙江财经学院院长、杭州电子工业学院院长
2004	宁波大学校长
2005	浙江水利水电高等专科学校校长、浙江传媒学院院长、浙江理工大学校长、浙江工业大学常务副校长(主持工作)、湖州师范学院原院长、浙江科技学院院长
2006	浙江广播电视大学校长、浙江教育学院院长、浙江商业职业技术学院院长、浙江经济职业技术学院院长、绍兴文理学院院长
2007	浙江工业职业技术学院院长、浙江交通职业技术学院院长、台州学院院长、嘉兴学院院长、温州师范学院院长、浙江师范大学校长、浙江中医药大学校长、温州医学院院长、浙江工商大学校长
2008	杭州电子科技大学校长、杭州师范大学校长、湖州师范学院院长

续表

年度	审计对象
2009	浙江工贸职业技术学院院长、温州大学校长、浙江林学院副院长(主持工作)、丽水学院院长、浙江建设职业技术学院院长、浙江师范大学校长、宁波大学校长、中国美术学院院长、绍兴文理学院院长
2010	浙江工业大学校长、宁波工程学院院长、浙江传媒学院院长、浙江工商大学校长、浙江海洋学院院长、浙江科技学院院长、浙江教育学院院长

资料来源:浙江省审计厅档案室。

1999年,省审计厅对浙江师范大学和浙江广播电视大学等2所高校领导干部经济责任进行审计。浙江师范大学的主要问题:1. 违规向学校职工集资125.40万元用于学校基建工程,按年利15%的标准已付利息18.81万元。2. 向学校有关部门返还创收518万元,使该部分资金在学校法定账外运行。3. 无依据收费65.20万元。审计对相关问题作出经济责任界定,并提出停止违规收费、清退集资款等处理意见和建议。

2001年,省审计厅对中国计量学院院长经济责任进行审计。发现的主要问题:1. 未经批准收取补考费。2. 独立学院育英学院未按规定单独建账核算。3. 后勤公司多次向职工集资合计424.20万元,支付利息28.67万元。4. 对各成教函授站上缴的学费收入分成缺乏管理,未掌握应缴数、未缴数等信息。审计对相关问题作出经济责任界定,并提出停止违规收费、清退集资款、完善内部控制制度等处理意见和建议。

2002年,省审计厅对中国美术学院、浙江海洋学院、浙江科技学院等3所高校领导干部经济责任进行审计。中国美术学院的主要问题:1. 学费收入1196.01万元未上缴财政专户。2. 培训收入140.89万元、下属单位上缴款163万元在往来科目核算。3. 基建账列支教职工交通费用94.34万元,重复列支已在法定账反映的设备款等费用260万元。浙江海洋学院的主要问题:1. 学院王成海奖励基金未纳入学院账面管理。2. 后勤服务公司在法定账外核算房屋出租、文印等业务收支,结余58.06万元。3. 独立学院东海科技学院财务核算尚未独立,与学院的产权关系未分清。审计对相关问题作出经济责任界定,并提出处理意见和建议。

2003年,省审计厅对浙江广播电视大学、浙江财经学院、杭州电子工业学院等3所高校领导干部经济责任进行审计。发现的主要问题:1. 违规收费271.30万元。2. 资产处置不当:杭州电子工业学院未经批准擅自核销对企业的投资60.06万元、委托贷款45万元,未经资产评估和主管部门批准对印刷厂等4家校办企业进行改制。3. 设立"小金库":浙江广播电视大学总务处截留学校房屋出租、服务费收入设立"小金库",用于发放奖金、劳务费等合计7.96万元。4. 违规集资:浙江财经学院1996—2000年向教职工集资年均377.05万元,其中大部分借给校办企业用于经营,因校办企业倒闭,集资损失224.70万元由学院偿还。5. 对校办企业监管不力:杭州电子工业学院校办企业机电总厂对外投资不当,造成损失821.79万元;部分校办企业无完整会计资料,经营成果失真。审计对相关问题作出经济责任界定,并提出清理违规收费、违规集资,清理"小金库",加强资产管理等处理意见和建议。

2004 年,省审计厅对宁波大学校长经济责任进行审计。发现的主要问题:1. 学校后勤产业处等 3 个非法人单位净资产 2501.13 万元未纳入学校法定账管理。2. 学校 8 个二级学院取得培训班、下属单位上缴款等收入 1259.46 万元在账外核算,用于教学设备采购、教职工福利等支出。3. 未经批准收费 486.56 万元。4. 学费、培训费 344.28 万元未按规定上缴财政专户。5. 未按规定对民办独立学院宁波大学科技学院进行资产转换。6. 未经财政同意,以学校资金弥补教职工集资损失。审计对相关问题作出经济责任界定,并提出资产负债并表、收回账外资金、收费上缴财政专户等处理意见和建议。

2005 年,省审计厅对浙江理工大学、浙江工业大学、浙江传媒学院、湖州师范学院、浙江水利水电高等专科学校、浙江科技学院等 6 所高校领导干部经济责任进行审计。发现的主要问题:1. 违规收费:4 所高校未经批准收取费用合计 1315.87 万元。2. 财务核算不规范:浙江理工大学、浙江传媒学院开立临时账户用于收缴学生学费、住宿费,未在单位账面反映;浙江水利水电高等专科学校财政专项资金 1201.24 万元以结余的形式被转入事业基金,178.76 万元被挪作正常经费支出。3. 资产管理不到位:浙江理工大学学生食堂和公寓 1.76 亿元未作固定资产反映,未及时清理对已停业校办企业的贷款 587 万元、投资 2428 万元。4. 会计信息不完整:3 所高校未将有关下属单位的资产负债和所有者权益纳入学校财务报表反映。5. 其他问题:浙江传媒学院学费、住宿费收入 3468.40 万元未上缴财政专户;浙江水利水电高等专科学校下沙新校区建筑面积超概算 14.87%、提高建设标准 252 万元未报有关部门审批;浙江工业大学对经济困难学生资助力度不足,助学基金历年结余达 2239.06 万元。6. 浙江科技学院国有资产严重损失、涉案人员经审计移送被追究刑事责任。审计对相关问题作出经济责任界定,并提出处理意见和建议。

2006 年,省审计厅对浙江广播电视大学、绍兴文理学院、浙江教育学院、浙江经济职业技术学院和浙江商业职业技术学院等 5 所高校的领导干部经济责任进行审计。发现的主要问题:1. 绍兴文理学院、浙江教育学院取得教材折扣收入 325.11 万元未按规定处理。浙江商业职业技术学院超范围超标准收取各种费用合计 150.20 万元;绍兴文理学院违规代办保险等项目 233.25 万元,未经批准收费 101.94 万元。2. 违规向教职工集资:浙江经济职业技术学院 2001 年起以筹集建设资金的名义向教职工集资 511.07 万元,按年利 10%累计支付利息 375.90 万元;绍兴文理学院下属集团公司以年息 4.8%向内部职工集资,至审计时,本金余额 358.45 万元。3. 财务核算不规范:浙江商业职业技术学院将财政安排的基建资金 800 万元作为结余转入“事业基金”;绍兴文理学院为调节事业结余,以计提“讲课金”的名义虚列支出 1156.96 万元。4. 公款私存:绍兴文理学院将其他单位捐赠的“离退休基金”100 万元对外出借,取得利息收入 30 万元以个人名义私存;浙江商业职业技术学院周转金 45.76 万元存放个人存折。5. 其他问题:绍兴文理学院基建项目额外增加工程内容 2396.60 万元未实行招投标;浙江教育学院未经财政部门批准擅自报废仪器设备 449.23 万元;浙江商业职业技术学院学费、住宿费合计 1863.19 万元未上缴财政专户。审计对相关问题作出经济责任界定,并提出纠正违规收费和集资、加强财务管理等处理意见和建议。

2007 年,省审计厅对台州学院、温州师范学院、浙江师范大学、浙江工商大学、浙江工业职业技术学院、浙江交通职业技术学院、嘉兴学院、浙江中医药大学、温州医学院等9所高校的校(院)长经济责任进行审计。发现的主要问题:1. 代办收费结余未按规定办理,合计1298.74万元。2. 科研经费管理使用不规范:温州医学院从科研项目经费中提取167.51万元,由项目负责人支配;浙江交通职业技术学院教师用虚假发票套取横向课题经费24.09万元;浙江中医药大学结题不结账科研项目267个,结余经费613.71万元。3. 基本建设程序履行不到位:浙江师范大学行政中心大楼等4个基建项目合计超概算2380.44万元,校园景观绿化工程造价1578.12万元未经有关部门批准立项,人文教学楼等装修工程造价368.75万元未经招投标;嘉兴学院6个工程项目合计投资561.46万元未实行公开招投标,9个工程项目合计投资840.20万元直接委托有关单位承建;温州师范大学新校区建设工程超概算1.32亿元,超建筑面积1.14万平方米;温州师范学院未按要求执行基建立项程序、编制工程概算和建立基建会计核算体系。4. 超额发放教职工津补贴:台州学院和浙江师范大学分别超标准发放教职工津补贴201.70万元和3295.81万元。5. 执行政府采购制度不严:浙江中医药大学图书设备采购249.47万元、浙江师范大学物资采购1.13亿元未执行政府采购程序。6. 固定资产账实不符:台州学院新校区附属工程3748.70万元未入账反映,学生公寓3737.93万元重复入账;嘉兴学院房产3913.25万元未作固定资产反映;浙江师范大学固定资产账实不符4637.07万元,报废固定资产2755.68万元未及时核销。审计对相关问题作出经济责任界定,并提出完善基本建设和资产管理内控制度,加强经费管理,纠正涉及学生利益的行为等处理意见和建议。

2008年,省审计厅对杭州电子科技大学、杭州师范大学、湖州师范学院等3所高校的领导干部经济责任进行审计。发现的主要问题:1. 代办收费结余未按规定办理计277.22万元。2. 科研项目弄虚作假:杭州师范大学部分教师为完成科研考核指标,签订虚假科研项目合同套取资金。3. 经济困难学生资助力度不足:湖州师范学院资助支出不到学费收入的10%,杭州电子科技大学学生助学基金历年结余达996.26万元。4. 其他问题:杭州师范大学物资采购1416.31万元未执行政府采购程序,校办企业改制未报经主管部门批准;杭州电子科技大学48个基建项目、总造价5316.53万元未实行公开招投标;湖州师范学院固定资产账实不符596.80万元,未经批准擅自清理坏账915.39万元。审计对相关问题作出经济责任界定,并提出切实维护学生利益,纠正科研项目弄虚作假行为等处理意见和建议。

2009年,省审计厅对宁波大学、中国美术学院、浙江林学院、绍兴文理学院、浙江建设职业技术学院等9所高校的领导干部经济责任进行审计。发现的主要问题:1. 基本建设管理不规范:温州大学和浙江林学院已竣工并投入使用的新校区基建工程未进行竣工财务决算并结转固定资产;宁波大学基建项目总造价512万元未实行公开招投标;浙江建设职业技术学院未经批准,擅自增加图书馆、教学楼工程,建筑面积3.80万平方米;丽水学院体育运动设施工程未办理建设用地批准书、规划许可证,项目初步设计未经批复。2. 以虚列支出等方式调节年度收支结余:丽水学院以预提费用的名义虚列绩效工资支出783.53万元;绍兴文理学院以计提课时酬金等名义虚列支出485.87万元,将经费结余334.76万元转为“其他应付款”。3. 科研经费管理使用不规范:浙江林学院结题未结账的科研项目163个,结余经费违规发放科研项目提成 318.98 万元。4. 行政事业性收费未上缴财政专户:丽水学院住宿费 3413 万元由后勤公司收取和支配,中国美术学院所属上海设计学院学费 4527.30 万元未纳入收支两条线管理。5. 对下属企业的监管不到位:温州大学下属装潢公司以 60 万元假发票冲抵预付账款、85 万元假发票冲抵工程成本;中国美术学院所属风景建筑设计研究院以虚假发票套现 93.56 万元。6. 其他问题:丽水学院以支付"服务费"的名义转款给后勤公司,由其为教职工发放过节费 174.80 万元;与企业合作建设"房改遗留问题专用房",操作方式不够规范,6000 万元款项未能及时收回。审计对相关问题作出经济责任界定,并提出规范基建项目,加强科技经费和行政事业性收费管理,纠正违纪行为,发挥内审作用等处理意见和建议。

2010 年,省审计厅对浙江工业大学、宁波工程学院、浙江传媒学院、浙江工商大学、浙江海洋学院等 7 所高校的校(院)长经济责任进行审计。发现的主要问题:1. 会计信息不完整:宁波工程学院账面少计对外投资 1684.58 万元;浙江工业大学账面少计对外投资 1795.77 万元,部分校办企业资产 1 亿元、负债 5709.25 万元、所有者权益 4290.91 万元未纳入校办企业汇总报表反映。2. 下属单位经营管理不规范:浙江科技学院部分企业资产负债和财务核算不实;浙江传媒学院下属浙广传媒公司虚构业务,替相关业务单位收取新大楼落成礼金 132.40 万元,后又按其要求,通过购买艺术品的方式归还资金 114 万元;浙江工业大学下属建筑设计研究院部分人员以虚假发票报销费用 43.59 万元。3. 科研经费管理使用不规范:浙江工业大学套取科研劳务费 244.06 万元;浙江教育学院结题未结账科研项目 55 个,经费结余 211.50 万元,列支无关费用 23.30 万元;浙江海洋学院在科研项目列支无关费用 61.50 万元,违反规定用途,在财政专项经费中列支招待费、出国费等 67.65 万元。4. 政府采购制度执行不严:浙江海洋学院未执行政府采购的项目 117 个,金额合计 4351.84 万元;浙江传媒学院未经批准,自行采购物资和服务计人民币 2304.82 万元、美元 74.79 万元。5. 个别高校新校区建设债务风险较大。审计对相关问题作出经济责任界定,并提出加强会计核算基础工作,加强对下属单位管理,加大对发票和劳务费清单的真实性审查力度等处理意见和建议。

第十六章　内部审计

内部审计是指组织内部的一种独立客观的监督和评价活动，它通过审查和评价经营活动及内部控制的适当性、合法性和有效性来促进组织目标的实现。内部审计机构和内部审计人员根据本单位主要负责人或者权力机构的授权，审查和评价下列事项：本单位及所属单位的财政、财务收支或者相关经济活动；本单位内设机构及所属单位负责人的任期经济责任；本单位及所属单位的经济管理和效益情况；本单位及所属单位的内部控制和风险管理；本单位主要负责人或者权力机构交办的其他审计事项。

内部审计是审计体系的重要组成部分，是国家审计的延伸和补充，接受审计机关的业务指导和监督。浙江省内部审计发展经历3个阶段：1984—1995年，起步成长阶段。1983年，全省恢复国家审计监督制度，内部审计应运而生。1984年，全省仅少数省属部门率先引入内部审计制度，揭开了浙江省内部审计工作的序幕。1985年，全省审计机关结合当地实际，采取以规章制度促组建、以审计业务促组建等措施，抓重点、带一片，加快内部审计机构组建步伐。1986—1995年，金融保险机构、大型国有企业以及政府部门逐步设立内部审计机构。内部审计从国有企事业领域逐步向集体、私营领域扩展，民营企业内部审计得到发展。许多大中型企业、企业集团、股份制企业抓住转换经营机制这一契机，纷纷组建内部审计机构，建立内部审计制度，逐步具备了现代意义上的内部审计特征。这一时期，全省内部审计机构的组建有了质的提高，业务领域不断拓展，效益审计引起广泛重视，乡镇内部审计呈迅猛发展之势，内部审计职能和作用得到进一步的发挥，内部审计工作有了新的跨越。1996—2000年，自律发展阶段。1996年，浙江省内部审计协会（简称“省内审协会”）成立，标志着内部审计管理指导由纯政府行为向行业自律管理转变，在发展思路、业务拓展、法制建设、人员素质等方面都有新的提高。审计体制和专业化队伍基本建立，“人、法、技”建设和基础工作不断强化，内部审计成为浙江审计体系的重要组成部分。2001—2010年，转型创新阶段。省内审协会认真履行“服务、管理、宣传、交流”职能，吸纳先进的国际内部审计理论和技术方法，引领内部审计职业化发展，转型创新，提升价值，有效发挥其在经济社会发展中的服务与保障作用。

至2010年，全省内部审计协会团体会员单位共2709个，涵盖全省大中型国有企业、企业集团、股份制企业、国有上市公司、中外合资合作企业、民营企业、行政事业单位、金融机构、社会团体、乡镇（街道）等组织；个人会员4208人。

1984—2010年，全省内部审计机构共完成审计项目607964个，采纳审计建议384987条，查出损失浪费金额57.40亿元，促进增加效益171.88亿元；财务决算审签单位25145个，发现大案要案线索868件，向司法机关移送案件930件，建议给予行政处分9557人，移送司法机关处理785人。为浙江经济的健康发展，发挥了重要作用。

第一节　内部审计机构

1984年，全省在审计机关的指导与监督下，开始组建内部审计机构。省邮电局、省地质局、省商业厅等省直部门率先开展内部审计工作。是年8月，省政府批转《全省第一次审计局长会议纪要》，提出省级有关经济主管部门和市、地有关经济主管部门开展内部审计工作的要求。1985年，内部审计在部分系统和局部地区得到发展。至是年12月，全省仅建立内部审计机构105个，配备内部审计人员200名。

1986年，浙江省工交、金融、保险、邮政、电力、铁路等系统相继开展了内部审计工作，并与已经建立的其他内部审计机构共同构筑了浙江内部审计的最初框架。1986—1988年，全省内部审计机构以每年增长56%的速度递增。

1987年2月，省审计局与省计划经济委员会、省委组织部联合发文，规定审计机关可根据实际情况委托企业主管部门的内部审计机构办理厂长(经理)离任经济责任审计，有力促进内部审计机构的组建。

1988年，浙江省部分较发达的乡镇企业开始建立乡镇审计组织，开展内部审计工作。

1989年，省审计局在总结前5年内部审计工作基础上，提出今后3年内部审计机构建设的主要任务。11月，省政府印发《浙江省内部审计工作暂行规定》，对内部审计机构、任务职权以及工作程序等进行规定，加快推动内部审计机构组建工作，并有效实施，全省内部审计框架初步形成。1989年全省内部审计机构数比上年增长67.16%。

1990—1991年，省编委先后批复省计经委、省机关事务管理局、省文化厅、省乡镇企业局、浙江日报社、省民政厅、省二轻工业总公司、省石化厅、省劳改局9个单位建立内部审计机构。

1992年，省审计局提出“继续抓紧抓好内部审计机构建设、队伍建设，重点和目标要转向国有大中型企业”的工作任务，促使大批国有大中型企业、股份制企业、企业化集团建立内部审计机构。

1993年，全省国有大中型企业已普遍建立内部审计机构，开展内部审计工作；股份制企业也加快推进内部审计制度。从行业看，银行、保险、工业、交通、邮电、电力、机械、烟草等系统内部审计机构已形成比较完整的网络；商业、供销、粮食、农业、教育、卫生、地矿、司法、铁路、煤炭、冶金、石化等系统内部审计机构发展较快。从地区看，杭州、宁波、绍兴、嘉兴、金华等市内部审计机构和队伍粗具规模。同时，由于浙江农村合作经济快速发展，在各乡镇和大型乡镇企业陆续建立农村经济审计站(组)等内部审计机构，实行乡镇政府和农村经济组织内部审计制度。至1993年12月，全省已建立内部审计机构2367个，其中专职机构888个；配备内部审计人员9275人，其中专职人员2106人。

1996年，省内审协会成立后，加大工作力度，推广典型经验，推动全省内部审计建设。2001年起，加快组建各市内部审计协会。至2003年，杭州、绍兴、湖州、嘉兴、衢州、台州、温州、金华等8市相继成立内部审计协会，其他各市抓紧筹备组建工作。至2005年，全省共成立19个内部审计协会、55个内部审计分会或指导站，发展团体会员单位1291个。

2006年，省、市内部审计协会大力发展团体会员，壮大会员队伍，帮助有关单位设立内部审计机构，健全内部审计制度。全省内部审计协会会员单位增至1830个，会员队伍较上年增长41.75%。

2007年，省内审协会积极与省国资委、省工商局、省教育厅联系，筹备省直国有企业、民营企业和高校等行业分会；同时，指导县级协会和市级行业分会建设。

2009年，省政府令颁布《浙江省内部审计工作规定》，从制度层面对内部审计建设提出要求，使全省建立内部审计机构的单位由最初的行政事业单位和社会团体、国有企业及金融机构等，发展为股份制企业、企业集团、民营企业、国有上市公司、中外合资合作企业、乡镇（街道）等组织。

至2010年，全省共建内部审计机构3369个，其中专职机构1401个；配备内部审计人员14029人，其中专职人员4641人。

表38-16-1-1　　1984—2010年浙江省内部审计机构及人员一览表

年份	内部审计机构（个）		内部审计人员（人）		年份	内部审计机构（个）		内部审计人员（人）	
	合计	其中：专职机构	合计	其中：专职人员		合计	其中：专职机构	合计	其中：专职人员
1984					1998	2447	864	8284	1973
1985	105		200		1999	2284	827	8284	1922
1986	444		852		2000	2272	810	7637	1916
1987	648		1378		2001	1809	728	6302	1864
1988	1017		1934		2002	1703	634	6178	1759
1989	1700	569	4936	976	2003	3052	1997	10333	6078
1990	2290	879	7424	1400	2004	3312	1988	11340	7938
1991	2730	930	9591	1715	2005	2458	1180	10452	4605
1992	2574	879	9630	1766	2006	3190	1354	11947	5044
1993	2367	888	9257	2106	2007	3130	1412	12134	4719
1994	2493	900	9907	2251	2008	3156	1135	13476	4134
1995	2198	806	7661	1670	2009	3221	1260	14311	4655
1996	2201	835	7739	1729	2010	3369	1401	14029	4641
1997	2460	874	8541	2038					

资料来源：1984—2002年，录自《浙江审计回顾与展望》（中国时代经济出版社2004年版）第821页，其中1985年来源浙江省审计局统计底稿；2003—2010年，根据审计署《内部审计情况报表（年报）》资料整理。

第二节　内部审计业务

1984年起，全省内部审计机构根据各级审计机关及当地政府的要求，结合部门和单位实际，发挥内部审计优势，履行监督、评价职能，开展内部审计实务，基本形成了“以财务收支审计、内控制度评审为基础，以效益审计为重点”的初期业务格局。内部审计从真实性、合规性的财务审计向内部控制及风险管理工作转型与发展，由事后审计改为事前、事中审计，审计关口前移，逐步吸纳先进的审计理念和技术方法，实现内部审计工作向现代审计转型。全省开展的内部审计业务主要有8类：

财务收支审计。起始于1984年，是各级内部审计机构开展内部审计业务中最基本的审计类型。早期主要是查错防弊、维护财经纪律。20世纪90年代起，向财政财务收支和资产负债损益审计发展，向经济效益审计延伸。部分主管部门内部审计机构还对系统内二级、三级预算单位实行财务收支定期审计制度。各级内部审计机构在开展财务收支审计时，查处和纠正违纪违规问题，健全内部管理制度，增强自我约束机制，促进企业健康发展。2000年起，各部门、单位内部审计机构坚持“全面审计、突出重点”，狠抓重点单位、重点资金的财务收支审计。在保证会计信息真实性、完善内部控制制度、促进财务核算和管理的合法、合规等方面发挥重要作用，并开始由财务收支审计为主逐渐转向风险控制、经营管理审计，通过事前、事中、事后的全方位审计监督，提高内部审计工作绩效。1984—2010年，全省内部审计机构完成财务收支审计项目80826个。

承包经营审计。起始于1987年，主要是配合企业承包经营目标的考核和兑现，以完善企业承包经营责任制。全省内部审计机构贯彻执行审计署、省政府关于承包经营审计的规定，按照“抓重点、分级分层次、分工审计”和“先审计，后兑现”的要求，促进承包经营责任制顺利实施，促进国有大中型企业完善管理，提高经济效益。1987—1992年，全省内部审计机构完成承包经营审计项目8236个。1992年后，此类审计不再进行。

经济责任审计。起始于1987年，早期主要是以下属单位厂长经理或下属分支机构负责人离任审计为主，20世纪90年代后期向任期经济责任审计方向发展，成为管理监督企业领导人员和行政事业单位领导干部的一项重要制度，逐步成为内部审计的重要职能。2000年以后，各内部审计机构在本单位决策管理层支持下，与单位组织人事部门合作开展经济责任审计，并从原先的“先审后离”逐步向“任中审计”和“任前审计”推进，加强领导干部的日常监督管理，促进廉政建设。至2010年，全省内部审计机构完成经济责任审计项目58462个。

经济效益审计。起始于1984年，一些大中型企业内部审计机构把效益审计作为工作重点，并拓展到生产经营和技术开发领域，使内部审计逐步由单项、浅层次向综合、高层次发展，促使企业堵塞漏洞，挖掘潜力，增收节支，提高经济效益。1984—2010年，全省内部审计机构完成经济效益审计项目16176个。

基本建设项目审计。起始于1988年，主要是单位的自筹基建技改项目的工程预决算审计，实行先审计后结算，节约工程成本。内部审计机构在开展基建工程预决算审计中，核减率大多在10%以上。基建工程预决算审计的成果效益，得到单位负责人的重视，成为内部审计的主要任务之一。许多企业规定：基建工程必须先审计、后结算。1988—2010年，全省内部审计机构完成基本建设审计项目219269个。

内部控制制度评审。起始于1994年，主要为企业深化改革、转换机制、走向市场服务，帮助了解单位内部控制的基本状况及薄弱环节，及时纠正发现的问题，完善健全内部控制制度，防范经营风险。1994—2010年，全省内部审计机构完成内部控制制度评审项目31604个。

乡镇内部审计。起始于1988年，在全国属于起步较早的省份。1995年起，乡镇内部审计工作的内容和重点从“建章建制、差错防弊”阶段转向“资产负债审计和效益审计”的新阶段。乡镇内部审计领域拓展到财务收支、经济责任、资产增值保值、投资专项基金、损益分配和经济效益审计等10个方面。

专项审计及审计调查。起始于1984年，主要是涉及经济活动中的企业改制、联营、租赁、外协、投资、采购、往来款、资产界定、经济合同和预算内外专项资金及经济案件等进行的专项审计和审计调查。2001年起，全省部分内部审计机构根据不同时期的工作重点和热点，开展各类专项审计。1984—2010年，全省内部审计机构完成专项审计及审计调查项目29964个。

表38-16-2-1　　1984—2010年浙江省内部审计成果一览表

年份	完成审计项目（个）	查出损失浪费（万元）	发现大案要案线索（条）	促进增收节支（万元）	提出建议意见被采纳（条）	已纠正违规金额（万元）	向司法机关移送案件（件）	建议给予行政处分（人）	移送司法机关处理（人）	财务决算审签（个）
1984										
1985										
1986	736					301	9	50	10	
1987	1520	796		1231		1077	4	56	14	
1988	1345	731		1043		2812	15	30	20	
1989	4186	1717		2767		9103	30	110	53	
1990	4884	1953		1747		7052	33	68	50	
1991	6943	3521		2233		17650	61	34	57	367
1992	6370	8368		3701		9899	30	7	28	268
1993	9936	11291		24909		33468	12	14	15	1752
1994	11551	12781		10759		145288	91	50	21	3405

续表

年份	完成审计项目(个)	查出损失浪费(万元)	发现大案要案线索(条)	促进增收节支(万元)	提出建议意见被采纳(条)	已纠正违规金额(万元)	向司法机关移送案件(件)	建议给予行政处分(人)	移送司法机关处理(人)	财务决算审签(个)
1995	8871	6872		4155		35582	29	28	20	639
1996	7458	9440		7793		497170	14	41	6	700
1997	13052	42410		18411		29025	31	70	31	442
1998	12366	19293		19321		109794	20	56	17	461
1999	10230	17167		20585		27854	30	49	27	224
2000	8536	13440		20902		17327	21	57	9	392
2001	16504	22976		42977		69473	23	100	34	417
2002	16661	27544	24	39389	10000	110520	19	51	15	569
2003	48042	63542	126	73203	30901	573933	76	264	95	649
2004	48200	38658	60	192393	30881	470841	43	112	24	799
2005	36570	23006	34	114774	54631		36	308	41	1113
2006	69504	36885	263	172221	55117		154	137	61	2143
2007	44091	41549	68	204646	36384		43	589	24	2027
2008	67582	61242	93	182037	55913		59	695	53	3120
2009	71815	53517	54	349561	52625		18	6180	28	3076
2010	81011	55305	146	208088	58535		29	401	32	2582
合计	607964	574004	868	1718846	384987	2168169	930	9557	785	25145

资料来源：1984—2002年，录自《浙江审计回顾与展望》（中国时代经济出版社2004年版）第821页；2003—2010年，根据审计署《内部审计情况报表（年报）》资料整理。

第三节　内部审计指导与监督

1984年全省内部审计制度建立以来，审计机关根据有关规定，通过对内部审计机构工作部署、制定规章制度、培训人员、组织工作交流、指导业务等，开展内部审计指导和监督工作。

一、指导与监督机构

1984—1988年，先后由省审计局办公室、综合处负责全省内部审计工作的指导管理。省级各部门、单位内部审计机构的业务指导工作，均由省审计局各业务处按业务管辖范围分别负责。1988 年 9 月，省审计局增设审计事务管理处；1995 年 12 月，设立审计管理处，指导管理全省内部审计工作。2000 年 8 月，省审计厅机构改革，撤销审计管理处，对全省内部审计工作的业务指导和监督职能转至省内审协会。省内审协会通过制定制度、开展调查研究，帮助解决工作中遇到的困难和问题，指导内部审计业务和人员培训等工作，促进内部审计工作的制度化和规范化建设。

二、指导与监督工作

（一）内部审计相关规定

1984 年 5 月，根据国务院批转审计署《关于开展审计工作几个问题的请示的通知》，省审计局为尽快建立内部审计机构，首次向省政府上报《关于建立部门、单位内部审计机构问题的请示报告》。

1985 年 8 月，省政府发出《关于加强审计工作的决定》，为尽快建立和健全审计机构体系，提出“省级各部门和大中型企事业单位，要积极创造条件，逐步把内部审计机构组建起来。电力、交通、物资、铁路等单位和省属大型企业的内部审计机构，省人民银行、各专业银行的稽核机构，要力争在年内基本组建完毕。内部审计机构要在主要负责人的直接领导下，边组建，边工作，审计财务收支活动及其经济效益，为部门和单位的领导决策服务。各级审计机关要加强对内部审计工作的指导”的要求。

1985 年 12 月，省审计局制定《关于浙江省部门、单位内部审计试行办法》。1987 年 12 月，省审计局印发《关于内部审计工作若干问题的实施办法》。

1989 年 11 月，省政府印发《浙江省内部审计工作暂行规定》，1991 年 4 月发文对其中部分内容进行了修订。这是全省内部审计工作第一个政府规章，标志着内部审计工作在法制化建设方面迈出重要一步。

1991 年 11 月，省审计局制定《浙江省内部审计证管理办法》。这是全国第一个对内部审计人员实施审计证管理的制度。截至 1992 年底，全省发放内部审计证 2700 余本，并建立内部审计人员管理档案。1997 年 4 月，省审计厅印发《关于建立内部审计联系单位的通知》，在全省范围建立省电力公司等 14 个内部审计联系单位，加强对全省内部审计业务的指导和监督。2002 年 6 月，省审计厅印发《浙江省单位内部领导干部经济责任审计操作办法》，对机关、事业单位内部经济责任审计工作进行统一规范，并提供工作依据。2006 年 4 月，省审计厅印发《对市级审计机关内部审计业务指导和监督工作考核办法》；2009 年 5 月，省审计厅对该考核办法进行完善。

2009 年 4 月，省政府颁布第 258 号令《浙江省内部审计工作规定》。该《规定》为解决全省内部审计工作中存在的实际问题，从制度层面对内部审计提出要求。全省 11 个市均出台符合各地实际的内部审计工作意见或办法。

（二）内部审计指导与监督工作考核

全省审计机关和部门审计机构把内部审计指导工作纳入审计工作“一盘棋”，形成“同抓共促，双管齐下”的格局。

2003 年 5 月，省内审协会制定《浙江省内部审计指导工作考核办法（试行）》，开始对各市内部审计指导工作实行年度考核。2006 年 4 月，省审计厅印发《对市级审计机关内部审计业务指导和监督工作考核办法》，推动市级审计机关对内部审计工作加强业务指导和监督。2009 年 5 月，对考核办法进行修订完善，印发《对市级审计机关内部审计工作考核办法》，强化量化考核，并将内部审计业务指导与监督工作考核结果，纳入各市审计局的年度工作考核，推进各地内部审计业务的指导工作。

2007 年起，全省审计机关将“注重内部审计，着力加强自我监督规范”作为工作重点，加大监督和指导力度。一是分类指导，促进有序发展。针对全省行政事业单位、企业和乡镇内部审计，分别明确指导和发展重点。二是分会建设，促进行业服务。至 2010 年，省内审协会已先后成立了政法军警分会、省属企业分会、教育分会，定期开展理论研讨和主题交流，研究解决行业共性问题和焦点问题，规范行业内部审计行为和创新方法。

第四节　内部审计行业管理

内部审计行业管理主要内容：内部审计协会、理论研究、经验交流、制度建设、职业化建设、调研指导、宣传交流、评选表彰。

一、内部审计协会

（一）省内部审计协会

浙江省内部审计协会是由全省内部审计机构和内部审计人员自愿结成的行业自律性社会团体，接受省审计厅和省民政厅的业务指导和监督管理。协会履行服务、管理、宣传、交流的基本职能，提升内部审计的地位和影响，维护内部审计机构的独立性、权威性和内部审计人员的合法权益，提高内部审计队伍素质，促进内部审计工作的发展。

1996 年 4 月，省内审协会成立。浙江内部审计的管理和指导由纯政府行为向行业自律管理转变。浙江省内部审计协会成立暨内部审计工作先进单位表彰大会通过协会章程，选举首届常务理事 23 人、理事 94 人。一届一次理事会选出协会会长、副会长、秘书长、副秘书长等 6 人。

2001 年 4 月，省内审协会召开第二次会员代表大会，选举产生第二届理事、常务理事和协会领导班子，其中常务理事 23 人，理事 98 人。

2006 年 5 月，省内审协会召开第三次会员代表大会暨三届一次理事会，选举产生第三届理事、常务理事和协会负责人，其中常务理事 25 人，理事 140 人。

2007 年 4 月，省内审协会召开第三届二次理事扩大会议，审议通过增补、调整理事和常务理事的议案。8 月，省内审协会召开第三届三次常务理事扩大会议。会议根据省审计厅厅领导人员分工调整情况，依照协会章程规定，选举协会新会长。

2008 年 6 月，省内审协会召开第三届三次理事会暨内部审计先进表彰大会，审议通过调整增补部分理事、常务理事和协会领导的决议，调整协会副会长 2 人、秘书长 1 人。

2009 年 6 月，省内审协会召开第三届四次理事会，调整、增补部分理事和常务理事。

2010 年 5 月，省内审协会召开第三届五次理事会，调整、增补部分理事和常务理事。

表 38-16-4-1　　1996—2006 年浙江省内部审计协会历届领导一览表

年份	届别	协会名誉会长及会长
1996—04	第一届	名誉会长：柴松岳、孔祥有、陈正兴 会　长：盖有杰
2001—04	第二届	名誉会长：陈正兴 会　长：姚世新
2006—05	第三届	名誉会长：谢力群、姚世新 会　长：王广兵(2007 年 8 月后为王小龙)

资料来源：浙江省审计厅档案室。

(二)市、县(市、区)内部审计协会

省内审协会成立后，要求各地成立内审协会，对内部审计实行全省行业自律管理。各地内审协会的成立，标志着内部审计管理开始转向行业自律管理轨道，由此推动各行各业内部审计工作的发展，特别是带动了民营企业内部审计工作的发展。

1996 年 4 月，绍兴市审计局率先成立内部审计师协会，成为全省第一个市级内审协会。同年 10 月，嘉善县成立内审协会，成为全省第一个县级内审协会。2000 年 9 月，杭州市西湖区审计局成立内审协会，成为全省第一个市区内审协会。2006 年 6 月，舟山市内审协会成立。至此，全省 11 个市全部成立内审协会。至 2010 年，全省 11 个市、28 个县(市、区)成立内审协会，在省内审协会的指导下开展工作。

二、理论研究与经验交流

1997 年起，省内审协会组织参与中国内部审计协会的课题研究，并结合浙江实际，每年布置课题计划，确定 1 个～3 个理论课题进行研讨。通过审计理论研究，总结内部审计经验与规律，指导解决内部审计转型与发展中面临的困难与问题，促进内部审计工作转型创新。

表 38-16-4-2　　1997—2010 年浙江省内部审计理论研究课题一览表

年份	研　究　课　题
1997	《关于城乡企业内部审计制度的思考》
1998	《社会主义市场经济体制下内部审计的体制、职能、地位和作用》
1999	《在资产重组、结构调整中如何发挥内部审计监督和服务的作用》
2000	《内部审计风险及其防范》
2001	《乡镇审计研究》《内部经济责任审计》
2002	《管理审计》
2003	编撰《前进中的浙江内部审计》(2004 年 4 月由中国时代经济出版社出版发行)
2004	《内部审计质量控制》《企业改制中内部审计的作用》
2005	《舞弊的防范与检查》《现代企业风险管理》
2006	《公司治理与内部审计》《经济效益审计》
2007	《社会主义新农村建设与乡镇内部审计》《信息化环境下的内部审计》《内部审计在金融机构治理、风险和控制中的作用》
2008	《风险导向审计在风险管理中的应用》《内部审计需求与转型研究》
2009	《内部审计与内部控制体系建设》(自组课题论文)、《内部审计践行“免疫系统”功能研究》(审计署重点课题中标)
2010	《风险导向审计实务探索》《内部审计管理创新研究》《内部审计践行“免疫系统”功能研究》

资料来源:浙江省审计厅档案室。

表 38-16-4-3　　2001—2010 年浙江省内部审计研讨交流一览表

年份	研　讨　交　流
2001	召开浙江省民营企业内部审计、内部经济责任审计研讨会。省内审协会课题组提交的《乡镇审计研究》获全国乡镇审计研讨会优秀论文一等奖,绍兴县审计局和鄞县人民政府、杭州市江干区丁桥镇政府提交的论文分别获二等奖和三等奖
2002	召开浙江省管理审计经验交流暨理论、金融风险审计理论、民营企业内部审计研讨会。省内审协会课题组撰写的《民营企业内部审计研究》在全国研讨会上获得一等奖
2003	召开浙江省二十年内部审计工作座谈会、内部审计工作二十年总结与展望理论研讨会、“前进中的浙江内部审计”理论研讨会
2004	召开浙江省内部审计质量控制、企业改制中内部审计的作用理论研讨暨经验交流会
2005	召开浙江省现代企业风险管理、舞弊的防范与检查理论研讨会

续表

年份	研讨交流
2006	承办全国经济效益审计理论研讨暨经验交流会
2007	召开省直单位内部管理领导干部经济责任审计经验交流会、浙江省社会主义新农村建设与乡镇内部审计理论研讨暨经验交流会
2008	召开浙江省内部审计需求与转型理论研讨暨民营企业内部审计经验、内部审计成果管理与应用经验、内部审计信息化建设现场交流会
2009	召开浙江省内部审计践行“免疫系统”功能的途径与方式主题经验交流会。首次开展全省内部审计转型示范跟踪活动，全面系统总结浙江内部审计工作在组织治理、风险管理、内部控制等领域的审计经验
2010	召开贯彻落实《浙江省内部审计工作规定》座谈会

资料来源：浙江省审计厅档案室。

三、制度建设

省内审协会注重加强内部审计制度建设，强化管理和指导，促进提高内部审计工作的制度化、规范化水平。

（一）内部审计工作规划

2001年4月，制定《浙江省2001—2005年内部审计工作发展规划》，提出五年规划目标：初步建立适应浙江经济发展和建立现代企业制度需要的内部审计制度，在建立健全内部审计组织的管理体系方面；内部审计行为规范方面；内部审计理论体系方面做出努力，实现促进内部审计人员的素质有一个比较明显的提高；促进内部审计工作水平有一个较大的提高；促进省内部审计在全国的地位有新的提高。具体目标为：1. 应该设立内部审计机构的单位，逐步建立独立的内部审计机构，配备合格的内部审计人员。2. 推动和促进市级内审协会组织的建立和健全。3. 推动乡镇及民营企业内部审计组织的发展。4. 争取设立国际注册内部审计师浙江杭州考点，并推行内部审计人员持证上岗制度。5. 强化专业培训和后续教育。6. 办好《浙江内部审计》期刊。7. 建立内部审计信息网站。8. 多渠道组织考察，扩大对外交流。

（二）内部审计规范

2002年4月，省内审协会印发《关于调整内部审计联系单位的通知》，对原建立的15个内部审计联系单位进行调整和扩充，新确定全省25个单位为省内部审计联系单位，并确定有关联系人员。同月，省内审协会正式成立浙江省国际注册内部审计师资格考试委员会。

2003年5月，省内审协会印发《浙江省内部审计指导工作考核办法（试行）》。8月，印发《关于调整内部审计联系点的通知》，对原建立的25个内部审计联系点进行调整，新确定19个单位为省内部审计联系点，并确定有关联系人。同月，转发中国内部审计协会《内部审计人员岗位资格证书实施办法》《内部审计人员后续教育办法》，决定全省于2003年12月起实行内部审计岗位资格证书制度。11月,下发《关于内部审计人员岗位资格证书认证工作有关问题的通知》,并对全省内部审计人员岗位资格证书认证工作的有关具体问题作出规定。

2006年4月,省内审协会印发《浙江省优秀内部审计项目评比办法》,对评比标准做了明确规定。

2007年3月,省内审协会印发《浙江省贯彻执行内部审计准则示范活动实施方案》《内部审计工作联系点制度》,推进内部审计工作的法制化、规范化。

2009年4月,省内审协会制定《浙江省内部审计协会分会管理办法》《浙江省优秀内部审计论文及案例评选管理办法》。12月,印发《浙江省内部审计协会关于确定2009—2010年度省级内部审计转型示范跟踪单位的通知》,决定在全省范围内开展内部审计转型示范跟踪活动。确定省公安厅等19个单位为省级内部审计转型示范跟踪单位及相应跟踪主题。

四、职业化建设

省内审协会组织国际注册内部审计师考试工作,全面推行内部审计岗位资格证书制度。

(一)国际注册内部审计师考试

国际注册内部审计师(英文缩写CIA)是内部审计职业国际范围唯一认证的专业资格。2001年7月,CIA资格考试南京考点在浙江省内审协会秘书处设立报名点。2002年3月,中国内部审计协会批准在杭州市设立CIA考试考点。4月,省内审协会成立浙江省国际注册内部审计师资格考试委员会,并召开考试工作会议暨新闻发布会,全面介绍CIA考试的有关情况。全省共设立12个报名点,1591人报名参考,成为全国省级报名人数最多的考点。2007年,宣传鼓励在校大学生报考CIA,此后每年考生都在1300人以上。省内审协会充分利用报刊、网络等媒体,发布国际注册内部审计师资格考试和培训信息,做好考务工作,获得中国内部审计协会表彰。

2002—2010年,全省共组织9次CIA资格考试,报名参考11506人,经考试合格取得CIA证书的共1284人,位居全国前列,综合参考合格率11.16%。培养了一批熟悉和掌握国际内部审计理论和实务操作技术的内部审计专业人才。

表38-16-4-4　　　2002—2010年浙江省CIA报名人数和通过人数一览表

年份	报名人数(人)	通过人数(人)	合格率(%)	年份	报名人数(人)	通过人数(人)	合格率(%)
2002	1591	75	4.71	2007	1310	162	12.37
2003	856	112	13.08	2008	1504	214	14.23
2004	815	109	13.37	2009	1845	178	9.65
2005	868	107	12.33	2010	1719	197	11.46
2006	998	130	13.03	合计	11506	1284	11.16

资料来源:浙江省审计厅档案室。

(二)岗位资格证书考试

实施上岗证制度是推行内部审计职业化的重要举措。2003年,省内审协会向第一批全省范围内符合要求的7300名内部审计专兼职人员颁发岗位资格证书。对不具备领取上岗证资格条件的人员实行培训,通过考试取得上岗证。2004年起,每年举办1～2期内审人员岗位资格证书培训班,至2010年,全省共有14029人取得内部审计岗位资格证书。

(三)培训及后续教育

内部审计人员业务培训有上岗培训、后续教育培训及各类专项业务培训三大类。分成基础培训、专题审计、拓展培训、提高班以及CIA后续教育班等5种类型。2010年,实行省内审协会和省审计学会联合办班的培训方式,聘请专家学者及优秀审计人员授课,举办基础类、专题类、指导和管理类、CIA和岗位证书类等不同类型的培训班。

1986年10月,省审计局举办全省第一个内部审计培训班,时间1个月,设置审计基础理论、内部审计等11门课程,并组织考试。1994年3月,省审计局组织内部审计专业课岗位培训班,设置审计学原理、审计技术办法、内部审计等8门课程。

2001—2010年,省审计厅、省内审协会举办各类审计业务培训班130期,培训内部审计人员达18957人次,在理论探索、工作转型和经验传授等方面发挥积极作用。

表38-16-4-5　　2001—2010年浙江省内部审计培训一览表

年份	班次(期)	培训天数	人数	年份	班次(期)	培训天数	人数
2001	2	8	320	2007	17	79	2449
2002	4	20	599	2008	19	89	3334
2003	4	23	328	2009	19	89	3391
2004	3	12	205	2010	21	100	3620
2005	20	95	2075	合计	130	607	18957
2006	21	92	2636				

资料来源:浙江省审计厅档案室。

五、调研指导

省内审协会以调研为引导,针对行业中存在的普遍性、倾向性问题,提出改进意见,加强内部审计业务管理和指导。

(一)专题调研

1997年起,省审计厅连续3年开展全省、省级部门和重点乡镇企业内部审计工作调查,基本摸清存在问题，为实施分类指导打下基础，使监督指导工作更有针对性。

1999 年，为摸清全省乡镇企业和民营企业内部审计的基本情况，总结推广先进经验，省审计厅组织对 8 个市（地）、19 家重点乡镇企业和民营企业内部审计工作情况进行调查。调查显示：内部审计已成为乡镇企业实行现代企业制度、强化自我约束机制的重要组成部分；内部审计成为增强企业活力、提高经济效益的重要途径；内部审计从事后审计为主向事前、事中、事后审计并重发展，全方位参与企业经营管理；乡镇企业和民营企业内部审计网络初步形成。

2006 年 3 月，省内审协会在全省范围内开展内部审计调查研究工作，向省级单位发放《内部审计工作调查表》，11 个市内审协会也采用问卷调查、实地走访、座谈会等形式，共调研了 242 个单位。调查发现：内部审计基础建设不断强化，内部审计地位得到提高；内部审计领域不断拓宽，内部审计作用更加突出；内部审计队伍日益壮大，内部审计人员素质稳步提高。面临的主要问题：部分单位未按要求建立内部审计制度；内部审计机构独立性较差，职能无法有效发挥；内部审计发展不平衡；内部审计准则贯彻不力，规范化工作任重道远。对策与建议：加强法规宣传，推进内部审计立法；加强规范化建设，推进内部审计准则的贯彻执行；加强人员专业培训，提高业务水平。

2010 年 12 月，省内审协会对全省内部审计工作情况开展调查。调查范围涉及全省 11 个市，其中 80％为协会会员，包括行政机关、事业单位、国有企业、上市公司、地方金融机构、非公有制企业、农村集体经济组织等。调查发现：绝大多数单位都设立了内部审计机构，建立了内部审计制度。但机构独立性有待加强；高级专业人员所占比例过低，专业素质有待提高；参与企业决策的比重相对较低，职能作用未充分发挥；内部审计环境有待改善。有关建议：加强组织和制度建设，提高人员综合素质；改变内部审计理念，建立评估机制，推进审计转型；完善内部审计模式管理，提升工作质量；加强宣传引导，优化内部审计发展环境。

（二）内部审计案例汇编和操作手册

2007 年 12 月，省内审协会组织撰写《浙江省内部审计案例汇编》。该书收集整理了全省 30 个内部审计案例，分为企业审计、金融审计、行政事业审计、乡镇农村经济审计 4 个部分。审计案例以实施的内部审计项目为基本素材，以各个项目的典型特点为编写要点，突出科学性、技术性和可操作性，成为内部审计人员工作参考手册，对开展内部审计业务有启迪和引领作用。

2010 年 3 月，省内审协会组织编印《内部审计工作规范汇编》，收集各类审计法规和内部审计实务指南等 51 篇，是指导开展内部审计工作的实用操作手册。

六、宣传交流

省内审协会通过内部审计刊物、网站、社会媒体和各种会议等多种形式，宣传交流内部审计工作。

（一）《浙江内部审计》刊物

1996 年 4 月，《浙江内部审计》创刊，为省级内部刊物。2002 年 6 月，取得正式出版刊号，为双月刊，彩色封面。2009 年改版为大 16 开，40 页，设置会议专题、理论探讨、工作研究、企业审计、经责审计、案例分析、国际视野等 16 个栏目，每期印数 3000 余册。至 2010 年，《浙江内部审计》出刊 86 期，向省内外发送和交换 20 余万册。

（二）《浙江内部审计》网站

2008 年，省内审协会联合宁波中经数据科技发展有限公司共同开发省内部审计网站，开设内审动态、协会公告、理论前沿、案例分析、内审之家、培训动态、专题交流、他山之石 8 个栏目，同时有专家咨询、浙江内审杂志、问卷调查、友情链接等。网站围绕全省内部审计工作发展方向，提供服务指导，构建协会与广大内部审计人员良性互动机制，得到各级内部审计机构和广大审计人员的认可。

（三）协会分会交流

2004 年 8 月，全省第一个省内审协会分会——政法军警分会成立大会在杭州召开，省审计厅、省内审协会领导和省公安厅等 9 个会员单位的内部审计人员参加了成立大会。会议通过分会章程，选举产生第一届分会领导人员。成立政法军警分会是省内审协会探索如何更好地开展新时期内部审计工作的一次有益尝试。

2008 年 11 月，省内审协会省属企业分会成立大会在杭州召开。会议审议通过分会章程，选举产生分会第一届理事会。省内审协会副会长作了题为《积极发挥分会职能　努力开创省属企业内部审计工作新局面》的讲话。

2009 年 3 月，省内审协会教育分会成立大会在金华召开，全省各高校、各市教育局审计机构负责人参加会议。省教育厅、省审计厅相关负责人出席会议。会议审议通过分会章程，选举产生了第一届理事会。教育分会会长作了题为《加强教育审计研究　努力推进教育内部审计工作新发展》的讲话。分会有 85 个团体会员单位。

七、评选表彰

（一）审计署评选表彰

1993 年起，审计署定期组织开展内部审计“双先”评选，表彰先进集体和先进工作者。至 2010 年，全国内部审计先进集体和先进个人评选表彰工作共进行 5 次。1993—2008 年，浙江获得审计署表彰的有先进集体 28 个，先进工作者 32 人。

表 38-16-4-6　1993—2008 年浙江省获全国内部审计先进集体和先进个人一览表(审计署表彰)

表彰时间	先进集体	先进工作者
1993 年	省乡镇企业局 浙江横店企业集团公司 杭州制氧机厂 绍兴钢铁总厂 省电力工业局	傅巍年(椒江市商业局) 张中达(浙江新昌制药公司) 罗炳声(开化县乡镇企业管理局) 陈百河(杭州制氧机厂) 吴启新(中国人民武装警察部队浙江省总队)
1998 年	省教委 百大集团公司 温州市公安局	潘宝其(横店集团公司) 沈渭川(杭州前进齿轮箱集团公司) 吴桂英(省乡镇企业局) 闻邵宏(宁波市建筑安装总公司) *谢伯康(省电力工业局)
2002 年	省公安厅 浙江工业大学 浙江传化集团公司 浙江南方集团公司 雅戈尔集团公司 *省安全厅 *中国工商银行浙江省分行	毛立波(余姚市余姚镇审计所) 王国富(省轻纺集团公司) 吴启新(中国人民武装警察部队浙江省总队后勤部) 林国荣(温州市司法局) 楼金生(广厦建设集团公司)
2005 年	东方通信公司 宁波卷烟厂 万丰奥特控股集团公司 省公安厅 *中国建设银行浙江省分行	钟春水(传化集团公司审计部) 楼金生(广厦控股创业投资公司审计监察总部) 徐光海(中国建设银行浙江省分行内控审计处) 戴向龙(温州医学院审计处) 余金标(省电信公司台州市分公司) *杨璐(宁波海关监察审计室) *李旺根(中国人民武装警察部队浙江省总队审计处) *张凡(中国农业银行浙江省分行营业部审计部)
2008 年	省司法厅 省公安厅 省农村信用社联合社 广厦控股创业投资公司 杭州市西湖区双浦镇人民政府 雅戈尔集团公司 海亮集团公司 *东方通信公司	沈慧敏(省公安厅审计室) 何晓梅(浙江工业大学审计处) 陈宗福(东方通信公司内审部) 文阳(杭州市公安局审计处) 周波(春和集团公司审计部) 周良英(温州市瓯海区农村合作银行审计部) 倪金英(平湖市人民政府当湖街道办事处) *俞淑英(省水利厅财务审计处) *韩志龙(中国农业银行浙江省分行审计处)

资料来源:浙江省审计厅档案室。

说明:标*者为中央直属行政、企业、事业单位名额。

(二)中国内部审计协会评选表彰

自 1999 年《中国内部审计》杂志创办以来,省内审协会积极做好杂志的通联宣传工作。

2002—2010 年，省内审协会 4 次获中国内部审计协会通报表彰的“《中国内部审计》宣传工作先进单位”称号；4 次获“《中国内部审计》宣传发行工作先进单位”称号。

2002—2010 年，全省获得中国内部审计协会表彰的全国内部审计优秀论文 132 篇，其中：《非国有企事业单位内部审计》《为改革保驾护航——内部审计在国有企业改制中创造价值》《内部审计在农村合作金融风险控制中的作用研究》3 篇获得一等奖，另有二等奖 23 篇、三等奖 58 篇、优秀奖 48 篇。

2005 年 1 月，省内审协会获得中国内部审计协会表彰的“全国省级内部审计协会先进单位”称号。

2009 年 10 月，省内审协会获中国内部审计协会颁发的“全国内部审计与内部控制体系建设”理论研讨暨经验交流会组织奖。

（三）全省内部审计评选表彰

1. 内部审计先进集体和先进个人

1991 年起，省审计厅定期组织内部审计“双先”评选，表彰先进集体和先进工作者。至 2010 年，全省内部审计“双先”评选表彰共进行 5 次，获得表彰的先进集体 306 个，先进工作者 221 人。其中：1991 年先进集体 34 个，未开展先进个人评选；1996 年先进集体 41 个，未开展先进个人评选；2002 年先进集体 57 个，先进工作者 52 人；2005 年先进集体 73 个，先进工作者 72 人；2008 年先进集体 101 个，先进工作者 97 人。

2. 内部审计优秀项目

2001 年起，省内审协会开始组织内部审计优秀项目评选。2001—2010 年，获得表彰的全省内部审计优秀项目 421 个，其中：2001—2004 年优秀奖 81 个；2005—2007 年一等奖 9 个、二等奖 30 个、三等奖 62 个、优胜奖 87 个；2008—2010 年优秀项目 105 个、表彰项目 47 个。

3. 内部审计优秀案例

2009 年起，省内审协会开始组织内部审计优秀案例评选。2009—2010 年，获得表彰的全省内部审计优秀案例 83 篇，其中：一等奖 3 篇、二等奖 13 篇、三等奖 32 篇、优秀奖 35 篇。

4. 内部审计优秀论文

1997 年起，省内审协会开始组织内部审计优秀论文评选。1997—2010 年，获得表彰的全省内部审计优秀论文 703 篇，其中：特等奖 5 篇、一等奖 35 篇、二等奖 114 篇、三等奖 241 篇、优秀奖 308 篇。为了总结全省内部审计 20 年的发展经验，省内审协会组织编撰《前进中的浙江内部审计》一书，于 2004 年 4 月由中国时代经济出版社出版发行。

5. 内部审计指导工作

2003 年起，省审计厅和省内审协会开始组织全省内部审计指导工作先进单位评选。2003—2010 年，获得省审计厅表彰的全省内部审计指导工作先进单位 164 个，其中：2003—2005 年市级先进单位 8 个，优胜单位 15 个；县级优胜单位未开展评比。2006—2010 年市级先进单位一等奖 10 个、二等奖 15 个、优胜奖 30 个、进步奖 1 个；县（区、市）级优胜单位 85 个。

第十七章　社会审计

社会审计是以注册会计师(审计师)为主体,依法接受委托,独立执业,有偿为社会提供审计及会计专业服务的活动。社会审计是中国审计体系的一个组成部分,是国家审计的辅助和补充。

浙江省是社会审计工作开展较早的省份之一。中华人民共和国成立初期,由于私营经济的存在,省内的社会审计延续了一段时间。1978 年起,社会主义市场经济的发展为社会审计的重建创造了条件。1983 年 12 月,浙江省财政厅批准成立浙江会计师事务所,这是全省第一家社会审计组织。1984 年 1 月起,浙江会计师事务所承接审计、会计和财务管理咨询业务。此后,浙江的社会审计事业重新发展起来。1987 年,根据审计署《关于进一步开展社会审计工作若干问题的通知》,全省各级审计机关积极发展社会审计组织,有计划、有步骤地建立审计事务所。在组建审计事务所过程中,各级审计机关提出筹建方案,报所在地的编制委员会批准,并向当地工商行政管理机关办理登记。1991 年起,国家制定了一系列关于社会审计工作的方针、政策、规定。浙江省社会审计事业进一步加快,形成遍布全省,城乡结合、协调发展的社会审计网络。全省社会审计组织积极配合企业改制,建立现代企业制度,把工作重点放在清产核资、资产评估、基建工程预决算、代理税务申报、厂长(经理)经济责任和财务收支查证等方面。

社会审计的监督管理分为两个层次:一是行政机关对社会审计行使指导和监督职权,二是行业协会作为自律机构实行自我管理。20 世纪 80 年代初至 1998 年,全省社会审计组织分属财政、审计两个部门管理,单位性质为实行自收自支独立核算的事业单位。财政部门没有专门机构负责对注册会计师和会计师事务所的管理,而是全部交由注册会计师协会管理。审计机关设立职能机构,负责对注册审计师和审计师事务所的管理。行业协会在制定行业规则、培训等方面起协助作用。随着社会主义市场经济体制的逐步建立,会计师事务所和审计师事务所分属两个部门管理的状况已不适应形势发展的需要。1997 年下半年,财政部、审计署决定对社会审计进行统一的行业管理,推动注册会计师协会与注册审计师协会实行“两会”联合。9 月,遵循财政部、审计署《关于中国注册会计师协会、中国注册审计师协会实行联合的有关问题的通知》精神,全省启动财政、审计系统所属两支社会审计队伍的联合工作。1998 年 2 月,浙江省注册会计师协会在杭州召开特别代表大会,标志着浙江省注册会计师协会与浙江省注册审计师协会正式实行联合。至此,全省由财政、审计部门分别管理的社会审计组织全部由省注册会计师协会进行行业管理。财政、审计部门依法对社会审计进行监督、指导。1999 年,根据国务院指示,财政部、审计署在全国部署事务所脱钩工作。至年底,全省审计系统所属事务所基本完成脱钩改制。审计机关直接管理原属事务所职能终止。此后，审计机关主要履行对社会审计组织的业务质量检查和监督。

第一节　社会审计组织和行业协会

浙江省社会审计组织有3种类型：第一种是各级审计机关隶属的审计师事务所。由审计机关选调干部，配备人员和进行行政管理，业务和财务上独立。第二种是社会上其他部门申办的挂靠在审计事务所的分所（办事处）。此类事务所行政上不属审计机关主管，但业务上接受审计机关的管理和指导。第三种是由审计机关主管、经财政部门批准成立的会计师事务所，在行政上隶属当地审计机关。社会审计从业人员主要来自3个方面：一是经政府有关部门批准的事业编制配备人员；二是聘请离休、退休专业人员；三是招收劳动合同制人员。

审计事务所是在审计机关管理指导下，独立承办审计查证和咨询服务的事业单位。主要业务有：承办政府和审计机关委托的审计事项；接受司法机关委托，办理经济案件的鉴定；接受主管部门委托，对下属单位财务收支和经济效益的审计签证、建账建制以及提供经济管理咨询服务，担任审计、会计顾问；培训审计、财务、会计人员。审计事务所财务上实行自收自支，独立核算。

1987年4月，宁波市审计事务所率先成立。9月，浙江省审计事务所成立（1993年2月更名为浙江省审计师事务所）。至1988年12月，全省各地有计划、有步骤地建立社会审计组织，完成审计事务所从筹建到承办业务的过渡。

1992年，邓小平同志南方谈话发表后，审计事务所快速发展，社会审计队伍迅速扩大。社会审计组织首先延伸至有关部门，接着又延伸至乡镇，再延伸至相关行业。1993年，全省审计师事务所达120个，从业人员1136人，专业素质稳步提高。

至1997年，全省共有审计师事务所130个，并设立分支机构170多个。审计师事务所的布局比较合理。社会审计队伍不断壮大，全省审计师事务所共有固定从业人员1864人，初步实现年轻化、知识化和专业化。

1998年，根据财政部《关于进一步加快会计师事务所及审计师事务所体制改革的通知》精神，全省开展对社会审计组织的脱钩改制工作。至1999年，全省100个审计师事务所，符合条件的全部完成脱钩改制任务。

一、审计事务所

1987年4月，宁波市审计事务所率先成立。9月，浙江省审计事务所成立。11月，省审计局、省编委联合下发《关于尽快建立审计事务所的通知》，各地社会审计组织开始陆续成立。至1988年12月，全省已成立审计事务所74个，县以上地区分布率达到77.90%。审计事务所在基本完成筹建任务的同时，开始承接审计查证和咨询业务。全省社会审计工作起步之初，人、财、物等各方面都较为困难，各级政府和有关部门给予一定支持，共核批编制390名、开办经费50.78万元。

至1989年3月，全省共成立审计事务所81个，其中省级1个、市地级11个、县级69个。全省审计事务所覆盖率达85%（与全省审计机关数之比）。共有专职审计人员315人，特约审计人员600余人。1989年12月，全省已成立审计事务所85个，有专职人员484人。

1990年起，先后成立一批审计事务所。同时，省审计局对原有审计系统所属审计事务所重新进行审核，并补办相应成立手续。1990年1月，成立杭州市上城区等14个审计事务所（补办）。3月，成立象山县等10个审计事务所（补办）；成立台州地区及温岭县等9个审计事务所（补办）。6月，成立嘉兴市及海宁市等6个审计事务所（补办）。8月，成立衢州市及衢县等6个审计事务所（补办）。11月，成立宁波市江北区审计事务所。12月，成立乐清县、绍兴市越城区审计事务所（补办）。

1991年3月，成立洞头县、瓯海县审计事务所（补办）。6月，成立永嘉、嘉兴市郊区审计事务所（补办）。8月，成立温州市审计事务所（补办）。此后，温州市龙湾区、鹿城区、文成县、瑞安市、苍南县审计事务所先后成立（补办）。

1992年初，邓小平同志南方谈话和中共中央、国务院《关于加快发展第三产业的决定》给予社会审计巨大的推动力，同时澄清了社会审计工作中的一些是非问题。审计事务所普遍开展解放思想大讨论，审计事务所分所、办事处快速发展，社会审计队伍迅速扩大。是年，社会审计组织首先延伸至有关部门。3月，成立省审计事务所第二分所（省交通厅）。接着，第三分所至第十分所先后成立。12月，成立宁波审计事务所第一分所（二轻分所）。接着，成立第二、第三分所。至12月底，全省已成立法人审计事务所95个，社会审计人员达到912人，其中审计师以上职称人数占35%，注册审计师占28%。

1993年2月，成立丽水地区及青田县8个审计师事务所（补办）；成立温州市经济技术开发区审计师事务所。3月，成立浙江科兴审计师事务所（该所为省审计科研培训所下属单位，对内为省审计师事务所分所）；成立浙江省资产评估事务所。7月，成立兰溪市、东阳市审计师事务所（补办）。是年，社会审计组织又延伸至乡镇。8月，成立鄞县邱隘、五乡等12个审计师事务所。9月，成立鄞县瞻岐、石矸等11个审计师事务所。9月，成立金华市审计师事务所（补办），10月，成立云和县、诸暨市、绍兴市审计师事务所（补办），11月，成立泰顺县、嵊县、上虞市、新昌县、绍兴县、磐安县、武义县、义乌市、舟山市、定海区、普陀区、岱山县、嵊泗县、金华县审计师事务所（补办）。12月，成立永康市、浦江县审计师事务所（补办）；成立浙江省越信会计师事务所。至1993年底，全省新建审计师事务所25个，审计师事务所达到120个；审计师事务所从业人员达到1136人。从业人员的专业素质稳步提高，中专以上专业技术人员占从业人员总数的40.9%。注册审计师达642名。全省还发展非执业注册审计师97名。初步形成比较完整的社会审计组织体系。

1994年3月，成立武警浙江省总队审计师事务所。社会审计组织再延伸至行业。4月，成立丽水市建筑安装工程审计师事务所。10月，成立绍兴会稽审计师事务所。

1995年1月，成立浙江省法信审计师事务所。3月，成立南京军区杭州新兴审计师事务所；成立杭州市拱墅区第二审计师事务所。7月，成立浙江三益审计师事务所。9月，成立浙江省金汇审计师事务所。10月，成立浙江中青审计师事务所。11月，成立浙江求是审计师事务所。12月，成立浙江商汇审计师事务所。

1997年11月，成立浙军审计事务所。至1997年12月，全省共建立审计师事务所130个，审计师事务所设立的分支机构170多个，做到每个县级单位都有1个以上审计师事务所。审计师事务所的布局比较合理，与各地经济发展水平基本一致。随着社会审计工作的发展，社会审计队伍不断壮大，初步实现了年轻化、知识化和专业化。全省审计师事务所共有固定从业人员1864人，其中有1000名注册审计师被审计署、财政部批准为注册会计师，有181人被吸纳为中国注册会计师协会非执业个人会员。从业人员的年龄、学历、专业结构得到明显改善，职龄人员、大专以上学历人员的比重显著增加。

1998年，根据财政部《关于进一步加快会计师事务所及审计师事务所体制改革的通知》精神，全省开展对社会审计组织的脱钩改制工作。按照财政部制定的《会计师（审计）事务所脱钩改制实施意见》规定，省、市（地）审计机关发起设立的审计师事务所，应在1999年6月30日前脱钩；县级审计机关发起设立的审计师事务所，应在1999年9月30日前脱钩；年底前，全省审计师事务所完成脱钩改制任务。12月，省审计厅批复同意金汇审计师事务所与中国人民银行浙江省分行脱钩。

1999年，根据审计署、财政部的要求，省审计厅下发《关于加快全省审计师事务所脱钩改制工作的通知》，认真督促各级审计机关和审计师事务所按时完成脱钩改制任务。审计师事务所改制工作在审计机关的指导下进行，审计机关根据审计师事务所的不同情况，确定改制形式；妥善安置原事务所工作人员，确保稳定过渡。4月，省审计厅审计管理处到11个市地进行调查研究，并直接参与省审计师事务所的脱钩改制工作。11月15日起，省审计师事务所与省审计厅脱钩，成为有限责任审计事务所。至1999年底，全省审计师事务所符合条件的全部完成脱钩改制任务。形成以注册会计师为主体、独立承担法律责任的运行机制，使事务所成为自主经营、自担风险、自我约束、自我发展的实行企业化管理的社会中介机构。

（一）浙江省审计事务所

1987年9月，浙江省审计事务所成立，配备事业编制5人，其他人员根据工作需要聘用，财务上实行自收自支，独立核算。省审计事务所筹建时有正式人员1人，聘用4人；至1988年12月，有正式人员5人，聘用7人，并聘用财政经济方面的知名人士6人为特邀顾问，聘特约审计员7人。其中会计师3人，助理会计师6人。

1991年，省审计事务所设立办公室、业务一部、业务二部，并实行部门领导一年一聘制。事务所在编人员7人，聘用10人；其中具有中级职称10人。聘请6位专家教授担任常年顾问和常务顾问。

1993年2月，浙江省审计事务所更名为浙江省审计师事务所。至1994年3月，省审计师事务所有工作人员24人，其中在编人员11人，聘用人员13人；高级职称1人，注册审计师17人。

根据审计署、财政部关于审计（会计师）事务所脱钩改制的有关规定，参照审计署的做法，经厅党组研究决定，从1999年11月15日起，省审计师事务所在人员、财务、业务和名称等方面彻底与省审计厅脱钩，建立由注册会计师发起并出资设立的有限责任会计师事务所。

(二)浙江越信会计师事务所

1993年，经省财政厅审核批准，省审计局开始筹备浙江越信会计师事务所。12月，浙江越信会计师事务所正式成立。

浙江越信会计师事务所是根据《中华人民共和国会计法》和《中华人民共和国注册会计师条例》的规定，经省财政厅批准，由注册会计师和有关专业人员组成，具有法人资格、依法、独立、公正执行注册会计师业务的全民事业单位，挂靠省审计局。为正处级事业单位，定编20人，其中所长1人，副所长2人，其他管理人员和业务骨干17人，从社会上招聘。经费自收自支。事务所实行所长负责制，所长、副所长由省审计局任免。工作人员由专职注册会计师、其他专业技术人员和行政工作人员组成。

1995年12月，根据省政府批准的《浙江省审计厅职能配置内设机构和人员编制方案》中职能转变的规定，省审计厅改革企业审计方法，建立定期分批审计制度，重点审计占有国有资产数额较大和接受国家财政补贴较多的省属国有企业，对其他省属国有企业逐步改为由越信会计师事务所等进行审计。审计机关必要时进行抽审。

2000年1月，浙江越信会计师事务所撤销。

二、社会审计协会

1992年6月，浙江省社会审计协会成立大会暨第一届理事会在杭州召开。大会通过《浙江省社会审计协会章程》，选举产生协会理事、常务理事、秘书长、副秘书长、会长、副会长。省审计局副局长盖有杰当选为协会会长。

1993年10月，在浙江乐清召开全省社会审计工作暨社会审计协会一届二次理事大会。至同年12月，全省有6个市地建立协会。

1994年12月，在杭州召开全省社会审计工作暨社会审计协会一届三次理事大会。

1997—1998年，根据财政部、审计署的要求，全省逐步开展“两会”联合工作。1997年9月，省财政厅、省审计厅联合发出《关于浙江省注册会计师协会、浙江省社会审计协会实行联合的有关问题的通知》。1998年2月，省注册会计师协会、省社会审计协会正式实现联合，省审计厅副厅长盖有杰担任第一届省注册会计师协会会长。6月，浙江省社会审计协会注销。

表 38-17-1-1　　1992 年浙江省社会审计协会会员单位一览表

会员名称	会员名称	会员名称
1. 浙江省审计事务所	27. 越城区审计事务所	53. 洞头县审计事务所
2. 杭州市审计事务所	28. 绍兴县审计事务所	54. 苍南县审计事务所
3. 西湖区审计事务所	29. 上虞县审计事务所	55. 文成县审计事务所
4. 上城区审计事务所	30. 嵊县审计事务所	56. 瓯海县审计事务所
5. 下城区审计事务所	31. 新昌县审计事务所	57. 台州地区审计事务所
6. 江干区审计事务所	32. 诸暨市审计事务所	58. 临海市审计事务所
7. 拱墅区审计事务所	33. 宁波市审计事务所	59. 天台县审计事务所
8. 萧山市审计事务所	34. 海曙区审计事务所	60. 黄岩市审计事务所
9. 桐庐县审计事务所	35. 江东区审计事务所	61. 温岭县审计事务所
10. 富阳县审计事务所	36. 江北区审计事务所	62. 玉环县审计事务所
11. 余杭县审计事务所	37. 北仑区审计事务所	63. 仙居县审计事务所
12. 临安县审计事务所	38. 镇海区审计事务所	64. 三门县审计事务所
13. 建德市审计事务所	39. 慈溪市审计事务所	65. 椒江市审计事务所
14. 淳安县审计事务所	40. 奉化市审计事务所	66. 金华市审计事务所
15. 嘉兴市审计事务所	41. 象山县审计事务所	67. 金华县审计事务所
16. 嘉兴市郊区审计事务所	42. 宁海县审计事务所	68. 永康市审计事务所
17. 嘉善县审计事务所	43. 鄞县审计事务所	69. 武义县审计事务所
18. 平湖市审计事务所	44. 余姚市审计事务所	70. 义乌市审计事务所
19. 海宁市审计事务所	45. 温州市审计事务所	71. 浦江县审计事务所
20. 海盐县审计事务所	46. 鹿城区审计事务所	72. 东阳市审计事务所
21. 桐乡县审计事务所	47. 龙湾区审计事务所	73. 磐安县审计事务所
22. 湖州市审计事务所	48. 平阳县审计事务所	74. 兰溪市审计事务所
23. 长兴县审计事务所	49. 永嘉县审计事务所	75. 衢州市审计事务所
24. 德清县审计事务所	50. 瑞安市审计事务所	76. 衢县审计事务所
25. 安吉县审计事务所	51. 乐清县审计事务所	77. 龙游县审计事务所
26. 绍兴市审计事务所	52. 泰顺县审计事务所	78. 江山市审计事务所

续表

会员名称	会员名称	会员名称
79. 开化县审计事务所	86. 遂昌县审计事务所	93. 岱山县审计事务所
80. 常山县审计事务所	87. 缙云县审计事务所	94. 普陀区审计事务所
81. 丽水地区审计事务所	88. 庆元县审计事务所	95. 嵊泗县审计事务所
82. 丽水市审计事务所	89. 松阳县审计事务所	96. 浙江省审计事务所第一分所（铁路）
83. 云和县审计事务所	90. 景宁畲族自治县审计事务所	
84. 龙泉市审计事务所	91. 舟山市审计事务所	97. 浙江省审计事务所第二分所（交通）
85. 青田县审计事务所	92. 定海区审计事务所	

资料来源：浙江省审计厅档案室。

第二节　社会审计实务

审计师事务所主要业务有：1. 承办工商企业注册资金验资和工商年检业务。2. 接受审计机关和企业主管部门委托，开展承包经营和厂长经理经济责任审计以及企业上等级确认审计。3. 承办各类审计查证和鉴证业务。4. 受聘担任企业常年审计、会计、经营管理咨询顾问。5. 承办资产评估业务。6. 承办基本建设工程预决算审计业务。

1988 年，全省审计事务所在审计机关的管理和指导下，在办理承包、租赁、国营企业和城乡集体企业委托的审计、查证、验资事项以及提供咨询服务等方面做了大量工作。

1989 年 5 月，省审计局召开首次全省社会审计工作会议，确定社会审计“巩固提高”的工作方针和“为改革开放和经济建设服务”的指导思想，提出大力开展基建工程预决算审计查证、承包经营离任审计和强化内部管理等要求。全省社会审计工作抓重点、促发展，在业务开拓和内部管理上均有较大突破。审计事务所开始确立“质量第一、信誉第一、服务第一”的办所宗旨，社会审计的作用进一步得到发挥。至同年底，全省完成审计事项 143 个，查证事项 27683 个。全省 85 个审计事务所共承办审计查证和咨询业务 28151 项，被委托单位和有关部门采纳的建议共 429 条。培训审计财务人员 794 人。

1990—1991 年，国家治理整顿的力度加强，注册资金验证业务大幅度下降，委托业务减少。社会审计工作适应新形势，以质量求信誉，以业务多样化求发展，向管理要效益。承包经营（离任）审计和基建工程预决算验证业务有较大幅度提高，分别比前三年递增 6.1 倍和 3 倍。业务领域从城市向乡镇扩展，70%以上审计事务所开展乡镇集体企业的审计查证和咨询业务。

1992 年 1 月至 1996 年 12 月，全省社会审计工作认真贯彻中共十四大关于加强发展审计咨询业的精神，上规模，上水平，出效益。审计师事务所之间业务协作逐步展开，互相委托业务，联合承办大型项目，增加整体竞争能力；资产评估、基建工程预决算验证和咨询顾问业务取得较大的进展。

至1997年12月，全省审计师事务所共承办审计查证和咨询项目467109个，完成项目数居全国前茅。共为委托单位挽回经济损失和提高经济效益5.80亿元；查出虚假注册资本25.60亿元；核减工程造价，为国家和企业节省投资21.20亿元。随着市场经济的深入发展和审计人员技术水平的提高，审计师事务所的业务逐步向深层次推进，资产评估、基建工程预决（结）算审计、企业年度会计报表鉴证、国有企业查证等难点、热点项目全面开展。全省审计师事务所业务收入逐年增长，至1997年12月，累计收入4.3亿元，基本做到自收自支、自负盈亏。

一、审计查证

（一）查证业务

1987年，全省审计事务所共受理审计查证、咨询项目3000余个。

1988年，宁波市审计事务所聘请特约审计员80人，对28个企事业单位进行厂长离任经济责任审计、盈亏企业的“双清”查证和歇业资产鉴证审计，审计总金额3815万元，核实资产，摸清家底，分析原因，提出改进措施。受宁波市江北区计经委委托，承办慈江水泥厂资产盈亏公证审计。核实该厂至1987年6月，实际亏损42.40万元，是该厂上报亏损数的42.40%，为计经委领导决策提供了依据。同年，杭州市审计事务所开展3项委托审计，查出违纪金额110.40万元，并针对存在问题，从加强财产物资管理和健全会计制度等方面向委托部门提出建议和措施。

1989年，社会审计组织承担审计机关委托审计90多项，帮助54家（个）企业和部门完善内控制度，开展承包经营审计和注册资金验资。1987年7月至1989年3月，省审计事务所面向社会开展审计查证业务，共审计查证12个项目（承包经营审计2项，厂长、经理离任审计2项，财务收支审计3项，基建工程决算审计1项，盈亏核实审计1项，联营企业资产评估验证1项，司法证据审计鉴定1项，世界银行贷款前期的资产负债情况审计鉴证1项），审计总额45829万元，查出违纪金额457万元，帮助企业追回和避免受损金额34万元。

1991年2月，省审计事务所受托对省新闻出版局所属10家承包经营企业进行期终审计。至年底，为部门和企业提出改进管理，促进企业健全内控制度等方面建议160条，采纳率达86%，减少损失浪费888万元。同年，省审计事务所接受注册资金验证项目147个，验资收入14.50万元，受到工商行政管理部门好评。

1987—1991年，全省审计事务所共完成项目67730个，查证总金额达617亿元，直接为委托单位提高经济效益、促进增收节支和减少损失浪费金额达8168万元。

1992年，省审计师事务所共接受查询、咨询等项目281个，业务收入40万元。

1993年，全省审计师事务所共完成审计查证和咨询服务项目6.80万个，其中财务收支审计查证、资产评估、基建工程审计查证分别为1882项、796项和1816项，完成业务总量列全国第三位。

1995 年，全省审计师事务所普遍进行业务质量检查评比，促进社会审计质量提高。

（二）查证资格

1993 年 12 月，审计署批准宁波、湖州、绍兴、金华市审计师事务所具有承办中央企业审计查证业务资格。12 月 31 日，省审计局批准富阳县、丽水地区、衢州市、舟山市审计师事务所等 33 个社会审计组织具有承办国有企业审计查证业务资格。同年，全省 54 个审计师事务所取得国有企业查证资格，开始承办国有企业查证业务。

1994 年 1 月，审计署批准杭州市、台州地区审计师事务所具有承办中央企业审计查证业务资格。3 月，审计署批准嘉兴市审计师事务所具有承办中央企业查证业务资格。同月，省审计厅批准温州市及鹿城区、瑞安市、平阳县等 17 个社会审计组织具有承办国有企业查证业务资格。5 月，省审计厅批准鄞县、海曙区、文成县、瓯海区审计师事务所 4 个社会审计组织具有承办国有企业查证业务资格。7 月，省审计厅批准萧山市、余杭市审计师事务所具有承办国有企业查证业务资格。

1995 年 4 月，省审计厅批准象山县、新昌县审计师事务所具有承办国有企业查证业务资格。

1997 年 5 月，省审计厅批准西湖区审计师事务所等 13 个社会审计组织具有承办国有企业查证业务资格。

各地具有中央、地方国有企业审计查证业务资格的审计师事务所，按照有关规定对中央和地方国有企业开展审计查证业务。

表 38-17-2-1　　1995 年浙江省审计厅委托社会审计组织审计查证企业名单

企业名称	企业名称	企业名称
省石油化学公司	省化工机械设备材料公司	浙江华兴羽绒总厂
省木材公司	省纺织工业公司	浙江外贸商标印刷厂
省广播电视服务公司	省交通工程水泥厂	浙江鸿业贸易公司
省烟糖工业公司	省金通国际货运公司	浙技经营分公司
省第四建筑公司	省奥费斯广告公司	省农机工业公司
省工业设备安装公司	浙江城市物资公司	省水产加工储运公司
省化纤工业公司	浙江远中贸易公司	桐庐冷冻厂
省煤化工联合公司	杭州瑞凯贸易公司	
省农垦农工商总公司	浙江富春江毛纺针织公司	

资料来源：据 1995 年 2 月 17 日浙审综字〔1995〕21 号文件整理。

二、审计验证和评价

根据《中华人民共和国审计条例》规定，社会审计组织接受委托承办注册资金的验证和年检业务。

1988年，绍兴市审计事务所开展建筑安装工程决算审计，防止工程高估冒算现象。年内共受理18项工程决算委托审计，审核工程决算款289.10万元，核减高估冒算款36.30万元。同时，对施工企业由于漏项、丢项、计算误差等原因在决算中少报的款项予以纠正。维护了建筑工程双方的合法经济权益，避免了建筑工程决算的经济纠纷。

1992年，浦江县审计事务所坚持“服务第一，质量第一，信誉第一，社会效益第一”的原则，上半年共完成审计项目154项。其中受审计机关委托事项3项，查出违纪金额1.13万元；受其他部门单位委托151项，包括：对工商企业的承包经营审计，5家中查出盈亏不实的有2家，调增利润30.56万元，调减利润3.36万元，未完成合同指标的3家；在对138家工商企业注册资金的验证中，验资总额达1623.62万元，共核减虚假资金491.78万元，占验资总额的30.29%；同年新开展的1项基建预决算验证中，核减工程款8.50万元；财务收支审计6项，以及帮助1家企业理清乱账、建立新账。

1993年，省审计师事务所在全省审计会计组织中第一个取得资产评估许可证。当年完成资产评估和预算审计业务28项，资产评估原值1.80亿，业务收入30万元。同年，省审计师事务所4次派人前往武义，3次召开现场座谈会，核实情况，高质量地完成武义县宣平溪水电站工程决算审计。该项目不仅核减工程款150多万元，还查出一批违法人员，为武义的小水电建设提供有益的经验。

1993年，萧山市审计师事务所完成查证咨询项目2152个，查证总金额5.34亿元，其中工商企业验资1856项，财务查证256项，基建工程预算验证40项；为国家和集体节约资金126.48万元，向委托单位提出合理化建议226条，促进企业管理水平的提高。全年实现服务收入87.41万元。

1995年，浙江越信会计师事务所受省预算外资金专项领导小组办公室委托，对省高等法院等9个省直部门、单位和各类社会团体的各种事业性收费、业务服务收入、各种附加、集资和基金等进行检查。后又接受委托，对5个单位进行整顿会计工作秩序重点检查。查出这些单位存在账目混乱、乱挤乱摊成本、随意核销费用、私设“小金库”等问题，并提出整改建议。1996年，浙江越信会计师事务所共完成项目202个，其中审计项目121个、验资项目78个、工程决算项目3个，实现总收入100万元（不包括尚未收到的款项）。

1987—1998年，杭州市审计系统审计事务所共完成各类委托事项达87121个，其中市本级2家事务所为10930个。杭州市审计师事务所自1987年建立至1999年脱钩改制，共完成各类委托业务9365项。

三、咨询服务

1988年7月起，省审计事务所先后担任中国电子进出口总公司浙江省分公司、省针棉织品进出口公司、省金属材料公司、省机械设备进出口公司等10家省级公司的常年审计咨询顾问。省审计事务所自开业至1989年3月，完成咨询服务项目29个。

1990年、1991年财务物价大检查，省审计事务所担任6个顾问单位中均无重大违纪现象。

1993年，全省审计师事务所共完成审计查证和咨询服务项目6.8万个。同年，省审计事务所承担常年顾问(咨询)单位的有27个。

至1997年，全省审计师事务所共接受承办审计查证、咨询、建账建制服务46.71万项，完成项目数居全国前茅。

第三节　社会审计指导与监管

1988年，浙江开始社会审计指导与监督管理。审计机关制定一系列规章制度，开展审计事务管理、执业管理、教育培训、行业管理和收费管理，指导社会审计组织进行体制改革、规范社会审计执业行为，提高审计业务质量。从上而下，逐步形成浙江省社会审计指导与监督管理体系。

一、审计事务管理

1988年9月，省审计局根据省编委批复，设立审计事务管理处，负责对全省社会审计的指导管理。

1990年，省审计局制定《浙江社会审计工作暂行规定》《社会审计组织财务管理办法》《社会审计组织业务收费暂行规定》等5个全省性制度和规定。

1990—1991年，全省审计机关加强对社会审计工作发展趋势的预测，强化对审计事务所业务质量的管理，实行对审计事务所财务收支的定期审计。

根据审计署印发的《审计机关监督社会审计组织审计业务质量的暂行规定》，全省审计机关严格监督社会审计组织审计业务质量。

二、执业管理

1989年5月，省审计局在杭州召开全省第一次社会审计工作会议。根据审计署的规定，结合全省的实际情况，制定社会审计工作规范，对全省的社会审计组织进行具体的管理和指导。9月，省审计局先后转发审计署《关于社会审计工作的规定》和《关于认真贯彻社会审计工作规定的通知》，要求全省审计机关和社会审计组织认真贯彻执行。

1990年4月，审计署下发《社会审计工作规程》。省审计局向全省审计机关和社会审计组织发出通知，要求从1990年1月1日起，社会审计组织人员待遇和费用开支标准应报主管审计局审定，并报当地财政机关备查。

1992年1月，省审计局决定对省审计事务所、龙游县审计事务所、杭州市审计事务所、嵊泗县审计事务所、萧山市审计事务所、黄岩市审计事务所、宁波市审计事务所、丽水市审计事务所、宁波市镇海区审计事务所、湖州市审计事务所、温州市鹿城区审计事务所、绍兴县审计事务所、嘉兴市审计事务所、义乌市审计事务所等14个单位进行表彰，授予“社会审计先进集体”称号。

1993年起，省审计局开展浙江省“十强”“十佳”审计师事务所评选活动。省审计师事务所等10个事务所被评为“十强”审计师事务所，东阳市审计师事务所等10个事务所被评为“十佳”审计师事务所，并在《浙江日报》上予以公布。

1996年，省审计厅有步骤地做好注册审计师换发注册会计师证书工作。在省注册会计师协会代表大会召开之前，完成执业注册会计师和非执业会员的发证工作。

1998年，全省注册会计师协会和注册审计师协会全部实行联合，从上而下形成一个行业管理体系。

（一）教育培训

省审计厅和社会审计协会十分重视注册会计师的后续教育，举办多层次、多形式的各类社会审计培训班。此外，还组织有关人员参加审计署举办的培训班。

1992年起，全省的社会审计培训工作主要由省社会审计协会组织实施。

1993年，全省审计师事务所共培训会计、审计人员5161人次。同年，省审计师事务所举办资产评估培训班2期，参加培训的共115人。

1995年起，省社会审计协会每年组织对全省注册会计师进行48小时强制性培训，并将其作为年度注册考核的必要条件，规定凡不参加培训的注册会计师，年检时不予通过。培训内容以职业道德教育和业务知识、技能培训为主，重点是独立审计准则。培训工作采用统一管理、分工负责的办法，省社会审计协会主要负责制订全省培训计划，提出培训工作要求，并对事务所所长和业务骨干进行培训；市地协会负责培训本地区注册会计师。至1998年，全省共举办培训班25期，培训人员1700多人次。同时，省社会审计协会还选送20多名所长到新加坡进行培训，学习国外社会审计的先进做法和经验。

（二）资格审核和认定

1991年10月，审计署为完善审计体系，加强审计事务所的组织建设，提高从业人员的素质，推动社会审计的健康发展，实行执业审计师制度。

1992年4月，省审计局公布《浙江省实施执业审计师制度（实行）办法》。8月，省审计局成立执业审计师审核委员会，负责对全省执业审计师的审核工作。社会审计组织全面实行执业审计师制度。10月，经省执业审计师审核委员会审核，批准首批执业审计师250人。

1994年11月，审计署认定浙江省1158名注册审计师具有注册会计师资格。

1996年4月，根据中国注册会计师协会有关文件精神，由各审计师事务所申报，地市审计机关审查，省注册审计师审核委员会评审，经审计署审核、财政部确认，全省有1000名注册审计师被批准为注册会计师，有181人被吸纳为中国注册会计师协会非执业个人会员。

三、行业监督

1989 年 9 月，省审计局下发《关于对全省各审计事务所财务收支实行定期审计制度的通知》。

1993 年 8 月，省审计局针对“北京中城会计师事务所事件”的教训，认真作出部署，要求全省各级审计机关切实抓好审计师事务所的工作质量；同时，组织全省审计机关对 1992 年以来的审计事务所工作（包括事务所分所、办事处）进行全面检查。检查采取自查和抽查相结合的办法。

1995 年，《中华人民共和国审计法》和《中国注册会计师法》先后颁布实施。省审计厅提出“坚定信心、提高素质、依法办事、大胆发展、以业绩争取地位”的社会审计工作对策。同时做好与注册会计师法实施的接轨工作，审计机关对社会审计管理指导工作更加有序。

1995 年 6 月，省审计厅审计事务管理处组织力量对全省审计师事务所 1994 年度的审计业务质量进行检查。检查采取集中审阅档案的方式，分别对委托合同书、实施计划、审计查证报告、文书档案和工作效果方面的内容进行分类评分。7 月，根据送检项目档案的评分情况，分别评选出 2 个业务质量综合优胜单位和 11 个单项业务质量优胜单位。获得“社会审计业务质量综合优胜单位”的是省审计师事务所、湖州市审计师事务所；获得“财务收支审计查证项目质量优胜单位”的是杭州市、丽水地区审计师事务所；获得“基建工程决算查证项目质量优胜单位”的是金华市、衢州市审计师事务所；获得“资产评估项目质量优胜单位”的是金华市、宁波市、绍兴市审计师事务所；获得“注册资金验证项目质量优胜单位”的是杭州市、嘉兴市、宁波市、温州市审计师事务所。

1996 年 2 月，省审计厅对全省审计师事务所进行综合实力排名。综合实力排名按 1995 年度业务收入、资产净值、人员规模及素质、业务范围和内部制度等方面进行全面考核，采取计分的办法进行评定。经考核评定，被评为 1995 年度综合实力前十名的审计师事务所是：省审计师事务所，湖州市、宁波市、义乌市、绍兴市、绍兴县、余杭市、金华市、萧山市和杭州市审计师事务所。

1997 年起，浙江社会审计实行体制改革。首先，对全省审计师事务所进行清理整顿。审计师事务所严格按中国注册会计师协会的要求，开展自查，如实填写有关自查表格，并采取切实有效的措施，加强组织建设，加快引进专业人才，加强内部管理，规范执业行为，提高执业质量。通过清理整顿，全省共清理不合格审计师事务所 20 个，其余 110 个审计师事务所经过整改，顺利通过清理整顿。至 1998 年，全省社会审计行业清理整顿工作全面完成。审计机关先后制定全省性的社会审计工作制度和规范化办法 10 多项。各市、县根据社会审计工作政策和规章，结合本地实际，先后制定一批规章制度。审计师事务所普遍制定岗位职责和业务规范，在业务发展、质量管理、工作规范等方面基本做到有章可依、有规可循。审计师事务所的内部管理机制逐步完善，工作更加规范。从业人员的质量意识、风险意识、责任意识普遍增强。审计师事务所能严格贯彻注册会计师法和独立审计准则，坚持“服务第一、质量第一”的宗旨，强调依法审计，客观公正、实事求是。审计师事务所对自身的财务管理严格，遵守财政纪律，在收入分配方面，注重积累，增强抵御风险的能力。审计师事务所已经走上自我约束、自我发展的良性发展道路。

1999 年，审计机关在审计师事务所转制后，转变职能，不再直接管理社会审计组织，而把重点转到对社会审计组织进行业务质量监督检查。先后对 87 个会计师事务所的业务质量进行检查，发现一些事务所故意出具虚假验资和审计报告；有些注册会计师帮助企业乱设账、造假账等。审计机关对发现的问题，依法进行通报。为适应转变，加大社会审计业务质量的监督检查力度，省审计厅在广泛收集基本资料、加强监督调研的基础上，结合浙江经济建设的重点与人民群众关注的热点，确定检查重点，通过制订严密的检查方案，培训社会审计组织业务质量监督检查人员，加大监督检查的力度与深度。至 2002 年，全省共检查事务所 87 个，除对其存在的问题依法要求纠正外，还对重大典型的问题进行通报。

四、收费管理

1988 年 5 月，省审计局为统一全省社会审计组织审计业务收费标准，经省物价局批复，制定下发《浙江省社会审计组织审计业务收费标准》，对全省审计事务所各项审计业务收费标准作了明确规定。

表 38-17-3-1　　1988 年浙江省审计事务所审计业务收费标准表

序号	项　　目	收　费　标　准
1	审查年度会计决算报表，出具查账报告	按资产总额比例收费：(1)资产总额在 1000 万元以内的按万分之二计算，起点 800 元；(2)资产总额超过 1000 万元的，超过部分按万分之一计算收费
2	验证投入资本，出具验资报告，增资部分减半收费	按注册资本的万分之三计算，起点 500 元。变更投资增资部分减半收费
3	办理经济案件的鉴定，出具鉴定报告	每项 500 元～1000 元
4	单项专题查账，出具查账报告	面议
5	设计会计制度	每项 1500 元～3000 元
6	担任常年会计、审计顾问	每月 300 元～500 元
7	帮助建账建制，并辅导实施	每项 1000 元～2000 元
8	提供财务、会计和经济管理咨询服务	面议
9	承办经济效益审计，出具审计报告	每项 1500 元～2500 元
10	承办财务收支审计，出具审计报告	每项 1000 元～2500 元

续表

序号	项　　目	收　费　标　准
11	承办承包租赁前资产核实审计，出具审计报告	小型企业每项1000元～1500元，大中型企业按查证核实金额万分之五计算
12	承办厂长经理任期目标业绩审计，出具审计报告	小型企业每项800元～1500元，大中型企业面议
13	承办厂长经理离任责任审计，出具审计报告	小型企业每项800元～1500元，大中型企业面议
14	承办国际金融组织援助款或信贷款的审计签证	每项1500元～3000元
15	办理基建工程决算审计	每项审计费200元～500元，并按审计实现的经济效益，向受益单位收取5%的审计效益费
16	培训财务、会计和内部审计人员	面议
17	其他项目的审计查证和咨询服务工作	面议
18	计时工作	高级会计师每小时50元，会计师每小时40元，助理会计师每小时30元，其他助理人员每小时10元

资料来源：浙江省审计厅档案室。

1998年11月，省审计厅参照会计师事务所收费标准，重新修订审计师事务所的业务收费标准，按照省物价局核发《浙江省会计、审计中介服务收费管理暂行办法》所列的收费项目和标准执行。

表38-17-3-2　　　　1998年浙江省会计审计服务收费标准表

序号	收费项目	收费标准(基准价)	上下浮动幅度
一、	审查会计年报	按资产总额分档计费	
1	200万元及以下	1500元	15%
2	200万～500万元	2000元	15%
3	500万～1000万元	3000元	15%
4	1000万～2000万元	4000元	15%
5	2000万～4000万元	6000元	15%
6	4000万～6000万元	7000元	15%
7	6000万～8000万元	9000元	15%
8	8000万～1亿元	12000元	15%
9	1亿元以上	按万分之一点五计收	15%

续表

序号	收费项目	收费标准(基准价)	上下浮动幅度
二、	验证企业资本,出具验资报告	按验资总额分档计费	
1	资产10万元以下	300元	15%
2	资产10万~50万元	500元	15%
3	资产50万~200万元	1000元	15%
4	资产200万~1000万元	按万分之三点五计收	15%
5	资产1000万元以上	按万分之二计收	15%

资料来源:浙江省审计厅档案室。

从 录

浙江省国有企业经理、厂长离任经济责任审计条例

浙江省第八届人民代表大会常务委员会公告第80号

（1997年12月6日）

第一章 总 则

第一条 为加强对国有企业经理、厂长任职期间经济责任的监督，促进国有企业健康、稳定发展，保障国有资产的保值增值，根据《中华人民共和国审计法》和其他有关法律、法规，结合本省实际，制定本条例。

第二条 本省的国有独资有限责任公司、国有资产占控股地位或者主导地位企业以及其他国有企业（以下统称国有企业）的经理、厂长的离任经济责任审计及任期届满续任的经济责任审计，适用本条例。

实行公司制国有企业的董事长，按本条例规定实行离任经济责任审计。

第三条 本条例所称经理、厂长离任经济责任审计，是指审计机关、国有企业主管部门或者主管单位（以下统称企业主管部门）依照本条例规定，对因辞职、辞聘、解聘、退休、晋升、调任、转任、降职、撤职等原因不再担任原职务及任期届满续任的经理、厂长实行的任期内经济责任审计（以下简称离任审计）。

国有企业经理、厂长离任必须实行离任审计。因辞职、辞聘、退休、晋升、调任、转任等原因离任的，一般须先审计后离任；因解聘、降职、撤职等原因离任的，可先离任后审计。

经理、厂长因任期届满续任的，应当先审计再办理续任手续。

第四条 国有企业经理、厂长离任审计结果，应当作为有关机关、单位考核该经理、厂长工作业绩和实施奖惩、任免职务或者聘用的重要依据。

第五条 县级以上人民政府审计机关（以下简称审计机关）是本行政区域内国有企业经理、厂长离任审计工作的主管部门，对离任审计工作实行统一管理、指导和监督。

各级人民政府国有资产管理和财政、计划、人民银行、监察等部门应当根据各自的职责，协助做好经理、厂长离任审计工作。

第六条 审计人员依法实施离任审计，受法律保护，任何组织和个人不得拒绝、阻挠，不得打击报复。

审计人员实施离任审计，应当坚持依法独立审计的原则，任何组织和个人不得干涉。

审计人员实施离任审计，应当实事求是，客观公正，廉洁奉公，保守国家秘密和商业秘密，不得弄虚作假、徇私舞弊。

第二章　审计管辖和职权

第七条　审计机关根据国有企业的财政、财务隶属关系或者国有资产监督管理关系，确定审计管辖范围。

第八条　审计机关负责与国计民生有重大关系的国有企业、接受财政补贴较多或者亏损数额较大的国有企业和无主管部门的国有企业以及本级人民政府指定的其他国有企业经理、厂长的离任审计工作。

企业主管部门负责除审计机关审计以外的所辖国有企业经理、厂长的离任审计工作，具体工作由其设立的内部审计机构负责。

第九条　审计机关、企业主管部门实施离任审计，必要时，可以委托社会审计机构实施离任审计。

实施离任审计的社会审计机构应当具备足够的审计力量、健全的内部管理制度和良好的社会信誉，其资格须经省审计机关会同省财政部门确认。

审计机关、企业主管部门委托社会审计机构实施离任审计，应当与其签订《委托协议书》，并告知被审计的经理、厂长和单位。

社会审计机构受委托实施离任审计所需费用由委托的审计机关、企业主管部门列入预算。审计机关委托社会审计机构实施离任审计所需费用，财政部门应当予以保证。

社会审计机构实施离任审计的收费标准由省物价、财政部门会同审计机关确定。

第十条　审计机关应当按规定的职责加强对内部审计机构、社会审计机构的监督管理，必要时对其审计质量进行检查。

第十一条　审计机关实施离任审计，享有审计法律、行政法规规定的职权。内部审计机构、社会审计机构实施离任审计，享有下列职权：

（一）审查被审计单位的会计凭证、会计账簿、会计报表、财务计划及其他与财务收支有关的资料；

（二）检查被审计单位的资产；

（三）就离任审计的有关问题进行调查，取得证明材料；

（四）法律、法规规定的其他职权。

审计人员向有关单位和个人进行调查时，应当出示证件。

第三章　审计内容和审计程序

第十二条　经理、厂长离任审计内容：

（一）经理、厂长遵守财经法律、法规和政策的情况；

（二）企业资产、负债、损益情况；

（三）国有资产保值、增值情况；

(四)企业对外投资、对外担保和资产处置情况;

(五)企业收益分配情况;

(六)与企业财务收支有关的内部控制制度;

(七)其他需要审计的事项。

第十三条 国有企业经理、厂长离任,决定或者批准其离任的机关、单位应当及时书面告知有管辖权的审计机关或者企业主管部门的内部审计机构。

第十四条 审计机关、内部审计机构、社会审计机构确定离任审计事项后,应当及时组成审计组,并在实施离任审计三日前,向被审计单位送达审计通知书,同时将审计通知书副本抄送被审计的经理、厂长。

第十五条 被审计的经理、厂长或者单位认为审计人员与审计事项、被审计单位有利害关系或者其他关系可能影响公正审计的,有权申请审计人员回避。

审计人员认为自己与被审计的经理、厂长或者单位有利害关系的,应当主动申请回避。

审计机关工作人员的回避,由审计机关负责人决定;审计机关负责人的回避,由本级人民政府或者上一级审计机关负责人决定。

内部审计机构审计人员、负责人的回避,由企业主管部门负责人决定。社会审计机构审计人员的回避,由社会审计机构负责人决定;社会审计机构负责人的回避,由审计机关决定。

第十六条 被审计单位接到审计通知书后,应当做好财产清查、财物清理等工作,并向审计组提供下列资料:

(一)会计凭证、会计账簿、会计报表、财务计划等有关资料;

(二)资产盘存、变动及债权、债务清理的有关资料;

(三)企业对外投资、对外担保和资产处置情况;

(四)企业章程、经营目标、合同或者协议、生产经营计划等有关资料;

(五)经理、厂长任职期间企业生产经营、财务状况的报告;

(六)有关生产经营管理的其他资料。

被审计单位提供的资料应当真实、完整,不得转移、隐匿、伪造、篡改、毁弃。

第十七条 审计组实施离任审计后,应当提出审计报告。审计报告应当如实反映情况,并征求被审计的经理、厂长和单位的意见。被审计的经理、厂长和单位应当自收到审计报告之日起十日内提出书面意见。逾期不提出书面意见的,视同无异议。

审计组应当审查被审计的经理、厂长和单位对审计报告的意见,进一步核实情况,根据所核实的情况对审计报告作必要修改,并将审计报告和被审计的经理、厂长和单位的书面意见报送审计机关、内部审计机构和社会审计机构。

第十八条 审计机关、内部审计机构和社会审计机构审定审计报告后,应当出具审计结果报告,对经理、厂长任期内的经济责任作出审计评价。内部审计机构出具的审计结果报告应当报经该企业主管部门负责人批准。

审计结果报告应当自出具之日起十五日内送达经理、厂长的任免机关、单位。内部审计机构、社会审计机构出具的审计结果报告应当自出具之日起十日内按审计管辖权限报送审计机关备案。

第十九条　审计机关对违反国家规定的财政收支、财务收支行为，需要依法给予处理、处罚的，应当在法定职权范围内出具审计意见书，作出审计决定或者提出审计建议书，向有关主管部门提出处理、处罚意见，并报告同级人民政府。审计机关应当自收到审计报告之日起三十日内，将审计意见书、审计决定或者审计建议书送达被审计单位及其他有关的部门和单位。

内部审计机构对违反国家规定的财政收支、财务收支行为，按内部审计的有关规定处理。

社会审计机构对违反国家规定的财政收支、财务收支行为，应当提出处理意见，并按审计管辖权限报请审计机关、企业主管部门依法处理。

第二十条　审计机关、内部审计机构作出的审计决定、审计处理，被审计的经理、厂长和单位必须执行。

对审计机关作出的审计决定不服的，按审计法律、法规的有关规定申请复议。对内部审计机构作出的审计处理有异议的，可向审计机关提出申诉。

被审计单位未按规定期限和要求执行审计决定的，由审计机关责令执行；拒不执行的，申请人民法院强制执行。

第四章　法律责任

第二十一条　被审计单位有下列行为之一的，由审计机关按照审计法律、法规的规定处罚：

（一）拒绝或者拖延提供会计凭证、会计账簿、会计报表等有关资料的；

（二）拒绝、阻碍审计的；

（三）转移、隐匿、伪造、篡改、毁弃会计凭证、会计账簿、会计报表以及其他与财政收支或者财务收支有关的资料的。

被审计单位违反国家财务收支规定的，由审计机关、有关部门在法定职权范围内，依照法律、行政法规的规定处理、处罚。

第二十二条　被审计的经理、厂长和单位，对审计人员、提供证明资料的人员、检举人员打击报复的，由有关部门按管理权限给予行政处分；构成犯罪的，依法追究刑事责任。

第二十三条　国有企业经理、厂长利用职务上的便利，侵吞、窃取、骗取、挪用或者以其他手段非法占有国有财物，或者徇私舞弊、玩忽职守、挥霍浪费，造成企业损失的，审计机关应当依法责令其限期退还被侵占的国有资产、违法所得，并建议有关部门给予行政处分；构成犯罪的，依法追究刑事责任。

第二十四条　审计机关提出的对被审计单位处理、处罚的建议或者对被审计单位负有直接责任的主管人员和其他直接责任人员给予行政处分或者纪律处分的建议，有关机关、单位应当及时作出处理，将结果书面通报审计机关，并报告同级人民政府。

第二十五条　审计人员在审计工作中玩忽职守、滥用职权、徇私舞弊的，由其所在单位或者有关部门给予行政处分；构成犯罪的，依法追究刑事责任。

第二十六条　社会审计机构及其审计人员违反执业准则、规则，出具虚假审计报告的，按

《中华人民共和国注册会计师法》的规定处罚；构成犯罪的，依法追究刑事责任。

第五章 附 则

第二十七条 本省的城镇集体企业董事长、经理、厂长离任经济责任审计工作，可参照本条例执行。

第二十八条 本条例自1998年4月1日起施行。

浙江省国家建设项目审计办法

浙江省人民政府第146号令(2002年7月14日)

第一条 为加强对国家建设项目的审计监督，根据《中华人民共和国审计法》、《中华人民共和国审计法实施条例》等法律、法规规定，结合本省实际，制定本办法。

第二条 审计机关依法对国家建设项目财务收支的真实、合法和效益情况进行审计监督。

第三条 本办法所称国家建设项目，是指以财政资金、各项政府性专项资金、政府统一借贷的资金或国有企事业单位、国有控股单位投入资金等为主要资金来源的基本建设项目或技术改造项目。

本办法所称财务收支，包括建设单位(含项目法人)及勘察、设计、施工、监理、采购、供货等单位与国家建设项目直接有关的财务收支。

第四条 审计机关应当根据法律、法规、规章的规定和本级人民政府、上级审计机关的要求，编制年度审计项目计划。

省重点建设项目由省审计机关审计管辖。

第五条 审计机关应当切实履行审计职责；计划、经贸、财政、建设、国土资源、环境保护、税务、监察、金融等部门，应当予以支持、协助。

第六条 被审计单位应当配合审计机关工作，向审计机关提供该项审计工作所需要的办公场所等工作条件，如实反映情况，按审计机关的要求提供与审计事项相关的资料，不得拒绝、阻碍审计人员依法执行职务。

第七条 审计机关根据年度审计项目计划，对国家建设项目总预算或概算执行情况、年度预算执行情况、年度决算、竣工决算进行审计。

国家建设项目未经竣工决算审计的，不得办理竣工验收手续。

建设单位应当在建设项目基本完工、竣工决算报表编制完成后，及时告知审计机关安排审计。审计机关应当在1个月内下达审计通知书。

第八条 审计机关实施国家建设项目审计，应当编制审计方案。审计方案的主要内容包括：

(一)编制审计方案的依据;

(二)被审计单位的名称和具体情况;

(三)确定审计的范围、内容、目标、重点、实施步骤和预定的起讫日期;

(四)审计组组长、审计组成员及其分工;

(五)编制日期。

第九条　审计机关应当在实施审计3日前,向被审计单位送达审计通知书。

第十条　下列内容应当作为国家建设项目预算或概算执行情况审计的内容:

(一)项目建设资金筹集、管理、使用情况;

(二)征地拆迁费用支出和管理情况;

(三)设备、材料的采购、保管、使用情况;

(四)建设成本及其他财务收支核算情况;

(五)有关税费计缴情况。

第十一条　下列内容应当作为国家建设项目决算审计的内容:

(一)项目投资及预算或概算执行情况;

(二)建设收入情况;

(三)工程结算和工程决算情况;

(四)交付使用资产情况;

(五)尾工工程投资情况;

(六)竣工决算情况;

(七)投资效益情况。

第十二条　审计机关在审计中发现下列与项目财务收支有关的情况的,应当通报有关主管部门予以调查,必要时应当协助调查:

(一)违反规划、土地、拆迁、招标投标、环境保护等建设项目管理法律、法规的;

(二)建设资金筹集涉及非法集资、摊派或收费行为的;

(三)建设资金被转移、侵占或挪用的;

(四)勘察、设计、建设、施工、监理等单位不具备相应资质的;

(五)未有效实施工程质量管理的;

(六)其他应当由有关主管部门处理的违法、违纪行为。

审计机关在审计中因前款各项情况而需要有关主管部门协助调查的,有关主管部门应当协助审计机关查清与国家建设项目财务收支有关的事实。

第十三条　建设单位及其主管部门的内部审计机构,应当加强对本单位、本系统国家建设项目的内部审计监督。

第十四条　审计机关实施国家建设项目审计,可以组织具有法定资格的社会中介机构或聘请具有与审计事项相关专业知识的人员参与审计,具体办法由省审计机关制订。

审计机关应当对审计结果的真实性、合法性负责。

第十五条　建设单位可以委托具有法定资格的社会中介机构对国家建设项目进行审计。

建设单位应当如实向社会中介机构提供与国家建设项目有关的资料。

社会中介机构对国家建设项目的审计结果，审计机关经核实后利用的，不再对同一事项进行重复审计。

第十六条　对国家建设项目进行审计的社会中介机构应当具备相应的审计资质、健全的内部管理制度和良好的社会信誉。

第十七条　接受建设单位审计委托的社会中介机构应当按照本办法第十条、第十一条规定的具体审计内容，对国家建设项目进行审计。其审计报告，应当报送审计机关。

社会中介机构在审计中发现本办法第十二条规定的有关违法、违纪情况的，应当向审计机关或有关主管部门报告。

第十八条　审计机关实施国家建设项目审计，应当依法出具审计意见书；依法需要给予处理的，应当作出审计决定书。审计机关认为依法应当由有关主管部门处理的，应当作出审计建议书，向有关主管部门提出处理意见。

第十九条　审计机关应当向同级人民政府报告国家建设项目审计的结果。审计机关应当依照法律、法规、规章规定，向社会公布国家建设项目审计的结果。

第二十条　审计机关审计人员有下列行为之一的，应当给予行政或纪律处分；构成犯罪的，依法追究刑事责任：

(一)明知与被审计单位或者审计事项有利害关系而不主动回避的；

(二)泄露国家秘密或被审计单位的商业秘密的；

(三)索贿、受贿，或接受可能影响公正执行职务的不当利益的；

(四)隐瞒被审计单位财经违法违纪行为的；

(五)有其他徇私舞弊、玩忽职守行为的。

第二十一条　审计机关聘请的专业人员在从事国家建设项目审计工作中有本办法第二十条行为的，审计机关应当予以辞聘，并按省审计机关制订的管理规范作出其他处理；违反《浙江省社会中介机构管理办法》规定的，同时按其规定予以处罚；构成犯罪的，依法追究刑事责任。

第二十二条　审计机关应当加强对由其组织和聘请参与国家建设项目审计的社会中介机构和专业人员的指导、监督和管理，明确有关人员的权利义务，对过错、过失人员按规定追究责任。

第二十三条　接受建设单位委托对国家建设项目进行审计的社会中介机构，应当遵守《浙江省社会中介机构管理办法》的规定。

第二十四条　被审计单位认为审计机关的具体行政行为侵犯其合法权益的，可以依法向上一级审计机关或者本级人民政府申请行政复议，对行政复议决定不服的，可以依法提起行政诉讼。

第二十五条　接受、使用社会捐赠的公益性建设项目，审计机关可以参照本办法进行审计监督。

第二十六条　本办法中所称的重点建设项目，是指《浙江省重点建设项目管理办法》规定的建设项目。

第二十七条　本办法自2002年9月1日起施行。

浙江省农村集体经济审计办法

浙江省人民政府第147号令

（2002年7月18日）

第一章　总　则

第一条　为了加强对农村集体经济的审计监督，保护农村集体经济组织及其成员的合法权益，促进农村经济发展，根据国家有关规定，结合我省实际，制定本办法。

第二条　本办法所称农村集体经济审计（以下简称农村审计）是指对农村集体经济组织及其所属单位的资产负债、财务收支等经济活动进行的审计；对提取、管理、使用农民承担费用和劳务进行的专项审计及其他专项审计。

第三条　县级以上人民政府农业行政主管部门负责本行政区域内的农村审计工作。

林业、水利、海洋渔业、中小企业、行政监察等行政主管部门按照各自的职责，配合农村审计行政主管部门共同做好农村审计工作。

第四条　农村审计应当坚持客观公正、实事求是、廉洁奉公、保守秘密的原则。

第五条　农村审计人员依法行使职权，受法律保护，任何单位和个人不得阻碍和打击报复。

第二章　审计人员

第六条　农村审计人员应当参加专业培训，并经省农业行政主管部门考核合格，取得农村审计人员资格证书后，方可从事农村审计工作。

农村审计人员的资格条件及考核办法，由省农业行政主管部门根据国家有关规定制定，报省人民政府备案。

第七条　农村审计人员办理审计事项，遇有下列情形之一的，应当自行回避；被审计单位有权申请审计人员回避：

（一）与被审计单位负责人和有关主管人员之间有夫妻关系、直系血亲关系、三代以内旁系血亲和近姻亲关系的；

（二）与被审计单位或者审计事项有经济利益关系的；

（三）与被审计单位或者审计事项有其他利害关系，可能影响公正的。审计人员的回避，由农业行政主管部门负责人决定。

第八条　农村审计人员在审计工作中对知悉的被审计单位的有关商业秘密等秘密事项负有保密义务。

第三章 审计对象与审计职权

第九条 农业行政主管部门对本行政区域内的下列单位进行审计：

（一）农村集体经济组织；

（二）农村集体经济组织所属的单位；

（三）使用村提留、乡镇统筹费、农村义务工、劳动积累工等农民承担费用（劳务）的单位。

第十条 农业行政主管部门对下列事项进行审计监督：

（一）财务管理制度的建立及执行情况；

（二）财务预算执行情况；

（三）财务会计报表、会计凭证、会计账簿的完整性、真实性和合法性；

（四）资产、负债、损益、分配情况；

（五）村提留、乡镇统筹费、农村义务工、劳动积累工等农民承担费用（劳务）的管理、使用情况；

（六）承包金、租金、土地征用费等费用的收入、管理、使用情况；

（七）借入资金的管理和使用情况；

（八）受赠资金、物资的管理使用情况；

（九）建设项目的财务情况；

（十）农村集体经济组织及其所属单位负责人的任期经济责任；

（十一）其他需要审计的事项。

第十一条 农业行政主管部门在进行农村审计时，行使下列职权：

（一）要求被审计单位如实提供财务收支计划及其执行情况、财务报告、合同以及其他与财务有关的资料，查阅、复印被审计单位的会计凭证、会计账簿、会计报表、预算、决算等会计资料，检查资金和财产，被审计单位不得拖延、谎报；

（二）对审计事项涉及的问题，有权向有关单位和人员调查，收集证明材料；

（三）发现被审计单位转移、隐匿、篡改、毁弃会计报表、会计凭证、会计账簿以及其他财务资料的，必要时，经农业行政主管部门负责人批准，可暂时封存被审计单位与违反财务收支有关的账册资料；

（四）发现被审计单位有违反国家和农村集体规定的财务收支行为的，有权予以制止。

农村审计人员行使职权时，被调查单位和个人应当如实反映情况和提供证明材料，不得拒绝和阻碍。

第十二条 农业行政主管部门开展审计工作，接受上级农业行政主管部门和国家审计机关的业务指导。

第四章 审计程序

第十三条 农业行政主管部门应当根据下列情况确定审计任务，编制审计工作计划：

（一）集体经济组织负责人任期届满审计或任期内离任审计；

（二）集体经济组织成员认为集体经济管理违反财务规则，需要进行的审计；

(三)根据当地人民政府的部署进行的审计。

前款第(一)、(三)项的审计工作经费列入同级人民政府财政预算。

第十四条　农业行政主管部门根据审计工作计划,成立项目审计组。审计组应当编制具体的审计方案。

第十五条　农业行政主管部门应当在实施审计的3日前书面通知被审计单位。

第十六条　审计人员应当通过审查与审计事项有关的凭证、账簿、报表,查阅文件、资料,检查现金、有价证券、实物,向有关单位和个人调查等方式进行审计。

第十七条　审计人员按照下列规定实施审计:

(一)编制审计工作底稿,对审计中发现的问题,作出详细、准确的记录,并注明资料来源;

(二)搜集、取得能够证明审计事项的有关资料、文件和实物等;

(三)对与审计事项有关的会议和谈话内容作出记录,或者根据审计工作需要,要求有关单位提供会议记录材料。

第十八条　调查取证时,审计人员应当出示行政执法证和审计通知书副本,并有两名以上持证审计人员在场。证明材料应当有被调查人签名或者盖章。

第十九条　审计组在审计报告报送之前,应当征求被审计单位的意见。被审计单位应当在收到审计报告之日起10日内提出书面意见。逾期不提出书面意见的,视作无异议。

被审计单位对审计报告有异议的,审计组应当作出说明或者复查。

第二十条　审计事项完毕后,审计组应当向农业行政主管部门提出审计报告。被审计单位对审计报告有异议的,审计报告应附被审计单位的书面意见,以及对异议的处理结果。

第二十一条　农业行政主管部门对审计报告进行审查、复核后,按下列规定办理:

(一)对没有违反国家规定的财务收支行为,应当对审计事项作出评价,出具审计意见书;

(二)对有违反国家规定的财务收支行为,情节轻微的,应当予以指明并责令其自行纠正,对审计事项作出评价,并出具审计意见书;

(三)对违反国家规定的财务收支行为,需要依法给予处理、处罚的,除应当对审计事项作出评价,出具审计意见书外,还应当依照法定权限作出处理或处罚决定;

(四)对违反国家规定的财务收支行为,应当由有关主管机关或者集体经济组织处理的,应当制作审计建议书,向有关主管机关或者集体经济组织提出处理意见。

第二十二条　除涉及商业秘密等不宜公开情形外,农业行政主管部门可根据情况将审计结果向集体经济组织成员或者被审计单位公布,并督促被审计单位根据审计结果进行整改。

第二十三条　办理农村审计项目,应当按省农业行政主管部门规定的格式制作审计文书。

第五章　法律责任

第二十四条　被审计单位有下列情形之一的,由农业行政主管部门责令其限期改正,通报批评或者给予警告,并可对有关单位的负责人、直接责任人员处以500元以上1000元以下的罚款:

（一）拒绝、拖延提供与审计事项有关资料的；

（二）拒绝、阻碍审计检查的；

（三）转移、隐匿、篡改、毁弃会计凭证、会计报表及有关资料的；

（四）弄虚作假，隐瞒事实真相的；

（五）拒不执行审计意见书的；

（六）对农村审计人员打击报复的。

上列行为情节严重的，农业行政主管部门应当建议集体经济组织、集体经济组织成员（村民）会议或者集体经济组织成员（村民）代表会议，对被审计单位负有直接责任的主管人员和其他直接责任人员作出处理；对国家工作人员，建议有关主管部门或者行政监察部门给予行政或者纪律处分；构成治安违法的，由公安机关给予治安处罚；构成犯罪的，依法追究刑事责任。

第二十五条　被审计单位转移、隐匿违法取得的资产的，农业行政主管部门应当予以制止，或者申请人民法院采取财产保全措施；造成损失的，责令其赔偿损失。

第二十六条　对侵占、挪用、私分集体资产的有关人员，由农业行政主管部门或者乡镇人民政府责令其退还财产；造成损失的，应责令其赔偿损失。

第二十七条　被审计单位有公款私存、设立"小金库"或账外账、白条抵库、收入不入账、违反规定发放资金、实物等违反财务收支行为的，由农业行政主管部门责令其纠正，并给予警告；有违法所得的，责令其退还。

第二十八条　对受本办法第二十五条、第二十六条、第二十七条处罚或处理的被审计单位的直接责任人及其他有关人员，由农业行政主管部门建议集体经济组织、集体经济组织成员（村民）会议或者集体经济组织成员（村民）代表大会作出处理；构成犯罪的，依法追究刑事责任。

第二十九条　违反减轻农民负担法规、规章规定，增加农民负担的，农业行政主管部门应当责令其纠正；情节严重的，建议有关部门或者行政监察部门对直接责任人和主管人员给予行政或者纪律处分。

第三十条　被审计单位对农业行政主管部门的处理、处罚决定等具体行政行为不服的，可以依法向作出决定的农业行政主管部门的本级人民政府或上一级农业行政主管部门申请行政复议。

第三十一条　农村审计人员有下列情形之一的，农业行政主管部门应当给予行政处分：

（一）依照本办法规定应当回避，因故意隐瞒事实而没有回避的；

（二）违反规定，泄露被审计单位商业秘密等有关秘密事项的；

（三）对被审计单位违法行为应当予以制止而没有制止，造成集体经济组织财产损失的；

（四）因审计监督不力，导致农村集体经济财务混乱，后果严重的；

（五）其他滥用职权、玩忽职守、徇私舞弊行为的。

前款第（二）、（三）、（四）项情形，情节严重的，由行政监察机关对农业行政主管部门的负责人给予行政处分。

第六章 附 则

第三十二条 本办法下列用语的含义：

农村集体经济组织所属企业：是指集体资本占企业资本总额50%以上的企业，以及集体资本占企业总资本的比例不足50%，但集体资产投资者实质上拥有控制权的企业。

农村集体经济组织所属单位：是指由农村集体经济组织出资兴办的学校、养老院、农业技术服务站等为农村集体经济组织成员服务的公益性单位。

第三十三条 本办法对乡镇统筹费、农村义务工、劳动积累工使用情况进行审计的规定，不适用于农村税费改革完成的地区。

第三十四条 本办法自2002年10月1日起施行。

浙江省预算执行情况审计监督办法

浙江省人民政府第170号令

（2004年3月16日）

第一条 为加强对各级预算执行情况的审计监督，根据《中华人民共和国审计法》（以下简称《审计法》）及其他有关法律、法规，结合本省实际，制定本办法。

第二条 本办法所称的预算执行情况审计是指各级审计机关在本级人民政府行政首长和上一级审计机关的领导下，对本级预算执行情况和其他财政收支的真实、合法、效益进行审计监督的行为。

第三条 各级审计机关对本级预算执行情况进行审计监督，应当符合下列要求：（一）有利于促进各级财政、税务和其他部门依法行使预算管理职权；（二）有利于各级人民政府加强对本级预算执行的管理；（三）有利于各级人民代表大会常务委员会对本级预算执行的监督；（四）有利于提高各级财政预算管理水平，更加合理地分配财政资金，提高资金的使用效益。

第四条 审计机关和审计人员办理审计事项应当客观公正，实事求是，廉洁奉公，保守秘密。审计人员应当具有相应的专业知识和业务能力，熟悉与预算执行情况审计工作相关的法律、法规，遵守审计工作的行为规范。

第五条 各级审计机关依法对本级预算执行情况进行审计监督的主要内容：（一）各级财政部门按照本级人民代表大会批准的预算，向本级各部门批复预算的情况、本级预算执行中调整情况和预算收支变化情况；（二）预算收入征收部门依照有关法律、行政法规和国家其他有关规定，及时、足额征收应征的地方各项预算收入情况；（三）各级财政部门按照批准的年度预算和用款计划、预算级次和程序，拨付本级预算支出情况；（四）各级财政部门依照有关法律、行政法规的规定和财政管理体制，拨付补助下级人民政府预算支出资金和办理结算情况；（五）各级财政部门依照有关法律、行政法规和财政部的有关规定，管理政府债务情况；（六）本级各部门执行年度支出预算和财政制度、财务制度以及相关的经济建设和事业发展情况；有预算收入上缴任务的部门和单位预算收入上缴情况；（七）地方国库按照国家有关规定，办理预算收入的收纳情况和预算支出的拨付情况;(八)按照国家有关规定实行专项管理的预算资金收支情况;(九)预算执行部门和单位运用电子计算机管理财政收支、财务收支的财务会计核算系统;(十)本级人民政府行政首长授权的及其与预算执行情况有关的其他事项。

第六条 各级审计机关对其他财政收支进行审计监督的主要内容:(一)各级财政部门依照有关法律、法规、规章和省人民政府有关规定,管理、使用预算外资金和财政有偿使用资金的情况;(二)本级各部门依照有关法律、法规、规章和省人民政府有关规定,管理和使用预算外资金的情况;(三)本级各部门决算和下级政府决算。

第七条 各级审计机关在本级预算执行情况审计监督工作中,对与本级财政收支有关的特定事项,有权依照《审计法》第二十七条的规定,向有关地方、部门、单位进行专项审计调查;有权对下级人民政府在预算执行和决算中执行预算和税收法律、法规、规章,以及分配使用上级财政补助资金和预算外资金管理、使用等情况进行审计调查。

第八条 各级审计机关应当在每年 6 月底前对上一年度本级财政、地方税务部门和其他有关部门预算执行情况进行审计。

各级审计机关应当在每年 7 月底前,向本级人民政府和上一级审计机关提出上一年度本级预算执行情况的审计结果报告。县(市、区)审计机关的审计结果报告应当同时抄送省审计部门。

各级审计机关受本级人民政府委托,根据本级人民代表大会常务委员会的安排,向本级人民代表大会常务委员会提出本级预算执行情况的审计工作报告。

第九条 各级财政、地方税务部门和其他部门,应当及时向本级审计机关报送下列材料,同时按照审计机关的要求,提供相关的电子数据,并对所提供资料的真实性、完整性负责。(一)本级人民代表大会批准的预算和本级人民政府财政部门向本级各部门批复的预算,征收部门的年度收入计划,以及本级各部门向所属各单位批复的预算;(二)本级预算收支执行和预算收入征收部门的收入计划完成情况月报表、年报和决算,以及预算外资金收支决算和财政有偿使用资金收支情况;(三)综合性财政、税务工作统计年报、情况简报、预算执行情况分析、税收计划完成情况分析;(四)财政、预算、税收、财务和会计等规章制度;(五)财政部门向本级人民政府报送的财政决算草案和本级各部门汇总编制的本部门决算草案;(六)地方税务部门每月在向上一级地方税务部门报送税务计划执行情况和税收会计、统计报表的同时抄送本级审计机关,并根据本级审计机关审计同级预算执行情况的需要,向审计机关提供有关的税收征管情况的说明材料;(七)地方国库对应级次的预算收入、预算支出、预算收入退库的月(季)报表和年度决算报表;(八)预算执行审计监督需要的其他有关资料。

第十条 省审计机关根据审计监督工作的需要,可以要求市、县(市、区)财政部门报送经依法批准的预算、决算。

第十一条 各级审计机关对本级财政、税务部门和其他部门违反预算的行为或者其他违反国家规定的财政收支行为,应当在法定的职权范围内出具审计意见书、作出审计决定;审计机关认为应当由有关主管机关处理、处罚的,应当作出审计建议书,向有关主管机关提出处理、处罚意见。

各级审计机关在本级预算执行情况审计监督中，遇有损害国家利益和社会公共利益而处理、处罚依据不明确的事项，应当向本级人民政府和上级审计机关报告。

第十二条　各级审计机关认为本级财政、税务部门和其他部门制定的有关财政收支的规范性文件，与法律、法规、规章相抵触或者不适当的，应当建议有关部门纠正；有关部门不予纠正的，审计机关可以提出处理建议，经政府法制部门审查后，报本级人民政府决定。

第十三条　被审计单位有下列行为之一的，对负有直接责任的主管人员和其他直接责任人员，由其所在单位或者有关部门给予行政或者纪律处分；构成犯罪的，由司法机关依法追究刑事责任：(一)拒绝或者拖延提供与审计事项有关的资料的；(二)拒绝或者阻碍审计人员依法履行审计职责的；(三)其他违反审计法律、法规、规章依法应当给予行政或者纪律处分的行为。

第十四条　审计人员有下列行为之一的，由其所在单位或者有关部门依法给予行政处分或者纪律处分；构成犯罪的，依法追究刑事责任：(一)泄露国家秘密和商业秘密的；(二)依法应当回避而不回避的；(三)玩忽职守，违法失职的；(四)滥用职权，徇私舞弊的；(五)其他应当依法给予行政或者纪律处分的行为。

第十五条　本办法自2004年5月1日起施行。省人民政府1995年制定的《浙江省预算执行情况审计监督实施办法》同时废止。

浙江省内部审计工作规定

浙江省人民政府第258号令

(2009年4月9日)

第一条　为加强内部审计工作，规范内部审计行为，提高管理水平和经济效益，促进廉政建设，根据《中华人民共和国审计法》和其他有关法律、法规，结合本省实际，制定本规定。

第二条　本规定所称的内部审计，是指单位为促进其目标实现，对自身及所属单位的经济活动和内部控制的真实、合法和有效而实施的监督、评价和咨询活动。

第三条　本省行政区域内的国家机关、事业单位、国有企业及其他依法属于审计机关审计监督对象的单位，应当建立健全内部审计制度，开展内部审计工作。

上市公司、地方金融机构应当按照国家有关规定开展内部审计工作。

鼓励和支持非公有制企业、农村集体经济组织等单位建立健全内部审计制度，开展内部审计工作。

第四条　内部审计工作应当遵循依法、客观、独立、公正的原则。

第五条　省人民政府的审计机关负责指导和监督全省内部审计工作。设区的市、县(市、区)人民政府的审计机关负责指导和监督本行政区域内的内部审计工作。

县级以上人民政府其他有关行政(行业)主管部门应当加强对所属单位(行业)的内部审计工作的指导和监督。

第六条　内部审计机构和内部审计人员在单位主要负责人或者权力机构的领导下开展

工作，行使内部审计职权，并对其负责。

单位主要负责人或者权力机构应当支持内部审计工作，保障内部审计机构和内部审计人员依法履行职责。内部审计机构履行职责所必需的经费，应当列入单位预算，予以保障。

第七条　法律、行政法规或者国家有关规定明确要求设立内部审计机构的单位，应当依法设立内部审计机构。

前款规定范围以外的单位，可以根据需要设立内部审计机构，也可以授权本单位的内设机构独立履行内部审计职责。

单位可以委托社会审计机构或者与社会审计机构合作开展内部审计工作。单位可以配备专职或者兼职的内部审计人员。

第八条　内部审计人员应当具备从事内部审计工作所需要的专业知识和业务能力，并定期接受内部审计继续教育培训。

第九条　内部审计人员应当依法履行职责，遵守内部审计规定、准则，恪守职业道德规范，客观公正，廉洁奉公，保守秘密。

内部审计人员不得兼任或者从事可能影响其依法履行职责的经营管理或者财务工作；与被审计对象或者审计事项有利害关系的，应当遵守有关回避规定。

第十条　内部审计机构和内部审计人员根据本单位主要负责人或者权力机构的授权，审查和评价下列事项：

（一）本单位及所属单位的财政、财务收支或者相关经济活动；

（二）本单位内设机构及所属单位负责人的任期经济责任；

（三）本单位及所属单位的经济管理和效益情况；

（四）本单位及所属单位的内部控制和风险管理；

（五）本单位主要负责人或者权力机构交办的其他审计事项。

第十一条　内部审计机构和内部审计人员具有下列权限：

（一）要求被审计对象按时提供有关财政、财务收支计划、预算执行情况、决算、会计报表及相关经济活动的资料和电子数据。

（二）检查有关财政、财务收支或者相关经济活动的资料、文件和计算机系统及其电子数据，现场清查与审计事项有关的实物。

（三）就审计事项的有关问题向内部有关单位和个人调查取证。

（四）对违反财经法律、法规有关规定的行为予以制止，提出处理建议；对遵守财经法律、法规，经济效益显著的单位和个人，提出表彰和奖励的建议；对经济管理中存在的问题提出意见与建议。

（五）经本单位主要负责人或者权力机构批准，对可能被转移、隐匿、篡改、毁弃的有关财政、财务收支或者相关经济活动的资料予以暂时封存。

（六）根据本单位主要负责人或者权力机构的要求，参加或者列席本单位及其所属单位召开的有关财政、财务收支或者相关经济活动的会议。

第十二条　被审计对象、内部有关单位和个人应当配合内部审计工作，按要求提供相关资料，并对所提供资料的真实性和完整性负责，不得拒绝、阻碍、隐瞒、谎报。

第十三条　内部审计机构应当制定年度审计工作计划，报经本单位主要负责人或者权力机构批准后实施。

内部审计机构根据年度审计工作计划确定审计项目，组成审计组，指定审计项目负责人。

审计组应当制定项目审计实施方案，经内部审计机构负责人批准后组织实施。内部审计机构应当在实施审计前将审计通知书送达被审计对象；经本单位主要负责人或者权力机构批准，可以在实施审计时送达。

第十四条　审计组通过检查、监盘、观察、查询及函证、计算、分析性复核等方法，取得证明材料，并形成审计工作底稿。

审计组实施审计后，应当就有关事项征求被审计对象的意见。被审计对象应当按照审计组的要求反馈意见，逾期视为无异议。

第十五条　内部审计机构应当对审计组提交的材料和被审计对象的意见进行复核，报经本单位主要负责人或者权力机构同意后下达审计结论。被审计对象应当按照审计结论要求及时整改，落实相关措施。

被审计对象对审计结论有异议的，可以向内部审计机构所在的单位主要负责人或者权力机构提出申诉，单位主要负责人或者权力机构应当及时答复。

审计结论应当作为考核、奖惩、任免本单位及所属单位工作人员的依据之一。

第十六条　审计工作完成后，审计组应当及时整理审计资料，形成审计档案。

第十七条　内部审计机构在必要时应当开展后续审计，监督、检查被审计对象采取的整改措施及效果，并向本单位主要负责人或者权力机构报告后续审计结果。

第十八条　审计机关应当依法加强对内部审计工作的指导和监督，检查和评估内部审计工作开展情况，纠正内部审计工作存在的问题，合理利用内部审计成果，提高内部审计工作质量和水平。

第十九条　内部审计协会是内部审计行业的自律性社会团体。

内部审计协会应当按照法律、法规、规章和协会章程开展活动，接受审计机关、民政部门的指导和监督管理。

第二十条　违反本规定未开展内部审计工作的，由审计机关责令改正；拒不改正的，审计机关认为对直接负责的主管人员和其他直接责任人员依法应当给予处分的，应当向有权机关提出给予处分的建议；有权机关应当依法及时处理，并将处理结果书面通知审计机关。

第二十一条　被审计对象拒绝、阻碍内部审计工作，或者转移、隐匿、篡改、毁弃有关财政、财务收支和相关经济活动的资料，或者拒绝、拖延提供资料，或者提供资料不真实、不完整的，由单位主要负责人或者权力机构及时予以处理；构成犯罪的，依法追究刑事责任。

第二十二条　内部审计人员有下列行为之一的，由其所在单位或者有权机关依照有关规定予以处理；构成犯罪的，依法追究刑事责任：

（一）隐瞒审计查出的重大问题或者出具虚假审计结论的；

（二）泄露国家秘密或者商业秘密的；

（三）应当回避而没有回避的；

（四）滥用职权、玩忽职守、徇私舞弊的；

（五）其他依法应当予以处理的行为。

第二十三条　本规定自2009年6月1日起施行。1989年11月6日省人民政府发布的《浙江省内部审计工作暂行规定》同时废止。

大事年表

时　间	大　事　纪　要	资料来源
民国元年（1912年）	9月25日，北京政府成立中央审计处（隶属于国务总理）。	《杭州审计志》，方志出版社2009年版，第52页
民国2年（1913年）	4月1日，浙江审计分处成立，负责对行政支出和财政收入进行审计。	《杭州审计志》，方志出版社2009年版，第56页
民国3年（1914年）	6月6日，北京政府撤销中央审计处，成立审计院（隶属于大总统），负责中央和各省预算执行审计事项。浙江省辖区内审计事项由审计院直接办理。	《杭州审计志》，方志出版社2009年版，第56页
民国17年（1928年）	7月1日，南京政府成立审计院。浙江省辖区内审计事项由审计院直接办理。	《杭州审计志》，方志出版社2009年版，第57页
民国20年（1931年）	2月21日，南京政府撤销审计院，在监察院下设立审计部，负责审计事项，并在各省（市）政府所在地陆续设立审计处。	《杭州审计志》，方志出版社2009年版，第57页
民国24年（1935年）	4月1日，浙江省审计处成立，负责监督审核浙江省市暨中央驻省各级机关财务。	《杭州审计志》，方志出版社2009年版，第58页
1982年	8月，国务院印发《关于建立审计机关的通知》。	《中国审计史》，中国时代经济出版社2005年版，第51页
	12月4日，五届全国人大五次会议通过《中华人民共和国宪法》并公布施行，规定国务院和县级以上地方各级人民政府设立审计机关，依法独立行使审计监督权。	《中国审计史》，中国时代经济出版社2005年版，第47页
1983年	4月9日，永康县审计局成立，是浙江省首个成立的县级审计机关。	永康县人民政府永政〔1983〕43号
	8月21日，湖州市审计局成立。是浙江省首个成立的市地级审计机关。	《浙江审计十年》，浙江大学出版社1995年版，第449页
	12月13日，省委批准建立浙江省审计局，任命张升耀为局长，12月26日由省六届人大常委会第四次会议表决通过。	中共浙江省委省委干〔1983〕177号

续表 1

时间	大事纪要	资料来源
1984 年	3 月 4 日，省委机构改革领导小组批准，省审计局设审计一处（负责财政金融审计）、审计二处（负责工业交通审计）、审计三处（负责商粮外贸审计）、审计四处（负责基本建设审计）和办公室 5 个职能处室，暂定编制 50 名。	中共浙江省委机构改革领导小组省机改〔1984〕14 号
	3 月 11—23 日，第一次全国审计工作会议在北京召开，局长张升耀参加会议。会议确定全国审计工作“边组建、边工作”的方针。	《中国审计史》，中国时代经济出版社 2005 年版，第 67 页
	4 月 23 日，省委组织部、省劳动人事厅、省审计局联合发文《关于加快各级审计机关组建工作的通知》。	中共浙江省委组织部浙组〔1984〕25 号、省劳动人事厅浙劳人干〔1984〕86 号、省审计局浙审党〔1984〕4 号
	7 月 24—31 日，全省审计局长会议在杭州召开。这是浙江省审计机关成立后的第一次全省性会议。常务副省长张兆万到会并讲话，局长张升耀在工作报告中提出要贯彻“边组建、边工作”的方针，尽快建立健全审计机构，有重点地开展审计工作，为促进经济改革、提高经济效益服务。	《开拓的历程——浙江省五年审计工作的回顾》，浙江省审计局编印，第 112 页
	8 月 23 日，省政府批转《全省第一次审计局长会议纪要》。	省政府办公厅浙政〔1984〕47 号
	8 月 25 日，杭州市审计局成立。至此，全省 11 个地市级审计机关全部成立。	中共杭州市委杭市委干〔1984〕278 号
	10 月 3 日，省委批准成立中共浙江省审计局党组，任命张升耀为省审计局党组书记。	中共浙江省委省委干〔1984〕165 号
	10 月 6—10 日，温州市审计局接受市纪委交办任务，对市蔬菜公司进行审计。温州市委对审计报告中所揭示的问题进行专题研究，转发市审计局《关于温州市蔬菜公司请吃的调查情况报告》。26 日，《浙江日报》第一版以“温州市蔬菜公司动用公款大吃大喝，市纪委发出通报要求给予严肃处理”为题进行报道。这是浙江省审计系统实施的首个具有较大社会影响的审计项目。	中共温州市委温市委〔1984〕220 号、中共温州市纪委温市纪委〔1984〕35 号
	11 月 18 日至 12 月 7 日，省审计局对嘉兴毛纺织总厂进行审计，查明该厂隐瞒截留 1223 万元利润、偷漏税款等严重违纪违规问题。1985 年 1 月 19 日，省政府批转省审计局对嘉兴毛纺织总厂严重违反财经纪律的审计结论和决定，向全省进行通报。《浙江日报》1985 年 1 月 25 日、《人民日报》1985 年 1 月 29 日对此作了报道和评论。这是省审计局成立后实施的首个审计项目。	省政府办公厅浙政〔1985〕7 号

续表 2

时间	大事纪要	资料来源
1985 年	3 月上旬至 7 月底，全省审计机关对 1984 年公路养路费征收、管理、使用情况实施行业同步审计，发现养路费在征收、管理、使用方面问题严重。9 月 21 日，省政府批转省审计局《关于对我省公路养路费征收、管理和使用情况的审计报告》。这是浙江省实施的首个全省行业同步审计项目。	省政府办公厅浙政〔1985〕80 号
	4 月 20—24 日，全省审计工作会议在杭州召开。局长张升耀作题为《加强审计监督，促进经济体制改革健康发展》的工作报告。	《开拓的历程——浙江省五年审计工作的回顾》，浙江省审计局编印，第 115 页
	7 月 29 日至 8 月 3 日，全省市地审计局长座谈会召开。省长薛驹到会并作题为《关于加强宏观经济控制，积极搞好审计监督》的讲话，对审计机关前一阶段查处的违反财经纪律案件给予充分肯定，要求审计工作成为经济活动监督方面的权威，在新形势下担负起保护和促进经济建设、推动改革、维护财经纪律的任务。	省审计厅档案 J225－002－036－004
	8 月 10 日，省政府印发《关于加强审计工作的决定》。	省政府办公厅浙政〔1985〕66 号
	8 月 29 日，国务院发布《关于审计工作的暂行规定》，自发布之日起施行。	国务院国发〔1985〕105 号
	9 月 26 日，劳动人事部、审计署、财政部联合发文，下达浙江省各级审计机关增加行政编制 460 人。	审计署审人〔1985〕165 号
	10 月 20—22 日，省审计学会在杭州召开成立大会。常务副省长沈祖伦到会讲话，并任名誉会长。副局长姚雏白当选为省审计学会会长。	《开拓的历程——浙江省五年审计工作的回顾》，浙江省审计局编印，第 117 页
	11 月至 1986 年 6 月，省审计局对中国银行杭州分行 1984—1985 年财务收支进行审计。发现虚列支出、挤占费用、截留国家收入 324.13 万元、变现高价买卖外汇 50 万美元等问题。1986 年 6 月 4 日，省委常委会专门听取审计情况汇报。	《浙江审计十年》，浙江大学出版社 1995 年版，第 455 页
	11 月 16 日，省审计局召开省级有关厅局（公司）和省属厂矿内部审计机构组建工作座谈会。	《开拓的历程——浙江省五年审计工作的回顾》，浙江省审计局编印，第 118 页
	1985 年开始，根据审计署、财政部、监察部通知要求，全省审计机关部署开展税收、财务、物价大检查工作。该项工作持续至 1997 年结束。	省审计厅档案 J225－002－136－043

续表 3

时　间	大　事　纪　要	资料来源
1986 年	2 月 4 日，劳动人事部、审计署、财政部联合发文，下达浙江省审计机关增加行政编制 100 人。	审计署审人〔1986〕第 23 号
	3 月 11—15 日，全省审计工作会议在杭州召开。常务副省长沈祖伦到会并讲话。局长张升耀在工作报告中要求贯彻“抓重点、打基础”的方针，更好地发挥审计监督作用。	省审计厅档案 J225－002－101－009
	7 月 16 日，宁波市江东区审计局成立。至此，全省 94 个省、市、县三级政府已全部成立审计机关。	宁波市审计局档案室
	9 月 19 日至 10 月 5 日，省审计局根据省领导要求和省政府办公厅交办任务，对杭州建筑陶瓷厂引进大型陶瓷饰面板生产线进行专项审计，并把审计结果向省政府作了报告。	省政府办公厅浙政办函〔1986〕114 号
	12 月，省审计局对省工艺品进出口分公司出口 25 千克珍珠问题进行调查审计，查出严重失职导致国有资产重大损失问题。审计署审计长吕培俭在《浙江审计简报》上批示。	《开拓的历程——浙江省五年审计工作的回顾》，浙江省审计局编印，第 121－122 页
1987 年	2 月 21—25 日，全省审计工作会议暨全省审计系统表彰会议在杭州召开。省委副书记陈法文、常务副省长沈祖伦、省人大常委会副主任吴植椽等出席会议并颁奖，沈祖伦在会上作了讲话。局长张升耀在工作报告中要求全省审计机关围绕增产节约、增收节支、深化企业改革做好监督工作。	省审计厅档案 J225－002－160－004
	3 月 30 日，省政府办公厅转发省审计局《关于对省直行政事业单位财务收支实行定期审计的通知》。	省政府办公厅浙政办发〔1987〕214 号
	6 月 21—27 日，审计署审计长吕培俭在浙江调研，并参加在杭州召开的华东部分省市审计局长座谈会。	《开拓的历程——浙江省五年审计工作的回顾》，浙江省审计局编印，第 124 页
1988 年	2 月 5—8 日，全省审计工作会议在富阳县召开。副省长柴松岳到会并讲话。局长张升耀在工作报告中要求积极履行监督职能，维护财经纪律，反对损失浪费，促进“双增双节”和外向型经济发展，为进一步稳定经济和深化改革、搞活企业服务。	省审计厅档案 J225－002－215－004
	6 月 3 日，省审计局、省编委、省劳动人事厅、省财政厅联合发文《关于全省各级审计机关增加编制和调配干部的通知》，全省审计机关增加事业编制 1220 人（不包括宁波市）。	省审计局浙审人〔1988〕43 号、省编制委员会浙编〔1988〕52 号、省劳动人事厅浙劳人干〔1988〕128 号、省财政厅浙财行〔1988〕234 号
	10 月 21 日，国务院第二十二次常务会议通过《中华人民共和国审计条例》，自 1989 年 1 月 1 日起施行。	国务院令第 21 号

续表 4

时　间	大 事 纪 要	资料来源
1989 年	3 月，省审计局对杭州钢铁厂厂长开展经济责任审计。这是省审计局受主管部门委托，首次对国有企业领导人员开展经济责任审计。	省审计厅档案 J225－001－255－007
	3 月 5—8 日，全省审计工作会议在杭州召开。省长沈祖伦到会并讲话，要求紧紧围绕治理经济环境、整顿经济秩序和全面深化改革开展审计工作。局长张升耀在工作报告中要求继续贯彻“抓重点，打基础”的工作方针，落实好为治理、整顿、改革服务的指导思想，进一步履行审计监督职能。	省审计厅档案 J225－002－268－007
	5 月 24—26 日，全省首次社会审计工作会议在海宁市召开。	《浙江审计十年》，浙江大学出版社 1995 年版，第 467 页
	6 月，省审计局根据省领导要求，对省政府驻海南办事处及所属大东南公司、越海公司和省政府驻广州办事处所属浙江经济实业总公司在杭经营点进行财务审计。11 月，先后向省顾问委员会、审计署、省政府、省人大领导、省委常委会、省政协常委会汇报对三家公司的审计情况。12 月 24 日，省审计局发出对三家公司及所属 15 个子公司的审计结论和决定。1990 年 1 月 19—20 日，局长张升耀向全国人大浙江巡视组汇报大东南公司等三家公司审计情况。同年 3 月 13 日，向省七届人大三次会议部分代表报告大东南公司等三家公司审计结论的执行情况。	《浙江审计十年》，浙江大学出版社 1995 年版，第 467、471 页
	11 月 6 日，省政府印发《浙江省内部审计工作暂行规定》。1991 年 4 月 1 日进行部分修订。	省政府浙政〔1989〕第 37 号，省政府浙政发〔1991〕60 号
1990 年	4 月 17—20 日，全省审计工作会议和审计系统先进集体和先进个人表彰大会在杭州召开。省长沈祖伦等省领导到会，沈祖伦在讲话中要求实行“积极发展、逐步提高”的方针，围绕治理整顿和深化改革开展审计工作。	省审计厅档案 J225－002－337－007
	12 月 5 日，省审计局和省编委、省劳动人事厅、省财政厅联合发文，决定给粮棉基地县的 44 个审计机关增编 146 人。	省审计厅浙审人〔1990〕131 号
1991 年	2 月 2—5 日，全省审计工作会议在杭州召开。局长张升耀在工作报告中要求继续贯彻执行“积极发展，逐步提高”的方针，围绕治理整顿、深化改革和发展经济，抓住审计重点，改进审计工作，为宏观调控和发展经济服务。	省审计厅档案 J225－002－405－006
	3 月 14 日，省审计局、省编委、省劳动人事厅、省财政厅联合发文，给省级部分厅、局(总公司)内审机构增加编制，省审计局划出 49 名编制给省计经委等 23 个单位。	《浙江审计十年》，浙江大学出版社 1995 年版，第 475 页

续表 5

时　间	大　事　纪　要	资料来源
1992 年	1 月 26—29 日，全省审计工作会议在杭州召开。省长助理龙安定到会并讲话。局长张升耀在工作报告中要求贯彻执行“加强、改进、发展、提高”的方针，为进一步搞好国营大中型企业，加强农业和农村工作服务。	省审计厅档案 J225－002－474－007
	11 月 22 日，省审计局、省人事厅首次组织审计专业技术资格考试。全省审计系统共 2000 余人报名参加此次全国统一考试。	《浙江审计十年》，浙江大学出版社 1995 年版，第 483 页
1993 年	2 月，省审计局新大楼(体育场路 555 号)启用。	《中国审计报》2013 年 12 月 13 日《功崇惟志　业广惟勤——浙江审计机关 30 年历程回眸》
	3 月 18—20 日，全省市地审计局长会议在杭州召开。会议提出要以适应社会主义市场经济体制需要为目标，围绕企业转换经营机制和政府转变职能来强化审计监督。	《浙江审计十年》，浙江大学出版社 1995 年版，第 484 页
1994 年	1 月，省领导为省审计局成立十周年题词。省委书记李泽民题词“加强审计监督，为建立社会主义市场经济体制服务”，省长万学远题词“强化审计监督，服务浙江经济”，省人大常委会副主任许行贯题词“加强审计监督，促进廉政建设和市场经济的顺利发展”，常务副省长柴松岳题词“加强审计监督，服务经济建设”。	《浙江审计十年》，浙江大学出版社 1995 年版，扉页 6—9 页
	3 月 8—10 日，全省审计工作会议暨审计系统表彰先进大会在杭州召开。常务副省长柴松岳等省领导出席会议，柴松岳在会上讲话。局长张升耀在工作报告中要求围绕宏观调控措施、反腐败斗争和纠正行业不正之风、企业转换经营机制等强化审计监督。	省审计厅档案 J225－941－007－091
	8 月 31 日，八届全国人大常委会第九次会议审议通过《中华人民共和国审计法》，自 1995 年 1 月 1 日起施行。	中华人民共和国主席令 1994 年第 32 号
1995 年	2 月 28 日至 3 月 2 日，全省审计工作会议在杭州召开。常务副省长柴松岳到会并讲话。局长张升耀在工作报告中要求认真贯彻《审计法》，围绕改革、发展、稳定和廉政建设，突出抓好国家财政收支审计和与国有资产有关的财务收支审计监督。	省审计厅档案 J225－951－009－009
	4 月 24 日，浙江省审计局更名为“浙江省审计厅”。	中共浙江省委办公厅省委办〔1995〕20 号
	4 月 24 日，省八届人大常委会第十八次会议表决通过，陈正兴任省审计厅厅长。5 月 12 日，省委任命陈正兴为省审计厅党组书记。	中共浙江省委浙干任〔1995〕141 号

续表6

时间	大事纪要	资料来源
1995年	8月23日，省政府印发《浙江省预算执行情况审计监督实施办法》。	省政府浙政〔1995〕12号
	12月17日，省政府办公厅印发《关于浙江省审计厅职能配置、内设机构和人员编制方案》，批准省审计厅设立13个职能处室和机关党委。包括办公室、综合处、法规处、财政审计处、金融审计处、行政事业审计处、工业交通审计处、商贸审计处、固定资产投资审计处、农业审计处、外资运用审计处、审计管理处、人事教育处、机关党委。核定省审计厅机关行政编制200名，领导职数1正4副，处级领导干部职数40名（含机关党委专职副书记1名）。	省政府办公厅浙政办发〔1995〕249号
1996年	1月28—30日，全省审计工作会议在杭州召开。常务副省长柴松岳到会并讲话。厅长陈正兴在工作报告中要求紧紧围绕经济体制和经济增长方式两个根本性转变开展审计监督，加大财政、固定资产投资审计力度，探索经济责任审计制度。	省审计厅档案J225－961－010－026
	3月28日至4月2日，审计署审计长郭振乾在浙江考察。	《浙江审计回顾与展望》，中国时代经济出版社2004年版，第757页
	4月2日，省内部审计协会成立暨内部审计先进单位表彰大会在杭州召开。省人大常委会副主任孔祥有出席大会并讲话。	《浙江审计回顾与展望》，中国时代经济出版社2004年版，第457页
	5月4日，宁波市人大常委会颁布《宁波市国有企业厂长（经理）离任经济责任审计监督条例》。这是浙江省第一个关于经济责任审计的地方性法规。	宁波市人民代表大会常务委员会公告1996年第20号
	6月24日，厅长陈正兴受省政府委托，向省八届人大常委会第二十八次会议作《关于浙江省1995年度财政预算执行情况和其他财政收支的审计工作报告》。这是《审计法》施行以来，省审计厅首次受省政府委托向省人大常委会作专门报告。此后，每年均受托向省人大常委会作审计工作报告。	《浙江审计回顾与展望》，中国时代经济出版社2004年版，第758页
	10月18日，省政府办公厅转发《省审计厅关于进一步做好本级预算执行情况审计工作意见的通知》。	省政府办公厅浙政办〔1996〕245号
	11月3日，省委办公厅、省政府办公厅联合下发《浙江省领导干部经济责任审计办法（试行）》。	省委办公厅省委办〔1996〕70号
	12月22日，新华社《国内动态内参清样》刊登《浙江省领导干部经济责任审计的情况和做法》。	《浙江审计回顾与展望》，中国时代经济出版社2004年版，第761页

续表 7

时　间	大　事　纪　要	资料来源
1997 年	2 月 26—28 日，全省审计工作会议在杭州召开，常务副省长柴松岳到会并讲话。厅长陈正兴在工作报告中要求围绕“两个根本转变”，抓督查、抓质量、抓成效，进一步规范审计工作，探索“账户入手、下审一级”的审计方法积极开展审计监督。	省审计厅档案 J225－971－019－050
	2 月，省审计厅对省工商行政管理局原局长开展任期内经济责任的审计。这是首次开展省直单位部门主要负责人经济责任审计。	省审计厅档案 J225－972－023
	3 月 18 日，新华社《国内动态内参》清样采用审计信息《浙江省审计厅建议加强期货市场监管》。3 月 21 日，根据审计署审计长郭振乾指示，审计署《审计情况通报》第 7 号加按语再次刊发。	《浙江审计回顾与展望》，中国时代经济出版社 2004 年版，第 763 页
	10 月 21 日，国务院发布《中华人民共和国审计法实施条例》，自发布之日起施行。	国务院令第 231 号
	12 月 6 日，省八届人大常委会第四十一次会议通过《浙江省国有企业经理、厂长离任经济责任审计条例》。	浙江省第八届人民代表大会常务委员会公告第 80 号
1998 年	2 月 20—22 日，全省审计工作会议在杭州召开。省长柴松岳到会并讲话。厅长陈正兴在工作报告中提出要继续从账户入手，加强宏观监督，强化同步审计。	省审计厅档案 J225－981－005－075
	2 月 24—25 日，省注册会计师协会特别代表大会在杭州召开，标志省社会审计协会与省注册会计师协会正式实现联合。	省审计厅档案 J225－981－040－001
	3 月 6 日，在省第五次希望工程监督日新闻单位发布会上，省审计厅公布省级希望工程基金财务收支的审计结果。《浙江日报》在 3 月 9 日全文刊登审计结果通告。这是浙江省审计机关首次面向社会进行审计结果通告。	省审计厅档案 J225－981－040－001
	3 月 17—30 日，根据中央领导批示，中纪委、监察部、中组部、人事部和审计署五部委组成联合调研组，到浙江调研领导干部任期经济责任审计工作。	省审计厅档案 J225－981－040－001
	6 月 3－5 日，全省粮食财务挂账清查审计会议在杭州召开，部署在全省开展粮食财务挂账清查审计工作。	省审计厅档案 J225－981－040－001
1999 年	1 月 18—20 日，全省审计工作会议在杭州召开。省长柴松岳到会并讲话。厅长陈正兴在工作报告中要求认真贯彻“依法审计、服务大局、围绕中心，突出重点，求真务实”的方针，全面开展真实性审计，深化财政财务收支审计，并在全省开展“质量、管理、效率年”活动。	省审计厅档案 J225－991－007－008

续表 8

时　间	大　事　纪　要	资料来源
1999 年	1 月 28 日，根据省委书记张德江、省长柴松岳的批示，省审计厅对省农村发展集团公司进行专项审计，并对其所属公司和控股公司进行专项审计调查，发现投资失误损失。	省审计厅档案 J225－991－001－001
	3 月 18 日，省审计厅与省人事厅联合发文公布在高级审计师资格考评试点中首批获得高级审计师资格人员名单。这是审计署、人事部在全国首次开展高级审计师资格考评试点工作。	省审计厅档案 J225－991－001－001
	5 月 24 日，中共中央办公厅、国务院办公厅下发《县级以下党政领导干部任期经济责任审计暂行规定》和《国有企业及国有控股企业领导人员任期经济责任审计暂行规定》。	中共中央办公厅中办发〔1999〕20 号
	6 月，省审计厅受省委组织部委托，对省供销社原主任朱某某进行任期经济责任审计。审计查明省供销社及其所属公司造成 3 亿元损失的问题，并为省纪委提供了有关严重经济问题的案件线索，涉案人员 15 人，7 人被逮捕，其中正厅级干部 2 人，处级干部 1 人，依法被追究刑事责任。	省审计厅档案 J225－991－001－001
	9 月 8—15 日，审计署审计长李金华到浙江调研企业审计和领导干部任期经济责任审计工作。	省审计厅档案 J225－991－001－001
	10 月 24 日，省长柴松岳在省审计厅上报的《关于 1998 年度全省企业职工基本养老保险基金审计的综合报告》上作出批示。11 月 4 日，省政府办公厅将审计报告和省领导批示印发各市县，加按语要求各地认真整改，严肃查处违规违纪行为。	省审计厅档案 J225－991－001－001
	是年，台州市审计局派出审计组，开展公安部督办的浙江重大黑社会性质犯罪案件“3·23”专案审计，查出犯罪团伙侵占财政资金、诈骗银行贷款等事实，涉案资金 5.46 亿元。	《中国审计报》2013 年 12 月 13 日《功崇惟志　业广惟勤——浙江审计机关 30 年历程回眸》
2000 年	1 月 5 日，省委办公厅和省政府办公厅联合印发《关于贯彻执行中办国办两个经济责任审计暂行规定的若干意见》。	省委办公厅浙委办〔2000〕1 号
	2 月 25—27 日，全省审计工作会议在杭州召开。省长柴松岳发表书面讲话，省委常委、常务副省长吕祖善、省人大常委会副主任张友余到会并讲话。厅长陈正兴在工作报告中要求围绕审计工作从量的扩张向质的提高转变，审计干部素质由单一适应型向复合创新型的转变，规范财政审计，深化企业审计，完善经济责任审计，加强“人、法、技”基础建设。	省审计厅档案 J225－2000－3－BG－00069
	4 月 24—26 日，全国政协常委、原审计署审计长吕培俭到浙江考察。	省审计厅档案 J225－2000－3－BG－00069

续表 9

时　间	大　事　纪　要	资料来源
2000 年	4 月 30 日，省政府办公厅转发省审计厅《关于加强审计纪律从严治理审计队伍意见的通知》(简称“八不准”)。	省政府办公厅浙政办发〔2000〕56 号
	6 月 27 日，省经济责任审计工作联席会议第一次会议召开，常务副省长吕祖善主持会议。省纪委、省委组织部、省监察厅、省人社厅、省审计厅等联席会议成员单位及有关单位负责人参加会议。	省审计厅档案 J225－2000－3－BG－00069
	8 月 11 日，省政府办公厅批准省审计厅设立 12 个职能处室和机关党委。撤销综合处、工业交通审计处、商贸审计处、农业处和审计管理处，增设经贸审计处、农业与资源环保审计处、社会保障审计处、经济责任审计处。领导职数增加 1 名总审计师，处级领导干部职数 36 名(含机关党委专职副书记 1 名)。同时设立直属审计局，为正处级事业单位，人员依照国家公务员制度进行管理。	省政府办公厅浙政办发〔2000〕142 号
	10 月 23 日，省审计厅对丽水审计局原局长进行离任经济责任审计。这是省审计厅首次开展对市级审计机关主要负责人离任经济责任审计。	省审计厅档案 J225－2000－3－BG－00069
	12 月 11 日，省审计厅实施省国际信托投资公司原董事长王某某、原总经理陈某某经济责任审计。审计查明问题线索移交后，王某某(2004 年 8 月 30 日)、陈某某(2002 年 1 月 29 日)分别被判处有期徒刑 12 年和 11 年。	省审计厅档案 J225－2000－3－JR－00138
2001 年	2 月 4—6 日，全省审计工作会议在杭州召开。常务副省长吕祖善到会并讲话。省人大常委会副主任张友余出席会议。厅长陈正兴在工作报告中要求贯彻落实“全面审计、突出重点”的方针，强化财政预算执行情况审计、领导干部经济责任审计和“人、法、技”建设，抓落实、重规范、促双变。	省审计厅档案 J225－2001－2－BG－00177
	4 月 27 日，省委办公厅、省政府办公厅在杭州联合召开全省经济责任审计工作电视电话会议。常务副省长吕祖善、组织部部长沈跃跃出席会议。省纪委、省人事厅、省审计厅等省直 17 个有关部门负责人及 11 个市 5 部门负责人等 100 余人在省政府电视电话会议室主会场参加会议，各市县党委或政府分管领导、有关部门负责人等近 500 人在各分会场参加会议。吕祖善代表省委、省政府讲话，要求全面开展县以下党政领导干部经济责任审计，继续深化国有企业领导人员经济责任审计，做好市县长经济责任审计试点工作。	省审计厅档案 J225－2001－2－BG－00177
	4 月 27 日，省委、省政府在杭州召开全省经济责任审计工作座谈会。常务副省长吕祖善主持会议并作小结。全省 11 个地市领导汇报当地经济责任审计工作情况和下一步工作打算。省经济责任审计联席会议成员及办公室联络员，各市纪委(监察)、组织、人事、审计等有关部门负责人参加会议。	省审计厅档案 J225－2001－2－BG－00177

续表 10

时间	大事纪要	资料来源
2001 年	6 月，省审计厅组织实施临海市市长经济责任审计试点。这是首次针对市(县)长开展经济责任审计。	省审计厅档案 J225－2001－2－BG－00177
	6 月，由审计署审计长李金华作序、厅长陈正兴主编的《环境审计》一书由中国审计出版社出版，填补了我国环境审计研究领域的空白。	省审计厅档案 J225－2001－2－BG－00177
	是年，根据省政府部署，省审计厅实施改革月报实业集团有限公司财务收支审计，查明该公司盲目投资、管理混乱、损失严重、违规抽支等问题。省委书记办公会议专题听取汇报。	省审计厅档案 J225－2001－3－XS－00117
2002 年	2 月 1—3 日，全省审计工作会议暨全省审计系统先进集体和先进工作者表彰大会在杭州召开。常务副省长吕祖善、审计署副审计长刘家义到会并讲话。厅长陈正兴在工作报告中要求围绕预算执行审计主题，深化各项财政财务收支审计、规范领导干部经济责任审计，围绕加强和改进作风建设，推进“两个转变”(指审计工作由量的扩张向质的提高转变，审计干部素质从单一适应型向复合创新型转变)，提高审计执法水平。	省审计厅档案 J225－2002－3－BG－00134
	5 月，杭州市审计局对中国农业发展银行浙江省分行营业部资产、负债、损益进行审计，撰写的审计信息《农行在粮食开放地区面临严峻挑战》得到国务院副总理温家宝批示。	《杭州审计志》，方志出版社 2009 年版，第 330 页
	7 月 11 日，省委书记张德江到省审计厅调研，听取省审计厅工作汇报，要求省审计厅积极探索，改进和深化审计工作，为全面推进浙江省现代化建设服务。	省审计厅档案 J225－2002－3－BG－00134
	7 月 14 日，省政府发布《浙江省国家建设项目审计办法》，自 2002 年 9 月 1 日起施行。该《办法》明确要求建立国家建设项目竣工决算必审制。	省政府令第 146 号
	7 月 18 日，省政府发布《浙江省农村集体经济审计办法》，自 2002 年 10 月 1 日起施行。	省政府令第 147 号
2003 年	1 月 28 日，省委书记习近平对全省审计工作作出书面指示，要求全省各级审计部门依法审计，与时俱进，突出重点，坚持原则，努力提升审计工作的质量和水平，不断加强审计基础建设。	省审计厅档案 J225－2003－2－BG－00153
	2 月 19—21 日，全省审计工作会议在杭州召开。省长吕祖善到会并讲话。厅长陈正兴在工作报告中要求加强对财政收支、国有资产和领导干部经济责任的监督，处理好监督与服务的关系，继续推进“两个转变”，不断提升审计成果的质量和水平，促进增收节支。	省审计厅档案 J225－2003－2－BG－00153

续表 11

时　间	大　事　纪　要	资料来源
2003 年	3 月 27 日，省长吕祖善在省审计厅上报的《2002 年度省本级经济责任审计查明的主要问题》批示，责成存在违纪违规问题的单位，在规定时间内向省政府提出整改报告并落实整改措施。	省审计厅档案 J225—2003—2—BG—00153
	5 月 13 日，根据国务院要求和审计署的统一部署，省审计厅在全省组织开展对防治非典型肺炎专项资金和捐赠款物审计。	省审计厅档案 J225—2003—2—BG—00153
	7 月 25 日至 8 月 5 日，中纪委、中组部、监察部、人事部、审计署等中央五部委在杭州市、余姚市分别召开全国部分省市经济责任审计工作座谈会和市、县长经济责任审计现场会，推广浙江省开展市（县）长经济责任审计的成功经验。	省审计厅档案 J225—2003—2—BG—00153
	12 月 18 日，省委任命谢力群为省审计厅党组书记。2004 年 1 月 16 日，省十届人大常委会第七次会议表决通过，谢力群任省审计厅厅长。	中共浙江省委浙干任〔2003〕105 号
2004 年	2 月 25—26 日，全省审计工作会议在杭州召开。常务副省长章猛进到会并讲话。厅长谢力群在工作报告中要求继续坚持“全面审计，突出重点”的方针，整合审计资源，强化质量控制，加强基础建设，提高审计监督的质量和水平，并在全省审计系统开展以质量、创优为主题的“审计质量创优年”活动。	省审计厅档案 J225—2004—BG—2—00180
	2 月，由审计署审计长李金华作序，陈正兴、周生春主编的《中国审计文化研究》由中国时代经济出版社出版，并被列入“当代审计书库”。	《中国审计文化研究》，中国时代经济出版社 2004 年版
	3 月 16 日，省政府发布《浙江省预算执行情况审计监督办法》，从 2004 年 5 月 1 日起在全省施行。	省政府第 170 号令
	5 月 20 日，浙江省 5 大百亿工程之一的百亿信息化—电子政务工程 2004 第一批实施计划 11 个项目确定，浙江省审计系统“金审工程”被列入项目建设计划。	省审计厅档案 J225—2004—BG—3—00150
	5 月，省审计厅实施的省人民大会堂迁建工程审计，移送 11 起重大违法案件线索，审减工程造价 6357 万元，推动省政府出台《浙江省政府投资项目实行代建制的暂行规定》。	省审计厅档案 J225—042—2004—060
	6 月，厅长谢力群担任课题组组长的《环境审计管理研究》课题在审计署重点课题招标中中标，这是审计署首次面向全国审计系统开展重点课题招标。至 2010 年，浙江省共 6 次中标审计署重点课题，居全国各省市区前列。	省审计厅档案 J225—2004—KY—2—00180
	9 月 27—30 日，审计署审计长李金华在浙江调研，分别在温州、杭州召开座谈会，并出席在丽水召开的全省地市审计局长会议，研究推广审计管理系统“1 拖 N”模式。	省审计厅档案 J225—2004—BG—2—00180

续表 12

时　间	大　事　纪　要	资料来源
2004 年	11 月 29 日，全国经济责任审计工作会议在北京召开。浙江省、杭州市、余姚市和嵊州市被评为全国经济责任审计工作先进地区，受到中央五部委经济责任审计工作联席会议的表彰。	省审计厅档案 J225—2004—BG—2—00180
2005 年	1 月 16 日，省委书记习近平对审计工作作出批示，希望全省各级审计部门按照深入实施“八八战略”、建设“平安浙江”的部署，突出重点，扎实工作，认真抓好“两个活动”（指审计署开展的“严谨细致，提高质量”年和省审计厅开展“计算机审计应用推广”年活动），切实加强队伍建设，努力提升审计监督水平。	省审计厅档案 J225—2005—2—BG—00212
	1 月 20—21 日，全省审计工作会议在杭州召开。常务副省长章猛进到会并讲话。厅长谢力群在工作报告中要求努力在全面把握、突出重点上有新突破，在提升成果、促进规范上有新飞跃，在创新技术、提高质量上有新举措，在整合资源、队伍建设上有新提高，不断提高依法审计能力和审计工作质量。	省审计厅档案 J225—2005—2—BG—00212
	2 月，杭州市审计局对杭州市区下岗失业人员再就业和劳动就业服务企业税收优惠政策贯彻执行情况进行专项审计调查，撰写的审计专报信息《审计反映再就业税收优惠政策本身存在缺陷亟待完善》相继被国务院、省、市各级内部专报采用，得到中共中央政治局常委、国务院总理温家宝，副总理黄菊等批示。国务院在关于进一步加强再就业工作的通知中，采纳了杭州市审计局“改变按吸纳人员比例享受税收优惠政策，实行定额减免”等审计建议。	《杭州审计志》，方志出版社 2009 年版，第 41 页
	5 月 30 日，省长吕祖善在省审计厅上报的审计结果跟踪检查督促落实情况报告上批示。	省审计厅档案 J225—2005—2—BG—00212
2006 年	1 月 7 日，省委书记习近平向全省审计工作会议暨全省审计系统先进集体和先进工作者表彰大会发书面贺信，希望全省各级审计机关按照“干在实处、走在前列”的要求，突出重点，服务大局，认真开展“狠抓落实年”活动，切实加强审计管理，积极推进审计队伍建设，进一步提升审计监督水平。	省审计厅档案 J225—2006—2—BG—00067
	1 月 9—10 日，全省审计工作会议暨全省审计系统先进集体和先进工作者表彰大会在杭州召开。省长吕祖善在会前专门听取审计工作汇报。厅长谢力群在工作报告中要求服务大局，狠抓落实，在新的起点上实现审计工作自身的跨越，要实现“三个服务”（即要在服务中实现有效监督，在服务中体现审计价值，在服务中实现审计转轨），并在全省审计机关开展“狠抓落实年”活动。	省审计厅档案 J225—2006—2—BG—00067
	2 月 1 日，省委书记习近平对市（县）长经济责任审计工作作出批示，要求探索科学的市（县）长绩效评价体系，形成正确导向，对存在的突出问题认真加以解决。	省审计厅档案 J225—2006—2—BG—00067

续表 13

时 间	大 事 纪 要	资料来源
2006 年	2 月 28 日，第十届全国人民代表大会常务委员会第二十次会议审议通过《中华人民共和国审计法》修正案，对经济责任审计监督等内容进行补充和修订。	中华人民共和国主席令第 48 号
	2 月 28 日至 3 月 31 日，省审计厅按全部政府性资金新模式对平湖市市长进行任期经济责任审计试点，探索出一套“五审五评”绩效评价体系。中纪委、中组部、监察部、人事部、审计署等中央五部委在杭州召开座谈会，向全国推广。	省审计厅档案 J225－2006－2－BG－00067
	2 月，省审计厅组织开展 2003－2005 年有关市县万里清水河道建设资金审计调查。审计专报得到省委书记习近平、省长吕祖善批示，该项目被审计署审计长李金华誉为“典型的绩效审计”。	省审计厅档案 J225－2006－2－BG－00067
	10 月 23—25 日，全国经济责任审计工作座谈会在杭州召开。审计署总审计师孙宝厚到会并讲话。厅长谢力群在会上介绍了浙江开展领导干部经济责任审计，特别是市(县)长经济责任审计方面的经验。	省审计厅档案 J225－2006－2－BG－00067
	10 月 30 日，省委书记习近平到省审计厅调研，听取省审计厅工作汇报，强调“三个务必”。即务必进一步认识审计工作的地位和作用，务必进一步扎实做好审计工作，务必进一步优化审计工作的环境。同时，提出“以审计精神立身，以创新规范立业，以自身建设立信”的总要求，要求各级审计机关充分认识新形势下的职责和责任，努力为构建社会主义和谐社会保驾护航。	省审计厅档案 J225－2006－2－BG－00067
2007 年	1 月 17 日，省长吕祖善在义乌召开全省地方政府债务管理工作座谈会，对省审计厅开展全部政府性资金及政府债务的审计及提出的建议予以完全肯定。明确政府性资金全部是公共财政的内容，必须纳入管理，并把“收入一个笼子，预算一个盘子，支出一个口子”作为规范财政预算管理的主要目标。	省审计厅档案 J225－2007－3－BG－00061
	1 月 22—23 日，全省审计工作会议在杭州召开。省长吕祖善到会并讲话。厅长谢力群在工作报告中提出要全面推进审计向现代审计转型，以全部政府性资金审计监督为主线，力求“三大突破”(政府性资金审计、重点专项绩效审计和推动制度建设)，构建“五大机制”(全部政府性资金审计、绩效审计、计算机审计、审计管理和干部培养)，不断推动审计工作向现代审计转型，并在全省审计机关开展“加快审计转型”年活动。	省审计厅档案 J225－2007－3－BG－00061
	8 月 9 日，国务院总理温家宝对《青田县乡镇财政从高负债到“零负债”的做法值得借鉴》信息专报作出批示。国务院农村综合改革工作小组随后赴青田开展专题调研。	省审计厅档案 J225－072－306

续表 14

时　间	大　事　纪　要	资料来源
2007 年	12 月 22 日，省委书记赵洪祝在省审计厅工作汇报上作出批示，希望审计厅不断增强服务监督意识，坚持审计工作规则，创新审计工作方法，为全省经济社会发展和干部队伍廉政建设做出积极贡献。	省审计厅档案 J225－2007－3－BG－00061
	是年，全省 11 个市级审计机关全部完成审计管理系统“1 拖 N”版部署，在全国最早实现省、市、县三级联通，首创“金审工程”本地化服务体系。审计署在全国推广浙江审计经验。	《中国审计报》2013 年 12 月 13 日《功崇惟志　业广惟勤——浙江审计机关 30 年历程回眸》
2008 年	1 月 8—9 日，全省审计工作会议在杭州召开。省长吕祖善到会并讲话。厅长谢力群在工作报告中要求加快转型，创新创业，并在全省审计系统开展以加快和深化审计转型为核心内容的“审计创新创业”年活动。	省审计厅档案 J225－2008－3－BG－00050
	2—4 月，省审计厅实施省环保局原局长戴某某经济责任审计，发现重大违法犯罪线索，移送后，戴某某被判处无期徒刑。	省审计厅档案 J225－082－2008－337
	5 月 5—10 日，全国政协副主席、中国内部审计协会名誉会长李金华在浙江专题调研民营企业内部审计工作。	省审计厅档案 J225－2008－3－BG－00050
	9 月，温州市审计局实施温州菜篮子集团审计，审计发现温州菜篮子集团非法骗取国有划拨土地等重大违法违规问题并移交问题线索。该案涉案对象共 47 人（其中县处级 10 人，乡科级 16 人），其中移送司法机关 22 人（其中县处级 1 人，乡科级 9 人），有 1 人被判处死刑、缓期 2 年执行，其余 21 人分别被判处有期徒刑 3 年～15 年不等，为国家挽回直接经济损失 5 亿元。	《中国审计报》2013 年 12 月 13 日《功崇惟志　业广惟勤——浙江审计机关 30 年历程回眸》
	10 月 14—23 日，由审计署主办、省审计厅承办的亚洲审计组织环境审计研讨班（第七期国际审计培训研讨班）在杭州举办。研讨班的主题是“气候变化和大气污染防治审计”和“自然资源开发和能源可持续利用审计”。世界审计组织环境审计工作组主席爱沙尼亚审计长米克尔奥维尔应邀参加。审计署审计长刘家义、副审计长董大胜出席会议。来自亚洲审计组织环境审计委员会（ASO－SAI）32 个国家和中国香港、中国澳门审计机关的 64 名代表参加了研讨。省审计厅环资处代表在会上作主题发言。	省审计厅档案 J225－2008－3－BG－00050
	10 月 15 日，审计署审计长刘家义在杭州召开审计工作汇报会，省审计厅和杭州市审计局中层以上领导干部参加汇报会。刘家义在听取审计工作汇报后，对浙江审计工作给予充分肯定，认为浙江审计工作最大特点是“求实创新、勇于探索”，为全国审计工作创造了很多好的经验，成效明显。	省审计厅档案 J225－2008－3－BG－00050

续表 15

时间	大事纪要	资料来源
2008年	11月25日，在审计署2008年厅(局)级干部专题研讨班上，厅长谢力群应邀做题为《深刻认识审计本质，努力服务科学发展》的讲座，系统介绍了浙江全部政府性资金审计、绩效审计、计算机审计上“三个突破”的经验和做法。	省审计厅档案 J225—2008—3—BG—00050
	下半年起，根据审计署统一部署，省审计厅组织全省34个审计机关对四川省青川县对口援建项目和资金开展跟踪审计。	省审计厅档案 J225—2008—3—BG—00050
2009年	1月5日，省委书记赵洪祝对审计工作作出批示，希望审计部门围绕“保增长、抓转型、促稳定”的工作主线，加强对重点部门、重点行业、重点项目和重点资金的审计监督，为保障全省经济社会健康安全运行做出新贡献。	省审计厅档案 J225—2009—3—BG—00060
	1月9—14日，审计署审计长刘家义，副审计长令狐安、董大胜分别在省审计厅上报的《我省财政综合预算改革进展情况的调研报告》上作出重要批示。2月11—18日，根据审计署审计长刘家义批示精神，审计署财政司调研组赴浙江专题调研财政综合预算改革情况。	省审计厅档案 J225—2009—3—BG—00060
	1月12—13日，全省审计工作会议在杭州召开。常务副省长陈敏尔到会并讲话。厅长谢力群在工作报告中要求努力发挥“免疫系统”功能，为保障经济社会健康运行服务，提出要全面树立科学审计理念，以提升素质，加快转型，服务大局，创新创业作为年度工作主线，充分发挥审计保障国家经济社会健康运行的“免疫系统”功能，并在全省审计机关开展“提升素质，加快转型”年活动。	省审计厅档案 J225—2009—3—BG—00060
	4月9日，省政府颁布《浙江省内部审计工作规定》，从2009年6月1日起施行。	省政府第258号令
	4月，省审计厅实施国际金融危机对浙江省中小企业影响状况专项审计调查，创新大项目组织管理方式和数据式审计方式，被审计署在全国推广。5篇审计专报得到3位省领导批示，并促成4个省级文件出台。	省审计厅档案 J225—2009—3—JM—00203
	7月8日，书记县长同步经济责任审计试点首次在缙云县进点实施。9月，省审计厅在新昌县开展书记县长同步经济责任审计试点，形成以全部政府性资产为主线，以新“五审五评”为主要内容的书记县长同步经济责任审计新模式。	省审计厅档案 J225—2009—3—BG—00060
	7月31日至8月1日，全国审计工作座谈会在杭州召开。会议的主题是深入贯彻落实科学发展观，总结交流近年来审计机关干部队伍建设的经验，研究进一步加强干部队伍建设的措施，推动审计工作更好更快发展。厅长谢力群在会上介绍了浙江审计干部队伍建设的做法。	省审计厅档案 J225—2009—3—BG—00060

续表 16

时间	大事纪要	资料来源
2009 年	是年,《我省综合预算改革情况的调研报告》引起审计署审计长刘家义等 3 位署领导高度重视,被批转全国审计系统学习借鉴。国务院总理温家宝在调研报告上作批示。	省审计厅档案 J225—2009—3—BG—00062
2010 年	1 月 8 日,省委书记赵洪祝听取省审计厅工作汇报,指示省审计厅要进一步强化责任意识、服务意识,着力加快审计转型,不断提高审计质量,推动全省审计事业实现科学发展。	省审计厅档案 J225—2010—3—BG—00070
	1 月 14—15 日,全省审计工作会议暨全省审计系统先进集体和先进工作者表彰大会在杭州召开。省长吕祖善到会并讲话。厅长谢力群在工作报告中要求主动跟进,深化转型,努力发挥审计的建设性作用。提出要以践行"免疫系统"责任为主线,以继续深化和加快审计转型为抓手,努力构建符合浙江实际的审计创新体系,并决定在全省审计系统开展"主动跟进,深化转型"年活动。	省审计厅档案 J225—2010—3—BG—00070
	2 月 2 日,国务院修订通过《中华人民共和国审计法实施条例》,自 2010 年 5 月 1 日起施行。	国务院令第 571 号
	12 月 13 日,省委任命陈荣高为省审计厅党组书记。12 月 16 日,省十一届人大常委会第二十二次会议表决通过,陈荣高任省审计厅厅长。	中共浙江省委浙干任〔2010〕69 号

编后记

根据中共浙江省委、省人民政府的统一部署,《浙江通志·审计志》(以下简称《审计志》)编纂工作始于2012年。浙江省审计厅作为《审计志》承编单位,负责其编纂工作。《审计志》是由浙江省审计厅组织领导、全省审计机关共同参与编辑的浙江省第一部省级审计专业志,它的编纂和出版弥补了浙江审计发展史上的空白。全志以概述浙江审计起源为始,略述南宋、明清、民国(含革命根据地)和中华人民共和国成立初期(1949—1982年)等阶段浙江审计的发展历程,重点记述1983年浙江审计机构建立以来至2010年间审计工作发展状况。

《审计志》编纂工作经历3个阶段。第一阶段,2012年6月至2014年12月。省审计厅党组高度重视志书编纂工作,于2012年6月成立了以厅长为主任,副厅长为副主任,各市局和厅各处室及直属单位主要负责人为委员的编委会。设立了《审计志》编委会办公室及编辑部,负责《审计志》的具体组织、协商、指导、编纂、统稿等工作。并且按照省政府要求,做到"一纳入、五到位"(修志工作纳入部门工作任务,领导到位、机构到位、经费到位、队伍到位、条件到位)。2013年4月,《审计志》通过浙江省人民政府地方志办公室(以下简称省方志办)的篇目论证。7月,编辑部制定《审计志编纂实施方案》《编委会工作规则》,并组建编辑队伍。10月,省审计厅举办编纂工作动员会议暨第一次培训班。2014年上半年,编辑部对厅本级近3000个审计项目档案进行电子化扫描存档,并于8月和10月举办两次编纂培训班,进入卡片制作阶段。第二阶段,2015年1月至2017年6月。《审计志》进入卡片录入、长编编写、概述写作、初稿写作、全书统稿、总纂等阶段。2015年1月开始录入资料卡片,10月进入资料长编阶段。2016年3月,进入初稿撰写阶段。2017年1月,在分章初稿广泛征求意见的基础上,编辑部进行全志统稿工作。5月,形成初审评议稿,并进行广泛讨论。第三阶段,2017年7月至2018年4月。2017年7月,《审计志》初审稿通过省方志办组织的初审。根据初审评议意见,梳理出200多条修改建议,组织力量集中进行修改和完善。11月,《审计志》复审稿通过省方志办组织的复审。按照复审会的修改建议,编辑部对复审稿再次进行修改完善,形成终审稿,于2018年4月报省方志办。2018年9月,通过省政府组织的终审。参与《审计志》篇目论证和初审、复审的专家(按姓氏笔画排序)有:王林、王宝庆、刘翰林、李志廷、李炜、汪祥耀、张仕达、张美虎、郑明治、郝玉贵、胡军、袁新国、黄正平、阎乐民、葛旭鹏、董郁奎、颜越虎、潘亚岚。

《审计志》编纂工作量大、要求高,经历了拟定纲目、搜集资料、录入卡片、资料长编、概述写作、分撰初稿、征求意见、统稿审改、组织评审、定稿出版等规定程序,过程艰辛,但使命光荣。

《审计志》编纂凝聚集体心血,是团队合作和集体智慧的结晶。在《审计志》编纂过程中,省审计厅党组和全省审计机关各级领导给予了大力支持和帮助。省审计厅领导多次对《审计志》编纂工作做出指示和批示。省审计厅各处室均抽派人员参与志稿编纂,部分退休老同志也全程参与志稿编纂工作,全省各级审计机关积极配合提供相关资料。审计机关众多老领导、老同志及相关单位和高校专家、学者对志书提出许多宝贵意见和建议。五年多来,《审计志》从无到有,其中凝聚了编辑部全体编辑的辛勤汗水。在专业人员少、人员变动多的情况下,全体编辑人员秉持着淡泊名利的老黄牛精神、锲而不舍的钉钉子精神、团结协作的一股绳精神,克服困难,在规定时间内完成各个阶段任务。在此一并表示衷心感谢。

各审计项目章节所列审计事项一览表,"年度"一栏指审计项目全部完成后归档年份,正文记述中时间指审计项目进点实施时间;"审计项目"一栏为总体审计项目名称,因篇幅所限,正文择取部分重点项目进行记述。鉴于审计工作特点,各类表式起讫年度为该类审计事项实际存续时间。

《审计志》分管副总编为郑明治,分管副总纂为董郁奎,责任编辑为袁新国。

由于编者水平有限,初次修志经验不足,《审计志》难免有不少疏漏和不妥之处,恳请专家、同行、读者批评指正。

《浙江通志·审计志》编纂委员会

2018年9月17日